高等学校教材

中级财务会计学

(第三版)

主　编　吴　杰
副主编　裴　潇　康玉梅　王　敏

石油工业出版社

内 容 提 要

本书以财务会计基本理论为指导,以我国新发布的会计基本准则和具体准则为基础,结合国际惯例,比较详细地阐述了资产、负债、所有者权益、收入、费用和利润六大要素的确认、计量、记录和报告问题。同时,论述了债务重组、非货币性资产交换、资产负债表日后事项、或有事项、借款费用、租赁、所得税以及会计政策、会计估计变更和差错更正等内容。

本书可作为高等学校会计专业教学用书,也可供广大财务人员自学、培训之用。

图书在版编目(CIP)数据

中级财务会计学 / 吴杰主编. —3 版. —北京:石油工业出版社,2019.6

高等学校教材

ISBN 978-7-5183-3215-1

Ⅰ.①中… Ⅱ.①吴… Ⅲ.①财务会计—高等学校—教材 Ⅳ.①F234.4

中国版本图书馆 CIP 数据核字(2019)第 052895 号

出版发行:石油工业出版社

(北京市朝阳区安定门外安华里 2 区 1 号楼 100011)
网　址:www.petropub.com
编辑部:(010)64250991　　图书营销中心:(010)64523633

经　销:全国新华书店
排　版:北京密东文创科技有限公司
印　刷:北京中石油彩色印刷有限责任公司

2019 年 6 月第 3 版　2019 年 6 月第 7 次印刷
787 毫米×1092 毫米　开本:1/16　印张:35.25
字数:900 千字
定价:68.00 元
(如出现印装质量问题,我社图书营销中心负责调换)
版权所有,翻印必究

第三版前言

随着会计准则国际趋同步伐的加快和我国社会经济的快速发展,根据《企业会计准则——基本准则》,财政部 2017 年陆续新增或修订发布《CAS14 收入》《CAS16 政府补助》《CAS22 金融工具确认与计量》《CAS37 金融工具列报》《CAS42 持有待售的非流动资产、处置组和终止经营》等五项准则,2018 年发布修订后的《CAS21 租赁》,2019 年发布《CAS12 债务重组》《CAS7 非货币性资产交换》修订征求意见稿。目前为止,我国共发布了 42 项企业会计准则。2015—2017 年财政部新增了第 7~12 号会计准则解释公告。2015 年全面实行"营改增"。2018 年 6 月,财政部又通过《关于修订印发 2018 年度一般企业财务报表格式的通知》,对一般企业财务报表格式进行了修订,并就相关企业的财务报表格式提供了模板。

上述企业会计准则的修订与发布、"营改增"的实施以及财务报表内容的变化等都会对《中级财务会计学》相关内容产生较大影响,尤其是《CAS14 收入》和《CAS21 租赁》两项准则变化巨大,还会影响到其他相关准则,因此,必须对教材内容进行更新。

本教材(第三版)在 2015 年第二版教材的基础上,紧扣新修订的准则,充分考虑了 2018 年 5 月施行的新税收法律制度,以财务会计的目标为导向,以会计信息质量要求为基准,以六大会计要素为基本框架结构,详细讲述了各会计要素确认、计量、记录和报告问题。在编写时联系国际财务报告准则的最新动态,反映财务会计理论和实务在国际上的现状与变化,具有一定的前瞻性和稳定性。

本版每章前面,配有内容提要、学习目的与要求;每章最后,附有本章小结、重点概念和思考题。这样既可使读者对每章都有一个总体把握,前后照应,同时又注意重点、难点的掌握。同时,本书还另外配套《中级财务会计学学习指导书》和课件,以帮助读者学习和教师备课之用。

本书由吴杰担任主编,裴潇、康玉梅和王敏担任副主编。本书共二十章,具体编写分工如下:吴杰编写第一、十四、十五、十六和二十章,并总纂全书;裴潇编写第七、十三、十七、十九章;康玉梅编写第二、五、六、十一章;王敏撰写第九、十、十八章;孟乾坤编写第三、四章;严永焕编写第八、十二章。研究生李玥莹、刘青、仵祎慧、高健、张英、谢银燕、王璞等同学在编写过程中负责搜集资料和校对等工作,并对本书的撰写提出了建设性的建议。

　　本书在编写过程中参考了大量书籍,尤其是财政部发布的基本准则及各项具体准则、国际财务报告准则、中国注册会计师协会编写的注会考试教材《会计》(2018)、财政部会计资格评价中心编写的《中级会计实务》(2018)和《高级会计实务》(2018)等,在此表示衷心感谢!

　　由于时间和知识面的限制,书中难免出现疏漏、错误,恳请广大读者批评指正。

编　者

2019 年 3 月

第二版前言

随着会计准则国际趋同步伐的加快和我国社会经济的快速发展,为了进一步规范我国企业会计准则中关于长期股权投资、职工薪酬、财务报表列报、合并财务报表、金融工具列报、公允价值计量、合营安排、在其他主体中权益的披露等相关会计处理规定,并保持我国企业会计准则与国际财务报告准则的持续趋同,根据《企业会计准则——基本准则》,2014年财政部对《企业会计准则第2号——长期股权投资》《企业会计准则第9号——职工薪酬》《企业会计准则第30号——财务报表列报》《企业会计准则第33号——合并财务报表》《企业会计准则第37号——金融工具列报》进行了修订,同时,新发布了《企业会计准则第39号——公允价值计量》《企业会计准则第40号——合营安排》和《企业会计准则第41号——在其他主体中权益的披露》,自2014年7月1日起在所有执行企业会计准则的企业范围内施行,鼓励在境外上市的企业提前执行。于2006年发布的企业会计准则第2号、第9号、第30号、第33号和第37号同时废止。同时,还对《企业会计准则——基本准则》中的公允价值进行了重新定义。

《中级财务会计学》是会计学专业的核心课程之一,理应随着我国新准则的修订和发布以及财务会计理论与方法的发展,进行必要更新。本教材(第二版)在第一版教材的基础上,紧扣新修订的企业会计准则,以六大会计要素为基本框架结构,详细讲述了各会计要素的确认、计量、记录和报告问题。在编写时联系国际会计准则的最新动向,反映财务会计理论和实务在国际上的现状与变化,具有一定的前瞻性和稳定性。

本版教材每章前面,配有内容提要、学习目的与要求;每章最后,对全章进行小结,并配有本章重点概念和思考题、练习题。这样既可使读者对每章都有一个总体把握,前后照应,同时又注意重点、难点的掌握。

本书由吴杰担任主编,裴潇、王敏担任副主编。具体分工如下:吴杰编写第一章、第十四章、第十五章和第十六章,并对全书进行统稿;裴潇编写第七章、第十三章和第十七章,并协助主编对全书进行统稿、校对和编排;王敏编写第十章、第十二章和第十八章,并协助主编对全书进行统稿、校对和编排;康玉梅编写第六章、第八章和第九章;舒利敏编写第三章和第四章;刘晓倩编写第五章;刘晓倩和吴海波共同编写第十一章;王书民编写第二章和第十九章;吴海波编写第二十章;研究生周蕊、周维、刘玉华、柴良棋、黄玲等同学在编写过程中负责搜集资料和校对等工作,并对本书的编写提出了建设性的建议。

本书在编写过程中参考了大量书籍,尤其是财政部发布的基本准则及各项具体准则、企业会计准则编审委员会编写的《企业会计准则案例讲解(2014年版)》、中国注册会计师协会编写的《会计》(2015)、财政部会计资格评价中心编写的《中级会计实务》和《高级会计实务》(2015)等。在此特表示衷心感谢!

本书是我们为深化会计教学改革,在第一版的基础上进行全面修订而再版的教材。由于时间和知识面的限制,书中难免出现疏漏、错误,恳请广大读者批评指正。

编 者
2015年7月

第一版前言

随着社会经济环境的发展变化,财务会计基本理论与方法不断面临新的挑战,一直在不断发展和完善之中。从 2005 年年初开始,财政部在总结会计改革经验的基础上,顺应中国市场经济发展对会计工作提出的新要求,借鉴国际财务报告准则,全面启动了企业会计准则建设。2006 年 2 月,财政部发布了 1 项基本准则和 38 项具体准则(以下简称新准则),随后又于 10 月发布了相关应用指南,共同组成了一个新的企业会计准则体系。新准则体系强调了会计要素和主要经济业务事项的确认、计量和报告,同时兼顾了会计记录的要求,其最显著的特征是立足国情、国际趋同。新准则体系在整体框架、内涵和实质上都实现了国际趋同,有利于将我国会计准则提升到国际先进水平的行列。

"中级财务会计学"是会计学专业的核心课程之一,主要阐述企业财务会计的基本理论与方法。随着我国新准则的发布以及财务会计理论与方法的发展,我国会计教育也面临着前所未有的挑战,原有教材已经过时与陈旧,因此更新教材内容显得非常必要。本教材在原教材的基础上,紧扣新准则,以财务会计的目标为导向,以会计信息质量要求为基准,以六大会计要素为基本框架结构,详细讲述了各会计对象的会计处理方法。在编写时联系国际惯例,反映财务会计理论和实务在国际上的现状与变化,具有一定的前瞻性和稳定性。

为了便于教学与学习,每章前面,配有内容提要、学习目的与要求;每章最后,对全章进行小结,并配有本章重点概念和思考题、练习题。这样既可使读者对每章都有一个总体把握,前后照应,同时又能掌握重点、难点。

本书由吴杰担任主编,康玉梅担任副主编。吴杰编写第一、十四、十五、十六、十七和二十章并总纂全书;康玉梅编写第六、七、八、九和十章,并协助主编对全书的内容进行总纂、校对和编排;李成云编写第十二、十八和十九章;舒利敏编写第三、四章;曾仕兵编写第二、十三章;杜爱国、刘梅编写第五、十一章;边慧欣、刘雅丽、陈玉玲参加了部分章节的编写。同时,裴潇、王敏、袁晓锋等老师,研究生胡红梅、公正、王莎莎、张艳冬等同学在编写过程中负责搜集资料和校对等工作,并对本书的撰写提出了建设性的建议。

本书在编写过程中参考了大量书籍,尤其是财政部发布的基本准则及各项具体准则、中国注册会计师协会编写的注册会计师考试教材《会计》(2007)、财政部会计资格评价中心编写的《中级会计实务》(2007)等,在此特表示衷心感谢!

  本书是为进行会计教学改革、全面更新教学内容而编写的教材。由于时间和知识面的限制,书中难免出现疏漏、错误,恳请广大读者批评指正。

编 者

2008 年元月

目 录

第一章 总论 ... 1
- 第一节 财务会计基本理论 ... 1
- 第二节 财务报告的目标 ... 6
- 第三节 财务会计信息质量特征 ... 9
- 第四节 会计要素 ... 13
- 第五节 会计确认与计量 ... 14
- 第六节 财务报告 ... 18
- 本章小结 ... 20
- 重点概念 ... 20
- 思考题 ... 20

第二章 货币资金 ... 21
- 第一节 货币资金概述 ... 21
- 第二节 库存现金 ... 22
- 第三节 银行存款及其结算方式 ... 24
- 第四节 其他货币资金 ... 34
- 本章小结 ... 37
- 重点概念 ... 37
- 思考题 ... 37

第三章 金融资产 ... 38
- 第一节 金融资产的定义和分类 ... 39
- 第二节 以摊余成本计量的金融资产 ... 42
- 第三节 以公允价值计量且其变动计入其他综合收益的金融资产 ... 47
- 第四节 以公允价值计量且其变动计入当期损益的金融资产 ... 53
- 第五节 金融资产转移 ... 58
- 第六节 金融资产减值 ... 66
- 第七节 金融资产披露 ... 70
- 本章小结 ... 73
- 重点概念 ... 73
- 思考题 ... 73

第四章 存货 ... 74
- 第一节 存货的概念及确认条件 ... 75
- 第二节 存货取得和发出的计价 ... 76
- 第三节 存货的简化核算方法 ... 90
- 第四节 存货的清查、期末计价与披露 ... 96
- 本章小结 ... 106

重点概念 ··· 106
　　思考题 ··· 106
第五章　固定资产 ··· 107
　　第一节　固定资产的确认和初始计量 ··· 107
　　第二节　固定资产的后续计量 ·· 121
　　第三节　固定资产处置与列报 ·· 130
　　本章小结 ··· 133
　　重点概念 ··· 133
　　思考题 ··· 133
第六章　无形资产 ··· 134
　　第一节　无形资产概述 ·· 134
　　第二节　无形资产的初始计量 ·· 138
　　第三节　无形资产的后续计量 ·· 144
　　第四节　无形资产的处置和披露 ··· 147
　　本章小结 ··· 150
　　重点概念 ··· 150
　　思考题 ··· 150
第七章　长期股权投资与合营安排 ·· 151
　　第一节　长期股权投资概述 ·· 152
　　第二节　长期股权投资的确认与初始计量 ·· 155
　　第三节　长期股权投资的后续计量及披露 ·· 164
　　第四节　合营安排 ··· 179
　　本章小结 ··· 187
　　重点概念 ··· 187
　　思考题 ··· 187
第八章　投资性房地产 ·· 188
　　第一节　投资性房地产的特征与范围 ··· 188
　　第二节　投资性房地产的确认和初始计量 ·· 191
　　第三节　投资性房地产的后续计量 ·· 194
　　第四节　投资性房地产的转换、处置和披露 ··· 198
　　本章小结 ··· 204
　　重点概念 ··· 204
　　思考题 ··· 204
第九章　资产减值 ··· 205
　　第一节　资产减值概述 ·· 205
　　第二节　资产可能发生减值的认定 ·· 207
　　第三节　资产可收回金额的计量和减值损失的确定 ································· 209
　　第四节　资产组的认定及减值的处理 ··· 218
　　第五节　商誉减值的处理和资产减值的披露 ··· 227
　　本章小结 ··· 230

| 重点概念 | 230 |
| 思考题 | 230 |

第十章　非货币性资产交换·······231
 第一节　非货币性资产交换的认定······232
 第二节　非货币性资产交换的确认、计量和披露······233
 本章小结······248
 重点概念······248
 思考题······249

第十一章　负债······250
 第一节　负债概述······250
 第二节　流动负债······254
 第三节　非流动负债······282
 第四节　借款费用······288
 本章小结······298
 重点概念······298
 思考题······298

第十二章　债务重组······299
 第一节　债务重组的定义和方式······300
 第二节　债务重组的会计处理······301
 本章小结······313
 重点概念······313
 思考题······313

第十三章　所有者权益······314
 第一节　所有者权益概述······314
 第二节　实收资本与其他权益工具······315
 第三节　资本公积和其他综合收益······323
 第四节　留存收益······328
 本章小结······333
 重点概念······333
 思考题······333

第十四章　收入、费用和利润······334
 第一节　收入······334
 第二节　费用······368
 第三节　利润······369
 本章小结······373
 重点概念······373
 思考题······373

第十五章　财务报告······374
 第一节　财务报告概述······374
 第二节　资产负债表······381

第三节	利润表	389
第四节	现金流量表	399
第五节	所有者权益变动报表	411
第六节	财务报表附注披露	417
第七节	中期财务报告	427

本章小结 430
重点概念 430
思考题 430

第十六章 租赁会计 431

第一节	租赁的识别、分拆与合并	431
第二节	承租人的会计处理	440
第三节	出租人的会计处理	452
第四节	售后租回交易的会计处理	460
第五节	租赁的列报与披露	462

本章小结 467
重点概念 467
思考题 467

第十七章 所得税会计 468

第一节	所得税会计概述	468
第二节	资产和负债计税基础的确定	472
第三节	递延所得税资产和递延所得税负债的确认与计量	482
第四节	所得税费用的确认与计量	489

本章小结 493
重点概念 493
思考题 493

第十八章 会计政策、会计估计变更和差错更正 495

第一节	会计政策及其变更	496
第二节	会计估计及其变更	506
第三节	会计差错更正	510

本章小结 511
重点概念 511
思考题 512

第十九章 或有事项 513

第一节	或有事项概述	514
第二节	或有事项的确认和计量	516
第三节	或有事项会计的具体应用	521
第四节	或有事项的列报与披露	529

本章小结 530
重点概念 530
思考题 530

第二十章 资产负债表日后事项 …… 531
　第一节　资产负债表日后事项概述 …… 532
　第二节　资产负债表日后调整事项 …… 536
　第三节　资产负债表日后非调整事项 …… 542
　本章小结 …… 544
　重点概念 …… 545
　思考题 …… 545
附录 …… 546
　附录1　复利终值系数表 …… 546
　附录2　复利现值系数表 …… 547
　附录3　年金终值系数表 …… 548
　附录4　年金现值系数表 …… 549
参考文献 …… 550

第一章

总　论

> **内容提要：**▲财务会计基本理论　▲财务报告的目标　▲财务会计信息质量特征
> 　　　　　　▲会计要素　　　　　▲会计确认与计量　▲财务报告
> **学习目的及要求：**通过本章学习，主要了解财务会计的基本概念，以及财务会计与管理会计和传统财务会计的区别与联系；掌握财务目标的理论基础及财务会计概念框架的相关内容。

▶ 第一节　财务会计基本理论

一、财务会计的定义及基本特征

（一）财务会计的定义

财务会计迄今尚无严密的、统一的定义。

美国注册会计师协会（AICPA）所属的会计原则委员会（APB）认为：财务会计是会计的一个分支。它集中注意财务状况和经营成果的一般性报告即财务报表。这种报表提供了用货币表现企业的经济资源、债权以及导致经济资源和债务发生变动的经济活动的数量的一个不间断的历史。

美国会计学会（AAA）则认为：财务会计是最终旨在编制整个企业的财务报表的会计程序，这种财务报表，既可供企业内部使用，又可供企业外部使用。与此相反，管理会计则直接积累和传递企业内部各个系统的信息，只供企业内部各部门（管理）使用。

我国著名会计学家葛家澍认为：财务会计是在继承传统会计的基础上发展起来的一个重要会计分支，它基本上是一个财务会计信息系统，立足于企业、面向市场。财务会计着重按企业外部信息使用者的需要（用于评估企业的业绩和作出多种经济决策），把企业视为一个整体，以各经济体的财务会计准则（financial accounting standard）或公认会计原则（generally accepted accounting principles，GAAP）为指导，运用确认、计量、记录和报告等程序，提供关于整个企业及其分部的财务状况、经营业绩、现金流量等方面的财务报表和有助于使用者作出决策的其他报告手段。对财务报表，应由独立公正的注册会计师进行审计，对其他财务报告，在必要时则由注册会计师或外部其他专家进行审阅，这都是确保财务会计信息质量的必要步骤。

此外，还有许多关于财务会计概念的描述或定义。可见对财务会计进行科学严密的定义，并不是件容易的事。但从上述定义中我们可得出财务会计的一些基本特征。为了更好地说明财务会计的特征，首先将其与管理会计、传统财务会计进行比较，最后归纳出财务会计的特征。

财务会计与管理会计作为现代企业会计的两个分支，其本质都是经济信息系统。但它们具有各自的主要信息使用者。对信息有着不同的要求，就形成了财务会计与管理会计的主要差别。现代企业会计分化为财务会计与管理会计的原因，就是现代企业所有权和经营权的明显分离。所有者把资源委托给经营者运用，经营者则承担资源的委托责任和获取相应的报酬。现代企业实际上成为以委托和受托责任为主的一系列契约的结合。这样，每一个企业，尤其是证券上市的股份有限公司，就形成企业"内部"以管理当局为代表和企业"外部"以投资人和债权人为代表的两个互相依存而又互相矛盾的利益关系集团。以企业管理当局为代表的企业"内部"是资源受托营运方。他们的职责和关注的重点是用先进的管理方法组织经营、投资和理财活动，力求在一切领域和所有作业上能降低成本，减少风险，增强企业在市场上的竞争力；他们对企业生产经营、投资理财中的每一步骤和进程都要作出决策与评估，他们关注的是企业活动的每一个环节。以投资人和债权人为代表的企业"外部"是资源委托方。他们提供资源的目的在于期望在最低风险中取得尽可能优厚的回报。因而他们关注的乃是企业作为整体营运的结果，即一个企业及其分部的财务状况、经营业绩和现金流量，据以进行投资与信贷决策。因此，管理当局和投资人、债权人基于不同的权益或责任，需要作出不同的决策，需要不同的会计信息，最终便逐步促成了财务会计同管理会计的分离。

（二）财务会计的基本特征

20世纪初，会计理论研究已从局限于记账、算账的簿记向包括记账、算账、报账、查账的会计转变，初步建立了现代会计学。20世纪以来，会计报表分析和成本会计学等新的会计学分科相继出现。到了20世纪50年代，由于生产规模的日益社会化和生产技术与经营管理的迅速现代化，在工业发达的西方国家，一方面，电子计算机引进会计领域，促进会计数据处理电算化的研究；另一方面，传统的企业会计学分化为财务会计（financial accounting）与管理会计（managerial accounting）两门相对独立的学科。我们可以从财务会计与管理会计及传统会计的联系与区别来理解财务会计的基本特征。

1. 与管理会计比较

财务会计和管理会计两者是同源而分流的。财务会计和管理会计都是以现代企业经济活动所产生的数据为依据，通过科学的程序和方法，提供用于经济决策与控制的，以财务信息为主的经济信息。财务会计主要为外部利益关系集团服务，提供受托主体履行和完成经济责任的信息，以满足外部利益集团的需要，因此财务会计是一种社会化的会计；管理会计主要为企业内部各个层次的委托人服务，为其提供加强经济管理、提高全面经济效益和社会效益的信息，是一种个性化的会计。二者的区别主要体现在以下五个方面：

（1）从服务对象上看，财务会计面向市场、立足企业、服务外部，侧重于为企业外部关系人提供信息服务；而管理会计注视市场、立足企业、面向内部，侧重于为企业内部管理者提供信息服务。因此，财务会计常被称为外部会计，管理会计被称为内部会计。

（2）从核算对象上看，财务会计的核算对象是已完成或已发生的交易与事项，主要着眼于对企业过去的生产经营活动，进行事后归纳；而管理会计的核算对象是预计要发生和企业未来经济行为，主要着眼于企业对未来的生产经营活动进行事前的筹划。

（3）从核算方法上看，财务会计以记录、计量和报告为主；而管理会计则以预测、决策、控制和评价为主。

（4）从信息特点上看，财务会计信息面向过去，以货币信息为主；而管理会计信息面向未来，货币和非货币信息并重。

（5）从同公认会计原则的关系看，财务会计的会计处理程序和最终编制的财务报告必须符合公认会计原则或财务会计准则，而且要接受注册会计师的审计或其他专家审阅；而管理会计信息的加工和输出不受公认会计原则的约束❶。

简言之，财务会计根据公认会计原则或会计准则的要求，主要向主体外部使用者提供历史信息，而管理会计则根据管理层的需要，主要向主体内部管理层提供预测、控制和评价所需的未来信息。

2. 与传统会计比较

所谓传统会计是指从中世纪以复式簿记作为记录的手段开始，历经四五百年，逐步形成的一套由许多惯例支撑的会计系统，是在现代企业会计发展成为财务会计和管理会计之前的企业会计。在时间上是指 20 世纪 30 年代末出现公认会计原则以前。总的来看，财务会计是传统会计模式的主要继承者，但又有发展。财务会计继承了传统会计中的精华，但又按照它自己的目标（主要向企业外部提供有助于进行经济决策的有用信息）发展了传统会计。确认、计量、记录和报告四大部分的传统惯例大体上也仍然是财务会计所奉行的惯例。比如，会计的确认，以权责发生制为基础，收入的确认则遵循实现原则；会计的计量以名义货币为主要计量单位，而以历史成本为主要计量属性；会计的记录则运用以借贷为记账符号、以复式记账为特征的复式簿记系统；会计报告基于复式簿记的机制，形成了科学严密的账户系统，可自动产生两份基本的会计报表；在确认和计量中，则奉行稳健性原则等。

同时，财务会计是在传统会计基础上发展起来的，如现代财务会计要受 GAAP 或企业会计准则的约束、指导，而传统会计则不受其约束和指导。在会计确认方面，按传统会计的观点，权责发生制是唯一的确认基础，而现代财务会计以权责发生制为主，兼用收付实现制（如现金流量的确认）。在传统会计中确认原是针对收入和费用而言的，因而形成实现和配比原则，而财务会计把确认对象扩大为包括资产、负债等所有的财务报表要素，并通过财务会计概念公告提出了确认的基本标准。在会计计量方面，传统会计强调会计信息的真实可靠，主要采用历史成本为计量属性，由于考虑谨慎惯例，只对存货、有价证券等流动性较强的资产，允许按"成本与市价孰低"原则（lower of cost or market, LCM）揭示于报表。财务会计在其发展过程中，由于经历世界性的通货膨胀和金融创新，特别是由于衍生金融工具的广泛采用，历史成本的局限性日益凸现出来。因此，多种计量属性并用是现代财务会计的

---

❶我国财政部于 2016 年 6 月发布了《管理会计基本指引》，从 2017 年 9 月开始陆续发布了一系列的管理会计具体指引。这些指引只是指导单位建立管理会计体系，由单位根据自身具体情况自愿遵守而不具有强制性。

发展趋势。在会计记录技术方面，财务会计与传统会计均以复式簿记系统为记录基础。随着信息技术的发展，手工会计将为人工智能会计取代。在财务报告方面，财务会计中的"财务报告"比传统会计中的"会计报表"，不仅外延上有所扩展，而且内涵上也更为丰富。就外延而言，财务报表除包括传统会计中的资产负债表和损益表外，还包括现金流量表、表外附注和其他财务报表，并且，财务报表必须经过独立审计师的审计，其他财务报表也应请外部专家审阅。

我国著名会计学家葛家澍将财务会计的基本特征概括为：

（1）它立足企业，面向市场，主要向企业外部利益关系集团报告企业下列整体信息：报告企业期初和期末的财务状况；报告企业在一定期间的经营、投资和理财等业绩；报告企业在一定期间的现金流入、流出和现金资源的变化。

（2）财务报告（其中心为财务报表）是财务会计信息传递的手段，其中财务报表要遵守公认会计原则进行加工，并须经过注册会计师审计。

（3）财务会计的数据处理与信息加工，凡进入财务报表的，必须经过确认、计量、记录等程序。在财务报表中披露的信息要符合 GAAP 的要求并予以"确认"（recognition）。在其他财务报告中揭示的信息则称为"信息披露"（disclosure），有的是法律要求应予披露的，有的是管理当局自愿披露的。

（4）财务报告，特别是其中的财务报表，其数据皆来自过去的交易和事项，基于可比和汇总的需要，财务报表中的项目都用货币金额来表示，因此：（1）财务会计和财务报表提供的主要是历史信息；（2）财务会计和财务报表提供的量化信息主要又是货币信息；（3）财务报表中确认的金额往往是加工、汇总的结果。这是为了按企业整体（或再按企业分部）来反映其财务状况、经营业绩的需要。

（5）财务会计和财务报表是以一系列同外在经济环境相联系的基本假设（basic postulates）和基本假定（fundamental assumptions）为前提的，并在同使用者需要相联系的目标的指引下，运用一整套概念框架来建立和评估的规范体系。

（6）由于一系列假定的存在和以权责发生制为确认的基础，财务会计和财务报表允许会计人员进行合理的估评与判断。因此，对财务会计信息的质量的要求只能是可理解、可比，以及相关与可靠的，而不可能绝对客观。

二、财务会计概念框架

（一）财务会计概念框架概述

会计发展到现代，会计理论也逐步成熟起来。随着商品经济发展，经济理论的发展，特别是企业理论的发展，会计理论逐步形成了一套比较完整的体系，具体表现形式主要体现为财务会计概念框架。财务会计概念框架是"财务会计与报告的概念框架"（Conceptual Framework for Financial Accounting and Reporting）的简称，为了方便通常简称为 CF，是由一系列说明财务会计并为财务会计所应用的基本概念所组成的理论体系，是评价现有的会计准则、指导和发展未来会计准则的理论依据。一般认为，财务会计理论结构的内容包括：财务报告的目标、会计基本前提、会计要素、会计信息质量特征、会计计量、财务报告、会计程序和会计处理方法。在国际上，一般将这些内容概括为财务会计概念框架，而我国则称之为基本准则。

财务会计概念框架类似于一部会计的宪法，为一切会计理论的目标指引方向，具有以下重要作用：

（1）评估已有会计准则的质量，保证会计准则相关文件内在逻辑的一致性，避免不同准则之间的矛盾冲突，确保会计准则体系的完整性和缜密性，而且还能弥补准则中的某些缺陷，对重大会计问题的解决提供理论上的支持。

（2）指导会计准则制定机构发展新的会计准则，并为其制定指明方向。随着市场经济环境的变化和使用者提出新的信息需求而定期对会计准则加以修订和完善。同时，通过财务会计概念框架的研究，能及时展示社会经济环境变动情况下会计理论研究的最新成果，从而不断地推动会计理论研究向纵深发展。

（3）在缺乏公认会计原则的领域，起到指导会计实务的基本规范作用。即面对经济环境中出现的新情况、新问题，在缺乏相关会计准则对该业务进行规范时，可以作为替代性的规范文件。

（4）有助于会计信息使用者更好地理解财务报告所提供信息的目的、内容、性质和局限性，使其能据以做出恰当的分析判断和正确的经营决策。

目前为止，国际上已经形成两大较完善财务会计理论体系，即企业财务会计概念框架和政府或公共部门财务会计概念框架。

（二）企业财务会计概念框架

世界许多国家会计准则制定机构和国际会计准则制定机构都有自己的概念框架，这里简单介绍一下比较有名的概念框架和我国的基本准则。

国际会计准则委员会（IASC）1989 年发布了《编制和提供财务报表的框架》（*Framework of the Preparation and Presentation of Financial Statements*），改组后的国际会计准则理事会（IASB）2018 年又发布了修改后的《财务报告概念框架》（*Conceptual Framework for Financial Reporting*），主要内容包括通用目的财务报告的目标、有用财务信息的质量特征、财务报表和报告主体、财务报表的要素、计量、列报与披露、资本和资本保持的概念等八个方面。

美国财务会计准则委员会（FASB）自 1978 年起至目前陆续发布了八个概念框架，即《财务会计概念公告》（*Statement of Financial Accounting Concepts*），目前有效的有五个，包括第 4 号非商业组织的财务报告目标、第 5 号企业财务报表中的确认和计量、第 6 号财务报表的要素、第 7 号在会计计量中使用现金流量信息和现值及第 8 号通用目的财务报告的目标和有用财务信息的质量特征。

我国 2006 年发布的《企业会计准则——基本准则》起到了概念框架的作用，内容主要包括财务报告的目标、会计假设、会计信息质量要求、会计要素、会计计量和报告。2014 年财政部对其中的"公允价值"概念进行了修改。

（三）政府或公共部门财务会计概念框架

与企业财务报告概念框架一样，世界许多政府财务会计准则制定机构和国际公共部门会计准则制定机构也都制定了政府或公共部门财务报告概念框架，这里主要介绍美国联邦政府财务会计概念框架、国际公共部门财务会计概念框架和中国政府会计基本准则的大致内容。

美国联邦财务会计准则咨询委员会（Federal Accounting Standards Advisory Board，FASAB）自1993年9月发布第1号概念公告起，至2017年9月共发布了八项《联邦财务会计概念公告》（Statement of Federal Financial Accounting Concepts），依次是联邦财务报告的目标（1993），主体与列报（1995），管理层的讨论与分析（1999），美国政府合并财务报告的目标使用者和质量特征（2003），应计制基础财务报表的会计要素定义和基本确认标准（2007），主要基本信息、必要的补充信息和其他附带信息（2009），初始记录以后期间应计制基础财务报表要素的计量（2011），联邦财务报告（2017）。

2013年至2014年国际公共部门会计准则委员会（International Public Sector Accounting Standards Board，IPSASB）发布了《公共部门实体通用目的财务报告概念框架》（The Conceptual Framework for General Purpose Financial Reporting for Public Sector Entities），共八章，包括概念框架的作用和权威、通用目的财务报告的作用和使用者、质量特征、报告主体、财务报表的要素、财务报表中的确认、财务报表中资产和负债的计量、通用目的财务报告的列报。

我国财政部2015年发布了《政府会计准则——基本准则》，起到公共部门主体财务报告概念框架的作用，主要内容包括政府会计的构成及基础、政府决算报告会计和财务报告的目标、会计假设、政府会计信息质量要求、政府预算会计要素、政府财务会计要素、政府决算报告和财务报告。

▶ 第二节 财务报告的目标

一、财务报告目标的两种观点

财务报告的目标也称财务会计的目标。目标是行为想要达到的境地和标准。所谓会计目标就是会计行为活动意欲达到的理想境地或状态。会计理论体系以会计目标为起点。任何学科的研究工作，都必须首先明确学科的研究范围和目标。财务会计的目标是财务会计理论体系的基础，整个财务会计理论体系都是建立在目标的基础之上。财务会计目标主要明确为什么要提供会计信息，向谁提供会计信息，提供哪些会计信息等问题。只有财务会计目标明确了，才能进一步明确会计应当收集哪些会计数据，以及如何加工、采用何种方法进行加工和处理这些会计数据，从而以何种形式向会计信息的使用者提供有用的信息。

历史地看，随着社会经济关系的日趋复杂，会计信息使用者的范围不断扩大，对会计信息的数量和质量也提出更高的要求。如会计发展初期，其提供的会计报表主要是反映、记录和说明资产的保管与使用情况，主要向企业的业主提供。股份公司制出现以后，会计报表不仅要向股东提供，而且也要向债权人提供。随着股份公司规模的扩大，股东人数的剧增，会计报表则需要向社会提供，向社会公开。此外，企业的生产经营情况和经营成果关系到职工福利的改善，影响国家税收，政府和社会公众也关注企业的生产经营活动，也需要企业提供的会计信息。企业会计报表如何满足上述不同的使用者和不同的利益集团的需要，以及会计人员如何收集、加工、处理、披露会计信息，就成为一个基础的会计理论问题。

财务会计目标理论在财务会计理论结构中占有十分重要的地位，是财务会计理论结构的理论基石。财务会计目标从传统上来讲有两个观点，一是受托责任观，二是决策有用观。

（一）受托责任观

财务报告目标的受托责任观主要形成于公司制企业发端与成型时期，尤其是 20 世纪 20 年代，在公司制企业下，公司企业所有权与经营权分离，财产所有者将财产投入公司后不再直接干预财产的具体经营，而是委托给企业的管理层，管理层接收委托后，获得了财产的自主经营权和处置权，但负有向委托方报告其受托责任履行情况的义务，比如，财产的安全完整性和保值增值情况，这就是基于公司制的财务报告受托责任观。财务报告是委托人和受托人之间的桥梁，核心作用是揭示过去的经营活动情况和财务成果。这时，股权相对集中（比如 80%），大股东要考核经营者的经营业绩，反映受托责任的履行情况，确定经营者。为反映经营业绩，就需要确定收益，从而强调权责发生制、配比、划分收益性支出和资本性支出。在受托责任观下，会计本质上不是一个计价的过程，而是收入和成本费用的配比过程，资产负债表沦为成本摊销表，如在资产负债表中有大量的待摊费用和预提费用，计量属性主要采用历史成本。受托责任观因注重收益，形成了收入费用观（revenue-expense view），简单地说，收益的确定是由收入和费用的配比而定，强调配比原则。

（二）决策有用观

决策有用观主要源于资本市场的发展，是在证券市场日益扩大化和规范化的历史经济背景下形成的，尤其是 20 世纪 70 年代，随着公司规模越来越大，股权越来越分散（比如 12%），大部分股东不再关注于选择经营者，而是通过分析资产负债表中反映的预期给企业带来的未来现金流量信息，决定是买入股票还是卖出股票（即由用手投票变成用脚投票）。

证券市场分析师、财务分析师为了分析公司的投资价值，非常关注公司未来的现金流量；在资产负债表中，可以通过资产预测未来的现金流入，通过负债预测未来的现金流出。决策有用观因注重资产负债，形成资产负债观（asset – liability view），简单地说，收益的确定是通过净资产的期末余额减去期初余额而定，不强考虑收入费用的配比。

从 20 世纪 70 年代后，人们更重视资产负债表所提供的信息，逐渐从收入费用观转变为资产负债观，成为制定准则的主要依据。我国新准则体系就是以"资产负债观"为基础制定的。资产负债观是指会计准则制定者在制定规范某类交易或事项的会计准则时，应首先定义并规范由此类交易产生的资产或负债的计量；然后，再根据所定义的资产和负债的变化来确认收益。在资产负债观下，利润表成为资产负债表的附属产物。现将两种收益的计算比较如下：

（1）在收入费用观下，收益 = 收入 – 费用，应分别确认收入和费用；

（2）在资产负债观下，收益 = 年末净资产 – 年初净资产（假定没有所有者投入，也没有向投资者分配利润）。

为了反映资产、负债的真实情况，提高信息的相关性，在资产负债观下，主要计量属性采用公允价值。在我国许多具体准则中，可以看到"公允价值"的运用，比如，交易性金融资产以公允价值计量、投资性房地产可以用公允价值计量、非货币性交换和债务重组收到的存货等可以以公允价值计量，等等。

受托责任观和决策有用观各有侧重，并且往往与企业发展和外部环境变化相关。从国际财务报告准则和世界许多国家会计准则及其会计实务来看，目前国际会计准则理事会和各国在确定财务报告目标时，决策有用观的地位日益上升，尽管如此，但是往往还是尽可能兼顾受托责任观和决策有用观。许多学者认为，二者尽管关注点有所不同，但是它们并不矛盾，有时相互补充，可以更好地满足信息使用者的信息需要。

二、IASB、IPSASB、FASB 及 FASAB 关于财务报告目标的规定

国际会计准则理事会（IASB）、国际公共部门会计准则委员会（IPSAS）、美国财务会计准则委员会（FASB）和美国联邦政府财务会计准则咨询委员会（FASAB）都对其财务报告的目标进行了规定。

IASB 在其 2018 年 3 月公布的《财务报告概念框架》中指出，通用财务报告的目标构成《概念框架》的基础。《概念框架》的其他方面——有用财务信息的质量特征和成本约束、报告主体的概念、财务报表要素、确认和终止确认、计量、列报和披露，从逻辑上来讲源于目标。《概念框架》指出，通用财务报告的目标是向报告主体现有和潜在的投资者、贷款人和其他债权人提供在其做出向主体提供资源有关的决策时有用的财务信息。这些决定涉及以下方面的决策：（1）购买、出售或持有权益和债务工具；（2）提供或清算贷款和其他形式的信贷；（3）行使投票权或以其他方式对管理层使用主体经济资源的行为施加影响。

由于 FASB2010 年与 IASB 联合发布了修订后的概念框架，只是以《第 8 号财务会计概念声明》的名称发布而已，所以，关于企业财务报告的目标表述是一样的，在此不再赘述。IASB2018 年单独发布的《财务报告概念框架》中关于财务报告目标的内容仍沿用了 2010 年联合概念框架的内容，基本没变。

2013 年 IPSASB 在其概念框架第 2 章指出，公共部门主体财务报告的目标，是基于受托责任和决策目的向通用财务报告（GPFRs）的使用者提供有关主体的有用信息（以下称"有助于问责和决策目的"）。财务报告本身不是目的，其目的是向通用财务报告的使用者提供有用信息。财务报告的目标因此也由通用财务报告的使用者提出的要求及其信息需求而定。

美国联邦财务会计准则咨询委员会（FASAB）1993 年在其第 1 号概念框架提出了联邦财务报告的四个目标，即预算的诚实性（budgetary integrity）、运营绩效（operating performance）、受托责任（stewardship）和制度与控制（systems and control）。这些目标旨在保证联邦政府的受托责任和更好地做出受联邦政府财务信息影响的明智决策。每一个目标都反映了联邦环境，并且符合联邦财务信息现在和潜在使用者的许多需要。他们共同为了解联邦政府现在的受托责任和财务报告制度以及考虑新会计准则以成本—效率的方式增强这些制度提供了一个框架。联邦财务信息现在和潜在的使用者想用信息帮助自己了解政府通过回答下列问题是如何做的：（1）预算的诚实性：筹集联邦活动资金与花费的法律依据是什么？是根据这些法律依据进行筹资和花费的吗？还剩下多少钱？（2）运营业绩：各种项目花费了多少成本，并且它们是怎么筹集资金的？达到什么样的产出和成果？重要的资产是什么？在哪里？有效地管理了吗？在营运该项目时产生了那些负债？怎么提供的？偿还了吗？（3）受托责任：政府的财务状况是改善了还是恶化了？将来是怎么打算的？（4）制度与控制：政府有符合成本—效益的制度和控制以保障其资产的安全吗？它能否检查出可能出现的问题？一旦检查出问题它能否改正缺陷？

三、我国企业会计准则和政府会计准则关于财务报告目标的规定

我国《企业会计准则——基本准则》（2014）规定，财务会计报告的目标是向财务会计

报告使用者提供与企业财务状况、经营成果和现金流量等有关的会计信息，反映企业管理层受托责任履行情况，有助于财务会计报告使用者做出经济决策。可见，我国对企业财务报告目标的规定，兼顾了受托责任观和决策有用观，二者是统一的。

基本准则规定，财务报告的使用者主要包括投资者、债权人、政府及其有关部门和社会公众。投资者及其他会计信息使用者等所需要的许多信息是共同的。由于投资者是企业资本的主要提供者，通常情况下，若果财务报告能够满足投资者群体的会计信息需求，也就可以满足其他使用者的大部分信息需求。

我国《政府会计准则——基本准则》（2015）规定，政府会计主体应当编制决算报告和财务报告。决算报告的目标是向决算报告使用者提供与政府预算执行情况有关的信息，综合反映政府会计主体预算收支的年度执行结果，有助于决算报告使用者进行监督和管理，并为编制后续年度预算提供参考和依据。政府决算报告使用者包括各级人民代表大会及其常务委员会、各级政府及其有关部门、政府会计主体自身、社会公众和其他利益相关者。财务报告的目标是向财务报告使用者提供与政府的财务状况、运行情况（含运行成本，下同）和现金流量等有关信息，反映政府会计主体公共受托责任履行情况，有助于财务报告使用者作出决策或者进行监督和管理。政府财务报告使用者包括各级人民代表大会常务委员会、债权人、各级政府及其有关部门、政府会计主体自身和其他利益相关者。

▶第三节 财务会计信息质量特征

会计信息质量要求是对企业财务报告中所提供的会计信息质量的基本要求，是使财务报告中所提供会计信息对使用者决策有用所应具备的基本特征。我国企业会计准则基本准则对会计信息质量要求包括可靠性、相关性、可理解性、可比性、实质重于形式、重要性、谨慎性和及时性等八个方面。

一、可靠性

可靠性（reliability）要求企业应当以实际发生的交易或者事项为依据进行会计确认、计量和报告，如实反映符合确认和计量要求的各项会计要素及其他相关信息，保证会计信息真实可靠、内容完整。会计信息要有用，必须以可靠为基础，如果财务报告所提供的会计信息是不可靠的，就会给投资者等使用者的决策产生误导甚至损失。为了贯彻可靠性，企业应做到以下要求：

（1）企业应当以实际发生的交易或者事项为依据进行会计确认、计量和报告，不能以虚构的交易或者事项为依据进行会计确认、计量和报告。

（2）企业应当如实反映其所应反映的交易或者事项，将符合会计要素定义及其确认条件的资产、负债、所有者权益、收入、费用和利润等如实反映在财务报表中，刻画出企业生产经营及财务活动的真实面貌。

（3）企业应当在符合重要性和成本效益原则的前提下，保证会计信息的完整性，其中包括编报的报表及其附注内容等应当保持完整，不能随意遗漏或者减少应予披露的信息，与使用者决策相关的有用信息都应当充分披露。

二、相关性

相关性（relevance）要求企业提供的会计信息应当与财务报告使用者的经济决策需要相关，有助于财务报告使用者对企业过去、现在或者未来的情况做出评价或者预测。会计信息的价值，关键是看其与使用者的决策需要是否相关，是否有助于决策或者提高决策水平。相关的会计信息应当有助于使用者评价企业过去的决策，证实或者修正过去的有关预测，因而具有反馈价值。相关的会计信息还应当具有预测价值，有助于使用者根据财务报告所提供的会计信息预测企业未来的财务状况、经营成果和现金流量。例如，区分收入和利得、费用和损失，区分流动资产和非流动资产、流动负债和非流动负债等，都可以提高会计信息的预测价值，进而提升会计信息的相关性。

为了满足会计信息质量的相关性要求，企业应当在确认、计量和报告会计信息的过程中，充分考虑使用者的决策模式和信息需要。特定目的或者用途的信息，财务报告可能无法完全提供，企业可以通过其他形式予以提供。相关性是以可靠性为基础的，两者之间并不矛盾，不应将两者对立起来。也就是说，会计信息在可靠性前提下，应尽可能地做到相关性，以满足投资者等财务报告使用者的决策需要。

三、可理解性

可理解性（understandability）要求企业提供的会计信息应当清晰明了，便于财务报告使用者理解和使用。

企业编制财务报告、提供会计信息的目的在于使用，而要使使用者有效地使用会计信息，应当能让其了解会计信息的内涵，弄懂会计信息的内容，这就要求财务报告所提供的会计信息应当清晰明了，易于理解。只有这样，才能提高会计信息的有用性，实现财务报告的目标，满足向使用者提供决策有用信息的要求。

鉴于会计信息是一种专业性较强的信息产品，因此，在强调会计信息的可理解性要求的同时，还应假定使用者具有一定的有关企业生产经营活动和会计核算方面的知识，并且愿意付出努力去研究这些信息。对于某些复杂的信息，例如，交易本身较为复杂或者会计处理较为复杂，但其对使用者的经济决策是相关的，就应当在财务报告中予以披露，企业不能仅仅以该信息会使某些使用者难以理解而将其排除在财务报告所应披露的信息之外。

四、可比性

可比性（comparability）要求企业提供的会计信息应当具有可比性，具体包括下列要求：

（1）同一企业不同时期可比，即纵向可比。为了便于使用者了解企业财务状况、经营成果和现金流量的变化趋势，比较企业在不同时期的财务报告信息，从而全面、客观地评价过去、预测未来，从而做出决策。会计信息质量的可比性要求同一企业对于不同时期发生的相同或者相似的交易或者事项，应当采用一致的会计政策，不得随意变更。当然，满足会计信息可比性的要求，并不表示不允许企业变更会计政策，企业按照规定或者会计政策变更后可以提供更可靠、更相关的会计信息时，可以变更会计政策，以向使用者提供更为有用的信息，但是有关会计政策变更的情况，应当在附注中予以说明。

(2) 不同企业相同会计期间可比,即横向可比。为了便于使用者评价不同企业的财务状况、经营成果和现金流量的水平及其变动情况,从而有助于使用者做出科学合理的决策,会计信息质量的可比性还要求不同企业同一会计期间发生的相同或者相似的交易或者事项,应当采用规定的会计政策,确保会计信息口径一致、相互可比,即对于相同或者相似的交易或者事项,不同企业应当采用一致的会计政策,以使不同企业按照一致的确认、计量和报告基础提供有关会计信息。

五、实质重于形式

实质重于形式(substance over form)要求企业应当按照交易或者事项的经济实质进行会计确认、计量和报告,不应仅以交易或者事项的法律形式为依据。如果企业仅仅以交易或者事项的法律形式为依据进行会计确认、计量和报告,那么就容易导致会计信息失真,无法如实反映经济现实。

在实务中,交易或者事项的法律形式并不总能完全真实地反映其实质内容。所以,会计信息要想反映其所应反映的交易或事项,就必须根据交易或事项的实质和经济现实来进行判断,而不能仅仅根据它们的法律形式。例如,企业以融资租赁方式租入固定资产,虽然从法律形式来讲,企业并不拥有其所有权,但是由于租赁合同中规定的租赁期都相当长,接近于该资产的使用寿命;租赁期结束时承租企业有优先购买该资产的选择权;在租赁期内承租企业有权支配该资产并从中受益等,所以,从其经济实质来看,企业能够控制融资租入固定资产所创造的未来经济利益,在进行会计确认、计量和报告时,应当将以融资租赁方式租入的固定资产视为企业的资产,反映在企业的资产负债表上。又如,企业在销售某类商品的同时由于客户签订了售后回购协议。在这种情况下,就需要按照销售的经济实质来判断是否应当确认收入。如果企业已将商品所有权上的主要风险和报酬转移给购货方,满足了收入确认的各项条件,则销售实现,应当确认收入;如果企业没有将商品所有权上的主要风险和报酬转移给购货方,没有满足收入确认的各项条件,即使企业已将商品交付给购货方,销售也没有实现,不应当确认收入。通常应当将售后回购协议作为融资协议来处理。

六、重要性

重要性(materiality)要求企业提供的会计信息应当反映与企业财务状况、经营成果和现金流量有关的所有重要交易或者事项。在实务中,如果会计信息的省略或者错报会影响使用者据此作出经济决策的,该信息就具有重要性。重要性的应用需要依赖职业判断,企业应当根据其所处环境和实际情况,从项目的性质和金额大小两方面来判断其重要性。例如,我国要求上市公司对外提供季度财务报告。考虑到季度财务报告披露的时间较短,从成本效益原则的角度考虑,季度财务报告没有必要像年度财务报告那样披露详细的附注信息。为此,我国中期财务报告会计准则规定,公司季度财务报告附注应当以年初至本中期末为基础编制,披露自上年度资产负债表日之后发生的、有助于理解企业财务状况、经营成果和现金流量变化情况的重要交易或者事项。对于与理解本中期财务状况、经营成果和现金流量有关的重要交易或者事项,也应当在附注中作相应披露。这一附注披露的要求,就体现了会计信息质量的重要性要求。

七、谨慎性

谨慎性（conservatism）要求企业对交易或者事项进行会计确认、计量和报告时应当保持应有的谨慎，不应高估资产或者收益、不低估负债或者费用。在市场经济环境下，企业的生产经营活动面临着许多风险和不确定性，如应收款项的可收回性、固定资产的使用寿命、无形资产的使用寿命、售出存货可能发生的退货或者返修等。会计信息质量的谨慎性要求，即需要企业在面临不确定性因素的情况下做出职业判断时，保持应有的谨慎，充分估计到各种风险和损失，既不高估资产或者收益，也不低估负债或者费用。例如，要求企业对可能发生的资产减值损失计提资产减值准备、对出售商品可能发生的保修义务等确认预计负债等，就体现了会计信息质量的谨慎性要求。但是，谨慎性的应用并不允许企业设置秘密准备，如果企业故意低估资产或者收益，或者故意高估负债或者费用，将不符合会计信息的可靠性和相关性要求，损害会计信息质量，扭曲企业实际的财务状况和经营成果，从而对使用者的决策产生误导，这是企业会计准则所不允许的。

八、及时性

及时性（timeliness）要求企业对于已经发生的交易或者事项，应当及时进行会计确认、计量和报告，不得提前或者延后。会计信息的价值在于帮助使用者做出经济决策，因此具有时效性。即使是可靠、相关的会计信息，如果不及时提供，也就失去了时效性，对于使用者的效用就大大降低，甚至不再具有任何意义。在会计确认、计量和报告过程中贯彻及时性，一是要求及时收集会计信息，即在经济交易或者事项发生后，及时收集整理各种原始单据或者凭证；二是要求及时处理会计信息，即按照企业会计准则的规定，及时对经济交易或者事项进行确认或者计量，并编制出财务报告；三是要求及时传递会计信息，即按照国家规定的有关时限，及时将编制的财务报告传递给财务报告使用者，便于其及时使用和决策。

在实务中，为了及时提供会计信息，可能需要在有关交易或者事项的信息全部获得之前即进行会计处理，这样就满足了会计信息及时性要求，但可能会影响会计信息的可靠性；反之，如果企业等到与交易或者事项有关的全部信息获得之后再进行会计处理，这样的信息披露可能会由于时效性问题，对于投资者等财务报告使用者的有用性大大降低。这就需要在及时性和可靠性之间作相应权衡，以最好满足投资者等财务报告使用者的经济决策需要为判断标准。例如，我国上市公司需要按时公开披露年度财务报告的同时，还需要按季披露季度财务报告，这就是会计信息及时性的具体体现。

2010年9月国际财务报告理事会（IASB）联合美国财务会计准则委员会（FASB）共同发布了联合概念框架，IASB发布的名称是《财务报告概念框架》，FASB发布名称是《财务会计概念公告第8号：财务报告概念框架》，二者内容相同，都规定了"有用财务信息的质量特征"，提出了基本质量特征（fundamental qualitative characteristics）和强化质量特征（enhancing qualitative characteristics）两类共六项质量特征。基本质量特征，包括相关性和如实表述（faithful representation），强化质量特征包括可比性、可验证性（verifiability）、及时性和可理解性或明晰性。2018年3月国际财务报告理事会（IASB）独立发布了最新修订的《财务报告概念框架》（Conceptual Framework for Financial Reporting），其中沿用了2010年框架有关质量特征的分类和数量。

2013年国际公共部门会计准则委员会（IPSASB）在其概念框架第3章《质量特征》中提出了六项质量特征，即相关性、如实表述、可理解性、及时性、可比性和可验证性。重要性和成本效益原则对通用目的财务报告包含的信息具有约束性。

美国联邦财务会计准则咨询委员会（FASAB）1993年在其第1号概念框架中提出了六项特征，即可靠性、相关性、一致性（consistent）、可比性、可理解性和及时性。

我国财政部2015年发布的《政府会计准则——基本准则》对政府会计信息质量的要求是：可靠性、完整性、相关性、及时性、可比性、可理解性以及实质重于形式等七项质量特征。

▶第四节 会计要素

会计要素是为实现会计目标，在会计基本前提的基础上，对会计对象进行的基本分类，是会计核算对象的具体化，是会计用于反映会计主体财务状况，确定经营成果的基本单位。

会计要素建立在会计目标和会计基本前提基础之上，是为实现会计目标服务的。没有会计要素，会计信息和会计报表则缺乏提供和揭示的基本构架。同时会计要素又是会计核算的基本单位，是确定会计处理方法和会计核算程序的基础。

我国企业会计基本准则分别列示了资产、负债、所有者权益、收入、费用和利润六个要素。这六大要素可以划分为两大类，即反映财务状况的会计要素和反映经营成果的会计要素，前者包括资产、负债和所有者权益，后者包括收入、费用和利润。

国际会计准则委员会（IASC）1997年发布《编制与提供财务报表的框架》定义了五项要素，即资产、负债、权益、收益（income）和费用（expense）。其中收益要素包括收入（revenue）和利得（gain），费用要素包括费用和损失（loss）。IASB2018年发布的概念框架关于会计要素的种类和名称没有变化，但对其含义进行了修订。资产是过去事项导致的、由主体控制的现有经济资源，而经济资源是一项具有产生经济利益潜力的权利；负债是指过去事项导致的、主体转移经济资源的现时义务；权益是指主体资产扣除其所有负债后的剩余权益（residual interest）；收益是导致所有者权益增加、而与所有者投入资本无关的资产的增加或负债的减少；费用是指导致所有者权益减少、而与向所有者派给无关的资产的减少或负债的增加。

美国财务会计准则委员会（FASB）1985年发布的《财务会计概念公告第6号：财务报表的要素》（*Statement of Financial Accounting Concepts No.6: Elements of Financial Statements*）定义了十项会计要素：资产（assets）、负债（liabilities）、权益或净资产（equity or net asset）、业主投资（investments by owners）、业主派给（distributions to owner）、全面收益（comprehensive income）、收入（revenues）、费用（expenses）、利得（gains）和损失（losses）。

IPSASB在其概念框架第5章提出了六个要素：资产、负债、收入、费用、所有者投入（ownership contribution）、所有者分配（ownership distribution）。

FASAB在其第5号概念框架中提出了五个要素：资产（assets）、负债（liabilities）、净资产（net position or net asset）、收入（revenues）和费用（expenses）。

我国财政部2015年发布的《政府会计准则——基本准则》规定了八项要素，即三项预算会计：预算收入、预算支出和预算结余；五项财务会计要素：资产、负债、净资产、收入、费用。预算会计要素中，预算收入是指政府会计主体在预算年度内依法取得的并纳入预算管理的现金流入；预算支出是指政府会计主体在预算年度内依法发生并纳入预算管理的现金流出；预算结余是指政府会计主体预算年度内预算收入扣除预算支出后的资金余额，以及历年滚存的资金余额。财务会计要素中，资产是指政府会计主体过去的经济业务或者事项形成的，由政府会计主体控制的，预期能够产生服务潜力或者带来经济利益流入的经济资源。服务潜力是指政府会计主体利用资产提供公共产品和服务以履行政府职能的潜在能力。经济利益流入表现为现金及现金等价物的流入，或者现金及现金等价物流出的减少。负债是指政府会计主体过去的经济业务或者事项形成的，预期会导致经济资源流出政府会计主体的现时义务。现时义务是指政府会计主体在现行条件下已承担的义务。未来发生的经济业务或者事项形成的义务不属于现时义务，不应当确认为负债。净资产是指政府会计主体资产扣除负债后的净额。收入是指报告期内导致政府会计主体净资产增加的、含有服务潜力或者经济利益的经济资源的流入。费用是指报告期内导致政府会计主体净资产减少的、含有服务潜力或者经济利益的经济资源的流出。

目前世界各国主要有两大类会计准则制定机构，即企业会计准则指定机构为企业等营利组织制定会计标准，例如国际会计准则理事会（International Accounting Standard Board，IASB）、美国财务会计准则委员会（Financial Accounting Standards Board，FASB）和我国财政部会计准则委员会；公共部门会计准则制定机构为政府及非盈利组织等公共部门制定会计标准，例如国际公共部门会计准则委员会（International Public Sector Accounting Standard Board，IPSASB）、美国联邦会计准则咨询委员会（Federal Accounting Standard Advisory Board，FASAB）和我国财政部政府会计准则委员会。

不论是企业会计准指定机构还是公共部门会计准则指定机构，都是以概念框架为理论基础和统领，指导具体会计准则的制定，而且，概念框架大同小异❶，公共部门会计准则有趋同企业会计准则的趋势，都是财务报告的目标决定会计信息质量特征、会计要素、计量基础和财务报告。限于篇幅，本教材只讲企业会计准则的内容。

▶第五节　会计确认与计量

一、会计确认

（一）确认的概念

"确认（recognition）"作为一个重要的会计概念，最早由美国 FASB 公布的第 5 号财务会计概念公告《企业财务报表中的确认和计量》（1984 年 12 月）界定。该公告指出："确认，指将某个项目作为一项资产、负债、营业收入、费用或诸如此类的项目正式地记入或列入某一主体财务报表的过程。它包括用文字和数字描述某一项目，其金额包括在财务报表的合计数中。对于一项资产或负债而言，确认不仅要记录该项目的取得或发生，还要记录其后发生的变动，包括从财务报表中予以消除的变动"。

之后，IASC 和其他一些国家的会计准则制定机构在其公布的概念框架中，也对"确

---

❶如果读者想了解政府会计概念框架的异同，可直接阅读相关概念框架，也可以参考《财务与会计》杂志 2017 年 10 月 20 日刊出的李倩云、吴杰《政府财务会计概念框架的国际比较及启示》一文。

认"作了类似的界定。1989年7月，IASC在其公布的《编制和列报财务报表的框架》中指出："确认，指将符合要素定义，同时满足要素确认标准的项目，列入资产负债表或收益表中的过程。其涉及用文字并通过货币金额对其进行描述，且该项金额包括在资产负债表或收益表的合计数中"。

IASB《财务报告概念框架》（2018）中指出：确认是将符合财务报表某一要素（资产、负债、所有者权益、收益或费用）定义的项目列入财务状况表或财务业绩表的过程。确认包括用文字和金额描述这些报表中的项目——单独或与其他项目合计描述，也包括在该报表的一个或多个合计金额。在财务状况报表中确认的资产、负债或权益的金额被称为"账面金额（carrying amount）"。

确认涉及记录和报告两个程序。由于记录是报告的先决条件，因此，有关记录的确认程序成为"初始确认"，而有关在财务报表中的确认程序可称为"再确认"。确认还可以从其过程本身分为初始确认（initial recognition）、后续确认（subsequent recognition）和终止确认（derecognition）。

初始确认是指一项交易或事项初始发生，其每一个项目都符合确认的基本标准时，就按所确认的要素予以记录并计入财务报表。初始确认是指对任何项目的第一次确认。

后续确认是指如果一个项目在初始确认后，其价值出现增加或减少的变动就应进行的确认。后续确认的含义一般与后续计量相似。例如，存货的初始确认是在取得或购买一项存货时，但期末在资产负债表上所确认的存货价值是按成本与市价（通常指可变现净值）孰低规则进行的。这时，不仅要确认一项存货的价值而且往往要同时确认一项存货的跌价损失。这对于原先在取得时所确认的存货而言，就属于后续确认。严格意义上的后续确认仅指初始确认后对价值变化的确认。像存货的耗用、出售等存货数量的减少就不属于后续确认。固定资产的折旧也是如此（尽管折旧只反映固定资产的价值损耗，实际上在实物上它也由新变旧，也在磨损。只是这种实物的磨损尚未影响到其整个效能的发挥）。

终止确认是指已确认的项目由于确认的标准已部分或全部丧失，不再符合确认的标准，如已确认的资产由于当作担保品不再由企业拥有和控制，某项已确认的资产由于遭受自然灾害，不再成为可提供未来经济利益的资源等，都应终止确认。负债也有终止确认的问题，包括部分终止确认。例如债权人同意债务重组，免于偿还部分债务，也会导致负债的部分或全部终止确认。

广义的确认概念几乎包括确认、计量、记录和报告的全过程。但如何计量、记录和报告属于各该程序本身的技术，确认并不涉及。确认的重点即狭义的确认概念仅指：对记录来说是指应否记录，何时记录，当作哪一项要素来记录；对报告来说是指是否计入财务报表，何时计入财务报表，当作哪一项要素来报告。

（二）确认的一般标准

美国FASB公布的第5号财务会计概念公告《企业财务报表中的确认和计量》指出，某个项目只有符合以下全部条件时，才能予以确认：

（1）可定义性，即该项目应符合财务报表某要素的定义；
（2）可靠计量，即该项目有相关的属性，足以充分可靠地予以计量；
（3）相关性，即有关该项目的信息能够对信息使用者决策产生差别；
（4）可靠性，即有关该项目的信息是反映真实的、可核实的、无偏向的（可靠性）。

同时还指出，在运用这4项标准时，要考虑成本与效益原则。此外，确认还要以重要性为前提。

关于确认标准，IASB《财务报告概念框架》（2018）（简称2018CF）中指出：只有符合资产、负债或所有者权益定义的项目才能在财务状况报表中确认。同样，只有符合收益或费用定义的项目才会在财务业绩报表中确认。但是，并不是所有符合这些要素定义的项目都会被确认。2018CF的确认标准是可定义性、相关性和如实表述。

以上分析表明，有关"会计确认标准"，人们也已基本达成一致见解，即某项目应予以确认须符合以下三个条件[1]：

（1）该项目符合某财务报表要素的定义；

（2）与该项目有关的未来经济利益（未来现金流量）流入或流出企业的不确定性能明确地评估；

（3）该项目应有可计量的属性如成本、价值等，并能可靠地计量。

我国《企业会计准则——基本准则》没有对确认及确认标准进行规定，但对各会计要素的确认标准进行了规定，可参见基本准则中规定的各要素的确认条件。

二、会计计量

会计计量，是为了将符合确认条件的会计要素登记入账，并列报于财务报表而确定其金额的过程。企业应当按照规定的会计计量基础进行计量，确定相关金额。

（一）会计计量属性及其构成

计量属性，是指所予计量的某一要素的特性方面，IASB 2018CF称计量基础（measurement bases）。例如，桌子的长度、铁矿的重量、楼房的高度等。从会计的角度，计量属性反映的是会计要素金额的确定基础，我国《企业会计准则——基本准则》中的计量属性主要包括历史成本（historical cost）、重置成本（replacement cost）、可变现净值（net realizable value）、现值（present value）和公允价值（fair value）等，可参看基本准则的相关内容。

IASB 2018CF中规定的计量基础包括历史成本（historical cost）和现行价值（current value）：

历史成本计量利用从交易或其他事项的（至少部分）价格信息，提供关于资产、负债和相关收益和费用的货币信息。与现行价值不同，历史成本并不反映价值的变化，除非这些变化涉及资产的减值或负债增加。

现行价值计量利用更新的信息来反映计量日的状况，以提供有关资产、负债和相关收益和费用的货币信息。由于更新，资产和负债的现行价值反映了自上一个计量日以来，现金流量估计数和现行价值中反映的其他因素方面的变化。与历史成本不同的是，资产或负债的现行价值不是源于产生资产或负债的交易或其他事项的价格。现行价值计量基础包括：公允价值（fair value）、资产的在用价值和负债实现价值（value in use for assets and fulfilment value for liabilities）及现行成本（current cost）。

公允价值是指，在计量日，市场参与者之间的有序交易中，出售资产所收到的或转移负

---

[1] 关于确认的条件，应关注FASB和IASB联合概念框架的最新动态。

债所支付的价格。公允价值反映了市场参与者的观点，即主体可以接近的市场中的参与者。如果市场参与者以其最佳经济利益行事，资产或负债就会根据市场参与者在对资产或负债进行定价时使用的相同假设来计量。

在用价值是主体预期从资产的使用和其最终处置中获得的现金流量的现值或其他经济利益。

实现价值是主体在履行义务时预期必须转让的现金的现值或其他经济资源。这些数额的现金或其他经济资源不仅包括将转让给债权人的数额，而且还包含该主体预期有义务转让给其他当事各方以使其能够履行债务的数额。

资产的现行成本是计量日类似资产（equivalent asset）的成本，包括在计量日支付的金额加上该日发生的交易成本。负债的现行成本是计量日收到的类似债务的金额减去该日发生的交易成本。现行成本，与历史成本一样，是资产入账价值（entry value）：它反映了主体获得资产或承担债务的市场价格。因此，它不同于公允价值、在用价值和实现价值，这些是脱手价值（exit values）。但是，与历史成本不同，现行成本反映了计量日的状况。

（二）会计计量属性之间的关系

在各种计量属性中，历史成本通常反映的是资产或者负债过去的价值，而重置成本、可变现净值、现值以及公允价值通常反映的是资产或者负债的现时成本或者现时价值，是与历史成本相对应的计量属性。当然这种关系也并不是绝对的。比如，资产或者负债的历史成本有时就是根据交易时有关资产或者负债的公允价值确定的，在非货币性资产交换中，如果交换具有商业实质，且换入换出资产的公允价值能够可靠计量的，换入资产入账成本的确定应当以换出资产的公允价值为基础，除非有确凿证据表明换入资产的公允价值更加可靠；在非同一控制下的企业合并交易中，合并成本也是以购买方在购买日未取得对被购买方的控制权而付出的资产、发生或承担的负债等的公允价值确定的。再比如，在应用公允价值时，当相关资产或者负债不存在活跃市场的报价或者不存在同类或者类似资产的活跃市场报价时，需要采用估值技术来确定相关资产或者负债的公允价值时，现值往往是比较普遍采用的一种估值方法，在这种情况下，公允价值就是以现值为基础确定的。另外，公允价值相对于历史成本而言，具有很强的时间概念，也就是说，当前环境下某项资产或者负债的历史成本可能是过去环境下该资产或负债的公允价值，而当前环境下某项资产或负债的公允价值也许就是未来环境下该项资产或负债的历史成本。

（三）会计计量属性的应用原则

会计计量属性尽管包括历史成本、重置成本、可变现净值、现值和公允价值等，但是企业在对会计要素进行计量时，应当严格按照规定选择相应的计量属性。一般情况下，对于会计要素的计量，应当采用历史成本计量属性，例如，企业购入存货、建造厂房、生产产品等，应当以所购入资产发生的实际成本作为资产计量的金额。

但是在某些情况下，如果仅仅以历史成本作为计量属性，可能难以达到会计信息的质量要求，不利于实现财务报告的目标，有时甚至会损害会计信息质量，影响会计信息的有用性。例如，企业持有的衍生金融工具往往没有实际成本，或者即使有实际成本，实际成本也与其价值相差甚远。因此，如果按照历史成本对衍生金融工具进行计量的话，大量的衍生金融工具交易将成为表外事项，与衍生金融工具有关的价值及其风险信息将无法得到充分披露。在这种情况下，为了提高会计信息的有用性，向使用者提供更为有用的与决策相关的信息，就有必要采用其他计量属性（比如公允价值）进行会计计量，以弥补历史成本计量属性的缺陷。

鉴于应用重置成本、可变现净值、现值、公允价值等其他计量属性，往往需要依赖于估计，为了使所估计的金额在提高会计信息的相关性的同时，又不影响其可靠性，企业会计准则要求企业应当保证根据重置成本、可变现净值、现值、公允价值所确定的会计要素金额能够取得并可靠计量；如果这些金额无法取得或者可靠地计量的，则不允许采用其他计量属性。

在企业会计准则体系建设中适度、谨慎地引入公允价值这一计量属性，是随着我国资本市场的发展，股权分置改革的基本完成，越来越多的股票、债券、基金等金融产品在交易所挂牌上市，使得这类金融资产的交易已经形成了较为活跃的市场，因此，我国已经具备了引入公允价值的条件。在这种情况下，引入公允价值，更能反映企业的现实状况，对投资者等财务报告使用者的决策更加有用，而且也只有如此，才能实现我国会计准则与国际财务报告准则的趋同。

▶第六节 财务报告

一、财务报告的概念

财务报告，是指企业对外提供的反映企业某一特定日期的财务状况和某一会计期间的经营成果、现金流量等会计信息的文件。根据财务报告的定义，财务报告具有以下几层含义：

（1）财务报告应当是对外报告，其服务对象主要是投资者、债权人等外部使用者，专门为了内部管理需要的、具有特定目的的报告不属于财务报告的范畴；

（2）财务报告应当综合反映企业的生产经营状况，包括某一时点的财务状况和某一时期的经营成果与现金流量等信息，以勾画出企业整体和全貌；

（3）财务报告必须形成一个系统的文件，不应是零星的或者不完整的信息。

财务报告是企业财务会计确认与计量的最终结果的体现，投资者等使用者主要是通过财务报告来了解企业当前的财务状况、经营成果和现金流量等情况，从而预测未来的发展趋势。因此，财务报告是向投资者等财务报告使用者提供决策有用信息的媒介和渠道，是沟通投资者、债权人等使用者与企业管理层之间信息的桥梁和纽带。

随着我国改革开放的深入和市场经济体制的完善，财务报告的作用日益突出，我国会计法、公司法、证券法等出于保护投资者、债权人等利益的需要，也规定企业应当定期编报财务报告。

二、财务报告的组成

财务报告包括财务报表和其他应当在财务报告中披露的相关信息和资料。其中，财务报表由报表本身及其附注两部分构成。附注是财务报表的有机组成部分，而报表至少应当包括资产负债表、利润表、现金流量表和所有者权益变动表等报表。小企业编制的报表可以不包括现金流量表。

资产负债表是反映企业在某一特定日期的财务状况的会计报表。企业编制资产负债表的目的是通过如实反映企业的资产、负债和所有者权益的金额及其结构情况,从而有助于使用者评价企业资产的质量以及短期偿债能力、长期偿债能力、利润分配能力等。

利润表是反映企业在一定会计期间的经营成果的会计报表。企业编制利润表的目的是通过如实反映企业实现的收入、发生的费用以及应当计入当期利润的利得和损失金额及其结构等情况,从而有助于使用者分析评价企业的盈利能力及其构成与质量等。

现金流量表是反映企业在一定会计期间的现金和现金等价物流入和流出的会计报表。企业编制现金流量表的目的是通过如实反映企业各项活动的现金流入、流出情况,从而有助于使用者评价企业的现金流和资金周转情况。

所有者权益变动表是反映构成所有者权益的各组成部分当期的增减变动情况的报表。所有者权益变动表应当全面反映一定时期所有者权益变动的情况,不仅包括所有者权益总量的增减变动,还包括所有者权益增减变动的重要结构性信息,有助于报表使用者理解所有者权益增减变动的根源。

附注是对在会计报表中列示项目所作的进一步说明,以及对未能在这些报表中列示项目的说明等。企业编制附注的目的是通过在财务报表本身之外披露补充信息,以更加全面、系统地反映企业财务状况、经营成果和现金流量的全貌,从而有助于向使用者提供更为有用的信息,便于其做出更加科学合理的决策。

财务报表是财务报告的核心内容,除了财务报表之外,财务报告还应当包括其他相关信息,具体可以根据有关法律法规的规定和外部使用者的信息需求而定。如企业可以在财务报告中披露其承担的社会责任、对社区的贡献、可持续发展能力等信息,这些信息对于使用者的决策也是相关的,尽管属于非财务信息,无法包括在财务报表中,但是,如果有规定或者使用者有需求的,企业应当在财务报告中予以披露,有时企业也可以自愿在财务报告中披露相关信息。我国财务报告的格式见第十五章。

我国财政部 2015 年发布的《政府会计准则——基本准则》规定政府会计主体应当编制决算报告和财务报告。政府决算报告是综合反映政府会计主体年度预算收支执行结果的文件。政府决算报告应当包括决算报表和其他应当在决算报告中反映的相关信息和资料,其编制主要以收付实现制为基础,以预算会计核算生成的数据为准。政府财务报告是反映政府会计主体某一特定日期的财务状况和某一会计期间的运行情况和现金流量等信息的文件,其编制主要以权责发生制为基础,以财务会计核算生成的数据为准。政府财务报告应当包括财务报表和其他应当在财务报告中披露的相关信息和资料。政府财务报告包括政府综合财务报告和政府部门财务报告。政府综合财务报告是指由政府财政部门编制的,反映各级政府整体财务状况、运行情况和财政中长期可持续性的报告。政府部门财务报告是指政府各部门、各单位按规定编制的财务报告。财务报表是对政府会计主体财务状况、运行情况和现金流量等信息的结构性表述,包括会计报表和附注。会计报表至少应当包括资产负债表、收入费用表和现金流量表。政府资产负债表是反映政府会计主体在某一特定日期的财务状况的报表。政府收入费用表是反映政府会计主体在一定会计期间运行情况的报表。政府现金流量表是反映政府会计主体在一定会计期间现金及现金等价物流入和流出情况的报表。附注是对在资产负债表、收入费用表、现金流量表等报表中列示项目所作的进一步说明,以及对未能在这些报表中列示项目的说明。

美国联邦财务会计准则咨询委员会 2017 年在其第 8 号联邦财务会计概念公告中给出了

联邦财务报告主体的财务报告体系,如图1-1所示。

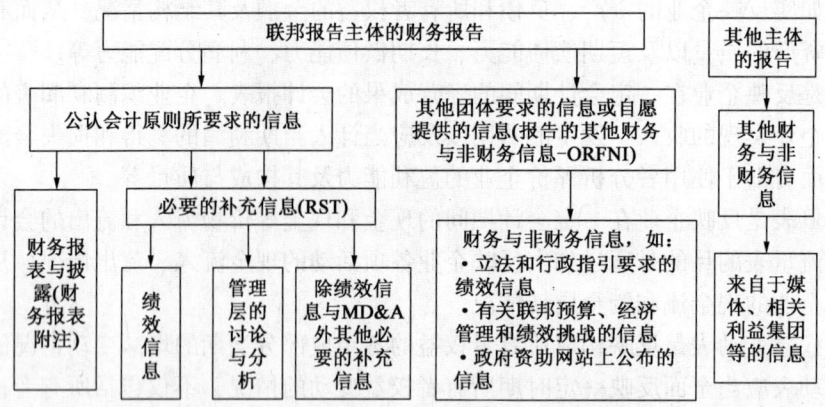

图1-1 美国联邦报告主体的财务报告体系
资料来源:《联邦财务会计概念公告第8号:联邦财务报告》(Statement of Federal Financial Accounting Concepts 8: Federal Financial Reporting, 2017)

本章小结

本章着重论述了财务会计的定义,基本特征,与管理会计、传统财务会计的区别与联系,财务会计理论结构的内容,财务会计目标,会计基本前提,会计要素,会计信息质量特征,各会计计量属性及其之间的关系以及财务报告及其构成。同时,本章还简单比较了IASB、FASB概念框架与我国企业会计基本准则之间的异同,IPSASB、FASAB与我国政府会计基本准则的异同。

重点概念

财务报告目标、可靠性、相关性、可理解性、可比性、实质重于形式、重要性、谨慎性、及时性、历史成本、重置成本、可变现净值、现值、公允价值、决策有用观与受托责任观、收入费用观与资产负债观。

思 考 题

1. 试比较我国《企业会计准则——基本准则》与FASB及IASB的财务会计概念框架有何异同?为什么?
2. 试比较我国《政府会计准则——基本准则》与FASAB及IPSASB的会计概念框架有何异同?为什么?
3. 试比较我国《企业会计准则——基本准则》与《政府会计准则——基本准则》有何异同?为什么?
4. 我国基本准则中,财务报告的目标、质量特征、计量基础和财务报告有何关系?
5. 为什么要制定财务会计概念框架?概念框架与具体准则有何关系?
6. 财务会计与管理会计有何区别?我国为什么要推动财务会计工作转型升级?

第二章

货 币 资 金

> **内容提要**：▲货币资金概述　▲现金　▲银行存款及其结算方式　▲其他货币资金
> **学习目的及要求**：了解货币资金的具体内容和库存现金短缺、溢余的会计处理；掌握各种银行存款结算方式及其相关其他货币资金的会计处理；熟悉货币资金的管理规定与内部控制要求。

▶第一节　货币资金概述

一、货币资金的特点及其组成

货币资金是指企业所拥有的处于货币形态的资金。货币资金按存放的地点和用途不同，分为库存现金、银行存款及其他货币资金。库存现金是指存放在企业财务部门、由出纳人员保管的用于日常零星支出的货币，是狭义的现金概念。广义的现金包括库存现金、银行活期存款和其他符合现金定义的单证，如保付支票、银行汇票、银行本票等。货币资金是企业流动性最强的资产。银行存款是指企业存放于银行和其他金融机构的货币资金。其他货币资金是指企业除库存现金、银行存款以外的其他各种货币资金，主要包括外埠存款、银行汇票存款、银行本票存款、在途货币资金和信用证存款等。

货币资金作为标准的支付手段，其主要特点是具有广泛的可接受性和最强的流动性，可以有效地立即用来购买商品、货物、劳务或偿还债务。由于货币资金是社会一般财富的代表，是唯一能够转化成其他任何类型资产的资产，所以极易被盗窃、挪用、短缺或发生其他舞弊行为。同时，货币资金既是生产的开始形态，又是生产的终结形态，连接着企业生产与再生产两次循环，涉及每次循环的各个环节。因此，货币资金的流动是否合理和恰当，对企业的资金周转与经营成败影响极大。因此，必须加强货币资金的内部控制。

二、货币资金内部控制的规定

为了规范企业的内部会计控制，财政部于 2001 年 6 月 22 日发布了《内部会计控制规范——基本规范（试行）》和《内部会计控制规范——货币资金（试行）》。这两个规范作为《会计法》的配套规章，是解决当时一些单位内部管理松弛、控制弱化的重要举措。随着经济的不断发展，为进一步加强和规范企业内部控制，财政部会同证监会、审计署、银监会、保监会于2008年制定了《企业内部控制基本规范》，并于2010年在此基础上出台了《企业内部控制配套指引》❶。该配套指引与《企业内部控制基本规范》的发布，标志着适应我国企业实际情况、融合国际先进经验的中国企业内部控制规范体系基本建成。其中，《企业内部控制应用指引第6号——资金活动》对我国企业的货币资金管理进行了规范。

一般说来，货币资金的管理和控制应当遵循如下原则：

（1）严格的岗位分工与职责批准，即将涉及货币资金的不相容职责分别由不同人员承担，形成严密的内部牵制制度，以减少和降低货币资金管理上舞弊的可能性；应当建立资金授权制度和审核批准制度，并按照规定的权限和程序办理资金支付业务。

（2）实行交易分开，即将现金支出业务和现金收入业务分开处理，防止将现金收入直接用于现金支出的坐支行为。

（3）实施内部稽核，即设置内部稽核单位和人员，建立内部稽核制度，以加强对货币资金管理的监督，及时发现货币资金管理中存在的问题，以便及时改进对货币资金的管理控制。

（4）实施定期轮岗制度，即对涉及货币资金管理和控制的业务人员定期轮换岗位。通过轮换岗位，减少货币资金管理和控制中产生舞弊的可能性，并及时发现有关人员的舞弊行为。

（5）加强票据与有关印章的管理。应当加强与资金相关的票据的管理，明确各种票据的购买、保管、领用、背书转让、注销等环节的职责权限和处理程序，并专设登记簿进行记录，防止空白票据的遗失和被盗用；加强银行预留印章的管理，财务专用章应当由专人保管，个人名章应当由本人或其授权人员保管，不得由一个人保管支付款项所需的全部印章。

▶第二节 库存现金

一、现金管理制度

（一）现金使用范围

根据国家现金管理制度和结算制度的规定，企业收支的各种款项必须按照国务院颁发的《现金管理暂行条例》的规定办理，在规定的范围内使用现金。允许使用现金结算的范围是：

（1）支付职工个人的工资、津贴；
（2）支付城乡居民个人的劳务报酬；
（3）根据规定颁发给个人的科学技术、文化艺术、体育等各种奖金；
（4）各种劳保、福利费用以及国家规定的对个人的其他支出；
（5）向个人收购农、副产品和其他物资的价款；
（6）出差人员必须随身携带的差旅费；

---

❶该配套指引包括18项《企业内部控制应用指引》、1项《企业内部控制审计指引》和1项《企业内部控制评价指引》。

(7) 结算起点（1 000元）以下的零星支出；

(8) 中国人民银行确定需要支付现金的其他支出。

属于上述现金结算范围的支出，企业可以根据需要向银行提取现金支付，不属于上述现金结算范围的款项支付一律通过银行转账结算。

（二）库存现金的限额

库存现金的限额是指为了保证各单位日常零星开支的需要，按规定允许留存的现金的最高数额。这一限额由开户银行根据单位的实际需要和距离远近等情况核定。其限额一般按照单位3~5天日常零星开支所需现金确定。边远地区或交通不便地区的开户单位的企业，可按多于5天、但不得超过15天的日常零星开支的需要确定。经核定的库存现金限额，开户单位必须严格遵守，超过部分应于当日终了前存入银行。需要增加或者减少库存现金限额的，应当向开户银行提出申请，由开户银行核定。

（三）现金收支的规定

开户单位现金收支应当依照下列规定办理：

(1) 开户单位现金收入应当于当日送存开户银行，当日送存确有困难的，由开户银行确定送存时间。

(2) 开户单位支付现金，可以从本单位库存现金限额中支付或从开户银行提取，不得从本单位的现金收入中直接支付（即坐支）。因特殊情况需要坐支现金的，应当事先报经开户银行审查批准，由开户银行核定坐支范围和限额。坐支单位应当定期向开户银行报送坐支金额和使用情况。

(3) 开户单位从开户银行提取现金时，应当写明用途，由本单位财会部门负责人签字盖章，经开户银行审核后，予以支付。

(4) 因采购地点不确定，交通不便，生产或市场急需，抢险救灾以及其他特殊情况必须使用现金的，开户单位应向开户银行提出申请，由本单位财会部门负责人签字盖章，经开户银行审核后，予以支付现金。

二、现金的序时核算

为了序时、详细地反映现金收支动态和结存余额，便于检查现金收支的合理性和合法性，防止现金收支差错和产生舞弊，保护现金的安全，企业财会部门应设置现金日记账进行现金的序时核算。现金日记账一般采用收付余三栏式，其中收入栏和支出栏，是根据审核无误的现金收付款凭证，按照经济业务发生的先后时间顺序，由出纳人员逐日逐笔登记。每日终了，应计算本日现金收入、支出的合计数和结存数，并同库存现金实存数核对，做到日清月结，保证账款相符。月末终了，应将现金日记账的余额与现金总账余额核对相符。

三、现金的总分类核算

为了总括反映企业库存现金的收支和结存情况，企业应设置"库存现金"账户进行总分类核算。该账户是资产类账户，用于核算企业库存现金的增减变动及结余情况。"库存现金"科目可以根据现金收付款凭证和银行存款、付款凭证直接登记，如果企业日常现金收支量较大，为简化会计处理工作，可以采用汇总记账凭证或科目汇总表等核算形式，根据汇总收付款凭证或科目汇总表定期或月终登记"库存现金"科目。登记"库存现金"科目时，收入现金，借记"库存现金"科目，贷记"主营业务收入""应收账款"等有关科目；支出现金时贷记"库存现金"科目，借记"材料采购"等有关科目。

四、备用金

单独设置"备用金"科目的企业，由企业财务部门单独拨给企业内部各单位周转使用的备用金，借记"备用金"科目，贷记"库存现金"科目或"银行存款"科目。自备用金中支付零星支出，应根据有关的支出凭单，定期编制备用金报销清单，定期补足备用金，借记"管理费用"等科目，贷记"库存现金"科目或"银行存款"科目。除了增加或减少拨入的备用金以外，使用或报销有关备用金时，不再通过"备用金"科目。

五、现金清查

为了及时、准确地反映库存现金的余额，加强对出纳工作的监督，确保库存现金的安全、完整，防止各种非法行为的发生，企业应经常对库存现金进行清查，做到日清月结、账款相符。库存现金的清查，包括出纳人员的每日清点核对和清查小组的定期或不定期清查。清查的主要方法是进行实地盘点，即由出纳人员和会计人员（或清查小组）将现金的实有数（盘点数）与账面余额进行核对。盘点后，应按清查结果及时填制"现金盘存报告单"，列明实存、账存及盘盈盘亏金额。如果发现账存金额与实际金额不符，应通过"待处理财产损溢——待处理流动资产损溢"账户加以反映：属于现金短缺的金额，借记"待处理财产损溢——待处理流动资产损溢"科目，贷记"库存现金"科目；属于现金溢余，按实际溢余金额，借记"库存现金"科目，贷记"待处理财产损溢——待处理流动资产损溢"科目。待查明原因后作如下处理：

如为现金短缺，属于应由责任人赔偿的部分，借记："其他应收款——应收现金短缺款（××个人）"或"库存现金"等科目，贷记"待处理财产损溢——待处理流动资产损溢"科目；属于应由保险公司赔偿的部分，借记"其他应收款——应收保险赔款"科目，贷记"待处理财产损溢——待处理流动资产损溢"科目；属于无法查明的其他原因，根据管理权限，经批准后处理，借记"管理费用——现金短缺"科目，贷记"待处理财产损溢——待处理流动资产损溢"科目。

如为现金溢余，属于应支付给有关人员或单位的，应借记"待处理财产损溢——待处理流动资产损溢"科目，贷记"其他应付款——应付现金溢余（××个人或单位）"科目；属于无法查明的现金溢余，经批准后，借记"待处理财产损溢——待处理流动资产损溢"科目，贷记"营业外收入——现金溢余"科目。

▶第三节 银行存款及其结算方式

银行存款是企业存放在银行或其他金融机构的货币资金。根据国家有关规定，凡是独立核算的企业都必须在当地银行开设账户。企业在银行开设账户后，必须遵守现金管理制度和银行存款管理制度，加强对银行存款的管理，接受银行的监督。

一、银行存款管理制度

按照国家《支付结算办法》的规定，企业应在银行开立账户，办理存款、取款和转账结算。企业在银行开立人民币存款账户，必须遵守中国人民银行《银行账户管理办法》的各项规定。

（一）银行存款开户的有关规定

银行存款账户分为基本存款账户、一般存款账户、临时存款账户和专用存款账户。

基本存款账户是企业办理日常结算和现金收付的账户。企业的工资、奖金等现金的支取，只能通过基本存款账户办理；一般存款账户是企业在基本存款账户以外的银行借款转存、与基本存款账户的企业不在同一地点的附属非独立核算单位的账户，企业可以通过本账户办理转账结算和现金缴存，但不能办理现金支取；临时存款账户是企业因临时经营活动需要开立的账户，企业可以通过本账户办理转账结算和根据国家现金管理的规定办理现金收付；专用存款账户是企业因特定用途开立的账户。一个企业只能选择一家银行的一个营业机构开立一个基本存款账户，不得在多家银行机构开立基本存款账户。

企业在银行开立账户后，可到银行购买各种银行往来使用的凭证（如送款簿、进账单、现金支票、转账支票等），用以办理银行存款的收付款项。企业除了按规定留存的库存现金以外，所有货币资金都必须存入银行，企业与其他单位的一切收付款项，除制度规定可以用现金支付的部分外，都必须通过银行办理转账结算。因此，企业不仅要在银行开立账户，而且账户内必须要有可供支付的存款。

（二）银行结算纪律

企业通过银行办理结算时，应当执行国家各项管理办法和结算制度。

中国人民银行1997年9月19日颁布的《支付结算办法》规定：

（1）单位和个人办理支付结算，不准签发没有资金保证的票据或远期支票，套取银行信用；

（2）不准签发、取得和转让没有真实交易和债权债务的票据，套取银行和他人资金；

（3）不准无理拒绝付款，任意占用他人资金；

（4）不准违反规定开立和使用账户。

二、银行存款业务的会计处理

为了加强对银行存款的管理，及时掌握银行存款收付的动态和结存余额，企业应按银行或其他金融机构名称、存款种类，分别设置"银行存款日记账"，由出纳人员根据审核无误的收款、付款凭证，按照业务发生的顺序，逐日逐笔登记，并结出账面余额。"银行存款日记账"应定期与"银行对账单"核对，至少每月核对一次，发现差错，应及时更正。月份终了，"银行存款日记账"的余额必须与"银行存款"总账科目的余额核对相符。

企业应加强对银行存款的管理，并定期对银行存款进行检查，如果有确凿证据表明存在银行或其他金融机构的款项已经部分或全部不能收回，例如，吸收存款的单位已宣告破产，其破产财产不足以清偿的部分，或全部不能清偿的，应作为当期损失，冲减银行存款，借记"营业外支出"科目，贷记"银行存款"科目。

为了反映和监督银行存款的收支结存情况，企业应在总分类核算中设立"银行存款"账户。存入银行的款项，记入该科目的借方；从银行取用或银行转账付出的款项，记入该科目的贷方，账户的借方余额表示存放在银行的存款余额。"银行存款"账户，可直接根据银行存款的收、付款凭证和现金付款凭证逐笔登记；也可以定期汇总有关收付款凭证，采用汇总记账凭证或科目汇总表等核算形式，登记"银行存款"总账及其有关账户。

三、银行结算方式的种类

银行结算，又称非现金结算，是指企业的开户银行把款项从付款单位结算存款户划到收款单位的结算存款户的货币收付。根据中国人民银行有关结算办法规定，目前企业发生的货币资金收支结算业务，除了国家规定的现金使用范围允许以现金结算者外，都必须通过开户银行办理转账结算。实行银行转账结算，国家不仅可以通过银行对企业的经济活动情况进行货币监督，而且还有助于促进企业信守合同，维护购销双方的权益，加速资金的周转。同时还能减少现金流通，保证资金的安全完整。

银行转账结算的方式主要有银行汇票、商业汇票、银行本票、支票、汇兑、委托收款、托收承付、信用证、信用卡九种结算方式。

（一）银行汇票

银行汇票是汇款人将款项交存当地出票银行，由出票银行签发的，由其在见票时，按照实际结算金额无条件支付给收款人或持票人的票据。银行汇票具有使用灵活、票随人到、兑现性强的特点，适用于异地之间各种款项的结算，特别是企业先收款后发货或者钱货两清的商品交易。单位和个人各种款项结算均可使用银行汇票。

银行汇票可以用于转账，填明"现金"字样的银行汇票也可以用于支取现金。银行汇票的付款期限为自出票日起1个月内。超过付款期限提示付款不获付款的，持票人须在票据权利时效内向出票银行作出说明，并提供本人身份证件或单位证明，持银行汇票和解讫通知向出票银行请求付款。

银行汇票的收款人可以将银行汇票背书转让给他人。背书转让以不超过出票金额的实际结算金额为限，未填写实际结算金额或实际结算金额超过出票金额的银行汇票不得背书转让。

采用银行汇票结算方式，汇款人首先应向银行提交"银行汇票委托书"，详细列明汇入地点、汇入银行、收款单位或个人名称、汇款用途和金额等内容。不得转汇的汇票，应在备注栏中注明。签发银行受理银行汇票委托书、收款后，就可签发银行汇票交给汇款方。企业办理银行汇票时减少结算户存款，增加银行汇票存款。收款单位收到银行汇票，经审核无误后，在汇款金额以内，根据实际应收金额办理结算，并将应收金额和多余金额均填入银行汇票，在汇票背面加盖印章。然后，连同进账单等凭证送交开户银行，将应收款转入存款账户。银行汇票结算的程序如图2-1所示。

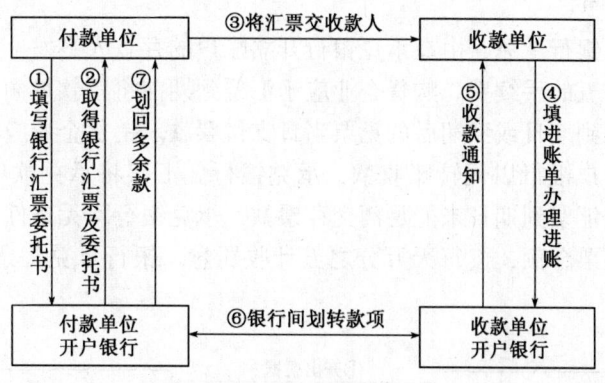

图 2-1 银行汇票结算程序

(二) 商业汇票

商业汇票是出票人签发的,委托付款人在指定日期无条件支付确定的金额给收款人或持票人的票据。在银行开立账户的法人以及其他组织之间须具有真实的交易关系或债权债务关系,才能使用商业汇票。商业汇票的付款期限由交易双方确定,但最长不得超过 6 个月。商业汇票的提示付款期限自汇票到期日起 10 日内。

商业汇票可以背书转让。符合条件的商业汇票的持票人可持未到期的商业承兑汇票连同贴现凭证,向银行申请贴现。

商业汇票按其承兑人不同分为商业承兑汇票和银行承兑汇票两种。

1. 商业承兑汇票

商业承兑汇票是由收款人签发,经付款人承兑,或由付款人签发并承兑的票据。承兑时,购货企业应在汇票正面记载"承兑"字样和承兑日期并签章。承兑不得附有条件,否则视为拒绝承兑。汇票到期时,购货企业的开户银行凭票将票款划给销货企业或贴现银行。销货企业在提示付款期限内通过开户银行委托收款或直接向付款人提示付款。对于异地委托收款的,销货企业可匡算邮程,提前通过开户银行委托收款。汇票到期时,如果购货企业的存款不足支付票款,开户银行应将汇票退还销货企业,银行不负责付款,由购销双方自行处理。商业承兑汇票结算程序如图 2-2 所示。

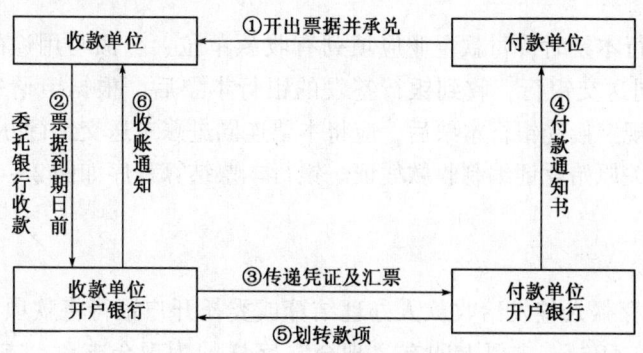

图 2-2 商业承兑汇票结算程序

2. 银行承兑汇票

银行承兑汇票由银行承兑，由在承兑银行开立账户的存款人签发。承兑银行按票面金额向出票人收取万分之五的手续费。购货企业应于汇票到期前将票款足额交存其开户银行，以备由承兑银行在汇票到期日或到期后的见票当日支付票款。销货企业应在汇票到期时，将汇票连同进账单送交开户银行以便转账收款，承兑银行凭汇票将承兑款项无条件转给销货企业。如果购货企业于汇票到期日未能足额交存票款，承兑银行除无条件向持票人付款外，对出票人尚未支付的汇票金额，按每天万分之五计收罚息。银行承兑汇票结算程序如图2-3所示。

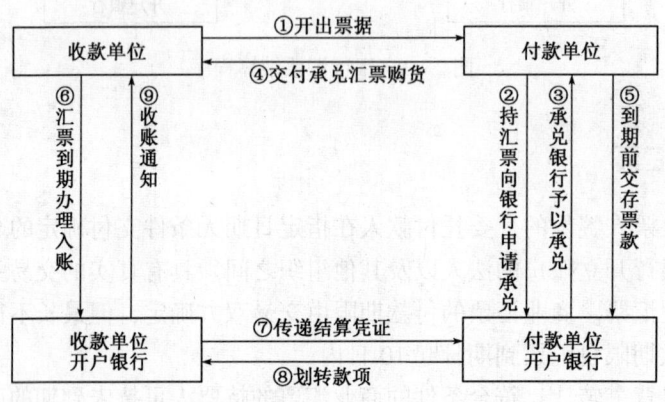

图2-3 银行承兑汇票结算程序

（三）银行本票

银行本票是申请人将款项交存银行，由银行签发银行本票给申请人凭以办理转账结算或支取现金的票据。银行本票有定额和不定额两种。定额银行本票面额分为1 000元、5 000元、10 000元和50 000元四种。不定额银行本票起点金额为100元。在票面划去转账字样的，为现金本票。银行本票一律记名，可以背书转让，付款期限为自出票日起最长不超过2个月。银行本票由签发银行兑付，且见票即付，信用度高。用银行本票购买材料物资，销货方可以见票付货，购货方可以凭票提货；债权债务双方可以凭票清偿；收款人将本票交存银行，银行即可为其入账。无论单位或个人，在同一票据交换区域支付各种款项，都可以使用银行本票。

在申请使用银行本票时，付款企业应填列有收款单位、金额与用途的"银行本票申请书"，并将款项一同送交银行，收到银行签发的银行本票后，根据申请书存根编制付款凭证。收款单位按照规定接受银行本票后，应将本票连同进账单送交银行办理转账，根据盖章退回的进账单和有关原始凭证编制收款凭证。银行本票结算程序如图2-4所示。

（四）支票

支票是由银行存款人签发给收款人办理结算或委托开户银行将款项支付给收款人的票据。支票由银行统一印制，支票上印有"现金"字样的为现金支票。支票上印有"转账"字样的为转账支票，转账支票只能用于转账。未印有"现金"或"转账"字样的为普通支

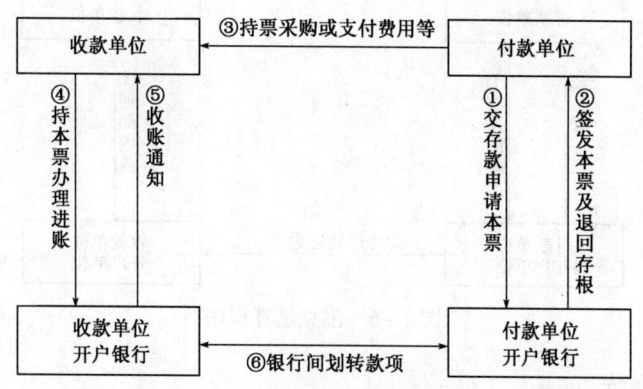

图 2-4 银行本票结算程序

票，普通支票可以用于支取现金，也可以用于转账。在普通支票左上角划两条平行线的，为划线支票，划线支票只能用于转账，不得支取现金。

支票的提示付款期限为自出票日起 10 日内，中国人民银行另有规定的除外。超过提示付款期限的，持票人开户银行不予受理，付款人不予付款。转账支票可以根据需要在票据交换区域内背书转让。存款人领购支票，必须填写"票据和结算凭证领用单"并加盖预留银行印鉴。存款账户结清时，必须将剩余的空白支票全部交回银行注销。

企业财会部门在签发支票之前，出纳人员应该认真查明银行存款的账面结余数额，防止签发超过存款余额的空头支票。签发空头支票，银行除退票外，还按票面金额处以 5% 但不低于 1000 元的罚款。持票人有权要求出票人赔偿支票金额 2% 的赔偿金。签发支票时，应将支票上的各要素填写齐全，并在支票上加盖其预留银行印鉴。支票结算程序如图 2-5 所示。

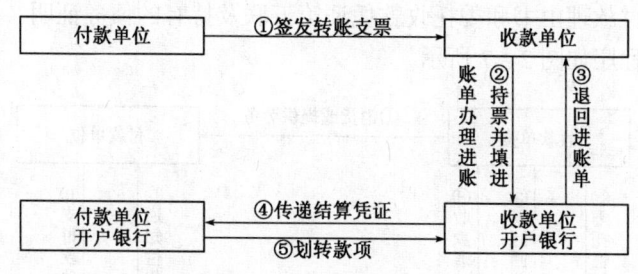

图 2-5 支票结算程序

（五）汇兑

汇兑是汇款人委托银行将款项汇往异地的收款单位或个人的结算方式。汇兑分信汇、电汇两种形式，适用于异地之间各种款项的结算。汇兑结算方式便于汇款单位主动向外地收款单位付款，划拨款项简便灵活。采用汇兑方式办理结算时，汇款人应填制列有收款单位名称、汇款金额和用途的信汇凭证或电汇凭证，送交开户银行。付款单位对于汇出的款项，应在向银行办理汇款后，根据汇款回单编制付款凭证。收款单位对于汇入的款项，应在收到银行收账通知时，据以编制收款凭证。汇兑结算程序如图 2-6 所示。

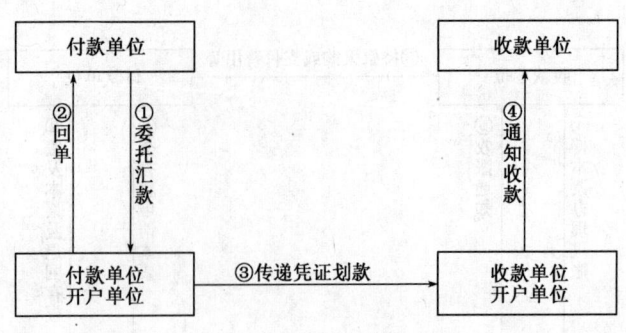

图 2-6 汇兑结算程序

（六）委托收款

委托收款是收款人向银行提供收款依据，委托银行向付款人收取款项的一种结算方式。无论单位还是个人都可凭已承兑的商业汇票、债券、存单等付款人债务证明办理款项收取同城或异地款项。委托收款还适用于收取电费、电话费等付款人众多、分散的公用事业费等有关款项。委托收款结算款项划回的方式分为邮寄和电报两种。

企业委托开户银行收款时，应填写银行印制的委托收款凭证和有关的债务证明。企业的开户银行受理委托收款后，将委托收款凭证寄交付款单位开户银行，由付款单位开户银行审核，并通知付款单位。

付款单位收到银行交给的委托收款凭证及债务证明，应签收并在 3 天之内审查债务证明是否真实，是否是本单位的债务，确认之后通知银行付款。付款单位应在收到委托收款的通知次日起 3 日内，主动通知银行是否付款。如果不通知银行，银行视同企业同意付款并在第 4 日，从单位账户中付出此笔委托收款款项。

付款人在 3 日内审查有关债务证明后，认为债务证明或与此有关的事项符合拒绝付款的规定，应出具拒绝付款理由书和委托收款凭证第五联及持有的债务证明，向银行提出拒绝付款。委托收款结算程序如图 2-7 所示。

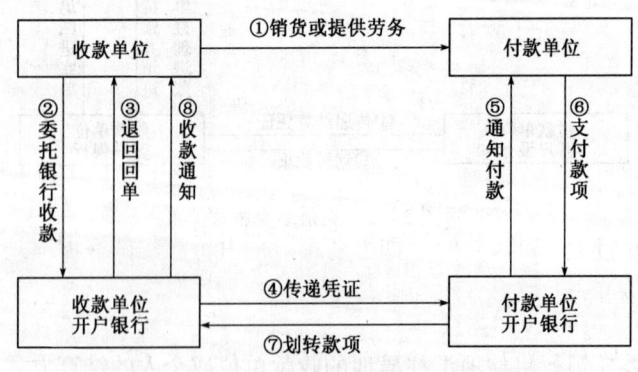

图 2-7 委托收款结算程序

（七）托收承付

1. 托收承付的含义及适用范围

托收承付是指根据购销合同由收款人发货后委托银行向异地付款人收取款项，由付款人向银行承兑付款的结算方式。该方式适用于国有企业、供销合作社以及经营管理较好，并经开户银行审查同意的城乡集体所有制工业企业。办理托收承付结算的款项，必须是商品交易，以及因商品交易而产生的劳务供应的款项。代销、寄销、赊销商品的款项，不得办理托收承付结算。

2. 划款方式及要求

托收承付款项划回方式分为邮寄和电报两种，由收款人根据需要选择使用；收款单位办理托收承付，必须具有商品发出的证件或其他证明。托收承付结算每笔的金额起点为10 000元。新华书店系统每笔金额起点为1 000元。

采用托收承付结算方式时，购销双方必须签订符合《中华人民共和国合同法》的购销合同，并在合同上写明使用托收承付结算方式。销货企业按照购销合同发货后，填写托收承付凭证，盖章后连同发运证件（运输部门签发运单、运单副本和邮局包裹回执）或其他符合托收承付结算的有关证明和交易单证送交开户银行办理托收手续。

3. 结算过程

销货企业开户银行接受委托后，将托收结算凭证回联退给企业，作为企业进行账务处理的依据，并将其他结算凭证寄往购货单位开户银行，由购货单位开户银行通知购货单位承认付款。购货企业收到托收承付结算凭证和所附单据后，应立即审核是否符合购销合同的规定。按照《支付结算办法》的规定，承付货款分为验单付款与验货付款两种，这在双方签订合同时约定。验单付款是购货企业根据购销合同对银行转来的托收结算凭证、发票账单、托运单及代垫运杂费等单据进行审查无误后，即可承认付款。为了便于购货企业对凭证的审核和筹措资金，结算办法规定承付期为3天，从付款人开户银行发出承付通知的次日算起（承付期内遇法定休假日顺延）。购货企业在承付期内，未向银行表示拒绝付款，银行即视作承付，并在承付期满的次日（法定休假日顺延）上午银行开始营业时，将款项主动从付款人的账户内付出，按照销货企业指定的划款方式，划给销货企业。验货付款是购货企业待货物运达企业，对其进行检验与合同完全相符后才承认付款。为了满足购货企业组织验货的需要，结算办法规定承付期为10天，从运输部门向购货企业发出提货通知的次日算起。承付期内购货企业未表示拒绝付款的，银行视为同意承付，于10天期满的次日上午银行开始营业时，将款项划给收款人。为满足购货企业组织验货的需要，对收付双方在合同中明确规定，并在托收凭证上注明验货付款期限的，银行从其规定。

4. 拒付

对于下列情况，付款人可以在承付期内向银行提出全部或部分拒绝付款：

（1）没有签订购销合同或购销合同未写明托收承付结算方式的款项；

（2）未经双方事先达成协议，收款人提前交货或因逾期交货付款人不再需要该项货物的款项；

（3）未按合同规定的到货地址发货的款项；

（4）代销、寄销、赊销商品的款项；

（5）验单付款，发现所列货物的品种、规程、数量、价格与合同规定不符，或货物已到，经查验货物与合同规定或发货清单不符的款项；

（6）验货付款，经查验货物与合同规定或与发货清单不符的款项；

(7) 货款已经支付或计算错误的款项。

不属于上述情况，购货企业不得提出拒付。

购货企业提出拒绝付款时，必须填写"拒绝付款理由书"，注明拒绝付款理由，涉及合同的应引证合同上的有关条款。属于商品质量问题，需要提出质量问题的证明及其有关数量的记录；属于外贸部门进口商品，应当提出国家商品检验或运输等部门出具的证明，向开户银行办理拒付手续。

银行同意部分或全部拒绝付款的，应在拒绝付款理由书上签注意见，并将拒绝付款理由书、拒付证明、拒付商品清单和有关单证邮寄收款人开户银行转交销货企业。

付款人开户银行对付款人逾期支付的款项，根据逾期付款金额和逾期天数，按每天万分之五计算逾期付款赔偿金。逾期付款天数从承付期满日算起。银行审查拒绝付款期间不算作付款人逾期付款，但对无理的拒绝付款而增加银行审查时间的，从承付期满日起计算逾期付款赔偿金。赔偿金实行定期扣付，每月计算一次，于次月3日内单独划给收款人。赔偿金的扣付列为企业销货收入扣款顺序的首位。付款人科目余额不足支付时，应排列在工资之前，并对该科目采取"只收不付"的控制办法，直到足额扣付赔偿金后才准予办理其他款项的支付，由此产生的经济后果由付款人自负。托收承付结算方式的结算程序如图2-8所示。

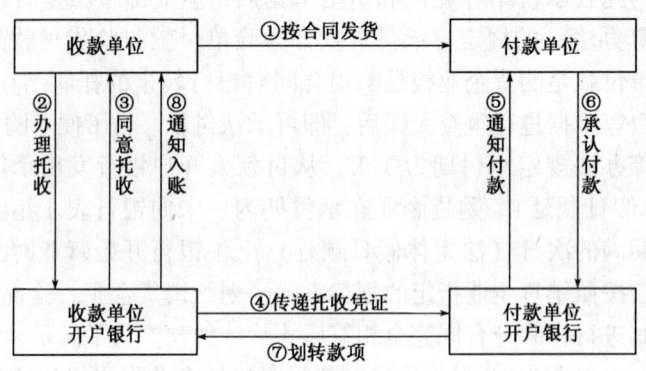

图2-8 托收承付结算程序

（八）信用证

信用证结算方式是国际结算的一种主要方式。信用证是进口方银行应进口方要求，向出口方（受益人）开立，以受益人按规定提供单据和汇票为前提的，支付一定金额的书面承诺。简单地讲，信用证就是有条件的银行付款凭证。信用证结算方式的主要特点是银行不仅充当结算中间人，而且充当信用担保人，开证银行以自身信用作付款保证，为进口商承担向出口商付款的责任。出口商只要按规定条款发货并提供有关单据，即可向银行收取货款；进口商只要按规定条款向银行承担付款责任，即可取得货运单据及时提货。这种结算方式较好地维护了进出口双方的正当权益。采用信用证结算方式的，收款单位收到信用证后，即备货装运，签发有关发票账单，连同运输单据和信用证，送交银行，根据退还的信用证等有关凭证编制收款凭证；付款单位在接到开证行的通知时，根据付款的有关单据编制付款凭证。信用证结算程序如图2-9所示。

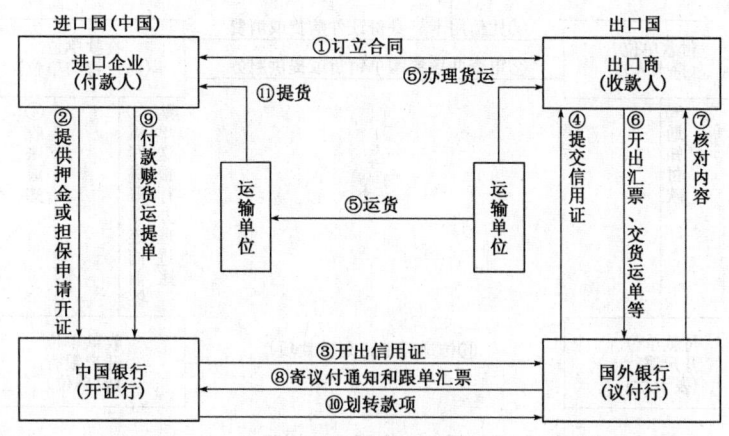

图 2-9 信息证结算程序

（九）信用卡

信用卡是指商业银行向个人和单位发行的，凭其向特约单位购物、消费和向银行存取现金，且具有消费信用的特制载体卡片。信用卡按使用对象分为单位卡和个人卡；按信誉等级分为金卡和普通卡。

凡在中国境内金融机构开立基本存款账户的单位可申领单位卡。单位卡可申领若干张，持卡人资格由申领单位法定代表人或其委托的代理人书面指定和注销，持卡人不得出租或转借信用卡。单位卡账户的资金一律从其基本存款账户转账存入，在使用过程中，需要向其账户续存资金的，也一律从其基本存款账户转账存入，不得交存现金，不得将销货收入的款项存入其账户。单位卡一律不得用于10万元以上的商品交易、劳务供应款项的结算，不得支取现金。

信用卡在规定的限额和期限内允许善意透支，一般透支额金最高不得超过 10 000 元，普通卡最高不得超过 5 000 元。透支期限最长为 60 天。透支利息，自签单日或银行记账日起 15 日内按日息万分之五计算，超过 15 日按日息万分之十计算，超过 30 日或透支金额超过规定限额的，按日息万分之十五计算。透支计算不分段，按最后期限或者最高透支额的最高利率档次计息。超过规定限额或规定期限，并且经发卡银行催收无效的透支行为称为恶意透支，持卡人使用信用卡不得发生恶意透支。严禁将单位的款项存入个人卡账户中。

单位或个人申领信用卡，应按规定填制申请表，连同有关资料一并送交发卡银行。符合条件并按银行要求交存一定金额的备用金后，银行为申领人开立信用卡存款账户，并发给信用卡。信用卡结算的程序如图 2-10 所示。

四、银行存款的核对

银行存款的收付发生频繁，有关结算凭证在企业与银行之间的传递和处理程序，往往不相一致。因此，为了保证银行存款账实相符、银行存款资金的安全，防止账务记载的错乱，正确掌握企业可以动用的银行存款实有数，企业银行存款日记账的记录，应与银行签发的对账单定期进行账目核对，至少每月核对一次。企业账面结余与银行对账单余额之间如有差额，必须逐笔查明原因，并按月编制"银行存款余额调节表"调节相符。银行存款余额调节表只是为了核对账目，不能作为调整银行存款账面余额的记账依据。

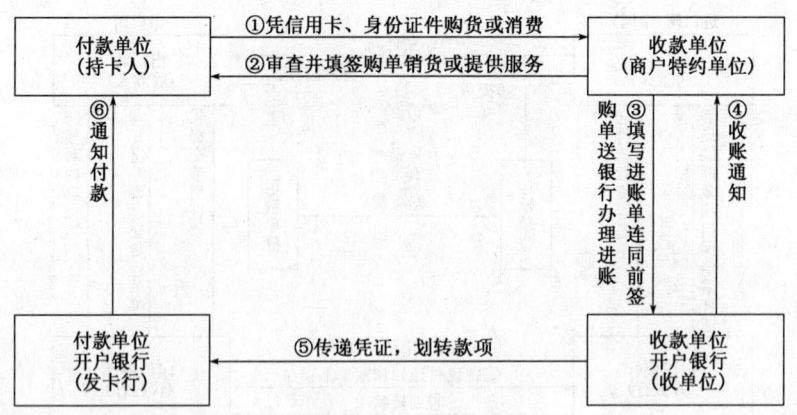

图 2-10 信用卡结算程序

银行对账单的余额与企业银行存款日记账上的余额有时不相符，其原因有以下两种：一是企业或银行记账发生差错。如借贷方记错、金额写错，以及账目漏记、重记等。凡属于企业发生的，应及时予以更正；凡属于银行发生的，应立即通知银行核对更正。二是企业或银行存在未达账项。所谓未达账项，是指对同一经济业务，由于记账时间或凭证传递不同，发生的企业或银行一方已经登记入账，而另一方尚未登记入账的款项。关于未达账项的调整，在会计学原理中已经讨论过，在此不再赘述。

▶ 第四节 其他货币资金

在企业的经营资金中，有些货币资金的存款地点和用途都与库存现金和银行存款不同，如外埠存款、银行汇票存款、银行本票存款、信用证存款、信用卡存款、在途货币资金和存出投资款等，这些资金在会计处理上统称为"其他货币资金"，通过"其他货币资金"科目进行会计处理。该科目按种类设置二级科目，进行明细核算。

一、外埠存款

外埠存款是企业到外地进行临时或零星采购时，汇往采购地银行开立采购专户的款项。外埠存款实质上也是一种银行存款，所不同的是存放在外地银行的采购专户中，而非存在本地的开户银行。其核算程序可分为三个环节：汇款开户、采购付款和结算余额。

企业汇出款项时，须填写"汇款委托书"，加盖"采购资金"字样。汇入银行对汇入的采购款项，以汇款单位名义开立采购账户。采购资金存款不计利息，除采购员差旅费可以支取少量现金外，一律转账。采购专户只付不收，付完结束账户。

企业将款项委托当地银行汇往采购地开立专户时，根据汇出款项凭证，编制付款凭证，进行账务处理，借记"其他货币资金——外埠存款"科目，贷记"银行存款"科目。

采购员完成采购任务，将多余的外埠存款转回当地银行时，应根据银行的收款通知，编制收款凭证。

【例 2-1】 甲公司派采购员到异地采购原材料，2018 年 8 月 10 日委托开户银行汇款100 000 元到采购地设立采购专户。根据收到的银行汇款凭证回单联，甲公司应编制如下会计分录：

借：其他货币资金——外埠存款　　　　　　　　　　　　100 000
　　贷：银行存款　　　　　　　　　　　　　　　　　　　　　100 000

2018年8月20日，采购员交来采购专户付款购入材料的有关凭证，增值税专用发票上注明的原材料价款为80 000元，增值税税额为12 800元，甲公司应编制如下会计分录：

借：原材料　　　　　　　　　　　　　　　　　　　　　　80 000
　　应交税费——应交增值税（进项税额）　　　　　　　　12 800
　　贷：其他货币资金——外埠存款　　　　　　　　　　　　　92 800

2018年8月30日，收到开户银行的收款通知，该采购专户中的结余款项已经转回。根据收款通知，甲公司应编制如下会计分录：

借：银行存款　　　　　　　　　　　　　　　　　　　　　7 200
　　贷：其他货币资金——外埠存款　　　　　　　　　　　　　7 200

二、银行汇票存款

银行汇票存款是指企业为取得银行汇票，按照规定存入银行的款项。同样其核算步骤也可归纳为三步：存款取票、采购付款和结算余额。

企业向银行提交"银行汇票委托书"并将款项交存开户银行，取得汇票后，根据银行盖章的委托书存根联，编制付款凭证，借记"其他货币资金——银行汇票"科目，贷记"银行存款"科目。

企业使用银行汇票支付款项后，应根据发票账单及开户行转来的银行汇票有关副联等凭证，经核对无误后编制会计分录，借记"在途物资""应交税费——应交增值税（进项税额）"等科目，贷记"其他货币资金——银行汇票"科目。银行汇票使用完毕，应转销"其他货币资金——银行汇票"科目。如实际采购支付后银行汇票有余额，多余部分应借记"银行存款"科目，贷记"其他货币资金——银行汇票"科目。汇票因超过付款期限或其他原因未曾使用而退还款项时，应借记"银行存款"科目，贷记"其他货币资金——银行汇票"科目。

【例2-2】　甲企业为增值税一般纳税人，要求银行办理汇票20 000元，企业填制"银行汇票委托书"后，将20 000元交存银行，取得银行汇票。企业用该汇票购买材料一批，价款为10 000元，增值税1 600元，余款转回。

根据银行盖章退回的委托书存根联，取得汇票时：

借：其他货币资金——银行汇票　　　　　　　　　　　　20 000
　　贷：银行存款　　　　　　　　　　　　　　　　　　　　　20 000

根据购货发票及开户银行转来的银行汇票有关副联等凭证报销时：

借：材料采购　　　　　　　　　　　　　　　　　　　　10 000
　　应交税费——应交增值税（进项税额）　　　　　　　　 1 600
　　贷：其他货币资金——银行汇票　　　　　　　　　　　　　11 600

余款转回：

借：银行存款　　　　　　　　　　　　　　　　　　　　　8 400
　　贷：其他货币资金——银行汇票　　　　　　　　　　　　　 8 400

三、银行本票存款

银行本票存款是企业为取得银行本票按规定存入银行的款项。其核算方法与银行汇票基本相同,但银行本票用于同城结算。

企业向银行提交"银行本票申请书"并将款项交存银行,取得银行本票时,应根据银行盖章退回的申请书存根联,编制付款凭证,借记"其他货币资金——银行本票"科目,贷记"银行存款"科目。企业用银行本票支付购货款等款项后,应根据发票账单等有关凭证,借记"在途物资""应交税费——应交增值税(进项税额)"等科目,贷记"其他货币资金——银行本票"科目。如企业因本票超过付款期等原因未曾使用而要求银行退款时,应填制进账单一式二联,连同本票一并交给银行,然后根据银行收回本票时盖章退回的一联进账单,借记"银行存款"科目,贷记"其他货币资金——银行本票"科目。

【例2-3】 甲公司为取得银行本票,向银行填交"银行本票申请书",并将10 000元银行存款转作银行本票存款。公司取得银行本票后,应根据银行盖章退回的银行本票申请书存根联填制银行付款凭证。甲公司应编制如下会计分录:

借:其他货币资金——银行本票　　　　　　　　　　10 000
　　贷:银行存款　　　　　　　　　　　　　　　　　　　10 000

甲公司用银行本票购买办公用品10 000元。根据发票账单等有关凭证,编制如下会计分录:

借:管理费用　　　　　　　　　　　　　　　　　　10 000
　　贷:其他货币资金——银行本票　　　　　　　　　　　10 000

四、信用证保证金存款

信用证存款是企业为开具信用证而存入银行作为信用证保证金的款项。国际信用证存款是企业存入中国银行信用证保证金专户的款项。

企业向银行申请开出信用证用于支付供货单位购货款项时,根据开户银行盖章退回的"信用证委托书"回单,借记"其他货币资金——信用证存款"科目,贷记"银行存款"科目。企业收到供货单位信用证结算凭证及所附发票账单,经核对无误后进行会计处理,借记"在途物资""应交税费——应交增值税(进项税额)"等科目,贷记"其他货币资金——信用证存款"科目。如果企业收到未用完的信用证存款余额,应借记"银行存款"科目,贷记"其他货币资金——信用证存款"科目。

五、信用卡存款

信用卡存款是指企业为取得信用卡而存入银行信用卡专户的款项。其会计处理分为两步:反映信用卡存款的增加和信用卡存款的使用。企业申领信用卡,按照有关规定填制申请表,并按银行要求交存备用金,银行开立信用卡存款账户,发给信用卡。企业根据银行盖章退回的交存备用金的进账单,借记"其他货币资金——信用卡存款"科目,贷记"银行存款"科目。企业收到开户银行转来的信用卡存款的付款凭证及所附发票账单,经核对无误后进行会计处理,借记"管理费用"等科目,贷记"其他货币资金——信用卡存款"科目。

【例2-4】 甲公司于2014年3月5日向银行申领信用卡,向银行交存50 000元。2014年4月10日,该公司用信用卡向新华书店支付购书款3 000元。甲公司应编制如下会计分录:

借:其他货币资金——信用卡存款　　　　　　　　50 000
　　贷:银行存款　　　　　　　　　　　　　　　　　　　　50 000
借:管理费用　　　　　　　　　　　　　　　　　　 3 000
　　贷:其他货币资金——信用卡存款　　　　　　　　　　　 3 000

六、在途货币资金

在途货币资金是指企业同所属单位之间或上、下级之间的汇、解款项,在月终尚未到达的汇入金额。在途货币资金的会计处理程序为:反映在途资金的增加和结转在途资金。

企业收到所属单位或上级汇出款项的通知,根据汇出金额,借记"其他货币资金——在途资金"科目,贷记"其他应收款"等科目。收到款项时,根据银行通知,借记"银行存款"科目,贷记"其他货币资金——在途资金"科目。

七、存出投资款

企业向证券公司划出资金时,应按实际划出的金额,借记"其他货币资金——存出投资款"科目,贷记"银行存款"科目;购买股票、债券等时,按实际发生的金额,借记"交易性金融资产"等科目,贷记"其他货币资金——存出投资款"科目。

◆◆ 本章小结 ◆◆

本章概述了货币资金的内容、特点及货币资金内部控制的规定,其中,重点掌握银行存款的各种结算方式,及其相关会计处理,包括银行汇票、商业汇票、银行本票、支票、汇兑、委托收款、托收承付、信用证、信用卡结算方式下的会计处理。

◆◆ 重点概念 ◆◆

货币资金、银行存款、银行汇票、商业汇票、银行本票、支票、汇兑、委托收款、托收承付、信用证、信用卡、其他货币资金、外埠存款、银行汇票存款、银行本票存款、信用证存款、信用卡存款、在途货币资金和存出投资款。

◆◆ 思 考 题 ◆◆

1. 简述货币资金内部控制的重要性。
2. 支付宝、微信支付等支付方式对现行银行各种结算方式将产生怎样的影响?你认为现行银行各种结算方式是否还适应现代金融行业快速发展的需要?
3. 简述《企业内部控制应用指引第6号——资金活动》对货币资金内部控制的要求。

第三章

金融资产

> **内容提要：** ▲以摊余成本计量的金融资产
> ▲以公允价值计量且其变动计入其他综合收益的金融资产
> ▲以公允价值计量且其变动计入当期损益的金融资产
> ▲金融资产重分类
> ▲金融资产转移
> ▲金融资产减值
>
> **学习目的及要求：** 通过本章学习，了解金融资产的分类；掌握以摊余成本计量的金融资产、以公允价值计量且其变动计入其他综合收益的金融资产和以公允价值计量且其变动计入当期损益的金融资产的初始计量、后续计量与处置的会计处理；熟悉不同类金融资产转换的会计处理；了解金融资产转移的确认、计量及相应的会计处理；掌握金融资产减值方法。

随着我国经济的发展和证券市场的开放，新的金融工具层出不穷，为企业提供了更多的获利手段和避险手段，金融资产已经成为企业资产的重要组成部分。

为了规范金融工具的确认、计量及列报等，2006年2月，财政部发布了《CAS22 金融工具确认和计量》（简称CAS22）、《CAS23 金融资产转移》（简称CAS23）、《CAS24 套期保值》（简称CAS24）、《CAS37 金融工具列报》（简称CAS37）。

2014年6月财政部又发布修订后的《CAS37 金融工具列报》。这四项准则各有侧重、相互关联、逻辑一致，形成一个整体，在《股票期权》等准则出台之后，将构成更为完善的金融工具会计准则体系。随着我国多层次资本市场的建设、金融创新的发展和对外开放的深化，有关金融工具会计处理实务出现了一些新情况和新问题。比如，现行金融工具分类和计量过于复杂，主观性强，影响金融工具会计信息的可比性；金融资产转移的会计处理过于原则化，对金融资产证券化等会计实务指导不够；套期会计与企业风险管理实务脱节等。因此，迫切需要通过修订金融工具相关会计准则来及时、有效地解决上述问题。

2008年国际金融危机发生后，上述金融工具会计问题凸显，国际会计准则理事会对金融工具国际财务报告准则进行了较大幅度的修订，并于2014年7月发布了《IFRS9 金融工具》❶。

为切实解决我国企业金融工具相关会计实务问题，实现我国企业会计准则与国际财务报告准则的持续全面趋同，按照《中国企业会计准则与国际财务报告准则持续趋同路线图》（财会〔2010〕10号）的要求，借鉴《IFRS9金融工具》《IFRS7金融工具：披露》《IFRS32金融工具：列报》并结合我国实际情况和需要，财政部修订了金融工具相关会计准则。2017年4月份以来，财政部陆续发布了修订的《CAS22金融工具确认和计量》《CAS23金融资产转移》《CAS24套期会计》《CAS37金融工具列报》，对金融工具的确认、计量、减值、转移等业务处理进一步予以规范。本章根据新修订后的准则进行编写。

▶第一节 金融资产的定义和分类

一、金融资产定义

金融资产（financial assets）是指企业持有的现金、其他方权益工具以及符合下列条件之一的资产：

（1）从其他方收取现金或其他金融资产的合同权利。例如，企业的银行存款、应收账款、应收票据和贷款均属于金融资产。再如，预付账款不是金融资产，因其产生的未来经济利益是商品或服务，不是收取现金或其他金融资产的权利。

（2）在潜在有利条件下，与其他方交换金融资产或金融负债的合同权利。例如，企业持有的看涨期权或者看跌期权等。

（3）将来须用或可用企业自身权益工具进行结算的非衍生工具合同，且企业根据该合同将收到可变数量的自身权益工具。例如，企业购入的ETF型基金❷份额等。

（4）将来须用或可用企业自身权益工具进行结算的衍生工具合同，但以固定数量的自身权益工具交换固定金额的现金或其他金融资产的衍生工具合同除外。其中，企业自身权益工具不包括应当按照《CAS37金融工具列报》分类为权益工具的可回售工具或发行方仅在清算时才有义务向另一方按比例交付其净资产的金融工具，也不包括本身就要求在未来收取或交付企业自身权益工具的合同。狭义的金融资产是指修订后《CAS22金融工具确认和计量》规范的金融工具。准则对该类具有类似风险收益特征的金融资产规定了具体的会计处理标准，本章即是从狭义角度而言的。因此，本章不涉及以下金融资产的会计处理：①长期股权投资（即企业对外能够形成控制、共同控制和重大影响的股权投资）；②货币资金（即现金、银行存款和其他货币资金）。

---

❶IASB于2009年11月发布了仅限于资产分类和计量的《IFRS9金融工具：分类和计量》，2010年10月IASB将金融负债分类和计量的要求添加到IFRS9中，2009年11月IASB发布了《金融工具：摊余成本及减值》的征求意见稿，2010年12月IASB发布了《套期会计》的征求意见稿，2014年7月IASB整合前述金融工具的分类和计量、减值及套期会计的内容，发布新的《IFRS9金融工具》。IFRS 9新规所做的系列改进包括分类及计量逻辑模型、单一的前瞻性"预期损失"减值模型以及经过重大改革的套期会计处理方法，将金融资产分类由"四分法"改为"两分法"，并加入金融负债的分类。新IFRS 9将替代《IAS39金融工具：确认和计量》于2018年1月1日生效，允许实体提前应用。我国采取与国际会计准则持续趋同的策略，因此，应关注IFRS9的动态对我国会计准则的影响。

❷交易型开放式指数基金，通常称为交易所交易基金（Exchange Trade Funds，简称ETF），是一种在交易所上市交易的、基金份额可变的开放式基金。

二、金融资产分类

(一) 基本分类

金融资产分类是金融资产会计处理的起点。金融资产分类的目的，主要是希望通过分类处理为会计信息使用者提供更加有用的与金融资产相关的信息。企业应当根据其管理金融资产的业务模式和金融资产的合同现金流量特征，将金融资产划分为以下三类：

(1) 以摊余成本计量的金融资产；
(2) 以公允价值计量且其变动计入其他综合收益的金融资产；
(3) 以公允价值计量且其变动计入当期损益的金融资产。

企业管理金融资产的业务模式，是指企业如何管理其金融资产以产生现金流量。业务模式决定企业所管理金融资产现金流量的来源是收取合同现金流量、出售金融资产还是两者兼有。企业管理金融资产的业务模式，应当以企业关键管理人员决定的对金融资产进行管理的特定业务目标为基础确定。企业确定管理金融资产的业务模式，应当以客观事实为依据，不得以按照合理预期不会发生的情形为基础确定。

企业确定其管理金融资产的业务模式时，应当注意以下三个方面：

(1) 企业应当在金融资产组合的层次上确定管理金融资产的业务模式，而不必按照单个金融资产逐项确定业务模式。金融资产组合的层次应当反映企业管理该金融资产的层次。有些情况下，企业可能将金融资产组合分拆为更小的组合，以合理反映企业管理该金融资产的层次。例如，企业购买一个抵押贷款组合，以收取合同现金流量为目标管理该组合中的一部分贷款，以出售为目标管理该组合中的其他贷款，则属于这种情况。

(2) 企业应当以企业关键管理人员决定的对金融资产进行管理的特定业务目标为基础，确定管理金融资产的业务模式。企业的业务模式并非企业自愿指定，而是一种客观事实，通常可以从企业为实现其设定目标而开展的特定活动中得以反映。企业应当考虑在业务模式评估日可获得的所有相关证据，包括企业评价和向关键管理人员报告金融资产业绩的方式、影响金融资产业绩的风险及其管理方式以及相关业务管理人员获得报酬的方式（如报酬是基于所管理金融资产的公允价值还是所收取的合同现金流量）。

(3) 企业应当以客观事实为依据，确定管理金融资产的业务模式，不得以按照合理预期不会发生的情形为基础确定。例如，对于某金融资产组合，如果企业预期仅会在压力情形下将其出售，且企业合理预期该压力情形不会发生，则该压力情形不得影响企业对该类金融资产的业务模式的评估。

此外，如果金融资产实际现金流量的实现方式不同于业务模式评估时的预期（如企业出售的金融资产数量超出或少于在对资产作出分类时的预期），只要企业在评估业务模式时已经考虑了当时所有可获得的相关信息，这一差异不构成企业财务报表的前期差错，也不改变企业在该业务模式下持有的剩余金融资产的分类。但是，企业在评估新的金融资产的业务模式时，应当考虑这些信息。

金融资产的合同现金流量特征，是指金融工具合同约定的、反映相关金融资产经济特征的现金流量属性。企业分类为以摊余成本计量的金融资产和以公允价值计量且其变动计入其他综合收益的金融资产，其合同现金流量特征应当与基本借贷安排相一致。即相关金融资产在特定日期产生的合同现金流量仅为对本金和以未偿付本金金额为基础的利息的支付,其中,本金是指金融资产在初始确认时的公允价值,本金金额可能因提前还款等原因在金融资产的存续期内发生变动;利息包括对货币时间价值、与特定时期未偿付本金金额相关的信用风险,以及其他基本借贷风险、成本和利润的对价。其中,货币时间价值是利息要素中仅因为时间流逝而提供对价的部分,不包括为所持有金融资产的其他风险或成本提供的对价,但货币时间价值要素有时可能存在修正。在货币时间价值要素存在修正的情况下,企业应当对相关修正进行评估,以确定其是否满足上述合同现金流量特征的要求。此外,金融资产包含可能导致其合同现金流量的时间分布或金额发生变更的合同条款(如包含提前还款特征)的,企业应当对相关条款进行评估(如评估提前还款特征的公允价值是否非常小),以确定其是否满足上述合同现金流量特征的要求。

(二)金融资产分类的特殊规定

权益工具投资的合同现金流量评估一般不符合基本借贷安排,因此只能分类为以公允价值计量且其变动计入当期损益的金融资产。然而,在初始确认时,企业可以将非交易性权益工具投资指定为以公允价值计量且其变动计入其他综合收益的金融资产,并按规定确认股利收入。该指定一经做出,不得撤销。企业投资其他上市公司股票或者非上市公司股权的,都可能属于这种情形。

三、金融资产重分类

企业改变其管理金融资产的业务模式时,应当按照规定对所有受影响的相关金融资产进行重分类❶。所以,金融资产(即非衍生债权资产)可以在以摊余成本计量的金融资产、以公允价值计量且其变动计入当期损益的金融资产和以公允价值计量且其变动计入其他综合收益的金融资产之间进行重分类。企业管理金融资产业务模式的变更是一种极其少见的情形。

企业对金融资产进行重分类,应当自重分类日❷起采用未来适用法进行相关会计处理,不得对以前已经确认的利得、损失(包括减值损失或利得)或利息进行追溯调整。

【例3-1】 甲公司持有拟在短期内出售的某商业贷款组合。甲公司收购了一家资产管理公司(乙公司),乙公司的业务模式是为收取合同现金流量而持有贷款。甲公司决定,对该商业贷款组合不再是为出售而持有,而是将该组合与资产管理公司持有的其他商业贷款一起管理,都是为收取合同现金流量而持有,则甲公司管理该商业贷款组合的业务模式发生了变更。

需要注意的是,企业业务模式的变更必须在重分类日之前生效。例如,某银行决定于2018年10月15日终止其零售抵押贷款业务,并在2019年1月1日对所有受影响的金融资产进行重分类。在2018年10月15日之后,该金融机构不应开展新的零售抵押贷款业务,或另外从事与之前零售抵押贷款业务模式相同的活动。

需要注意的是,如果企业管理金融资产的业务模式没有发生变更,而金融资产的条款发

---

❶企业对所有金融负债均不得进行重分类。
❷重分类日是指导致企业对金融资产进行重分类的业务模式发生变更后的首个报告期间的第一天。例如,甲上市公司决定于2017年3月22日改变某金融资产的业务模式,则重分类日为2017年4月1日(即下一个季度会计期间的期初);乙上市公司决定于2017年10月15日改变某金融资产的业务模式,则重分类日为2018年1月1日。

生变更但未导致终止确认时，不允许重分类。如果金融资产条款发生变更导致金融资产终止确认的，不属于重分类，企业应当终止确认原金融资产，同时按照变更后的条款确认一项新金融资产。

▶第二节　以摊余成本计量的金融资产

一、以摊余成本计量的金融资产概述

金融资产同时符合下列条件的，应当分类为以摊余成本计量的金融资产：
（1）企业管理该金融资产的业务模式是以收取合同现金流量为目标；
（2）该金融资产的合同条款规定，在特定日期产生的现金流量，仅为对本金和以未偿付本金金额为基础的利息的支付。

换句话说，对管理上仅仅追求利息收益的投资，应当划分为以摊余成本计量的金融资产。它包括了符合上述两个条件的所有金融资产，如特定信托投资和企业年金投资等，涵盖范围更广。通常情况下，能够划分为以摊余成本计量的金融资产，主要是债权类投资，比如，银行向企业客户发放的固定利率的贷款，在没有其他特殊安排的情况下，贷款的合同现金流量一般情况下可能符合仅为对本金和以未偿付本金金额为基础的利息支付的要求。如果银行管理该贷款的业务模式是以收取合同现金流量为目标，则该贷款应当分类为以摊余成本计量的金融资产。

企业一般应当设置"银行存款""贷款""应收账款""债权投资"等科目核算分类为以摊余成本计量的金融资产。以摊余成本计量的金融资产通常具有长期性质，但期限较短（1年以内）的债券投资，符合以摊余成本计量的金融资产条件的，也可将其划分为以摊余成本计量的金融资产。

二、以摊余成本计量的金融资产的会计处理

（一）会计处理原则

1. 以摊余成本计量的金融资产初始计量

以摊余成本计量的金融资产（financial assets measured at amortized cost），初始确认时应当按照公允价值计量，相关交易费用和折溢价应当计入初始确认金额。但是，企业初始确认的应收账款未包含《CAS14 收入》（简称 CAS14）所定义的重大融资成分或根据《CAS14 收入》规定不考虑不超过一年的合同中的融资成分的，应当按照该准则定义的交易价格进行初始计量。交易费用，是指可直接归属于购买、发行或处置金融工具的增量费用。增量费用是指企业没有发生购买、发行或处置相关金融工具的情形就不会发生的费用，包括支付给代理机构、咨询公司、券商、证券交易所、政府有关部门等的手续费、佣金、相关税费以及其他必要支出，不包括债券溢价、折价、融资费用、内部管理成本和持有成本等与交易不直接相关的费用。企业取得金融资产所支付的价款中包含的已宣告但尚未发放的债券利息或现金股利，应单独确认为应收项目。

(1) 在初始确认时，金融资产或金融负债的公允价值依据相同资产或负债在活跃市场上的报价或者以仅使用可观察市场数据的估值技术确定的，企业应当将该公允价值与交易价格之间的差额确认为一项利得或损失，计入营业外收入或营业外支出。

(2) 在初始确认时，金融资产或金融负债的公允价值以其他方式确定的，企业应当将该公允价值与交易价格之间的差额递延。初始确认后，企业应当根据某一因素在相应会计期间的变动程度将该递延差额确认为相应会计期间的利得或损失。该因素应当仅限于市场参与者对该金融工具定价时将予考虑的因素，包括时间等。

以摊余成本计量的金融资产初始确认时，应当计算确定其实际利率。实际利率，是指将金融资产或金融负债在预期存续期的估计未来现金流量，折现为该金融资产账面余额或该金融负债摊余成本所使用的利率。企业在确定实际利率时，应当在考虑金融资产或金融负债所有合同条款（如提前还款权、展期、看涨期权或其他类似期权等）的基础上预计未来现金流量，但不应考虑预期信用损失。

金融资产合同各方之间支付或收取的、属于实际利率组成部分的各项收费、交易费用及溢价或折价等，应当在确定实际利率时予以考虑。金融资产的未来现金流量或存续期间无法可靠预计时，应当采用该金融资产在整个合同期内的合同现金流量。

2. 以摊余成本计量的金融资产的后续计量

企业应当采用实际利率法❶（effective interest method），按摊余成本对以摊余成本计量的金融资产进行后续计量。摊余成本，是指该金融资产的初始确认金额经下列调整后的结果：

(1) 扣除已偿还的本金；

(2) 加上或减去采用实际利率法将该初始确认金额与到期日金额之间的差额进行摊销形成的累计摊销额；

(3) 扣除累计计提的损失准备（仅适用于金融资产）。

企业应在以摊余成本计量的金融资产持有期间，采用实际利率法，按照摊余成本和实际利率计算确认利息收入，计入投资收益。实际利率应当在取得以摊余成本计量的金融资产时确定，实际利率与票面利率差别较小的，也可按票面利率计算利息收入。处置以摊余成本计量的金融资产时，应将所取得价款与以摊余成本计量的金融资产账面价值之间的差额，计入当期损益。

利息收入应当根据金融资产账面余额乘以实际利率计算确定，但下列情况除外：

(1) 对于购入或源生的已发生信用减值的金融资产，企业应当自初始确认起，按照该金融资产的摊余成本和经信用调整的实际利率计算确定其利息收入。

(2) 对于购入或源生的未发生信用减值、但在后续期间成为已发生信用减值的金融资产，企业应当在后续期间，按照该金融资产的摊余成本和实际利率计算确定其利息收入。

企业按照上述规定对金融资产的摊余成本运用实际利率法计算利息收入的，若该金融工具在后续期间因其信用风险有所改善而不再存在信用减值，并且这一改善在客观上可与应用上述规定之后发生的某一事件相联系（如债务人的信用评级被上调），企业应当转按实际利

---

❶ 实际利率法是指计算金融资产或金融负债的摊余成本以及将利息收入或利息费用分摊计入各会计期间的方法。实际利率是指将金融资产或金融负债在预期存续期的估计未来现金流量，折现为该金融资产账面余额或该金融负债摊余成本所使用的利率。在确定实际利率时，应当在考虑金融资产或金融负债所有合同条款（如提前还款、展期、看涨期权或其他类似期权等）的基础上估计预期现金流量，但不应当考虑预期信用损失。

率乘以该金融资产账面余额来计算确定利息收入。

经信用调整的实际利率,是指将购入或源生的已发生信用减值的金融资产在预计存续期的估计未来现金流量,折现为该金融资产摊余成本的利率。在确定经信用调整的实际利率时,应当在考虑金融资产的所有合同条款(例如提前还款、展期、看涨期权或其他类似期权等)以及初始预期信用损失的基础上估计预期现金流量。

企业与交易对手方修改或重新议定合同,未导致金融资产终止确认,但导致合同现金流量发生变化的,应当重新计算该金融资产的账面余额,并将相关利得或损失计入当期损益。重新计算的该金融资产的账面余额,应当根据将重新议定或修改的合同现金流量按金融资产的原实际利率(或者购买或源生的已发生信用减值的金融资产的经信用调整的实际利率)或按《CAS24 套期会计》第二十三条规定的重新计算的实际利率(如适用)折现的现值确定。对于修改或重新议定合同所产生的所有成本或费用,企业应当调整修改后的金融资产账面价值,并在修改后金融资产的剩余期限内进行摊销。

3. 以摊余成本计量的金融资产重分类的会计处理

企业因其管理金融资产的业务模式和金融资产的合同现金流量特征变化,使该投资不再适合划分为以摊余成本计量的金融资产的,企业应当将该投资重分类为其他类别的金融资产,并以公允价值进行后续计量。

(二)科目设置

对以摊余成本计量的金融资产进行会计处理时,设置"债权投资"科目。本科目核算企业以摊余成本计量的金融资产的摊余成本,可按以摊余成本计量的金融资产的类别和品种,分别"成本""利息调整""应计利息"等进行明细核算,主要账务处理包括:

(1)企业取得的以摊余成本计量的金融资产,应按该投资的面值,借记本科目("成本"明细账)。按支付的价款中包含的已到付息期但尚未领取的利息,借记"应收利息"科目,按实际支付的金额,贷记"银行存款"等科目,按其差额,借记或贷记本科目("利息调整"明细账)。

(2)资产负债表日,以摊余成本计量的金融资产为分期付息、一次还本债券投资的,应按票面利率计算确定的应收未收利息,借记"应收利息"科目,按以摊余成本计量的金融资产摊余成本和实际利率计算确定的利息收入,贷记"投资收益"科目,按其差额,借记或贷记本科目("利息调整"明细账)。

以摊余成本计量的金融资产为一次还本付息债券投资的,应于资产负债表日按票面利率计算确定的应收未收利息,借记本科目("应计利息"明细账),按以摊余成本计量的金融资产的摊余成本和实际利率计算确定的利息收入,贷记"投资收益"科目,按其差额,借记或贷记本科目("利息调整"明细账)。

(3)出售以摊余成本计量的金融资产,应按实际收到的金额,借记"银行存款"等科目,按其账面余额,贷记本科目(成本、利息调整、应计利息等明细账),按其差额,贷记或借记"投资收益"科目。已计提减值准备的,还应同时结转减值准备。

(4)将以摊余成本计量的金融资产重分类为以公允价值计量且其变动计入当期损益的金融资产的,应在重分类日按其公允价值,借记"交易性金融资产"科目,按其账面余额,贷记本科目(成本、利息调整、应计利息等明细账),按其差额,贷记或借记"投资收益"

科目；企业将一项以摊余成本计量的金融资产重分类为以公允价值计量且其变动计入其他综合收益的金融资产的，借记"其他债权投资"科目，按其账面余额，贷记本科目（成本、利息调整、应计利息等明细账），按其差额，贷记或借记"其他综合收益"科目。已计提减值准备的，还应同时结转减值准备。该金融资产重分类不影响其实际利率和预期信用损失的计量。

"债权投资"科目期末借方余额反映企业以摊余成本计量的金融资产的摊余成本。

【例3-2】 大华公司2018年1月3日购入甲企业2018年1月1日发行的五年期债券，票面利率12%，债券面值1 000元，大华公司按1 045元的价格购入80张，另支付有关税费400元，该债券每年付息一次，最后一年还本金并付最后一次利息。该投资满足以摊余成本计量的金融资产的确认条件。假设大华公司按年计算利息，大华公司有关计算及会计处理如下：

投资成本　　　　　　　(80×1 045+400)　84 000
减：债券面值　　　　　　(80×1 000)　80 000
　　债券溢价　　　　　　　　　　　　4 000

年度终了按实际利率法计算。实际利率法在计算实际利率时，如为分期收取利息，到期一次收回本金和最后一期利息的，应当根据"债券面值+债券溢价（或减去债券折价）=债券到期应收本金的贴现值+各期收取的债券利息的贴现值"，并采用"插入法"计算得出（表3-1）。

根据上述公式，先按10%的利率测试：

80 000×0.620 921+9 600×3.790 787=86 065>84 000

式中，0.620 921是根据"期终1元的现值表"查得的五年后收取的1元按10%利率贴现的贴现值；3.790 787是根据"年金1元的现值表"查得的五年中每年收取的1元按10%的利率贴现的贴现值。

再按11%的利率测试：

80 000×0.593 451+9 600×3.695 897=82 957<84 000

式中，0.593 451是根据"期终1元的现值表"查得的五年后收取的1元按11%利率贴现的贴现值；3.695 897是根据"年金1元的现值表"查得的五年中每年收取的1元按11%的利率贴现的贴现值。

根据插入法计算：

实际利率=10%+(11%-10%)×(86 065-84 000)÷(86 065-82 957)=10.66%

表3-1　债券溢价摊销表（实际利率法）　　　　　　　　　金额单位：元

计息日期	应收利息 ①=面值×票面利率	利息收入 ②=上一期⑤×实际利率	溢价摊销 ③=①-②	未摊销溢价 ④=上一期④-③	面值和未摊销溢价之和 ⑤=上一期⑤-③
2018年1月				4 000	84 000
2019年12月	9 600	8 954	646	3 354	83 354
2020年12月	9 600	8 886	714	2 640	82 640
2021年12月	9 600	8 809	791	1 849	81 849
2022年12月	9 600	8 725	875	974	80 974
2023年12月	9 600	8 626*	974	0	80 000
合计	48 000	44 000	4 000		

* 做尾数调整8 626=9 600-974。此时，持有至到期债券账面余额80 974.55-968.11=800 064.44（如果实际利率非常精确和计算时很精确的话，应该是初始成本80 000）。

有关会计分录如下：

(1) 购入时。

借：债权投资——成本　　　　　　　　　　80 000
　　　　　　——利息调整　　　　　　　　 4 000
　　贷：银行存款　　　　　　　　　　　　　　　　　84 000

(2) 第一年末计提利息、摊销利息调整。

借：应收利息　　　　　　　　　　　　　　9 600
　　贷：投资收益　　　　　　　　　　　　　　　　　8 954
　　　　债权投资——利息调整　　　　　　　　　　　 646

(3) 第二年末计提利息、摊销利息调整。

借：应收利息　　　　　　　　　　　　　　9 600
　　贷：投资收益　　　　　　　　　　　　　　　　　8 886
　　　　债权投资——利息调整　　　　　　　　　　　 714

(4) 第三年末计提利息、摊销利息调整。

借：应收利息　　　　　　　　　　　　　　9 600
　　贷：投资收益　　　　　　　　　　　　　　　　　8 809
　　　　债权投资——利息调整　　　　　　　　　　　 791

(5) 第四年末计提利息、摊销利息调整。

借：应收利息　　　　　　　　　　　　　　9 600
　　贷：投资收益　　　　　　　　　　　　　　　　　8 725
　　　　债权投资——利息调整　　　　　　　　　　　 875

(6) 第五年末计提利息、摊销利息调整。

借：应收利息　　　　　　　　　　　　　　9 600
　　贷：投资收益　　　　　　　　　　　　　　　　　8 626
　　　　债权投资——利息调整　　　　　　　　　　　 974

(7) 上述各年收到债券利息时。

借：银行存款　　　　　　　　　　　　　　9 600
　　贷：应收利息　　　　　　　　　　　　　　　　　9 600

(8) 到期还本。

借：银行存款　　　　　　　　　　　　　　80 000
　　贷：债权投资——成本　　　　　　　　　　　　　80 000

【例3-3】　2018年4月，由于贷款基准利率的变动和其他市场因素的影响，大华公司持有的、原划分为以摊余成本计量的金融资产的某公司债券价格持续下跌。为此，大华公司于5月1日对外出售该持有至到期债券投资的10%，收取价款1 200万元（即所出售债券的公允价值）。根据管理层讨论，拟将该投资剩余部分划分为以公允价值计量且其变动计入其他综合收益的金融资产进行管理。

假定5月1日该债券出售前的账面余额（成本）为1 000万元，不考虑债券出售等其他相关因素的影响，则乙公司相关的账务处理如下：

借：银行存款　　　　　　　　　　　　　　1 200 000
　　贷：债权投资——成本　　　　　　（10 000 000×10%）1 000 000
　　　　投资收益　　　　　　　　　　　　　　　200 000
借：其他债权投资——成本　　（120×90%÷10%）10 800 000
　　贷：债权投资——成本　　　　（10 000 000-1 000 000）9 000 000
　　　　其他综合收益——金融资产重分类损益　　　1 800 000

假定5月23日，乙公司将该债券全部出售，收取价值11 800 000元，则乙公司相关账务处理如下：

借：银行存款　　　　　　　　　　　　　　11 800 000
　　贷：债权投资——成本　　　　　　　　　　10 800 000
　　　　投资收益　　　　　　　　　　　　　　1 000 000
借：其他综合收益——金融资产重分类损益　　1 800 000
　　贷：投资收益　　　　　　　　　　　　　　1 800 000

▶第三节　以公允价值计量且其变动计入其他综合收益的金融资产

一、以公允价值计量且其变动计入其他综合收益的金融资产概述

金融资产同时符合下列条件的，应当分类为以公允价值计量且其变动计入其他综合收益的金融资产（financial assets measured through other comprehensive income）：

（1）企业管理该金融资产的业务模式既以收取合同现金流量为目标又以出售该金融资产为目标。

（2）该金融资产的合同条款规定，在特定日期产生的现金流量，仅为对本金和以未偿付本金金额为基础的利息的支付。

该类金融资产包括直接以公允价值计量且其变动计入其他综合收益的金融资产和指定为公允价值计量且其变动计入其他综合收益的金融资产。企业判定一项金融资产是否属于以公允价值计量且其变动计入其他综合收益的金融资产时，应当运用上述标准对金融资产进行"业务模式测试"（the business model test）和"仅支付本金和利息测试"（solely payment of principle and intrest, the "SPPI test"），只有同时满足以上两个条件，金融资产才能被划分为以公允价值计量且其变动计入其他综合收益的金融资产。例如，企业持有的普通债券的合同现金流量是到期收回本金及按约定利率在合同期间按时收取固定或浮动利息的权利。在没有其他特殊安排的情况下，普通债券的合同现金流量一般情况下可能符合仅为对本金和以未偿付本金金额为基础的利息支付的要求。如果企业管理该债券的业务模式既以收取合同现金流量为目标又以出售该债券为目标，则该债券应当分类为以公允价值计量且其变动计入其他综合收益的金融资产。

在初始确认时，企业可以将非交易性权益工具投资指定为以公允价值计量且其变动计入其他综合收益的金融资产，并按规定确认股利收入。该指定一经做出，不得撤销。企业投资其他上市公司股票或者非上市公司股权的，都可能属于这种情形。对于这类非交易性权益工

具投资，其公允价值的后续变动计入其他综合收益，不需要计提减值准别。除了获得的股利（明确代表投资成本部分收回的股利除外）计入当期投资收益外，其他相关的利得和损失（包括汇兑损益）均应当计入其他综合收益，且后续不得转入当期损益。当金融资产终止确认时，之前计入其他综合收益的累计利得或损失应当从其他综合收益中转出，计入留存收益。企业在非同一控制下的企业合并中确认的或有对价构成金融资产的，该金融资产应当分类为以公允价值计量且其变动计入当期损益的金融资产，不得指定为以公允价值计量且其变动计入其他综合收益的金融资产。

金融资产或金融负债满足下列条件之一的，表明企业持有该金融资产或承担该金融负债的目的是交易性的：

（1）取得相关金融资产或承担相关金融负债的目的，主要是为了近期出售或回购。

（2）相关金融资产或金融负债在初始确认时属于集中管理的可辨认金融工具组合的一部分，且有客观证据表明近期实际存在短期获利模式。

（3）相关金融资产或金融负债属于衍生工具，但符合财务担保合同定义的衍生工具以及被指定为有效套期工具的衍生工具除外。

二、以公允价值计量且其变动计入其他综合收益的金融资产的会计处理

（一）会计处理原则

（1）以公允价值计量且其变动计入其他综合收益的金融资产初始确认时，应当按照公允价值计量，相关交易费用应当计入初始确认金额。在确定金融资产的公允价值时，企业应当利用初始确认日后可获得的关于被投资方业绩和经营的所有信息，判断成本能否代表公允价值。存在下列情形（包含但不限于）之一的，可能表明成本不代表相关金融资产的公允价值，企业应当对其公允价值进行估值：

①与预算、计划或阶段性目标相比，被投资方业绩发生重大变化；
②对被投资方技术产品实现阶段性目标的预期发生变化；
③被投资方的权益、产品或潜在产品的市场发生重大变化；
④全球经济或被投资方经营所处的经济环境发生重大变化；
⑤被投资方可比企业的业绩或整体市场所显示的估值结果发生重大变化；
⑥被投资方的内部问题，如欺诈、商业纠纷、诉讼、管理或战略变化；
⑦被投资方权益发生了外部交易并有客观证据，包括发行新股等被投资方发生的交易和第三方之间转让被投资方权益工具的交易等。

权益工具投资或合同存在报价的，企业不应当将成本作为对其公允价值的最佳估计。

（2）企业取得以公允价值计量且其变动计入其他综合收益的金融资产支付的价款中包含的已到付息期但尚未领取的债券利息或已宣告但尚未发放的现金股利，应单独确认为应收项目。以公允价值计量且其变动计入其他综合收益的金融资产持有期间取得的利息或现金股利，应当计入投资收益。企业只有在同时符合下列条件时，才能确认股利收入并计入当期损益：

①企业收取股利的权利已经确立；
②与股利相关的经济利益很可能流入企业；

③股利的金额能够可靠计量。

通常，企业宣告发放股利且投资方不存在其他收取股利方面的限制时，便视为满足上述三个条件。

（3）资产负债表日，以公允价值计量且其变动计入其他综合收益的金融资产应当以公允价值计量，且公允价值变动计入其他综合收益。

（4）以公允价值计量且其变动计入其他综合收益的金融资产发生的减值损失，应计入当期损益；如果以公允价值计量且其变动计入其他综合收益的金融资产是外币货币性金融资产，则其形成的汇兑差额也应计入当期损益。采用实际利率法计算的以公允价值计量且其变动计入其他综合收益的债券类投资的利息，应当计入当期损益。该金融资产计入各期损益的金额应当与视同其一直按摊余成本计量而计入各期损益的金额相等；可供出售权益工具投资的现金股利，应当在被投资单位宣告发放股利时计入当期损益。

（5）企业将一项以公允价值计量且其变动计入其他综合收益的金融资产重分类为以摊余成本计量的金融资产的，应当将之前计入其他综合收益的累计利得或损失转出，调整该金融资产在重分类日的公允价值，并以调整后的金额作为新的账面价值，即视同该金融资产一直以摊余成本计量。该金融资产重分类不影响其实际利率和预期信用损失的计量。企业将一项以公允价值计量且其变动计入其他综合收益的金融资产重分类为以公允价值计量且其变动计入当期损益的金融资产的，应当继续以公允价值计量该金融资产。同时，企业应当将之前计入其他综合收益的累计利得或损失从其他综合收益转入当期损益。

（6）处置以公允价值计量且其变动计入其他综合收益的金融资产时，应将取得的价款与该金融资产账面价值之间的差额，计入当期损益；同时，将原计入其他综合收益的公允价值变动累计额对应处置部分的金额转出，计入当期损益。企业将非交易性权益工具投资指定为以公允价值计量且其变动计入其他综合收益的金融资产的，当该金融资产终止确认时，之前计入其他综合收益的累计利得或损失应当从其他综合收益中转出，计入留存收益。

（二）科目设置

进行会计处理时，应设置"其他债权投资""其他权益工具投资"科目核算企业持有的以公允价值计量且其变动计入其他综合收益的金融资产的公允价值。本科目应当按照以公允价值计量且其变动计入其他综合收益的金融资产类别和品种，分别按"成本""利息调整""应计利息""公允价值变动"等进行明细核算。以公允价值计量且其变动计入其他综合收益的金融资产发生减值的，企业应当用"其他综合收益——信用减值准备"科目确认其损失准备（直接指定为以公允价值计量且其变动计入其他综合收益的非交易性权益工具投资除外），并将减值损失或利得计入当期损益，且不应减少该金融资产在资产负债表中列示的账面价值。以公允价值计量且其变动计入其他综合收益的金融资产的主要账务处理包括：

（1）企业取得以公允价值计量且其变动计入其他综合收益的金融资产，应按其公允价值与交易费用之和，借记本科目（成本），按支付的价款中包含的已到付息期但尚未领取的利息或已宣告但尚未发放的现金股利，借记"应收利息"或"应收股利"科目，按实际支付的金额，贷记"银行存款"等科目。

企业取得的以公允价值计量且其变动计入其他综合收益的金融资产为债券投资的，应按债券的面值，借记"其他债权投资——成本"，按支付的价款中包含的已到付息期但尚未领取的利息，借记"应收利息"科目，按实际支付的金额，贷记"银行存款"等科目，按差额，借记或贷记本科目（利息调整）。

企业取得的以公允价值计量且其变动计入其他综合收益的金融资产为股权投资的，应按股票公允价值和交易费用之和，借记"其他权益工具投资——成本"，按支付的价款中包含的已宣告现金股利，借记"应收股利"科目，按实际支付的金额，贷记"银行存款"等科目。

（2）资产负债表日，以公允价值计量且其变动计入其他综合收益的金融资产为分期付息、一次还本债券投资的，应按票面利率计算确定的应收未收利息，借记"应收利息"科目，按债券的摊余成本和实际利率计算确定的利息收入，贷记"投资收益"科目，按其差额，借记或贷记本科目（利息调整）。

以公允价值计量且其变动计入其他综合收益的金融资产为一次还本付息债券投资的，应于资产负债表日按票面利率计算确定的应收未收利息，借记本科目（应计利息），按债券的摊余成本和实际利率计算确定的利息收入，贷记"投资收益"科目，按其差额，借记或贷记本科目（利息调整）。

（3）资产负债表日，以公允价值计量且其变动计入其他综合收益的金融资产的公允价值高于其账面余额的差额，借记本科目（公允价值变动），贷记"其他综合收益"科目；公允价值低于其账面余额的差额做相反的会计分录。

确定以公允价值计量且其变动计入其他综合收益的金融资产发生减值的，按应减记的金额，借记"信用减值损失"科目，按原计入其他综合收益的累计损失金额，贷记"其他综合收益——信用减值准备"科目。

对于已确认减值损失的以公允价值计量且其变动计入其他综合收益的金融资产，在随后会计期间内公允价值已上升且客观上与确认原减值损失事项有关的，应按原确认的减值损失，借记"其他综合收益——信用减值准备"，贷记"资产减值损失"科目。

（4）企业将一项以公允价值计量且其变动计入其他综合收益的金融资产重分类为以摊余成本计量的金融资产的，应在重分类日按其公允价值，借记"债权投资"，按其账面余额，贷记"其他债权投资"，按其他综合收益科目余额，借记或贷记"其他综合收益"，即视同该金融资产一直以摊余成本计量。该金融资产重分类不影响其实际利率和预期信用损失的计量。企业将一项以公允价值计量且其变动计入其他综合收益的金融资产重分类为以公允价值计量且其变动计入当期损益的金融资产的，应当继续以公允价值计量该金融资产。重分类日按其公允价值，借记"交易性金融资产"，按其账面余额，贷记本科目，按其差额，贷记或借记"投资收益"科目。同时，按其他综合收益科目余额，借记或贷记"其他综合收益"，贷记或借记"投资收益"科目。

（5）出售以公允价值计量且其变动计入其他综合收益的金融资产，应按实际收到的金额，借记"银行存款""存放中央银行款项"等科目，按其账面余额，贷记本科目（成本、公允价值变动、利息调整、应计利息），按其差额，借或贷"投资收益"。按应从其他综合收益中转出的公允价值累计变动额，借记或贷记"其他综合收益"科目，同时贷记或借记"投资收益"科目。出售初始确认时即指定为以公允价值计量且其变动计入其他综合收益的非交易性权益工具投资，按照收到的金额，借记"银行存款""存放中央银行款项"等科目,按其账面余额,贷记"其他权益工具投资(成本、公允价值变动、利息调整、应计利息)",按其差额,借或贷"留存收益"[1] 科目。按应从其他综合收益中转出的公允价值累计变动额,借记或贷记"其他综合收益"科目,同时贷记或借记"留存收益"科目。

"其他债权投资""其他权益工具投资"科目期末借方余额,反映企业以公允价值计量且其变动计入其他综合收益的金融资产的公允价值。

【例3-4】 大华公司于2018年8月16日从二级市场购入股票10万股,每股市价15元,手续费3 000元;经过测试,管理层将该股票划分为以公允价值计量且其变动计入其他综合收益的金融资产。

大华公司至2018年12月31日仍持有该股票,该股票当时的市价为16元。

2019年3月1日,大华公司将该股票售出,售价为每股13元,另支付交易费用3 000元。假定不考虑其他因素,大华公司的账务处理如下:

(1) 2018年8月16日,购入股票。

借:其他权益工具投资——成本　　　　　1 503 000
　　贷:银行存款　　　　　　　　　　　　　　　　　1 503 000

(2) 2018年12月31日,确认股票价格变动。

借:其他权益工具投资——公允价值变动　　97 000
　　贷:其他综合收益　　　　　　　　　　　　　　　97 000

(3) 2019年3月1日,出售股票。

借:银行存款　　　　　　　　　　　　　1 297 000
　　留存收益　　　　　　　　　　　　　　303 000
　　贷:其他权益工具投资——成本　　　　　　　　1 503 000
　　　　　　　　　　　　——公允价值变动
　　　　　　　　　　　　　　　　　　　　　　　　　97 000

借:其他综合收益　　　　　　　　　　　　97 000
　　贷:留存收益　　　　　　　　　　　　　　　　　97 000

【例3-5】 2018年1月1日大华公司支付价款1 028.244元购入某公司发行的3年期公司债券,该公司债券的票面总额为1 000元,票面利率4%,实际利率为3%,利息每年末支付,本金到期支付。大华公司将该公司债券划分为以公允价值计量且其变动计入其他综合收益的金融资产。2018年12月31日,该债券的市场价格为1 000.094元。假定无交易费用和其他因素的影响,大华公司的账务处理如下:

(1) 2018年1月1日,购入债券。

借:其他债权投资——成本　　　　　　　1 000
　　　　　　　　——利息调整　　　　　　28.244
　　贷:银行存款　　　　　　　　　　　　　　　　　1 028.244

(2) 2018年12月31日,收到债券利息、确认公允价值变动。

实际利息 = 1 028.244 × 3% = 30.847 32 ≈ 30.85(元)
年末摊余成本 = 1 028.244 + 30.85 - 40 = 1 019.094(元)

---

[1] 实际业务中,留存收益科目应细分为"盈余公积"和"利润分配——未分配利润"两个科目。

借：应收利息	40	
贷：投资收益		30.85
其他债权投资——利息调整		9.15
借：银行存款	40	
贷：应收利息		40
借：其他综合收益	19	
贷：其他债权投资——公允价值变动		19

【例3-6】　2017年5月6日，甲公司支付价款1 016万元（含交易费用1万元和已宣告发放现金股利15万元），购入乙公司发行的股票200万股，占乙公司有表决权股份的0.5%。甲公司将其指定为以公允价值计量且其变动计入其他综合收益的非交易性权益工具投资。

2017年5月10日，甲公司收到乙公司发放的现金股利15万元。

2017年6月30日，该股票市价为每股5.2元。

2017年12月31日，甲公司仍持有该股票；当日，该股票市价为每股5元。

2018年5月9日，乙公司宣告发放股利4 000万元。

2018年5月13日，甲公司收到乙公司发放的现金股利。

2018年5月20日，甲公司由于某特殊原因，以每股4.9元的价格将股票全部转让。

假定不考虑其他因素，甲公司的账务处理如下：

(1) 2017年5月6日，购入股票。

借：应收股利	150 000	
其他权益工具投资——成本	10 010 000	
贷：银行存款		10 160 000

(2) 2017年5月10日，收到现金股利。

借：银行存款	150 000	
贷：应收股利		150 000

(3) 2017年6月30日，确认股票价格变动。

借：其他权益工具投资——公允价值变动	390 000	
贷：其他综合收益		390 000

(4) 2017年12月31日，确认股票价格变动。

借：其他综合收益	400 000	
贷：其他权益工具投资——公允价值变动		400 000

(5) 2018年5月9日，确认应收现金股利。

借：应收股利	200 000	
贷：投资收益		200 000

(6) 2018年5月13日，收到现金股利。

借：银行存款	200 000	
贷：应收股利		200 000

(7) 2018年5月20日，出售股票。

借：银行存款	9 800 000	
其他权益工具投资——公允价值变动	10 000	

盈余公积——法定盈余公积	21 000
利润分配——未分配利润	189 000
贷：其他权益工具投资——成本	10 010 000
其他综合收益	10 000

第四节 以公允价值计量且其变动计入当期损益的金融资产

一、以公允价值计量且其变动计入当期损益的金融资产概述

以公允价值计量且其变动计入当期损益的金融资产（financial assets at fair value through profit or loss），可以进一步分为交易性金融资产（transactional financial assets）和指定为以公允价值计量且其变动计入当期损益的金融资产。对以摊余成本计量的金融资产和直接分类为以公允价值计量且其变动计入其他综合收益的金融资产之外的金融资产，企业应当将其分类为以公允价值计量且其变动计入当期损益的金融资产。例如，企业持有的普通股股票的合同现金流量是收取被投资企业未来股利分配以及其清算时获得剩余收益的权利。由于股利及获得剩余收益的权利均不符合本金和利息的定义，因此企业持有的普通股股票应当分类为以公允价值计量且其变动计入当期损益的金融资产。

（一）交易性金融资产

以公允价值计量且其变动计入当期损益的金融资产一个重要特征是该类金融资产所具有的交易性。金融资产或金融负债满足下列条件之一的，表明企业持有该金融资产或承担该金融负债的目的是交易性的：

（1）取得该金融资产的目的，主要是为了近期内出售或回购，比如企业以赚取差价为目的从二级市场购入的股票、债券、基金等。

（2）属于进行集中管理的可辨认金融工具组合的一部分，且有客观证据表明企业近期采用短期获利方式对该组合进行管理，比如企业基于其投资策略和风险管理的需要，将某些金融资产进行组合从事短期获利活动，对于组合中的金融资产，应采用公允价值计量，并将其相关公允价值变动计入当期损益。

（3）属于衍生工具，比如国债期货、远期合同、股指期货等，其公允价值变动大于零时，应将其相关变动金额确认为交易性金融资产，同时计入当期损益。但是，如果衍生工具被企业指定为有效套期关系中的套期工具，那么该衍生工具初始确认后的公允价值变动应根据其对应的套期关系（即公允价值套期、现金流量套期或境外经营净投资套期）不同，采用相应的方法进行处理。

（二）指定为以公允价值计量且其变动计入当期损益的金融资产

企业将某项金融资产指定为以公允价值计量且其变动计入当期损益的金融资产，通常是指该金融资产不满足确认为交易性金融资产条件的，企业仍可在符合某些特定条件时将其按公允价值计量，并将其公允价值变动计入当期损益。

通常情况下，只有符合下列条件之一的金融资产，才可以在初始确认时指定为以公允价值计量且其变动计入当期损益的金融资产：

（1）该指定可以消除或明显减少由于该金融资产的计量基础不同所导致的相关利得或损失在确认或计量方面不一致的情况。比如，甲金融企业的某金融负债和某金融资产密切相关且均具利率敏感性，企业将该金融资产划分为以公允价值计量且其变动计入其他综合收益的金融资产，而将相关负债却划分为交易性金融负债。在这种情况下，该金融资产期末以公允价值计量但公允价值变动却计入所有者权益，而相关的金融负债却以公允价值计量且公允价值变动计入当期损益，由此出现会计计量基础不同导致会计处理结果不能较好地反映交易实质的情况。如果将该金融资产指定为以公允价值计量且其变动计入当期损益的金融资产，就可以避免上述问题。

（2）企业风险管理或投资策略的正式书面文件已载明，该金融资产组合或该金融资产和金融负债组合，以公允价值为基础进行管理、评价并向关键管理人员报告。

二、以公允价值计量且其变动计入当期损益的金融资产的会计处理

（一）会计处理原则

企业对以公允价值计量且其变动计入当期损益的金融资产的会计处理，应着重于该金融资产与金融市场的紧密结合性，反映该类型金融资产相关市场变量变化对其价值的影响，进而反映对企业财务状况和经营成果的影响。

以公允价值计量且其变动计入当期损益的金融资产初始确认时，应按公允价值计量，相关交易费用应当直接计入当期损益。

企业取得以公允价值计量且其变动计入当期损益的金融资产所支付的价值中，包含已宣告但尚未发放的现金股利或已到付息期但尚未领取的债券利息的，应当单独确认为应收项目。在持有期间取得的利息或现金股利，应当确认为投资收益。

资产负债表日，企业应将以公允价值计量且其变动计入当期损益的金融资产或金融负债的公允价值变动金额计入当期损益。

企业将一项以公允价值计量且其变动计入当期损益的金融资产重分类为以摊余成本计量的金融资产的，应当以其在重分类日的公允价值作为新的账面余额。

企业将一项以公允价值计量且其变动计入当期损益的金融资产重分类为以公允价值计量且其变动计入其他综合收益的金融资产的，应当继续以公允价值计量该金融资产。企业应当根据该金融资产在重分类日的公允价值确定其实际利率。同时，企业应当自重分类日起对该金融资产适用金融资产减值的相关规定，并将重分类日视为初始确认日。

处置该金融资产或金融负债时，其公允价值与初始入账金额之间的差额应确认为投资收益，同时调整公允价值变动损益。

（二）科目设置

对以公允价值计量且其变动计入当期损益的金融资产进行会计处理时，应使用"交易性金融资产"科目。本科目核算企业持有的直接指定为以公允价值计量且其变动计入当期

损益的金融资产以及企业为交易目的所持有的债券投资、股票投资、基金投资等交易性金融资产的公允价值。本科目可按交易性金融资产的类别和品种，分别按"成本""公允价值变动"等进行明细核算，主要账务处理包括：

（1）企业取得交易性金融资产，按其公允价值，借记本科目（"成本"明细账），按发生的交易费用，借记"投资收益"科目，按已到付息期但尚未领取的利息或已宣告但尚未发放的现金股利，借记"应收利息"或"应收股利"科目，按实际支付的金额，贷记"银行存款"等科目。

（2）交易性金融资产持有期间被投资单位宣告发放的现金股利，或在资产负债表日按分期付息、一次还本债券投资的票面利率计算的利息，借记"应收股利"或"应收利息"科目，贷记"投资收益"科目。

（3）资产负债表日，交易性金融资产的公允价值高于其账面余额的差额，借记本科目（"公允价值变动"明细账），贷记"公允价值变动损益"科目；公允价值低于其账面余额的差额做相反的会计分录。

（4）以公允价值计量且其变动计入当期损益的金融资产重分类为以摊余成本计量的金融资产的，应当在重分类日，按照金融资产的公允价值，借记"债权投资"科目，按照金融资产账面余额，贷记本科目，按其差额，贷记或借记"投资收益"科目。同时，将原计入该金融资产的公允价值变动转出，借记或贷记"公允价值变动损益"科目，贷记或借记"投资收益"科目。以公允价值计量且其变动计入当期损益的金融资产重分类为以公允价值计量且其变动计入其他综合收益的金融资产的，应当在重分类日，按照金融资产的公允价值，借记"其他债权投资"科目，按照金融资产账面余额，贷记本科目，按其差额，贷记或借记"投资收益"科目。同时，将原计入该金融资产的公允价值变动转出，借记或贷记"公允价值变动损益"科目，贷记或借记"投资收益"科目。

（5）出售交易性金融资产，应按实际收到的金额，借记"银行存款"等科目，按该金融资产的账面余额，贷记本科目，按其差额，贷记或借记"投资收益"科目。同时，将原计入该金融资产的公允价值变动转出，借记或贷记"公允价值变动损益"科目，贷记或借记"投资收益"科目。

"交易性金融资产"科目期末借方余额，反映企业持有的以公允价值计量且其变动计入当期损益的金融资产的公允价值。

【例3-7】 2018年4月10日，甲公司支付价款1 060万元从二级市场购入乙公司发行的股票100万股，每股价格10.60元（含已宣告但尚未发放的现金股利0.60元），另支付交易费用10 000元。甲公司将持有的乙公司股权划分为交易性金融资产，且持有乙公司股权后对其无重大影响。

甲公司其他相关资料为：4月20日，收到乙公司发放的现金股利；5月31日，乙公司股票价格涨到每股13元；7月16日，将持有的乙公司股票全部售出，每股售价15元。

假定不考虑其他因素，甲公司的账务处理如下：

（1）4月10日，购入乙公司股票。

借：交易性金融资产——成本　　　　　　　　　　　　10 000 000
　　应收股利　　　　　　　　　　　　　　　　　　　　　600 000
　　投资收益　　　　　　　　　　　　　　　　　　　　　 10 000
　　贷：银行存款　　　　　　　　　　　　　　　　　　　　　　　10 610 000

(2) 4月20日，收到乙公司发放的现金股利。

借：银行存款　　　　　　　　　　　　　　　　600 000
　　贷：应收股利　　　　　　　　　　　　　　　　　　　　600 000

(3) 5月31日，确认股票价格变动。

借：交易性金融资产——公允价值变动　　　　3 000 000
　　贷：公允价值变动损益　　　　　　　　　　　　　　3 000 000

(4) 7月16日，乙公司股票全部售出。

借：银行存款　　　　　　　　　　　　　　　15 000 000
　　公允价值变动损益　　　　　　　　　　　　3 000 000
　　贷：交易性金融资产——成本　　　　　　　　　　10 000 000
　　　　　　　　　　　　——公允价值变动　　　　　3 000 000
　　　　投资收益　　　　　　　　　　　　　　　　　5 000 000

【例3-8】　2018年1月1日，大华公司从二级市场支付价款1 020万元（含已到付息期但尚未领取的利息20万元）购入某公司发行的债券，另发生交费用20万元。该债券面值1 000万元，剩余期限为2年，票面年利率为4%，每半年付息一次，大华公司将其划分为交易性金融资产。

大华公司的其他资料如下：

(1) 2018年1月5日，收到该债券2017年下半年利息20万元；

(2) 2018年6月30日，该债券的公允价值为1 150万元（不含利息）；

(3) 2018年7月5日，收到该债券半年利息；

(4) 2018年12月31日，该债券的公允价值为1 100万元（不含利息）；

(5) 2019年1月5日，收到该债券2018年下半年利息；

(6) 2020年3月31日，大华公司将该债券出售，取得价款1 180万元（含1季度利息10万元）。

假定不考虑其他因素，则大华公司的账务处理如下：

(1) 2018年1月1日，购入债券。

借：交易性金融资产——成本　　　　　　　　10 000 000
　　应收利息　　　　　　　　　　　　　　　　200 000
　　投资收益　　　　　　　　　　　　　　　　200 000
　　贷：银行存款　　　　　　　　　　　　　　　　　10 400 000

(2) 2018年1月5日，收到该债券2017年下半年利息。

借：银行存款　　　　　　　　　　　　　　　　200 000
　　贷：应收利息　　　　　　　　　　　　　　　　　　200 000

(3) 2018年6月30日，确认债券公允价值变动和投资收益。

借：交易性金融资产——公允价值变动　　　　1 500 000
　　贷：公允价值变动损益　　　　　　　　　　　　　　1 500 000
借：应收利息　　　　　　　　　　　　　　　　200 000
　　贷：投资收益　　　　　　　　　　　　　　　　　　200 000

(4) 2018年7月5日，收到该债券半年利息。

借：银行存款　　　　　　　　　　　　　　　　200 000

贷：应收利息		200 000

(5) 2018年12月31日，确认债券公允价值变动和投资收益。

借：公允价值变动损益	500 000	
贷：交易性金融资产——公允价值变动		500 000
借：应收利息	200 000	
贷：投资收益		200 000

(6) 2019年1月5日，收到该债券2018年下半年利息。

借：银行存款	200 000	
贷：应收利息		200 000

(7) 2020年3月31日，将该债券予以出售。

借：应收利息	100 000	
贷：投资收益		100 000
借：银行存款	11 700 000	
公允价值变动损益	1 000 000	
贷：交易性金融资产——成本		10 000 000
——公允价值变动		1 000 000
投资收益		1 700 000
借：银行存款	100 000	
贷：应收利息		100 000

【例3-9】 2018年5月1日，兴达公司从二级市场支付价款100万元购入丙公司发行的股票100万股，另发生交易费用2万元。该公司将其作为以公允价值计量且其变动计入当期损益的金融资产进行管理。2018年5月31日，该股票价格下降为0.8元/股。6月10日，由于业务模式发生变更，公司董事会决定将该金融资产重分类为以公允价值计量且其变动计入其他综合收益的金融资产。重分类日该股票的市场价格为1.2元/股。假定不考虑其他因素，甲公司的账务处理如下：

(1) 5月1日，购入丙公司股票。

借：交易性金融资产——成本	1 000 000	
投资收益	20 000	
贷：银行存款		1 020 000

(2) 5月31日，确认股票价格变动。

借：公允价值变动损益	200 000	
贷：交易性金融资产——公允价值变动		200 000

(3) 重分类日，对金融资产进行重分类。

借：其他权益工具投资——成本	1 200 000	
交易性金融资产——公允价值变动	200 000	
公允价值变动损益	200 000	
贷：交易性金融资产——成本		1 000 000
公允价值变动损益		200 000
投资收益		400 000

▶ 第五节 金融资产转移

一、金融资产转移概述

金融资产（含单项或一组类似金融资产）转移，是指企业（转出方）将金融资产转让或交付给该金融资产发行方以外的另一方（转入方）。比如，企业将持有的未到期商业票据向银行贴现，就属于金融资产转移。

企业金融资产转移，包括下列两种情形：一是将收取金融资产现金流量的权利转移给另一方，比如前述的将未到期票据向银行贴现；二是将金融资产转移给另一方，但保留收取金融资产现金流量的权利，并承担将收取的现金流量支付给最终收款方的义务，同时还应满足以下条件：

（1）只有从该金融资产收到对等的现金流量时，才有义务将其支付给最终收款方。企业发生短期垫付款，但有权全额收回该垫付款并按照市场上同期银行贷款利率计收利息的，视同满足本条件。

（2）根据合同约定，不能出售该金融资产或作为担保物，但可以将其作为对最终收款方支付现金流量的保证。

（3）有义务将收取的现金流量及时支付给最终收款方，且无重大延误。企业无权将该现金流量进行再投资，但按照合同约定在相邻两次支付间隔期内将所收到的现金流量进行现金或现金等价物投资的除外。企业按照合同约定进行再投资的，应当将投资收益按照合同约定支付给最终收款方。

比如，甲商业银行将其信贷资产转移给特定目的信托，之后由特定目的信托以受让的信贷资产为基础发行证券，出售给相关投资者，投资者为取得该证券所支付的价款，又通过资金交割最后交付给甲银行。至此，资产证券化的资金完成了其第一次循环。此后，投资者的回报将通过信贷资产形成的现金流入支付，而这些现金流入又通常是由甲银行代为收取的。甲银行作为服务商将得到一定的手续费或佣金。由此，完成资产证券化第二次资金循环。

二、金融资产转移的确认和计量

（一）金融资产整体转移和部分转移的区分

金融资产转移涉及的会计处理，核心是金融资产转移是否符合终止确认条件。其中，终止确认是指将金融资产或金融负债从企业的账户和资产负债表内予以转销。

鉴于金融资产转移交易的复杂性，企业有必要在分析判断金融资产转移是否符合金融资产终止条件前，着重关注两个方面：一是金融资产转移的转出方能否对转入方实施控制。如果能够实施控制，则表明转入方是转出方的子公司，从而应纳入转出方的合并财务报表。从合并财务报表的意义上，这种情况下的金融资产转移属于内部交易，不存在终止确认问题。

因此，在判断金融资产转移是否符合终止确认条件时，应首先判断转入方是否是转出方的子公司。二是金融资产是整体转移还是部分转移。如为整体转移，则应将金融资产终止确认的判断条件运用于整项金融资产；如为部分转移，则只需将金融资产终止确认判断条件运用于发生转移的部分金融资产。

金融资产部分转移，包括下列三种情形：

（1）将金融资产所产生现金流量中特定、可辨认部分转移，如企业将一组类似贷款的应收利息转移等；

（2）将金融资产所产生全部现金流量的一定比例转移，如企业将一组类似贷款的本金和应收利息合计的一定比例转移等；

（3）将金融资产所产生现金流量中特定、可辨认部分的一定比例转移，如企业将一组类似贷款的应收利息的一定比例转移等。

（二）符合终止确认条件的情况

1. 符合终止确认条件的判断

企业收取金融资产现金流量的合同权利终止的，应当终止确认该金融资产。此外，企业已将金融资产所有权上几乎所有的风险和报酬转移给转入方的，也应当终止确认该金融资产。

金融资产转移是否符合终止确认条件，有时比较容易判断。比如，下列情况就表明已将金融资产所有权上几乎所有风险和报酬转移给了转入方。因而应当终止确认相关金融资产：（1）企业以不附追索权方式出售金融资产；（2）企业将金融资产出售，同时与买入方签订协议，在约定期限结束时按当日该金融资产的公允价值回购；（3）企业将金融资产出售，同时与转入方签订看跌期权合同（即转入方有权将该金融资产返售给企业）或看涨期权合同（即转出方有权回购该金融资产），且根据合同条款判断，该看跌期权或看涨期权为一项重大价外期权（即期权合约的条款设计，使得金融资产的转入方或转出方极小可能会行权）。

对于其他一些复杂的金融资产转移，其是否符合终止确认条件，应当比较转移前后该金融资产未来现金流量净现值及时间分布的波动使其面临的风险来判断。企业面临的风险因金融资产转移发生实质性改变的，表明该企业已将金融资产所有权上几乎所有的风险和报酬转移给了转入方，从而应终止确认该金融资产。

企业需要通过计算判断是否已将金融资产所有权上几乎所有的风险和报酬转移给了转入方的，在计算金融资产未来现金流量净现值时，应当考虑所有合理、可能的现金流量波动，对于更可能发生的结果赋予更高的权重，并采用适当的市场利率作为折现率。企业承担的金融资产未来净现金流量现值变动的风险没有因转移而发生显著变化的，表明该企业仍保留了金融资产所有权上几乎所有风险和报酬。如将贷款整体转移并对该贷款可能发生的所有损失进行全额补偿，或者出售一项金融资产但约定以固定价格或者售价加上出借人回报的价格回购。企业承担的金融资产未来净现金流量现值变动的风险相对于金融资产的未来净现金流量现值的全部变动风险不再显著的，表明该企业已经转移了金融资产所有权上几乎所有风险和报酬。如无条件出售金融资产，或者出售金融资产且仅保留以其在回购时的公允价值进行回购的选择权。

2. 符合终止确认条件时的计量

（1）金融资产整体转移满足终止条件时，相关金融资产转移损益应按如下公式计算：

因转移收到的对价＋原直接计入所有者权益的公允价值变动累计利得（如为累计损失，应为减项）－所转移金融资产的账面价值＝金融资产整体转移损益

理解以上公式时，应注意下面两点：

第一，因金融资产转移获得了新金融资产或承担了新金融负债的，应当在转移日按照公允价值确认该金融资产或金融负债（包括看涨期权、看跌期权、担保负债、远期合同、互换等），或服务负债，并以公允价值进行初始计量。该金融资产扣除金融负债和服务负债后的净额应当作为上述对价的组成部分。

企业与金融资产转入方签订服务合同提供相关服务的（包括收取该金融资产的现金流量，并将所收取的现金流量交付给指定的资金保管机构等），应当就该服务合同确认一项服务资产或服务负债。服务负债应当按照公允价值进行初始计量，并作为上述对价的组成部分。服务资产应当视同未终止确认金融资产的一部分，其金额应根据所转移金融资产整体的账面价值在终止确认和未终止确认部分之间按照各自相对公允价值进行分摊而确定。实务中，服务合同所涉及的服务费金额较小的，企业可以在收取服务费当期确认为收入。

也就是说，因转移收到的对价＝因转移交易收到的价款＋新获得金融资产的公允价值＋因转移获得服务资产的公允价值－新承担金融负债的公允价值－因转移承担的服务负债的公允价值。

第二，原直接计入所有者权益的公允价值变动累计利得或损失，是指所转移金融资产（以公允价值计量且其变动计入其他综合收益的金融资产）转移前公允价值变动直接计入所有者权益的累计额。

（2）金融资产部分转移满足终止确认条件的，应当将所转移金融资产整体的账面价值，在终止确认部分和未终止确认部分（在此种情况下，所保留的服务资产应当视同未终止确认金融资产的一部分）之间，按照各自的相对公允价值进行分摊，并将终止确认部分的对价，与原直接计入所有者权益的公允价值变动累计额中对应终止确认部分的金额之和，扣除终止确认部分的账面价值后的差额，确认为金融资产转移损益。

原直接计入所有者权益的公允价值变动累计额中对应终止确认部分的金额，应当按照金融资产终止确认部分和未终止确认部分的相对公允价值，对该累计额进行分摊后确定。

在金融资产部分转移满足终止确认条件的情况下，企业在将所转移金融资产整体的账面价值按相对公允价值在终止确认部分和未终止确认部分之间进行分摊时，未终止确认部分的公允价值按照下列原则确定：

第一，企业出售过与未终止确认部分类似的金融资产，或发生过与未终止确认部分有关的其他市场交易时，应当按照最近实际交易价格确定。

第二，未终止确认部分在活跃市场上没有报价，且最近市场上也没有与其有关的实际交易价格的，应当按照所转移金融资产整体的公允价值扣除终止确认部分的对价后的余额确定。该金融资产整体的公允价值确定难以合理确定的，按照金融资产整体的账面价值扣除终止确认部分的对价后的余额确定。

【例3－10】 2018年4月14日，大华公司销售一批商品给新兴公司，开出的增值税专

用发票上注明的销售价款为30万元,增值税销项税额为5.1万元,款项尚未收到。双方约定,新兴公司应于2018年11月11日付款。2018年7月5日,经与中国工商银行协商后约定:大华公司将应收新兴公司的货款出售给中国工商银行,价款为28万;在应收新兴公司货款到期无法收回时,中国工商银行不能向大华公司追偿。大华公司根据以往经验,预计该批商品将发生的销售退回金额为2.34万元,其中,增值税销项税额为3 400元,成本为1.2万元,实际发生的销售退回由大华公司承担。2018年9月4日,大华公司收到新兴公司退回的商品,价款为2.34万元。假定不考虑其他因素。大华公司与应收债权出售有关的账务处理如下:

(1) 2018年7月5日出售应收债权。

借:银行存款　　　　　　　　　　　　　　　280 000
　　营业外支出　　　　　　　　　　　　　　 47 600
　　其他应收款　　　　　　　　　　　　　　 23 400
　　贷:应收账款　　　　　　　　　　　　　　　　　　　　351 000

(2) 2018年9月4日收到退回的商品。

借:主营业务收入　　　　　　　　　　　　　 20 000
　　应交税费——应交增值税(销项税额)　　　 3 400
　　贷:其他应收款　　　　　　　　　　　　　　　　　　　 23 400
借:库存商品　　　　　　　　　　　　　　　 12 000
　　贷:主营业务成本　　　　　　　　　　　　　　　　　　 12 000

本例涉及企业将应收债权不附追索权予以出售(处置)。应收债权的出售通常分为不附追索权的出售和附追索权的出售。不附追索权应收债权出售,其含义是:企业将其按照销售商品、提供劳务的销售合同所产生的应收债权出售给银行等金融机构,根据企业、债务人及银行等金融机构之间的协议,在所售应收债权到期无法收回时,银行等金融机构不能够向出售应收债权的企业进行追偿。在这种情况下,企业应将所售应收债权予以转销,结转计提的相关坏账准备,确认按协议约定预计将发生的销售退回、销售折让、现金折扣等,确认出售损益。

企业在出售应收债权的过程中如附有追索权,即在有关应收债权到期无法从债务人处收回时,银行等金融机构有权向出售应收债权的企业追偿,或按照协议约定,企业有义务按照约定金额自银行等金融机构回购部分应收债权,应收债权的坏账风险由售出应收债权的企业负担,则企业应按照以应收债权为质押取得借款的核算原则进行会计处理。

(三) 不符合终止确认条件的情形

1. 不符合终止确认条件的判断

金融资产转移后,企业(转出方)仍保留了该金融资产所有权上几乎所有的风险和报酬的,则不应当终止确认该金融资产。

对于相对简单的金融资产转移,其是否符合终止确认条件,比较容易判断。比如,下列情况就表明企业保留了金融资产所有权上几乎所有风险和报酬,不应当终止确认相关金融资产:

（1）企业出售金融资产并与转入方签订回购协议，规定企业将回购原被转移金融资产，或者将予回购的金融资产与售出金融资产相同或实质上相同、回购价格固定或原售价加上回报；

（2）企业融出证券或进行证券出借；

（3）企业出售金融资产并附有将市场风险敞口转回给企业的总回报互换；

（4）企业（银行）将信贷资产整体转移，同时保证对金融资产买方可能发生的信用损失进行全额补偿；

（5）企业将金融资产出售，同时与转入方签订看跌期权合同或看涨期权合同，且根据合同条款判断，该看跌期权或看涨期权为一项重大价内期权（即期权合约的条款设计，使得金融资产的转入方或转出方很可能会行权）。

而对于相对复杂的金融资产转移，应当像判断是否符合终止确认条件那样，通过分析计算来判断。如果分析计算，企业面临的风险没有因金融资产转移发生实质性改变，则表明该企业仍保留了金融资产所有权上几乎所有的风险和报酬，从而不应当终止确认该金融资产。

2. 不符合终止确认时的计量

企业仍保留与所转移金融资产所有权上几乎所有的风险和报酬的，应当继续确认所转移金融资产整体，并将收到的对价确认为一项金融负债。

该金融资产与确认的相关金融负债不得相互抵消。在随后的会计期间，企业应当继续确认该金融资产产生的收入（或利得）和该金融负债产生的费用（或损失）。所转移的金融资产以摊余成本计量的，确认的相关负债不得指定为以公允价值计量且其变动计入当期损益的金融负债。

【例3-11】 大华公司销售一批商品给新兴公司，货已发出，增值税专用发票上注明的商品价款为200 000元，增值税销项税额为34 000元。当日收到新兴公司签发的不带息商业承兑汇票一张，该票据的期限为3个月。相关销售商品收入符合收入确认条件。

大华公司的账务处理如下：

(1) 销售实现时。

借：应收票据　　　　　　　　　　　　　　234 000
　　贷：主营业务收入　　　　　　　　　　　　　　　　　　200 000
　　　　应交税费——应交增值税（销项税额）　　　　　　　34 000

(2) 3个月后，应收票据到期，大华公司收回款项234 000元，存入银行。

借：银行存款　　　　　　　　　　　　　　234 000
　　贷：应收票据　　　　　　　　　　　　　　　　　　　　234 000

(3) 如果大华公司在该票据到期前向银行贴现，获得贴现现金净额230 000元，且银行拥有追索权。由于大华公司的应收票据贴现不符合金融资产终止确认条件，应将贴现所得确认为一项金融负债，即短期借款。则大华公司相关账务处理如下：

借：银行存款　　　　　　　　　　　　　　230 000
　　短期借款——利息调整　　　　　　　　4 000
　　贷：短期借款——成本　　　　　　　　　　　　　　　　234 000

贴现息4 000元应在票据贴现期间采用实际利率法确认为利息费用。

需要注意的是，企业应当设置"应收票据备查簿"，逐笔登记商业汇票的种类、号数和出票日、票面金额、交易合同号和付款人、承兑人、背书人的姓名和单位名称、到期日、背书转让日、贴现日、贴现率和贴现净额以及收款日和收回金额、退票情况等资料。商业汇票到期结清票款或退票后，在备查簿中应予注销。

(四) 继续涉入的情形

1. 继续涉入的判断

企业既没有转移也没有保留金融资产所有权上几乎所有的风险和报酬的，应当分别下列情况处理：

(1) 放弃了对该金融资产控制的，应当终止确认该金融资产；

(2) 未放弃对该金融资产控制的，应当按照其继续涉入所转移金融资产的程度确认有关金融资产，并相应确认有关金融负债。继续涉入所转移金融资产的程度，是指该金融资产价值变动使企业面临的风险水平。企业应当按照其继续涉入被转移金融资产的程度继续确认被转移金融资产的常见情形有：

①企业转移金融资产，并采用保留次级权益或提供信用担保等方式进行信用增级，企业只转移了被转移金融资产所有权上的部分（非几乎所有）风险和报酬，且保留了对被转移金融资产的控制。

②企业转移金融资产，并附有既非重大价内也非重大价外的看涨期权或看跌期权，导致企业既没有转移也没有保留所有权上几乎所有风险和报酬，且保留了对被转移金融资产的控制。

比如，在采用保留次级权益或提供信息担保等进行信用增级的金融资产转移中，转出方只保留了所转移金融资产所有权上的部分（非几乎所有）风险和报酬且能控制所转移金融资产的，应当按照其继续涉入所转移金融资产的程度确认相关资产和负债。

判断是否已放弃对所转移金融资产的控制，应当重点关注转入方出售该金融资产的实际能力。如果转入方能够单独将转入的金融资产整体出售给与其不存在关联方关系的第三方，且没有额外条件对此项出售加以限制，说明转入方有出售该金融资产的实际能力，同时表明企业（转出方）已放弃对该金融资产的控制，从而应终止确认所转移的金融资产。

转入方是否能够将转入的金融资产整体出售给与其不存在关联方关系的第三方，应当关注该金融资产是否存在活跃市场。如果不存在活跃市场，即使合同约定转入方有权处置金融资产，也不表明转入方有"实际能力"。

转入方是否能够单独出售所转入的金融资产且没有额外条件对此销售加以限制（是否可以自由地处置所转入金融资产），主要关注是否存在与出售密切相关的约束性条款。比如，转入方出售转入的金融资产时附有一项看涨期权，且该看涨期权又是重大价内期权，以至于可以认定转入方将来很可能会行权。在这种情况下，不表明转入方有出售所转入金融资产的实际能力。

2. 继续涉入的计量

企业既没有转移也没有保留金融资产所有权上几乎所有的风险和报酬，且未放弃对该金融资产控制的,应当按照其继续涉入所转移金融资产的程度,在充分反映保留的权利和承担的义务的基础上,确认有关金融资产,并相应确认有关负债。企业应当按照下列规定对相关负债进行计量:

(1)被转移金融资产以摊余成本计量的,相关负债的账面价值等于继续涉入被转移金融资产的账面价值减去企业保留的权利(如果企业因金融资产转移保留了相关权利)的摊余成本并加上企业承担的义务(如果企业因金融资产转移承担了相关义务)的摊余成本;相关负债不得指定为以公允价值计量且其变动计入当期损益的金融负债。

(2)被转移金融资产以公允价值计量的,相关负债的账面价值等于继续涉入被转移金融资产的账面价值减去企业保留的权利(如果企业因金融资产转移保留了相关权利)的公允价值并加上企业承担的义务(如果企业因金融资产转移承担了相关义务)的公允价值,该权利和义务的公允价值应为按独立基础计量时的公允价值。

通过对所转移金融资产提供财务担保方式继续涉入的,应当在转移日按照金融资产的账面价值和财务担保金额两者之间的较低者,确认继续涉入形成的资产,同时按照财务担保金额和财务担保合同的公允价值(提供担保的取费)之和确认继续涉入形成的负债。财务担保金额,是指企业所收到的对价中,将被要求偿还的最高金额。

在随后的会计期间,财务担保合同的初始确认金额应当在该财务担保合同期间内按照时间比例摊销,确认为各期收入。因担保形成的资产的账面价值,应当在资产负债表日进行减值测试。

企业按继续涉入程度继续确认的被转移金融资产以及确认的相关负债不应当相互抵销。企业应当对因继续涉入所转移金融资产形成的有关资产确认相关收入(或利得),对继续涉入形成的有关负债确认相关费用(或损失),两者不得相互抵销。

企业仅继续涉入所转移金融资产一部分的,应当将该部分金融资产视作一个整体,并在此基础上运用上述继续涉入会计处理原则。

3. 向转入方提供非现金担保物的会计处理

企业向金融资产转入方提供了非现金担保物(如债务工具或权益工具投资等)的,企业(转出方)和转入方应当按照下列规定进行处理:

(1)转入方按照合同或惯例有权出售该担保物或将其再作为担保物的,企业应当将该非现金担保物在财务报表中单独列报。

(2)转入方已将该担保物出售的,转入方应当就归还担保物的义务,按照公允价值确认一项负债。

(3)除因违约丧失赎回担保物权利外,企业应当继续将担保物确认为一项资产。

企业因违约丧失赎回担保物权利的,应当终止确认该担保物;转入方应当将该担保物确认为一项资产,并以公允价值计量。转入方已出售该担保物的,应当终止确认归还担保物的义务。

【例3-12】 甲银行持有一组住房抵押贷款,借款可提前偿付。2018年1月1日,该组贷款的本金和摊余成本均为1 000万元,票面年利率和实际年利率均为10%。经批准,甲银行拟将该组贷款转移给某信托机构(以下简称受让方)进行证券化。有关资料如下:

2018年1月1日,甲银行与受让方签订协议,将改组贷款转移给受让方,并办理有关手续。甲银行收到款项911.5万元,同时保留以下权利:(1)收取本金100万元以及这部分本金按10%的利率所计算确定利息的权利;(2)收取以900万元为本金、以0.5%为利率所计算确定利息(超额利差)的权利。受让人取得收取该组贷款本金中的900万元以及这部分本金按9.5%的利率收取利息的权利。根据双方签订的协议,如果该组贷款被提前偿付,则偿付金额按1:9的比例在甲银行和受让人之间进行分配。但是,如果改组贷款发生违约,则违约金额从甲银行拥有的100万元贷款本金中扣除,直到扣完为止。

2018年1月1日,该组贷款的公允价值为1 010万元,0.5%的超额利差的公允价值为4万元。

甲银行的分析及会计处理如下:

(1)甲银行转移了该组贷款所有权相关的部分重大风险和报酬(如重大提前偿付风险),但由于设立了次级权益(即内部信用增级),因而也保留了所有权相关的部分重大风险和报酬,并且能够对留存的该部分权益实施控制。根据金融资产转让准则,甲银行应采用继续涉入法对该金融资产转移交易进行会计处理。

(2)甲银行收到的911.5万元对价由两部分构成:一部分是转移的90%贷款及相关利息的对价,即909(1 010×90%)万元;另一部分是因为使保留的权利次级化所取得的对价2.5万元。此外,由于超额利差的公允价值为4万元,从而甲银行的该项金融资产转移交易的信用增级相关的对价为6.5万元。

假定甲银行无法取得所转移该组贷款的90%和10%部分各自的公允价值,则甲银行所转移该组贷款的90%部分形成的利得或损失计算如表3-2所示。

表3-2 转移贷款形成的利得或损失计算表

项目	估计公允价值(元)	百分比(%)	分摊后的账面价值(元)
已转移部分	9 090 000	90	9 000 000
未转移部分	1 010 000	10	1 000 000
合计	10 100 000	100	10 000 000

甲银行该项金融资产转移形成的利得 = 909 - 900 = 9(万元)。

(3)甲银行仍保留贷款部分的账面价值为100万元。

(4)甲银行因继续涉入而确认资产的金额,按双方协议约定的、因信用增级使甲银行不能收到的现金流入最大值100万元;另外,超额利差形成的资产4万元本质上也是继续涉入形成的资产。

因继续涉入而确认负债的金额,按因信用增级使甲银行不能收到的现金流入最大值100万元和信用增级的公允价值总额6.5万元,两项合计为106.5万元。

据此,甲银行在金融资产转移日应做如下账务处理:

借:存放同业　　　　　　　　　　　　　　9 115 000
　　继续涉入资产——次级权益　　　　　　1 000 000
　　　　　　　——超额账户　　　　　　　　 40 000
　贷:贷款　　　　　　　　　　　　　　　　9 000 000
　　　继续涉入负债　　　　　　　　　　　　1 065 000
　　　其他业务收入　　　　　　　　　　　　　 90 000

(5) 金融资产转移后，甲银行应根据收入确认原则，采用实际利率法将信用增级取得的对价 65 万元分期予以确认。此外，还应在资产负债表日对已确认资产确认可能发生的减值损失。比如，2018 年 12 月 31 日，已转移贷款发生信用损失 300 万元，则甲银行应做如下账务处理：

借：资产减值损失　　　　　　　　　　　　　　3 000 000
　　贷：贷款损失准备——次级权益　　　　　　　　　　　3 000 000
借：继续涉入负债　　　　　　　　　　　　　　3 000 000
　　贷：继续涉入资产——次级权益　　　　　　　　　　　3 000 000

▶ 第六节　金融资产减值

一、金融资产减值概述

企业应当以预期信用损失为基础，对下列项目进行减值会计处理并确认损失准备：

（1）分类为以摊余成本计量的金融资产和以公允价值计量且其变动计入其他其他综合收益的金融资产。

（2）租赁应收款。

（3）合同资产，指《CAS14 收入》定义的合同资产。

（4）部分贷款承诺和财务担保合同。

损失准备，是指针对按照以摊余成本计量的金融资产、租赁应收款和合同资产的预期信用损失计提的准备，按照以公允价值计量且其变动计入当期损益的金融资产的累计减值金额以及针对贷款承诺和财务担保合同的预期信用损失计提的准备。

预期信用损失，是指以发生违约的风险为权重的金融工具信用损失的加权平均值。信用损失是指企业按照原实际利率折现的、根据合同应收的所有合同现金流量与预期收取的所有现金流量之间的差额，即全部现金短缺的现值。其中，对于企业购买或源生的已发生信用减值的金融资产，应按照该金融资产经信用调整的实际利率折现。由于预期信用损失考虑付款的金额和时间分布，因此即使企业预计可以全额收款但收款时间晚于合同规定到期期限，也会产生信用损失。

在估计现金流量时，企业应当考虑金融工具在整个预计存续期的所有合同条款（如提前还款、展期、看涨期权或其他类似期权等）。企业所考虑的现金流量应当包括出售所持担保品获得的现金流量，以及属于合同条款组成部分的其他信用增级所产生的现金流量。

企业通常能够可靠估计金融工具的预计存续期。在极少数情况下，金融工具预计存续期是无法可靠估计的，企业在计算确定预期信用损失时，应当基于该金融工具的剩余合同期间。

二、一般减值模型

一般情况下，企业应当在每个资产负债表日评估相关金融工具的信用风险自初始确认后是否已显著增加，并按照下列情形分别计量其损失准别、确认预期信用损失及其变动：

（1）如果该金融工具的信用风险自初始确认后已显著增加，企业应当按照相当于该金融工具整个存续期内预期信用损失的金额计量其损失准备。无论企业评估信用损失的基础是单项金融工具还是金融工具组合，由此形成的损失准备的增加或转回金额，应当作为减值损失或利得计入当期损益。

（2）如果该金融工具的信用风险自初始确认后并未显著增加，企业应当按照相当于该金融工具未来12个月内预期信用损失的金额计量其损失准备。无论企业评估信用损失的基础是单项金融工具还是金融工具组合，由此形成的损失准备的增加或转回金额，应当作为减值损失或利得计入当期损益。

未来12个月内预期信用损失，是指因资产负债表日后12个月内（若金融工具的预计存续期少于12个月，则为预计存续期）可能发生的金融工具违约事件而导致的预期信用损失，是整个存续期预期信用损失的一部分。

企业在进行相关评估时，应当考虑所有合理且有依据的信息，包括前瞻性信息。为确保自金融工具初始确认后信用风险显著增加即确认整个存续期预期信用损失，企业在一些情况下应当以组合为基础考虑评估信用风险是否显著增加。整个存续期预期信用损失，是指因金融工具整个预计存续期内所有可能发生的违约事件而导致的预期信用损失。

企业与交易对手方修改或重新议定合同，未导致金融资产终止确认，但导致合同现金流量发生变化的，企业在评估相关金融工具的信用风险是否已经显著增加时，应当将基于变更后的合同条款在资产负债表日发生违约的风险与基于原合同条款在初始确认时发生违约的风险进行比较。

三、对风险显著增加的判断

企业在评估金融工具的信用风险自初始确认后是否已显著增加时，应当考虑金融工具预计存续期内发生违约风险的变化，而不是预期信用损失金额的变化。企业应当通过比较金融工具在资产负债表日发生违约的风险与在初始确认日发生违约的风险，以确定金融工具预计存续期内发生违约风险的变化情况。在为确定是否发生违约风险而对违约进行界定时，企业所采用的界定标准，应当与其内部针对相关金融工具的信用风险管理目标保持一致，并考虑财务限制条款等其他定性指标。

企业通常应当在金融工具逾期前确认该工具整个存续期预期信用损失。企业在确定信用风险自初始确认后是否显著增加时，企业无须付出不必要的额外成本或努力即可获得合理且有依据的前瞻性信息，不得仅依赖预期信息来确定信用风险自初始确认后是否显著增加；企业必须付出不必要的额外成本或努力才可获得合理且有依据的逾期信息以外的单独或汇总的前瞻性信息的，可以采用预期信息来确定信用风险自初始确认后是否显著增加。

无论企业采用何种方式评估信用风险是否显著增加，通常情况下，如果逾期超过30日，则表明金融工具的信用风险已经显著增加。除非企业在无须付出不必要的额外成本或努力的情况下即可获得合理且有依据的信息，证明即使预期超过30日，信用风险自初始确认后仍未显著增加。如果企业在合同付款逾期超过30日前已确定信用风险显著增加，则应当按照整个存续期的预期信用损失确认损失准备。如果交易对手方未按合同规定时间支付约定的款项，则表明该金融资产发生逾期。

企业在评估金融工具的信用风险在初始确认后是否已显著增加时，应当考虑违约风险的相对变化，而非违约风险变动的绝对值。在同一后续资产负债表日，对于违约风险变动的绝对值相同的两项金融资产，初始确认时违约风险较低的金融工具比初始确认时违约风险较高的金融工具的信用风险变化更为显著。

企业确定金融工具在资产负债表日只具有较低的信用风险的，可以假设该金融工具的信用风险自初始确认后并未显著增加。如果金融工具的违约风险较低，借款人在短期内履行其合同现金流量义务的能力很强，并且即便较长时期内经济形势和经营环境存在不利变化但未必一定降低借款人履行其合同现金流量义务的能力，该金融工具被视为具有较低的信用风险。

四、预期信用损失的计量

企业计量金融工具逾期信用损失的方法应当反映下列各项要素：
（1）通过评价一系列可能的结果而确定的无偏概率加权平均金额。
（2）货币时间价值。
（3）在资产负债表日无须付出不必要的额外成本或努力即可获得的有关过去事项、当前状况以及未来经济状况预测的合理且有依据的信息。

企业应当按照下列方法确定有关金融工具的信用损失：
（1）对于金融资产，信用损失应为企业应收取的合同现金流量与预期收取的现金流量之间差额的现值。
（2）对于租赁应收款项，信用损失应为企业应收取的合同现金流量与预期收取的现金流量之间差额的现值。其中，用于确定预期信用损失的现金流量，应与按照《CAS21 租赁》用于计量租赁应收款项的现金流量保持一致。
（3）对于未提用的贷款承诺，信用损失应为在贷款承诺持有人提用相应贷款的情况下，企业应收取的合同现金流量与预期收取的现金流量之间差额的现值。企业对贷款承诺预期信用损失的估计，应当与其对该贷款承诺提用情况的预期保持一致。
（4）对于财务担保合同，信用损失应为企业就该合同持有人发生的信用损失向其做出赔付的预计付款额，减去企业预期向该合同持有人、债务人或任何其他方收取的金额之间差额的现值。
（5）对于资产负债表日已发生信用减值但并非购买或源生已发生信用减值的金融资产，信用损失应为该金融资产账面余额与按原实际利率折现的估计未来现金流量的现值之间的差额。

企业应当以概率加权平均为基础对预期信用损失进行计量。企业对预期信用损失的计量应当反映发生信用损失的各种可能性，但不必识别所有可能的情形。在计量预期信用损失时，企业需要考虑的最长期限为企业面临信用风险的最长合同期限（包括考虑续约选择权），而不是更长期间，即使该期间与业务实践相一致。例如，企业在债务合同到期后可以考虑的其他融资替代方案。

如果金融工具同时包含贷款和未提用的承诺，且企业根据合同规定要求还款或取消未提用的能力并未将企业面临信用损失的期间限定在合同通知期内的，企业对于该类金融工具（仅限于此类金融工具）确认预期信用损失的期间，应当为其面临信用风险且无法用信用风险管理措施予以缓释的期间，即使该期间超过了最长合同期限。

五、金融资产减值的简化处理

对于下列各项目，企业应当始终按照相当于整个存续期内预期信用损失的金额计量其损失准备：

（1）由《CAS14 收入》规范的交易形成的应收款项或合同资产，且符合下列条件之一：
①该项目未包含《CAS14 收入》所定义的重大融资成分，或企业根据《CAS14 收入》规定不考虑不超过一年的合同中的融资成分。
②该项目包含《CAS14 收入》所定义的重大融资成分，同时企业做出会计政策选择，按照相当于整个存续期内预期信用损失的金额计量损失准备。企业应当将该会计政策选择适用于所有此类应收款项和合同资产，但可对应收款项类和合同资产类分别做出会计政策选择。

（2）由《CAS21 租赁》规范的交易形成的租赁应收款，同时企业做出会计政策选择，按照相当于整个存续期内预期信用损失的金额计量损失准备。企业应当将该会计政策选择适用于所有租赁应收款，但可对应收融资租赁款和应收经营租赁款分别做出会计政策选择。

企业可对应收款项、合同资产和租赁应收款分别选择减值会计政策。

六、金融资产减值的账务处理

（1）对于购买或源生的已发生信用减值的金融资产，企业应当在资产负债表日仅将自初始确认后整个存续期内预期信用损失的累计变动确认为损失准备。在每个资产负债表日，企业应当将整个存续期内预期信用损失的变动金额作为减值损失或利得计入当期损益。即使该资产负债表日确定的整个存续期内预期信用损失小于初始确认时估计现金流量所反映的预期信用损失的金额，企业也应当将预期信用损失的有利变动确认为减值利得。

（2）企业在前一会计期间已经按照相当于金融工具整个存续期内预期信用损失的金额计量了损失准备，但在当期资产负债表日，该金融工具已不再属于自初始确认后信用风险显著增加的情形的，企业应当在当期资产负债表日按照相当于未来 12 个月内预期信用损失的金额计量该金融工具的损失准备，由此形成的损失准备的转回金额应当作为减值利得计入当期损益。

（3）对于分类为以公允价值计量且其变动计入其他综合收益的金融资产，企业应当在其他综合收益中确认其损失准备，并将减值损失或利得计入当期损益，且不应减少该金融资产在资产负债表中列示的账面价值。

七、会计科目设置

企业执行新金融工具准则，一般需要增设"债权投资""债权投资减值准备""其他债权投资""其他权益工具投资""信用减值损失""其他综合收益——信用减值准备"等科目。对于以摊余成本计量的金融资产，企业在资产负债表日，应当按照当期应计提的减值准备金额，借记"信用减值损失"科目，贷记"债权投资减值准备"科目，发生减值利得时，做相反的会计分录。对于以公允价值计量且其变动计入其他综合收益的金融资产，企业在资产负债表日，应当按照当期应计提的减值准备金额，借记"信用减值损失"科目，贷记

"其他综合收益——信用减值准备"科目,转回已计提的减值准备时,做相反的会计分录。

▶第七节 金融资产披露

一、金融工具一般信息披露要求

企业应当披露编制财务报表时对金融工具所采用的重要会计政策、计量基础和与理解财务报表相关的其他会计政策等信息,主要包括:

(1) 对于指定为以公允价值计量且其变动计入当期损益的金融资产,企业应当披露下列信息:

①指定的金融资产的性质。

②企业如何满足运用指定的标准。企业应当披露该指定所针对的确认或计量不一致的描述性说明。

(2) 对于指定为以公允价值计量且其变动计入当期损益的金融负债,企业应当披露下列信息:

①指定的金融负债的性质。

②初始确认时对上述金融负债做出指定的标准。

③企业如何满足运用指定的标准。对于以消除或显著减少会计错配为目的的指定,企业应当披露该指定所针对的确认或计量不一致的描述性说明。对于以更好地反映组合的管理实质为目的的指定,企业应当披露该指定符合企业正式书面文件载明的风险管理或投资策略的描述性说明。对于整体指定为以公允价值计量且其变动计入当期损益的混合工具,企业应当披露运用指定标准的描述性说明。

(3) 如何确定每类金融工具的利得或损失。需要指出的是:

①风险投资机构、共同基金以及类似主体持有的、在初始确认时按照《CAS22 金融工具确认和计量》的规定以公允价值计量且其变动计入当期损益的金融资产,应当按照金融工具列报准则进行列报。

②企业如发行了一项既含有负债成分又含有权益成分的工具,且该工具嵌入了多重衍生特征(相关价值是联动的),如可赎回的可转换债务工具,则应披露体现在其中的这些特征。

二、资产负债表相关信息的披露

企业应当在资产负债表或相关附注中列报下列金融资产或金融负债的账面价值:

(1) 以摊余成本计量的金融资产。

(2) 以公允价值计量且其变动计入其他综合收益的金融资产,并分别反映:①分类为以公允价值计量且其变动计入其他综合收益的金融资产;②指定为以公允价值计量且其变动计入其他综合收益的非交易性权益工具投资。

(3) 以公允价值计量且其变动计入当期损益的金融资产,并分别反映:①分类为以公允价值计量且其变动计入当期损益的金融资产;②指定为以公允价值计量且其变动计入当期损益的金融资产。

企业将本应按摊余成本或以公允价值计量且其变动计入其他综合收益计量的一项或一组金融资产指定为以公允价值计量且其变动计入当期损益的金融资产的，应当披露下列信息：

（1）该金融资产在资产负债表日使企业面临的最大信用风险敞口；

（2）企业通过任何相关信用衍生工具或类似工具使得该最大信用风险敞口降低的金额；

（3）该金融资产因信用风险变动引起的公允价值本期变动额和累计变动额；

（4）相关信用衍生工具或类似工具自该金融资产被指定以来的公允价值本期变动额和累计变动额。

信用风险，是指金融工具的一方不履行义务，造成另一方发生财物损失的风险。金融资产在资产负债表日的最大信用风险敞口，通常是金融工具账面余额减去减值损失准备后的金额（已减去根据规定已抵消的金额）。

企业将非交易性权益工具投资指定为以公允价值计量且其变动计入其他综合收益的，应当披露下列信息：

（1）企业每一项指定为以公允价值计量且其变动计入其他综合收益的权益工具投资；

（2）企业做出该指定的原因；

（3）企业每一项指定为以公允价值计量且其变动计入其他综合收益的权益工具投资的期末公允价值；

（4）本期确认的股利收入，其中对本期终止确认的权益工具投资相关的股利收入和资产负债表日仍持有的权益工具投资相关的股利收入应当分别单独披露；

（5）该权益工具投资的累计利得和损失本期从其他综合收益转入留存收益的金额及其原因。

企业本期终止确认了指定为以公允价值计量且其变动计入其他综合收益的非交易性权益工具投资的，应当披露下列信息：

（1）企业处置该权益工具投资的原因；

（2）该权益性工具投资在终止确认时的公允价值；

（3）该权益性工具投资在终止确认时的累计利得或损失。

企业在当期或以前报告期间将金融资产进行重分类的，对于每一项重分类，应当披露重分类日、对业务模式变更的具体说明及其对财务报表影响的定性描述，以及该金融资产重分类前后的金额。

企业自上一年度报告日期将以公允价值计量且其变动计入其他综合收益的金融资产重分类为以摊余成本计量的金融资产的，或者将以公允价值计量且其变动计入当期损益的金融资产重分类为其他类别的，应当披露下列信息：

（1）该金融资产在资产负债表日的公允价值；

（2）如果未被重分类，该金融资产原来应当在当期损益或其他综合收益中确认的公允价值利得或损失。

企业将以公允价值计量且其变动计入当期损益的金融资产重分类为其他类别的，自重分类日起到终止确认的每一个报告期间内，都应当披露该金融资产在重分类日确定的实际利率和当期已确认的利息收入。

企业应当披露作为负债或或有负债担保物的金融资产的账面价值，以及与该项担保有关的条款和条件。其中，对于企业（转出方）向金融资产转入方提供了非现金担保物（如债务工具或权益工具投资等），转入方按照合同或惯例有权出售该担保物或将其再作为担保物的，企业应当将该非现金担保物在财务报表中单独列报。

企业取得担保物（担保物作为金融资产或者非金融资产），在担保物所有人未违约时可将该担保物出售或再抵押的，应当披露该担保物的公允价值、企业已出售或再抵押担保物的公允价值，以及承担的返还义务和使用担保物的条款及条件。

三、利润表相关信息的披露

企业应当披露与金融工具有关的下列收入、费用、利得或损失：

（1）以公允价值计量且其变动计入当期损益的金融资产和金融负债所产生的利得或损失。其中，指定为以公允价值计量且其变动计入当期损益的金融资产和金融负债，以及分类为以公允价值计量且其变动计入当期损益的金融资产和分类为以公允价值计量且其变动计入当期损益的金融负债的净利得或净损失，应当分别披露。

（2）对于指定为以公允价值计量且其变动计入当期损益的金融负债，企业应当分别披露本期在其他综合收益中确认的和在当期损益中确认的利得或损失。

（3）分类为以公允价值计量且其变动计入其他综合收益的金融资产，企业应当分别披露当期在其他综合收益中确认的以及当期终止确认时从其他综合收益转入当期损益的利得或损失。

（4）指定为以公允价值计量且其变动计入其他综合收益的非交易性权益工具投资，企业应当分别披露当期在其他综合收益中确认的利得和损失以及在当期损益中确认的股利收入。

（5）除以公允价值计量且其变动计入当期损益的金融资产或金融负债以外，按实际利率法计算的金融资产或金融负债产生的利息收入或利息费用总额，以及在确定实际利率时未予包括并直接计入当期损益的手续费收入或支出。

（6）企业通过信托和其他托管活动代他人持有资产或进行投资而形成的，直接计入当期损益的手续费收入或支出。

四、公允价值相关信息的披露

（1）除特别说明外，企业应当披露每一类金融资产和金融负债的公允价值，并与账面价值进行比较。对于在资产负债表中相互抵消的金融资产和金融负债，其公允价值应当以抵消后的金额披露。

（2）金融资产或金融负债初始确认的公允价值与交易价格存在差异时，如果其公允价值并非基于相同资产或负债在活跃市场中的报价确定的，也非基于仅使用可观察市场数据的估值技术确定的，企业在初始确认金融资产或金融负债时不应确认利得或损失。在此情况下，企业应当按金融资产或金融负债的类型披露下列信息：

①企业在损益中确认交易价格与初始确认的公允价值之间差额时所采用的会计政策，以反映市场参与者对资产或负债进行定价时所考虑的因素（包括时间因素）的变动。

②该项差异期初和期末尚未在损益中确认的总额和本期变动额的调节表。

③企业如何认定交易价格并非公允价值的最佳证据，以及确定公允价值的证据。

（3）企业可以不披露下列金融资产或金融负债的公允价值信息：

①账面价值与公允价值差异很小的金融资产或金融负债（如短期应收账款或应付账款）。

②包含相机分红特征且其公允价值无法可靠计量的合同。
③租赁负债。

对于上述②，企业应当披露下列信息：

a. 对金融工具的描述及其账面价值，以及因公允价值无法可靠计量而未披露其公允价值的事实和说明；

b. 金融工具的相关市场信息；

c. 企业是否有意图处置以及如何处置这些金融工具；

d. 之前公允价值无法可靠计量的金融工具终止确认的，应当披露终止确认的事实，终止确认时该金融工具的账面价值和所确认的利得或损失金额。

本章小结

金融资产是企业的一类重要且特殊的资产。本章先介绍金融资产的分类，然后按照前述金融资产的类别分别介绍以摊余成本计量的金融资产、以公允价值计量且其变动计入其他综合收益的金融资产、以公允价值计量且其变动计入当期损益的金融资产的一般会计处理，主要包括各类金融资产的初始计量和后续计量两方面；另外，对金融资产转移的确认与计量进行了适当介绍。

重点概念

金融资产、以摊余成本计量的金融资产、以公允价值计量且其变动计入其他综合收益的金融资产、以公允价值计量且其变动计入当期损益的金融资产、实际利率、实际利率法、摊余成本、金融资产转移、预期信用损失。

思 考 题

1. 举例说明哪些资产属于金融资产？
2. 交易性金融资产的特征有哪些？
3. 直接指定某项金融资产为以公允价值计量且其变动计入当期损益的金融资产，应符合什么条件？
4. 企业要将某项金融资产划分为以摊余成本计量的金融资产应满足什么条件？
5. 摊余成本是指什么？
6. 什么是实际利率、名义利率？两者有何区别？
7. 交易性金融资产、以摊余成本计量的金融资产在会计处理方面有哪些区别？
8. 以公允价值计量且其变动计入其他综合收益的金融资产的会计处理原则有哪些？以公允价值计量且其变动计入其他综合收益的金融资产与以摊余成本计量的金融资产在会计处理方面有哪些区别？
9. 以摊余成本计量的金融资产、以公允价值计量且其变动计入其他综合收益的金融资产、以公允价值计量且其变动计入当期损益的金融资产，在初始确认后，是否可以重分类？
10. 以某上市公司为例，说明其各类金融资产的会计政策、列报与披露。

第四章

存 货

> **内容提要：** ▲存货的概念及确认条件　▲存货取得和发出的计价
> ▲存货的简化核算方法　▲存货的清查、期末计价及披露
>
> **学习目的及要求：** 通过本章的学习，学生应了解"存货"这一章的主要框架，以及存货的取得、发出和结存的过程；掌握存货的概念、内容和确认条件、不同来源存货的成本构成；掌握存货发出的计价方法以及简化的存货核算方法，重点掌握存货的期末计价及账务处理。

存货是企业流动资产的主要组成部分，存货会计核算的正确与否，对于恰当反映企业的财务状况、经营成果和现金流量具有重要影响。为了规范存货的会计处理，IASC 于 1975 年发布了《IAS2 在历史成本制度下对存货的评价和列报》，1993 年修订为《IAS2 存货》（简称 IAS2）。IASB 2003 年又对 IAS2 进行了修订。为了完成与 IASB 合作的短期趋同项目，FASB 对会计程序委员会（CAP）1953 年发布的会计研究公告第 43 号（ARB43）中第四章"存货定价"进行了修订，于 2004 年 11 月发布了《SFAS151 存货成本》（*SFAS151 inventory costs*）。在我国，财政部早在 1993 年就将"存货"准则立项，并于 1994 年 7 月 4 日发布了征求意见稿，直至 2001 年 11 月 9 日正式发布了《企业会计准则——存货》，该准则于 2002 年 1 月 1 日起暂在股份有限公司执行，自 2003 年 1 月 1 日起其他企业也开始施行。为顺应国际经济形势和国内会计理论、实务发展的需要，财政部借鉴国际会计准则的合理内容，针对我国会计实践中出现的一些问题，对旧存货准则进行了重新修订，并于 2006 年 2 月 15 日发布了修订后的《CAS1 存货》（简称 CAS1），要求上市公司从 2007 年 1 月 1 日起施行。

本章主要根据 CAS1 编写，主要内容包括存货的概念及确认条件、存货取得和发出的计价及核算、存货简化核算方法及存货的清查、期末计价及披露等。下列内容不适用 CAS1，不在本章阐述范围：（1）消耗性生物资产，适用《CAS5 生物资产》（简称 CAS5）；（2）通过建造合同归集的存货成本，适用《CAS15 建造合同》（简称 CAS15）。

▶第一节 存货的概念及确认条件

一、存货的概念及内容

CAS1 规定，存货是指企业在日常活动中持有以备出售的产成品或商品、处在生产过程中的在产品、在生产过程或提供劳务过程中耗用的材料和物料等。

由存货的定义可看出，存货最基本的特征是：企业持有存货的最终的目的是为了出售（不论是可供直接出售，还是需经过进一步加工后才能出售），而不是自用或消耗。这一特征就使存货明显区别于固定资产等长期资产。具体来讲，存货包括各类材料、在产品、半成品、产成品、商品以及包装物、低值易耗品、委托代销商品等。

(1) 原材料，是指企业在生产过程中经加工改变其形态或性质并构成产品主要实体的各种原料及主要材料、辅助材料、外购半成品（外购件）、修理用备件（备品备件）、包装材料、燃料等。

(2) 在产品，是指企业正在制造尚未完工的在产品，包括正在各个生产工序加工的产品和已加工完毕但尚未检验或已检验但尚未办理入库手续的产品。

(3) 半成品，是指经过一定生产过程并已检验合格交付半成品仓库保管，但尚未制造完工成为产成品，仍需进一步加工的中间产品。但它不包括从一个生产车间转给另一个生产车间继续加工的自制半成品以及不能单独计算成本的自制半成品，这类自制半成品属于在产品。

(4) 产成品，是指工业企业已经完成全部生产过程并验收入库，可以按照合同规定的条件送交订货单位，或者可以作为商品对外销售的产品。企业接受外来原材料加工制造的代制品和为外单位加工修理的代修品，制造和修理完成验收入库后，应视同企业的产成品。

(5) 商品，是指商品流通企业外购或委托加工完成验收入库用于销售的各种商品。

(6) 周转材料，是指企业能够多次使用、但不符合固定资产定义的材料，如包装物和低值易耗品。其中，包装物是指为了包装本企业商品而储备的各种包装容器，如桶、箱、瓶、坛、袋等。低值易耗品是指不符合固定资产确认条件的各种用具物品，如工具、管理用具、玻璃器皿、劳动保护用品、在经营过程中周转使用的容器以及建筑承包商的钢模板、木模板、脚手架等其他周转材料。但是，周转材料符合固定资产定义的，应作为固定资产处理。

(7) 委托代销商品，是指企业委托其他单位代销的商品。

需要注意的是，为建造固定资产等各项工程而储备的各种材料，虽然同属于材料，但是用于建造固定资产等各项工程，其价值分次进行转移，并不符合存货的定义，因此不能作为企业的存货进行核算。企业的特种储备以及按国家指令专项储备的资产也不符合存货的定义，因而也不属于企业的存货。

二、存货的确认条件

按照 CAS1 的规定，存货必须在符合定义的前提下，同时满足以下两个条件时，才能加以确认：一是该存货包含的经济利益很可能流入企业；二是该存货的成本能够可靠地计量。

（一）该存货包含的经济利益很可能流入企业

资产最重要的特征是预期会给企业带来经济利益。如果某一项目预期不能给企业带来经济利益，就不能确认为企业的资产。存货是企业的一项重要的流动资产，因此，对存货的确认，关键是判断是否很可能给企业带来经济利益或所包含的经济利益是否很可能流入企业。通常，存货的所有权是存货包含的经济利益很可能流入企业的一个重要标志。一般情况下，根据销售合同已经售出（取得现金或收取现金的权利），所有权已经转移的存货，因其所含经济利益已不能流入本企业，因而不能再作为企业的存货进行核算，即使该存货尚未运离企业。再比如委托代销商品，由于其所有权并未转移至受托方，因而委托代销的商品是委托企业的存货，而非受托企业的存货。总之，企业在判断存货所含经济利益能否流入企业时，通常应结合考虑该项存货所有权的归属。

（二）该存货的成本能够可靠地计量

成本或者价值能够可靠地计量是资产确认的一项基本条件。存货作为企业资产的组成部分，要予以确认也必须能够对其成本进行可靠的计量。存货的成本能够可靠的计量必须以取得的确凿、可靠的证据为依据，并且具有可验证性。如果存货成本不能可靠地计量，则不能确认为一项存货。如企业承诺的订货合同，由于并未实际发生，不能可靠确定其成本，因此就不能确认为买方的存货。又如，企业预计发生的制造费用，由于并未实际发生，不能可靠地确定其成本，因此不能计入产品成本。

▶第二节 存货取得和发出的计价

一、存货入账价值的基础及其构成

（一）存货入账价值的基础

CAS1规定，"存货应当以其成本入账"。这表明，企业在持续经营的前提下，存货入账价值的基础也即初始计量的基础是历史成本或者说是实际成本。存货的计价是指对收入存货和发出存货的价值进行计算确定。存货的收发都应当按照实际成本计价。采用计划成本或定额成本法对存货进行日常核算的，应按期结转其成本差异，将计划成本或定额成本调整为实际成本。

（二）存货取得成本的构成

不同存货的成本构成内容不同。原材料、商品、低值易耗品等通过购买而取得的存货的成本由采购成本构成；产成品、在产品、半成品、委托加工物资等通过进一步加工而取得的存货的成本由采购成本、加工成本以及使存货达目前场所和状态所发生的其他成本构成。

1. 存货采购成本的构成

存货的采购成本一般包括采购价格、进口关税和其他税金、运输费、装卸费、保险费以及其他可直接归属于存货采购的费用。

采购价格，是指企业购入的材料或商品的发票账单上列明的价款，但不包括按规定可以抵扣的增值税进项税额。

其他税金，是指企业购买、自制或委托加工存货发生的消费税、资源税和不能从销项税额中抵扣的增值税进项税额等。

其他可直接归属于存货采购的费用，即采购成本中除上述各项以外的可直接归属于存货的采购费用，如在存货采购过程中发生的仓储费、包装费、运输途中的合理损耗、入库前的挑选整理费用等。这些费用中能分清负担对象的，应直接计入存货的采购成本；不能分清负担对象的，应选择合理的分配方法，分配计入有关存货的采购成本。分配方法通常包括按所购存货的重量或采购价格比例进行分配。

但是，对于采购过程中发生的物资毁损、短缺等，除合理的途耗应当作为存货的其他可直接归属于存货采购的费用计入采购成本外，应区别不同情况进行会计处理。

（1）应向供应单位、外部运输机构等收回的物资短缺或其他赔款，应冲减物资的采购成本；

（2）因遭受意外灾害发生的损失和尚待查明原因的途中损耗，不得增加物资的采购成本，应暂作为待处理财产损溢进行核算，查明原因后再作处理。

商品流通企业在采购商品过程中发生的运输费、装卸费、保险费以及其他可归属于存货采购成本的费用等进货费用，应计入所购商品成本。在实务中，企业也可以将发生的运输费、装卸费、保险费以及其他可归属于存货采购成本的费用等进货费用先进行归集，期末，按照所购商品的存销情况进行分摊。对于已销商品的进货费用，计入主营业务成本；对于未销商品的进货费用，计入期末存货成本。商品流通企业采购商品的进货费用金额较小的，可以在发生时直接计入当期销售费用。

2. 存货加工成本的构成

存货的加工成本是指在存货加工的过程中发生的追加费用，包括直接人工以及按照一定方法分配的制造费用。直接人工是指企业在生产产品过程中，直接从事产品生产的工人的职工薪酬。直接人工和间接人工的划分依据是生产工人是否与所生产的产品直接相关（即可否直接确定其服务的产品对象）。制造费用，是指企业为生产产品和提供劳务而发生的各项间接费用，包括企业生产部门（如生产车间）管理人员的职工薪酬、折旧费、办公费、水电费、机物料消耗、劳动保护费、季节性和修理期间的停工损失等。

3. 存货的其他成本

存货其他成本是指除采购成本、加工成本以外的，使存货达到目前场所和状态所发生的其他支出。企业设计产品发生的设计费用通常应计入当期损益，但是为特定客户设计产品所发生的、可直接确定的设计费用应计入存货的成本。

下列费用不应当包括在存货成本中，而应当在其发生时确认为当期费用：

（1）非正常消耗的直接材料、直接人工及制造费用，应计入当期损益，不得计入存货成本。如由自然灾害而发生的直接材料、直接人工及制造费用，由于这些费用的发生无助于使该存货达到目前场所和状态，不应计入存货成本，而应确定为当期费用。

（2）仓储费用是指企业在采购入库后发生的储存费用，应计入当期损益。但是，在生产过程中为达到下一个生产阶段所必需的仓储费用则应计入存货成本。如某种酒类产品生产企业为使生产的酒达到规定的产品质量标准，而必须发生的仓储费用，就应计入酒的成本，而不是计入当期费用。

（3）不能归属于使存货达到目前场所和状态的其他支出，不符合存货的定义和确认条件，应在发生时计入当期损益，不得计入存货成本。

（4）企业采购用于广告营销活动的特定商品，向客户预付货款未取得商品时，应作为预付账款进行会计处理，待取得相关商品时计入当期损益（销售费用）。企业取得广告营销性质的服务比照该原则进行处理。

4. 其他方式取得存货成本的确定

取得存货的其他方式主要有接受投资、非货币性资产交换、债务重组、企业合并以及存货盘盈等。

（1）投资者投入存货的成本，应当按照投资合同或协议约定的价值确定，但合同或协议约定价值不公允的除外。在投资合同或协议约定价值不公允的情况下，按照该项存货的公允价值作为其入账价值。

（2）企业通过非货币性资产交换、债务重组、企业合并等方式取得的存货成本的构成应分别按照"非货币性资产交换"、"债务重组"和"企业合并"等相关准则确定。但是其后续计量和披露应当按照《CAS1 存货》的规定。

（3）盘盈的存货，应按其重置成本作为其入账价值。由于盘盈的存货，通常是由企业日常收发计量或计算上的差错所造成的，因此，盘盈的存货，应先通过"待处理财产损溢"科目进行会计处理，按管理权限报经批准后，冲减当期的管理费用。

（4）通过提供劳务取得的存货，其成本按从事劳务提供人员的直接人工和其他直接费用以及可归属于该存货的间接费用确定。

二、存货取得的会计处理

存货日常核算可以按实际成本核算，也可以按计划成本进行核算。存货按实际成本核算的特点是：从存货收发凭证到明细分类账和总分类账全部按实际成本计价。实际成本法一般适用于规模较小、存货品种简单、采购业务不多的企业。这里以实际成本法为例，说明存货的日常核算，主要包括原材料、委托加工物资、包装物和低值易耗品等的核算。

（一）原材料

在实际成本法下，取得原材料通过"原材料"和"在途物资"科目核算。

1. 购入原材料

企业外购材料时，由于结算方式和采购地点的不同，材料入库和货款的支付在时间上不一定完全同步，相应地，其账务处理也有所不同。

（1）料单均到。对于发票账单与材料同时到达的采购业务，企业在支付货款或开出、承兑商业汇票，材料验收入库后，应根据发票账单等结算凭证确定的材料成本，借记"原材料"科目,根据取得的增值税专用发票上注明的(不计入材料采购成本的)税额,借记"应交税费——应交增值税(进项税额)"(一般纳税人,下同)科目,按照实际支付的款项或应付的票据面值,贷记"银行存款"或"应付票据"等科目。

(2)单到料未到。对于已经付款或已开出、承兑商业汇票,但材料尚未到达或未验收入库的采购业务,应根据发票账单等结算凭证,借记"在途物资""应交税费——应交增值税(进项税额)"科目,贷记"银行存款"或"应付票据"等科目;待材料到达、验收入库后,再根据收料单,借记"原材料"科目,贷记"在途物资"科目。

(3)料到单未到。对于材料已到达并已验收入库,但发票账单等结算凭证未到,货款尚未支付的采购业务,应于月末按材料的暂估价值,借记"原材料"科目,贷记"应付账款——暂估应付账款"科目。下月初用红字作同样的记账凭证予以冲回,以便下月付款或开出、承兑商业汇票后,按正常程序,借记"原材料""应交税费——应交增值税(进项税额)"科目,贷记"银行存款"或"应付票据"等科目。

(4)货款已付,材料尚未验收入库。采用预付货款的方式采购材料,应在预付材料价款时,按照实际预付金额,借记"预付账款"科目,贷记"银行存款"科目;已经预付货款的材料验收入库,根据发票账单等所列的价款、税额等,借记"原材料"科目和"应交税费——应交增值税(进项税额)"科目,贷记"预付账款"科目;预付款项不足,补付上项货款,按补付金额,借记"预付账款"科目,贷记"银行存款"科目;退回上项多付的款项,借记"银行存款"科目,贷记"预付账款"科目。

【例4-1】 某企业经有关部门核定为一般纳税人,某日该企业购入原材料一批,取得的增值税专用发票上注明原材料价款为20 000元,增值税税额为3 200元,发票等结算凭证已经收到,货款已通过银行转账支付。根据上述资料,应编制会计分录如下:

借:原材料 20 000
　　应交税费——应交增值税(进项税额) 3 200
　　贷:银行存款 23 200

【例4-2】 沿用例4-1的资料,并假设购入材料业务的发票等结算凭证已到,货款已经支付,但材料尚未运到。企业应于收到发票等结算凭证时,编制会计分录如下:

借:在途物资 20 000
　　应交税费——应交增值税(进项税额) 3 200
　　贷:银行存款 23 200

上述材料到达入库时,再作如下账务处理:

借:原材料 20 000
　　贷:在途物资 20 000

【例4-3】 假设例4-1中购入材料业务的材料已经运到,并验收入库,但发票等结算凭证尚未收到,货款尚未支付。月末,按照暂估价入账,假设其暂估价为18 000元。其计分录如下:

借:原材料 18 000
　　贷:应付账款——暂估应付账款 18 000

下月初用红字将上述分录原账冲回:

借:原材料 18 000

　　　　贷：应付账款——暂估应付账款　　　　　　　　　　　　　　　　18 000
　　收到有关结算凭证，并支付货款时：
　　借：原材料　　　　　　　　　　　　　　　　　　　20 000
　　　　应交税费——应交增值税（进项税额）　　　　　3 200
　　　　贷：银行存款　　　　　　　　　　　　　　　　　　　　　　　23 200

（5）外购材料短缺和毁损的处理。企业购入的材料在验收时可能发现短缺或毁损等情况，应及时查明原因，区分不同情况进行处理。

①由本单位负责。短缺的材料，经查明应由本单位负责时，如系正常自然损耗，应由购入该批材料的采购成本负担，按该批材料的全部成本和实收数量入账，也就是相应提高该批材料的单位成本；如系意外灾害造成的损失，在扣除保险公司赔偿后作为非常损失，列入营业外支出；若是责任事故，应由责任人赔偿；超过定额损耗的部分，由管理费用负担。在未经批准前，通过"待处理财产损溢"科目进行核算，待批准后予以冲销。注意：新增值税法❶规定自然灾害等非正常损耗材料负担的增值税进项税额可以抵扣。

【例4-4】　某企业向南方公司购入润滑油1 000千克，单价0.80元/千克，专用发票上注明增值税额200元，款项已通过银行支付。由本厂自提自运，发生损失210千克，其中正常自然损耗10千克，意外事故损耗100千克，驾驶员负责的损失50千克，超定额损耗50千克。应做如下账务处理：

收料发现短缺损失时：
　　借：应交税费——应交增值税（进项税额）　　　　　　　　　　200
　　　　原材料　　　　　　　　　　{[1 000-(210-10)]×0.8}640
　　　　待处理财产损溢——待处理流动资产损溢　[(100+50+50)×0.8]160
　　　　贷：银行存款　　　　　　　　　　　　　　　　　　　　　　　1 000
批准处理后：
　　借：其他应收款——×××　　　　　　　　　　[50×(0.8+0.2)]50
　　　　管理费用　　　　　　　　　　　　　　　　　[50×(0.8+0.2)]50
　　　　营业外支出——非常损失　　　　　　　　　[100×(0.8+0.2)]100
　　　　贷：待处理财产损溢——待处理流动资产损溢　　　　　　　　160
　　　　　　应交税费——应交增值税（进项税额转出）[(100+50+50)×0.2]40

②由供应单位负责。如果供应单位未按合同规定的数量发货造成材料短缺，应区分两种情况：若货款尚未承付，按短缺数量和发票单价，计算应拒付金额，填制拒付理由书，向银行办理拒付手续，然后按实付款项入账；如果货款已支付，应填制赔偿请求单，要求供应单位赔偿损失，按索赔的金额借记"其他应收款"科目。

【例4-5】　某企业向西南公司采购钢材8 000千克，单价1元，专用发票上注明的增值税额1 280元（税率16%），对方代垫运杂费200元。验收时发现短缺100千克，经查属供货单位发货错误。如果未过承付期，企业可以向银行办理部分拒付手续，按实付款项入账。会计分录为：

　　借：应交税费——应交增值税（进项税额）（1280-100×16%）1 343

---
❶具体见《中华人民共和国增值税暂行条例实施细则》第24条的规定。

原材料　　　　　　　　　　　　　　　　　（8000+200-100）8 100
　　　贷：银行存款　　　　　　　　　　　　　　　　　　　　　　　9 443
　如果上述款项已如数支付，并已通过"在途物资"科目核算，则应做如下会计分录：
　借：原材料　　　　　　　　　　　　　　　　　　　　　　　　　8 100
　　　其他应收款——应收赔款——西南公司［100×（1+16%）］117
　　　贷：在途物资——西南公司　　　　　　　　　　　　　　　　8 200
　　　　　应交税费——应交增值税（进项税额转出）　　　（100×16%）17

③由运输单位负责。由于运输单位装运不当或途中被盗等造成的短缺或毁损，应按损失的金额填制赔偿请求单，要求运输单位赔偿。假设前例款项已如数支付，钢材短缺100千克是运输单位造成，应做如下会计分录：
　借：原材料　　　　　　　　　　　　　　　　　　　　　　　　　8 100
　　　其他应收款——应收赔款——××运输单位　　　　　　　　　117
　　　贷：在途物资——西南公司　　　　　　　　　　　　　　　　8 200
　　　　　应交税费——应交增值税（进项税额转出）　　　　　　　　17

(6) 外购材料溢余的处理。

企业验收材料时也可能发现溢余，即实际收到的材料大于发票账单所列的材料数量。对于多收的材料，如属于企业需要的，应补付货款；如企业不需要，应将溢余部分退回或妥善保管并通知对方处理，不得擅自动用。

2. 自制、投资者投入及接受捐赠的存货

(1) 自制并已验收入库的原材料，按实际成本，借记"原材料"科目，贷记"生产成本"科目。

(2) 投资者投入的原材料，按投资合同或协议约定的价值（投资合同或协议约定价值不公允时按其公允价值），借记"原材料"科目，按专用发票上注明的增值税额，借记"应交税费——应交增值税（进项税额）"科目，按以上两项金额合计数，贷记"实收资本"（或"股本"）等科目。

【例4-6】 2018年12月20日，甲、乙、丙、丁、戊五方共同投资设立了久隆股份有限公司（以下简称"久隆公司"）。甲以其生产的产品作为投资（久隆公司作为原材料管理和核算），五方确认该批材料的价值为500万元。久隆公司取得的增值税专用发票上注明的不含税价款为500万元，增值税额为80万元。同时，假定久隆公司的股本总额为3000万元，甲在久隆公司享有份额为10%。久隆公司为一般纳税人，采用实际成本法核算存货。
　借：原材料　　　　　　　　　　　　　　　　　　　　　　5 000 000
　　　应交税费——应交增值税（进项税额）　　　　　　　　　850 000
　　　贷：股本——甲　　　　　　　　　　　　　　　　　　3 000 000
　　　　　资本公积——股本溢价　　　　　　　　　　　　　2 850 000

(3) 企业接受捐赠的原材料，捐赠方提供有关凭据的，按凭据金额确定其成本；捐赠方未提供有关凭据或凭据标明金额与受赠资产公允价值相差较大的，按公允价值确定其成本。进行会计处理时，按确定的实际成本，借记"原材料"科目，一般纳税人如涉及可抵扣的增值税进项税额的，按可抵扣的增值税进项税额，借记"应交税费——应交增值税（进项税额）"科目，接受捐赠资产按税法规定确定的入账价值，贷记"营业外收入"，按实

际支付或应付的相关税费,贷记"银行存款""应交税费"等科目。如果企业接受捐赠的存货金额较大,在一个纳税年度缴纳所得税确有困难,经主管税务机关审核确认,可以在不超过5年的期间内均匀计入各年度应纳税所得额的,借记"原材料""应交税费——应交增值税(进项税额)",贷记"递延收益"科目;每年分配时,借记"递延收益"科目,贷记"营业外收入"科目。

【例4-7】 2018年10月20日,久隆公司接受希望公司捐赠的一批原材料(久隆公司作为原材料管理和核算),希望公司提供的有关凭据表明该批原材料的价值为10 000元,所取得的增值税专用发票上注明的增值税额为1 700元。捐赠过程中久隆公司以现金支付运杂费等其他相关税费600元(不考虑运输费用涉及的增值税)。会计分录为:

借:原材料　　　　　　　　　　　　(10 000 + 600) 10 600
　　应交税费——应交增值税(进项税额)　　　1 700
　　贷:营业外收入　　　　　　　(10 600 + 1 700 - 600) 11 700
　　　　银行存款　　　　　　　　　　　　　　　　600

(二) 委托加工物资

委托加工业务在会计处理上主要包括拨付加工物资、支付加工费用和税金、收回加工物资和剩余物资的收回等几个环节。委托加工物资通过设置"委托加工物资"科目核算。

1. 拨付委托加工物资

企业发给外单位加工的物资,应将物资的实际成本由"原材料""库存商品"等科目转入"委托加工物资"科目,借记"委托加工物资"科目,贷记"原材料"或"库存商品"科目。

2. 支付加工费和增值税等

企业支付的加工费、应负担的运杂费、增值税等,借记"委托加工物资""应交税费——应交增值税(进项税额)"科目,贷记"银行存款"等科目。

3. 交纳的消费税

需要交纳消费税的委托加工物资,其由受托方代收代交的消费税,应分别以下情况处理:

(1) 委托加工的物资收回后直接用于销售的,委托方应将受托方代收代交的消费税计入委托加工物资的成本,借记"委托加工物资"科目,贷记"应付账款""银行存款"等科目。

(2) 委托加工的物资收回后用于连续生产应税消费品的,委托方应按准予抵扣的委托方代收代交的消费税额,借记"应交税费——应交消费税"科目,贷记"应付账款""银行存款"等科目。

4. 加工完毕并收回加工物资

加工完成验收入库的物资和剩余物资,按加工收回物资的实际成本和剩余物资的实际成本,借记"库存商品""原材料"等科目,贷记"委托加工物资"科目。

【例4-8】 A企业委托B企业加工材料一批(属于应税消费品),原材料成本为

10 000元，支付的加工费为8 000元（不含增值税），消费税税率为10%，材料加工完成验收入库，加工费用等已经支付。双方适用的增值税税率为17%。A企业按实际成本对原材料进行日常核算，有关会计处理如下：

(1) 发出委托加工材料。
　　借：委托加工物资　　　　　　　　　　10 000
　　　　贷：原材料　　　　　　　　　　　　　　　　　　10 000
(2) 支付加工费用。

消费税组成计税价格 $= \dfrac{10\,000 + 8\,000}{1 - 10\%} = 20\,000$（元）❶

（受托方）代收代交的消费税 $= 20\,000 \times 10\% = 2\,000$（元）

应纳增值税 $= 8\,000 \times 17\% = 1\,360$（元）

①A企业收回加工后的材料用于连续生产应税消费品。
　　借：委托加工物资　　　　　　　　　　8 000
　　　　应交税费——应交增值税（进项税额）　1 360
　　　　应交税费——应交消费税　　　　　　2 000
　　　　贷：银行存款　　　　　　　　　　　　　　　　　11 360
②A企业收回加工的材料直接用于销售。
　　借：委托加工物资　　　　　　　　　　10 000
　　　　应交税费——应交增值税（进项税额）　1 360
　　　　贷：银行存款　　　　　　　　　　　　　　　　　11 360
(3) 加工完成收回委托加工材料。
①A企业收回加工后的材料用于连续生产应税消费品。
　　借：原材料　　　　　　　　　　　　　18 000
　　　　贷：委托加工物资　　　　　　　　　　　　　　　18 000
②A企业收回加工后的材料直接用于销售。
　　借：原材料　　　　　　　　　　　　　20 000
　　　　贷：委托加工物资　　　　　　　　　　　　　　　20 000

（三）包装物和低值易耗品

企业购入、自制、委托外单位加工完成并验收入库的包装物和低值易耗品，通过"周转材料"科目核算，也可以单独设置"包装物""低值易耗品"科目，核算方法比照原材料的核算。

三、存货发出的计价

（一）存货流转假设及发出存货计价方法的影响

企业的存货是不断流动的，有流入也有流出，流入与流出相抵后的结余即为期末存货，

---

❶ 设加工材料的组成计税价格为 x，则 $x = 18\,000 + x \cdot 10\%$，解 $x = 18\,000/(1 - 10\%) = 20\,000$。

本期期末存货结转到下期，即为下期的期初存货，下期继续流动，就形成了生产经营过程中的存货流转。

存货流转包括实物流转和成本流转两个方面。在理论上，存货的成本流转与其实物流转应当一致，也就是说，购置存货时所确定的成本应当随着该项存货的销售或耗用而结转。但在实际工作中，这种一致的情况非常少见。因为，企业的存货进出量很大，存货的品种繁多，存货的单位成本多变，难以保证各种存货的成本流转与实物流转相一致。由于同一种存货尽管单价不同，但均能满足销售或生产的需要，在存货被销售或耗用后，毋需逐一辨别哪一批实物被发出，哪一批实物留作库存，成本的流转顺序和实物的流转顺序可以分离，只要按照不同的成本流转顺序确定已发存货的成本和库存存货的成本即可。这样，就出现了存货成本的流转假设。

采用某种存货成本流转的假设，在期末存货与发出存货之间分配成本，就产生了不同的存货成本分配方法，即发出存货的计价方法。常见的存货计价方法有：个别计价法、先进先出法、月末一次加权平均法、移动平均法、后进先出法等。CAS1规定，对性质和用途相似的存货，应当采用相同的成本计算方法确定发出存货的成本。按照国际惯例，结合我国的实际情况，CAS1借鉴了《IAS2存货》在2003年度的改进计划的做法，取消了后进先出法。

存货计价的方法不同，对企业财务状况、盈亏情况会产生不同的影响，主要表现在以下三个方面：

（1）存货计价对企业损益的计算有直接影响。表现在：①期末存货如果计价（估计）过低，当期的收益可能因此而相应减少；②期末存货计价（估价）如果过高，当期的收益可能因此而相应增加；③期初存货计价如果过低，当期的收益可能因此而相应增加；④期初存货计价如果过高，当期的收益可能因此而相应减少。

（2）存货计价对于资产负债表有关项目数额计算有直接影响，包括流动资产总额、所有者权益等项目，都会因存货计价的不同而有不同的数额。

（3）存货计价方法的选择对计算缴纳所得税的数额有一定的影响。因为不同的计价方法，对结转当期销售成本的数额会有所不同，从而影响企业当期应纳税利润数额的确定。

（二）发出存货的计价方法

1. 先进先出法

先进先出法（first-in first-out method，FIFO）是假定先购进或入库的存货先耗用或售出，并根据这种假定的成本流转次序对发出存货和期末存货计价。

【例4-9】 假定A公司2018年12月份某项存货的购进、发出和结存的资料见表4-1。

表4-1 A公司存货购进、发出和结存资料　　　　金额单位：元

日期		摘要	收入		发出数量	结存数量
月	日		数量（件）	单位成本（元）		
12	1	期初存货	300	2.00		300
12	8	购入	200	2.20		500
12	14	发出			400	100
12	20	购入	300	2.30		400

续表

日期		摘要	收入		发出数量	结存数量
月	日		数量（件）	单位成本（元）		
12	28	发出			200	200
12	31	购入	200	2.50		400

按先进先出法计算的存货的购进、发出和结存金额见表4-2。

表4-2 A公司存货购进、发出和结存成本计算表（先进先出法）   金额单位：元

日期		摘要	收入			发出			结存		
月	日		数量	单位成本	总成本	数量	单位成本	总成本	数量	单位成本	总成本
12	1	期初余额							300	2.00	600
12	8	购入	200	2.20	440				300 200	2.00 2.20	600 440
12	14	发出				300 100	2.00 2.20	600 220	100	2.20	220
12	20	购入	300	2.30	690				100 300	2.20 2.30	220 690
12	28	发出				100 100	2.20 2.30	220 230	200	2.30	460
12	31	购入	200	2.50	500				200 200	2.30 2.50	460 500
12	31	本月发生额及月末余额	700	—	1630	600	—	1270	200 200	2.30 2.50	460 500

采用先进先出法可以随时结转存货发出成本，但较繁琐。如果存货收发业务较多、且存货单价不稳定时，其工作量较大。在物价持续上升时，期末存货成本接近于市价，而发出成本偏低，会高估企业当期利润和库存存货价值；物价下降时，则会低估企业当期利润和库存存货价值。

2. 加权平均法（一次加权平均法）

加权平均法（average cost method）是指在期末时以期初存货数量和本期收入存货数量为权数，一次计算存货的平均单位成本，据以计算出本期发出存货和期末存货的实际成本的一种计价方法。计算公式如下：

$$存货平均单位成本 = \frac{期初结存存货实际成本 + 本期收入存货实际成本}{期初结存存货数量 + 本期收入存货数量}$$

发出存货实际成本 = 发出存货数量 × 存货平均单位成本

期末存货实际成本 = 期末存货数量 × 存货平均单位成本

【例4-10】 以例4-9所述A公司数据为例，采用加权平均法计算其存货成本如下：

$$平均单位成本 = \frac{300 \times 2 + 200 \times 2.2 + 300 \times 2.3 + 200 \times 2.5}{300 + 200 + 300 + 200} = 2.23（元/件）$$

发出存货实际成本 = 600 × 2.23 = 1 338（元）

期末存货实际成本 = 400 × 2.23 = 892（元）

采用这种方法时，发出的存货平时不计价，只将数量登记在明细账的发出栏，只有在月末根据明细账的有关数据，计算存货的实际平均单位成本，据以登记入账。因此，核算工作集中在月末进行，不利于及时结账，平时也无法从账簿上了解存货的发出成本和结存成本，不利于存货成本的日常管理与控制。但这种方法的日常核算工作量较少。它一般适用于收发次数较多的存货的计价。

3. 移动平均法

移动平均法（moving average method）是指在每次收货后，立即根据库存货物数量和总成本，计算出新的平均单位成本，据以确定发出存货和结存存货的实际成本的一种计价方法。其计算公式为：

$$存货平均单位成本 = \frac{以前结存存货实际成本 + 本次收入存货实际成本}{以前结存存货数量 + 本次收入存货数量}$$

$$发出存货实际成本 = 发出存货数量 \times 存货平均单位成本$$

$$结存存货实际成本 = 结存存货数量 \times 存货平均单位成本$$

【例 4-11】 以例 4-9 所述 A 公司数据为例，说明采用移动平均法时，每次收货后新的平均单位成本、发出存货成本和期末存货成本的计算见表 4-3。

表 4-3 A 公司存货购进、发出和结存成本计算表（移动平均法） 金额单位：元

日期		摘要	收入			发出			结存		
月	日		数量	单位成本	总成本	数量	单位成本	总成本	数量	单位成本	总成本
12	1	期初余额							300	2.00	600
12	8	购入	200	2.20	440				500	2.08	1040
12	14	发出				400	2.08	832	100	2.08	208
12	20	购入	300	2.30	690				400	2.245	898
12	28	发出				200	2.245	449	200	2.245	449
12	31	购入	200	2.50	500				400	2.37	949
12	31	本月合计	700	—	1630	600	—	1281	400	2.37	949

每次收货后新的平均单位成本计算如下：

$$第一次收货后新的平均单位成本 = \frac{300 \times 2.00 + 200 \times 2.20}{300 + 200} = 2.08（元/件）$$

$$第二次收货后新的平均单位成本 = \frac{100 \times 2.08 + 300 \times 2.30}{100 + 300} = 2.245（元/件）$$

$$第三次收货后新的平均单位成本 = \frac{200 \times 2.245 + 200 \times 2.50}{200 + 200} = 2.37（元/件）$$

采用移动平均法，计算的发出存货和结存存货的成本比较准确，存货的计价和明细账的登记可以及时进行，减轻了月末核算的工作量，也可以随时反映发出存货和结存存货的实际成本，但日常核算工作较为繁琐。这种方法一般适用于收发次数不多的存货的计价。

4. 后进先出法

后进先出法（last-in first-out method, LIFO）是指对于发出的存货按最后那批进货的单位成本进行计算的一种计价方法。在发出数量超过存货中最后一批进货数量时，超过部分要依次按前一批收进的单位成本计算。这一计价方法的假设，与先进先出法正好相反，是建立在假定后收到的存货先发出的基础之上的。我国现行存货准则已经不允许使用这种方法，这里仅作介绍。

【例4-12】 以例4-9所述A公司数据为例，采用后进先出法，使用实地盘存制时，期末存货400件的成本可计算如下：300件按每件2.00元计算为600元，100件按每件2.20元计算为220元，期末存货成本合计820元。

采用永续盘存制时，后进先出法下的发出存货成本可以根据存货明细账记录随时计算，并相应计算出结存存货的价值。续前例，逐笔计算收、发和结存的成本见表4-4。

表4-4 A公司存货购进、发出和结存成本计算表（后进先出法） 金额单位：元

日期		摘要	收入			发出			结存		
月	日		数量	单位成本	总成本	数量	单位成本	总成本	数量	单位成本	总成本
12	1	期初余额							300	2.00	600
12	8	购入	200	2.20	440				300 200	2.00 2.20	600 440
12	14	发出				200 200	2.20 2.00	440 400	100	2.00	200
12	20	购入	300	2.30	690				100 300	2.00 2.30	200 690
12	28	发出				200	2.30	460	100 100	2.00 2.30	200 230
12	31	购入	200	2.50	500				100 100 200	2.00 2.30 2.50	200 230 500
12	31	本月合计	700	—	1630	600	—	1300	400	—	930

采用后进先出法的结果是新的期末结存存货的价值反映早期进货的成本，而发出存货的成本则接近存货近期进货的成本水平。在物价上涨的情况下，能使计算的发出存货的实际成本最接近于当前的市价，确认较低的当期净收益，比较符合稳健性原则的要求。但是，期末存货按最早较低的成本计价，资产负债表上所反映的期末存货的价值与实际相差较大。

5. 个别计价法或分批计价法

个别计价法或分批计价法（specific identification method）是指对收入和发出的每一件或每一批存货的实际成本分别加以确认的一种计价方法。这种方法要求存货项目必须是可以辨别认定的，对每件或每一批存货的品种规格、入账时间、单位成本、存放地点等情况都要作详细的记录，以便据以确认发出存货和期末存货所属的收入批次，从而确定它们的成本。

【例4-13】 仍以例4-9所述A公司数据为例，假设12月31日存货400件，经确认属于以下各批购货中的留存：期初存货中留存100件；第一批购货中留存50件；第二批购货中留存200件；第三批购货中留存50件。则发出存货成本和期末存货成本（其明细记录略）可计算如下：

发出存货成本 = 200×2.00+150×2.20+100×2.30+150×2.50=1335（元）
期末存货成本 = 100×2.00+50×2.20+200×2.30+50×2.50=895（元）

这种方法，可以使成本流转建立在存货的实物流转基础上，使两者完全一致，存货的计价准确合理。但是，采用这种方法时，存货应按品种和每一购进批次保管并分设明细科目，日常核算工作量较大，存货保管手续繁琐，而且，如果用于可互换使用的存货，则可以导致任意选用较高或较低的单位成本进行计价，来调整当期的利润。因此，这种方法主要适用于具有可识别的明显特征、数量不多而单位价值又相当高的存货，或为某一特定项目专门购入或制造并单独存放的存货。

四、发出存货的会计处理

（一）领用和出售原材料的核算

企业生产经营领用原材料，按实际成本，借记"生产成本""制造费用""销售费用""管理费用"等科目，贷记"原材料"科目；企业发出委托外单位加工的原材料，借记"委托加工物资"科目，贷记"原材料"科目。

基建工程（不动产）领用的原材料，按其实际成本加上不予抵扣的增值税额等，借记"在建工程"科目，按实际成本，贷记"原材料"科目，按不予抵扣的增值税额，贷记"应交税费——应交增值税（进项税额转出）"科目；福利部门领用的原材料，按实际成本加上不予抵扣的增值税额等，借记"应付职工薪酬"科目，按实际成本，贷记"原材料"科目，按不予抵扣的增值税额，贷记"应交税费——应交增值税（进项税额转出）"科目。

对于出售的原材料，企业应当按已收或应收的价款，借记"银行存款"或"应收账款"等科目，按实现的营业收入，贷记"其他业务收入"等科目，按应交的增值税额，贷记"应交税费——应交增值税（销项税额）"科目；月度终了，按出售原材料的实际成本，借记"其他业务成本"科目，贷记"原材料"科目。

发料凭证是进行材料发出业务核算的依据。但由于发料次数多，凭证数量大，为了简化核算手续，一般不直接根据发料凭证填制记账凭证来登记总账，而是对已签收和标价的发料凭证，按领用部门和用途，定期进行归类汇总，按月编制"发料凭证汇总表"，月末时据以一次编制记账凭证，登记总账。"发料凭证汇总表"的一般格式见表4-5。

【例4-14】 某公司2018年5月份发生的与材料有关的交易或事项汇总表4-5。

表4-5 发料凭证汇总表 金额单位：元

领料单位及用途	原材料及主要材料	辅助材料	修理备用件	燃料	合计
基本生产车间领用生产应税产品	40 000	10 000		20 000	70 000
辅助生产车间领用	5 000	1 000	1 500	500	8 000
车间一般消耗	700	800	200	300	2 000
行管部门领用	100	300		600	1 000
委托加工材料	2 200				2 200
材料销售	2 000				2 000
基建部门领用	20 000（进项税额3 000元）				20 000
合计	70 000	12 100	1 700	21 400	105 200

根据表4-5中的有关数据，应做如下会计分录：

借：生产成本——基本生产成本	70 000
——辅助生产成本	8 000
制造费用	2 000
管理费用	1 000
委托加工物资	2 200
其他业务成本	2 000
在建工程	20 000
贷：原材料——原料及主要材料	70 000
——辅助材料	12 100
——修理用备件	1 700
——燃料	21 400

（二）发出包装物的核算

企业发出包装物的核算，应根据发出包装物的不同用途分别进行处理。

1. 生产领用包装物

企业生产部门领用的用于包装产品的包装物，构成了产品的组成部分，因此应将包装物的成本计入产品生产成本。生产领用包装物，借记"生产成本"科目，贷记"周转材料"科目或"包装物"科目。

2. 随同商品出售的包装物

随同商品出售但不单独计价的包装物，应于包装物发出时，按其实际成本计入销售费用中，借记"销售费用"科目，贷记"包装物"科目。

随同商品出售但单独计价的包装物，在随同商品出售时要单独计价，单独反映其销售收入，相应地单独反映其销售成本，因此，应于商品出售时，视同材料销售处理，借记"其他业务成本"科目，贷记"周转材料"科目或"包装物"科目。

3. 出租、出借包装物

企业多余或闲置未用的包装物可以出租、出借给外单位使用。出租、出借包装物，在第一次领用新包装物时，按出租、出借包装物的实际成本，借记"其他业务成本（出租包装物）"或"销售费用（出借包装物）"科目，贷记"周转材料"科目或"包装物"科目。收到出租包装物的租金，借记"库存现金""银行存款"等目，贷记"其他业务收入"等科目。

收到出租、出借包装物的押金，借记"库存现金""银行存款"等科目，贷记"其他应付款"科目，退回押金做相反会计分录。对于逾期未退包装物，按没收的押金，借记"其他应付款"科目，按应交的增值税，贷记"应交税费——应交增值税（销项税额）"科目，按其差额，贷记"其他业务收入"科目。这部分没收的押金收入应交的消费税等税费，计入其他业务成本，借记"其他业务成本"科目，贷记"应交税费——应交消费税"等科目。

出租、出借的包装物不能使用而报废时，按其残料价值，借记"原材料"等科目，贷记"其他业务成本（出租包装物）""销售费用（出借包装物）"等科目。

出租、出借包装物频繁、数量多、金额大的企业，出租、出借包装物的成本也可以采用五五摊销法等方法计算出租、出借包装物的摊销价值,其中,五五摊销法是指包装物在领用时先摊销其价值的一半,在报废时再摊销其价值的另一半的方法。

(三) 领用低值易耗品的核算

1. 低值易耗品的摊销方法

常用的低值易耗品的摊销方法有一次转销法、五五摊销法和分次摊销法。

(1) 一次转销法。一次转销法是指低值易耗品在领用时就将其全部账面价值计入有关成本费用的方法。一次转销法通常适用于价值较低或极易损坏的管理用具和小型工具、卡具以及在单件小批生产方式下为制造某批订货所用的专用工具。

(2) 五五摊销法。五五摊销法是指低值易耗品在领用时先摊销其账面价值的一半,在报废时再摊销其账面价值的另一半,即低值易耗品分两次各按50%进行摊销。五五摊销法通常既适用于价值较低、使用期限较短的低值易耗品,也适用于领用数量和报废数量大致相等的物品。

(3) 分次摊销法。分次摊销法是根据低值易耗品可供使用的估计次数,将其价值按比例地分摊计入有关成本费用的一种方法。

2. 领用低值易耗品

一次转销的低值易耗品,在领用时将其全部价值转入有关的成本费用,借记有关科目,贷记"周转材料"科目或"低值易耗品"科目。报废时,将报废低值易耗品的残料价值作为当月低值易耗品摊销额的减少,冲减有关成本费用,借记"原材料"等项目,贷记"生产成本""管理费用""销售费用""在建工程"等科目。

采用其他摊销方法的低值易耗品,领用时按其账面价值,借记"周转材料(在用)"或"低值易耗品(在用)"科目,贷记"周转材料(在库)"或"低值易耗品(在库)"科目;摊销时,按摊销额,借记"生产成本""管理费用""销售费用""在建工程"等科目,贷记"周转材料(摊销)"或"低值易耗品(摊销)"科目。

低值易耗品报废时应补提摊销额,借记"生产成本""管理费用""销售费用""在建工程"等科目,贷记"周转材料(摊销)"或"低值易耗品(摊销)"科目;同时,按报废低值易耗品的残料价值,借记"原材料"等科目,贷记"生产成本""管理费用""销售费用""在建工程"等科目,并转销全部已计提摊销额,借记"周转材料(摊销)"或"低值易耗品(摊销)"科目,贷记"周转材料(在用)"或"低值易耗品(在用)"科目。

▶第三节 存货的简化核算方法

存货成本日常核算的简化方法有计划成本法、零售价法和毛利率法。

一、计划成本法

(一) 计划成本法的概念

计划成本法是指企业存货的收入、发出和结余均按预先制定的计划成本计价,同时另设

"材料成本差异"科目（或"产品成本差异"科目，下同），登记实际成本与计划成本的差额。存货按计划成本核算，要求存货的总分类核算和明细分类核算均按计划成本计价。一般适用于存货品种繁多、收发频繁的企业，如大中型企业中的各种原材料、低值易耗品等。如果企业的自制半成品、产成品品种繁多的，或者在管理上需要分别核算其计划成本和成本差异的，也可采用计划成本法核算。

采用计划成本法的前提是制定每一品种规格存货的计划成本。存货计划成本的组成内容应与其实际成本的构成一致，包括买价、运杂费和有关的税金等。存货的计划成本一般由企业采购部门会同财会等有关部门共同制定。制定的计划成本应尽可能接近实际。采用计划成本进行日常核算的企业，其基本的核算程序如下：

（1）企业应先制定各种存货的计划成本目录，规定存货的分类、各种存货的名称、规格、编号、计量单位和计划单位成本。除一些特殊情况外，计划单位成本在年度内一般不做调整。

（2）平时收到存货时，应按计划单位成本计算收入存货的计划成本，填入收料单内，并按实际成本与计划成本的差额作为"材料成本差异"分类登记。

（3）平时领用、发出的存货，都按计划成本计算，月份终了再将本月发出存货应负担的成本差异进行分摊，随同本月发出存货的计划成本记入有关科目，将发出存货的计划成本调整为实际成本。发出存货应负担的成本差异，必须按月分摊，不得在季末或年末一次分摊。

（二）计划成本法下取得存货的会计处理

在计划成本法下，取得的原材料先要通过"材料采购"科目进行核算，材料的实际成本与计划成本的差异通过"材料成本差异"科目进行核算。

"材料采购"科目，是用来核算企业购入材料的实际采购成本，考核材料采购业务成果的科目。其借方登记材料的实际采购成本和结转的已验收入库材料实际成本小于计划成本的节约额；其贷方登记已验收入库材料的计划成本和结转的入库材料的实际成本大于计划成本的超支额；余额在借方，表示已付款的在途材料的实际成本。因此，采用计划成本进行核算的情况下，不需设置"在途物资"科目。

"材料成本差异"科目，是用来核算企业各种材料的实际成本与计划成本的差异的科目。其借方登记材料实际成本大于计划成本的超支额以及发出材料应分担的节约差异的结转数；贷方登记材料实际成本小于计划成本的节约额以及发出材料应分担的超支差异的结转数；月末若为借方余额，表示库存材料的实际成本大于计划成本的超支差异，若为贷方余额，表示库存材料的实际成本小于计划成本的节约差异。

【例4-15】 某企业购入甲材料10 000千克，每千克实际买价0.55元，供应单位代垫运杂费300元，专用发票上注明的增值税额为800元，款项已通过银行支付，材料已验收入库，计划单价0.60元。应做如下会计分录：

（1）支付款项时。

借：材料采购　　　　　　　　　　　　　　　　　5 800
　　应交税费——应交增值税（进项税额）　　　　　800
　　　贷：银行存款　　　　　　　　　　　　　　　　　6 600

（2）材料验收入库时。

借：原材料　　　　　　　　　　　　　　　　　　6 000

　　　　贷：材料采购　　　　　　　　　　　　　　　　5 800
　　　　　　材料成本差异　　　　　　　　　　　　　　 200

（三）计划成本下发出存货的会计处理

材料发出按计划成本计价的总分类核算，同材料发出按实际成本计价的总分类核算一样，也应根据已签收和标价的发料凭证，按领料部门和用途定期归类汇总，编制"发料凭证汇总表"，月末一次编制记账凭证，据以登记总账。但由于各种发料凭证都是按计划成本计价的，因此编制的"发料凭证汇总表"也是计划成本，这就需要把"发料凭证汇总表"中的计划成本调整为实际成本，计算公式如下：

发出材料的实际成本 = 发出材料的计划成本 ± 发出材料应负担的材料成本差异额

发出材料应负担的材料成本差异额 = 发出材料的计划成本 × 材料成本差异率

其中，材料成本差异率是指材料成本差异额与材料计划成本的比率。其计算公式为：

$$材料成本差异率 = \frac{月初结存材料的成本差异额 + 本月收入材料的成本差异额}{月初结存材料的计划成本 + 本月收入材料的计划成本}$$

式中，"月初结存材料的成本差异额"和"本月收入材料的成本差异额"应根据有关材料成本差异明细账的记录计列；"月初结存材料的计划成本"和"本月收入材料的计划成本"应根据有关材料明细账的记录计列。

【例 4 – 16】 假设某企业原材料月初结存材料的计划成本 5 600 元，结存材料成本超支差异额为 160 元，本月收入材料计划成本为 24 400 元，收入材料成本差异为超支 440 元，本月发出材料的计划成本为 25 000 元，则：

$$材料成本差异率 = \frac{160 + 440}{5\ 600 + 24\ 400} \times 100\% = 2\%$$

发出材料应负担的材料成本差异额 = 25 000 × 2% = 500（元）

发出材料的实际成本 = 25 000 + 500 = 25 500（元）

按上述方法计算当月发出材料应负担的材料成本差异额，可以使月末结存材料和本月发出材料负担相同的差异率，计算结果较为合理。但本月收入的材料要等月末才能确定成本差异额，平时无法计算、结转发出材料应承担的成本差异额，不能保证核算的及时性。为了及时地核算材料费用和产品成本，材料成本差异率也可按月初结存数计算，计算公式为：

$$月初材料成本差异率 = \frac{月初结存材料成本差异额}{月初桔存材料计划成本}$$

采用这种方法，虽然可以简化核算手续，保证核算的及时性。但计算发出材料应负担的成本差异时没有考虑本月购入材料的成本差异，计算结果不够准确。如果材料成本差异的水平波动不大，也能取得相对正确的结果。

计算出本月发出材料应负担的材料成本差异额，即可编制"发料凭证汇总表"，其格式见表 4 – 6（非生产用料从略）。

表 4-6 发料凭证汇总表

××年×月　　　　　　　　　　　　　　　　金额单位：元

领料单位及用途	原料及主要材料		辅助材料		燃料		合计	
	计划成本	差异(2%)	计划成本	差异(1%)	计划成本	差异(-1%)	计划成本	差异
基本生产车间	50 000	1 000	4 000	40	15 000	-150	69 000	890
辅助生产车间	10 000	200	3 000	30	2 000	-20	15 000	210
车间一般消耗	5 000	100	1 000	10	500	-5	6 500	105
行管部门领用	2 000	40	200	2	2 500	-25	4 700	17
合计	67 000	1 340	8 200	82	20 000	-200	95 200	1 222

根据表 4-6，应做如下会计分录：

(1) 结转发出材料计划成本。

借：生产成本——基本生产成本　　　　　　　　69 000
　　　　　　——辅助生产成本　　　　　　　　15 000
　　制造费用　　　　　　　　　　　　　　　　6 500
　　管理费用　　　　　　　　　　　　　　　　4 700
　　贷：原材料——原料及主要材料　　　　　　　　　　　　67 000
　　　　　　——辅助材料　　　　　　　　　　　　　　　　8 200
　　　　　　——燃料　　　　　　　　　　　　　　　　　　20 000

(2) 结转发出材料应负担的材料成本差异。

借：生产成本——基本生产成本　　　　　　　　890
　　　　　　——辅助生产成本　　　　　　　　210
　　制造费用　　　　　　　　　　　　　　　　105
　　管理费用　　　　　　　　　　　　　　　　17
　　材料成本差异——燃料　　　　　　　　　　200
　　贷：材料成本差异——原料及主要材料　　　　　　　　　1 340
　　　　　　　　　　——辅助材料　　　　　　　　　　　　82

采用计划成本法进行材料的日常核算，主要有以下作用：

(1) 简化会计处理工作。在计划成本法之下，材料明细账可以只记收入、发出和结存的数量；将数量乘以计划成本，随时求得材料收、发、存的金额，通过"材料成本差异"科目计算和调整发出和结存材料的实际成本，简便易行。

(2) 有利于考核采购部门的业绩。有了合理的计划成本之后，将实际成本与计划成本对比，可以对采购部门进行考核，促使其降低采购成本，节约支出。因此，计划成本法是我国制造业企业中广泛应用的一种存货计价方法。

二、零售价法

零售价法是用成本占零售价的百分比计算期末存货成本的一种方法。其主要内容为：

（1）期初存货和本期购货同时按成本和零售价记录，以便计算可供销售的存货成本和售价总额（可供销售的存货成本或售价＝期初存货成本或售价＋本期购进存货的成本或售价）。

（2）本期销售只按售价记录，从可供销售的存货售价总额中减去本期销售的售价总额，计算出期末存货的售价总额。

（3）计算成本率。成本率＝（期初存货成本＋本期购货成本）÷（期初存货售价＋本期购货售价）×100%。

（4）期末存货成本＝期末存货售价总额×成本率。

（5）本期销售成本＝期初存货成本＋本期购货成本－期末存货成本。

目前我国商品零售企业广泛采用的售价金额核算法。在采用售价金额法核算时，设置"商品进销差价"科目，平时商品存货的进、销、存均按售价记账，售价与进价的差额记入"商品进销差价"科目，期末通过计算进销差价率的办法计算本期已销商品应分摊的进销差价，并据以调整本期销售成本。

进销差价率＝（期初库存商品进销差价＋本期购入商品进销差价）÷（期初库存商品售价＋本期购入商品售价）

本期已销商品应分摊的进销差价＝本期商品销售收入×进销差价率

【例4－17】 某商店2018年4月的期初存货成本100 000元，售价总额125 000元，本期购货成本450 000元，售价总额675 000元，本期销售收入640 000元，见表4－7。要求：计算期末存货成本和本期销售成本。

表4－7　存货期末成本和本期销售成本计算表　　金额单位：元

项目	成本	售价
期初存货	100 000	125 000
本期购货	450 000	675 000
可供销售商品	550 000	800 000
成本率＝$\frac{550\,000}{800\,000}×100\%＝68.75\%$		
减：销售收入		640 000
期末存货售价		160 000
期末存货成本（160 000×68.75%）	110 000	
本期销售成本	440 000	

零售价法主要适用于商品零售企业，如百货商店或超级市场等，由于这类企业的商品都要标明零售价格，而且商品的型号、品种、款式繁多，难于采用其他方法计价。

在上例中，本期购销业务，编制会计分录（有关增值税的分录略）如下：

借：库存商品　　　　　　　　　　　　　675 000

　　贷：材料采购　　　　　　　　　　　　　　　450 000

　　　　商品进销差价　　　　　　　　　　　　　225 000

记录本期销售收入：

借：银行存款 640 000
　　贷：主营业务收入 640 000
平时结转商品销售成本：
借：主营业务成本 640 000
　　贷：库存商品 640 000

进销差价率 $= \dfrac{25\,000 + 225\,000}{125\,000 + 675\,000} \times 100\% = 31.25\%$

已销商品应分摊的进销差价 = 640 000 × 31.25% = 200 000（元）

根据已销商品应分摊的进销差价冲转销售成本：
借：商品进销差价 200 000
　　贷：主营业务成本 200 0000

经过转账，本期商品销售成本调整为实际成本 440 000（640 000 - 200 000）元。

商品零售企业在会计期末编制资产负债表时，存货项目中的商品存货部分，应根据"库存商品"科目的期末余额扣除"商品进销差价"科目的期末余额，按其差额列示。上述两个科目期末余额的差额为 110 000（160 000 - 50 000）元，此项数额与按存货成本率计算的期末存货成本完全一致。实际上，售价金额计价法并不是一种单独的存货计价方法，而是零售价法的一种账务处理方式。

三、毛利率法

毛利率法是指根据本期销售净额乘以前期实际（或本月计划）毛利率匡算本期销售毛利，并据以计算发出存货和期末结存存货成本的一种存货计价方法。其计算程序如下：

(1) 毛利率 = 销售毛利 ÷ 销售净额 × 100%
(2) 销售净额 = 商品销售收入 - 销售退回与折让
(3) 销售毛利 = 销售净额 × 毛利率
(4) 销售成本 = 销售净额 - 销售毛利 = 销售净额 × (1 - 毛利率)
(5) 期末存货成本 = 期初存货成本 + 本期购货成本 - 本期销售成本

【例 4-18】　某商场月初服装存货 14.6 万元，本月购货 85 万元，销售 120 万元，销售退回与折让合计 1 万元，上季该类商品毛利率为 25%，计算本月已销存货和月末存货的成本。

本月销售净额 = 1 200 000 - 10 000 = 1 190 000（元）
销售毛利 = 1 190 000 × 25% = 297 500（元）
销售成本 = 1 190 000 - 297 500 = 892 500（元）
月末存货成本 = 146 000 + 850 000 - 892 500 = 103 500（元）

上述销售成本的计算公式可以简化为：销售成本 = 销售净额 × (1 - 毛利率)
以上例，销售成本 = 1 190 000 × (1 - 25%) = 892 500（元）

用毛利率法计算本期销售成本和期末存货成本，在商品流通企业较为常见，特别是商品批发企业，若按每种商品计算并结转销售成本，工作量较为繁重，而且商品批发企业的同类商品毛利率大致相同，采用这种存货计价方法也比较接近于实际。

采用这种方法，商品销售成本按商品大类销售额计算，大类商品账上结转成本，计算手续简便。商品明细账平时只记数量，不记金额，每季末的最后一个月再根据月末结存数量，按照最后进价法等计价方法，先计算月末存货成本，然后再计算该季度的商品销售成本，用该季度的商品销售成本减去前两个月已结转的成本，计算第三个月应结转的销售成本，从而对前两个月用毛利率计算的成本进行调整。

▶第四节 存货的清查、期末计价与披露

一、存货的清查

（一）存货清查的方法

为了如实反映和监督存货的实有数额，查明存货由于各种原因造成的账实不符，据以调整存货的账面记录，做到账实相符，企业应当定期或不定期地进行存货清查。

存货清查，就是通过实地盘点的方法，来确定各种存货的实际库存数量，并与账面结存数量相核对。在年度中间，可以有选择地对部分存货进行重点清查，对贵重的存货每月至少要清查一次。年终时，则应对所有存货项目进行全面清查。

为了搞好存货清查工作，一般要成立由企业、车间、仓库、供销和财会等部门有关人员组成的清查小组，并在清查之前做好各项准备工作，将存货明细账登记齐全，核对清楚；准备好盘点报告单、盘点标签和计量用具等。存货清查一般采用实地盘点法，即通过点数、过磅、测量等方法，确定各项存货的实际数量和质量。对于大堆、廉价和笨重的存货，可以采用量方、计尺等技术推算方法，确定其实存数量。盘点结果应及时在"存货盘点报告单"上登记，对于实际数量和账面数量不符的存货，要登记盘盈、盘亏的数量及其原因，发现损坏、变质、陈旧或失效的存货，要单独注明，以便及时采取处理措施。"存货盘点报告单"的一般格式如表4-8所示。

表4-8 存货盘点报告单

2018年12月31日　　　　　　　　　　　　　　　　　　　　　金额单位：元

地点	存货类别及名称	计量单位	数量 账存	数量 实存	单位成本	盘盈 数量	盘盈 金额	盘亏 数量	盘亏 金额	盘亏原因	备注
材料仓库	原材料——圆钢	千克	35 800	34 200	2.50			1 600	4 000	被窃	应负担增值税680元
	原材料——铝锭	千克	23 000	23 100	8.00	100	800			计量不准	
	原材料——润滑油	千克	650	642	12.00			8	96	定额内	
	包装物——木箱	个	300	0	175.00			300	52 500	火灾损失	应负担增值税8 925元

续表

地点	存货类别及名称	计量单位	数量		单位成本	盘盈		盘亏		盘亏原因	备注
			账存	实存		数量	金额	数量	金额		
成品库	产成品——铝箔	千克	12 000	11 200	13.50			800	10 800	氧化损失	残值作价7元/公斤
	合计						800		67 396		

在途存货、委托加工存货以及寄存在其他单位的存货虽不能进行实地盘点,但在必要时,可向对方单位进行查询,以证实这些存货的账实是否相符。

(二) 存货清查结果的账务处理

存货清查中发现的盘盈、盘亏等,要按规定程序分审批前和审批后两个阶段进行账务处理。存货盘盈、盘亏在报经有关部门审批之前,应根据"存货盘点报告单"及时调整账簿记录,使账实相符,即先通过"待处理财产损溢——待处理流动资产损溢"科目进行反映,盘盈时借记有关存货科目,贷记本科目;盘亏时借记本科目,贷记有关存货科目。在报经有关部门审批后,应根据不同情况作相应的处理,从"待处理财产损溢——待处理流动资产损溢"科目转出。盘盈的存货,应当冲减当期的管理费用。盘亏的存货,属于计量收发差错或管理不善等原因造成存货短缺的,应先扣除残料价值、可以收回的保险赔偿和过失人赔偿,将净损失计入当期管理费用;属于自然灾害等非常原因造成存货毁损的,应先扣除处置收入(如残料价值)、可以收回的保险赔偿和过失人赔偿,将净损失计入营业外支出。

盘盈或盘亏的存货,如在年终仍未批准,应当在对外提供财务会计报告时,先作处理,并在会计报表附注中作出说明;如果其后批准处理的金额与已处理的金额不一致,应当按其差额调整会计报表相关项目的年初数。

【例4-19】 某公司2018年12月31日对存货进行盘点,盘点结果如表4-8存货盘点报告单所示。

根据表4-8的有关资料,应做如下会计分录:

(1) 报经批准前的账务处理。

借:原材料——主要材料(铝锭) 800
  贷:待处理财产损溢——待处理流动资产损溢 800
借:待处理财产损溢——待处理流动资产损溢 77 001
  贷:原材料——主要材料(圆钢) 4 000
    辅助材料——润滑油 96
    包装物——包装木箱 52 500
    库存商品——铝箔 10 800
    应交税费——应交增值税(进项税额转出) 9 605

(2) 报经审批后的账务处理。

①凡由于正常原因,如计量误差、自然溢缺、定额内损耗等造成的盘盈、盘亏和毁损,计入管理费用,例如,铝锭因计算误差造成的盘盈800元,应冲减管理费用;润滑油定额内

损耗 96 元, 应增加管理费用; 铝箔因氧化造成的损失, 在扣除残料作价 5 600 元之后的净损失 5 200 元, 应增加管理费用。具体会计分录如下:

  借: 待处理财产损溢——待处理流动资产损溢   800
    贷: 管理费用   800
  借: 管理费用   5 296
    原材料——原料及主要材料   5 600
    贷: 待处理财产损溢——待处理流动资产损溢   10 896

②凡由于被窃或其他个人责任造成的损失, 应及时追究当事人或过失人的责任, 由其负责赔偿, 记入"其他应收款"科目; 不能确定过失人的, 转作管理费用, 假设被窃的圆钢系仓库保管员失职所致, 令其赔偿, 应作如下分录:

  借: 其他应收款——某职工   4 680
    贷: 待处理财产损溢——待处理流动资产损溢   4 680

③凡由于自然灾害或意外事故造成的损失, 在扣除保险赔款和残料价值后, 净损失作为营业外支出处理。例如, 因火灾造成的木箱损失, 可向保险公司索取 38 000 元的赔偿, 应作如下分录:

  借: 其他应收款——应收赔偿款——××保险公司   38 000
    营业外支出——非常损失   23 425
    贷: 待处理财产损溢——待处理流动资产损溢   61 425

需要指出的是, 企业在生产经营过程中发生的存货非正常损失 (包括自然灾害, 因管理不善造成存货被盗、发生霉烂变质等损失, 以及其他非正常损失), 税法规定应向发生损失的企业即应税货物的最终消费者征收该货物的增值税。由于进货时该项税额已计入"进项税额", 准备抵扣的企业在发生存货非正常损失后应将该项税额从"进项税额"中转出, 与遭受损失的存货成本一并计入"待处理财产损溢"科目。

二、存货的期末计价

按照 CAS1 的规定, 期末存货的计价按成本与可变现净值孰低计价。

(一) 成本与可变现净值孰低的含义

成本与可变现净值孰低是指对期末存货按照成本与可变现净值两者之中较低者计价的方法。也就是存货的成本低于可变现净值时按成本计价, 存货的成本高于可变现净值时按可变现净值计价, 同时按照成本高于可变现净值的差额计提存货跌价准备, 计入当期损益。

"成本与可变现净值孰低法"的理论基础主要是使存货符合资产的定义。当存货的可变现净值下跌至成本以下时, 由此所形成的损失已不符合资产的定义, 因而应将这部分损失从资产价值中抵销, 列入当期损益。否则当存货的可变现净值低于其成本价值时, 如果仍然以其历史成本计价, 就会虚夸资产, 不符合谨慎性原则。

(二) 存货可变现净值的确定

可变现净值是指在正常生产经营过程中, 以存货的估计售价减去至完工估计将要发生的成本、估计的销售费用以及相关税费后的金额。存货的可变现净值由存货的估计售价、至完工时将要发生的成本、估计的销售费用及相关税费等构成。

1. 可变现净值的基本特征

（1）确定可变现净值的前提是企业在进行日常活动。如果企业不是在进行正常的生产经营活动，比如企业处于清算过程，那么不能按照存货准则的规定确定存货的可变现净值。

（2）可变现净值为存货的预计未来净现金流量，而不是简单地等于存货的售价或合同价。企业预计销售存货的现金流量，并不完全等于存货的可变现净值。存货在销售过程中可能发生的销售费用和相关税费，以及为达到预定可销售状态还可能发生的加工成本等相关支出，构成现金流入的抵减项目。企业预计销售存货的现金流量，扣除这些抵减项目后，才能确定存货的可变现净值。

（3）不同存货可变现净值的构成不同。具体而言，可分为两类：①产成品、商品和用于出售的原材料等直接用于出售的存货，其可变现净值根据在正常生产经营过程中，以存货的估计售价减去估计的销售费用和相关税金后的金额确定；②用于生产的材料、在产品或自制半成品等需要加工的存货，其可变现净值根据在正常生产经营过程中，以存货的估计售价减去至完工估计将要发生的成本、估计的销售费用以及相关税费后的金额确定。

2. 确定存货可变现净值时应考虑的因素

企业确定存货的可变现净值，应当以取得确凿证据为基础，并且考虑持有存货的目的、资产负债表日后事项的影响等因素。

（1）确定存货的可变现净值应当以取得确凿证据为基础。这里所讲的"确凿证据"是指对确定存货的可变现净值和成本有直接影响的客观证明。存货成本的确凿证据应当以取得外来原始凭证、生产成本账簿记录等作为确凿证据；存货可变现净值的确凿证据，是指对确定存货的可变现净值有直接影响的客观证明，如产成品或商品的市场销售价格、与产成品或商品相同或类似商品的市场销售价格、销售方提供的有关资料和生产成本资料等。

（2）确定存货的可变现净值应当考虑持有存货的目的。由于企业持有存货的目的不同，确定存货可变现净值的计算方法也不同。如用于出售的存货和用于继续加工的存货，其可变现净值的计算就不相同。因此，企业在确定存货的可变现净值时，应考虑持有存货的目的。一般来讲，企业持有存货的目的，一是持有以备出售，如商品、产成品，其中又分为有合同约定的存货和没有合同约定的存货；二是将在生产过程或提供劳务过程中耗用，如材料等。

（3）确定存货的可变现净值应当考虑资产负债表日后事项等的影响。确定存货可变现净值时，应当以资产负债表日取得可靠证据估计的售价为基础并考虑持有存货的目的，资产负债表日至财务报告批准报出日之间存货售价发生波动的，如有确凿证据表明其对资产负债表日存货已经存在的情况提供了新的或进一步的证据，则在确定存货可变现净值时应当予以考虑，否则，不应予以考虑。

（三）存货期末计量的具体方法

1. 存货估计售价的确定

对于企业持有各类存货，在确定其可变现净值时，最关键的问题是确定估计售价，企业应区别以下五种情况确定存货的估计售价：

（1）为执行销售合同或者劳务合同而持有的存货，通常应当以产成品或商品的合同价格作为其可变现净值的计量基础。

如果企业与购买方签订了销售合同（或劳务合同，下同），并且销售合同订购的数量大于或等于企业持有的存货数量，在这种情况下，在确定与该项销售合同直接相关存货的可变现净值时，应当以销售合同价格作为其可变现净值的计量基础。也就是说，如果企业就其产成品或商品签订了销售合同，则该批产成品或商品的可变现净值应当以合同价格作为计量基础；如果企业销售合同所规定的标的物还没有生产出来，但持有专门用于该标的物生产的原材料，其可变现净值也应当以合同价格作为计量基础。

【例4-20】 2018年9月3日，A公司与B公司签订了一份不可撤销的销售合同，双方约定，2019年1月20日，A公司应按每台31万元的价格向B公司提供W3型机器12台；2018年12月31日，A公司W3型机器的账面价值（成本）为280万元，数量为10台，单位成本为28万元；2019年12月31日，W3型机器的市场销售价格为30万元/台。要求：确定A公司W3型机器可变现净值的计量基础。

分析：根据上述原则，W3型机器的可变现净值应以销售合同约定的价格310（310 000×10）万元作为计量基础。

【例4-21】 2018年12月26日，A公司与公司签订了一份不可撤销的销售合同，双方约定，2019年3月20日，A公司应按每台31万元的价格向B公司提供W4型机器12台；2018年12月31日，A公司还没有生产该批W4型机器，但持有库存原材料——D材料专门用于生产该批W4型机器12台，其账面价值（成本）为144万元，市场销售价格总额为112万元。要求：确定A公司D材料的可变现净值的计量基础。

分析：由于A公司与B公司签订的销售合同规定，W4型机器的销售价格已由销售合同约定，A公司还未生产，但持有库存原材料——D材料专门用于生产该批W4型机器，且可生产的W4型机器的数量不大于销售合同订购的数量，因此，在这种情况下，计算该批原材料——D材料的可变现净值时，应以销售合同约定的W4型机器的销售价格总额372（310 000×12）万元作为计量基础。

（2）如果企业持有存货的数量多于销售合同订购数量，超出部分的存货可变现净值应当以产成品或商品的一般销售价格作为计量基础。在这种情况下，销售合同约定数量的存货，应以销售合同所规定的价格作为可变现净值的计量基础；超出部分存货的可变现净值应以一般销售价格作为计量基础。

【例4-22】 2018年9月3日，A公司与B公司签订了一份不可撤销的销售合同，双方约定，2019年1月20日，A公司应按每台28万元的价格向B公司提供W3型机器，其账面价值（成本）为336万元，数量为12台，单位成本为28万元；2018年12月31日，A公司W3型机器的账面价值（成本）为392万元，数量为14台，单位成本为28万元；2018年12月31日，W3型机器的市场销售价格为30万元/台。要求：确定A公司W3型机器可变现净值的计量基础。

分析：根据A公司与B公司签订的销售合同规定，W3型机器的销售价格已由销售合同约定，但是其库存数量大于销售合同约定的数量，因此，在这种情况下，对于销售合同约定的数量（12台）的W3型机器的可变现净值应以销售合同约定的价格总额336（280 000×12）万元作为计量基础，而对于超出部分（2台）的W3型机器的可变现净值应以一般销售价格总额60（300 000×2）万元作为计量基础。

(3) 如果企业持有存货的数量少于销售合同订购数量，实际持有与该销售合同相关的存货应以销售合同所规定的价格作为可变现净值的计算基础。如果该合同为亏损合同，还应同时按照《CAS13 或有事项》（简称 CAS13）的规定处理。

(4) 没有销售合同约定的存货（不包括用于出售的材料），其可变现净值应当以产成品或商品一般销售价格（即市场销售价格）作为计量基础。

【例 4-23】 2018 年 12 月 31 日，A 公司 W5 型机器的账面价值（成本）为 300 万元，数量为 10 台，则单位成本为 30 万元；2018 年 12 月 31 日，W5 型机器的市场销售价格为 32 万元/台；A 公司没有签订有关 W5 型机器的销售合同。要求：确定 A 公司 W5 型机器可变现净值的计量基础。

分析：由于 A 公司没有就 W5 型机器签订销售合同，因此，在这种情况下，计算 W5 型机器的可变现净值应以一般销售价格总额 320（320 000 × 10）万元作为计量基础。

(5) 用于出售的材料等，应当以市场价格作为其可变现净值的计量基础。这里的市场价格是指材料等的市场销售价格。如果用于出售的材料存在销售合同约定，应按合同价格作为其可变现净值的计算基础。

【例 4-24】 2018 年，A 公司根据市场需求的变化，决定停止生产 W4 型机器。为减少不必要的损失，决定将原材料中专门用于生产 W4 型机器的外购原材料——D 材料全部出售，2018 年 12 月 31 日其账面价值（成本）为 200 万元，数量为 10 吨。据市场调查，D 材料的市场销售价格为 10 万元/吨，同时可能发生销售费用及税金 0.5 万元。

分析：在这种情况下，由于企业已决定不再生产 W4 型机器，因此，该批 D 材料的可变现净值不能再以 W4 型机器的销售价格作为其计量基础，而应按其出售的市场销售价格为计量基础，即该批 D 材料的可变现净值 = 100 000 × 10 - 5 000 = 995 000（元）。

2. 材料存货的期末计量

(1) 对于用于生产而持有的材料等，如果用其生产的产成品的可变现净值预计高于产成品的生产成本，则该材料应当按照成本计量。这里的"材料"指原材料、在产品、委托加工材料等。"可变现净值高于成本"中的"成本"是指产成品的生产成本。

【例 4-25】 2018 年 12 月 31 日，兴业公司库存原材料——A 材料的账面价值（成本）为 300 万元，市场购买价格总额为 280 万元，假设不发生其他购买费用；用 A 材料生产的产成品——W1 型机器的可变现净值高于成本；则应按 300 万元列示在 2018 年 12 月 31 日的资产负债表的存货项目中。

(2) 如果材料价格的下降表明产成品的可变现净值低于成本，则该材料应当按可变现净值计量，按其差额计提存货跌价准备。其可变现净值为在正常生产经营过程中，以该材料所生产的产成品的估计售价减去至完工时估计将要发生的成本、估计的销售费用以及相关税费后的金额确定。

【例 4-26】 2018 年 12 月 31 日，兴业公司库存原材料 B 材料的账面价值（成本）为 120 万元，市场购买价格总额为 110 万元，假设不发生其他购买费用；由于 B 材料市场销售价格下降，市场上用 B 材料生产的 W2 型机器的市场销售价格也发生了相应下降，下降了 10%。由此造成兴业公司 W2 型机器的市场销售价格总额由 300 万元降为 270 万元，但生产成本仍为 280 万元，将 B 材料加工成 W2 型机器尚需投入 160 万元，估计销售费用及税费为

10万元；要求确定2018年12月31日B材料的价值。

根据上述资料，可按照以下步骤进行确定：

第一步，计算用该原材料所生产的产成品的可变现净值。

W2型机器的可变现净值 = 2 700 000 - 100 000 = 2 600 000（元）

第二步，将用该材料所生产的产成品的可变现净值与其成本进行比较。

W2型机器的可变现净值260万元小于其成本280万元，即B材料价格的下降表明W2型机器的可变现净值低于成本，因此B材料应当按可变现净值计量。

第三步，计算该原材料的可变现净值，并确定其期末价值。

B材料的可变现净值 = 2 700 000 - 1 600 000 - 100 000 = 1 000 000（元）

B材料的可变现净值100万元小于其成本120万元，因此B材料的期末价值应为其可变现净值100万元，即B材料应按100万元列示在2018年12月31日的资产负债表的存货项目之中。

（四）计提存货跌价准备的方法

1. 逐项比较法

逐项比较法（item-by-item method）就是对各存货项目逐项比较其成本与可变现净值，按较低者计量存货期末价值，并按成本高于可变现净值的差额，计提存货跌价准备。这要求企业应当根据管理要求和存货的特点，明确规定存货项目的确定标准。比如，将某一型号和规格的材料作为一个存货项目，将某一品牌和规格的商品作为一个存货项目等。

2. 分类比较法

分类比较法（category method）就是将各存货项目按类别比较其成本与可变现净值，即按存货类别的成本总额与可变现净值总额进行比较，每个存货类别均取其较低者作为存货期末价值。

3. 总额比较法

总额比较法（total inventory method）就是以全部存货比较其总成本和总可变现净值，而取其较低者作为存货期末价值。

以上三种方法计算的存货期末价值，以逐项比较法为最低，总额比较法为最高。根据国际会计准则（IAS2）规定，应采用逐项比较法或分类比较法，在成本与可变现净值之间比较确定期末存货的价值。根据CAS1的规定，存货跌价损失准备应按单个存货项目的成本与可变现净值的差额计算；如果某些存货具有类似用途并与在同一地区生产和销售的产品系列相关，而且实际上难以与该产品系列的其他项目区别开来进行估价的存货，可以合并计量成本与可变现净值；对于数量繁多、单价较低的存货可以按存货类别计量成本与可变现净值。三种方法的计算举例见表4-9。

【例4-27】某制衣公司有三类商品，分别采用逐项比较法、分类比较法和总额比较法计算的存货跌价准备见表4-9。

表4-9 成本与可变现净值孰低法计算存货跌价准备　　　　金额单位：元

存货名称	数量	成本		可变现净值		存货金额		
		单价	总额	单价	总额	逐项法	分类法	总额法
男衣裤：甲	10	100	1 000	90	900	900		
乙	8	200	1 600	225	1 800	1 600		
合计			2 600		2 700		2 600	
女衣裤：丙	50	50	2 500	60	3 000	2 500		
丁	80	90	7 200	70	5 600	5 600		
合计			9 700		8 600		8 600	
总计			12 300		11 300	10 600	11 200	11 300
存货损失						1 700	1 100	1 000

（五）成本与可变现净值孰低法的会计处理

企业应当定期或者至少于每年年度终了对存货进行全面清查，如由于存货遭受毁损、全部或部分陈旧过时或销售价格低于成本等原因，使存货成本不可收回的部分，应当提取存货跌价准备。

1. 全额计提存货跌价准备的情况

当存货存在以下一项或若干项情况时，表明存货的可变现净值为零，应将存货账面余额全部转入当期损益：(1) 已霉烂变质的存货；(2) 已过期且无转让价值的存货；(3) 生产中已不再需要，并已无转让价值的存货；(4) 其他足以证明已无使用价值和转让价值的存货。

2. 部分计提存货跌价准备的情况

当存货存在下列情况之一时，通常表明存货的可变现净值低于成本，应计提存货跌价准备：(1) 该存货市价持续下跌，并且在可预见的未来无回升的希望；(2) 企业使用该项原材料生产的产品的成本大于产品的销售价格；(3) 企业因产品更新换代，原有库存原材料已不适应新产品的需要，而该原材料的市场价格又低于其账面成本；(4) 因企业所提供的商品或劳务过时或消费者偏好改变而使市场的需求发生变化，导致市场价格逐渐下跌；(5) 其他足以证明该项存货实质上已经发生减值的情形。

3. 会计处理

企业在确定了期末存货的价值之后，应视具体情况进行有关的账务处理：
(1) 成本低于可变现净值。如果期末存货的成本低于可变现净值时，则不需作账务处理，资产负债表中的存货仍按期末账面价值列示。
(2) 可变现净值低于成本。如果期末存货的可变现净值低于成本时，则必须在当期确认存货减值损失，并进行有关的账务处理。每一会计期末，比较成本与可变现净值计算出应计提的准备，然后与"存货跌价准备"科目的余额进行比较，若应提数大于已提数，应予补提；反之，应冲销部分已提数。提取和补提存货跌价损失准备时，借记"资产减值损失——存货减值损失"科目，贷记"存货跌价准备"科目。

(3) 存货跌价准备的转回。存货跌价准备转回的条件是"以前减记存货价值的影响因素已经消失",而不是在当期造成存货可变现净值高于其成本的其他影响因素。当存货符合转回条件时,应在原已计提的存货跌价准备的金额内转回,即转回的存货跌价准备与计提该准备的存货项目或类别或合并存货应存在直接对应关系,且转回的金额将存货跌价准备余额冲减至零为限。冲回或转销存货跌价准备时,按应转回金额,借记"存货跌价准备"科目,贷记"资产减值损失——存货减值损失"科目。

(4) 存货跌价准备的结转。企业计提了存货跌价准备,如果其中有部分存货已经销售,则企业在结转销售成本的同时,应结转对其已计提的存货跌价准备,结转的存货跌价准备冲减当期的主营业务成本或其他业务成本。对于因债务重组、非货币性资产交换转出的存货,应同时结转已计提的存货跌价准备。如果按存货类别计提存货跌价准备的,也应按发生销售、债务重组、非货币性资产交换等而转出存货的比例结转相应的存货跌价准备,应结转的存货跌价准备金额,可按照以下公式进行计算:

因销售、债务重组、非货币性资产交换应结转的存货跌价准备 = (上期末该类存货所计提的存货跌价准备余额÷上期末该类存货的余额)×因销售、债务重组、非货币性资产交换应结转的存货的账面余额

【例4-28】 企业2018年和2019年存货的账面成本与可变现净值资料见表4-10。

表4-10 存货账面成本与可变现净值资料　　　　　金额单位:元

项目	2018年末		2019年度		2019年末	
	账面余额	可变现净值	收入	发出	账面余额	可变现净值
甲产品	6 000	5 500	0	0	6 000	6 100
乙产品	7 100	7 000	0	3 000	4 100	4 100
丙产品	20 000	20 100	10 000	5 000	25 000	24 000
合计	33 100	32 600	10 000	8 000	35 100	34 200

要求:假设该企业2018年年初"存货跌价准备"科目余额为甲150元,乙、丙均为0元,试采用单项比较法编制两年末计提存货跌价准备及转出存货跌价准备的有关会计分录。

(1) 2018年末,甲应计提存货跌价准备的金额为:(6 000-150)-5 500=350(元)。

借:资产减值损失——存货减值损失　　　　　350
　　贷:存货跌价准备——甲产品　　　　　　　　　　350

乙应提存货跌价准备的金额为:7 100-7 000=100(元)。

借:资产减值损失——存货减值损失　　　　　100
　　贷:存货跌价准备——乙产品　　　　　　　　　　100

丙存货的可变现净值大于其账面价值,因此,不计提跌价准备。

(2) 2019年发出乙产品若为已销售产品,则应结转存货跌价准备金额为:3 000×100÷7 100=42.25(元)。

借:主营业务成本　　　　　　　　　　　　2 957.75
　　存货跌价准备——乙产品　　　　　　　　42.25
　　贷:库存商品——乙产品　　　　　　　　　　　3 000

(3) 2019年末,造成甲存货减值的影响因素消失,甲存货的可变现净值恢复,甲存货跌价准备余额500元全部转回:

借：存货跌价准备——甲产品　　　　　　　　　　　　500
　　　　　贷：资产减值损失——存货减值损失　　　　　　　　　　500
　　造成乙存货减值的影响因素消失，乙存货可变现净值恢复，由于乙存货于2019年发出3 000元，相应的应转出存货跌价准备42.25（3 000×100÷7 100）元，则2019年末"存货跌价准备"账户余额为57.75（100÷7 100×4 100）元全部转回。
　　借：存货跌价准备——乙产品　　　　　　　　　　　57.75
　　　　　贷：资产减值损失——存货减值损失　　　　　　　　　　57.75
　　丙存货应计提跌价准备1 000（25 000－24 000）元。
　　借：资产减值损失——存货减值损失　　　　　　　　1 000
　　　　　贷：存货跌价准备——丙产品　　　　　　　　　　　　1 000
　　需要说明的是：期末对存货进行计量时，如果同一类存货，其中有一部分是有合同价格约定的，另一部分则不存在合同价格，在这种情况下，企业应区分有合同价格约定的和没有合同价格约定的两个部分，分别确定其期末可变现净值，并与其对应的成本进行比较，从而分别确定是否需要计提存货跌价准备，由此计提的跌价准备不得相互抵销。因存货价值回升而转回的存货跌价准备，按上述同一原则确定当期应转回的金额。
　　采用成本与可变现净值孰低法贯彻了稳健性原则，保全企业的资金营运，稳固企业的经营实力，从而避免企业经营中的风险。具体地说，企业期末存货价值低估，就会使当期成本上升，利润下降，从而少分配利润使资金沉淀于企业，增强企业的后劲，避免企业经营中的短期行为。在市场信息多变的情况下，较多地体现稳健性原则，还可以使会计信息用户保持清醒的头脑，不致盲目乐观。

三、存货的披露要求

　　企业应当披露下列与存货有关的信息：
　　（1）材料、在产品、产成品等各类存货的当期期初和期末账面价值。
　　（2）确定发出存货的成本所采用的方法，如先进先出法、加权平均法、移动平均法和个别计价法等。
　　（3）确定存货可变现净值的依据，如为执行销售合同或者劳务合同而持有的存货，以产成品或商品的合同价格作为其可变现净值的计量基础；企业持有存货的数量超出销售合同订购数量部分的可变现净值，以产成品或商品的一般销售价格作为计量基础；没有销售合同或劳务合同约定的存货的可变现净值，以产成品或商品一般销售价格作为计量基础；用于出售的材料等以市场价格作为其可变现净值的计量基础等。
　　（4）存货跌价准备的计提方法，如按单个存货项目计提、合并计提、按存货类别计提。
　　（5）当期计提的存货跌价准备的金额和当期转回的存货跌价准备的金额，以及计提和转回的有关情况。
　　（6）用于债务担保的存货的账面价值。
　　需要注意的是，按照《CAS14 收入》（2017年修订）的相关规定确认为资产的合同履约成本，应当根据"合同履约成本"科目的明细科目初始确认时摊销期限是否超过一年或一个正常营业周期，在"存货"或"其他非流动资产"项目中填列，已计提减值准备的，还应减去"合同履约成本减值准备"科目中相关的期末余额后的金额填列。

本章小结

存货是企业的重要流动资产。本章介绍了存货的概念及确认条件，重点介绍了存货取得和发出的计价及核算、存货的简化核算方法以及存货的期末计价，并对存货清查与披露作了简要介绍。

重点概念

存货、个别计价法、先进先出法、加权平均法、移动平均法、计划成本法、零售价法、毛利率法、可变现净值、存货流转假设、成本与可变现净值孰低法。

思 考 题

1. 说明存货确认的条件和成本构成。
2. 为什么存货是注册会计师审计重点内容之一？
3. 存货计提跌价准备的条件有哪些？在什么情况下，存货可全额计提跌价准备？
4. 通过比较发出存货计价方法，分析各种方法对企业财务状况、盈亏等将产生怎样的影响？
5. 说明成本与可变现净值孰低法的优缺点。
6. 以某上市公司为例，说明其存货的会计政策、列报与披露。

第五章

固定资产

> **内容提要：**▲固定资产的确认和初始计量　▲固定资产的后续计量　▲固定资产处置
> **学习目的及要求：**通过本章学习，掌握固定资产的概念、特点、确认条件；了解固定资产的分类及其目的；掌握不同来源的固定资产的价值构成及相关的会计处理；掌握折旧的概念、应计折旧固定资产的范围以及固定资产折旧的计算方法；了解固定资产后续支出的会计处理；掌握固定资产处置的会计处理。

任何一个企业从事生产经营活动，必须使用诸如厂房、建筑物、机器设备、自然资源等使用期限较长的资产，它们的价值将逐渐并分次转化为现金。这类资产被称为长期资产（long-term assets）。此外，如专利权、商标权、长期投资等也属于长期资产。长期资产具有多种类型，一般可分为：固定资产（fixed assets）、无形资产（intangible assets）、长期投资（long-term investment）等。为了规范长期资产的会计确认、计量与披露问题，各国及IASB都相继制定并发布了相关会计准则。如，IASC发布的《IAS16 不动产、厂场和设备》（*IAS 16 Property, Plant and Equipment*）、澳大利亚会计准则委员会于2004年公布的《AASB116 不动产、厂场和设备》（*AASB116 Property, Plant and Equipment*）等。我国财政部为了规范固定资产的会计核算和相关信息披露，于2001年发布了《企业会计准则——固定资产》，于2006年2月15日修订并发布了《CAS4 固定资产》（简称CAS4），于2014年发布《企业会计准则解释第6号》，对企业因固定资产弃置费用确认的预计负债发生变动会计处理做了细节说明。本章将结合该准则及解释，并参考其他国家或IASB的相关会计准则，讨论固定资产的确认、初始计量、后续计量、处置及相关信息的披露等问题。

▶第一节　固定资产的确认和初始计量

一、固定资产的概念、特征及其确认

（一）固定资产的概念及特征

根据CAS4，固定资产是指同时具有以下特征的有形资产：（1）为生产商品、提供劳

务、出租或经营管理而持有的；（2）使用寿命超过一个会计年度。IAS16对固定资产的定义是："预计使用期限超过一个会计期间，企业用于生产、提供商品或劳务、出租或为了行政管理的而拥有的有形资产"。根据固定资产的定义可以看出，固定资产具有以下三个主要特征。

1. 为生产商品、提供劳务、出租或者经营管理而持有

企业持有固定资产的目的是为生产商品、提供劳务、出租或经营管理而持有，而不是为了出售。企业外购的某些资产可能价值很高，在企业占用时间较长，但若购置的目的是为了销售，就不能作为固定资产，而应列为流动资产。其中"出租"的固定资产，是指企业以经营租赁方式出租的机器设备类固定资产，不包括以经营租赁方式租出的建筑物，后者属于企业的投资性房地产，不属于固定资产。融资租出的固定资产属于比较特殊的情况，将在本书后面章节专门讨论。

2. 具有实物形态

固定资产具有实物形态，通常表现为房屋、建筑物、机器、机械、运输工具、设备、器具、工具等。这一特征将固定资产与无形资产区别开来，有些无形资产可能同时满足固定资产的其他特征，如无形资产为生产商品、提供劳务而持有，使用寿命超过一个会计年度，但是，由于其没有实物形态，所以，不属于固定资产。

3. 使用寿命超过一个会计年度

固定资产的使用寿命是指企业使用固定资产的预计期间，或者该固定资产所能生产产品或提供劳务的数量。通常情况下，固定资产的使用寿命是指使用固定资产的预计期间，比如自用房屋建筑物的使用寿命或使用年限。对于某些机器设备或运输设备等固定资产，其使用寿命表现为该固定资产所能生产产品或提供劳务的数量，例如，汽车或飞机等，按期预计行驶或飞行历程估计使用寿命。固定资产使用寿命超过一个会计年度，意味着固定资产属于长期资产，随着使用和磨损，通过计提折旧方式逐渐减少账面价值。对固定资产计提折旧和减值准备，是对固定资产进行后续计量的重要内容。

值得注意的是，企业由于安全或环保的要求购入设备等，虽然不能直接给企业带来未来经济利益，但有助于企业从其他相关资产的使用获得未来经济利益，也应确认为固定资产。

（二）固定资产的确认

某一资产项目，如果要作为固定资产加以确认，在符合定义的前提下，必须同时满足下述两个条件时。

1. 与该固定资产有关的经济利益很可能流入企业

资产最基本的特征是预期能给企业带来经济利益；如果某一资源预期不能给企业带来经济利益，就不能确认为企业的资产。对固定资产的确认，如果某一固定资产预期不能给企业带来经济利益，就不能确认为企业的固定资产。在实务工作中，首先，需要判断与该项固定资产有关的经济利益是否很可能流入企业。如果与该项固定资产有关的经济利益不是很可能流入企业，那么，即使其满足固定资产确认的其他条件，企业也不应将其确认为固定资产；如果与固定资产有关的经济利益很可能流入企业，并同时满足固定资产确认的其他条件，那

么，企业应将其确认为固定资产。

在实务中，判断与固定资产有关的经济利益是否很可能流入企业，主要依据与该固定资产所有权相关的风险和报酬是否转移到了企业。其中，与固定资产所有权相关的风险是指由于经营情况变化造成的相关收益的变动，以及由于资产闲置、技术陈旧等原因造成的损失；与固定资产所有权相关的报酬是指在固定资产使用寿命内直接使用该资产而获得的收入，以及处置该资产所实现的利得等。

通常，取得固定资产的所有权是判断与固定资产所有权相关的风险和报酬转移到企业的一个重要标志。凡是所有权已属于企业，无论企业是否收到或持有该固定资产，均可作为企业的固定资产；反之，如果没有取得所有权，即使存放在企业，也不能作为企业的固定资产。但是，所有权是否转移，不是判断固定资产所有权相关的风险和报酬转移到企业的唯一标志。有时，某项固定资产的所有权虽然不属于企业，但是，企业能够控制该项固定资产所包含的经济利益流入企业。在这种情况下，可以认为与固定资产所有权相关的风险和报酬实质上已转移给企业，也可以作为企业的固定资产加以确认。比如，融资租入固定资产，企业虽然不拥有固定资产的所有权，但企业能够控制该固定资产所包含的经济利益，与固定资产所有权相关的风险和报酬实质上已转移到了企业（承租方），因此，符合固定资产确认的第一个条件。

在固定资产的确认过程中，企业购置的环保设备和安全设备等资产，它的使用不能直接为企业带来经济利益，而是有助于企业从相关资产获得经济利益或者将减少企业未来经济利益的流出，对于这类设备，企业应将其确认为固定资产。

对于构成固定资产的各组成部分，如果各自具有不同的使用寿命或者以不同的方式为企业提供经济利益，从而适用不同的折旧率或者折旧方法，此时，该各组成部分实际上是以独立的方式为企业提供经济利益，因此，企业应将其各组成部分单独确认为固定资产。例如，飞机的引擎，如果与飞机机身具有不同的使用寿命，从而适用不同的折旧率或折旧方法，企业应将其单独确认为固定资产。

2. 该固定资产的成本能够可靠地计量

成本能够可靠地计量，是资产确认的一项基本条件。固定资产作为企业资产的重要组成部分，要予以确认，其为取得该固定资产而发生的支出也必须能够可靠地计量。如果固定资产的成本能够可靠地计量，并同时满足其他确认条件，就可以加以确认；否则，企业不应加以确认。

企业在确定固定资产成本时，有时需要根据所获得的最新资料，对固定资产的成本进行合理的估计。比如，企业对于已达到预定可使用状态的固定资产，在尚未办理竣工决算前，需要根据工程预算、工程造价或者工程实际发生的成本等资料按暂估价值确定固定资产的入账价值，待办理了竣工决算手续后再作调整。

二、固定资产的分类

企业的固定资产种类繁多，规格也不一样，这些固定资产在企业生产经营过程中处于不同的地位，发挥着不同的作用。为了加强对固定资产的管理，就要根据企业管理的需要和不同的分类标准对固定资产进行分类。

(一) 按固定资产的经济用途分类

固定资产按其经济用途,可分为生产经营用固定资产和非生产经营用固定资产。其中,生产经营用固定资产是指直接参加生产经营过程,或直接服务于生产经营过程的各项固定资产,如厂房、建筑物、机器、设备、器具、工具等;非生产经营用固定资产是指不直接服务于生产、经营过程的各项固定资产,如职工宿舍、卫生所、食堂、浴室、理发室、幼儿园、俱乐部等使用的房屋、设备及其他固定资产。

固定资产按其经济用途分类,可以归类反映和监督企业生产经营用固定资产和非生产经营用固定资产之间的组成和变化情况,以便考核和分析企业固定资产的利用情况,促使企业合理地配备固定资产,充分发挥其效能。

(二) 按固定资产的使用情况分类

固定资产按其使用情况,可分为使用中固定资产、未使用固定资产和不需用固定资产。

(1) 使用中固定资产,是指企业正在使用中的生产经营用固定资产和非生产经营用固定资产。企业的房屋、建筑物不管是否使用,都应作为使用中固定资产。由于季节性或大修理等原因暂时停止使用的,以及出租、在车间准备替换使用的固定资产,也属于使用中固定资产。

(2) 未使用固定资产,是指已完工或已购建的尚未交付使用的新增固定资产,以及因进行改建、扩建等原因暂停使用的固定资产,如企业购建的尚待安装的固定资产,生产任务变更停止使用的固定资产。

(3) 不需用固定资产,是指不适合本企业需要的、多余的、需要调配处理的各种固定资产。

固定资产按使用情况分类,可以反映和监督固定资产的使用情况,便于分析固定资产的利用效率,挖掘固定资产的使用潜力,促使企业合理有效地使用固定资产,也便于企业合理地计提固定资产折旧。

(三) 按固定资产的所有权分类

固定资产按其所有权,可分为自有固定资产和租入固定资产。其中,自有固定资产是指企业从不同来源取得的拥有法定所有权的固定资产;租入固定资产是指企业从其他单位租入的,拥有使用权而不拥有所有权的固定资产,例如以融资租赁方式租入的固定资产。在实际会计工作中,为了加强对融资租入固定资产的管理,一般将其视同自有固定资产进行核算。

现行制度对固定资产是按其经济用途和使用情况进行综合分类的。可把企业的固定资产分为七大类,即生产经营用固定资产、非生产经营用固定资产、租出固定资产❶、不需用固定资产、未使用固定资产、土地❷和融资租入固定资产❸。

由于企业的经营性质不同,经营规模各异,对固定资产的分类不可能完全一致,企业可以根据各自的具体情况和经营管理、会计核算的需要进行必要的分类。

---

❶这里的租出固定资产是指在经营性租赁方式下出租给外单位使用的固定资产。
❷土地是指已经估价单独入账的土地。因征地而支付的补偿费,应计入与土地有关的房屋、建筑物的价值内,不单独作为土地价值入账。企业取得的土地使用权不能作为固定资产管理。
❸融资租入固定资产是指企业以融资租赁方式租入的固定资产,在租赁期内,应视同自有固定资产进行管理。

三、固定资产的初始计量

固定资产的计量,涉及初始计量和后续计量。其中,初始计量是指企业最初取得固定资产时对其入账价值的确定,即计入"固定资产"账户的价值构成。CAS4 规定,固定资产应当按照成本进行初始计量。其中,成本应包括企业为购建某项固定资产达到预定可使用状态前所发生的一切合理的、必要的支出。固定资产的取得方式包括外购、自行建造、投资者投入、非货币性交换、债务重组、盘盈等,取得方式的不同,其成本的具体构成内容及确定方法也不尽相同。增值税转型改革后,企业购建(包括购进、接受捐赠、实物投资、自制、改扩建和安装)生产用固定资产发生的增值税进项税额,可以从销项税额中抵扣,不计入固定资产成本。

(一) 外购的固定资产

企业外购固定资产的成本包括购买价款、相关税费以及为使固定资产达到预定可使用状态前发生的可归属于该资产的运输费、装卸费、安装费和专业人员服务费等。

固定资产达到预定可使用状态具体可以从以下几个方面进行判断:

(1) 固定资产的实体建造(包括安装)工作已经全部完成或实质上已经完成;

(2) 所购建的固定资产与设计要求或合同要求相符或基本相符,即使有极个别是与设计或合同要求不相符的地方,也不影响其正常使用;

(3) 继续发生在固定资产上的支出金额很少或几乎不再发生。

如果所购建固定资产需要试生产或试运行,则在试生产结果表明资产能够正常生产出合格产品时,或试运行结果表明能够正常运转或营业时,就应当认为资产已经达到预定可使用状态。工程在达到预定可使用状态前,因必须进行试运转而形成的、能够对外销售的产品,其发生的成本,计入在建工程成本,销售或转为库存商品时,按实际销售收入或按预计售价冲减工程成本。

企业购入的固定资产分不需要安装的固定资产和需要安装的固定资产两种情形。前者的取得成本为企业实际支付的买价、包装费、运杂费、保险费、专业人员服务费和相关税费等;后者的取得成本是在前者取得成本的基础上,加上安装调试成本等。

(1) 购入不需要安装的固定资产。企业购入不需要安装的固定资产时,据有关凭证,按应计入固定资产成本的金额,借记"固定资产"科目,贷记"银行存款"等科目。

【例 5-1】 某公司 2018 年 6 月购入一台不需安装的生产用设备,取得的增值税专用发票上注明设备价款 2 万元,增值税进项税额为 0.32 万元,取得货运增值税专用发票注明不含税运费 0.3 万元,运输业增值税率为 10%,均以银行存款支付上述款项。假定该公司为增值税一般纳税人。

根据上述资料,做如下会计分录:

借:固定资产　　　　　　　　　　　　　　　　　　　　　　　　23 000
　　应交税费——应交增值税(进项税额)(3 200 + 3 000 × 10%) 3 500
　　贷:银行存款　　　　　　　　　　　　　　　　　　　　　　　　26 500

该企业购置设备的成本 = 20 000 + 3 000 = 23 000(元)

如无特殊说明,本章例题中的公司均为增值税一般纳税人,其发生在购置固定资产上的增值税进项税额均符合规定,可以抵扣。

(2) 购入需要安装的固定资产。企业购入需要安装的固定资产,要发生各种安装成本,因此,企业不能将购入的固定资产直接记入"固定资产"科目,而应先记入"在建工程"科目,待安装完毕、交付使用时再转入"固定资产"科目。

【例5-2】 某公司购入一台需安装的生产用机器设备,对方送货上门。取得的增值税专用发票上注明买价10万元,适用的增值税率16%,代垫运输费0.2万元,运输业增值税率为10%,款项以银行存款支付。假定不考虑其他相关税费。

根据上述资料,做如下会计分录:
①设备运达企业准备安装。
借:在建工程　　　　　　　　　　　　　　　　102 000
　　应交税费——应交增值税(进项税额)　　　16 200
　　贷:银行存款　　　　　　　　　　　　　　　　　　118 200
②设备投入安装,以银行存款支付安装费9 000元。
借:在建工程　　　　　　　　　　　　　　　　9 000
　　贷:银行存款　　　　　　　　　　　　　　　　　　9 000
③设备安装完毕投入生产使用。
借:固定资产　　　　　　　　　　　　　　　　111 000
　　贷:在建工程　　　　　　　　　　　　　　　　　　111 000
固定资产的成本 = 102 000 + 9 000 = 111 000(元)

(3) 外购固定资产的特殊考虑。企业用一笔款项购入多项没有单独标价的固定资产时,应按各项资产公允价值的比例对总成本进行分配,以确定各项固定资产的入账价值。如果以一笔款项购入的多项资产中还包括固定资产以外的其他资产,也应按类似方法进行处理。

【例5-3】 2018年6月1日,长江公司为降低采购成本,向大海公司一次购进了3套不同型号具有不同生产能力的生产经营用设备甲、乙和丙。长江公司为该批设备共支付货款912.6万元,增值税进项税额146.016万元,包装费4.2万元,全部以银行存款支付。假定设备甲、乙和丙均满足固定资产的定义及其确认条件,设备甲、乙和丙的公允价值分别为292.6万元、359.48万元、183.92万元;不考虑其他相关税费。

长江公司的账务处理如下:
①确定计入固定资产成本的金额,包括买价、包装费等。
应计入固定资产成本的金额 = 9 126 000 + 42 000 = 9 168 000(元)
②确定设备甲、乙和丙应分配的固定资产价值比例。
甲设备:2 926 000 ÷ (2 926 000 + 3 594 800 + 1 839 200) = 35%
乙设备:3 594 800 ÷ (2 926 000 + 3 594 800 + 1 839 200) = 43%
丙设备:1 839 200 ÷ (2 926 000 + 3 594 800 + 1 839 200) = 22%
③确定设备甲、乙和丙各自的入账价值。
甲设备:9 168 000 × 35% = 3 208 800(元)
乙设备:9 168 000 × 43% = 3 942 240(元)
丙设备:9 168 000 × 22% = 2 016 960(元)
④编制会计分录。
借:固定资产——甲设备　　　　　　　　　　3 208 800

——乙设备	3 942 240	
——丙设备	2 016 960	
应交税费——应交增值税（进项税额）	1 460 160	
贷：银行存款		10 628 160

企业购买固定资产通常在正常信用条件期限内付款，但也会发生超过正常信用条件购买固定资产的经济业务，如采用分期付款方式购买资产，且在合同中规定的付款期限比较长，超过了正常信用条件（通常在3年以上）。在这种情况下，该合同实质上具有融资性质，购入固定资产的成本不能以各期付款额之和确定，而应以各期付款额的现值之和确定。固定资产购买价款的现值，应当按照各期支付的款项选择恰当的折现率进行折现后的金额加以确定。折现率是反映当前市场货币时间价值和延期付款债务特定风险的利率。该折现率实质上是供货企业的必要报酬率。各期实际支付的价款之和与其现值之间的差额，在信用期内按实际利率法进行摊销，摊销金额符合《CAS17 借款费用》中规定的资本化条件的，应当通过在建工程记入固定资产成本，其余部分应当在信用期间内确认为财务费用，计入当期损益。其会计处理为：购入固定资产时，按购买价款的现值，借记"固定资产"或"在建工程"科目，按应支付的金额，贷记"长期应付款"科目，按其差额，借记"未确认融资费用"科目；在信用期内摊销未确认融资费用时，借记"在建工程""财务费用"等科目，贷记"未确认融资费用"科目。

【例5-4】 2015年1月1日，甲公司与乙公司签订一项购货合同，甲公司从乙公司购入一台需要安装的特大型设备。合同约定，甲公司采用分期付款方式支付价款。该设备价款共计900万元（不考虑增值税），在2015年至2019年的5年内每半年支付90万元，每年的付款日期分别为当年6月30日和12月31日。2015年1月1日，设备如期运抵甲公司并开始安装，发生运杂费300 860元（不考虑增值税），已用银行存款付讫。2015年12月31日，设备达到预定可使用状态，发生安装费97 670.60元，已用银行存款付讫。假定甲公司适用的6个月的折现率为10%。

根据上述资料，甲公司的财务处理如下所示。

①购买价款的现值为 $900\,000 \times (P/A, 10\%, 10) = 900\,000 \times 6.1446 = 5\,530\,140$（元）。

2015年1月1日甲公司的账务处理如下：

借：在建工程	5 530 140	
未确认融资费用	3 469 860	
贷：长期应付款		9 000 000
借：在建工程	300 860	
贷：银行存款		300 860

②确定信用期间未确认融资费用的分摊额（表5-1）。

表5-1　未确认融资费用分摊表

2015年1月1日　　　　　　　　　　　　　　　　　　　　　　　　　　　　金额单位：元

	分期付款额	确认的融资费用	应付本金减少额	应付本金余额
①	②	③=期初⑤×10%	④=②-③	期末⑤=期初⑤-④
2015.01.01				5 530 140

续表

	分期付款额	确认的融资费用	应付本金减少额	应付本金余额
2015.06.30	900 000	553 014	346 986	5 183 154
2015.12.31	900 000	518 315.40	381 684.60	4 801 469.40
2016.06.30	900 000	480 146.94	419 853.06	4 381 616.34
2016.12.31	900 000	438 161.63	461 838.37	3 919 777.97
①	②	③＝期初⑤×10%	④＝②－③	期末⑤＝期初⑤－④
2017.06.30	900 000	391 977.80	508 022.20	3 411 755.77
2017.12.31	900 000	341 175.58	558 824.42	2 852 931.35
2018.06.30	900 000	285 293.14	614 706.86	2 238 224.47
2018.12.31	900 000	223 822.45	676 177.55	1 562 046.61
2019.06.30	900 000	156 204.69	743 795.31	818 251.61
2019.12.31	900 000	81 748.39*	818 251.61	0
合　计	9 000 000	3 469 860	5 530 140	0

＊ 尾数调整：81 748.39 = 900 000 - 818 251.61。其中，818 251.61 为最后一期应付本金余额。

③2015 年 1 月 1 日至 2015 年 12 月 31 日为设备的安装期间，未确认融资费用的分摊额符合资本化条件，记入固定资产成本。

2015 年 6 月 30 日甲公司的账务处理如下：

借：长期应付款　　　　　　　　　　900 000
　　贷：银行存款　　　　　　　　　　　　　　900 000
借：在建工程　　　　　　　　　　　553 014
　　贷：未确认融资费用　　　　　　　　　　　553 014

2015 年 12 月 31 日甲公司的账务处理如下：

借：长期应付款　　　　　　　　　　900 000
　　贷：银行存款　　　　　　　　　　　　　　900 000
借：在建工程　　　　　　　　　　　518 315.40
　　贷：未确认融资费用　　　　　　　　　　　518 315.40
借：在建工程　　　　　　　　　　　97 670.60
　　贷：银行存款　　　　　　　　　　　　　　97 670.60
借：固定资产　　　　　　　　　　　7 000 000
　　贷：在建工程　　　　　　　　　　　　　　7 000 000

固定资产的成本 = 5 530 140 + 300 860 + 553 014 + 518 315.40 + 97 670.60
　　　　　　　　= 7 000 000（元）

④2016 年 1 月 1 日至 2019 年 12 月 31 日，该设备已经达到预定可使用状态，未确认融资费用的分摊额不再符合资本化条件，应计入当期损益。

2016 年 6 月 30 日甲公司的账务处理如下：

借：长期应付款　　　　　　　　　　900 000
　　贷：银行存款　　　　　　　　　　　　　　900 000
借：财务费用　　　　　　　　　　　480 146.94
　　贷：未确认融资费用　　　　　　　　　　　480 146.94

以后期间的账务处理与2016年6月30日相同，此略。

（二）自行建造固定资产

企业生产经营所需的固定资产，除了外购等方式取得外，还经常根据生产经营的特殊需要利用自有的人力、物力条件自行建造，即称为自制、自建固定资产。自制固定资产是指企业自己制造生产经营所需的设备等，如自制特殊需要的车床等；自建固定资产是指企业自行建造房屋、建筑物、各种设施以及进行大型机器设备的安装工程等，包括固定资产新建工程、改扩建工程和大修理工程等。

按照固定资产准则规定，企业自行建造的固定资产，应按建造该项资产达到预定可使用状态前所发生的必要支出作为入账价值。这些支出包括工程用物资成本、人工成本、应予以资本化的固定资产借款费用、交纳的相关税费以及分摊的其他间接费用等。

企业自行建造固定资产包括自营建造和出包建造两种方式。无论采用何种方式，所建工程都应当按照实际发生的支出确定其工程成本。

1. 自营方式建造固定资产

企业采用自营方式建造固定资产，意味着企业自行组织工程物资采购、自行组织施工人员从事工程施工。企业以自营方式建造固定资产，其入账价值应当按照建造该项固定资产达到预定可使用状态前所发生的必要支出确定，包括直接材料、直接人工、直接机械施工费等。企业为建造固定资产准备的各种物资应当按照实际支付的买价、运输费、保险费等相关税费作为实际成本，并按照各种专项物资的种类进行明细核算。工程完工后，剩余的工程物资转为本企业存货的，按其实际成本或计划成本进行结转。建设期间发生的工程物资盘亏、报废及毁损，减去残料价值以及保险公司、过失人等赔偿部分后的净损失，计入所建工程项目的成本；盘盈的工程物资或处置净收益，冲减所建工程项目的成本。工程完工后发生的工程物资盘盈、盘亏、报废、毁损，计入当期损益。

建造固定资产领用工程物资、原材料或库存商品，应按其实际成本转入所建工程成本。自营方式建造固定资产应负担的职工薪酬、辅助生产部门为之提供的水、电、运输等劳务，以及其他必要支出等也应计入所建工程项目的成本。符合资本化条件，应计入所建固定资产成本的借款费用按照《CAS17 借款费用》的有关规定处理。

固定资产在达到预定可使用状态前，因进行负荷联合试车而形成的、能够对外销售的产品，其发生的成本，计入在建工程成本，其销售或转为库存商品时，按实际销售收入或预计售价冲减工程成本。

所建造的固定资产已经达到预定可使用状态，但尚未办理竣工决算的，应当自达到预定可使用状态之日起，根据工程预算、造价或者工程实际成本等，按暂估价值转入固定资产，并按有关计提固定资产折旧的规定，计提固定资产折旧。待办理了竣工决算手续后，再按实际成本调整原来的暂估价值，但不需要调整原已计提的折旧。

企业的自营工程主要通过"工程物资"和"在建工程"科目核算。"工程物资"科目核算用于在建工程的各种物资的实际成本。"在建工程"科目核算企业建造该资产达到预定可使用状态前所发生的必要支出以及改扩建工程等转入的固定资产净值，可按"建筑工程""安装工程""在安装工程""待摊支出"以及单项工程等进行明细核算。工程完工达到预定可使用状态时，从"在建工程"科目转入"固定资产"科目。

高危行业企业按照国家规定提取的安全生产费，应当计入相关产品的成本或当期损益，同时记入"专项储备"科目。企业使用提取的安全生产费形成固定资产的，应当通过"在建工程"科目归集所发生的支出，待安全项目完工达到预定可使用状态时确认为固定资产；同时，按照形成固定资产的成本冲减专项储备，并确认相同金额的累计折旧。该固定资产在以后期间不再计提折旧。

【例5-5】 2018年6月A公司准备自行建造一座厂房，购入工程物资25万元，增值税额进项税额4万元，以银行存款支付；1月至6月实际领用工程物资24万元，剩余物资转作公司存货；另外，还领用公司生产的原材料一批，实际成本为3.2万元，该批材料的进项税额为0.512万元；分配工程人员工资6.58万元；辅助生产车间提供有关劳务支出3.5万元；6月底，工程达到预定可使用状态，但尚未办理竣工决算手续，工程按暂估价值结转固定资产成本；7月中旬，该工程决算实际成本为38.5万元，经查其与暂估成本的差额为应付工程人员薪酬；假定不考虑其他相关税费。

A公司的会计处理如下：

（1）购入为工程准备的物资。

借：工程物资　　　　　　　　　　　　　　　　250 000
　　应交税费——应交增值税（进项税额）　　　40 000
　　　贷：银行存款　　　　　　　　　　　　　　　　　　　　290 000

（2）工程领用物资。

借：在建工程——厂房　　　　　　　　　　　　240 000
　　　贷：工程物资　　　　　　　　　　　　　　　　　　　　240 000

（3）工程领用原材料。

借：在建工程——厂房　　　　　　　　　　　　32 000
　　　贷：原材料　　　　　　　　　　　　　　　　　　　　　32 000

（4）分配工程人员工资。

借：在建工程——厂房　　　　　　　　　　　　65 800
　　　贷：应付职工薪酬　　　　　　　　　　　　　　　　　　65 800

（5）辅助生产车间为工程提供劳务。

借：在建工程——厂房　　　　　　　　　　　　35 000
　　　贷：生产成本——辅助生产成本　　　　　　　　　　　　35 000

（6）6月底，工程达到预定可使用状态，尚未办理竣工决算手续，固定资产成本按暂估价值入账。

借：固定资产　　　　　　　　　　　　　　　　372 800
　　　贷：在建工程——厂房　　　　　　　　　　　　　　　　372 800

（7）剩余工程物资转作存货。

借：原材料　　　　　　　　　　　　　　　　　10 000
　　　贷：工程物资　　　　　　　　　　　　　　　　　　　　10 000

（8）7月中旬，按竣工决算实际成本调整固定资产成本。

借：固定资产——厂房　　　　　　　　　　　　12 200
　　　贷：应付职工薪酬　　　　　　　　　　　　　　　　　　12 200

2. 出包方式建造固定资产

在出包方式下，企业通过招标方式将工程项目发包给建造承包商，由建造承包商（即施工企业）组织工程项目施工。企业的新建、改建、扩建等建设项目，均采用出包方式。

企业以出包方式建造固定资产，其成本由建造该项固定资产达到预定可使用状态前所发生必要支出构成，包括发生的建筑工程支出、安装工程支出以及需要分摊计入各固定资产价值的待摊支出。建筑工程、安装工程支出，如人工费、材料费、机械使用费等由建造承包商核算。对于发包企业而言，建筑工程支出、安装工程支出是构成在建工程成本的重要内容，发包企业按照合同规定的结算方式和工程进度定期与建造承包商办理工程价款结算，结算的工程价款计入在建工程成本。待摊支出是指在建设期发生的，不能直接计入某项固定资产价值，而应由所建造固定资产共同负担的相关费用，包括为建造工程发生的管理费、征地费、可行性研究费、临时设施费、公证费、监理费、应负担的税费、符合资本化条件的借款费用、建设期间发生的工程物资盘亏、报废及毁损的净损失以及负荷联合试车费等。企业为建造固定资产通过出让方式取得土地使用权而支付的土地出让金不计入在建工程成本，而应确认为无形资产（土地使用权）。

在出包方式下，"在建工程"科目主要是企业与建造承包商办理工程价款的结算科目，企业支付给建造承包商的工程价款作为工程成本，通过"在建工程"科目核算。企业应按合理估计的工程进度和合同规定结算的进度款，借记"在建工程——建筑工程（××工程）""在建工程——安装工程（××工程）"科目，贷记"银行存款""预付账款"等科目。工程完工时，按合同规定补付的工程款，借记"在建工程"科目，贷记"银行存款"等科目。企业需要将安装设备运抵现场安装时，借记"在建工程——在安装设备（××设备）"科目，贷记"工程物资——××设备"科目；企业为建造固定资产发生的待摊支出，借记"在建工程——待摊支出"科目，贷记"银行存款""应付职工薪酬""长期借款"等科目。

在建工程达到预定可使用状态时，借记"固定资产"科目，贷记"在建工程——建筑工程""在建工程——安装工程""在建工程——在安装设备"等科目。

企业采用出包方式建造固定资产发生的、需分摊计入固定资产价值的待摊支出，应按下列公式进行分摊：

$$待摊支出分配率 = \frac{累计发生的待摊支出}{建筑工程支出 + 安装工程支出 + 在安装设备支出} \times 100\%$$

某工程应分配的待摊支出 = 该工程支出合计 × 待摊支出分配率

【例 5-6】 甲公司经批准新建一个火电厂，包括建造发电车间、冷却塔、安装发电设备等 3 个单项工程。2018 年 2 月 1 日，甲公司与乙公司签订合同，将火电厂新建工程出包给乙公司。双方约定，建造发电车间的价款为 500 万元，建造冷却塔的价款为 280 万元，安装发电设备的安装费用为 45 万元。

其他有关资料如下：

（1）2018 年 2 月 10 日，甲公司向乙公司预付建造发电车间的工程价款 300 万元。

（2）2018 年 5 月 8 日，甲公司购入需安装的发电设备，取得的增值税专用发票上的注明价款为 380 万元，增值税税额为 60.8 万元，款已付。

（3）2018 年 7 月 2 日，甲公司向乙公司预付建造冷却塔的工程价款 140 万元。

（4）2018 年 7 月 22 日，甲公司将发电设备运抵现场，交付乙公司安装。

（5）工程项目发生管理费、可行性研究费、公证费、监理费共计11.6万元，款已付。

（6）工程建造期间，由于台风造成冷却塔部分工程毁损，经核算，损失为45万元保险公司已经承诺支付30万元。

（7）2018年12月20日，所有工程完工，甲公司收到乙公司的有关工程结算单据后，补付剩余工程款。

甲公司的账务处理如下：

（1）2018年2月10日，预付建造发电车间工程款。

借：预付账款——建筑工程（发电车间）　3 000 000
　　贷：银行存款　　　　　　　　　　　　　　　　3 000 000

（2）2018年5月8日，购入发电设备。

借：工程物资——发电设备　　　　　　　3 800 000
　　应交税费——应交增值税（进项税额）　608 000
　　贷：银行存款　　　　　　　　　　　　　　　　4 408 000

（3）2018年7月2日，预付建造冷却塔工程款。

借：预付账款——建筑工程（冷却塔）　1 400 000
　　贷：银行存款　　　　　　　　　　　　　　　　1 400 000

（4）2018年7月22日，将发电设备交乙公司安装。

借：在建工程——在安装设备（发电设备）　3 800 000
　　贷：工程物资——发电设备　　　　　　　　　　3 800 000

（5）支付工程发生的管理费、可行性研究费、公证费、监理费。

借：在建工程——待摊支出　　　　　　　116 000
　　贷：银行存款　　　　　　　　　　　　　　　　116 000

（6）台风造成冷却塔工程部分毁损。

借：营业外支出　　　　　　　　　　　　150 000
　　其他应收款　　　　　　　　　　　　300 000
　　贷：在建工程——建筑工程（冷却塔）　　　　　450 000

（7）2018年12月20日，结算工程款并补付剩余工程款。

借：在建工程——建筑工程（发电车间）　5 000 000
　　　　　　——建筑工程（冷却塔）　　2 800 000
　　　　　　——安装工程（发电设备）　450 000
　　贷：银行存款　　　　　　　　　　　　　　　　3 850 000
　　　　预付账款——建筑工程（发电车间）　　　　3 000 000
　　　　　　　　——建筑工程（冷却塔）　　　　　1 400 000

（8）分摊待摊支出。

待摊支出分摊率＝116 000÷(5 000 000＋2 800 000－450 000＋3 800 000＋450 000)×100%
　　　　　　＝1%

发电车间应分摊的待摊支出＝5 000 000×1%＝50 000（元）

冷却塔应分摊的待摊支出＝(2 800 000－450 000)×1%＝23 500（元）

发电设备（安装工程）应分摊的待摊支出＝450 000×1%＝4 500（元）

发电设备（在安装设备）应分摊的待摊支出＝3 800 000×1%＝38 000（元）

借：在建工程——建筑工程（发电车间） 50 000
　　　　　　——建筑工程（冷却塔） 23 500
　　　　　　——安装工程（发电设备） 4 500
　　　　　　——在安装设备（发电设备） 38 000
　　贷：在建工程——待摊支出 116 000

（9）结转固定资产。

发电车间的成本 = 5 000 000 + 50 000 = 5 050 000（元）

冷却塔的成本 = 2 800 000 - 450 000 + 23 500 = 2 373 500（元）

发电设备的成本 = 450 000 + 4 500 + 3 800 000 + 38 000 = 4 292 500（元）

借：固定资产——发电车间 5 050 000
　　　　　　——冷却塔 2 373 500
　　　　　　——发电设备 4 292 500
　　贷：在建工程——建筑工程（发电车间） 5 050 000
　　　　　　　　——建筑工程（冷却塔） 2 373 500
　　　　　　　　——安装工程（发电设备） 454 500
　　　　　　　　——在安装设备（发电设备） 3 838 000

（三）投资者投入的固定资产

投资者投入的固定资产的成本按照投资合同或协议约定的价值确定，但合同或协议约定价值不公允的除外。在投资合同或协议约定价值不公允的情况下，固定资产的入账价值应该按照该项固定资产的公允价值确定。

【例 5 - 7】 某企业接受股东 A 投资的设备一台，原值为 10 万元，累计折旧为 0.5 万元，经双方确认的价值为 9 万元，该设备经验收交付使用。不考虑相关税费。有关会计分录为：

借：固定资产——生产经营用固定资产 90 000
　　贷：股本——股东 A 90 000

（四）存在弃置费用的固定资产

对于特殊行业的特定固定资产，确定其初始入账成本时，还应考虑弃置费用。弃置费用通常是指根据国家法律和行政法规、国际公约等规定，企业承担的环境保护和生态恢复等义务所确定的支出，如核电站核设施、油气资产等的弃置和恢复环境义务。

弃置费用的金额与其现值比较通常较大，需要考虑货币时间价值，对于这些特殊行业的特定固定资产，企业应当根据《CAS13 或有事项》，按照现值计算确定应计入固定资产成本的金额和相应的预计负债。在固定资产的使用寿命内按照预计负债的摊余成本和实际利率计算确定的利息费用计入财务费用。一般工商企业的固定资产发生的报废清理费用不属于弃置费用，应当在发生时作为固定资产处置费用处理。

《企业会计准则解释第 6 号》规定企业应当进一步规范关于固定资产弃置费用的会计核算，根据《CAS4 固定资产》应用指南的规定，对固定资产的弃置费用进行会计处理。

本解释所称的弃置费用形成的预计负债在确认后，按照实际利率法计算的利息费用应当确认为财务费用；由于技术进步、法律要求或市场环境变化等原因，特定固定资产的履行弃置义务可能发生支出金额、预计弃置时点、折现率等变动而引起的预计负债变动，应按照以下原则调整该固定资产的成本：

（1）对于预计负债的减少，以该固定资产账面价值为限扣减固定资产成本。如果预计负债的减少额超过该固定资产账面价值，超出部分确认为当期损益。

（2）对于预计负债的增加，增加该固定资产的成本。

按照上述原则调整的固定资产，在资产剩余使用年限内计提折旧。一旦该固定资产的使用寿命结束，预计负债的所有后续变动应在发生时确认为损益。

【例 5-8】 某石油公司主要从事海上原油天然气的勘探、开发、生产和销售。2007 年 12 月 31 日，该公司一钻井平台达到预定可使用状态并投入使用，预计使用寿命为 15 年。根据有关法律，该公司在该钻井平台使用寿命届满时应对环境进行复原，预计将发生弃置费用 200 万元。该公司采用的折现率为 10%。

该公司与弃置费用有关的账务处理如下：

（1）2007 年 12 月 31 日，按弃置费用的现值计入固定资产原价。

固定资产原价 = 2 000 000 × (P/F, 10%, 15) = 2 000 000 × 0.2394 = 478 800（元）

借：固定资产　　　　　　　　　　　　　　478 800
　　贷：预计负债　　　　　　　　　　　　　　　　478 800

（2）2008 年 12 月 31 日—2022 年 12 月 31 日利息费用的计算见表 5-2。

表 5-2　利息费用计算表　　　　　金额单位：元

年度	利息费用	预计负债账面价值
	(1) = (2) × 10%	(2) = 上期 (2) + (1)
2007		478 800
2008	47 880	526 680
2009	52 668	579 348
2010	57 934.80	637 282.80
2011	63 728.28	701 011.08
2012	70 101.11	771 112.19
2013	77 111.22	848 223.41
2014	84 822.34	933 045.75
2015	93 304.58	1 026 350.33
2016	102 635.03	1 128 985.36
2017	112 898.54	1 241 883.90
2018	124 188.39	1 366 072.29
2019	136 607.23	1 502 679.52
2020	150 267.95	1 652 947.47
2021	165 294.75	1 818 242.22
2022	181 757.78*	2 000 000

*尾数调整。

2008年12月31日,确认利息费用的账务处理如下:
借:财务费用 47 880
　　贷:预计负债 47 880
2009—2022年,确认利息费用的账务处理比照2008年的相关账务处理。

(五) 其他方式取得的固定资产

(1) 通过非货币性资产交换、债务重组、企业合并、租赁等方式取得固定资产的会计处理,分别按照《CAS7 非货币性资产交换》《CAS12 债务重组》《CAS20 企业合并》《CAS21 租赁》等的规定进行。

(2) 盘盈的固定资产。盘盈的固定资产,作为前期差错处理,在按管理权限报经批准处理前,应先通过"以前年度损益调整"科目核算。盘盈的固定资产,应按重置成本确定其入账价值,借记"固定资产"科目,贷记"以前年度损益调整"科目。

【例5-9】 某企业于2016年1月5日,在财产清查过程中发现2015年12月购入的一台设备尚未入账,重置成本为3万元(假定与其计税基础不存在差异)。假定该公司按净利润的10%提取法定盈余公积,不考虑相关税费及其他因素的影响。

该企业盘盈固定资产的相关会计分录如下:
(1) 盘盈固定资产时。
借:固定资产 30 000
　　贷:以前年度损益调整 30 000
(2) 结转为留存收益时。
借:以前年度损益调整 30 000
　　贷:盈余公积——法定盈余公积 (30 000×10%) 3 000
　　　　利润分配——未分配利润 27 000

▶第二节　固定资产的后续计量

固定资产的后续计量主要包括固定资产折旧的计提、后续支出的计量以及减值损失的确定。其中,固定资产的减值应当按照《CAS8 资产减值》处理。

一、固定资产折旧

(一) 固定资产折旧的定义

CAS4 中对折旧 (depreciation) 的定义是:"折旧,是指在固定资产的使用寿命内,按照确定的方法对应计折旧额进行的系统分摊。其中,应计折旧额是指应当计提折旧的固定资产原价扣除其预计净残值后的金额,如果已对固定资产计提减值准备,还应当扣除已计提的固定资产减值准备累计金额"。

固定资产折旧的过程,实质上就是固定资产在使用过程中价值的转移过程。折旧并不是对固定资产价值转移的准确计价，而只是按照系统且合理的方法将固定资产的价值进行分摊，以反映收入与费用相配比的要求，所以折旧是资产成本的分摊程序而不是计价程序。

所谓"系统"，是指分配的数额应是根据一定的计算方法得出而不是按武断的方式主观臆断得出的。"合理"则是指折旧的数额应与该资产每期服务所带来的收益相关。

企业的固定资产，在长期参加生产经营过程中基本保持原有实物形态不变，但其使用寿命有限（土地除外），所以价值的损耗是客观存在的。这种损耗的价值，如果转移到有关的产品成本或费用中去，就是折旧。固定资产的损耗分为有形损耗和无形损耗两种。有形损耗，是指固定资产在生产经营过程中由于使用和自然力的影响而引起的在使用价值和价值上的损耗。无形损耗，则是指由于技术不断进步，高效能的生产工具出现和推广而引起原有生产工具的效能相对降低所发生的价值损失。折旧计入有关成本或费用中，最终会从营业收入中得到补偿，并转化为货币资金。

企业正确计提固定资产折旧，不仅能客观反映固定资产因使用而发生的损耗，确定其净值，实现其自身的价值补偿和实物更换，而且能把固定资产的成本较合理地计入各受益的会计期间，实现收入与费用的正确配比，从而真实地核算企业各期的成本、利润以及应交税金和应付股利等，同时为企业将来固定资产重新购置积累资金。

（二）影响固定资产折旧的因素

影响固定资产折旧的因素主要有以下几个方面：

（1）固定资产原价，是指固定资产的成本。

（2）预计净残值，是指假定固定资产预计使用寿命已满并处于使用寿命终了时的预期状态，此时，企业从该项资产处置中获得的扣除预计处置费用后的金额。

（3）固定资产减值准备，是指固定资产已计提的固定资产减值准备累计金额。固定资产计提减值准备后，应当在剩余使用寿命内根据调整后的固定资产账面价值（固定资产账面余额扣减累计折旧和累计减值准备后的金额）和预计净残值重新计算确定折旧率和折旧额。

（4）固定资产的使用寿命，指企业使用固定资产的预计期间，或者该固定资产所能生产产品或提供劳务的数量。企业确定固定资产使用寿命时，应当考虑以下因素：

①该资产预计生产能力或实物产量；

②该项资产预计有形损耗，如设备使用中发生毁损、房屋建筑物受到的自然侵蚀等；

③该项资产预计无形损耗，如因新技术的出现而使现有资产技术水平相对陈旧、市场需求变化使产品过时等；

④法律或者类似规定对该项资产使用的限制。某些固定资产的使用寿命可能受到法律或类似规定的约束。如对于融资租赁的固定资产，根据《CAS21 租赁》规定，能够合理确定租赁期届满时将会取得租赁资产所有权的，应当在租赁资产使用寿命内计提折旧；如果无法合理确定租赁期届满时能够取得租赁资产所有权的，应当在租赁期与租赁资产使用寿命两者中较短的期间内计提折旧。

(三) 计提折旧的范围及注意事项

1. 计提折旧的范围

CAS4 规定，除下列情况以外，企业应对所有固定资产计提折旧：
(1) 已提足折旧仍然继续使用的固定资产；
(2) 按照规定单独估价作为固定资产入账的土地。

2. 计算折旧的注意事项

计算折旧时，应注意的问题下列几个问题：

(1) 固定资产应当按月计提折旧，并根据用途计入相关资产的成本或者当期损益。当月增加的固定资产，当月不计提折旧；当月减少的固定资产，当月仍提折旧。

(2) 固定资产提足折旧后，不论能否继续使用，均不再计提折旧，提前报废的固定资产也不再补提折旧。所谓提足折旧，是指已经提足该固定资产的应计折旧额。

(3) 以融资方式租入的固定资产和以经营租赁方式出租的固定资产，应当计提折旧；以经营租赁方式租入的固定资产，不应当计提折旧。

(4) 企业因更新改造等原因而调整了固定资产价值的，应当根据调整后的价值、预计尚可使用年限和净残值，按选定的折旧方法计提折旧。

(5) 已达到预定可使用状态的固定资产，如果尚未办理竣工决算的，应当按照估计价值暂估入账，并计提折旧；待办理了竣工决算手续后，再按照实际成本调整原来的暂估价值，但不需要调整原来计提的折旧额。

(6) 企业对固定资产进行更新改造时，应将更新改造的固定资产的账面价值转入在建工程，并在此基础上核算经更新改造的固定资产原价。处于更新改造过程而停止使用的固定资产，因已转入在建工程，因此，不计提折旧，待更新改造项目达到预定可使用状态转为固定资产后，再按重新确定的折旧方法和该固定资产尚可使用年限计提折旧。

企业应当根据固定资产的性质和使用方式，合理确定固定资产的使用寿命和预计净残值，并根据科技发展、环境及其他因素，选择合理的固定资产折旧方法，按照管理权限，经股东大会或董事会，或经理（厂长）会议或类似机构批准，作为计提折旧的依据。同时，有关固定资产预计使用寿命和预计净残值、折旧方法等，一经确定，不得随意变更，如需变更，应当符合固定资产准则的规定。

(四) 计提折旧的方法

企业固定资产折旧的计算有许多方法，如平均年限法、单位产量法、双倍余额递减法和年数总和法等。由于固定资产折旧方法的选择直接影响企业成本、费用的计算，影响企业的收入和纳税，所以，企业应当根据固定资产所含经济利益预期实现的方式合理选择折旧方法。

1. 直线法

直线法（straight-line method），又称年限平均法，是指将固定资产的应计折旧额均衡地分摊到固定资产预计使用寿命内的一种方法。采用这种方法计算的每期折旧额均是等额的。

预计残值,是指固定资产报废时可收回的各种残料价值。预计清理费用,则是指固定资产报废清理时所发生的拆卸、搬运等费用。预计残值减去预计清理费用后的余额,称为预计净残值。计算公式如下:

$$年折旧率 = (1 - 预计净残值率) \div 预计使用寿命(年) \times 100\%$$
$$月折旧率 = 折旧率 \div 12$$
$$月折旧额 = 固定资产原值 \times 月折旧率$$

预计净残值率,是指固定资产预计净残值与固定资产原值的比率。

固定资产折旧率,是一定时期内固定资产折旧额与固定资产原值的比率,按其计算范围不同,可分为个别折旧率、分类折旧率、综合折旧率。

个别折旧率,是指某项固定资产在一定期间的折旧额与该项固定资产原值的比率。

分类折旧率,是指某类固定资产折旧额与该类固定资产原值的比率。该方法应先把性质、结构和使用年限较接近的固定资产归为一类,再按类计算平均折旧率。其计算公式如下:

$$该类固定资产年折旧率 = \frac{该类固定资产年折旧额}{该类固定资产原值} \times 100\%$$

固定资产年综合折旧率,是指企业某一期间全部固定资产折旧总额与全部固定资产原值的比率。其计算公式如下:

$$固定资产年综合折旧率 = \frac{全部固定资产年折旧额}{全部固定资产原值} \times 100\%$$

采用年限平均法计算折旧虽然较简单,但是,它也存在着一些明显的局限性。首先,固定资产在不同使用年限提供的经济效益是不同的。一般来说,固定资产在其使用前期工作效率相对较高,所带来的经济利益也就多;而在其使用后期,工作效率一般呈下降趋势,因而,所带来的经济利益也就逐渐减少;其次,固定资产的维修费用将随着其使用时间的延长而不断增大。而平均年限法不考虑这些因素。

当固定资产各期的负荷程度相同,各期应分摊的折旧费也相同时,采用年限平均法计算折旧是合理的。但是若固定资产各期负荷程度不同,采用年限平均法计算的折旧额难与固定资产实际损耗相一致,不符合收入与费用相互配比的原则,不利于企业应用新的技术和及时更新固定资产。

2. 单位产量法

单位产量法(unit-of-production method)是指根据实际单位产量计提固定资产折旧额的一种方法。其计算公式如下:

$$单位产量折旧额 = 固定资产原价 \times (1 - 净残值率) \div 预计总产量$$
$$某项固定资产月折旧额 = 该固定资产当月产量 \times 单位产量折旧额$$

采用单位产量法计算折旧额与单位产量成正比。固定资产使用产量越大、磨损越大,计提的折旧额越多,这比较符合固定资产的效能,计算也较直观,但在确定固定资产的产量上较为困难。因此,这种方法适用于企业专用车队的客货运输设备、专用设备等工作时间不均衡的固定资产。

3. 快速折旧法

快速折旧法(declining or accelerated depreciation method),又称加速折旧法,是指在固

定资产使用前期多提折旧额,使用后期少提折旧额的一种方法。采用加速折旧法与采用年限平均法计提折旧的总额是相等的,但采用加速折旧法能使固定资产的大部分成本在使用年限中快速得到补偿。采用加速折旧法的理论依据是:第一,固定资产使用的效能随着其磨损程度而逐年减低,收益也逐年减少,按照收入与费用相互配比原则,折旧费也应逐年递减。第二,固定资产使用成本,应包括计提的折旧费和维修费两部分。随着固定资产使用年数的增多,维修费会逐年递增,为保持各年度固定资产的使用成本大致相等,折旧费就应随着固定资产使用年数的增多而逐年递减。第三,由于现代科学技术的飞速发展,固定资产的无形损耗加大,为了在短期内尽快地使固定资产成本得以补偿,及时地更新改造固定资产,有必要采用快速折旧法计提折旧。

快速折旧的具体方法较多,我国目前企业主要采用双倍余额递减法和年数总和法。

1)双倍余额递减法

双倍余额递减法(double declining balance method),也称定率余额递减法,是指在不考虑固定资产预计净残值的情况下,根据每年年初固定资产净值和双倍的直线法折旧率计算固定资产折旧额的一种方法。应用这种方法计算折旧时,由于每年年初固定资产净值没有扣除预计净残值,所以,在计算固定资产折旧额时,应在其折旧年限到期前两年内,将固定资产的净值扣除预计净残值后的余额平均摊销。其计算公式如下:

年折旧率 = 2 ÷ 预计的使用年限

月折旧率 = 年折旧率 ÷ 12

月折旧额 = 固定资产年初账面净值 × 月折旧率

固定资产年初账面净值 = 固定资产账面余额 – 年初累计折旧

【例 5 – 10】 A 公司的一台设备原值为 60 000 元,预计净残值率为 4%,预计使用寿命为 5 年。按双倍余额递减法计算折旧。

A 公司每年折旧额计算如下:

年折旧率 = 2/5 = 40%

第一年应计提折旧额 = 600 000 × 40% = 240 000(元)

第二年应计提折旧额 =(600 000 – 240 000)× 40% = 144 000(元)

第三年应计提折旧额 = 360 000 – 144 000)× 40% = 86 400(元)

从第四年起改按年限平均法(直线法)计提折旧:

第四年、第五年应计提折旧额 =(129 600 – 600 000 × 4%)÷ 2 = 52 800(元)

2)年数总额法

年数总额法(sum of the year – digits method),又称合计年限法,是将固定资产原价减去预计净残值后的余额,乘以一个以固定资产尚可使用寿命为分子,以预计使用寿命逐年数字之和为分母的逐年递减的分数,计算每年折旧额的一种方法。其计算公式是:

年折旧率 = 尚可使用寿命 ÷ 预计使用寿命的年数总和

月折旧率 = 年折旧率 ÷ 12

月折旧额 =(固定资产原值 – 预计净残值)× 月折旧率

【例 5 – 11】 沿用例 5 – 10 的资料,采用年数总和法计算的各年折旧额见表 5 – 3。

表5-3 年数总和法下折旧计算表　　　金额单位：元

年份	尚可使用寿命	原价-净残值	年折旧率	每年折旧额	累计折旧
1	5	576 000	5/15	192 000	192 000
2	4	576 000	4/15	153 600	345 600
3	3	576 000	3/15	115 200	460 800
4	2	576 000	2/15	76 800	537 600
5	1	576 000	1/15	38 400	576 000

采用快速折旧法计提折旧，可以使固定资产成本尽快得到补偿，加快固定资产的更新换代，使企业保持较高的技术水平。但采用这种方法计提折旧，在固定资产使用前期，由于计提折旧多，会使成本、费用提高，降低利润，影响上缴税金和利润分配，而且计算的工作量也较大。以上几种方法，企业可自行选择，但一经选定，不得随意变动。

（五）固定资产折旧的会计处理

固定资产应当按月计提折旧，计提的折旧应通过"累计折旧"科目核算，并根据用途分别计入相关资产的成本或当期费用。该科目是固定资产的备抵科目，贷方登记企业提取的折旧数，借方登记因出售、报废清理、盘亏等原因减少固定资产而相应转销的折旧额，余额在贷方，反映企业现有固定资产的累计折旧额。企业按月计提折旧时，借记"制造费用""销售费用""管理费用""其他业务成本"等科目，贷记"累计折旧"科目。比如，企业自行建造固定资产过程中所使用的固定资产，其计提的折旧应计入在建工程的成本，并最终形成另一项固定资产的成本；企业基本生产车间所使用的固定资产，其计提的折旧应计入制造费用，并最终计入所生产的产品成本；企业管理部门所使用的固定资产，其计提的折旧应计入管理费用；企业销售部门所使用的固定资产，其计提的折旧应计入销售费用；经营租出的固定资产，其计提的折旧额应计入其他业务成本；未使用的固定资产，其计提的折旧应计入管理费用。

【例5-12】 某工业企业，本月生产用固定资产计提折旧额为3万元，管理部门用固定资产计提折旧额为1万元，租出固定资产计提折旧额为0.8万元。

该企业会计分录如下：

借：制造费用——折旧费　　　　　　　　　　　　　　30 000
　　管理费用——折旧费　　　　　　　　　　　　　　10 000
　　其他业务成本——折旧费　　　　　　　　　　　　 8 000
　贷：累计折旧　　　　　　　　　　　　　　　　　　48 000

（六）折旧的其他问题

固定资产使用后，可能由于多种原因，使计提的折旧发生变动，其情况有以下两种：

1. 估计的变更

在固定资产使用过程中，其所处的经济环境、技术环境以及其他环境有可能与预计固定资产使用寿命时发生很大的变化。例如，固定资产使用强度比正常情况大大加强，致使固定资产实际使用寿命大大缩短；融资租赁合同对租赁期作了新的调整，等等。此时，如果不对固定资产预计使用寿命进行调整,原先确定的固定资产使用寿命必然不能反映出其为企业提供经济利益的期间,据此提供的会计信息就很可能是不真实的,进而影响会计信息使用者作出恰当的经济决策。为了避免这种情况,CAS4 规定,企业应定期对固定资产使用寿命进行复核。如果固定资产使用寿命的预计数与原先的估计数有重大差异,则应当相应调整固定资产折旧年限。如果固定资产的预计净残值预计数与原先估计数有差异,应当调整预计净残值。

按照"一致性或一贯性原则",企业在应用某一会计方法时,应在前后各期一致,不应随便更换。当然这一规定不是绝对的,如果在使用中发现原来采用的会计方法,与实际情况存在较大偏差,此时就应采用更为恰当的会计方法。在固定资产使用过程中,其包含的经济利益的预期实现方式有可能发生重大的改变。这时,企业也应相应改变折旧方法。比如,某企业以前年度采用直线法计提折旧,此次年度复核中发现,与该固定资产相关的技术发生很大的变化,直线法已很难反映该固定资产给企业带来经济利益的方式,因此,决定由直线法改为年数总和法,固定资产使用寿命、预计净残值和折旧方法的改变应作为会计估计变更,按照《CAS28 会计政策、会计估计变更和会计差错更正》处理。

【例5-13】 A 公司某固定资产成本为12万元,估计使用年限为5年,残值为2万元,按直线法计提折旧。假设在使用的第四年初发现该固定资产尚可使用4年,预计残值可能为1万元。

(1)至第三年结束,该固定资产的账面净值为:

已提折旧 = 3 × (120 000 - 20 000) ÷ 5 = 60 000(元)

该固定资产的账面净值 = 120 000 - 60 000 = 60 000(元)

(2)新的年折旧额 = (60 000 - 10 000) × 1/4 = 12 500(元),则 A 公司以后各年的会计分录分别为:

借:管理费用——折旧费　　　　　　　　　　　　　　　12 500
　　贷:累计折旧　　　　　　　　　　　　　　　　　　　　　　　　12 500

2. 差错更正

有时企业也会出现折旧计算错误,此时应进行前期损益调整。

【例5-14】 假设企业在第三年年初发现,前两年按直线法计提折旧时,忘记了预计净残值,按取得成本计提折旧,每年提取2.4万元,应提2万元,每年多提0.4万元,两年共多提0.8万元。

企业应在第三年年初做调整分录如下:

借:累计折旧　　　　　　　　　　　　　　　　　　　　8 000
　　贷:以前年度损益调整　　　　　　　　　　　　　　　　　　　　8 000

二、固定资产的后续支出

固定资产的后续支出,是指企业的固定资产投入使用后,为了适应新技术发展的需要,或者为维护或提高固定资产的使用效能,对现有固定资产进行维护、改建、扩建或者改良的支出。

后续支出的处理原则为:符合固定资产确认条件的,应当记入固定资产成本,同时将被替换部分的账面价值扣除;不符合固定资产确认条件的,应当记入当期损益。

（一）资本化的后续支出

企业通过对厂房进行改建、扩建而使其更加坚固耐用，延长了厂房等固定资产的使用寿命；企业通过对设备的改建，提高了其单位时间内产品的产出数量，提高了机械设备等固定资产的生产能力；企业通过对车床的改良，大大提高了其生产产品的精确度，实现了企业产品的更新换代；企业通过对生产线的改良，促使其大大降低了产品的成本，提高了企业产品的价格竞争力等，通常都表明后续支出提高了固定资产原定的创利能力。此时，应将后续支出予以资本化。

在固定资产发生可资本化的后续支出时，企业应将该固定资产的原价、已计提的累计折旧和减值准备转销，将固定资产的账面价值转入在建工程，并在此基础上重新确定固定资产原价。因已转入在建工程，因此停止计提折旧。在固定资产发生的后续支出完工并达到预定可使用状态时，再从在建工程转为固定资产，并按重新确定的固定资产原价、使用寿命、预计净残值和折旧方法计提折旧。固定资产发生的可资本化的后续支出，通过"在建工程"科目核算。

【例 5 – 15】 甲公司是一家从事印刷业的企业，有关业务资料为：(1) 2009 年 12 月，该公司自行建成了一条印刷生产线，建造成本为 56.8 万元；用年限平均法计提折旧；预计净残值率为固定资产原价的 3%，预计使用年限为 6 年；(2) 2012 年 1 月 1 日，由于生产的产品适销对路，现有生产线的生产能力已难以满足公司生产发展的需要，但若新建生产线成本过高，周期过长，于是公司决定对现有生产线进行改扩建，以提高其生产能力；(3) 2012 年 1 月 1 日至 3 月 31 日，经过三个月的改扩建，完成了对这条印刷生产线的改扩建工程，共发生支出 26.89 万元，全部以银行存款支付；(4) 该生产线改扩建工程达到预定可使用状态后，大大提高了生产能力，预计将其使用年限延长了 4 年，即 10 年。假定改扩建后生产线的预计净残值率为改扩建后固定资产账面价值的 3%；折旧方法仍为年限平均法；(5) 为简化计算过程，整个过程不考虑其他相关税费；公司按年度计提固定资产折旧。

甲公司有关的账务处理如下：

(1) 2010 年和 2011 年各年计提固定资产折旧的会分录。
借：制造费用　　[568 000 × (1 – 3%) ÷ 6] 91 826.67
　　　贷：累计折旧　　　　　　　　　　　　　　　　　　　91 826.67

(2) 2012 年 1 月 1 日，将固定资产转入在建工程。
借：在建工程　[568 000 – (91 826.67 × 2)] 384 346.66
　　　累计折旧　　　　　　　　　　183 653.34
　　　贷：固定资产　　　　　　　　　　　　　　　　　　　568 000

(3) 2012 年 1 月 1 日至 3 月 31 日，固定资产后续支出发生时。
借：在建工程　　　　　　　　　　268 900
　　　贷：银行存款　　　　　　　　　　　　　　　　　　　268 900

(4) 2012 年 3 月 31 日，生产线改扩建工程达到预定可使用状态。
借：固定资产　　(384 346.66 + 268 900) 653 246.66
　　　贷：在建工程　　　　　　　　　　　　　　　　　　　653 246.66

(5) 2012 年 3 月 31 日，生产线改扩建工程达到预定使用状态后，固定资产账面价值为 653 246.66 元；固定资产应计提折旧额为 653 246.66 × (1 – 3%) = 633 649.26（元）；在

2012年4月1日至12月31日九个月期间,每月计提固定资产折旧额为 633 649.26÷(7×12+9)=6 813.43(元)。在2013年1月1至2019年12月31日七年间,每年计提固定资产折旧额为81 761.16元。每年计提固定资产折旧的会计分录为:

借:制造费用　　　　　　　　(6 813.4×12) 81 761.16
　　贷:累计折旧　　　　　　　　　　　　　　　　　　81 761.16

企业在发生可资本化的固定资产后续支出时,可能涉及替换固定资产的某个组成部分。当发生的后续支出如果满足固定资产的确认条件,应当将用于替换的部分资本化,计入固定资产账面价值,同时终止确认被替换部分的账面价值,以避免将替换部分的成本和被替换部分的账面价值同时计入固定资产成本。在实务中,如果企业不能确定被替换部分的账面价值,可将替换部分的成本视为被替换部分的账面价值。

【例5-16】　2008年12月,甲公司采用出包方式建造的营业厅达到预定可使用状态投入使用,并结转固定资产成本180万元。该营业厅内有一部电梯,成本为20万元,未单独确认为固定资产。2017年1月,为吸引顾客,甲公司决定更换一部观光电梯。支付的新电梯购买价款为32万元,另发生安装费用3.1万元,以银行存款支付;旧电梯的回收价格为10万元,款项尚未收到。假定营业厅的年折旧率为3%,净残值率为3%。

甲公司的账务处理如下:

(1) 2017年1月,购入观光电梯。

借:工程物资　　　　　　　　　　　　320 000
　　贷:银行存款　　　　　　　　　　　　　　　　　320 000

(2) 2017年1月,将营业厅的账面价值转入在建工程。

营业厅的累计折旧金额 = 1 800 000 × (1-3%) × 3% × 8 = 419 040(元)

借:在建工程　　　　　　　　　　　　1 380 960
　　累计折旧　　　　　　　　　　　　　419 040
　　贷:固定资产　　　　　　　　　　　　　　　　1 800 000

(3) 2017年1月,转销旧电梯的账面价值。

旧电梯的账面价值 = 200 000 - 200 000 ÷ 1 800 000 × 419 040 = 153 440(元)

借:其他应收款　　　　　　　　　　　100 000
　　营业外支出　　　　　　　　　　　　53 440
　　贷:在建工程　　　　　　　　　　　　　　　　　153 440

(4) 2017年1月,安装新电梯。

借:在建工程　　　　　　　　　　　　351 000
　　贷:工程物资　　　　　　　　　　　　　　　　　320 000
　　　　银行存款　　　　　　　　　　　　　　　　　 31 000

(5) 电梯安装完毕达到预定可使用状态。

借:固定资产　　　　　　　　　　　　1 578 520
　　贷:在建工程　　　　　　　　　　　　　　　　　1 578 520

企业对固定资产进行定期检查发生的大修理费用,符合资本化条件的,可以计入固定资产成本,不符合资本化条件的,应当费用化,计入当期损益。固定资产在定期大修理间隔期间,照提折旧。

（二）费用化的后续支出

与固定资产有关的修理费用等后续支出，不符合固定资产确认条件的，应当根据不同情况分别在发生时计入当期管理费用或销售费用。

一般情况下，固定资产投入使用之后，由于固定资产磨损、各组成部分耐用程度不同，可能导致固定资产的局部损坏，为了维护固定资产的正常运转和使用，充分发挥其使用效能，企业应对固定资产进行必要的维护。

固定资产维护支出通常只是确保固定资产的正常工作状况，它并不导致固定资产性能的改变或固定资产未来经济利益的增加，因此，通常不满足固定资产的确认条件，应在发生时直接计入当期损益。企业生产车间和行政管理部门等发生的固定资产修理费用等后续支出计入管理费用；企业设置专设销售机构的，其发生的与专设销售机构相关的固定资产修理费用等后续支出，计入销售费用。企业固定资产更新改造支出不满足固定资产确认条件的，在发生时应直接计入当期损益。

【例5-17】 2019年1月3日，甲公司对现有的一台生产用机器设备进行修理，修理过程中领用本企业原材料一批，价值为9.4万元，为购买该批原材料支付的增值税进项税额为1.598万元，应支付维修人员的工资为2.8万元。

甲公司的账务处理如下：

借：管理费用　　　　　　　　　　　　　　　　122 000
　　贷：原材料　　　　　　　　　　　　　　　　　　94 000
　　　　应付职工薪酬　　　　　　　　　　　　　　　28 000

▶第三节　固定资产处置与列报

一、固定资产终止确认的条件

固定资产满足下列条件之一的，应当予以终止确认。

（1）该固定资产处于处置状态。固定资产处置包括固定资产的出售、转让、报废和毁损、对外投资、非货币性资产交换、债务重组等。处于处置状态的固定资产不再用于生产商品、提供劳务、出租或者经营管理，因此不再符合固定资产的定义，应予终止确认。

（2）该固定资产预期通过使用或处置不能产生经济利益。固定资产的确认条件之一是"与该固定资产有关的经济利益很可能流入企业"，如果一项固定资产预期通过使用或处置不能产生经济利益，那么它就不再符合固定资产的定义和确认条件，应予终止确认。

二、固定资产处置的会计处理

企业出售、转让划归为持有待售类别的固定资产，按照财政部2017年5月发布的《CAS42 持有待售的非流动资产、处置组和终止经营》中，关于持有待售非流动资产的相关规定进行账务处理。未划归为持有待售类别而出售、转让的，通过"固定资产清理"科目归集发生的损益，并最终转入"处置资产损益"科目，计入当期损益。

固定资产因报废毁损等而终止确认的,通过"固定资产清理"科目归集发生的损益,其产生的利得或损失计入营业外收入或营业外支出。

(一) 固定资产出售、报废或毁损的会计处理

1. 固定资产转入清理

出售、报废或毁损的固定资产转入清理时,按固定资产账面价值,借记"固定资产清理"科目,按已计提的累计折旧,借记"累计折旧"科目,按已计提的减值准备,借记"固定资产减值准备"科目,按固定资产原价,贷记"固定资产"科目。

2. 发生的清理费用

固定资产清理过程中发生的有关费用以及应支付的相关税费,借记"固定资产清理"科目,贷记"银行存款""应交税费"等科目。

3. 收回残料或出售价款或保险赔偿

收回残料或出售价款及收到应收保险公司或过失人赔偿的损失等,应冲减清理支出,借记"银行存款""原材料""其他应收款"等科目,贷记"固定资产清理""应交税费——应交增值税"等科目。

4. 清理净损益

固定资产清理完成后,属于正常出售、转让产生的利得或损失,借记或贷记"资产处置损益"科目,贷记或借记"固定资产清理"科目。属于正常报废产生的利得或损失,借记或贷记"营业外支出——非流动资产报废"科目,贷记或借记"固定资产清理"科目。属于自然灾害等非正常原因造成的报废,借记或贷记"营业外支出——非常损失"科目,贷记或借记"固定资产清理"科目。

【例5-18】 某企业有旧设备一台,原值45万元,已提折旧43.5万元,因使用期满经批准报废。在清理过程中,以银行存款支付清理费用0.6万元,收到残料变卖收入1.2万元。

该企业会计分录如下:
(1) 固定资产转入清理。

  借:固定资产清理   15 000
    累计折旧   435 000
    贷:固定资产   450 000

(2) 支付清理费用。

  借:固定资产清理   6 000
    贷:银行存款   6 000

(3) 收到残料变价收入。

  借:银行存款   12 000
    贷:固定资产清理   12 000

(4) 结转固定资产清理净损益。

  借:资产处置损益   9 000
    贷:固定资产清理   9 000

(二) 持有待售的固定资产

同时满足下列条件的非流动资产（包括固定资产）应当划分为持有待售：一是企业已经就处置该非流动资产作出决议；二是企业已经与受让方签订了不可撤销的转让协议；三是该项转让将在一年内完成。持有待售的非流动资产包括单项资产和处置组，处置组是指作为整体出售或其他方式一并处置的一组资产。处置组通常是一组资产组、一个资产组或某个资产组中的一部分，如果处置组是一个资产组，并且按照《CAS8 资产减值》的规定将企业合并中取得的商誉分摊至该资产组，或者该资产组是这种资产组中的一项经营，则该处置组应当包括企业合并中取得的商誉。

企业对于持有待售的固定资产，应当调整该项固定资产的预计净残值，使该项固定资产的预计净残值能够反映其公允价值减去处置费用后的金额，但不得超过符合持有待售条件时该项固定资产的原账面价值，原账面价值高于预计净残值的差额，应作为资产减值损失计入当期损益。企业应当在报表附注中披露持有待售的固定资产名称、账面价值、公允价值、预计处置费用和预计处置时间等。持有待售的固定资产不计提折旧，按照账面价值与公允价值减去处置费用后的净额孰低进行计量。

某项资产或处置组被划归为持有待售，但后来不再满足持有待售的固定资产的确认条件，企业应当停止将其划归为持有待售，并按照下列两项金额中较低者计量：

（1）该资产或处置组被划归为持有待售之前的账面价值，按照其假定在没有被划归为持有待售的情况下原应确认的折旧、摊销或减值进行调整后的金额；

（2）决定不再出售之日的可收回金额。

符合持有待售条件的无形资产等其他非流动资产，比照上述原则处理；这里所指的其他非流动资产不包括递延所得税资产、《CAS22 金融工具确认和计量》规范的金融资产、以公允价值计量的投资性房地产和生物资产、保险合同中产生的合同权利等。

(三) 固定资产盘亏和其他方式减少的会计处理

固定资产盘亏造成的损失，应计入当期损益。企业在财产清查中盘亏的固定资产，应按盘亏的固定资产的账面价值借记"待处理财产损溢——待处理固定资产损溢"科目，按已计提的累计折旧，借记"累计折旧"科目，按已计提的减值准备，借记"固定资产减值准备"科目，按固定资产原价，贷记"固定资产"科目。按管理权限报经批准后处理时，按可收回的保险赔偿或过失人赔偿，借记"其他应收款"科目，按应计入营业外支出的金额，借记"营业外支出——盘亏损失"科目，贷记"待处理财产损溢——待处理固定资产损溢"科目。

【例 5-19】 某企业年末对固定资产进行盘点时发现盘亏一台设备。该设备原价 5.2 万元，已计提折旧 2 万元，并已计提减值准备 1.2 万元。经查，设备丢失原因为保管员看守不当。经批准，由保管员赔偿 0.5 万元。假定不考虑相关税费。

该企业的会计分录如下：

(1) 发现设备丢失时。

借：待处理财产损溢——待处理固定资产损溢　　　20 000
　　累计折旧　　　　　　　　　　　　　　　　　20 000

固定资产减值准备	12 000	
贷：固定资产		52 000

（2）报经批准后。

借：其他应收款	5 000	
营业外支出——盘亏损失	15 000	
贷：待处理财产损溢——待处理固定资产损溢		20 000

其他方式减少的固定资产，如以固定资产清偿债务、投资转出固定资产、以非货币性资产交换换出固定资产等，分别按照债务重组、非货币性资产交换等的处理原则进行核算。

本章小结

本章论述了固定资产的概念、特点、确认条件、分类、固定资产折旧、处置和后续支出的会计处理；重点阐明了不同来源固定资产的价值构成及相关会计处理、折旧的概念、应计折旧固定资产的范围、固定资产折旧的计算方法以及固定资产处置的会计处理等。其中，固定资产的取得方式包括购买、自行建造、投资者投入、非货币性交易、债务重组、接受捐赠、盘盈等，取得方式的不同，其成本的具体确定方法不尽相同，会计处理也不同；固定资产的折旧方法包括直线法、单位产量法、双倍余额递减法和年数总和法等，重难点是双倍余额递减法和年数总和法；固定资产的处置包括固定资产的投资、捐赠、抵债、调拨、出售、报废和毁损等原因而减少的固定资产，均通过"固定资产清理"科目核算。

重点概念

固定资产、折旧、直线法、单位产量法、双倍余额递减法、年数总和法。

思考题

1. 固定资产的修理与改良有何区别？
2. 存在弃置费用的固定资产，应当如何进行会计处理？
3. 比较直线法与加速折旧法对企业财务状况和损益的影响，为什么说应用加速折旧法具有节税效应？
4. 持有待售固定资产及其资产组如何确定？
5. 概括固定资产初始确认与计量、后续计量和终止计量三个环节的主要会计事项？

第六章

无 形 资 产

> 内容提要：▲无形资产概述　　　▲无形资产的初始计量
> ▲无形资产的后续计量　▲无形资产的处置和披露
>
> 学习目的及要求：通过本章学习，熟悉无形资产的概念和内容；掌握无形资产初始计量；掌握无形资产后续计量；熟悉无形资产使用寿命的确定原则及其摊销原则；掌握无形资产处置的会计处理。

随着市场经济不断发展，无形资产成为许多企业越来越重要的经济资源。企业纷纷加大对技术、品牌等无形资产的投入，谋求不断提高企业价值和核心竞争力。无形资产在总资产中的比例普遍提高，对社会经济进步的促进作用日益突出，越来越受到分析师、公司管理层和其他报表使用者的关注，对无形资产的确认、计量和披露也提出更高要求。早在1970年，美国会计原则委员会（APB）就发布了《第17号APB意见书：无形资产》（*APB Opinion No. 17 Intangible Assets*）。1974年，FASB发布了《FAS2 研究与开发成本的会计处理》（*FAS2 Accounting for Research and Development Costs*）。为了更好地满足会计信息使用者对无形资产信息的需求，FASB于2001年发布了《FAS142 商誉和其他无形资产》（*FAS142 Goodwill and Other Intangible Assets*），取代APB Opinion No. 17。IASB1998年发布了《IAS38 无形资产》（*IAS 38 Intangible Assets*），2004年又对其进行了修订。我国财政部2001年发布了《企业会计准则——无形资产》，2006年在充分借鉴《IAS38 无形资产》的基础上，对其进行了修订，命名为《CAS6 无形资产》（简称CAS6）。该准则的颁布和实施对规范我国企业无形资产的会计核算和相关信息的披露、提高会计信息的质量将起到极大的推动作用。

本章主要是根据CAS6及相关的国际会计准则编写，主要内容包括无形资产的确认和初始计量、后续计量以及处置的会计处理。

▶ 第一节　无形资产概述

一、无形资产的概念

无形资产（intangible assets）是指企业拥有或者控制的没有实物形态的可辨认非货币性

资产。无形资产主要包括专利权、非专利技术、商标权、著作权、土地使用权、特许权等。无形资产具有以下基本特征：

（一）不具有实物形态

无形资产通常表现为某种权力、技术或获取超额利润的综合能力。它没有实物形态，看不见，摸不着，如土地使用权、专有技术等。无形资产为企业带来经济利益的方式与固定资产不同，固定资产是通过实物价值的磨损和转移为企业带来未来经济利益，而无形资产主要是通过自身所具有的技术等优势为企业带来未来经济利益，不具有实物形态，是无形资产区别于其他资产的特征之一。

有些无形资产依附于实物资产，如计算机软件等。在确定一项包含无形和有形要素的资产是属于固定资产，还是属于无形资产时，需要通过判断加以确定，通常以哪个要素更重要作为判断的依据。以计算机软件为例，软件公司为客户开发的软件不是无形资产，而是生产的产品，应当计入"存货"科目。一般企业购入的软件应当作为无形资产核算，但是如果购入的软件是附着于某些电脑硬件不可分离，则应当将该软件价值记入相应的电脑硬件固定资产账户中。软件公司购入的商品化软件入账时要根据其使用的目的不同而不同。如果该商品化软件由公司自己使用，作为生产其他软件的工具，应当将该商品化软件记入"无形资产"；如果购入的商品化软件是为了直接销售，应当将该商品化软件记入"存货"。

（二）具有可辨认性

要作为无形资产进行核算，该资产必须是能够区别于其他资产可单独辨认的，如企业持有的专利权、专有技术、商标权、特许权、土地使用权等。

资产满足下列条件之一的，符合无形资产定义中的可辨认性标准：

（1）能够从企业中分离或者划分出来，并能够单独或者与相关合同、资产或负债一起，用于出售、转移、授予许可、租赁或者交换而不需要同时处置在同一获利活动中的其他资产。

（2）源自合同性权利或其他法定权利，无论这些权利是否可以从企业或其他权利和义务中转移或者分离。比如土地使用权，虽然不能单独分离，但土地使用权是源自合同性权利或其他法定权利，称其是可以辨认的。商誉（goodwill）无法与企业自身分离，不具有可辨认性，不属于无形资产。企业取得的土地使用权通常应确认为无形资产，但属于投资性房地产或者作为固定资产核算的土地使用权，应当按照投资性房地产或者固定资产的核算原则进行会计处理。

（三）属于非货币性资产

货币性资产是指企业持有的货币资金和将以固定或可确定的金额收取的资产，包括现金、银行存款、应收账款和应收票据及准备持有至到期的债券投资等。非货币性资产是指货币性资产是以外的资产，包括存货、固定资产、无形资产、股权投资及不准备持有至到期的债券投资。非货币性资产不满足"以固定金额或可确定金额收取"这个特点。无形资产由于没有发达的交易市场，一般不容易转化为现金，在持有过程中为企业带来未来经济利益的情况不确定，不属于以固定金额或可确定金额收取的资产，属于非货币性资产。

二、无形资产的确认条件

某个项目要确认为无形资产，应符合无形资产的定义，同时满足下列条件，才能予以确认：

（1）与该无形资产有关的经济利益很可能流入企业。预期给企业带来经济利益是指直接或间接地增加流入企业的现金或现金等价物的潜力。这种潜力在某些情况下可以单独地产生净现金流入，而某些情况下则需要与其他资产结合起来才可能在将来直接或间接产生净现金流入。

在会计实务中，要确定无形资产所创造的经济利益是否很可能流入企业，需要实施职业判断。在实施这种判断时，应对无形资产在预计使用寿命内可能存在的各种经济因素做出合理估计，并且应当有确凿的证据支持。例如，企业技术含量是否与日俱增，从而相应形成的无形资产能为企业带来未来的经济利益；企业是否拥有足够的人力资源、高素质的管理队伍、相关的硬件设备，相互配合为企业带来经济利益的流入。因此，在具体的操作过程中应对无形资产在预计使用年限内存在的各种因素做出稳健的估计，并结合职业判断来予以确定。

（2）该无形资产的成本能够可靠地计量。成本能够可靠地计量是确认资产的一项基本条件，对于无形资产而言，计量问题显得尤为突出。因为无形资产本身具有某些特点，如无形的实体、非货币性资产等，在计量上就带来了许多困难。例如，企业自创商誉以及内部产生的品牌、报刊名等，因成本无法可靠计量，不应确认为无形资产。又比如，一些高新科技企业的科技人才，假定其与企业签订了服务合同，且合同规定其在一定期限内不能为其他企业提供服务。在这种情况下，虽然这些科技人才的知识在规定的期限内预期能够为企业创造经济利益，但由于这些技术人才的知识难以辨认，加之为形成这些知识所发生的支出难以计量，从而不能作为企业的无形资产加以确认。

三、无形资产的内容

无形资产主要包括专利权、专有技术、商标权、著作权、特许权、土地使用权等。

（一）专利权

专利权（patent）是指国家专利主管机关依法授予发明创造专利申请人，对其发明创造在法定期限内所享有的专有权利，包括发明专利权、实用新型专利权和外观设计专利权。发明专利权的期限为20年，实用新型专利权和外观设计专利权的期限为10年，均自申请日起计算。发明者取得专利权后，在有效期限内享有专利的独占权。一般情况下，只有从外单位购入的专利或者自行开发并按法律程序申请取得的专利，才能作为无形资产核算。

（二）非专利技术

非专利技术（non-patent），也称专有技术，是指不为外界所知、在生产经营活动中已采用了的、不享有法律保护的、可以带来经济效益的各种技术和诀窍。非专利技术一般包括工业专有技术、商业（贸易）专有技术、管理专有技术等。工业专有技术，即在生产上一经采用，仅限于少数人知道，不享有专利权或发明权的生产、装配、修理、工艺或加工方法的技术知识；商业（贸易）专有技术，即具有保密性质的市场情报、原材料价格情报，以及用户、竞争对象的情况和有关知识；管理专有技术，即生产组织的经营方式、管理方式、培训职工方法等保密知识。非专利技术并不是专利法的保护对象，技术所有人依靠自我保密的方式维持其独占权。

企业的非专利技术，有些是自行研究开发的，有些是从外部购入的。企业自行研究开发的，应根据无形资产准则规定的开发支出资本化条件，确认为无形资产。从外部购入的非专利技术，应将实际发生的支出予以资本化，作为无形资产。

（三）商标权

商标权（trademark）是指专门在某类指定的商品或产品上使用特定的名称或图案的权利。注册商标有效期为 10 年，自核准注册之日起计算。有效期满，需要继续使用的，可申请续展注册。每次续展注册的有效期为 10 年。

企业自创并注册登记的商标，发生成本一般不大，是否将其资本化并不重要。但应注意的是，能够给企业带来获利能力的商标，往往是通过多年的广告宣传以及开展其他传播商标名称的活动，其间所发生的广告费一般不作为商标权的成本，而是在发生时直接计入当期损益。商标可以转让，但受让人应保证使用该注册商标的产品质量。购买他人的商标，一次性支出费用较大的，可以将支出资本化，作为无形资产管理。

（四）著作权

著作权（copyright）是指作者对其创作的文学、科学和艺术作品依法享有的某些特殊权利。著作权包括著作人身权、著作财产权。著作人身权，又称精神权利，是指作者对其作品所享有的各种与人身相联系或密不可分而无直接财产内容的权利。作者终身享有著作人身权，没有时间的限制。作者死后，作者的著作人身权可依法由其继承人、受遗赠人或国家的著作权保护机关予以保护。一般认为，它不能转让、剥夺或继承。著作财产权，又称经济权利，是著作人身权的对称，是指作者及传播者通过某种形式使用作品，从而依法获得经济报酬的权利。著作人身权包括发表权、署名权、修改权、保护作品完整权。著作财产权包括复制权、发行权、出租权、展览权、表演权、放映权、广播权、信息网络传播权、摄制权、改编权、翻译权、汇编权及应由著作权人享有的其他权利。著作人身权中的署名权、修改权和保护作品完整权永久受到保护，发表权的保护期与财产权利保护期相同。关于著作财产权，其保护期为作者有生之年加死亡后 50 年，截止到作者死亡后第 50 年的 12 月 31 日。合作作品的保护期为作者终生加死亡后 50 年，从最后死亡的作者的死亡时间起算，截止于最后死亡的作者死亡后的第 50 年的 12 月 31 日。

通常情况下，申请注册著作权的支出一般不大，在会计上不值得资本化，一般只有在向外购买著作权时，才将其支出予以资本化，并按一定年限摊销。

(五) 特许权

特许权 (franchise)，又称经营特许权、专营权，是指企业在某一地区经营或销售某种特定商品的权利或是一家企业接受另一家企业使用其商标、商号、技术秘密等的权利。通常有两种形式，一种是由政府机构授权，准许企业使用或在一定地区享有经营某种业务的特权，如烟草专卖权等；另一种是指企业间依照签订的合同，有限期或无限期地使用另一家企业的某些权利，如连锁店分店使用总店的名称等。

(六) 土地使用权

土地使用权 (tenure) 是指国家准许某企业在一定期间内对国有土地享有开发、利用、经营的权利。根据我国土地管理法的规定，我国土地实行公有制，任何单位或个人不得侵占、买卖或以其他形式非法转让。取得土地使用权的方式大致有行政划拨、外购取得（如以缴纳土地出让金方式取得）及投资者投入取得。

企业取得的土地使用权，通常情况下应将取得时发生的支出资本化，作为土地使用权的成本，计入"无形资产"科目。但是，作为投资性房地产或作为固定资产核算的土地使用权，应当按相关投资性房地产或固定资产核算原则进行会计处理。

▶第二节 无形资产的初始计量

无形资产应当按照实际成本进行初始计量。对于不同来源取得的无形资产，其成本构成也不尽相同。

一、外购的无形资产

外购无形资产的成本，包括购买价款、相关税费以及直接归属于使该项资产达到预定用途所发生的其他支出。其中，直接归属于使该项资产达到预定用途所发生的其他支出，是指使无形资产达到预定用途所发生的专业服务费、测试无形资产能否正常发挥作用的费用等。

【例6-1】 甲股份有限公司从外单位购得一项商标权，支付价款3000万元，并支付有关专业服务费5万元，款项已支付。

　　借：无形资产——商标权　　　　　30 050 000
　　　　贷：银行存款　　　　　　　　　　　　　30 050 000

购买无形资产的价款超过正常信用条件延期支付，实质上具有融资性质的，无形资产的成本以购买价款的现值为基础确定。实际支付的价款与购买价款的现值之间的差额，除按照《CAS17 借款费用》应予资本化的以外，应当在信用期间内计入当期损益。

购入无形资产时，借记"无形资产"科目，按应支付的金额，贷记"长期应付款"科目，按其差额，借记"未确认融资费用"科目。其中，"未确认融资费用"科目核算企业应当分期计入利息费用的未确认融资费用。该科目应当按照未确认融资费用项目进行明细核算。采用实际利率法计算确定当期的利息费用，借记"财务费用""在建工程""研发支出"科目，贷记"未确认融资费用"。该科目期末借方余额，反映企业未确认融资费用的摊余价值。

【例6-2】 A上市公司2018年1月8日，从B公司购买一项专利权，由于A公司资金周转比较紧张,经与B公司协议采用分期付款方式支付款项。合同规定,该项商标权总计2000万元,每年末付款1000万元,两年付清。银行同期贷款利率为6%,未确认融资费用采用实际利率法摊销。假定不考虑其他相关税费。(已知2年期、利率6%的年金现值系数为1.83339)

A公司有关会计处理如下：

无形资产现值 = 1 000 × 1.83 339 = 1 833.39（万元）

或者　　无形资产现值 = 1 000/（1 + 6%$)^1$ + 1 000 ÷（1 + 6%$)^2$ = 1 833.39（万元）

未确认融资费用 = 2 000 − 1 833.39 = 166.61（万元）

借：无形资产——商标权　　　　18 333 900
　　未确认融资费用　　　　　　 1 666 100
　　　贷：长期应付款　　　　　　　　　　　　20 000 000

2018年年末付款时：

借：长期应付款　　　　　　　　1 000
　　　贷：银行存款　　　　　　　　　　　　　　　　1 000

第一年应确认的融资费用 =（2 000 − 166.61）× 6% = 110（万元）

借：财务费用　　　　　　　　　1 100 000
　　　贷：未确认融资费用　　　　　　　　　　1 100 000

第二年应确认的融资费用 = [（2 000 − 1 000）−（166.61 − 110）] × 6% = 56.61（万元）

第二年年末付款时：

借：长期应付款　　　　　　　　10 000 000
　　　贷：银行存款　　　　　　　　　　　　　　10 000 000
借：财务费用　　　　　　　　　566 100
　　　贷：未确认融资费用　　　　　　　　　　566 100

对于一揽子购入的无形资产,其成本通常应按该无形资产和其他资产的公允价值所占比例确定。采用公允价值相对比例来确定与其他资产一同购入的无形资产的成本,应该以该无形资产的相对价值是否较大为前提。如果相对价值较小,则无须单独核算,可以计入其他资产的成本。例如,作为计算机必不可少的附件随机购入的、金额相对较小的软件,就不必单独核算；但如果连同一组计算机购入、金额也相对较大（甚至占主要部分）的管理系统软件,则应单独核算。

二、自行研究开发的无形资产

企业自行研究开发无形资产,获得成功的,应作为自创无形资产。研究开发无形资产过程中发生的各项支出通过"研发支出"账户核算。对于研究开发过程中发生的支出,应区分研究阶段支出和开发阶段支出分别进行核算。

（一）研究与开发阶段的区分

对于企业内部研究开发项目,应当区分研究（research）阶段与开发（development）阶段分别进行核算。

1. 研究阶段

研究,是指为获取并理解新的科学或技术知识而进行的独创性的有计划调查。研究阶段是探索性的,是为进一步的开发活动进行资料及相关方面的准备,已进行的研究活动将来是否会转入开发、开发后是否会形成无形资产等均具有较大的不确定性。

有关研究活动的例子包括:意在获取知识而进行的活动;研究成果或其他知识的应用研究、评价和最终选择;材料、设备、产品、工序、系统或服务替代品的研究;新的或经改进的材料、设备、产品、工序、系统或服务的可能替代品的配制、设计、评价和最终选择等。

2. 开发阶段

开发,是指在进行商业性生产或使用前,将研究成果或其他知识应用于某项计划或设计,以生产出新的或具有实质性改进的材料、装置、产品等。相对于研究阶段而言,开发阶段应当是已完成研究阶段的工作,在很大程度上具备了形成一项新产品或新技术的基本条件。

有关开发活动的例子包括:生产前或使用前的原型和模型的设计、建造和测试;含新技术的工具、夹具、模具和冲模的设计;不具有商业性生产经济规模的试生产设施的设计、建造和运营;新的或经改造的材料、设备、产品、工序、系统或服务所选定的替代品的设计、建造和测试等。

3. 研究阶段与开发阶段的不同点

(1) 目标不同。研究阶段一般目标不具体、不具有针对性;而开发阶段多是针对具体产品、目标、工艺等。

(2) 对象不同。研究阶段一般很难具体化到特定项目上;而开发阶段往往形成对象化的成果。

(3) 风险不同。研究阶段的成功概率很难判断,一般成功率很低,风险比较大;而开发阶段的成功率较高,风险相对较小。

(4) 结果不同。研究阶段的结果多是研究报告等基础性成果;而开发阶段的结果则多是具体的新技术、新产品等。

相对于研究阶段而言,开发阶段应该是已经完成研究阶段的工作,在很大程度上具备了形成一项新产品或新技术的基本条件。此时,如果企业能够证明开发支出符合无形资产的定义及相关确认条件,则可将其确认为无形资产。

(二) 开发阶段相关支出资本化的条件

企业内部研究开发项目研究阶段的支出,应当于发生时计入当期损益,开发阶段的支出,同时满足下列条件的,才能确认为无形资产:

(1) 完成该无形资产以使其能够使用或出售在技术上具有可行性。判断无形资产的开发在技术上是否具有可行性,应当以目前阶段的成果为基础,并提供相关证据和材料,证明企业进行开发所需的技术条件等已经具备,不存在技术上的障碍或其他不确定性。比如,企业已经完成了全部计划、设计和测试活动,这些活动是使资产能够达到设计规划书中的功能、特征和技术所必需的活动,或经过专家鉴定等。

(2) 具有完成该无形资产并使用或出售的意图。企业能够说明其开发无形资产的目的。

(3) 能够证明该无形资产将产生未来经济利益,即能够证明运用该无形资产生产的产品存在市场或无形资产自身存在市场;如果无形资产将在内部使用的,应当证明其有用性。无形资产能够为企业带来未来经济利益,应当对运用该无形资产生产产品的市场情况进行可靠预计，以证明所生产的产品存在市场并能够带来经济利益的流入，或能够证明市场上存在对该类无形资产的需求。

（4）有足够的技术、财务资源和其他资源支持，以完成该无形资产的开发，并有能力使用或出售该无形资产。企业能够证明可以取得无形资产开发所需的技术、财务和其他资源，以及获得这些资源的相关计划。比如，企业自有资金不足以提供支持的，是否存在外部其他方面的资金支持，如银行等金融机构愿意为该无形资产的开发提供所需资金的声明等。

（5）归属于该无形资产开发阶段的支出能够可靠地计量。企业对于开发活动发生的支出应当单独核算，比如，直接发生的开发人员工资、材料费，以及相关设备折旧费等；同时从事多项开发活动的，所发生的支出按照合理的标准在各项开发活动之间进行分配。开发支出无法合理分配的，应予费用化计入当期损益，不计入开发活动的成本。

无法区分研究阶段和开发阶段的支出，应当在发生时作为管理费用，全部计入当期损益。

（三）内部开发无形资产成本的计量

内部开发形成的无形资产，其成本包括自满足资本化条件的时点至达到预定用途前所发生的支出总额，但是对于以前期间已经费用化的支出不再调整。

内部研发活动形成的无形资产成本，由可直接归属于该资产的创造、生产并使该资产能够以管理层预定的方式运作的所有必要支出组成。可直接归属成本包括：开发该无形资产时耗费的材料、劳务成本、注册费、在开发过程中使用的其他专利权和特许权的摊销，以及按照借款费用处理原则可资本化的利息支出。在开发无形资产过程中发生的，除上述可直接归属于无形资产开发活动之外的其他销售费用、管理费用等间接费用，无形资产达到预定用途前所发生的可辨认的无效和初始运作损失，为运行该无形资产发生的培训支出等不构成无形资产的开发成本。

（四）内部研究开发费用的会计处理

1. 基本原则

企业内部研究和开发无形资产，其在研究阶段的支出全部费用化，计入当期损益（管理费用）；开发阶段的支出符合资本化条件的，才能确认为无形资产；不符合资本化条件的计入当期损益（管理费用）。如果确实无法区分研究阶段支出和开发阶段支出，应当将其所发生的研发支出全部费用化，计入当期损益（管理费用）。

2. 具体账务处理方法

企业自行开发无形资产发生的研发支出，计入"研发支出"会计科目。本科目核算企业进行研究与开发无形资产过程中发生的各项支出。本科目应当按照研究开发项目，分别"费用化支出"与"资本化支出"进行明细核算。

（1）企业自行开发无形资产发生的研发支出，不满足无形资产准则规定的资本化条件的，借记本科目（费用化支出），满足无形资产准则规定的资本化条件的，借记本科目（资本化支出），贷记"原材料""银行存款""应付职工薪酬"等科目。

（2）企业以其他方式取得的正在进行中研究开发项目，应按确定的金额，借记本科目

（资本化支出），贷记"银行存款"等科目。以后发生的研发支出，应当比照上述（1）规定进行处理。

（3）研究开发项目达到预定用途形成无形资产的，应按本科目（资本化支出）的余额，借记"无形资产"科目，贷记本科目（资本化支出）。

【例6-3】 2018年1月1日，某公司董事会批准研发某项新型技术，该公司董事会认为，研发该项目有足够的技术、财务资源和其他资源支持，并且一旦成功将降低该公司的成本。该公司在研究开发过程中发生材料费2 000万元、职工薪酬500万元，以及用银行存款支付的其他费用1 500万元，总计4 000万元，其中，符合资本化条件的支出为2 500万元，2018年12月31日，该专利技术已经达到预定用途。

该公司的账务处理如下：
(1) 发生研发支出。
借：研发支出——费用化支出　　　　　　15 000 000
　　　　　——资本化支出　　　　　　　25 000 000
贷：原材料　　　　　　　　　　　　　　　　　　　　20 000 000
　　应付职工薪酬　　　　　　　　　　　　　　　　　 5 000 000
　　银行存款　　　　　　　　　　　　　　　　　　　15 000 000

(2) 2018年12月31日，该专利技术已经达到预定用途。
借：管理费用　　　　　　　　　　　　　15 000 000
　　无形资产　　　　　　　　　　　　　25 000 000
贷：研发支出——费用化支出　　　　　　　　　　　15 000 000
　　　　　　——资本化支出　　　　　　　　　　　25 000 000

三、投资者投入的无形资产

投资者投入无形资产的成本，应当按照投资合同或协议约定的价值确定，但合同或协议约定价值不公允的除外。在投资合同或协议约定价值不公允的情况下，应按无形资产的公允价值入账，所确认初始成本与实收资本或股本之间的差额调整资本公积。

【例6-4】 某股份有限公司接受A公司以其所拥有的专利权作为出资，双方协议约定的价值为2 000万元，按照市场情况估计其公允价值为1 500万元，已办妥相关手续。

借：无形资产　　　　　　　　　　　　　15 000 000
　　资本公积　　　　　　　　　　　　　 5 000 000
贷：实收资本　　　　　　　　　　　　　　　　　　　20 000 000

四、非货币性资产交换、债务重组、政府补助和企业合并取得的无形资产

非货币性资产交换、债务重组、政府补助和企业合并取得的无形资产的成本，应当分别按照《CAS7 非货币性资产交换》《CAS12 债务重组》《CAS16 政府补助》《CAS20 企业合并》确定。

五、土地使用权的处理

企业取得的土地使用权，通常按照取得时支付的价款以及相关税费确认为无形资产，按

无形资产加以确认和计量。但土地使用权并不一定都是无形资产，可能是固定资产、存货或投资性房地产等。

（1）如果土地使用权是国家无偿划拨的，属企业取得的非货币性资产形式的政府补助，应确认为无形资产并按公允价值计量。公允价值不能可靠取得的，按照名义金额（即人民币1元）计量。

（2）如果土地使用权是有偿获得的，交纳了土地使用金的，一般作为无形资产——土地使用权加以确认和计量；如果取得土地使用权后在土地上自行开发建造厂房等，不把土地使用权转入固定资产，土地使用权仍作为无形资产核算。有关的土地使用权与地上建筑物分别按照其应摊销或应折旧年限进行摊销、提取折旧。

（3）如果是房地产企业，取得土地使用权后，在上面建造商品房，则土地使用权价值应转到存货（所建造的商品房）成本中。

（4）如果企业取得土地使用权是为了出租或资本增值，应作为投资性房地产（具体见第八章）处理。

（5）企业购买房屋建筑物同时也一并购买了土地使用权的，所支付的价款应当按照合理的方法（如公允价值相对比例）在土地使用权和地上建筑物之间进行分配，分别确认为无形资产和固定资产；如果不能区分的，应当全部作为固定资产处理。

企业改变土地使用权的用途，停止自用土地使用权而用于赚取租金或资本增值时，应将其账面价值转为投资性房地产。

【例6-5】 2019年1月1日，A公司购入一项土地使用权，支付银行存款8 000万元，并在该土地上自行建造厂房，发生材料支出12 000万元，工资费用8 000万元，其他相关费用10 000万元。工程已经完工并达到预定可使用状态。假定土地使用权的使用年限为50年，该厂房的使用年限为25年，两者都没有净残值，都采用直线法进行摊销和计提折旧。不考虑其他相关税费。

A公司的账务处理如下：

（1）支付转让款。
借：无形资产——土地使用权　　80 000 000
　　贷：银行存款　　　　　　　　　　　　80 000 000

（2）在土地上自行建造厂房。
借：在建工程——厂房　　300 000 000
　　贷：工程物资　　　　　　　　　　　120 000 000
　　　　应付职工薪酬　　　　　　　　　 80 000 000
　　　　银行存款　　　　　　　　　　　100 000 000

（3）厂房达到预定可使用状态。
借：固定资产　　300 000 000
　　贷：在建工程——厂房　　　　　　　300 000 000

（4）每年分期摊销土地使用权和对厂房计提折旧。
借：管理费用　　（80 000 000÷50）1 600 000
　　制造费用　　（300 000 000÷25）12 000 000
　　贷：累计摊销　　　　　　　　　　　 1 600 000
　　　　累计折旧　　　　　　　　　　　12 000 000

第三节 无形资产的后续计量

一、无形资产后续计量的原则

无形资产初始确认和计量后，在无形资产使用期间内应以成本减去无形资产摊销额和累计减值损失后的余额计量。应合理估计无形资产使用寿命，确定无形资产在使用过程中的摊销额。

（一）估计无形资产的使用寿命

1. 应当考虑的因素

企业应当于取得无形资产时分析判断其使用寿命。无形资产的使用寿命为有限的，应当估计该使用寿命的年限或者构成使用寿命的产量等类似计量单位数量；无法预见无形资产为企业带来经济利益期限的，应当视为使用寿命不确定的无形资产。企业估计无形资产的使用寿命通常应当考虑的因素包括：

（1）运用该资产生产的产品通常的寿命周期，可获得的类似资产使用寿命的信息；
（2）技术、工艺等方面的现阶段情况及对未来发展趋势的估计；
（3）以该资产生产的产品或提供的服务的市场需求情况；
（4）现在或潜在的竞争者预期将采取的行动；
（5）为维持该资产带来经济利益能力的预期维护支出，以及企业预计支付有关支出的能力；
（6）对该资产控制期限的相关法律规定或类似限制，如特许使用期、租赁期等；
（7）与企业持有的其他资产使用寿命的关联性等。

例如：企业以向国家交纳土地出让金的方式获得一块土地50年的使用权，如果企业准备持续持有，在50年内没有计划出售，则该项土地使用权预期为企业带来经济利益的期间为50年。

2. 注意事项

企业持有的无形资产，通常来源于合同性权利或是其他法定权利，且合同规定或法律规定有明确的使用年限。在估计无形资产的使用寿命时应注意：

（1）来源于合同性权利或其他法定权利的无形资产，其使用寿命不应超过合同性权利或其他法定权利的期限；如果合同性权利或其他法定权利能够在到期时因续约等延续，且有证据表明企业续约不需要付出大额成本，续约期应当计入使用寿命。如果企业为延续无形资产持有期间而付出的成本与预期从重新延续中流入企业的未来经济利益相比具有重要性，则从本质上来看是企业获得的一项新的无形资产。

（2）合同或法律没有规定使用寿命的，企业应当综合各方面情况判断，以确定无形资产能为企业带来未来经济利益的期限。比如，与同行业的情况进行比较、参考历史经验，或聘请相关专家进行论证等。

（3）按照上述方法仍无法合理确定无形资产为企业带来经济利益期限的，该项无形资产应作为使用寿命不确定的无形资产。

(二) 无形资产使用寿命的复核

企业至少应当于每年年度终了，对使用寿命有限的无形资产的使用寿命及摊销方法进行复核。无形资产的使用寿命及摊销方法与以前估计不同的，应当改变摊销期限和摊销方法，并按照会计估计变更进行处理，采用未来适用法。例如，某项无形资产计提了减值准备，这可能表明企业原估计的摊销期限需要做出变更。

企业应当在每个会计期间对使用寿命不确定的无形资产的使用寿命进行复核。如果有证据表明无形资产的使用寿命是有限的，应当估计其使用寿命，并按使用寿命有限的无形资产的处理原则处理。

二、使用寿命有限的无形资产

使用寿命有限的无形资产，其应摊销金额应当在使用寿命内系统合理摊销。无形资产的应摊销金额为其成本扣除预计残值后的金额。已计提减值准备的无形资产，还应扣除已计提的无形资产减值准备累计金额。使用寿命有限的无形资产，其残值一般应当视为零。

(一) 摊销期和摊销方法

企业摊销无形资产，应当自无形资产可供使用时起，至不再作为无形资产确认时止。当月增加的无形资产，当月开始摊销，当月减少的无形资产，当月不再摊销。无形资产存在多种摊销方法，包括直线法、生产总量法等，企业选择的无形资产摊销方法，应当反映与该项无形资产有关的经济利益的预期实现方式。无法可靠确定预期实现方式的，应当采用直线法摊销。

无形资产的摊销金额一般应当计入当期损益，如果是正常的摊销，记入"管理费用"；如果是出租的无形资产，摊销计入"其他业务成本"；但如果某项无形资产包含的经济利益通过所生产的产品或其他资产实现的，其摊销金额应当计入相关资产的成本。例如，某专利专门为某种产品所购入，则其摊销额计入产品成本（"制造费用"科目）。

(二) 残值的确定

除下列情况外，无形资产残值（residual value）应当视为零：

(1) 有第三方承诺在无形资产使用寿命结束时购买该无形资产；

(2) 可以根据活跃市场得到预计残值信息，并且该市场在无形资产使用寿命结束时很可能存在。

无形资产的残值意味着，在其经济寿命结束之前，企业预计将会处置该无形资产，并且从该处置中获得利益。估计无形资产的残值应以资产处置时的可收回金额为基础，此时的可收回金额是指在预计出售日，出售一项使用寿命已满且处于类似使用状况下，同类无形资产预计的处置价格（扣除相关税费）。残值确定以后，在持有无形资产的期间，至少应于每年年末进行复核，预计其残值与原估计金额不同的，应按照会计估计变更进行处理。如果无形资产的残值重新估计后高于账面价值，无形资产不再摊销，直到残值降低于账面价值时再恢复摊销。

(三) 使用寿命有限的无形资产的账务处理

使用寿命有限的无形资产应当在使用寿命内,采用合理的摊销方法进行摊销。摊销时,应考虑无形资产服务的对象,并以此为基础将其摊销价值计入相关资产成本或者当期损益。

【例6-6】 甲股份有限公司从外单位购得一项商标权,支付价款3000万元,款项已支付,该商标权的使用寿命为10年,不考虑残值的因素。

甲股份有限公司有关会计分录如下:

借:无形资产——商标权　　　　　　30 000 000
　　贷:银行存款　　　　　　　　　　　　　　　　30 000 000

假设每年按直线法摊销300万元,则:

借:管理费用　　　(30 000 000÷10) 3 000 000
　　贷:累计摊销　　　　　　　　　　　　　　　　3 000 000

另外,无形资产期末要进行减值测试,如果减值,就要计提减值准备。

三、使用寿命不确定的无形资产

对于根据可获得的情况判断,无法合理估计其使用寿命的无形资产,应作为使用寿命不确定的无形资产进行核算。对于使用寿命不确定的无形资产,在持有期间内不需要摊销,但同使用寿命有限的无形资产一样,需要至少于每一会计期末进行减值测试。需要计提减值准备的,相应计提有关的减值准备。

四、无形资产的减值

企业对无形资产应当定期或者至少于每年年度终了逐项检查无形资产预计给企业带来未来经济利益的能力,进行减值测试。其减值测试的方法按照《CAS8 资产减值》的规定进行,对预计可收回金额低于其账面价值的,应当计提减值准备。无形资产应按单项项目计提减值准备。

当存在下列一项或若干项情况时,应当计提无形资产减值准备:

(1) 某项无形资产已被其他新技术等所替代,使其为企业创造经济利益的能力受到重大不利影响;
(2) 某项无形资产的市价在当期大幅下跌,在剩余摊销年限内预期不会恢复;
(3) 某项无形资产已超过法律保护期限,但仍然具有部分使用价值;
(4) 其他足以证明某项无形资产实质上已经发生了减值的情形。

期末,企业无形资产的账面价值高于其可收回金额的,应按其差额,借记"资产减值损失"账户,贷记"无形资产减值准备"账户;处置无形资产还应同时结转减值准备。

【例6-7】 甲公司2018年年末对无形资产进行逐项检查,其中2015年1月购入的一项专利权,价值100 000元,有效期为10年,账面净值60 000元,其可收回金额为40 000元,根据其差额计提无形资产减值准备。

甲公司有关会计分录如下:

借:资产减值损失——无形资产减值准备　　20 000
　　贷:无形资产减值准备　　　　　　　　　　　　20 000

第四节　无形资产的处置和披露

无形资产的处置，主要指无形资产的出租、出售，或是无法为企业带来未来经济利益的流入时，应终止确认并转销。

一、无形资产的出租

企业将所拥有的无形资产的使用权让渡给他人，并收取租金，在满足收入准则规定的确认标准的情况下，应确认相关的收入及成本。企业让渡无形资产使用权形成的租金和发生的相关费用，分别确认为其他业务收入和其他业务成本。但出租的土地使用权应转入投资性房地产，不属于无形资产。

【例6-8】　A公司购买一项专利权，价款20万元，有效期10年。购买一年后，将其出租给C公司使用，出租合同规定，C公司每销售一吨用专利配方生产的产品，须支付A公司200元。C公司本月共销售100吨。适用增值税税率6%。

A公司有关会计分录如下：

(1) 购买专利权。

借：无形资产——专利权　　　　　　　　　　200 000
　　贷：银行存款　　　　　　　　　　　　　　　　　　200 000

(2) 对该专利权进行摊销。

借：管理费用——无形资产摊销　　　　　　　20 000
　　贷：累计摊销——专利权　　　　　　　　　　　　　20 000

(3) 取得让渡无形资产使用权的收入。

借：银行存款　　　　　　　　　　　　　　　21 200
　　贷：其他业务收入　　　　　　　　　　　　　　　　20 000
　　　　应交税费——应交增值税（销项税）　　　　　　 1 200

(4) 对该专利权进行摊销。

借：其他业务成本　　　　　　　　　　　　　20 000
　　贷：累计摊销　　　　　　　　　　　　　　　　　　20 000

二、无形资产的出售

企业出售无形资产，放弃无形资产的所有权，应当按照持有待售非流动资产、处置组的相关规定进行会计处理。

出售无形资产时，应将出售取得的价款与无形资产账面价值的差额作为资产处置利得或损失，计入当期损益。出售时，按实际收到的金额等，借记"银行存款"等科目，按已计提的累计摊销，借记"累计摊销"科目；已计提减值准备的，借记"无形资产减值准备"科目；按应支付的相关税费，贷记"应交税费"等科目，按其账面余额，贷记"无形资产"，按其差额，贷记或借记"资产处置损益"科目。

【例6-9】　甲公司为增值税一般纳税人，现将拥有的一项非专利技术出售，取得收入

800万元,增值税48万元(适用增值税率6%,不考虑其他税费)。该非专利技术的账面余额为700万元,累计摊销额为350万元,已计提的减值准备为200万元。

甲公司有关会计分录如下:

借:银行存款　　　　　　　　　　　　　　8 480 000
　　累计摊销　　　　　　　　　　　　　　3 500 000
　　无形资产减值准备　　　　　　　　　　2 000 000
　贷:无形资产　　　　　　　　　　　　　　　　　　7 000 000
　　　应交税费——应交增值税(销项税额)　　　　　480 000
　　　资产处置损益　　　　　　　　　　　　　　　6 500 000

三、无形资产的报废

无形资产预期不能为企业带来经济利益的,应当将该无形资产的账面价值予以转销,其账面价值转作当期损益(营业外支出)。转销时,应按已计提的累计摊销,借记"累计摊销"科目,已计提减值准备的,借记"无形资产减值准备"科目,按其账面余额,贷记"无形资产"科目,按其差额,借记"营业外支出"科目。

【例6-10】　甲股份有限公司(以下简称"甲公司")有关无形资产业务如下:

(1) 2017年1月,甲公司以银行存款1200万元购入一项土地使用权(不考虑相关税费)。该土地使用年限为30年。

(2) 2017年6月,甲公司研发部门准备研究开发一项专有技术。在研究阶段,企业为了研究成果的应用研究、评价,以银行存款支付了相关费用800万元。

(3) 2017年8月,上述专有技术研究成功,转入开发阶段。企业将研究成果应用于该项专有技术的设计,直接发生的研发人员工资、材料费,以及相关设备折旧费等分别为1000万元、900万元和400万元,同时以银行存款支付了其他相关费用100万元。以上开发支出均满足无形资产的确认条件。

(4) 2017年10月,上述专有技术的研究开发项目达到预定用途,形成无形资产。甲公司预计该专有技术的预计使用年限为10年。甲公司无法可靠确定与该专有技术有关的经济利益的预期实现方式。

(5) 2018年4月,甲公司利用上述外购的土地使用权,自行开发建造厂房。厂房于2018年9月达到预定可使用状态,累计所发生的必要支出2400万元(不包含土地使用权)。该厂房预计使用寿命为5年,预计净残值为30万元。假定甲公司对其采用年数总和法计提折旧。

(6) 2020年5月,甲公司研发的专有技术预期不能为企业带来经济利益,经批准将其予以转销。

要求:

(1) 编制甲公司2017年1月购入该项土地使用权的会计分录。

(2) 计算甲公司2017年12月31日该项土地使用权的账面价值。

(3) 编制甲公司2017年研制开发专利权的有关会计分录。

(4) 计算甲公司研制开发的专利权2018年末累计摊销的金额。

(5) 分析土地使用权是否应转入该厂房的建造成本;计算甲公司自行开发建造的厂房

2019年计提的折旧额。

（6）编制甲公司该项专利权2020年予以转销的会计分录。

甲公司账务处理如下：

（1）甲公司2017年1月购入该项土地使用权。

借：无形资产　　　　　　　　　　　　12 000 000
　　贷：银行存款　　　　　　　　　　　　　　　　　　　　12 000 000

（2）甲公司2017年12月31日该项土地使用权的账面价值。

该土地使用权每年摊销额=1200÷30=40（万元）

借：管理费用　　　　　　　　　　　　400 000
　　贷：累计摊销　　　　　　　　　　　　　　　　　　　　400 000

2017年12月31日该项土地使用权的账面价值=1200-40=1160（万元）

（3）甲公司2017年研制开发专利权。

借：研发支出——费用化支出　　　　　8 000 000
　　贷：银行存款　　　　　　　　　　　　　　　　　　　　8 000 000

借：管理费用　　　　　　　　　　　　8 000 000
　　贷：研发支出——费用化支出　　　　　　　　　　　　　8 000 000

借：研发支出——资本化支出　　　　　24 000 000
　　贷：原材料　　　　　　　　　　　　　　　　　　　　　10 000 000
　　　　银行存款　　　　　　　　　　　　　　　　　　　　1 000 000
　　　　应付职工薪酬　　　　　　　　　　　　　　　　　　9 000 000
　　　　累计折旧　　　　　　　　　　　　　　　　　　　　4 000 000

借：无形资产　　　　　　　　　　　　24 000 000
　　贷：研发支出——资本化支出　　　　　　　　　　　　　24 000 000

（4）甲公司研制开发的专利权2018年末摊销的金额。

2017年底摊销：摊销金额=2 400÷120×3=60（万元）

借：管理费用　　　　　　　　　　　　600 000
　　贷：累计摊销　　　　　　　　　　　　　　　　　　　　600 000

2018年摊销的金额=2 400÷10=240（万元）

借：管理费用　　　　　　　　　　　　2 400 000
　　贷：累计摊销　　　　　　　　　　　　　　　　　　　　2 400 000

甲公司研制开发的专利权2018年末累计摊销的金额为300（240+60）万元。

（5）分析土地使用权是否应转入该厂房的建造成本并计算甲公司自行开发建造的厂房2019年计提的折旧额。

通常情况下，土地使用权不转入建筑物的建造成本，上述厂房的建造不应将土地使用权转入建造成本，而是自行摊销。

2019年厂房计提的折旧额=（2 400-30）×5/15×9/12+（2 400-30）×4/15×3/12
　　　　　　　　　　　=592.5+158=750.5（万元）

（6）甲公司该项专利权2020年予以转销。

借：营业外支出　　　　　　　　　　　17 800 000
　　累计摊销　（300 000+2 400 000+800 000）6 200 000

    贷：无形资产——专利权　　　　　　　　　　　24 000 000

四、无形资产的披露

企业应当按照无形资产的类别在附注中披露与无形资产有关的下列信息：
（1）无形资产的期初和期末账面余额、累计摊销额及减值准备累计金额。
（2）使用寿命有限的无形资产，其使用寿命的估计情况；使用寿命不确定的无形资产，其使用寿命不确定的判断依据。
（3）无形资产的摊销方法。
（4）用于担保的无形资产账面价值、当期摊销额等情况。
（5）计入当期损益和确认为无形资产的研究开发支出金额。

◆◆ 本章小结 ◆◆

通过本章学习，应掌握无形资产的确认条件和研究阶段与开发阶段支出的确认条件，这是本章重点。研究阶段的支出全部费用化；开发阶段的支出符合资本化条件的，才能确认为无形资产；不符合资本化条件的计入当期损益（管理费用）。掌握无形资产初始计量的会计处理，应注意，对于不同来源取得的无形资产，其成本构成也不尽相同。掌握无形资产摊销原则，使用寿命有限的无形资产，其应摊销金额应当在使用寿命内系统合理摊销。使用寿命有限的无形资产，其残值一般应当视为零；熟悉无形资产处置。

◆◆ 重点概念 ◆◆

无形资产、研究、开发、使用寿命有限的无形资产、使用寿命不确定的无形资产、应摊销金额

◆◆ 思考题 ◆◆

1. 如何处理研究与开发费用？
2. 分析无形资产与固定资产的区别。
3. 概括无形资产初始确认与计量、后续计量和终止计量三个环节的主要会计事项。
4. 如何通过资产负债表中无形资产所占比例及研发支出判断企业的研发强度？举例说明研发费用的投入对企业近期及长远将产生怎样的影响？
5. 我国当前与研发费用有关的所得税政策对企业技术创新有何影响？

第七章

长期股权投资与合营安排

> **内容提要：** ▲长期股权投资概述　　　　▲长期股权投资的初始计量
> ▲长期股权投资的后续计量及披露　▲合营安排
>
> **学习目的及要求：** 通过本章学习，掌握同一控制、非同一控制下企业合并形成的长期股权投资初始投资成本的确定方法；掌握以非企业合并方式取得的长期股权投资初始投资成本的确定方法；掌握长期股权投资核算方法转换的会计处理；熟悉长期股权投资处置的会计处理；熟悉合营安排的处理。

财政部自2006年发布《CAS2 长期股权投资》（2006）及其应用指南以后，又根据国际财务报告准则（IFRS）的相关变动，通过准则解释等文件陆续修订了部分长期股权投资准则的内容。2011年5月，国际会计准则理事会（IASB）发布了修订后的《IAS27 单独财务报表》（*IAS 27 Separate Financial Statements*，2011）、《IAS28 联营和合营企业中的投资》（*IAS28 Investments in Associates and Joint Ventures*，2011）和《IFRS11 合营安排》（*IFRS 11 Joint Arrangements*，2011）。2014年8月，IASB发布了对IAS 27的修订。此次修订的主要内容为：允许主体在其单独财务报表中采用权益法对其在子公司、合营企业和联营企业中的投资进行核算。有关修订自2016年1月1日起生效，允许提前采用。为保持我国企业会计准则与国际财务报告准则的持续趋同，并对2006年后修订的相关内容进行整合完善，财政部于2014年1月发布修订后的《CAS2 长期股权投资》（2014），自2014年7月1日起在所有执行企业会计准则的企业范围内施行，鼓励在境外上市的企业提前执行，《CAS2 长期股权投资》（2006）同时废止。

与长期股权投资核算或披露相关的准则有：《CAS20 企业合并》（2006）、《CAS33 合并财务报表》（2014）、《CAS40 合营安排》（2014）和《CAS41 在其他主体中权益的披露》（2014）。因此，除了学习本章的内容以外，还应当认真阅读这五项准则及其相关指南。同时，还应注意我国相关准则与国际财务报告准则之间的异同。

本章主要是根据2014年新修订的《CAS2 长期股权投资》[简称（CAS2（2014）]并参考相关的国际会计准则编写，主要内容包括企业合并与非企业合并方式形成的长期股权的投资初始投资成本的确定方法和长期股权投资后续计量时采用权益法和成本法的会计处理、减值准备以及核算方法的转换和长期股权投资的处置等。

第一节 长期股权投资概述

一、长期股权投资的概念

根据 CAS2（2014）的规定，长期股权投资（long-term equity investment）是指投资方对被投资单位实施控制、重大影响的权益性投资，以及对其合营企业的权益性投资。投资者通过投资拥有被投资单位的股权，成为被投资单位的股东，按所持股份比例享有权益并承担责任。长期股权投资具有如下特点：

（1）长期持有长期股权投资目的是为长期持有被投资单位的股份，成为被投资单位的股东，并通过所持有的股份，对被投资单位实施控制或施加重大影响，或为了改善和巩固贸易关系等。

（2）获取经济利益，并承担相应的风险。长期股权投资的最终目标是为了获得较大的经济利益，这种经济利益可以通过分得利润或股利获取，也可以通过其他方式取得，如被投资单位生产的产品是投资企业生产所需的原材料，在市场上这种原材料的价格波动较大，且不能保证供应。在这种情况下，投资企业通过所持股份，达到控制或对被投资单位施加重大影响的目的，使其生产所需的原材料能够直接从被投资单位取得，而且价格比较稳定，保证其生产经营的顺利进行。但是，如果被投资单位经营状况不佳或者进行破产清算时，投资企业作为股东，也需要承担相应的投资损失。

（3）除股票投资外，长期股权投资通常不能随时出售。投资企业一旦成为被投资单位的股东，依所持股份份额享有股东的权利并承担相应的义务，一般情况下不能随意抽回投资。

（4）长期股权投资相对于长期债权投资而言，投资风险较大。长期债权投资的目的是为了获取高于银行储蓄存款利率的利息，不管被投资方经营情况如何，到期即可收回本金和利息。而长期股权投资所获取的经济利益和被投资方经营状况密切相关，对方经营状况不佳时，投资企业可能就不能获得股利或其他经济利益。

二、长期股权投资的核算范围

明确长期股权投资的范围是对长期股权投资进行正确确认、计量和报告的前提。根据 CAS2（2014）的规定，长期股权投资的范围包括：

（1）投资方能够对被投资单位实施控制的权益性投资，即对子公司投资。根据 2014 年修订的《CAS33 合并财务报表》，控制（control）是指投资方拥有对被投资方的权力，通过参与被投资方的相关活动而享有可变回报，并且有能力运用对被投资方的权力影响其回报金额。其中所称相关活动，是指对被投资方的回报产生重大影响的活动。被投资方的相关活动应当根据具体情况进行判断，通常包括商品或劳务的销售和购买、金融资产的管理、资产的购买和处置、研究与开发活动以及融资活动等。

控制的定义包含三项基本要素：一是投资方拥有对被投资方的权力；二是因参与被投资方的相关活动而享有可变回报；三是有能力运用对被投资方的权力影响其回报金额。在判断投资方是否能够控制被投资方时，当且仅当投资方具备上述三要素时，才能表明投资方能够控制被投资方。

投资方应当在综合考虑所有相关事实和情况的基础上对是否控制被投资方进行判断。一旦相关事实和情况的变化导致对控制定义所涉及的相关要素发生变化的，投资方应当进行重新评估。相关事实和情况主要包括：

①被投资方的设立目的。
②被投资方的相关活动以及如何对相关活动作出决策。
③投资方享有的权利是否使其目前有能力主导被投资方的相关活动。
④投资方是否通过参与被投资方的相关活动而享有可变回报。
⑤投资方是否有能力运用对被投资方的权力影响其回报金额。
⑥投资方与其他方的关系。

关于控制和相关活动的理解及具体判断，请参阅《CAS33 合并财务报表》（2014）及其应用指南。

（2）投资方与其他合营方一同对被投资单位实施共同控制且对被投资单位净资产享有权利的权益性投资，即对合营企业投资。共同控制（joint control）是指按照相关约定对某项安排所共有的控制，并且该安排的相关活动必须经过分享控制权的参与方一致同意后才能决策。其中所称相关活动，是指对某项安排的回报产生重大影响的活动。某项安排的相关活动应当根据具体情况进行判断，通常包括商品或劳务的销售和购买、金融资产的管理、资产的购买和处置、研究与开发活动以及融资活动等。

根据《CAS40 合营安排》，合营安排（joint arrangement）是指一项由两个或两个以上的参与方共同控制的安排。合营安排具有下列特征：一是各参与方均受到该安排的约束；二是两个或两个以上的参与方对该安排实施共同控制。任何一个参与方都不能够单独控制该安排，对该安排具有共同控制的任何一个参与方均能够阻止其他参与方或参与方组合单独控制该安排。

合营安排不要求所有参与方都对该安排实施共同控制。合营安排参与方既包括对合营安排享有共同控制的参与方（即合营方），也包括对合营安排不享有共同控制的参与方。

合营安排分为共同经营和合营企业。共同经营是指合营方享有该安排相关资产且承担该安排相关负债的合营安排。合营企业是指合营方仅对该安排的净资产享有权利的合营安排。认定一项安排是合营安排以后，应当根据合营方获得回报的方式这一经济实质，来判断该合营安排应当被划分为共同经营还是合营企业。如果合营方通过对合营安排的资产享有权利，并对合营安排的义务承担责任来获得回报，则该合营安排应当被划分为共同经营（joint operation），不适用长期股权投资准则；如果合营方仅对合营安排的净资产享有权利，则该合营安排应当被划分为合营企业（joint ventures），而对合营企业的投资被视为长期股权投资。

（3）投资方对被投资单位具有重大影响的权益性投资，即对联营企业（associates）投资。重大影响（significant influence）是指投资方对被投资单位的财务和经营政策有参与决策的权力，但并不能够控制或者与其他方一起共同控制这些政策的制定。实务中，较为常见的重大影响体现为在被投资单位的董事会或类似的权力机构中派有代表，通过在被投资单位财务和经营决策制定过程中的发言权实施重大影响。投资方直接或者通过子公司间接持有被投资单位 20% 以上但低于 50% 的表决权时，一般认为对被投资单位具有重大影响，除非有明确的证据表明该种情况下不能参与被投资单位的生产经营决策，不形成重大影响。在确定能否对被投资单位施加重大影响时，一方面应考虑投资方直接或间接持有被投资单位的表决权股份，同时要考虑投资方及其他方持有的当期可执行潜在表决权在假定转换为对被投资单位的股权后产生的影响，如被投资单位发行的当期可转换的认股权证、股份期权及可转换公司债券等的影响。

企业通常可以通过以下一种或几种情形来判断是否对被投资单位具有重大影响：

①在被投资单位的董事会或类似的权力机构中派有代表。在这种情况下，由于在被投资单位的董事会或类似的权力机构中派有代表，并相应享有实质性的参与决策权，投资方可以通过该代表参与被投资单位财务和经营政策的制定，达到对被投资单位施加重大影响。

②参与被投资单位的财务和经营政策制定过程。这种情况下，在制定政策过程中可以为其自身利益提出建议和意见，从而可以对被投资单位施加重大影响。

③与被投资单位之间发生重要交易。有关的交易因对被投资单位的日常经营具有重要性，进而一定程度上可以影响到被投资单位的生产经营决策。

④向被投资单位派出管理人员。在这种情况下，管理人员有权力主导被投资单位的财务和经营活动，从而能够对被投资单位施加重大影响。

⑤向被投资单位提供关键技术资料。在这种情况，由于被投资单位的生产经营需要依赖对方的技术或技术资料，从而表明投资企业对被投资单位具有重大影响。

存在上述一种或多种情形并不意味着投资方一定对被投资单位具有重大影响。企业需要综合考虑所有事实和情况来做出恰当的判断。除上述情况以外，风险投资机构、共同基金以及类似主体持有的在初始确认时，按照《CAS22 金融工具确认和计量》（简称 CAS22）的规定以公允价值计量且其变动计入当期损益的金融资产，投资性主体对不纳入合并财务报表的子公司的权益性投资，以及 CAS2（2014）未予规范的其他权益性投资，适用《CAS22》。

三、长期股权投资会计处理的内容

（1）长期股权投资的初始计量。长期股权投资的初始计量，主要解决为取得一项投资发生的支出有多少可以计入"长期股权投资"科目，确认为企业的一项资产，并在资产负债表资产方列示。长期股权投资在取得时应按初始投资成本入账。长期股权投资的初始投资成本应分别按企业合并和非企业合并两种情况确定，并注意投资成本中包含的已宣告尚未发放的现金股利或利润不应计入投资成本。

（2）长期股权投资的后续计量。长期股权投资的后续计量主要考虑长期股权投资是采用成本法还是权益法进行处理，如果有减值迹象，还应考虑长期股权投资的减值。

（3）长期股权投资核算方法的转换及处置。长期股权投资在持有期间，因投资方对被投资单位影响能力的变化，可能导致其核算方法需要有一种方法转换为另一种方法，即由权益法转换为成本法，或由成本法转换为权益法。此外，由于各种原因还可能对长期股权投资进行处置。

第二节　长期股权投资的确认与初始计量

一、长期股权投资的确认

长期股权投资确认是指投资方能够在自身账簿和报表中确认对被投资单位股权投资的时点。企业会计准则体系中明确规定对子公司投资应当在企业合并的合并日（或购买日）确认，对联营、合营企业投资的确认没有明确规定。实务中，对于联营企业、合营企业等投资的持有一般会参照对子公司长期股权投资的确认条件进行。

合并日（或购买日）是指合并方（或购买方）实际取得被合并方（或被购买方）控制权的日期，即投资方拥有对被投资方的权利，通过参与被投资方的相关活动而享有可变回报，且有能力运用对被投资方的权利影响其回报金额时。

同时满足了以下条件时，一般可认为实现了控制权的转移，即形成合并日（或购买日）。有关的条件包括：
（1）企业合并合同或协议已获股东大会通过；
（2）企业合并事项需要经过国家有关主管部门审批的，已获得批准；
（3）参与合并各方已办理了必要的财产权转移手续；
（4）合并方或购买方已支付了合并价款的大部分（一般应超过50%），并且有能力、有计划支付剩余款项；
（5）合并方或购买方实际上已经控制了被合并方或被购买方的财务和经营政策，并享有相应的利益、承担相应的风险。

二、企业合并形成的长期股权投资的初始计量

长期股权投资在取得时应按初始投资成本入账。长期股权投资的初始投资成本应分别企业合并和非企业合并两种情况确定。

（一）企业合并及其分类

根据《CAS20 企业合并》的规定，企业合并（business combinations）是指将两个或者两个以上单独的企业合并形成一个报告主体的交易或事项。企业合并按照不同的标准可进行不同的分类。

1. 按合并的法律形式对企业合并进行分类

企业合并是一个企业取得对另一个企业的控制权、吸收另一个或多个企业的净资产以及将参与合并的企业相关资产、负债进行整合后成立新企业的情况。按合并的法律形式来分，企业合并包括控股合并、吸收合并和新设合并。

（1）控股合并（combination by purchase）是指合并方（或购买方，下同）通过企业合并交易或事项取得对被合并方（或被购买方，下同）的控制权，能够主导被合并方生产经营决策，从而将被合并方纳入其合并财务报表范围形成一个报告主体的情况。其特

点是，合并企业取得被合并企业全部资产的控制权；被合并企业仍保留原来的法律地位，具有独立法人资格。合并方在其账簿及个别财务报表中应确认对被合并方的长期股权投资，合并中取得的被合并方的资产和负债仅在合并财务报表中确认。

（2）吸收合并（merger）是指合并方在企业合并中取得被合并方的全部净资产，并将有关资产、负债并入合并方自身的账簿和报表进行核算。吸收合并后，被合并的企业解散，名义上不复存在，不再是企业法人，合并企业对所有的被合并企业的原来资产直接控制和管理。因此，吸收合并的结果，只留下一个单一的法律主体。其特点是：合并完成后，被合并企业失去法人资格，合并企业仍保留原来的法律地位；合并企业对被合并企业的资产实现直接控制和管理，承担被合并企业的负债。

（3）新设合并（consolidation）指两个或两个以上的企业合并成立一个新的企业，由其持有原参与合并各方的资产、负债在新的基础上经营。原参与合并各方在合并后均注销法人资格。其特点是：原企业均失去法人资格；新企业接受已解散原各企业的资产、债务；原企业的股东成为新企业的股东。

2. 按是否在同一控制下进行合并对企业合并进行分类

按是否在同一控制下进行合并来分，企业合并可分为同一控制下的企业合并和非同一控制下的企业合并。

（1）同一控制下的企业合并。同一控制下的企业合并是指参与合并的企业在合并前后均受同一方或相同的多方最终控制且该控制并非暂时性的。对于同一控制下的企业合并，在合并日取得对其他参与合并企业控制权的一方为合并方，参与合并的其他企业为被合并方。合并日是指合并方实际取得对被合并方控制权的日期。

（2）非同一控制下的企业合并。参与合并的各方在合并前后不受同一方或相同的多方最终控制的，为非同一控制下的企业合并。非同一控制下的企业合并，在购买日取得对其他参与合并企业控制权的一方为购买方，参与合并的其他企业为被购买方。购买日是指购买方实际取得对被购买方控制权的日期。

形成投资单位对被投资单位长期股权投资的企业合并属于控股合并。企业合并形成的长期股权投资，其初始投资成本应当遵循《CAS20 企业合并》的相关规定，分为同一控制下的企业合并和非同一控制下的企业合并分别确定。

《CAS20 企业合并》规定了同一控制下企业合并和非同一控制下企业合并的会计处理。国际会计准则只明确了非同一控制下企业合并的会计规范，没有规定同一控制下的企业合并。在我国实务中，因特殊的经济环境，有些企业合并实例属于同一控制下的企业合并，如果不对其加以规定，就会出现会计规范的空白，导致会计实务无章可循。所以中国会计准则结合实际情况，规定了同一控制下企业合并的会计处理。国际会计准则理事会认为，中国会计准则在这方面的规定和实践将为国际会计准则提供有益的参考。

（二）同一控制下企业合并形成的长期股权投资

1. 同一控制下企业合并形成的长期股权投资的初始计量原则

同一控制下的企业合并，合并方对参与合并各方在合并前后均实施最终控制，其在合并前后能够控制的资产并没有发生变化。因此，对于同一控制下的企业合并，合并方在企业合并中取得的资产和负债，应当按照合并日在被合并方的账面价值计量。合并方取得的净资产的账面价值与支付的合并对价账面价值（或发行股份面值总额）的差额，应当调整资本公积（资本溢价或股本溢价）；资本公积不足冲减的，调整留存收益。

基于以上原则，合并方以支付现金、转让非现金资产或承担债务方式作为合并对价的，应当在合并日按照所取得的被合并方在最终控制方合并财务报表中的净资产的账面价值的份额作为长期股权投资的初始投资成本。被合并方在合并日的净资产账面价值为负数的，长期股权投资成本按零确定，同时在备查簿中予以登记。如果被合并方在被合并以前，是最终控制方通过非同一控制下的企业合并所控制的，则合并方长期股权投资的初始投资成本还应包含相关的商誉金额。长期股权投资的初始投资成本与支付的现金、转让的非现金资产及所承担债务账面价值之间的差额，应当调整资本公积（资本溢价或股本溢价）；资本公积（资本溢价或股本溢价）的余额不足冲减的，依次冲减盈余公积和未分配利润。合并方以发行权益性工具作为合并对价的，应按发行股份的面值总额作为股本，长期股权投资的初始投资成本与所发行股份面值总额之间的差额，应当调整资本公积（资本溢价或股本溢价）；资本公积（资本溢价或股本溢价）不足冲减的，依次冲减盈余公积和未分配利润。合并方发生的审计、法律服务、评估咨询等中介费用以及其他相关管理费用，于发生时计入当期损益。与发行权益性工具作为合并对价直接相关的交易费用，应当冲减资本公积（资本溢价或股本溢价），资本公积（资本溢价或股本溢价）不足冲减的，依次冲减盈余公积和未分配利润。与发行债务性工具作为合并对价直接相关的交易费用，应当计入债务性工具的初始确认金额。

在按照合并日应享有被合并方净资产的账面价值的份额确定长期股权投资的初始投资成本时，前提是合并前合并方与被合并方采用的会计政策应当一致。企业合并前合并方与被合并方采用的会计政策不同的，应基于重要性原则，统一合并方与被合并方的会计政策。在按照合并方的会计政策对被合并方净资产的账面价值进行调整的基础上，计算确定长期股权投资的初始投资成本。如果被合并方编制合并财务报表，则应当以合并日被合并方的合并财务报表为基础确认长期股权投资的初始投资成本。

2. 相关账务处理

进行会计处理时，应设置"长期股权投资"科目，本科目核算企业持有的采用成本法和权益法核算的长期股权投资。本科目应当按照被投资单位进行明细核算。

同一控制下企业合并形成的长期股权投资，应在合并日按取得被合并方所有者权益在最终控制方合并财务报表中的账面价值的份额，借记本科目（投资成本），按应自被投资单位收取的已宣告但尚未发放的现金股利或利润，借记"应收股利"科目，按支付的合并对价的账面价值，贷记有关资产或借记有关负债科目，按其差额，贷记"资本公积——资本溢价或股本溢价"科目；如为借方差额，借记"资本公积——资本溢价或股本溢价"科目，资本公积（资本溢价或股本溢价）不足冲减的，应依次借记"盈余公积""利润分配——未分配利润"科目。

【例7-1】 甲、乙两家公司同属丙公司的子公司。甲公司于2019年3月1日以货币资金1 000万元取得乙公司60%的股份。合并日，丙公司合并财务报表中的乙公司净资产账面价值为2 000万元。

相关会计处理如下：

该初始投资成本为1 200（2 000×60%）万元。该成本与货币资金1 000万元的差额200万元计入资本公积。

借：长期股权投资　　　　　　　　　12 000 000
　　贷：银行存款　　　　　　　　　　　　　　　　10 000 000
　　　　资本公积——股本溢价　　　　　　　　　　 2 000 000

【例7-2】 2019年6月30日，P公司向同一集团内S公司的原股东A公司定向增发1 000万股普通股（每股面值为1元，市价为8.68元），取得S公司100%的股权，相关手续于当日完成，并能够对S公司实施控制。合并后S公司仍维持其独立法人资格继续经营。S公司之前为A公司于2008年以非同一控制下企业合并的方式收购的全资子公司。合并日，S公司财务报表中净资产的账面价值为2 200万元，A公司合并财务报表中的S公司净资产账面价值为4 000万元（含商誉500万元）。假定P公司和S公司都受A公司同一控制。不考虑相关税费等其他因素影响。

本例中，P公司在合并日应确认对S公司的长期股权投资，初始投资成本为应享有S公司在A公司合并财务报表中的净资产账面价值的份额及相关商誉，会计处理如下：

借：长期股权投资——投资成本　　40 000 000
　　贷：股本　　　　　　　　　　　　　　　　　　10 000 000
　　　　资本公积——股本溢价　　　　　　　　　　30 000 000

企业通过多次交易分步取得同一控制下被投资单位的股权，最终形成企业合并的，应当判断多次交易是否属于"一揽子交易"。多次交易的条款、条件以及经济影响符合以下一种或多种情况，通常表明应将多次交易事项作为一揽子交易进行会计处理：（1）这些交易是同时或者在考虑了彼此影响的情况下订立的；（2）这些交易整体才能达成一项完整的商业结果；（3）一项交易的发生取决于其他至少一项交易的发生；（4）一项交易单独看是不经济的，但是和其他交易一并考虑时是经济的。

属于一揽子交易的，合并方应当将各项交易作为一项取得控制权的交易进行会计处理。不属于一揽子交易的，取得控制权日，应按照以下步骤进行会计处理：

（1）确定同一控制下企业合并形成的长期股权投资的初始投资成本。在合并日，根据合并后应享有被合并方净资产在最终控制方合并财务报表中的账面价值的份额，确定长期股权投资的初始投资成本。

（2）长期股权投资的初始投资成本与合并对价账面价值之间的差额的处理。合并方长期股权投资的初始投资成本，与达到合并前的长期股权投资账面价值加上合并日进一步取得股份新支付对价的账面价值之和的差额，调整资本公积（资本溢价或股本溢价），资本公积不足冲减的，冲减留存收益。

（3）合并日之前持有的股权投资，因采用权益法核算或金融工具确认和计量准则核算而确认的其他综合收益，暂不进行会计处理，直至处置该项投资时采用与被投资单位直接处置相关资产或负债相同的基础进行会计处理；因采用权益法核算而确认的被投资单位净资产中除净损益、其他综合收益和利润分配以外的所有者权益其他变动，暂不进行会计处理，直至处置该项投资时转入当期损益。其中，处置后的剩余股权根据本准则采用成本法或权益法核算的，其他综合收益和其他所有者权益应按比例结转，处置后的剩余股权按金融工具确认和计量准则进行会计处理的，其他综合收益和其他所有者权益应全部结转。

（4）编制合并财务报表。合并方应当按照《CAS20 企业合并》和合并财务报表准则的规定编制合并财务报表。合并方在达到合并之前持有的长期股权投资,在取得日与合并方与被合并方同处于同一方最终控制之日孰晚日与合并日之间已确认有关损益、其他综合收益和其他所有者权益变动,应分别冲减比较报表期间的期初留存收益或当期损益。

【例 7-3】 2017 年 1 月 1 日,H 公司取得同一控制下的 A 公司 25% 的股份,实际支付款项 6 000 万元,能够对 A 公司施加重大影响。相关手续于当日办理完毕。当日,A 公司可辨认净资产账面价值为 22 000 万元(假定与公允价值相等)。2017 年及 2013 年度,A 公司共实现净利润 1 000 万元,无其他所有者权益变动。2019 年 1 月 1 日,H 公司以定向增发 2 000 万股普通股(每股面值为 1 元,每股公允价值为 4.5 元)的方式购买同一控制下另一企业所持有的 A 公司 40% 股权,相关手续于当日完成。进一步取得投资后,H 公司能够对 A 公司实施控制。当日,A 公司在最终控制方合并财务报表中的净资产的账面价值为 23 000 万元。假定 H 公司和 A 公司采用的会计政策和会计期间相同,均按照 10% 的比例提取盈余公积。H 公司和 A 公司一直同受同一最终控制方控制。上述交易不属于一揽子交易。不考虑相关税费等其他因素影响。

H 公司有关会计处理如下:

(1) 确定合并日长期股权投资的初始投资成本。

合并日追加投资后 H 公司持有 A 公司股权比例为 65% (25%+40%)。

合并日 H 公司享有 A 公司在最终控制方合并财务报表中净资产的账面价值份额为 14 950 (23 000×65%) 万元。

(2) 长期股权投资初始投资成本与合并对价账面价值之间的差额的处理。

原 25% 的股权投资采用权益法核算,在合并日的原账面价值为 6 250 (6 000+1 000×25%) 万元。

追加投资(40%)所支付对价的账面价值为 2 000 万元。

合并对价账面价值为 8 250 (6 250+2 000) 万元。

长期股权投资初始投资成本与合并对价账面价值之间的差额为 6 700 (14 950-8 250) 万元。

借:长期股权投资——投资成本　　　　　149 500 000
　　贷:长期股权投资——投资成本　　　　　　　　　60 000 000
　　　　　　　　　　——损益调整　　　　　　　　　　2 500 000
　　　　股本　　　　　　　　　　　　　　　　　　20 000 000
　　　　资本公积(股本溢价)　　　　　　　　　　67 000 000

(三) 非同一控制下企业合并形成的长期股权投资

1. 非同一控制下企业合并形成的长期股权投资的初始计量原则

参与合并的各方在合并前后均不受同一方或相同的多方最终控制的,为非同一控制下的企业合并。非同一控制下的企业合并,在购买日取得对其他参与合并企业控制权的一方为购买方,参与合并的其他企业为被购买方。购买日是指购买方实际取得对被购买方控制权的日期。非同一控制下的控股合并中,购买方应当以《CAS20 企业合并》确定的企业合并成本作为长期股权投资的初始投资成本。企业合并成本包括购买方付出的资产、发生或承担的负债、发行的权益性工具或债务性工具的公允价值之和。购买方为企业合并发生的审计、法律服务、评估咨询等中介费用以及其他相关管理费用，应于发生时计入当期损益；购买方作为合并对价发行的权益性工具或债务性工具的交易费用，应当计入权益性工具或债务性工具的初始确认金额。

2. 相关账务处理

非同一控制下企业合并形成的长期股权投资，购买方以支付现金、转让非现金资产或承担债务方式等作为合并对价的，应在购买日按企业合并成本，借记"长期股权投资（投资成本）"科目，按付出合并对价的账面价值，贷记或借记有关资产、负债科目，按发生的直接相关费用（如资产处置费用），贷记"银行存款"等科目，按其差额，贷记"主营业务收入""营业外收入""投资收益"等科目或借记"管理费用""营业外支出""主营业务成本"等科目。购买方以发行权益性证券作为合并对价的，应在购买日按照发行的权益性证券的公允价值，借记"长期股权投资（投资成本）"，按照发行的权益性证券的面值总额，贷记"股本"，按其差额，贷记"资本公积——资本溢价或股本溢价"。企业为企业合并发生的审计、法律服务、评估咨询等中介费用以及其他相关管理费用，应当于发生时借记"管理费用"科目，贷记"银行存款"等科目。企业合并成本中包含的应自被投资单位收取的已宣告但尚未发放的现金股利或利润，应作为应收股利进行核算。

【例7-4】 2019年3月31日，A公司取得B公司70%的股权，取得该部分股权后能够对B公司实施控制。为核实B公司的资产价值，A公司聘请资产评估机构对B公司的资产进行评估，支付评估费用50万元。合并中，A公司支付的有关资产在购买日的账面价值与公允价值如表7-1所示。假定合并前A公司与B公司不存在任何关联方关系。不考虑相关税费等其他因素影响。

表7-1 A公司支付的有关资产在购买日的账面价值与公允价值

2012年3月31日　　　　　　　　　　　　　　　　　　　　　　　金额单位：元

项　目	账　面　价　值	公　允　价　值
土地使用权（自用）	40 000 000	64 000 000
专利技术	16 000 000	20 000 000
银行存款	16 000 000	16 000 000
合计	72 000 000	100 000 000

注：A公司用作合并对价的土地使用权和专利技术原价为6400万元，至企业合并发生时已累计摊销800万元。

本例中，因A公司与B公司在合并前不存在任何关联方关系，应作为非同一控制下的企业合并处理。A公司对于合并形成的对B公司的长期股权投资，会计处理如下：

借：长期股权投资——投资成本　　100 000 000
　　管理费用　　　　　　　　　　　　500 000
　　累计摊销　　　　　　　　　　　8 000 000
　贷：无形资产　　　　　　　　　　　　　　64 000 000
　　　银行存款　　　　　　　　　　　　　　16 500 000
　　　营业外收入　　　　　　　　　　　　　28 000 000

企业通过多次交易分步实现非同一控制下企业合并的，在编制个别财务报表时，应当按照原持有的股权投资的账面价值加上新增投资成本之和，作为改按成本法核算的初始投资成本。

购买日之前持有的股权采用权益法核算的，相关其他综合收益应当在处置该项投资时采用与被投资单位直接处置相关资产或负债相同的基础进行会计处理，因被投资方除净损益、其他综合收益和利润分配以外的其他所有者权益变动而确认的所有者权益，应当在处置该项投资时相应转入处置期间的当期损益。其中，处置后的剩余股权根据本准则采用成本法或权益法核算的，其他综合收益和其他所有者权益应按比例结转，处置后的剩余股权改按金融工具确认和计量准则进行会计处理的，其他综合收益和其他所有者权益应全部结转。

购买日之前持有的股权投资，采用金融工具确认和计量准则进行会计处理的，应当将按照该准则确定的股权投资的公允价值加上新增投资成本之和，作为改按成本法核算的初始投资成本，原持有股权的公允价值与账面价值之间的差额以及原计入其他综合收益的累计公允价值变动应当全部转入改按成本法核算的当期投资收益。

【例7-5】 A公司于2018年以2 000万元取得B上市公司5%的股权，对B公司不具有重大影响，A公司将其分类为以公允价值计量且其变动计入其他综合收益的金融资产，按公允价值计量。2019年4月1日，A公司又斥资25 000万元自C公司取得B公司另外50%股权。假定A公司在取得对B公司的长期股权投资后，B公司未宣告发放现金股利。A公司原持有B公司5%的股权于2019年3月31日的公允价值为2 500万元，累计计入其他综合收益的金额为500万元。A公司与C公司不存在任何关联方关系。

本例中，A公司是通过分步购买最终达到对B公司控制，因A公司与C公司不存在任何关联方关系，故形成非同一控制下企业合并。在购买日，A公司应进行如下账务处理：

借：长期股权投资——投资成本　　2 750 000 000
　　贷：其他权益工具投资　　　　　　　　　　　　250 000 000
　　　　银行存款　　　　　　　　　　　　　　　25 000 000
借：其他综合收益　　　　　　　　5 000 000
　　贷：投资收益　　　　　　　　　　　　　　　　5 000 000

假定，A公司于2018年3月以12 000万元取得B公司20%的股权，并能对B公司施加重大影响，采用权益法核算该项股权投资，当年度确认对B公司的投资收益450万元。2019年4月，A公司又斥资15 000万元自C公司取得B公司另外30%的股权。A公司按净利润的10%提取盈余公积。其他资料同上。A公司应进行以下账务处理：

借：长期股权投资　　　　　　　150 000 000
　　贷：银行存款　　　　　　　　　　　　　　　150 000 000

购买日对B公司长期股权投资的账面价值=（12 000+450）+15 000=27 450（万元）

【例7-6】 2017年1月1日，A公司以现金3 000万元自非关联方处取得了B公司20%的股权，并能够对其施加重大影响。当日，B公司可辨认净资产公允价值为1.4亿元。2019年7月1日，A公司另支付现金8 000万元，自另一非关联方处取得B公司40%的股权，并取得对B公司的控制权。购买日，A公司原持有的对B公司的20%的股权的公允价值为4 000万元，账面价值为3 500万元，A公司确认与B公司权益法核算相关的累计其他综合收益为400万元，其他所有者权益变动100万元；B公司可辨认净资产公允价值为1.8亿元。假设A公司购买B公司20%股权和后续购买40%的股权的交易不构成"一揽子交易"。以上交易的相关手续均于当日完成。不考虑相关税费等其他因素影响。

购买日前，A公司持有B公司的投资作为联营企业进行会计核算，购买日前A公司原持有股权的账面价值为3 500（3 000+400+100）万元。

本次投资应支付对价的公允价值为 8 000 万元。

购买日对子公司按成本法核算的初始投资成本为 11 500（8 000 + 3 500）万元。

购买日前 A 公司原持有股权相关的其他综合收益 400 万元以及其他所有者权益变动 100 万元在购买日均不进行会计处理。

（四）或有对价

（1）同一控制下企业合并形成的长期股权投资的或有对价。对同一控制下企业合并形成的长期股权投资，初始投资时，应按照《CAS13 或有事项》的规定，判断是否应就或有对价确认预计负债或者确认资产，以及应确认的金额；确认预计负债或资产的，该预计负债或资产金额与后续或有对价结算金额的差额不影响当期损益，而应当调整资本公积（资本溢价或股本溢价），资本公积（资本溢价或股本溢价）不足冲减的，调整留存收益。

（2）非同一控制下企业合并形成的长期股权投资的或有对价。某些情况下，企业合并各方可能在合并协议中约定，根据未来一项或多项或有事项的发生，购买方通过发行额外证券、支付额外现金或其他资产等方式追加合并对价，或者要求返还之前已经支付的对价，这将导致产生企业合并的或有对价问题。会计准则规定，购买方应当将合并协议约定的或有对价作为企业合并转移对价的一部分，按照其在购买日的公允价值计入企业合并成本。或有对价符合权益工具和金融负债定义的，购买方应当将支付或有对价的义务确认为一项权益或负债；符合资产定义并满足资产确认条件的，购买方应当将符合合并协议约定条件的、可收回的部分已支付合并对价的权利确认为一项资产。同时规定，购买日后 12 个月内出现对购买日已存在情况的新的或者进一步证据而需要调整或有对价的，应当予以确认并对原计入合并商誉的金额进行调整；其他情况下发生的或有对价变化或调整，应当区分以下情况进行会计处理：或有对价为权益性质的，不进行会计处理；或有对价为资产或负债性质的，如果属于会计准则规定的金融工具，应采用公允价值计量，公允价值变动视有关金融工具的分类计入当期损益或其他综合收益。如不属于会计准则规定的金融工具，则应按或有事项等准则的规定处理。

三、以企业合并以外的方式形成的长期股权投资

除企业合并形成的长期股权投资以外，其他方式取得的长期股权投资应当按照取得长期股权投资时支付的全部价款，或放弃非现金资产的公允价值，以及支付的税金、手续费等相关费用确定其初始投资成本。具体应当按照下列规定处理。

（一）以支付现金取得的长期股权投资

以支付现金取得的长期股权投资，应当按照实际支付的购买价款作为初始投资成本，包括购买过程中支付的手续费等必要支出。但所支付的对价中包含的被投资单位已宣告但尚未发放的现金股利或利润作为应收项目，不构成取得长期股权投资的初始投资成本。

【例 7-7】 2019 年 2 月 10 日，甲公司自公开市场中买入乙公司 20% 的股份，实际支付价款 16 000 万元（含乙公司已宣告但尚未发放现金股利，甲公司按其持股比例计算确定

可分得60万元，不考虑所得税影响）。支付手续费等相关费用400万元，并于同日完成了相关手续。甲公司取得该部分股份后能够对乙公司施加重大影响。不考虑相关税费等其他因素影响。

甲公司应当按照实际支付的购买价款及相关交易费用作为取得长期股权投资的成本，将包含的现金股利部分单独作为应收股利，有关会计处理如下：

借：长期股权投资——投资成本　　　163 400 000
　　应收股利　　　　　　　　　　　　　600 000
　　贷：银行存款　　　　　　　　　　　　　　　　164 000 000

（二）以发行权益性证券取得的长期股权投资

以发行权益性证券取得长期股权投资的，应当按照所发行证券的公允价值作为初始投资成本，但不包括应自被投资单位收取的已宣告但尚未发放的现金股利或利润。

投资方通过发行权益性证券（权益性工具）取得长期股权投资，所发行工具的公允价值，应按《CAS39 公允价值计量》（以下简称CAS39）等相关准则确定。为发行权益性工具支付给有关证券承销机构等的手续费、佣金等与工具发行直接相关的费用，不构成取得长期股权投资的成本。该部分费用应自所发行证券的溢价发行收入中扣除，溢价收入不足冲减的，应依次冲减盈余公积和未分配利润。

一般而言，投资者投入的长期股权投资应根据法律规定的要求进行评估作价，在公平交易当中，投资者投入的长期股权投资的公允价值，与所发行证券（工具）的公允价值不应存在重大差异。如有确凿证据表明，取得长期股权投资的公允价值比所发行证券（工具）的公允价值更加可靠的，以投资者投入的长期股权投资的公允价值为基础确定其初始投资成本。投资方通过发行债务性证券（债务性工具）取得长期股权投资的，比照通过发行权益性证券（权益性工具）处理。

【例7-8】 2019年3月，A公司通过增发6 000万股普通股（面值1元/股），从非关联方处取得B公司20%的股权，所增发股份的公允价值为10 400万元。为增发该部分股份，A公司向证券承销机构等支付了400万元的佣金和手续费。相关手续于增发当日完成。假定A公司取得该部分股权后能够对B公司施加重大影响。B公司20%的股权的公允价值与A公司增发股份的公允价值不存在重大差异。不考虑相关税费等其他因素影响。

本例中，由于B公司20%股权的公允价值与A公司增发股份的公允价值不存在重大差异，A公司应当以所发行股份的公允价值作为取得长期股权投资的初始投资成本，有关会计处理如下：

借：长期股权投资——投资成本　　　104 000 000
　　贷：股本　　　　　　　　　　　　　　　　　60 000 000
　　　　资本公积——股本溢价　　　　　　　　　44 000 000

发行权益性证券过程中支付的佣金和手续费，应冲减权益性证券的溢价发行收入，会计处理如下：

借：资本公积——股本溢价　　　　　4 000 000
　　贷：银行存款　　　　　　　　　　　　　　　 4 000 000

【例7-9】 非上市企业A公司在成立时，H公司以其持有的对B公司的长期股权投资作为出资投入A公司。B公司为上市公司，其权益性证券有活跃市场报价。投资合同约定，H公司作为出资的长期股权投资作价4 000万元（该作价与其公允价值相当）。交易完成后，A公司注册资本增加至16 000万元，其中H公司的持股比例为20%。A公司取得该长期股权投资后能够对B公司施加重大影响。不考虑相关税费等其他因素影响。

本例中，H公司向A公司投入的长期股权投资具有活跃市场报价，而A公司所发行的权益性工具的公允价值不具有活跃市场报价，因此，A公司应采用B公司股权的公允价值来确认长期股权投资的初始成本。A公司应进行的会计处理为：

借：长期股权投资——投资成本　　40 000 000
　　贷：实收资本　　　　　　　　　　　　　　32 000 000
　　　　资本公积——资本溢价　　　　　　　　 8 000 000

（三）以债务重组、非货币性资产交换等方式取得长期股权投资

通过债务重组取得的长期股权投资，其初始投资成本的确定参见本书"债务重组"一章；通过非货币性资产交换取得的长期股权投资，其初始投资成本的确定参见本书"非货币性资产交换"一章。

（四）企业进行公司制改建

此时，对资产、负债的账面价值按照评估价值调整的，长期股权投资应以评估价值作为改制时的认定成本，评估值与原账面价值的差异应计入资本公积（资本溢价或股本溢价）。

▶第三节　长期股权投资的后续计量及披露

长期股权投资在持有期间，根据投资方对被投资单位的影响程度分别采用成本法及权益法进行核算。

在个别财务报表中，投资性主体对子公司的会计处理应与合并财务报表原则一致。投资性主体的定义中包含了三个需要同时满足的条件：该公司以向投资者提供投资管理服务为目的，从一个或多个投资者获取资金；该公司的唯一经营目的，是通过资本增值、投资收益、或两者兼有而让投资者获得回报；该公司按照公允价值对几乎所有投资的业绩进行考量和评价。通常投资性主体具有以下四个典型特征：（1）拥有一个以上投资；（2）拥有一个以上投资者；（3）投资者不全是该主体的关联方；（4）该主体的所有者权益以股权或类似权益存在。当一个主体符合投资性主体的定义，但不完全具备上述四个特征的情况下，需要审慎评估，判断是否有确凿证据证明虽然缺少一个或几个典型特征，但仍然符合投资性主体的定义。

风险投资机构、共同基金以及类似主体（如投资连接保险产品）持有的、在初始确认时按照金融工具确认和计量准则的规定以公允价值计量且其变动计入当期损益的金融资产的，应当按照金融工具确认和计量准则进行后续计量。

除上述以外，对子公司的长期股权投资应当按成本法核算，对合营企业、联营企业的长期股权投资应当按权益法核算，不允许选择按照金融工具确认和计量准则进行会计处理。

一、成本法

(一) 成本法的含义

成本法（cost method）是指投资按成本计价的方法。在成本法下，长期股权投资的会计处理有以下特点：(1) 长期股权投资应当按照初始投资成本计量；(2) 追加或收回投资应当调整长期股权投资的成本；(3) 被投资单位宣告分派的现金股利或利润，确认为当期投资收益，不管有关利润分配是属于对取得投资前还是取得投资后被投资单位实现净利润的分配。

(二) 成本法的适用范围

根据长期股权投资准则，投资方持有的对子公司投资应当采用成本法核算，投资方为投资性主体且子公司不纳入其合并财务报表的除外。投资方在判断对被投资单位是否具有控制时，应综合考虑直接持有的股权和通过子公司间接持有的股权。在个别财务报表中，投资方进行成本法核算时，应仅考虑直接持有的股权份额。

长期股权投资准则要求投资方对子公司的长期股权投资采用成本法核算，主要是为了避免在子公司实际宣告发放现金股利或利润之前，母公司垫付资金发放现金股利或利润等情况，解决了原来权益法核算下投资收益不能足额收回导致超分配的问题。

(三) 成本法下长期股权投资的会计处理

1. 成本法下长期股权投资账面价值的调整

采用成本核算的长期股权投资，在追加投资时，按照追加投资支付的成本的公允价值及发生的相关交易费用增加长期股权投资的账面价值。

【例 7-10】 2018 年 1 月，甲公司自非关联方处以现金 800 万元取得对乙公司 60% 的股权，相关手续于当日完成，并能够对乙公司实施控制。

2018 年 1 月，甲公司有关会计处理如下：

借：长期股权投资——投资成本　　　　8 000 000
　　贷：银行存款　　　　　　　　　　　　　　　　8 000 000

2. 成本法下长期股权投资的投资损益确认

采用成本核算的长期股权投资，在被投资单位宣告分派现金股利或利润的，投资方根据应享有的部分确认当期投资收益。

【例 7-11】 沿用例 7-10 的资料，2019 年 3 月，乙公司宣告分派现金股利，甲公司按其持股比例可取得 10 万元。不考虑相关税费等其他因素影响。

2019 年 3 月甲公司有关会计处理如下：

借：应收股利　　　　　　　　　　　　100 000
　　贷：投资收益　　　　　　　　　　　　　　　　　100 000

企业按照上述规定确认自被投资单位应分得的现金股利或利润后，应当考虑长期股权投资是否发生减值。在判断该类长期股权投资是否存在减值迹象时，应当关注长期股权投资的账面价值是否大于享有被投资单位净资产（包括相关商誉）账面价值的份额等类似情况。出现类似情况时，企业应当按照资产减值准则对长期股权投资进行减值测试，可收回金额低于长期股权投资账面价值的，应当计提减值准备。

值得注意的是，子公司将未分配利润或盈余公积直接转增股本（实收资本），且未向投资方提供等值现金股利或利润的选择权时，母公司并没有获得收取现金股利或者利润的权力，上述交易通常属于子公司自身权益结构的重分类，母公司不应确认相关的投资收益。

二、权益法

（一）权益法的含义

权益法（equity method）是指投资以初始投资成本计量后，在投资持有期间根据投资企业享有被投资单位所有者权益份额的变动对投资的账面价值进行调整的方法。

在权益法下，长期股权投资的账面价值随着被投资单位可辨认净资产公允价值变动而变动，包括被投资单位实现的净损益、其他综合收益以及其他所有者权益项目的变动。

（二）权益法的适用范围

《CAS2 长期股权投资》规定，对合营企业和联营企业投资应当采用权益法核算。投资方在判断对被投资单位是否具有共同控制、重大影响时，应综合考虑直接持有的股权和通过子公司间接持有的股权。在综合考虑直接持有的股权和通过子公司间接持有的股权后，如果认定投资方在被投资单位拥有共同控制或重大影响，在个别财务报表中，投资方进行权益法核算时，应仅考虑直接持有的股权份额；在合并财务报表中，投资方进行权益法核算时，应同时考虑直接持有和间接持有的份额。

（三）权益法下长期股权投资的会计处理

1. 处理原则

长期股权投资采用权益法处理时，应设置"长期股权投资"科目，并分别以"投资成本""损益调整""其他综合收益""其他权益变动"进行明细核算，应当分别下列情况进行处理：

（1）初始投资或追加投资时，按照初始投资成本或追加投资的投资成本，增加长期股权投资的账面价值。

（2）比较初始投资成本与投资时应享有的被投资单位可辨认净资产公允价值的份额，前者大于后者的，应当按照二者之间的差额调整长期股权投资的账面价值，同时计入取得投资当期损益。

（3）持有投资期间，随着被投资单位所有者权益的变动相应调整增加或减少长期股权投资的账面价值，并分别以下情况处理：

①对于因被投资单位实现净损益和其他综合收益而产生的所有者权益的变动，投资方应当按照应享有的份额，增加或减少长期股权投资的账面价值，同时确认投资损益和其他综合收益；

②对于被投资单位宣告分派的利润或现金股利计算应分得的部分，相应减少长期股权投资的账面价值；

③对于被投资单位除净损益、其他综合收益以及利润分配以外的因素导致的其他所有者权益变动，相应调整长期股权投资的账面价值，同时确认资本公积（其他资本公积）。

在持有投资期间，被投资单位编制合并财务报表的，应当以合并财务报表中净利润、其他综合收益和其他所有者权益变动中归属于被投资单位的金额为基础进行会计处理。

2. 初始投资成本的调整

投资方取得对联营企业或合营企业的投资以后，对于取得投资时初始投资成本与应享有被投资单位可辨认净资产公允价值份额之间的差额，应区别情况处理。

（1）初始投资成本大于取得投资时应享有被投资单位可辨认净资产公允价值份额的，该部分差额是投资方在取得投资过程中通过作价体现出的与所取得股权份额相对应的商誉价值，这种情况下不要求对长期股权投资的成本进行调整。被投资单位可辨认净资产公允价值，应当比照企业合并准则的有关规定确定。

（2）初始投资成本小于取得投资时应享有被投资单位可辨认净资产公允价值份额的，两者之间的差额体现为双方在交易作价过程中转让方的让步，该部分经济利益流入应计入取得投资当期的营业外收入，同时调整长期股权投资的账面价值。

【例7-12】 2019年1月，A公司于取得B公司30%的股权，支付价款6 000万元。取得投资时，被投资单位净资产账面价值为15 000万元（假定被投资单位各项可辨认净资产的公允价值与其账面价值相同）。A公司在取得B公司的股权后，能够对B公司施加重大影响。不考虑相关税费等其他因素影响。

本例中，应对该投资采用权益法核算。取得投资时，A公司有关会计处理如下：

借：长期股权投资——投资成本　　　　60 000 000
　　贷：银行存款　　　　　　　　　　　　　　　　60 000 000

长期股权投资的初始投资成本6 000万元大于取得投资时应享有被投资单位可辨认净资产公允价值的份额4 500万元（15000×3%），该差额1 500万元不调整长期股权投资的账面价值。

假定本例中取得投资时被投资单位可辨认净资产的公允价值为24 000万元，A公司按持股比例30%计算确定应享有7 200万元，则初始投资成本与应享有被投资单位可辨认净资产公允价值份额之间的差额为1 200万元，应计入取得投资当期的营业外收入。A公司有关会计处理如下：

借：长期股权投资——投资成本　　　　72 000 000
　　贷：银行存款　　　　　　　　　　　　　　　　60 000 000
　　　　营业外收入　　　　　　　　　　　　　　　12 000 000

3. 投资损益的确认

采用权益法核算的长期股权投资，在确认应享有（或分担）被投资单位的净利润（或净亏损）时，在被投资单位账面净利润的基础上，应考虑以下因素的影响进行适当调整：

（1）被投资单位采用的会计政策和会计期间与投资方不一致的，应按投资方的会计政策和会计期间对被投资单位的财务报表进行调整，在此基础上确定被投资单位的损益。

权益法下,是将投资方与被投资单位作为一个整体对待,作为一个整体其所产生的损益,应当在一致的会计政策基础上确定,被投资单位采用的会计政策投资方不同的,投资方应当基于重要性原则,按照本企业的会计政策对被投资单位的损益进行调整。

(2)以取得投资时被投资单位固定资产、无形资产等的公允价值为基础计提的折旧额或摊销额,以及有关资产减值准备金额等对被投资单位净利润的影响。

被投资单位利润表中的净利润是以其持有的资产、负债账面价值为基础持续计算的,而投资方在取得投资时,是以被投资单位有关资产、负债的公允价值为基础确定投资成本,取得投资后应确认的投资收益代表的是被投资单位资产、负债在公允价值的情况下在未来期间通过经营产生的损益中归属于投资方的部分。投资方取得投资时,被投资单位有关资产、负债的公允价值与其账面价值不同的,未来期间,在计算归属于投资方应享有的净利润或应承担的净亏损时,应考虑被投资单位计提的折旧额、摊销额以及资产减值准备金额等进行调整。

值得注意的是,尽管在评估投资方对被投资单位是否具有重大影响时,应当考虑潜在表决权的影响,但在确定应享有的被投资单位实现的净损益、其他综合收益和其他所有者权益变动的份额时,潜在表决权所对应的权益份额不应予以考虑。

此外,如果被投资单位发行了分类为权益的可累积优先股等类似的权益工具,无论被投资单位是否宣告分配优先股股利,投资方计算应享有被投资单位的净利润时,均应将归属于其他投资方的累积优先股股利予以扣除。

【例7-13】 2019年1月10日,甲公司购入乙公司30%的股份,购买价款为2 200万元,自取得投资之日起能够对乙公司施加重大影响。取得投资当日,乙公司可辨认净资产公允价值为6 000万元,除表7-2所列项目外,乙公司其他资产、负债的公允价值与账面价值相同。

表7-2 乙公司可辨认净资产账面价值和公允价值 单位:万元

项 目	账面原价	已提折旧或摊销	公允价值	乙公司预计使用年限	甲公司取得投资后剩余使用年限
存货	500		700		
固定资产	1 200	240	1 600	20	16
无形资产	700	140	800	10	8
小计	2 400	380	3 100		

假定乙公司于2019年实现净利润600万元,其中在甲公司取得投资时的账面存货有80%对外出售。甲公司与乙公司的会计年度及采用的会计政策相同。固定资产、无形资产等均按直线法提取折旧或摊销,预计净残值均为0。假定甲、乙公司间未发生其他任何内部交易。

2019年12月31日,甲公司在确定其应享的投资收益时,应在乙公司实现净利润的基础上,根据取得投资时乙公司有关资产的账面价值与其公允价值差额的影响进行调整(假定不考虑所得税及其他税费等因素影响):

存货账面价值与公允价值的差额应调减的利润为160〔(700-500)×80%〕万元。

固定资产公允价值与账面价值差额应调整增加的折旧额为40(1 600÷16-1 200÷20)万元。

无形资产公允价值与账面价值差额应调整增加的摊销额为30(800÷8-700÷10)万元。

调整后的净利润为 370（600－160－40－30）万元。

按照甲公司应享有份额为 111（370×30%）万元。

确认投资收益的相关会计处理如下：

借：长期股权投资——损益调整　　　1 110 000
　　贷：投资收益　　　　　　　　　　　　　　　　1 110 000

（3）对于投资方或纳入投资方合并财务报表范围的子公司与其联营企业及合营企业之间发生的未实现内部交易损益应予以抵销。即投资方与联营企业及合营企业之间发生的未实现内部交易损益，按照应享有的比例计算归属于投资方的部分，应当予以抵销，在此基础上确认投资损益。投资方与被投资单位发生的内部交易损失，按照资产减值准则等规定属于资产减值损失的，应当全额确认。

投资方与其联营企业和合营企业之间的未实现内部交易损益抵销与投资方与子公司之间的未实现内部交易损益抵销有所不同，母子公司之间的未实现内部交易损益在合并财务报表中是全额抵销的（无论是全资子公司还是非全资子公司），而投资方与其联营企业和合营企业之间的未实现内部交易损益抵销仅仅是投资方（或是纳入投资方合并财务报表范围的子公司）享有联营企业或合营企业的权益份额。

应当注意的是，投资方与联营企业、合营企业之间发生投出或出售资产的交易，该资产构成业务的，应当按照《CAS20 企业合并》《CAS33 合并财务报表》的有关规定进行会计处理。有关会计处理如下：

① 联营、合营企业向投资方出售业务的，投资方应按《CAS20 企业合并》的规定进行会计处理。投资方应全额确认与交易相关的利得或损失。

② 投资方向联营、合营企业投出业务，投资方因此取得长期股权投资但未取得控制权的，应以投出业务的公允价值作为新增长期股权投资的初始投资成本，初始投资成本与投出业务的账面价值之差，全额计入当期损益。投资方向联营、合营企业出售业务，取得的对价与业务的账面价值之间的差额，全额计入当期损益。

【例 7－14】　甲公司为某汽车生产厂商。2019 年 1 月，甲公司以其所属的从事汽车配饰生产的一个分公司（构成业务），向其持股 30% 的联营企业乙公司增资。同时，乙公司的其他投资方（持有乙企业 70% 股权）也以现金 4 200 万元向乙公司增资。增资后，甲公司对乙公司的持股比例不变，并仍能施加重大影响。上述分公司（构成业务）的净资产（资产与负债的差额，下同）账面价值为 1 000 万元。该业务的公允价值为 1 800 万元。不考虑相关税费等其他因素影响。

本例中，甲公司是将一项业务投给联营企业作为增资。甲公司应当按照所投出分公司（业务）的公允价值 1 800 万元作为新取得长期股权投资的初始投资成本，初始投资成本与所投出业务的净资产账面价值 1 000 万元之间的差额 800 万元应全额计入当期损益。

投出或出售的资产不构成业务的，应当分别顺流交易和逆流交易进行会计处理。顺流交易是指投资方向其联营企业或合营企业投出或出售资产。逆流交易是指联营企业或合营企业向投资方出售资产。未实现内部交易损益体现在投资方或其联营企业、合营企业持有的资产账面价值中的，在计算确认投资损益时应予以抵销。

①对于投资方向联营企业或合营企业投出或出售资产的顺流交易，在该交易存在未实现内部交易损益的情况下（即有关资产未对外部独立第三方出售或未被消耗），投资方在采用权益法计算确认应享有联营企业或合营企业的投资损益时，应抵销该未实现内部交易损益的

影响，同时调整对联营企业或合营企业长期股权投资的账面价值；投资方因投出或出售资产给其联营企业或合营企业而产生的损益中，应仅限于确认归属于联营企业或合营企业其他投资方的部分。即在顺流交易中，投资方投出资产或出售资产给其联营企业或合营企业产生的损益中，按照应享有比例计算确定归属于本企业的部分不予确认。

【例7-15】 甲企业持有乙公司20%有表决权股份，能够对乙公司的财务和生产经营决策施加重大影响。2018年，甲公司将其账面价值为600万元的商品以1 000万元的价格出售给乙公司。至2018年资产负债表日，该批商品尚未对外部第三方出售。假定甲企业取得该项投资时，乙公司各项可辨认资产、负债的公允价值与其账面价值相同，两者在以前期间未发生过内部交易。乙公司2018年净利润为2 000万元。假定不考虑所得税因素。

甲企业在该项交易中实现利润400万元，其中的80（400×20%）万元是针对本企业持有的对联营企业的权益份额，在采用权益法计算确认投资损益时应予抵销，即甲企业应当进行的账务处理为：

借：长期股权投资——损益调整 [(20 000 000 – 4 000 000)×20%] 3 200 000
　　贷：投资收益　　　　　　　　　　　　　　　　　　　　　　　　3 200 000

甲企业如需编制合并财务报表，在合并财务报表中对该未实现内部交易损益应在个别报表已确认投资损益的基础上进行以下调整：

借：营业收入　　　　　　　　　　　　(10 000 000×20%) 2 000 000
　　贷：营业成本　　　　　　　　　　　(6 000 000×20%) 1 200 000
　　　　投资收益　　　　　　　　　　　　　　　　　　　　800 000

②对于联营企业或合营企业向投资方投出或出售资产的逆流交易，比照上述顺流交易处理。

应当说明的是，投资方与其联营企业及合营企业之间发生的无论是顺流交易还是逆流交易产生的未实现内部交易损失，其中属于所转让资产发生减值损失的，有关未实现内部交易损失不应予以抵销。

【例7-16】 甲企业于2018年1月取得乙公司20%有表决权股份，能够对乙公司施加重大影响。假定甲企业取得该项投资时，乙公司各项可辨认资产、负债的公允价值与其账面价值相同。2018年8月，乙公司将其成本为600万元的某商品以1 000万元的价格出售给甲企业，甲企业将取得的商品作为存货。至2018年资产负债表日，甲企业仍未对外出售该存货。乙公司2018年实现净利润为3 200万元。假定不考虑所得税因素。

甲公司在按照权益法确认应享有乙公司2018年净损益时，应进行以下账务处理：

借：长期股权投资——损益调整　　　　(28 000 000×20%) 5 600 000
　　贷：投资收益　　　　　　　　　　　　　　　　　　　　5 600 000

进行上述处理后，投资企业有子公司，需要编制合并财务报表的，在合并财务报表中，因该未实现内部交易损益体现在投资企业持有存货的账面价值当中，应在合并财务报表中进行以下调整：

借：长期股权投资——损益调整　　　　　　　　　　　　　800 000
　　贷：存货　　　　　　　　　　　　　　　　　　　　　　800 000

4. 被投资单位其他综合收益变动的处理

被投资单位其他综合收益发生变动的，投资方应当按照归属于本企业的部分，相应调整长期股权投资的账面价值，同时增加或减少其他综合收益。

【例 7-17】 甲公司持有乙公司 25% 的股份，并能对乙公司施加重大影响。当期，乙公司将作为存货的房地产转换为以公允价值模式计量的投资性房地产，转换日公允价值大于账面价值 1 500 万元，计入了其他综合收益。不考虑其他因素，甲公司当期按照权益法核算应确认的其他综合收益的会计处理如下：

按权益法核算甲公司应确认的其他综合收益 = 1 500 × 25% = 375（万元）

借：长期股权投资——其他综合收益　　　　3 750 000
　　贷：其他综合收益　　　　　　　　　　　　　　3 750 000

5. 取得现金股利或利润的处理

按照权益法核算的长期股权投资，投资方自被投资单位取得的现金股利或利润，应抵减长期股权投资的账面价值。在被投资单位宣告分派现金股利或利润时，借记"应收股利"科目，贷记"长期股权投资——损益调整"科目。

被投资单位若分派股票股利，投资方不作会计处理，但应于除权日注明所增加的股数，以反映股份的变化情况。

6. 超额亏损的确认

按照权益法核算的长期股权投资，投资企业确认应分担被投资单位发生的净亏损，应当以长期股权投资的账面价值以及其他实质上构成对被投资单位净投资的长期权益减记至零为限，投资企业负有承担额外损失义务的除外。

"其他实质上构成对被投资单位净投资的长期权益"，通常是指长期性的应收项目，如企业对被投资单位的长期债权，该债权没有明确的清收计划且在可预见的未来期间不准备收回的，实质上构成对被投资单位的净投资。该类长期权益不包括投资方与被投资单位之间因销售商品、提供劳务等日常活动所产生的长期债权。

企业存在其他实质上构成对被投资单位净投资的长期权益项目以及负有承担额外损失义务的情况下，在确认应分担被投资单位发生的亏损时，应当按照以下顺序进行处理：

（1）冲减长期股权投资的账面价值；

（2）如果长期股权投资的账面价值不足以冲减的（减记至零为限），应当以其他实质上构成对被投资单位净投资的长期权益账面价值为限继续确认投资损失，冲减长期权益的账面价值；

（3）在进行上述处理后，按照投资合同或协议约定企业仍承担额外义务的，应按预计承担的义务确认预计负债，计入当期投资损失。

值得注意的是，在合并财务报表中，子公司发生超额亏损的，子公司少数股东应当按照持股比例分担超额亏损。即在合并财务报表中，子公司少数股东分担的当期亏损超过了少数股东在该子公司期初所有者权益中所享有的份额的，其余额应当冲减少数股东权益。

在确认了有关的投资损失以后，被投资单位以后期间实现盈利的，应按以上相反顺序分别减记已确认的预计负债、恢复其他长期权益和长期股权投资的账面价值，同时确认投资收益。即应当按顺序分别借记"预计负债""长期应收款""长期股权投资"等科目，贷记"投资收益"科目。

【例 7-18】 A 企业持有 B 企业 40% 的股权，能够对 B 企业施加重大影响。2018 年 12 月 31 日该长期股权投资的账面价值为 6 000 万元。B 企业 2018 年由于一项主要业务市场条件发生变化,当年亏损9 000万元。假定A企业取得该投资时,B企业各项可辨认净资产、负债的公允价值与其账面价值相等,双方所采用的会计政策及会计期间也相同。

(1) 账务处理如下:

借:投资收益　　　　　　　(90 000 000×40%) 36 000 000
　　　贷:长期股权投资——B企业(损益调整)　　　　36 000 000

确认上述投资损失后,"长期股权投资——B企业"科目的账面余额 = 6 000 - 3 600 = 2 400(万元)。

(2) 上述例题中如果B企业当年亏损18 000万元,并且没有其他实质上构成对被投资单位净投资的长期权益项目,则账务处理如下:

A企业应确认分担被投资单位发生的净亏损额为7 200 (18000×40%)万元。

"长期股权投资——B企业"科目的账面余额为6 000万元。

A企业应确认的投资损失为6 000万元。

借:投资收益　　　　　　　　　　　　　　　60 000 000
　　　贷:长期股权投资——B企业(损益调整)　　　　60 000 000

长期股权投资的账面价值已减记至零,超额损失1 200 (7 200 - 6 000)万元在账外进行备查登记。

(3) 如果上述(2)中A企业长期股权投资的账面价值减记至零以后,账上还有应收B企业的"长期应收款"2 400万元,且该债权没有明确的清收计划,则在"长期应收款"的账面价值大于1 200万元的情况下,应以"长期应收款"的账面价值为限,进一步确认投资损失1 200万元。账务处理如下:

借:投资收益　　　　　　　　　　　　　　　12 000 000
　　　贷:长期应收款——B企业　　　　　　　　　　12 000 000

7. 被投资单位除净损益、其他综合收益以及利润分配以外的所有者权益的其他变动

被投资单位除净损益、其他综合收益以及利润分配以外的所有者权益的其他变动的因素,主要包括被投资单位接受其他股东的资本性投入、被投资单位发行可分离交易的可转债中包含的权益成分、以权益结算的股份支付、其他股东对被投资单位增资导致投资方持股比例变动等。投资方应当按所持股权比例计算应享有的份额,调整长期股权投资的账面价值,同时计入资本公积(其他资本公积),并在备查簿中予以登记。投资方在后续处置股权投资但对剩余股权仍采用权益法核算时,应按处置比例将这部分资本公积转入当期投资收益;对剩余股权终止权益法核算时,将这部分资本公积全部转入当期投资收益。

【例7-19】　2017年3月20日,A、B、C公司分别以现金200万元、400万元和400万元出资设立D公司,分别持有D公司20%、40%、40%的股权。A公司对D公司具有重大影响,采用权益法对有关长期股权投资进行核算。D公司自设立之日起至2019年1月1日实现净损益1 000万元,除此以外,无其他影响净资产的事项。2019年1月1日,经A、B、C公司协商,B公司对D公司增资800万元,增资后D公司净资产为2 800万元,A、B、C公司分别持有D公司15%、50%、35%的股权。相关手续于当日完成。假定A公司与D公司适用的会计政策、会计期间相同,双方在当期及以前期间未发生其他内部交易。不考虑相关税费等其他因素影响。

本例中，2019年1月1日，B公司增资前，D公司的净资产账面价值为2 000万元，A公司应享有D公司权益的份额为400（2 000×20%）万元。B公司单方面增资后，D公司的净资产增加800万元，A公司应享有D公司权益的份额为420（2 800×15%）万元。A公司享有的权益变动20（420-400）万元，属于D公司除净损益、其他综合收益和利润分配以外所有者权益的其他变动。A公司对D公司的长期股权投资的账面价值应调增20万元，并相应调整"资本公积——其他资本公积"。

8. 投资方持股比例增加但仍采用权益法核算的处理

投资方因增加投资等原因对被投资单位的持股比例增加，但被投资单位仍然是投资方的联营企业或合营企业时，投资方应当按照新的持股比例对股权投资继续采用权益法进行核算。在新增投资日，如果新增投资成本大于按新增持股比例计算的被投资单位可辨认净资产于新增投资日的公允价值份额，不调整长期股权投资成本；如果新增投资成本小于按新增持股比例计算的被投资单位可辨认净资产于新增投资日的公允价值份额，应按该差额，调整长期股权投资成本和营业外收入。进行上述调整时，应当综合考虑与原持有投资和追加投资相关的商誉或计入损益的金额。

【例7-20】 2016年1月1日，A公司以现金2 500万元向非关联方购买B公司20%的股权，并对B公司具有重大影响。当日，B公司可辨认净资产公允价值与账面价值相等，均为10 000万元。2016年1月1日至2019年1月1日期间，B公司实现净损益2 000万元，除此以外，无其他引起净资产发生变动的事项。2019年1月1日，A公司以现金1 200万元向另一非关联方购买B公司10%的股权，仍对B公司具有重大影响，相关手续于当日完成。当日，B公司辨认净资产公允价值为1.5亿元。不考虑相关税费等其他因素影响。

本例中，A公司于2016年1月1日第一次购买B公司股权时，应享有B公司可辨认净资产公允价值份额为2 000（10 000×20%）万元，A公司支付对价的公允价值为2 500万元，因此A公司2016年1月1日确认对B公司的长期股权投资的初始投资成本为2 500万元，其中含500万元的内含商誉。

借：长期股权投资——投资成本　　　　25 000 000
　　贷：银行存款　　　　　　　　　　　　　　　　25 000 000

A公司2019年1月1日第二次购买B公司股权时，应享有B公司可辨认净资产公允价值份额为1 500（15 000×10%）万元，A公司支付对价的公允价值为1 200万元，A公司本应调整第二次投资的长期股权投资成本为1 500万元，并将300万元的负商誉确认300万元的营业外收入，然而，由于A公司第一次权益法投资时确认了500万元的内含正商誉，两次商誉综合考虑后的金额为正商誉200万元，因此，A公司2019年1月1日确认的第二次投资的长期股权投资的初始投资成本仍为1 200万元，并在备查簿中记录两次投资各自产生的商誉和第二次投资时综合考虑两次投资产生的商誉后的调整情况。

借：长期股权投资　　　　　　　　　　12 000 000
　　贷：银行存款　　　　　　　　　　　　　　　　12 000 000

三、长期股权投资核算方法的转换

当投资企业拥有被投资单位表决权资本发生变化时，就有可能产生长期股权投资核算方法转换的问题。

（一）公允价值计量转权益法核算

原持有的对被投资单位的股权投资（不具有控制、共同控制或重大影响的），按照金融工具确认和计量准则进行会计处理的，因追加投资等原因导致持股比例上升，能够对被投资单位施加共同控制或重大影响的，在转按权益法核算时，投资方应当按照金融工具确认和计量准则确定的原股权投资的公允价值加上为取得新增投资而应支付对价的公允价值，作为改按权益法核算的初始投资成本。原持有的股权投资公允价值与账面价值之间的差额，以及原计入其他综合收益的累计公允价值变动应当转入改按权益法核算的当期损益。

然后，比较上述计算所得的初始投资成本，与按追加投资后全新的持股比例计算确定的应享有的被投资单位在追加投资日可辨认净资产公允价值份额之间的差额，前者大于后者的，不调整长期股权投资的账面价值；前者小于后者的，差额应调整长期股权投资的账面价值，并计入当期营业外收入。

【例7-21】 2018年2月，A公司以600万元现金自非关联方处取得B公司10%的股权。A公司根据金融工具确认和计量准则将其确认为以公允价值计量且其变动计入其他综合收益的金融资产。2019年1月2日，A公司又以1 200万元的现金自另一非关联方处取得B公司12%的股权，相关手续于当日完成。当日，B公司可辨认净资产公允价值总额为8 000万元，A公司对B公司的10%的股权账面价值1 000万元，计入其他综合收益的累计公允价值变为400万元。取得该部分股权后，按照B公司章程规定，A公司能够对B公司施加重大影响，对该项股权投资转为采用权益法核算。不考虑相关税费等其他因素影响。

本例中，2019年1月2日，A公司原持有10%股权的公允价值为1 000万元，为取得新增投资而支付对价的公允价值为1 200万元，因此A公司对B公司22%股权的初始投资成本为2 200万元。

A公司对B公司新持股比例为22%，应享有B公司可辨认净资产公允价值的份额为1 760（8 000×22%）万元。由于初始投资成本（2 200万元）大于应享有B公司可辨认净资产公允价值的份额（1 760万元），因此，A公司无须调整长期股权投资的成本。

2019年1月2日，A公司确认B公司的长期股权投资，进行会计处理如下：

借：长期股权投资——投资成本　　　　　　　　　　22 000 000
　　其他综合收益　　　　　　　　　　　　　　　　4 000 000
　　贷：其他权益工具投资　　　　　　　　　　　　10 000 000
　　　　银行存款　　　　　　　　　　　　　　　　12 000 000
　　　　投资收益　　　　　　　　　　　　　　　　4 000 000

（二）公允价值计量或权益法核算转成本法核算

因追加投资导致以公允价值计量且其变动计入当期损益的金融资产，或非交易性权益工具投资分类为以公允价值计量且其变动计入其他综合收益的金融资产，以及对联营企业、合营企业的投资转变为对子公司投资的，长期股权投资账面价值的调整应当按照对子公司投资初始计量的相关规定处理。

对原作为金融资产，转换为采用成本法核算的对子公司投资的，如有关金融资产分类为以公允价值计量且其变动计入当期损益的金融资产，应当按照转换时的公允价值确认为长期股权投资，公允价值与其账面价值之间的差额计入当期损益；如非交易性权益工具投资分类为以公允价值计量且其变动计入其他综合收益的金融资产，在按照转换时的公允价值确认为长期股权投资，该公允价值与其账面价值之间的差额计入当期损益外，原确认计入其他综合收益的前期公允价值变动亦应结转计入当期损益。

（三）权益法核算转公允价值计量

原持有的对被投资单位具有控制、共同控制或重大影响的长期股权投资，因部分处置等原因导致持股比例下降，不能再对被投资单位实施共同控制或重大影响的，应改按金融工具确认和计量准则对剩余股权投资进行会计处理，其在丧失共同控制或重大影响之日的公允价值与账面价值之间的差额计入当期损益。原采用权益法核算的相关其他综合收益应当在终止采用权益法核算时，采用与被投资单位直接处置相关资产或负债相同的基础进行会计处理，因被投资单位除净损益、其他综合收益和利润分配以外的其他所有者权益变动而确认的所有者权益，应当在终止采用权益法核算时全部转入当期损益。

【例7-22】甲公司持有乙公司30%的有表决权股份，能够对乙公司施加重大影响，对该股权投资采用权益法核算。2018年10月，甲公司将该项投资中的50%出售给非关联方，取得价款1 800万元。相关手续于当日完成。甲公司无法再对乙公司施加重大影响，将剩余股权投资转为以公允价值计量且其变动计入其他综合收益的金融资产。出售时，该项长期股权投资的账面价值为3 200万元，其中投资成本2 600万元，损益调整为300万元，其他综合收益为200万元，除净损益、其他综合收益和利润分配外的其他所有者权益变动为100万元。剩余股权的公允价值为1 800万元。不考虑相关税费等其他因素影响。

甲公司有关会计处理如下：

(1) 确认有关股权投资的处置损益。

借：银行存款　　　　　　　　　　　18 000 000
　　贷：长期股权投资　　　　　　　　　　　　16 000 000
　　　　投资收益　　　　　　　　　　　　　　 2 000 000

(2) 由于终止采用权益法核算，将原确认的相关其他综合收益全部转入当期损益。

借：其他综合收益　　　　　　　　　 2 000 000
　　贷：投资收益　　　　　　　　　　　　　　 2 000 000

(3) 由于终止采用权益法核算，将原计入资本公积的其他所有者权益变动全部转入当期损益。

借：资本公积——其他资本公积　　　 1 000 000
　　贷：投资收益　　　　　　　　　　　　　　 1 000 000

(4) 剩余股权投资转为以公允价值计量且其变动计入其他综合收益的金融资产，当天公允价值为1800万元，账面价值为1 600万元，两者差异应计入当期投资收益。

借：其他权益工具投资　　　　　　　18 000 000
　　贷：长期股权投资　　　　　　　　　　　　16 000 000
　　　　投资收益　　　　　　　　　　　　　　 2 000 000

（四）成本法转权益法

因处置投资等原因导致对被投资单位由能够实施控制转为具有重大影响或者与其他投资

方一起实施共同控制的,首先应按处置投资的比例结转应终止确认的长期股权投资成本。

然后,比较剩余长期股权投资的成本与按照剩余持股比例计算原投资时应享有被投资单位可辨认净资产公允价值的份额,前者大于后者的,属于投资作价中体现的商誉部分,不调整长期股权投资的账面价值;前者小于后者的,在调整长期股权投资成本的同时,调整留存收益。

对于原取得投资时至处置投资时(转为权益法核算)之间被投资单位实现净损益中投资方应享有的份额,一方面应当调整长期股权投资的账面价值,同时,对于原取得投资时至处置投资当期期初被投资单位实现的净损益(扣除已宣告发放的现金股利和利润)中应享有的份额,调整留存收益,对于处置投资当期期初至处置投资之日被投资单位实现的净损益中应享有的份额,调整当期损益;在被投资单位其他综合收益变动中应享有的份额,在调整长期股权投资账面价值的同时,应当计入其他综合收益;除净损益、其他综合收益和利润分配外的其他原因导致被投资单位其他所有者权益变动中应享有的份额,在调整长期股权投资账面价值的同时,应当计入资本公积(其他资本公积)。长期股权投资自成本法转为权益法后,未来期间应当按照长期股权投资准则规定计算确认应享有被投资单位实现的净损益、其他综合收益和所有者权益其他变动的份额。

在合并财务报表中,对于剩余股权,应当按照其在丧失控制权日的公允价值进行重新计量。处置股权取得的对价与剩余股权公允价值之和,减去按原持股比例计算应享有原有子公司自购买日开始持续计算的净资产的份额之间的差额,计入丧失控制权当期的投资收益。与原有子公司股权投资相关的其他综合收益,应当在丧失控制权时转为当期投资收益。企业应当在附注中披露处置后的剩余股权在丧失控制权日的公允价值、按照公允价值重新计量产生的相关利得或损失的金额。

【例7-23】 2017年1月1日,甲公司支付600万元取得乙公司100%的股权,投资当时乙公司可辨认净资产的公允价值为500万元,有商誉100万元。2017年1月1日至2018年12月31日,乙公司的净资产增加了75万元,其中按购买日公允价值计算实现的净利润50万元,持有的非交易性权益工具投资以公允价值计量且其变动计入其他综合收益的金融资产公允价值升值25万元。

2019年1月8日,甲公司转让乙公司60%的股权,收取现金480万元存入银行,转让后甲公司对乙公司的持股比例为40%,能够对其施加重大影响。2019年1月8日,即甲公司丧失对乙公司的控制权日,乙公司剩余40%股权的公允价值为320万元。假定乙公司未分配现金股利,并不考虑其他因素。甲公司在其个别和合并财务报表中的处理分别如下:

(1)甲公司个别财务报表的处理。

①确认部分股权处置收益。

借:银行存款	4 800 000
贷:长期股权投资	3 600 000
投资收益	1 200 000

②对剩余股权改按权益法核算:

借:长期股权投资	300 000
贷:盈余公积	20 000
未分配利润	1 800 000
投资收益	100 000

经上述调整后,在个别财务报表中剩余股权的账面价值为 270 万元。

(2) 甲公司合并财务报表的处理。合并财务报表中应确认的投资收益为 150 万元,由于个别财务报表中已经确认了 120 万元的投资收益,在合并财务报表中作如下调整:

①对剩余股权按丧失控制权日公允价值重新计量的调整。

借:长期股权投资　　　　　　　　　　　3 200 000
　　贷:长期股权投资　　　　　　　　　　　　　　2 700 000
　　　　投资收益　　　　　　　　　　　　　　　　　500 000

②对个别财务报表中的部分处置收益的归属期进行调整。

借:投资收益　　　　　　　　　　　　　　300 000
　　贷:未分配利润　　　　　　　　　　　　　　　　300 000

③转出与剩余股权相对应的其他综合收益 10 万元,重分类转入投资收益:

借:其他综合收益　　　　　　　　　　　　100 000
　　贷:投资收益　　　　　　　　　　　　　　　　　100 000

(五) 成本法核算转公允价值计量

原持有的对被投资单位具有控制的长期股权投资,因部分处置等原因导致持股比例下降,不能再对被投资单位实施控制、共同控制或重大影响的,应改按金融工具确认和计量准则进行会计处理,在丧失控制之日的公允价值与账面价值之间的差额计入当期投资收益。

【例 7-24】 甲公司持有乙公司 60% 的有表决权股份,能够对乙公司实施控制,对该股权投资采用成本法核算。2018 年 10 月,甲公司将该项投资中的 80% 出售给非关联方,取得价款 8 000 万元。相关手续于当日完成。甲公司无法再对乙公司实施控制,也不能施加共同控制或重大影响,将剩余股权投资转为以公允价值计量且其变动计入当期损益的金融资产。出售时,该项长期股权投资的账面价值为 8 000 万元,剩余股权投资的公允价值为 2 000 万元。不考虑相关税费等其他因素影响。

甲公司有关会计处理如下:

(1) 确认有关股权投资的处置损益。

借:银行存款　　　　　　　　　　　　　80 000 000
　　贷:长期股权投资　　　　　　　　　　　　　64 000 000
　　　　投资收益　　　　　　　　　　　　　　　16 000 000

(2) 剩余股权投资当天公允价值为 2 000 万元,账面价值为 1 600 万元,两者差异应认入当期投资收益。

借:交易性金融资产　　　　　　　　　　20 000 000
　　贷:长期股权投资　　　　　　　　　　　　　16 000 000
　　　　投资收益　　　　　　　　　　　　　　　　4 000 000

四、长期股权投资的减值

长期股权投资在按照规定确定其账面价值的基础上,如果存在减值迹象,应当按照相关准则的规定计提减值准备。企业持有的对被投资单位不具有共同控制或重大影响,并且在活跃市场中没有报价、公允价值不能可靠计量的长期股权投资,其减值应当按照《CAS22

金融工具确认和计量》处理;其他长期股权投资的减值应当按照《CAS8 资产减值》处理。上述有关长期股权投资的减值准备在提取以后,均不允许转回。具体处理方法见本书"资产减值"一章。

长期股权投资减值的核算,设置"长期股权投资减值准备"科目。本科目核算企业长期股权投资发生减值时计提的减值准备。本科目应当按照被投资单位进行明细核算。资产负债表日,企业根据资产减值准则或金融工具确认和计量准则确定长期股权投资发生减值的,按应减记的金额,借记"资产减值损失"科目,贷记本科目。处置长期股权投资时,应同时结转已计提的长期股权投资减值准备。本科目期末贷方余额,反映企业已计提但尚未转销的长期股权投资减值准备。

五、长期股权投资的处置

企业持有长期股权投资的过程中,由于各方面的考虑,决定将所持有的对被投资单位的股权全部或部分对外出售时,应相应结转与所售股权相对应的长期股权投资的账面价值。一般情况下,出售所得价款与处置长期股权投资账面价值之间的差额,应确认为处置损益。

投资方全部处置权益法核算的长期股权投资时,原权益法核算的相关其他综合收益应当在终止采用权益法核算时采用与被投资单位直接处置有关资产或负债相同的基础进行会计处理,因被投资方除净损益、其他综合收益和利润分配以外的其他所有者权益变动而确认的所有者权益,应当在终止采用权益法核算时全部转入当期投资收益。投资方部分处置权益法核算的长期股权投资,剩余股权仍采用权益法核算的,原权益法核算的相关其他综合收益应当采用与被投资单位直接处置相关资产或负债相同的基础处理并按比例结转,因被投资方除净损益、其他综合收益和利润分配以外的其他所有者权益变动而确认的所有者权益,应当按比例结转入当期投资收益。

【例 7-25】 A 企业原持有 B 企业 40% 的股权,2008 年 12 月 20 日,A 企业决定出售 10% 的 B 企业股权,出售时 A 企业账面上对 B 企业长期股权投资的构成为:投资成本 1 800 万元,损益调整 480 万元,可转入损益的其他综合收益 100 万元,其他权益变动 200 万元。出售取得价款 705 万元。

(1) A 企业确认处置损益的账户处理为:
借:银行存款 7 050 000
　　贷:长期股权投资 6 450 000
　　　　投资收益 600 000

(2) 除应将实际取得价款与出售长期股权投资的账面价值进行结转,确认出售损益以外,还应将原计入其他综合收益或资本公积的部分按比例转入当期损益。
借:资本公积——其他资本公积 500 000
　　其他综合收益 250 000
　　贷:投资收益 750 000

六、长期股权投资在附注中的披露

企业的长期股权投资,由《CAS41 在其他主体中权益的披露》准则进行规范。该准则适用于企业在子公司、合营安排、联营企业和未纳入合并财务报表范围的结构化主体中权益

的披露,主要包括以下内容:

(1) 总则。界定了企业在其他主体中的权益范围等。

(2) 重大判断和假设的披露。包括企业应当披露对其他主体实施控制、共同控制或重大影响的重大判断和假设,以及这些判断和假设变更的情况。

(3) 在子公司中权益的披露。主要包括企业应当在合并财务报表附注中披露企业集团的构成,包括子公司的名称、主要经营地及注册地、业务性质、企业的持股比例(或类似权益比例,下同)等。

(4) 在合营安排或联营企业中权益的披露。存在重要的合营安排或联营企业的,企业应当披露合营安排或联营企业的名称、主要经营地及注册地、企业与合营安排或联营企业的关系的性质以及企业的持股比例等相关信息。

(5) 在未纳入合并财务报表范围的结构化主体中权益的披露。对于未纳入合并财务报表范围的结构化主体,企业也应当披露有关信息:如未纳入合并财务报表范围的结构化主体的性质、目的、规模、活动及融资方式;在财务报表中确认的与企业在未纳入合并财务报表范围的结构化主体中权益相关的资产和负债的账面价值及其在资产负债表中的列报项目等。

▶第四节 合营安排

一、合营安排的概念及认定

(一) 合营安排的概念

合营安排是指一项由两个或两个以上的参与方共同控制的安排。合营安排的主要特征包括以下两点:

(1) 各参与方均受到该安排的约束。合营安排通过相关约定对各参与方予以约束。相关约定是指据以判断是否存在共同控制的一系列具有执行力的合约,通常包括合营安排各参与方达成的合同安排,如合同、协议、会议纪要、契约等,也包括对该安排构成约束的法律形式本身。从内容来看,有关约定可能涵盖以下方面:①对合营安排的目的、业务活动及期限的约定;②对合营安排的治理机构(如董事会或类似机构)成员的任命方式的约定;③对合营安排相关事项的决策方式的约定,包括哪些事项需要参与方决策、参与方的表决权情况、决策事项所需的表决权比例等内容,合营安排相关事项的决策方式是分析是否存在共同控制的重要因素;④对参与方需要提供的资本或其他投入的约定;⑤对合营安排的资产、负债、收入、费用、损益在参与方之间分配方式的约定。当合营安排通过单独主体达成时,该单独主体所制定的章程或其他法律文件有时会约定相关内容。

(2) 两个或两个以上的参与方对该安排实施共同控制。任何一个参与方都不能够单独控制该安排,对该安排具有共同控制的任何一个参与方均能够阻止其他参与方或参与方组合单独控制该安排。

(二) 共同控制及其判断原则

合营安排的一个重要特征是共同控制。共同控制是指按照相关约定对某项安排所共有的控制，并且该安排的相关活动必须经过分享控制权的参与方一致同意后才能决策。共同控制不同于控制，共同控制是由两个或两个以上的参与方实施，而控制由单一参与方实施。共同控制也不同于重大影响，享有重大影响的参与方只拥有参与安排的财务和经营政策的决策权力，但并不能够控制或者与其他方一起共同控制这些政策的制定。

在判断是否具有共同控制时，首先判断是否所有参与方或参与方组合集体控制该安排。其次再判断该安排相关活动的决策是否必须经过这些参与方一致同意。相关活动是指对某项安排的回报产生重大影响的活动，具体应视安排的情况而定，通常包括商品或劳务的销售和购买、资产的购买和处置、研究及融资活动等。

1. 集体控制

如果所有参与方或一组参与方必须一致行动才能决定某项安排的相关活动，则称所有参与方或一组参与方集体控制该安排。在判断集体控制时，需要注意以下几点：

（1）集体控制不是单独一方控制。为了确定相关约定是否赋予参与方对该安排的共同控制，主体首先识别该安排的相关活动，然后确定哪些能够赋予参与方主导相关活动的权力。

如果某一个参与方能够单独主导该安排中的相关活动，则为控制。如果一组参与方或所有参与方联合起来才能够主导该安排中的相关活动，则为集体控制。即在集体控制下，不存在任何一个参与方能够单独控制某安排，而是由一组参与方或所有参与方联合起来才能控制该安排。"一组参与方或所有参与方"即意味着要有两个或两个以上的参与方联合起来才能形成控制。

（2）尽管所有参与方联合起来一定能够控制该安排，但集体控制下，集体控制该安排的组合指的是那些既能联合起来控制该安排，又使得参与方数量最少的一个或几个参与方组合。能够集体控制一项安排的参与方组合很可能不止一个。

2. 相关活动的决策

主体应当在确定是由参与方组合集体控制该安排，而不是某一参与方单独控制该安排后，再判断这些集体控制该安排的参与方是否共同控制该安排。当且仅当相关活动的决策要求集体控制该安排的参与方一致同意时，才存在共同控制。

存在共同控制时，有关合营安排相关活动的所有重大决策必须经分享控制权的各方一致同意。一致同意的规定保证了对合营安排具有共同控制的任何一个参与方均可以阻止其他参与方在未经其同意的情况下就相关活动单方面作出决策：

"一致同意"中，并不要求其中一方必须具备主动提出议案的能力，只要具备对合营安排相关活动的所有重大决策予以否决的权力即可；也不需要该安排的每个参与方都一致同意，只要那些能够集体控制该安排的参与方意见一致，就可以达成一致同意。有时，相关约定中设定的决策方式也可能暗含需要达成一致同意。例如，假定两方建立一项安排，在该安排中双方各拥有50%的表决权。双方约定，对相关活动作出决策至少需要51%的表决权。在这种情况下，意味着双方同意共同控制该安排，因为如果没有双方的一致同意，就无法对相关活动作出决策。

当相关约定中设定了就相关活动作出决策所需的最低投票权比例时，若存在多种参与方的组合形式均能满足最低投票权比例要求的情形，则该安排就不是合营安排；除非相关约定明确指出，需要其中哪些参与方一致同意才能就相关活动作出决策。

如果存在两个或两个以上的参与方组合能够集体控制某项安排的，不构成共同控制。

【例7－26】 假定一项安排涉及三方：A公司、B公司、C公司，在该安排中拥有的表决权分别为50%、30%和20%。A公司、B公司、C公司之间的相关约定规定，75%以上的表决权即可对安排的相关活动作出决策。

在本例中，A公司和B公司是能够集体控制该安排的唯一组合，当且仅当A公司、B公司一致同意时，该安排的相关活动决策方能表决通过。因此A公司、B公司对安排具有共同控制权。

(1) 争议解决机制。在分析合营安排的各方是否共同分享控制权时，要关注对于争议解决机制的安排。相关约定可能包括处理纠纷的条款，例如，关于仲裁的约定。这些条款可能允许具有共同控制的各参与方在没有达成一致意见的情况下进行决策。这些条款的存在不会妨碍该安排构成共同控制的判断，因此，也不会妨碍该安排成为合营安排。但是，如果在各方未能就相关活动的重大决策达成一致意见的情况下，其中一方具备"一票通过权"或者潜在表决权等特殊权力，则需要仔细分析，很可能具有特殊权力的一方实质上具备控制权。

(2) 仅享有保护性权利的参与方不享有共同控制。保护性权利是指仅为了保护权利持有人利益却没有赋予持有人对相关活动进行决策的一项权利。保护性权利通常只能在合营安排发生根本性改变或某些例外情况发生时才能够行使，它既没有赋予其持有人对合营安排拥有权力，也不能阻止其他参与方对合营安排拥有权力。对于某些安排，相关活动仅在特定情况或特定事项发生时开展，例如，某些安排在设计时就确定了安排的活动及其回报，在特定情况或特定事项发生之前不需要进行重大决策。这种情况下，权利在特定情况或特定事项发生时方可行使并不意味该权利是保护性权利。

如果一致同意的要求仅仅与向某些参与方提供保护性权利的决策有关，而与该安排的相关活动的决策无关，那么拥有该保护性权利的参与方不会仅仅因为该保护性权利而成为该项安排的合营方。因此，在评估参与方能否共同控制合营安排时，必须具体区分参与方持有的权利是否为保护性权利，判断为保护性权利的，其行使与否不影响其他参与方控制或共同控制该安排。

(3) 一项安排的不同活动可能分别由不同的参与方或参与方组合主导。在不同阶段，一项安排可能发生不同的活动，从而导致不同参与方可能主导不同的相关活动，或者共同主导所有相关活动。不同参与方分别主导不同相关活动时，相关的参与方需要分别评估自身是否拥有主导对回报产生最重大影响的活动的权利，从而确定是否能够控制该项安排，而不是与其他参与方共同控制该项安排。

(4) 综合评估多项相关协议。有时，一项安排的各参与方之间可能存在多项相关协议。在单独考虑一份协议时，某参与方可能对合营安排具有共同控制，但在综合考虑该安排的目的和设计等所有情况时，该参与方实际上可能对该安排并不具有共同控制。因此，在判断是否存在共同控制时，需要综合考虑该多项相关协议。

(三) 合营安排中的不同参与方

只要两个或两个以上的参与方对该安排实施共同控制，一项安排就可以被认定为合营安排，并不要求所有参与方都对该安排享有共同控制。即一项合营安排的所有投资者群体中，只要其中部分投资者能够对该合营安排安排共同控制即可，构成合营安排的前提条件不要求所有投资者均具有共同控制能力。对合营安排享有共同控制的参与方（分享控制权的参与方）被称为合营方；对合营安排不享有共同控制的参与方被称为非合营方。

(四) 合营安排的分类

合营安排分为共同经营和合营企业。共同经营是指合营方享有该安排相关资产且承担该安排相关负债的合营安排。合营企业是指合营方仅对该安排的净资产享有权利的合营安排。合营方应当根据其在合营安排的正常经营中享有的权利和承担的义务，来确定合营安排的分类。对权利和义务进行评价时，应当考虑该合营安排的结构、法律形式以及合营安排中约定的条款、其他相关事实和情况等因素。

合营安排是为不同目的而设立的（例如，参与方为了共同承担成本和风险，或者参与方为了获得新技术或新市场），可以采用不同的结构和法律形式。一些安排不要求采用单独主体形式开展活动，另一些安排则涉及构造单独主体。在实物中。主体可以从合营安排是否通过单独主体达成为起点，判断一项合营安排是共同经营还是合营企业。

在因具有共同控制形成合营安排的情况下，进一步区分有关合营安排是共同经营还是合营企业，关键是看根据合营安排的合同、协议以及基于其法律形式确定的各投资方的权利、义务关系，投资方拥有的是对合营安排净资产的要求权还是对合营安排中持有有关资产份额的要求权，并基于其所承担负债的份额承担责任。

1. 单独主体

单独主体是指具有单独可辨认的财务架构的主体，包括单独的法人主体和不具备法人主体资格但法律所认可的主体。单独主体并不一定要具备法人资格，但必须具有法律所认可的单独可辨认的财务架构，确认某主体是否属于单独主体必须考虑适用的法律法规。具有可单独辨认的资产、负债、收入、费用、财务安排和会计记录，并且具有一定法律形式的主体，构成法律认可的单独可辨认的财务架构。合营安排最常见的形式包括有限责任公司，合伙企业、合作企业等。某些情况下，信托、基金也可被视为单独主体。

2. 合营安排未通过单独主体达成

当合营安排未通过单独主体达成时，该合营安排为共同经营。在这种情况下，合营方通常通过相关约定享有与该安排相关资产的权利并承担与该安排相关负债的义务，同时，享有相应收入的权利、并承担相应费用的责任，因此该合营安排应当划分为共同经营。

3. 合营安排通过单独主体达成

如果合营安排通过单独主体达成，在判断该合营安排是共同经营还是合营企业时，通常首先分析单独主体的法律形式，法律形式不足以判断时，将法律形式与合同安排结合进行分析，法律形式和合同安排结合起来仍不足以判断时，进一步考虑其他事实和情况。

（1）单独主体的法律形式。各参与方应当根据该单独主体的法律形式，判断该安排是赋予参与方享有与安排相关资产的权利、并承担与安排相关负债的义务，还是赋予参与方享有该安排的净资产的权利。即，各参与方应当依据单独主体的法律形式判断是否能将参与方和单独主体分离。例如，各参与方可能通过单独主体执行合营安排，单独主体的法律形式决定在单独主体中的资产和负债是单独主体的资产和负债，而不是各参与方的资产和负债。在这种情况下，基于单独主体的法律形式赋予各参与方的权利和义务，可以初步判定该项安排是合营企业。

在各参与方通过单独主体达成合营安排的情形下，当且仅当单独主体的法律形式没有将参与方和单独主体分离（即单独主体持有的资产和负债是各参与方的资产和负债）时，基于单独主体的法律形式赋予参与方权利和义务的判断，足以说明该合营安排是共同经营。

（2）合同安排。当单独主体的法律形式并不能将合营安排的资产的权利和对负债的义务授予该安排的参与方时，还需要进一步分析各参与方之间是否通过合同安排，赋予该安排的参与方对合营安排资产的权利和对合营安排负债的义务。合同安排中常见的某些特征或者条款可能表明该安排为共同经营或者合营企业。共同经营和合营企业的一些普遍特征的比较包括但不限于表7-3所示。

表7-3 共同经营和合营企业对比表

对比项目	共同经营	合营企业
合营安排的条款	参与方对合营安排的相关资产享有权利并对相关负债承担义务	参与方对与合营安排有关的净资产享有权利，即单独主体（而不是参与方），享有与安排相关资产的权利，并承担与安排相关负债的义务
对资产的权利	参与方按照约定的比例享有合营安排的相关资产的全部利益（例如权利、权属或所有权等）	资产属于合营安排，参与方并不对资产享有权利
对负债的义务	参与方按照约定的比例分担合营安排的成本、费用、债务及义务。第三方对该安排提出的索赔要求，参与方作为义务人承担索赔责任	合营安排对自身的债务或义务承担责任。参与方仅以其各自对该安排认缴的投资额为限对该安排承担相应的义务。合营安排的债权方无权就该安排的债务对参与方进行追索
收入、费用及损益	合营安排建立了各参与方按照约定的比例（例如按照各自所耗用的产能比例）分配收入和费用的机制。某些情况下，参与方按约定的份额比例享有合营安排产生的净损益不会必然使其被分类为合营企业，仍应当分析参与方对该安排相关资产的权利以及对该安排相关负债的义务	各参与方按照约定的份额比例享有合营安排产生的净损益
担保	参与方为合营安排提供担保（或提供担保的承诺）的行为本身并不直接导致一项安排被分类为共同经营	

有时，法律形式和合同安排均表明一项合营安排中的合营方对该安排的净资产享有权利，此时，若不存在相反的其他事实和情况，该合营安排应当被划分为合营企业。有时，仅从法律形式判断，一项合营安排符合合营企业的特征，但是，综合考虑合同安排后，合营方享有该合营安排相关资产并且承担该安排相关负债，此时，该合营安排应当被划分为共同经营。

（3）其他事实和情况。如果一项安排的法律形式与合同安排均没有将该安排的资产的权利和对负债的义务授予该安排的参与方，则应考虑其他事实和情况，包括合营安排的目的和设计、其与参与方的关系及其现金流的来源等。某些情况下，合营安排设立的主要目的是为参与方提供产出，这表明参与方可能按照约定实质上享有合营安排所持资产几乎全部的经济利益。这种安排下，参与方根据相关合同或法律约定有购买产出的义务，并往往通过阻止合营安排将其产出出售给其他第三方的方式来确保参与方能获得产出。这样，该安排产生的负债实质上是由参与方通过购买产出支付的现金流量而得以清偿。因此，如果参与方实质上是该安排持续经营和清偿债务所需现金流的唯一来源，这表明参与方承担了与该安排相关的负债。综合考虑该合营安排的其他相关事实和情况，表明参与方实质上享有合营安排所持资产几乎全部的经济利益，对合营安排所产生的负债的清偿，合营安排实质上也持续依赖于向参与方收取的产出的销售现金流，该合营安排的实质为共同经营。在实物中，参与方在合营安排中的产出分配比例与表决权比例不同，并不影响对该安排是共同经营还是合营企业的判断。

在区分合营安排的类型时，需要了解该安排的目的和设计。如果合营安排同时具有以下特征，则表明该安排是共同经营：①各参与方实质上有权享有，并有义务接受由该安排资产产生的几乎所有经济利益（从而承担了该经济利益的相关风险，如价格风险、存货风险、需求风险等），如该安排所从事的活动主要是向合营方提供产出等；②持续依赖于合营方清偿该安排活动产生的负债，并维持该安排的运营。

在考虑"其他事实和情况"时，只有当该安排产生的负债的清偿持续依赖于合营方的支持时，该安排才为共同经营，即强调参与方实质上是该安排持续经营所需现金流的唯一来源。

（4）重新评估。企业对合营安排是否拥有共同控制权，以及评估该合营安排是共同经营还是合营企业，需要在初始判断的基础上持续评估。进行判断时，企业需要对所有相关的事实和情况加以考虑。如果法律形式、合同条款等相关事实和情况发生变化，合营安排参与方应当对合营安排进行重新评估：一是评估原合营方是否仍对该安排拥有共同控制权；二是评估合营安排的类型是否发生变化。相关事实和情况的变化有时可能导致某一参与方控制该安排，从而使该安排不再是合营安排。由于相关事实和情况发生变化，合营安排的分类可能发生变化，可能由合营企业转变为共同经营，或者由共同经营转变为合营企业。例如，经重新协商，修订后的合营安排的合同条款约定参与方拥有对资产的权利，并承担对负债的义务，这种情况下，该安排的分类可能发生了变化，应重新评估该安排是否由合营企业转为共同经营。

二、共同经营中合营方的会计处理

（一）一般会计处理原则

除合营方对持有合营企业投资应当采用权益法核算以外，其他合营安排中的合营方应当确认自身所承担的以及按比例享有或承担的合营安排中按照合同、协议等的规定归属于本企业的资产、负债、收入及费用。该处理方法一定程度上类似于比例合并，但与比例合并又存在差异。具体如下：

合营方应当确认其与共同经营中利益份额相关的下列项目，并按照相关企业会计准则的规定进行会计处理：一是确认单独所持有的资产，以及按其份额确认共同持有的资产；二是确认单独所承担的负债，以及按其份额确认共同承担的负债；三是确认出售其享有的共同经营产出份额所产生的收入；四是按其份额确认共同经营因出售产出所产生的收入；五是确认单独所发生的费用，以及按其份额确认共同经营发生的费用。

合营方可能将其自有资产用于共同经营，如果合营方保留了对这些资产的全部所有权或控制权，则这些资产的会计处理与合营方自有资产的会计处理并无差别。

合营方也可能与其他合营方共同购买资产来投入共同经营，并共同承担共同经营的负债，此时，合营方应当按照企业会计准则相关规定确认在这些资产和负债中的利益份额。如按照《CAS4 固定资产》来确认在相关固定资产中的利益份额，按照金融工具确认和计量准则来确认在相关金融资产和金融负债中的份额。共同经营通过单独主体达成时，合营方应确认按照上述原则单独所承担的负债，以及按本企业的份额确认共同承担的负债。但合营方对于因其他股东未按约定向合营安排提供资金，按照我国相关法律或相关合同约定等规定而承担连带责任的，从其规定，在会计处理上应遵循《CAS13 或有事项》的要求。

有关合营合同的安排通常描述了该安排所从事活动的性质，以及各参与方打算共同开展这些活动的方式。例如，合营安排各参与方可能同意共同生产产品，每一参与方负责特定的任务，使用各自的资产，承担各自的负债。合同安排也可能规定了各参与方分享共同收入和分担共同费用的方式。在这种情况下，每一个合营方在其资产负债表上确认其用于完成特定任务的资产和负债，并根据相关约定确认相关的收入和费用份额。当合营安排各参与方可能同意共同拥有和经营一项资产时，相关约定规定了各参与方对共同经营资产的权利，以及来自该项资产的收入或产出和相应的经营成本在各参与方之间分配的方式。每一个合营方对其在共同资产中的份额、同意承担的负债份额进行会计处理，并按照相关约定确认其在产出、收入和费用中的份额。

【例 7-27】 2019 年 1 月 1 日，A 公司和 B 公司共同出资购买一栋写字楼，各自拥有该写字楼 50% 的产权，用于出租收取租金。合同约定，该写字楼相关活动的决策需要 A 公司和 B 公司一致同意方可作出；A 公司和 B 公司的出资比例、收入分享比例和费用分担比例均为各自 50%。该写字楼购买价款为 8 000 万元，由 A 公司和 B 公司以银行存款支付，预计使用寿命 20 年，预计净残值为 320 万元，采用年限平均法按月计提折旧。该写字楼的租赁合同约定，租赁期限为 10 年，每年租金为 480 万元，按月交付。该写字楼每月支付维修费 2 万元。另外，A 公司和 B 公司约定，该写字楼的后续维护和维修支出（包括再装修支出和任何其他的大修支出）以及与该写字楼相关的任何资金需求，均由 A 公司和 B 公司按比例承担。假设 A 公司和 B 公司均采用成本法对投资性房地产进行后续计量，不考虑税费等其他因素影响。

本例中，由于关于该写字楼相关活动的决策需要 A 公司和 B 公司一致同意方可作出，所以 A 公司和 B 公司共同控制该写字楼，购买并出租该写字楼为一项合营安排。由于该合营安排并未通过一个单独主体来架构，并明确约定了 A 公司和 B 公司享有该安排中资产的权利、获得该安排相应收入的权利、承担相应费用的责任等，因此该合营安排是共同经营。A 公司的相关会计处理如下：

(1) 出资购买写字楼时。
借：投资性房地产　（80 000 000×50%）40 000 000
　　贷：银行存款　　　　　　　　　　　　　　　　　　　　40 000 000
(2) 每月确认租金收入时。
借：银行存款　　（4 800 000×50%÷12）200 000
　　贷：其他业务收入　　　　　　　　　　　　　　　　　　　200 000
(3) 每月计提写字楼折旧时。
借：其他业务成本　　　　　　　　　　160 000
　　贷：投资性房地产累计折旧 [（80 000 000－3 200 000）÷20÷12×50%] 160 000
(4) 支付维修费时。
借：其他业务成本　　　　　　（20 000×50%）10 000
　　贷：银行存款　　　　　　　　　　　　　　　　　　　　　10 000

(二) 合营方向共同经营投出或者出售不构成业务的资产的会计处理

合营方向共同经营投出或出售资产等（该资产构成业务的除外），在共同经营将相关资产出售给第三方或相关资产消耗之前（即，未实现内部利润仍包括在共同经营持有的资产账面价值中时），应当仅确认归属于共同经营其他参与方的利得或损失。如果投出或出售的资产发生符合《CAS8 资产减值》等规定的资产减值损失的，合营方应当全额确认该损失。该规定与合营方对合营企业投出非货币性资产的规定一致。

(三) 合营方自共同经营购买不构成业务的资产的会计处理

合营方自共同经营购买资产等（该资产构成业务的除外），在将该资产等出售给第三方之前（即，未实现内部利润仍包括在合营方持有的资产账面价值中时），不应当确认因该交易产生的损益中该合营方应享有的部分，即此时应当仅确认因该交易产生的损益中归属于共同经营其他参与方的部分。

(四) 合营方取得构成业务的共同经营的利益份额且形成控制情况的会计处理

合营方取得共同经营中的利益份额，且该共同经营构成业务时，应当按照企业合并准则等准则进行相应的会计处理，但其他相关准则的规定不能与合营安排准则的规定相冲突。企业应当按照企业合并准则的相关规定判断该共同经营是否构成业务。该处理原则不仅适用于收购现有的构成业务的共同经营中的利益份额，也适用于与其他参与方一起设立共同经营，且由于有其他参与方注入既存业务，使共同经营设立时即构成业务。

合营方增加其持有的一项构成业务的共同经营的利益份额时，如果合营方对该共同经营仍然是共同控制，则合营方之前持有的共同经营的利益份额不应按照新增投资日的公允价值重新计量。

三、对共同经营不享有共同控制的参与方的会计处理原则

对共同经营不享有共同控制的参与方（非合营方），如果享有该共同经营相关资产且承担该共同经营相关负债的，比照合营方进行会计处理。即，共同经营的参与方，不论其是否

具有共同控制，只要能够享有共同经营相关资产的权利并承担共同经营相关负债的义务，对在共同经营中的利益份额采用与合营方相同的会计处理。否则，应当按照相关企业会计准则的规定对其利益份额进行会计处理。例如，如果该参与方对于合营安排的净资产享有权利并且具有重大影响，则按照长期股权投资准则等相关规定进行会计处理；如果该参与方对于合营安排的净资产享有权利并且无重大影响，则按照金融工具确认和计量准则等相关规定进行会计处理；向共同经营投出构成业务的资产的，以及取得共同经营的利益份额的，则按照合并财务报表及企业合并等相关准则进行会计处理。

本章小结

本章主要讲五个内容：长期股权投资初始计量、后续计量、处置和合营安排问题。(1) 初始计量。初始计量要确定是如何形成的长期股权投资，是合并形成的还是非合并形成的并分别处理。(2) 后续计量。这是本章的重点和难点。要求掌握成本法和权益法的适用范围和会计处理方法。(3) 处置问题。处置收入和账面价值之间的差额，确认投资收益。在权益法下，原来确认的资本公积和其他综合收益也要转到投资收益中。(4) 长期股权投资核算方法的转换。(5) 合营安排的会计处理。

重点概念

控制、共同控制、重大影响、同一控制下的企业合并、非同一控制下的企业合并、成本法和权益法。

思考题

1. 长期股权投资的初始计量方法分为哪几种？
2. 比较长期股权投资的成本法和权益法。
3. 如何区分控制、共同控制、重大影响？
4. 如何区分对子公司、联营企业、合营企业的投资？
5. 共同经营与合营安排有何不同？
6. 长期股权投资核算方法的转换有哪几种？转换的条件以及如何进行转换的会计处理？

第八章

投资性房地产

> **内容提要：**▲投资性房地产的确认和初始计量　▲投资性房地产的后续计量
> ▲投资性房地产的转换、处置和披露
> **学习目的及要求：**通过本章学习，熟悉投资性房地产的概念、范围和确认条件；掌握投资性房地产初始计量、后续计量和转换的会计处理；熟悉投资性房地产处置的会计处理。

在我国2006年以前的会计准则中，并没有要求企业区分对待企业持有的投资性房地产和自用房地产。然而在实务中，许多企业持有投资性房地产。由于两类房地产为企业带来现金流量的方式有较大差异，将投资性房地产和企业自用房地产都纳入固定资产或无形资产核算，不利于反映企业房地产的构成情况及各类房地产对企业经营业绩的贡献。基于此，财政部2006年发布了《CAS3 投资性房地产》（简称CAS3）将为赚取租金或资本增值而持有的房地产与为生产商品、提供劳务或者经营管理而持有的房地产分别核算。在国际上，IASB2004年修订的《IAS40 投资性房地产》（*IAS 40 Investment Property*）规定，商品或劳务的生产或供应过程中使用的房地产（或用于管理目的的房地产）产生的现金流量不仅归属于该项房地产，而且归属于在生产或供应过程中所使用的其他资产。2003年修订的《IAS16 不动产、厂场和设备》（*IAS 16 Property，Plant and Equipment*）适用于自用房地产。CAS3 大量借鉴了 IAS40 的规定，要求企业将投资性房地产作为区别于固定资产和无形资产的一项资产单独进行反映，将为赚取租金或资本增值而持有的房地产划分为一类专门的资产即投资性房地产，单独核算，这无疑有利于提高会计信息的相关性。

本章主要是根据2006年财政部发布的《CAS3 投资性房地产》并参考相关的国际会计准则编写。本章将主要介绍投资性房地产的确认和初始计量、后续计量的会计处理以及投资性房地产的转换和处置的会计处理。

▶第一节　投资性房地产的特征与范围

一、投资性房地产的概念及特征

房地产是指土地、建筑物及其权属的总称。房地产中的土地是指土地使用权。房屋是指土地上的房屋等建筑物及构筑物。企业拥有的房地产，除了用于生产的厂房、办公场所等类似用途外，还可能用于出租以获取租金或持有闲置的房地产等待合适的市场机会将其出售以获取资本利得。CAS3 将为赚取租金或资本增值而持有的房地产划分为一类专门的资产即投资性房地产。为生产商品、提供劳务或者经营管理而持有的房地产被称作自用房地产。投资性房地产和自用房地产在实物形态上完全相同，例如都表现为土地使用权、建筑物或构筑物等，但在产生现金流量的方式上具有各自的特点和显著的差异。投资性房地产是为了赚取租金或资本增值，或两者兼有。因此，投资性房地产产生的现金流量在很大程度上独立于企业持有的其他资产，这一点将投资性房地产与自用房地产区分开来。而商品或劳务的生产或供应过程中使用的房地产或用于管理目的的房地产产生的现金流量不仅归属于该项房地产，而且归属于在生产或供应过程中所使用的其他资产，这一类房地产属于自用房地产，也就是说，自用房地产必须与其他资产如生产设备、原材料、人力资源等相结合才能产生现金流量。根据实质重于形式的要求，两类房地产应分别进行会计处理，投资性房地产适用投资性房地产准则，而自用房地产适用固定资产或无形资产准则。具体情况为：自用房地产适用《CAS4 固定资产》或《CAS6 无形资产》；作为存货的房地产适用《CAS1 存货》，销售收入适用《CAS14 收入》；企业代建的房地产，收入和费用的确认和计量适用《CAS15 建造合同》；投资性房地产租金收入和售后租回适用《CAS21 租赁》。

投资性房地产（investment property）是指为赚取租金或资本增值，或两者兼有而持有的房地产。投资性房地产应当能够单独计量和出售。投资性房地产主要有以下特征：

（1）投资性房地产是一种经营性活动。投资性房地产的主要形式是出租建筑物、出租土地使用权，实质上是一种让渡资产使用权的行为。另一种形式是持有并准备增值后转让的土地使用权，其目的是为了增值后转让以赚取增值收益。这两种形式的活动取得的收入都是企业为完成其经营目标所从事的经营活动以及与之相关的其他活动形成的经济利益的总流入。在我国实务中，持有并准备增值后转让的土地使用权这种情况较少。

（2）投资性房地产在用途、状态、目的等方面区别于作为生产经营场所的房地产和用于销售的房地产。

（3）投资性房地产有两种后续计量模式，即成本模式和公允价值模式；同一企业只能采用同一种模式对所有投资性房地产进行后续计量，不得同时采用两种计量模式。

二、投资性房地产的范围

投资性房地产包括已出租的土地使用权、持有并准备增值后转让的土地使用权、已出租的建筑物。

（一）属于投资性房地产的项目

1. 已出租的土地使用权

已出租的土地使用权是指从租赁期开始日以经营租赁方式出租的土地使用权。其中，土地使用权是指企业通过出让或转让方式取得的土地使用权；租赁期开始日是指承租人有权行使其使用租赁资产权利的日期。企业计划用于出租但尚未出租的土地使用权不属于此类。

2. 持有并准备增值后转让的土地使用权

持有并准备增值后转让的土地使用权是指企业通过出让或转让方式取得的、准备增值后转让的土地使用权。按照国家有关规定认定的闲置土地，不属于持有并准备增值后转让的土地使用权。根据《闲置土地处理办法》（中华人民共和国国土资源部令第53号）的规定，闲置土地，是指国有建设用地使用权人超过国有建设用地使用权有偿使用合同或者划拨决定书约定、规定的动工开发日期满一年未动工开发的国有建设用地。已动工开发但开发建设用地面积占应动工开发建设用地总面积不足三分之一或者已投资额占总投资额不足百分之二十五，中止开发建设满一年的国有建设用地，也可以认定为闲置土地。

3. 已出租的建筑物

已出租的建筑物是指从租赁期开始日以经营租赁方式出租的建筑物。其中，用于出租的建筑物是指企业拥有产权的建筑物，包括自行建造或开发完成后用于出租的房地产；租赁期开始日是指承租人有权行使其使用租赁资产权利的日期。企业计划用于出租但尚未出租的建筑物，不属于此类。

某项房地产，部分用于赚取租金或资本增值，部分用于生产商品、提供劳务或经营管理，能够单独计量和出售的、用于赚取租金或资本增值的部分，应当确认为投资性房地产；不能够单独计量和出售、用于赚取租金或资本增值的部分，不确认为投资性房地产。

企业将建筑物出租，按租赁协议向承租人提供的相关辅助服务在整个协议中不重大的，如企业将办公楼出租并向承租人提供保安、维修等辅助服务，应当将该建筑物确认为投资性房地产；所提供的其他服务在整个协议中如为重大的，该建筑物应视为企业的经营场所，应当确认为自用房地产。

（二）不属于投资性房地产的项目

根据 CAS3 的规定，自用房地产和作为存货的房地产不属于投资性房地产。

（1）自用房地产。自用房地产是指为生产商品、提供劳务或者经营管理而持有的房地产，如企业的厂房和办公楼、企业生产经营用的土地使用权等。企业拥有并自行经营的旅馆饭店，其经营目的是通过向客户提供客房服务取得服务收入，该业务不具有租赁性质，不属于投资性房地产，视为企业的经营场所，确定为自用房地产；将其拥有的旅馆饭店部分或全部出租，且出租的部分能够单独计量和出售的，出租的部分可以确认为投资性房地产。企业出租给本企业职工居住的宿舍，即使按照市场价格收取租金，也不属于投资性房地产。这部分房产间接为企业自身的生产经营服务，具有自用房地产的性质。

（2）作为存货的房地产。作为存货的房地产是指房地产开发企业销售的或为销售而正在开发的商品房和土地。这部分房地产属于房地产开发企业的存货。

【例 8-1】 A 公司自行建造一栋 6 层楼房，包括地下一层（经改建后用作停车场）和地上 1~5 层。该建筑于 2018 年 5 月完工并达到预计可使用状态。大楼交付使用后，A 公司按照事先签订的合同将大楼 1~2 层出租给了一家超市连锁公司 B 公司，大楼的 3~5 层由 A 公司自用。A 公司与 B 公司的租赁合同规定了如下事项：（1）A 公司每年收取租金 100 万元；（2）A 公司允许自驾车前往 B 超市的顾客凭购物小票在一定时限内免费在大楼的地下停车场停车，作为补偿 B 超市每年向 A 公司支付一笔租用费。

为正确进行账务处理，A 公司对新的房产进行了评估得到如下结果：（1）地下停车场的造价为 400 万元，A 公司预计 B 超市顾客全年平均占用停车场全部车位的 60%；（2）出租给 B 超市的地上 1~2 层建筑的造价占整个大楼全部成本的 4/9。

本例中A公司出租给B公司的1~2层房产能够单独计量、出售,与整栋大楼具有一定的相对独立性,因此应当视为投资性房地产。对于出租的地下停车场,尽管A公司将停车场的使用权出租给了B公司,但是并没有划定固定的车位给B公司,因此出租的部分无法与整个房产或整个停车场区分开来,不具有独立可出售性,所以应当作为A公司的自用房产。

▶第二节 投资性房地产的确认和初始计量

一、投资性房地产的确认

将某个项目确认为投资性房地产,首先应当符合投资性房地产的概念,其次要同时满足投资性房地产的两个确认条件:
(1) 与该资产相关的经济利益很可能流入企业;
(2) 该投资性房地产的成本能够可靠地计量。

已出租的土地使用权、已出租的建筑物,其作为投资性房地产的确认时点为租赁期开始日,即土地使用权、建筑物进入出租状态、开始赚取租金的日期。对持有并准备增值后转让的土地使用权,其作为投资性房地产的确认时点为企业将自用土地使用权停止使用,准备增值后转让的日期。

二、投资性房地产的初始计量

进行投资性房地产的相关账务处理时,设置"投资性房地产"科目,该科目核算投资性房地产的价值,包括后续计量中采用成本模式计量的投资性房地产和采用公允价值模式计量的投资性房地产。

投资性房地产应当按照其发生的成本进行初始计量。以下分别具体情况予以说明。

(一) 外购的投资性房地产

对于外购的房地产,只有在购入房地产的同时开始对外出租(自租赁期开始日起,下同)或用于资本增值,才能称为外购的投资性房地产。外购投资性房地产的成本,包括购买价款、相关税费和可直接归属于该资产的其他支出。

企业购入房地产后,自用一段时间再改为出租或者用于资本增值的,应参照固定资产和无形资产等相关要求,先将外购的房地产确认为固定资产或无形资产,自租赁期开始日起或资本增值之日起,再从固定资产或无形资产转换为投资性房地产。

【例8-2】 甲公司为了拓展经营规模,2018年5月购得繁华商业街的一栋商务楼,并当即出租。该商务楼的购买价为300万元,采用银行转账支付。甲公司采用成本模式进行后续计量。假设不考虑相关税费。

甲公司账务处理为:

借:投资性房地产——商务楼　　　3 000 000
　　贷:银行存款　　　　　　　　　　　　　　　　3 000 000

沿用上例，假设甲公司拥有的商务楼符合采用公允价值计量模式的条件，采用公允价值模式进行后续计量。甲公司账务处理为：

借：投资性房地产——商务楼（成本）　　3 000 000
　　贷：银行存款　　　　　　　　　　　　　　　　　3 000 000

（二）自行建造投资性房地产

企业自行建造（或开发，下同）的房地产，只有在自行建造活动完成（达到预定可使用状态）的同时开始对外出租或用于资本增值，才能确认为投资性房地产。自行建造投资性房地产的成本，由建造该项资产达到预定可使用状态前所发生的必要支出构成，但是建造过程中发生的非正常性损失，直接计入当期损益。

企业自行建造的房地产达到预定可使用状态后一段时间才对外出租或者用于资本增值的，应先将自行建造的房地产确认为固定资产或存货，自租赁期开始日起或资本增值之日起，再从固定资产或存货转换为投资性房地产。

【例8-3】　2018年1月，A公司从其他单位购入一块土地，并在这块土地上开始自行建造两栋办公楼。2018年10月，A公司预计办公楼即将完工，与B公司签订了经营租赁合同，将其中的一栋办公楼租赁给B公司使用。租赁合同约定，该办公楼于完工时开始起租，2018年12月2日，两栋办公楼同时完工。该块土地使用权的成本为9 000 000元，两栋办公楼的实际造价均分别均为12 000 000元，能够单独出售，假设甲公司采用成本模式进行后续计量。假设不考虑相关税费。要求：作出甲公司的会计处理。

甲公司的账务处理如下：

土地使用权中的对应部分同时转换为投资性房地产 = 9 000 000 × （12 000 000 ÷ 24 000 000） = 4 500 000（元）

借：固定资产——办公楼　　　　　　　　12 000 000
　　投资性房地产——办公楼　　　　　　12 000 000
　　贷：在建工程——办公楼　　　　　　　　　　　24 000 000
借：投资性房地产——已出租土地使用权　4 500 000
　　贷：无形资产——土地使用权　　　　　　　　　4 500 000

三、与投资性房地产有关的后续支出

（一）资本化的后续支出

与投资性房地产有关的后续支出，满足投资性房地产确认条件的，应当计入投资性房地产成本。例如，企业为了提高投资性房地产的使用效能，往往需要对投资性房地产进行改建、扩建而使其更加坚固耐用，或者通过装修而改善其室内装潢，改扩建或装修支出满足确认条件的，应当将其资本化。

采用成本模式计量的，投资性房地产进入改扩建或装修阶段后，应当将其账面价值转入改扩建工程。借记"投资性房地产——在建""投资性房地产累计折旧"等科目，贷记"投资性房地产"科目。发生资本化的改良或装修支出，通过"投资性房地产——在建"科目归集，借记"投资性房地产——在建"科目，贷记"银行存款""应付账款"

等科目。改扩建或装修完成后,借记"投资性房地产"科目,贷记"投资性房地产——在建"科目。

采用公允价值模式计量的,投资性房地产进入改扩建或装修阶段,借记"投资性房地产——在建"科目,贷记"投资性房地产——成本""投资性房地产——公允价值变动"等科目;在改扩建或装修完成后,借记"投资性房地产——成本"科目,贷记"投资性房地产——在建"科目。

企业对某项投资性房地产进行改扩建等再开发且将来仍作为投资性房地产的,在再开发期间应继续将其作为投资性房地产,再开发期间不计提折旧或摊销。

【例8-4】 2018年3月,甲企业与乙企业的一项厂房经营租赁合同即将到期。该厂房按照成本模式进行后续计量,原价为2 000万元,已计提折旧600万元。为了提高厂房的租金收入,甲企业决定在租赁期满后对厂房进行改扩建,并与丙企业签订了经营租赁合同,约定自改扩建完工时将厂房出租给丙企业。3月15日,与乙企业的租赁合同到期,厂房随即进入改扩建工程。12月10日,厂房改扩建工程完工,共发生支出150万元,即日按照租赁合同出租给丙企业。假设甲企业采用成本计量模式。假设不考虑相关税费。

本例中,改扩建支出属于资本化的后续支出,应当记入投资性房地产的成本。

甲企业的账务处理如下:

(1) 2018年3月15日,投资性房地产转入改扩建工程。

借:投资性房地产——厂房(在建)　　　14 000 000
　　投资性房地产累计折旧　　　　　　　 6 000 000
　　贷:投资性房地产——厂房　　　　　　　　　　　　20 000 000

(2) 2018年3月15日—12月10日。

借:投资性房地产——厂房(在建)　　　 1 500 000
　　贷:银行存款　　　　　　　　　　　　　　　　　　 1 500 000

(3) 2018年12月10日,改扩建工程完工。

借:投资性房地产——厂房　　　　　　　15 500 000
　　贷:投资性房地产——厂房(在建)　　　　　　　15 500 000

【例8-5】 2018年3月,甲企业与乙企业的一项厂房经营租赁合同即将到期。为了提高厂房的租金收入,甲企业决定在租赁期满后对厂房进行改扩建,并与丙企业签订了经营租赁合同,约定自改扩建完工时将厂房出租给丙企业。3月15日,与乙企业的租赁合同到期,厂房随即进入改扩建工程。11月10日,厂房改扩建工程完工,共发生支出150万元,即日起按照租赁合同出租给丙企业。3月15日,厂房账面余额为1 200万元,其中成本1 000万元,累积公允价值变动200万元。假设甲企业采用公允价值计量模式。

甲企业的账务处理如下:

(1) 2018年3月15日,投资性房地产转入改扩建工程。

借:投资性房地产——厂房(在建)　　　12 000 000
　　贷:投资性房地产——成本　　　　　　　　　　　10 000 000
　　　　　　　　　　——公允价值变动　　　　　　　 2 000 000

(2) 2018年3月15日—11月10日。

借:投资性房地产——厂房(在建)　　　 1 500 000
　　贷:银行存款　　　　　　　　　　　　　　　　　　 1 500 000

(3) 2018年11月10日，改扩建工程完工。

借：投资性房地产——成本　　　　　　　　　　13 500 000

　　贷：投资性房地产——厂房（在建）　　　　　　　　13 500 000

(二) 费用化的后续支出

与投资性房地产有关的后续支出，不满足投资性房地产确认条件的，如企业对投资性房地产进行日常维护所发生的支出，应当在发生时计入当期损益，借记"其他业务成本"等科目，贷记"银行存款"等科目。

▶第三节　投资性房地产的后续计量

CAS3规定，企业通常应当采用成本模式对投资性房地产进行后续计量，也可以采用公允价值模式对投资性房地产进行后续计量，但是同一企业只能采用一种模式对所有投资性房地产进行后续计量，不得同时采用两种计量模式。

一、采用成本模式进行后续计量的投资性房地产

在成本模式（cost model）下，企业应当按照《CAS4 固定资产》和《CAS6 无形资产》的规定，对已出租的建筑物和土地使用权进行计量，计提折旧或摊销。如果存在减值迹象的，应当按照《CAS8 资产减值》的规定进行处理。

投资性房地产采用成本模式进行后续计量的，企业应当按照投资性房地产类别和项目进行明细核算；投资性房地产采用公允价值模式进行后续计量的，企业应当按照投资性房地产类别和项目并分别"成本"和"公允价值变动"进行明细核算。采用成本模式计量的投资性房地产比照固定资产或无形资产进行核算。

采用成本模式进行后续计量的投资性房地产，应当遵循以下会计处理规定：

(1) 企业外购、自行建造等取得投资性房地产，按其实际成本，借记"投资性房地产"科目，贷记"银行存款""在建工程"等科目。

(2) 按照固定资产或无形资产的有关规定，按期（月）对投资性房地产计提折旧或进行摊销，借记"其他业务成本"等科目，贷记"投资性房地产累计折旧（摊销）"科目。

(3) 取得的租金收入，借记"银行存款"科目，贷记"其他业务收入"科目。

(4) 投资性房地产存在减值迹象的，适用资产减值的有关规定。经减值测试后确定发生减值的，应当计提减值准备，借记"资产减值损失"科目，贷记"投资性房地产减值准备"科目。由于固定资产、无形资产、投资性房地产、长期股权投资等价值较大的非流动资产发生减值，按照资产减值准则计提减值损失后，价值恢复的可能极小或不存在，发生的资产减值应当视为永久性减值，依据《CAS8 资产减值》规定，长期资产减值损失一经确认不得转回。

【例8-6】 甲公司为一般纳税人，采用成本模式对投资性房地产进行后续计量。房地产及土地使用权适用的增值税率均为10%。有关资料如下：

(1) 2018年12月18日,甲公司以银行存款购入一栋写字楼,价款为51 000万元(包括土地使用权为1 000万元),支付的增值税为510万元。该写字楼预计尚可使用年限为40年,土地使用权预计尚可使用年限为50年。写字楼和土地使用权的预计净残值为零,均采用直线法计提折旧和进行摊销,假定按年计提折旧和摊销。

(2) 2018年12月18日,甲公司根据此前与B公司签订的租赁协议,将该写字楼整体出租给B公司,租期为3年,年租金为2 000万元,每年年初支付。

(3) 租赁期满后,将写字楼转为自用办公楼。

要求:

(1) 编制2018年12月18日购入房地产的有关会计分录;
(2) 编制收到租金及有关营业税的相关会计分录;
(3) 编制按年对投资性房地产计提折旧和进行摊销的会计分录;
(4) 编制有关租赁期满后,将写字楼转为自用办公楼的会计分录。

(1) 2018年12月18日购入房地产。

借:投资性房地产　　　　　　　　　　　510 000 000
　　应交税费——应交增值税(进项税额)　51 000 000
　　贷:银行存款　　　　　　　　　　　　　　　　　　561 000 000

(2) 收到租金及计算应交增值税。

借:银行存款　　　　　　　　　　　　22 000 000
　　贷:其他业务收入　　　　　　　　　　　　　　　20 000 000
　　　　应交税费——应交增值税(销项税额)　　　　2 000 000

(3) 按年对投资性房地产计提折旧和进行摊销。

借:其他业务成本　　　　　　　　　　12 700 000
　　贷:投资性房地产累计折旧　　　　　　　　　　12 500 000
　　　　投资性房地产累计摊销　　　　　　　　　　　 200 000

(4) 租赁期满后,将写字楼转为自用办公楼。

借:固定资产　　　　　　　　　　　　500 000 000
　　无形资产　　　　　　　　　　　　 10 000 000
　　投资性房地产累计折旧　(12 500 000×3) 37 500 000
　　投资性房地产累计摊销　(200 000×3)　　 600 000
　　贷:累计折旧　　　　　　　　　　　　　　　　37 500 000
　　　　累计摊销　　　　　　　　　　　　　　　　　 600 000
　　　　投资性房地产　　　　　　　　　　　　　　510 000 000

【例8-7】 甲企业将某一栋办公楼租赁给乙公司使用,已确认为投资性房地产,并一直采用成本模式进行后续计量。该办公楼的成本为1 800万元,按直线法计提折旧,使用寿命为20年,预计净残值为零。按照经营租赁合同,乙企业每月支付租金8万元。当年12月,这栋办公楼出现减值迹象,经减值测试,其可收回金额为1 200万元,此时办公楼的账面价值为1 500万元,以前未计提减值准备。甲企业账务处理为:

(1) 计提折旧。

借:其他业务成本　　　(18 000 000÷20÷12) 75 000
　　贷:投资性房地产累计折旧　　　　　　　　　　　 75 000

(2) 确认租金。
借：银行存款（或其他应收款）　　　　　　　　80 000
　　贷：其他业务收入　　　　　　　　　　　　　　　　　80 000
(3) 计提减值准备。
借：资产减值损失　　　　　　　　　　　　　3 000 000
　　贷：投资性房地产减值准备　　　　　　　　　　　3 000 000

二、采用公允价值模式进行后续计量的投资性房地产

（一）采用公允价值模式的前提条件

企业只有存在确凿证据表明投资性房地产的公允价值能够持续可靠取得，才可以采用公允价值模式（fair value model）对投资性房地产进行后续计量。企业一旦选择采用公允价值计量模式，就应当对其所有投资性房地产均采用公允价值模式进行后续计量。采用公允价值模式进行后续计量的投资性房地产应当同时满足下列条件：

（1）投资性房地产所在地有活跃的房地产交易市场。所在地，通常是指投资性房地产所在的城市。对于大中城市，应当具体化为投资性房地产所在的城区。

（2）企业能够从活跃的房地产交易市场上取得同类或类似房地产的市场价格及其他相关信息，从而对投资性房地产的公允价值作出合理的估计。同类或类似的房地产，对建筑物而言，是指所处地理位置和地理环境相同、性质相同、结构类型相同或相近、新旧程度相同或相近、可使用状况相同或相近的建筑物；对土地使用权而言，是指同一城区、同一位置区域、所处地理环境相同或相近、可使用状况相同或相近的土地。

（二）采用公允价值模式进行后续计量的会计处理

企业采用公允价值模式进行后续计量的，不对投资性房地产计提折旧或摊销，应当以资产负债表日投资性房地产的公允价值为基础调整其账面价值，公允价值与原账面价值之间的差额计入当期损益（公允价值变动损益）。投资性房地产取得的租金收入，确认为其他业务收入。

采用公允价值模式进行后续计量的投资性房地产，应当遵循以下会计处理：

（1）企业外购或自行建造等取得的投资性房地产，按照其实际成本，借记"投资性房地产——成本"科目，贷记"银行存款""在建工程"等科目。

（2）不对投资性房地产计提折旧或进行摊销，企业应当以资产负债表日投资性房地产的公允价值为基础调整其账面价值，公允价值与原账面价值之间的差额计入当期损益。资产负债表日，投资性房地产的公允价值高于其账面余额的差额，借记"投资性房地产——公允价值变动"科目，贷记"公允价值变动损益"科目；公允价值低于其账面余额的差额做相反的会计分录。

（3）取得的租金收入，借记"银行存款"科目，贷记"其他业务收入"科目。

【例8-8】甲公司为从事房地产经营开发的企业。2017年8月，甲公司与乙公司签订租赁协议，约定将甲公司开发的一栋精装修的写字楼于开发完成的同时开始租赁给乙公司使用，租赁期为10年。当年10月1日，该写字楼开发完成并开始起租，写字楼的造

价为9 000万元。由于该栋写字楼地处商业繁华区，所在城区有活跃的房地产交易市场，而且能够从房地产交易市场上取得同类房地产的市场报价，甲公司决定采用公允价值模式对该项出租的房地产进行后续计量。2017年12月31日，该写字楼的公允价值为9 200万元。2018年12月31日，该写字楼的公允价值为9 300万元。假设不考虑相关税费。

甲公司的账务处理如下：

（1）2017年10月1日，甲公司开发完成写字楼并出租。

借：投资性房地产——××写字楼（成本）　　90 000 000
　　贷：开发产品　　　　　　　　　　　　　　　　　　90 000 000

（2）2017年12月31日，以公允价值为基础调整其账面价值，公允价值与原账面价值之间的差额计入当期损益。

借：投资性房地产——××写字楼（公允价值变动）　2 000 000
　　贷：公允价值变动损益　　　　　　　　　　　　　　　2 000 000

（3）2018年12月31日，公允价值又发生变动。

借：投资性房地产——××写字楼（公允价值变动）　1 000 000
　　贷：公允价值变动损益　　　　　　　　　　　　　　　1 000 000

三、投资性房地产后续计量模式的变更

为保证会计信息的可比性，企业对投资性房地产的计量模式一经确定，不得随意变更。如果有确凿证据表明投资性房地产的公允价值能够持续可靠地取得，同时满足采用公允价值计量模式的条件，应当采用公允价值模式；在其他情况下则应当采用成本模式计量。投资性房地产后续计量模式的变更，变更前和变更后的做法都应符合会计准则的要求，变更过程要有充分理由来证明其合理性。从成本模式转为公允价值模式的应当作为会计政策变更处理，进行追溯调整，将计量模式变更时公允价值与账面价值的差额调整期初留存收益（未分配利润）。但已采用公允价值模式计量的投资性房地产，不得从公允价值模式转为成本模式。

企业变更投资性房地产后续计量模式时，按照计量模式变更日投资性房地产的公允价值，借记"投资性房地产（成本）"科目，按照已计提的折旧或摊销，借记"投资性房地产累计折旧（摊销）"科目，原已经计提减值准备的，借记"投资性房地产减值准备"科目，按原账面余额，贷记"投资性房地产"科目，按照公允价值与账面价值的差额，贷记或借记"利润分配——未分配利润""盈余公积"等科目。

【例8-9】　甲企业将一栋写字楼租赁给乙公司使用，并一直采用成本模式进行后续计量。2018年1月1日，甲企业认为，出租给乙公司使用的写字楼，其所在地的房地产交易市场比较成熟，具备了采用公允价值模式计量的条件，决定对该项投资性房地产从成本模式转换为公允价值模式计量。该写字楼的原造价为9 000万元，已计提折旧270万元，账面价值为8 730万元。2018年1月1日，该写字楼的公允价值为9 500万元。假设甲企业按净利润的10%计提盈余公积（不考虑所得税的影响）。假设不考虑增值税费。

甲企业的账务处理如下：

借：投资性房地产——××写字楼（成本）　　95 000 000
　　投资性房地产累计折旧　　　　　　　　　　2 700 000

贷：投资性房地产——××写字楼	90 000 000
利润分配——未分配利润	6 930 000
盈余公积	770 000

▶第四节　投资性房地产的转换、处置和披露

一、投资性房地产的转换

(一) 投资性房地产的转换形式及转换日

投资性房地产的转换实质上是因房地产用途发生改变而对房地产进行的重新分类。这里所说的房地产的转换是针对房地产用途发生改变而言，而不是后续计量模式的转变。企业必须有确凿证据表明房地产用途发生改变，才能将投资性房地产转换为其他资产或者将其他资产转换为投资性房地产。这里的确凿证据包括两个方面：一是企业管理当局应当就改变房地产用途形成正式的书面决议；二是房地产因用途改变而发生实际状态上的改变，如从自用状态改为出租状态。企业有确凿证据表明房地产用途发生改变，且满足下列条件之一的，应当将投资性房地产转换为其他资产或者将其他资产转换为投资性房地产：

(1) 投资性房地产开始自用，即投资性房地产转为自用房地产。在此种情况下，转换日为房地产达到自用状态，企业开始将房地产用于生产商品、提供劳务或者经营管理的日期。

(2) 作为存货的房地产改为出租。通常指房地产开发企业将其持有的开发产品以经营租赁的方式出租，存货相应地转换为投资性房地产。在此种情况下，转换日为房地产的租赁期开始日。租赁期开始日是指承租人有权行使其使用租赁资产权利的日期。

(3) 自用建筑物或土地使用权停止自用，改为出租，即企业将原本用于生产商品、提供劳务或者经营管理的房地产改用于出租，固定资产或土地使用权相应地转换为投资性房地产。在此种情况下，转换日为租赁期开始日。

(4) 自用土地使用权停止自用改用于资本增值，即企业将原本用于生产商品、提供劳务或者经营管理的土地使用权改用于资本增值，土地使用权相应地转换为投资性房地产。在此种情况下，转换日为自用土地使用权停止自用后确定用于资本增值的日期。

(二) 房地产转换的会计处理

1. 成本模式下的转换

应当将房地产转换前的账面价值作为转换后的入账价值。

(1) 采用成本模式计量的投资性房地产转为自用房地产。企业原来用于赚取租金或资本增值的投资性房地产，转而用于生产商品、提供劳务或者经营管理的，投资性房地产相应转换为固定资产或无形资产。

投资性房地产转换为自用的固定资产、无形资产、存货的，转换日为开始自用日。成本模式下投资性房地产转换的会计处理中不产生转换差额，将转换前的账面余额、已提折旧

(摊销)、已提减值准备转入对应账户。

企业将采用成本模式后续计量的投资性房地产转为自用房地产时,应当按转换日的"投资性房地产"的账面余额"投资性房地产累计折旧""投资性房地产累计摊销""投资性房地产减值准备"等科目中的金额分别转换到"固定资产""无形资产""累计折旧""累计摊销"等科目中。

【例8-10】 2018年7月末,甲企业将出租在外的厂房收回,8月1日开始用于本企业的商品生产,该厂房相应由投资性房地产转换为自用房地产。该项房地产在转换前采用成本模式计量,截至2018年7月31日,账面价值为3 765万元,其中,原价5 000万元,累计已计提折旧1 235万元。甲企业2018年8月1日的账务处理如下:

借:固定资产　　　　　　　　　　　50 000 000
　　投资性房地产累计折旧　　　　　12 350 000
　　贷:投资性房地产——××厂房　　　　　　　　　　50 000 000
　　　　累计折旧　　　　　　　　　　　　　　　　　　12 350 000

(2) 将作为存货的房地产转换为采用成本模式计量的投资性房地产。企业将作为存货的房地产转换为采用成本模式后续计量的投资性房地产的,应按其在转换日的账面余额,借记"投资性房地产"科目,贷记"开发产品"等科目。已计提跌价准备的,还应同时结转跌价准备。

【例8-11】 甲企业是从事房地产开发业务的企业,2018年3月10日,甲企业与乙企业签订租赁协议,将其开发的一栋写字楼整体出租给乙企业使用,租赁期开始日为2018年4月15日。2018年4月15日,该写字楼的账面余额45 000万元,未计提存货跌价准备,转换后采用成本模式计量。甲企业2018年4月15日的账务处理如下:

借:投资性房地产——××写字楼　　450 000 000
　　贷:开发产品　　　　　　　　　　　　　　　　　450 000 000

(3) 自用土地使用权或建筑物转换为以成本模式计量的投资性房地产。企业将自用土地使用权或建筑物转换为以成本模式计量的投资性房地产时,应当按该项土地使用权或建筑物在转换日的原价、累计折旧、减值准备等,分别转入"投资性房地产""投资性房地产累计折旧(摊销)""投资性房地产减值准备"科目。按其账面余额,借记"投资性房地产"科目,贷记"固定资产"或"无形资产"科目;按已计提的折旧或摊销,借记"累计折旧"或"累计摊销"科目,贷记"投资性房地产累计折旧(摊销)"科目;原已计提减值准备的,借记"固定资产减值准备"或"无形资产减值准备"科目,贷记"投资性房地产减值准备"科目。

【例8-12】 甲企业拥有一栋办公楼,用于本企业总部办公。2018年3月10日,甲企业与乙企业签订了经营租赁协议,将这栋办公楼整体出租给乙企业使用,租赁期开始日为2018年4月15日,为期5年。2018年4月15日,这栋办公楼的账面余额45 000万元。已计提折旧300万元。假设甲企业所在城市没有活跃的房地产交易市场。甲企业2018年4月15日的账务处理如下:

借:投资性房地产——××写字楼　　450 000 000
　　累计折旧　　　　　　　　　　　3 000 000
　　贷:固定资产　　　　　　　　　　　　　　　　　450 000 000
　　　　投资性房地产累计折旧　　　　　　　　　　　3 000 000

2. 公允价值模式下的转换

公允价值模式下的转换，转换后的资产入账价值等于转换日的公允价值，会产生转换差额，需要关注差额的处理。

(1) 投资性房地产转换为自用房地产。采用公允价值模式计量的投资性房地产转换为自用房地产时，应当以其转换当日的公允价值作为自用房地产的账面价值，公允价值与原账面价值的差额计入当期损益（公允价值变动损益）。将投资性房地产转为自用时，应按其在转换日的公允价值，借记"固定资产"等科目，按其账面余额，贷记"投资性房地产（成本、公允价值变动）"科目，按其差额，贷记或借记"公允价值变动损益"科目。

【例8-13】 2018年10月15日，甲企业因租赁期满，将出租的写字楼收回，准备作为办公楼用于本企业的行政管理。2018年12月1日，该写字楼正式开始自用，相应由投资性房地产转换为自用房地产，当日的公允价值为4 800万元。该项房地产在转换前采用公允价值模式计量，原账面价值为4 750万元，其中，成本为4 500万元，公允价值变动为增值250万元。

甲企业的账务处理如下：

借：固定资产　　　　　　　　　　　　　　48 000 000
　　贷：投资性房地产——写字楼（成本）　　　　　　45 000 000
　　　　　　　　——写字楼（公允价值变动）　　　　2 500 000
　　　　公允价值变动损益　　　　　　　　　　　　　　500 000

(2) 作为存货的房地产转换为采用公允价值模式计量的投资性房地产。作为存货的房地产转换为采用公允价值模式计量的投资性房地产时，投资性房地产应当按照转换当日的公允价值计量。转换当日的公允价值小于原账面价值的，其差额计入当期损益（公允价值变动损益）；转换当日的公允价值大于原账面价值的，根据谨慎性原则，其差额作为其他综合收益，计入所有者权益。

【例8-14】 2018年3月10日，甲房地产开发公司与乙企业签订了经营租赁协议，将其开发的一栋办公楼出租给乙企业使用，租赁期开始日为2018年4月15日。2018年4月15日，这栋办公楼的账面余额45 000万元，公允价值为47 000万元。2018年12月31日，该项投资性房地产的公允价值为48 000万元。

甲企业的账务处理如下：

2018年4月15日，出租办公楼时。

借：投资性房地产——成本　　　　　　470 000 000
　　贷：开发产品　　　　　　　　　　　　　　　450 000 000
　　　　其他综合收益——房地产转换损益　　　　3 000 000

2018年12月31日，该办公楼的公允价值变动。

借：投资性房地产——公允价值变动　　　10 000 000
　　贷：公允价值变动损益　　　　　　　　　　　10 000 000

(3) 将自用土地使用权或建筑物转换为采用公允价值模式计量的投资性房地产。将自用土地使用权或建筑物转换为采用公允价值模式计量的投资性房地产的，按其在转换日的公允价值，借记"投资性房地产（成本）"科目，按已计提的累计折旧等，借记"累计折旧""累计摊销"等科目，按其账面余额，贷记"固定资产""无形资产"等科目，按其差额，贷记

"其他综合收益——房地产转换损益"科目或借记"公允价值变动损益"科目。已计提减值准备的,还应同时结转减值准备。

【例 8-15】 2018 年 6 月,甲企业打算搬迁至新建办公楼,由于原办公楼处于商业繁华地段,甲企业准备将其出租,以赚取租金收入。2018 年 10 月,甲企业完成了搬迁工作,原办公楼停止自用。2018 年 12 月,甲企业与乙企业签订了租赁协议,将其原办公楼租赁给乙企业使用,租赁期开始日为 2019 年 1 月 1 日,租赁期限为 3 年。假设甲企业对出租的办公楼采用公允价值模式计量。2019 年 1 月 1 日,该办公楼的公允价值为 35 000 万元,其原价为 50 000 万元,已提折旧 14 250 万元。

甲企业 2019 年 1 月 1 日的账务处理如下:

借:投资性房地产——××办公楼(成本)　　　350 000 000
　　公允价值变动损益　　　　　　　　　　　　　7 500 000
　　累计折旧　　　　　　　　　　　　　　　　142 500 000
　　贷:固定资产　　　　　　　　　　　　　　　　　　　　500 000 000

二、投资性房地产的处置

根据 CAS3 的规定,当投资性房地产被处置,或者永久退出使用且预计不能从其处置中取得经济利益时,应当终止确认该项投资性房地产。企业出售、转让、报废投资性房地产或者发生投资性房地产毁损时,应当将处置收入扣除其账面价值和相关税费后的金额计入当期损益,将实际收到的处置收入计入其他业务收入,所处置投资性房地产的账面价值计入其他业务成本。

(一)采用成本模式计量的投资性房地产的处置

处置成本模式计量的投资性房地产时,分两步走,一是确认处置收入,计入"其他业务收入",即,按实际收到的金额,借记"银行存款"等科目,贷记"其他业务收入"科目;二是结转处置成本,按账面价值转入"其他业务成本",即按该项投资性房地产的累计折旧或累计摊销,借记"投资性房地产累计折旧(摊销)"科目,按该项投资性房地产的账面余额,贷记"投资性房地产"科目,按其差额,借记"其他业务成本"科目。已计提减值准备的,还应同时结转减值准备。

【例 8-16】 甲公司将其出租的一栋写字楼确认为投资性房地产。租赁期满后,甲公司将该栋写字楼出售给乙公司,合同价款为 30 000 万元,乙公司已用银行存款付清。假设这栋写字楼原采用成本模式计量。出售时,该栋写字楼的成本为 28 000 万元,已计提折旧 3 000 万元。假设不考虑相关税费。甲公司的账务处理如下:

借:银行存款　　　　　　　　　　　　　　　300 000 000
　　贷:其他业务收入　　　　　　　　　　　　　　　　300 000 000
借:其他业务成本　　　　　　　　　　　　　250 000 000
　　投资性房地产累计折旧　　　　　　　　　 30 000 000
　　贷:投资性房地产——××写字楼　　　　　　　　 280 000 000

(二) 采用公允价值模式计量的投资性房地产的处置

企业出售、转让采用公允价值模式计量的投资性房地产时，在会计处理上可分以下步骤理解：

(1) 确认处置收入，计入"其他业务收入"，即应按实际收到的金额，借记"银行存款"等科目，贷记"其他业务收入"科目；

(2) 结转处置成本，按账面价值转入"其他业务成本"，即按该项投资性房地产的账面余额，借记"其他业务成本"科目，贷记"投资性房地产（成本）"科目、贷记或借记"投资性房地产（公允价值变动）"科目；

(3) 结转计入"公允价值变动损益"的累计净额，计入"其他业务成本"，即按该项投资性房地产的公允价值变动，借记或贷记"公允价值变动损益"科目，贷记或借记"其他业务成本"科目；

(4) 结转原计入"其他综合收益"的金额，计入"其他业务成本"，即按该项投资性房地产在转换日记入资本公积的金额，借记"其他综合收益——房地产转换损益"科目，贷记"其他业务成本"科目。

【例 8-17】 沿用例 8-14 的资料，假设这栋写字楼原采用公允价值模式计量。出售时，该栋写字楼的成本为 21 000 万元，公允价值变动为借方余额 4 000 万元。

甲公司的账务处理如下：

借：银行存款　　　　　　　　　　　　　　　300 000 000
　　贷：其他业务收入　　　　　　　　　　　　　　　　300 000 000
借：其他业务成本　　　　　　　　　　　　　250 000 000
　　贷：投资性房地产——××写字楼（成本）　　　　　210 000 000
　　　　　　　　　——××写字楼（公允价值变动）　　40 000 000

同时，将投资性房地产累计公允价值变动转入其他业务成本。

借：公允价值变动损益　　　　　　　　　　　40 000 000
　　贷：其他业务成本　　　　　　　　　　　　　　　　40 000 000

【例 8-18】 甲企业是从事房地产开发的企业，2018 年 3 月 10 日，甲企业与乙企业签订租赁协议，将其开发的一栋写字楼出租给乙企业使用，租赁期开始日为 2018 年 4 月 15 日。2018 年 4 月 15 日，该写字楼的账面余额 45 000 万元，未计提存货跌价准备，假设转换后采用公允价值模式计量，4 月 15 日该写字楼的公允价值为 41 000 万元，2018 年 12 月 31 日，该项投资性房地产的公允价值为 43 000 万元。2019 年 4 月租赁期届满，甲企业收回该项投资性房地产，并于 2019 年 4 月末以 46 000 万元出售，款项已收讫。假设不考虑相关税费。

甲公司的账务处理如下：

2018 年 4 月 15 日，出租该写字楼。

借：投资性房地产——××写字楼（成本）　　410 000 000
　　公允价值变动损益　　　　　　　　　　　40 000 000
　　贷：开发产品　　　　　　　　　　　　　　　　　　450 000 000

2018 年 12 月 31 日，该项投资性房地产的公允价值变动。

借：投资性房地产——××写字楼（公允价值变动）　20 000 000
　　贷：公允价值变动损益　　　　　　　　　　　　　　20 000 000

2019年4月，出售时。
借：银行存款　　　　　　　　　　　　　　　　460 000 000
　　贷：其他业务收入　　　　　　　　　　　　　　　　　460 000 000
借：其他业务成本　　　　　　　　　　　　　　　430 000 000
　　贷：投资性房地产——××写字楼（成本）　　　　　410 000 000
　　　　　　　　——××写字楼（公允价值变动）　　　 20 000 000
同时，将投资性房地产累计公允价值变动转入其他业务成本。
借：其他业务成本　　　　　　　　　　　　　　　 20 000 000
　　贷：公允价值变动损益　　　　　　　　　　　　　　 20 000 000

【例8-19】 沿用例8-18的资料，假设转换后采用公允价值模式计量，4月15日该写字楼的公允价值为47 000万元。2018年12月31日，该项投资性房地产的公允价值为48 000万元。2019年4月租赁期届满，甲企业收回该项投资性房地产，并于2019年4月末以55 000万元出售，出售款项已收讫。

甲企业的账务处理如下：
2018年4月15日，出租该写字楼。
借：投资性房地产——××写字楼（成本）　　　　 470 000 000
　　贷：开发产品　　　　　　　　　　　　　　　　　　450 000 000
　　　　其他综合收益——房地产转换损益　　　　　　　20 000 000
2018年12月31日，该写字楼的公允价值变动。
借：投资性房地产——××写字楼（公允价值变动）　 10 000 000
　　贷：公允价值变动损益　　　　　　　　　　　　　　 10 000 000
2019年4月，出售时。
借：银行存款　　　　　　　　　　　　　　　　550 000 000
　　贷：其他业务收入　　　　　　　　　　　　　　　　550 000 000
借：其他业务成本　　　　　　　　　　　　　　　480 000 000
　　贷：投资性房地产——××写字楼（成本）　　　　　470 000 000
　　　　　　　　——××写字楼（公允价值变动）　　　 10 000 000
同时，将资产性房地产累计公允价值变动转入其他业务成本。
借：公允价值变动损益　　　　　　　　　　　　　 10 000 000
　　贷：其他业务成本　　　　　　　　　　　　　　　　 10 000 000
同时，将转换时原计入其他综合收益的部分转入其他业务成本。
借：其他综合收益——房地产转换损益　　　　　　 20 000 000
　　贷：其他业务成本　　　　　　　　　　　　　　　　 20 000 000

三、投资性房地产的披露

根据CAS3的规定，企业应当在附注中披露与投资性房地产有关的下列信息：
(1) 投资性房地产的种类、金额和计量模式；
(2) 采用成本模式的，投资性房地产的折旧或摊销，以及减值准备的计提情况；
(3) 采用公允价值模式的，公允价值的确定依据和方法，以及公允价值变动对损益的影响；

（4）房地产转换情况、理由，以及对损益或所有者权益的影响；

（5）当期处置的投资性房地产及其对损益的影响。

❖◆ 本章小结 ◆❖

通过本章学习，要求掌握投资性房地产初始计量的核算，包括：（1）外购的投资性房地产。①如果在购入房地产的同时开始对外出租，应作为投资性房地产，其入账价值等于买价加上相关税费。②如果所购的房地产准备出租，但还尚未出租出去，就不能确认为投资性房地产。（2）自行建造的投资性房地产，入账价值等于料、工、费之和（和自建固定资产相同）。重点掌握投资性房地产的后续计量，有成本模式和公允价值模式两种模式。成本模式比较简单，和固定资产、无形资产相同，按期摊销、计提折旧。按公允价值模式进行计量，每个资产负债表日，都要按资产负债表日的公允价值调整投资性房地产的账面价值，差额计入公允价值变动损益。掌握投资性房地产转换的会计处理，转换要注意区分是成本模式还是公允价值模式。

❖◆ 重点概念 ◆❖

投资性房地产、投资性房地产后续计量的成本模式、投资性房地产后续计量的公允价值模式、投资性房地产的转换日。

❖◆ 思 考 题 ◆❖

1. 比较投资性房地产后续计量的成本模式和公允价值模式。
2. 投资性房地产的转换和投资性房地产后续计量模式的变更有何区别？
3. 营改增以后如何进行投资性房地产的会计处理？

第九章

资产减值

> **内容提要：** ▲资产减值概述　　　　　　　　▲资产可能发生减值的认定
> ▲资产可收回金额的计量和减值损失的确定　▲资产组的认定及减值的处理
> ▲商誉减值的处理和资产减值的披露
>
> **学习目的及要求：** 通过本章学习，熟悉认定资产可能发生减值的迹象；掌握资产可收回金额的计量以及资产减值损失的确定原则；掌握资产组的认定方法及其减值的处理；了解商誉减值的会计处理。

资产是指企业过去的交易或者事项形成的，由企业拥有或者控制的，预期会给企业带来经济利益的资源。资产的主要特征之一是资产"预期会给企业带来经济利益"，这是资产的本质。持有资产的根本目的就是为获取未来的经济利益。那么，资产的账面价值就应当是企业要求得到的最低的可收回金额，否则就不可能体现资产的这一本质特征。如果在资产持有期间，由于企业内外各种因素的影响，使得资产的可收回金额减少，根据资产定义的内在要求，就应当将可收回金额低于账面价值的差额部分确认为资产减值损失，将资产的账面价值减记至可收回金额，使资产账面价值真正体现资产能够给企业带来的未来经济利益流入。

IASB 于 1998 年 6 月发布了《IAS36 资产减值》（*IAS 36 Impairment of Assets*），对资产减值的会计处理和披露进行了规范。随后，2003 年、2004 年、2008，IASB 对 IAS36 进行了修订。

本章主要是根据 CAS8 编写，主要内容包括资产可能发生减值的认定、资产可收回金额的计量和减值损失的确定及资产组减值的会计处理。

▶ 第一节　资产减值概述

一、资产减值会计的产生和发展

（一）资产减值会计在西方的发展

资产减值（impairment of assets）会计思想最早出现在意大利数学家卢卡·帕乔利 1494 年出版的《算术、几何比及比例概要》一书中，该书提出不得高估存货的思想，标志着资产减值会计思想的早期萌芽。19世纪,存货的稳健计价思想被广泛传播,如德国在公司法中就确立了成本与市价孰低的地位。美国在1947年发布的会计研究公告第29号"存货计价"中首次以规范方式提出企业使可用成本与市价孰低法(lower of cost or market)记录存货的价值。从20世纪70年代中期起,FASB就开始制定投资减值规范。1975年,FASB发布了《FAS12某些可交易性证券的会计处理》(FAS12 Accounting for Certain Marketable Securities),允许企业按成本与市价孰低法记账,明确提出了以永久性标准来确认短期投资跌价准备。20世纪80年代,各国准则制定机构开始了对长期资产减值的探索和研究。尤其是美国,企业因经营不善及环境的变化,开始确认固定资产、无形资产减值,但企业界的行为被认为利润操纵的动机很强,这促使会计界着手研究长期资产减值问题,以规范实务界的行为,提高会计信息的质量。20世纪90年代,为适应决策有用观会计目标的要求,反映企业真实的财务状况和经营业绩,国际会计准则制定机构和以美国为首的西方国家相继出台了资产减值方面的会计准则。

FASB于1995年3月发布了《FAS121长期资产减值和待处置长期资产的会计处理》(简称FAS121),在评估长期资产和某些可辨认无形资产的账面价值的可收回性时,如果使用该项资产以及最终处置可产生的预期未来现金流量的总和低于其账面值,就应当确认减值损失。减值损失的计量应建立在公允价值之上。在评估可收回价值时,FASB采用的是未折现的预期现金流量,而在确认资产减值时则以公允价值为基础。但是,FAS121的缺陷在于没有提供"如何"具体实施资产减值准则的实际指导。因此,FASB又于2001年11月发布了《FAS144长期资产的减值或处置》,取代了FAS121,它主要是对销售处置的长期资产统一方法,对持有和使用的长期资产继续保留FAS121的确认与计量标准,同时对具体实施准则条款提供更多的指导。

IASB于1998年6月发布了《IAS36资产减值》,2009对其进行修订,对资产减值的会计处理和披露进行了规范。IAS36广泛借鉴了各国资产减值实务和相关研究的成果,具有较大的代表性,受到世界各国会计界的广泛认可。IAS36规定,如果资产的账面金额超过通过使用或销售可收回的金额,该资产应视为已经减值,则企业应确认资产减值损失,该资产不应按超过其可收回金额(recoverable amount)的金额加以计量,并规范了可收回金额的计量。IAS36进一步规定,以成本计量的资产,其减值损失计入收益表;以重估价计量的资产,其减值损失作为重估盈余的减项处理。以前年度计提的减值损失在某些情况下允许转回(商誉的减值损失禁止转回)。

我国确认资产减值的基本原则与IAS36基本一致。

(二) 资产减值会计在我国的发展

关于资产减值,我国在1992年以前的会计制度中,从未考虑过要计提减值准备的问题。1998年,在《股份公司会计制度》中规定计提坏账准备、短期投资跌价准备、存货跌价准备、长期投资减值准备等四项减值准备;2000年财政部颁布的《企业会计制度》,增加了对委托贷款、固定资产、在建工程和无形资产等四项资产计提减值准备,将计提减值准备的资产范围由四项进一步扩大到八项,并将这八项减值损失列入不同的费用或损失科目。2002年财政部又发布了企业会计准则(CAS),对固定资产和无形资产等减值会计做了详细的规定。这些措施规范了资产减值的会计核算,提高了会计信息的有用性。但从整体上看，这些资产减值会计规定散见于会计准则、会计制度，没有形成一个完整的体系，制约了资产减值会计的发展。2006年财政部发布了《CAS8 资产减值》，该准则不仅实现了与国际会计准则的实质性趋同，还考虑到我国的具体国情，在诸如资产减值不得转回等方面体现出了中国特色。与原资产减值方面的规定相比，《CAS8 资产减值》在很多方面都有所创新，包括应用公允价值对资产可收回金额计量、资产减值损失一经确认，在以后会计期间不得转回等。

二、资产减值的概念及范围

《CAS8 资产减值》规定，资产减值是指资产的可收回金额低于其账面价值。除特别说明外，本章所指资产均包括单项资产和资产组。企业所有资产在发生减值时，原则上都应当及时确认和计量。但是，不同资产特性不同，因而其减值会计处理也有所差别，适用不同的具体准则。具体来说，下列资产减值的会计处理分别适用不同具体准则：

(1) 存货的减值，适用《CAS1 存货》；
(2) 采用公允价值模式计量的投资性房地产的减值，适用《CAS3 投资性房地产》；
(3) 消耗性生物资产的减值，适用《CAS5 生物资产》；
(4) 建造合同形成的资产的减值，适用《CAS15 建造合同》；
(5) 递延所得税资产的减值，适用《CAS18 所得税》；
(6) 融资租赁中出租人未担保余值的减值，适用《CAS21 租赁》；
(7) 《CAS22 金融工具确认和计量》规范的金融资产的减值，适用《CAS22 金融工具确认和计量》；
(8) 未探明石油天然气矿区权益的减值，适用《CAS27 石油天然气开采》。

上述这些资产分别适用不同准则并采用不同的减值处理办法，这些资产减值会计处理由相关章节讲述，本章不涉及。本章涉及的主要是除上述资产以外的资产，这些资产通常属于企业非流动资产，具体包括投资性房地产（采用成本模式后续计量），对子公司、联营企业和合营企业的长期股权投资，固定资产，生产性生物资产，油气资产（探明石油天然气矿区权益和井及相关设施），无形资产和商誉。

▶第二节 资产可能发生减值的认定

资产可能发生减值的认定，首先要考虑是否存在减值迹象，存在减值迹象的，应当进行减值测试，进而认定是否发生减值。但应注意的是，因企业合并所形成的商誉和使用寿命不确定的无形资产，无论是否存在减值迹象，都应当至少于每年年度终了进行减值测试。

一、资产减值的迹象

企业应当在资产负债表日判断资产是否存在可能发生减值的迹象。可以从外部信息来源和内部信息来源两方面来判断：

(1) 从外部信息来源来看，存在下列迹象的，表明资产可能发生了减值，企业需要据此估计资产的可收回金额，决定是否需要确认减值损失：

①资产的市价当期大幅度下跌，其跌幅明显高于因时间的推移或者正常使用而预计的下跌；

②企业经营所处的经济、技术或者法律等环境以及资产所处的市场在当期或者将在近期发生重大变化，从而对企业产生不利影响；

③市场利率或者其他市场投资报酬率在当期已经提高，从而影响企业计算资产预计未来现金流量现值的折现率，导致资产可收回金额大幅度降低；

④企业所有者权益（净资产）的账面价值远高于其市值。

（2）从内部信息来源来看，已有迹象表明资产可能发生了减值，企业需要据此估计资产的可收回金额，决定是否需要确认减值损失：

①有证据表明资产已经陈旧过时或者其实体已经损坏；

②资产已经或者将被闲置、终止使用或者计划提前处置；

③企业内部报告的证据表明资产的经济绩效已经低于或者将低于预期，如资产所创造的净现金流量或者实现的营业利润远远低于（或者亏损高于）预计金额、资产在建造或者收购时所需的现金支出远远高于最初的预算、资产在经营或者维护中所需的现金支出远远高于最初的预算等。

需要说明的是，上面的列举并没有穷尽所有的减值迹象，企业应当根据实际情况来认定资产可能发生减值的迹象。

二、资产减值测试

企业应当在资产负债表日判断资产是否存在减值迹象。有确凿证据表明资产存在减值迹象的，应当进行减值测试，估计资产的可收回金额。资产存在减值迹象是资产是否需要进行减值测试的必要前提。但因企业合并形成的商誉和使用寿命不确定的无形资产，无论是否存在减值迹象，都应当至少于每年年度终了进行减值测试。因为企业合并形成的商誉和使用寿命不确定的无形资产在后续计量中不再进行摊销，但是考虑到这两类资产的价值和产生的未来经济利益有较大的不确定性，为避免资产价值高估，应及时确认商誉和使用寿命不确定的无形资产的减值损失，如实反映企业财务状况和经营成果，对于这两类资产，企业至少应当于每年年度终了进行减值测试。另外，对于尚未达到可使用状态的无形资产，由于其价值具有较大的不确定性，也应当每年进行减值测试。

企业在判断资产减值迹象以决定是否需要估计资产可收回金额时，应当遵循重要性原则。根据这一原则，企业资产存在下列情况的，可以不估计其可收回金额：

（1）以前报告期间的计算结果表明，资产可收回金额远高于其账面价值，之后又没有发生消除这一差异的交易或者事项的，企业在资产负债表日可以不重新估计该资产的可收回金额。

（2）以前报告期间的计算与分析表明，资产可收回金额相对于资产减值准则列示的一种或多种减值迹象反应不敏感，在本报告期间又发生了该减值迹象的，在资产负债表日企业可以不因该减值迹象的出现而重新估计该资产的可收回金额。比如在当期市场利率或其他市场投资报酬率提高的情况下，如果企业计算资产未来现金流量现值时所采用的折现率不大可能受到该市场利率或者其他市场投资报酬率提高的影响；或者即使会受到影响，但以前期间的可收回金额敏感性分析表明，该资产预计未来现金流量也可能相应增加，因而不大可能导致资产的可收回金额大幅度下降的，企业可以不必对资产可收回金额进行重新估计。

▶第三节 资产可收回金额的计量和减值损失的确定

一、资产减值会计计量的核心问题

资产减值是分别运用历史成本与可收回金额这两种计量属性,对同一资产进行计量所产生的差异。根据会计信息相关性和可靠性的要求,当资产发生减值时,财务会计应重新评估资产预期未来经济利益的变化,其实质是在资产初始计量之后对减值资产按减值后的现行价值进行后续计量。同初始计量相比,资产减值会计所导致的后续计量要复杂得多,这主要是因为后续计量缺少初始计量时所固有的客观性,通常也难以选择相同或相似的参照物进行比较,这都将加大资产后续计量的难度。

如何评估现行时点上资产的价值,国际上存在两种代表性的观点。第一种观点以 FASB 为代表,认为资产现行时点上的价值主要依赖于特定时点上资产的公允价值。第二种观点以 IASB 为代表,在资产减值的确认和计量中引入了可收回金额的概念,并将可收回金额定义为销售净价(net selling price)和使用价值(value in use)二者中的较高者。其所指资产的使用价值是预期从资产的持续使用及使用寿命结束时的处置中形成的估计未来现金流量的现值。

从这两种观点来看,资产减值会计计量的关键均表现为资产现行时点上可收回金额的确定。其中,在以 FASB 为代表的观点中,减值计量中可收回金额表现为资产的公允价值;在以 IASB 为代表的观点中,可收回金额表现为扣除出售费用的公允价值和使用价值两者中的较高者。但这两种观点在计量可收回金额上所使用的假设存在较大的差异。IASB 采用可收回金额作为资产减值计量的基础,主要是以管理者的理性行为为出发点。当资产发生减值后,企业或者将其继续使用,或者将其出售,相应地,管理者要做出这一决策就需要估计资产的销售净价和使用价值。运用现值技术并不是估计资产的公允价值(销售净价),因为两者使用的估计假设不一致。估计销售净价时,强调公平、自愿交易。而在估计使用价值时,对未来现金流量的估计较多地依赖特定主体的估计。FASB 采用公允价值作为资产减值计量的基础,主要是认为,决定继续使用而不是出售已减值资产,类似于对该资产的投资,因此,已减值资产应以公允价值计量。减值损失金额等于已减值资产的账面价值超过其公允价值的差额。这样,公允价值就成为资产新的成本基础。

由于 FASB 将估计公允价值作为现值计量的唯一目标,因此,无论是 IASB 的观点,还是 FASB 的观点,资产减值计量中都涉及公允价值和现值技术的运用。可以说,资产减值会计计量的核心问题是可收回金额的确定,实际上表现为现行时点上资产公允价值和现值的确定。

我国资产减值准则在充分借鉴国际会计准则的基础上,再次引入"公允价值"的概念,规定可收回金额应当根据资产的公允价值减去处置费用后的净额与资产预计未来现金流量的现值两者之间较高者确定,对公允价值、处置费用和预计未来现金流量现值等的计算分别作了较为详细的操作性指南。

二、估计资产可收回金额的基本方法

资产存在减值迹象的,应当估计其可收回金额(recoverable amount),然后将所估计的资产可收回金额与其账面价值相比较，以确定资产是否发生了减值，以及是否需要计提资产减值准备并确认相应的减值损失。在估计资产可收回金额时，原则上应当以单项资产为基础。企业难以对单项资产的可收回金额进行估计的，应当以该资产所属的资产组为基础确定资产组的可收回金额。

可收回金额应当根据资产的公允价值减去处置费用后的净额与资产预计未来现金流量的现值两者之间较高者确定。因此，要估计资产的可收回金额，通常需要同时估计该资产的公允价值减去处置费用后的净额和资产预计未来现金流量的现值。但是，在下列情况下，可以有例外或者作特殊考虑：

（1）资产的公允价值减去处置费用后的净额与资产预计未来现金流量的现值，只要有一项超过了资产的账面价值，就表明资产没有发生减值，不需再估计另一项金额。

（2）没有确凿证据或者理由表明，资产预计未来现金流量现值显著高于其公允价值减去处置费用后的净额的，可以将资产的公允价值减去处置费用后的净额视为资产的可收回金额。对于企业持有待售的资产往往属于这种情况，即该资产在持有期间（处置之前）所产生的现金流量可能很少，其最终取得的未来现金流量往往就是资产的处置净收入，因此在这种情况下，以资产公允价值减去处置费用后的净额作为其可收回金额是适宜的，因为资产的未来现金流量现值不大会显著高于其公允价值减去处置费用后的净额。

（3）资产的公允价值减去处置费用后的净额如果无法可靠估计的，应当以该资产预计未来现金流量的现值作为其可收回金额。

（一）估计资产的公允价值减去处置费用后的净额

资产的公允价值减去处置费用后的净额，通常反映的是资产如果被出售或被处置时可以收回的净现金收入。我国的《CAS39 公允价值计量》将公允价值描述为市场参与者在计量日发生的有序交易中，出售一项资产所能收到或者转移一项负债所需支付的价格。确定公允价值时，企业应当将公允价值计量所使用的输入值划分为三个层次，并首先使用第一层次输入值，其次使用第二层次输入值，最后使用第三层次输入值。第一层次输入值是在计量日能够取得的相同资产或负债在活跃市场上未经调整的报价。活跃市场是指相关资产或负债的交易量和交易频率足以持续提供定价信息的市场。第二层次输入值是除第一层次输入值外相关资产或负债直接或间接可观察的输入值。第三层次输入值是相关资产或负债的不可观察输入值。处置费用包括与资产处置有关的法律费用、相关税费、搬运费以及为使资产达到可销售状态所发生的直接费用等，但是，财务费用和所得税费用不包括在内。

在估计资产的公允价值减去处置费用后的净额时，应当按照下列顺序进行：

（1）资产的公允价值减去处置费用后的净额，应当根据公平交易中销售协议价格减去可直接归属于该资产处置费用的金额确定。这是估计资产的公允价值减去处置费用后的净额的最佳方法，企业应当优先采用这一方法。但是，在实务中，企业的资产往往都是内部持续使用的，取得资产的销售协议价格并不容易，为此，需要采用其他方法估计资产的公允价值减去处置费用后的净额。

（2）不存在销售协议但存在资产活跃市场的，应当按照该资产的市场价格减去处置费用后的金额确定。资产的市场价格通常应当根据资产的买方出价确定。难以获得资产在估计日的买方出价的，企业可以资产最近的交易价格作为估计公允价值减去处置费用后净额的基础，但使用的前提条件是在资产交易日和估计日之间，有关经济、市场环境等没有发生重大变化。

(3) 在不存在销售协议和资产活跃市场的情况下，应当以可获取的最佳信息为基础，根据在资产负债表日如果处置资产的话，熟悉情况的交易双方自愿进行公平交易愿意提供的交易价格减去资产处置费用后的金额，估计资产的公允价值减去处置费用后的净额。实务中，该金额可以参考同行业类似资产的最近交易价格或者结果进行估计。

企业按照上述规定仍然无法可靠估计资产的公允价值减去处置费用后的净额的，应当以该资产预计未来现金流量的现值作为其可收回金额。

（二）资产预计未来现金流量的现值

未来现金流量现值（the present value of future cash flow）是企业持有资产通过生产经营，或者持有负债在正常的经营状态下可望实现的未来现金流量的折现值。未来现金流量现值考虑了现金流量的数额、时间分布和不确定性，真正体现了资产、负债作为"未来经济利益的获得或者牺牲"的本质属性。因此，未来现金流量现值提供的财务信息对于使用者是比较相关的。

资产预计未来现金流量的现值，应当按照资产在持续使用过程中和最终处置时所产生的预计未来现金流量，选择恰当的折现率对其进行折现后的金额加以确定。

预计资产未来现金流量的现值，应当综合考虑三个因素，即资产的预计未来现金流量、使用寿命和折现率。其中，资产使用寿命的预计和固定资产、无形资产使用寿命的预计方法相同。下面将重点阐述资产未来现金流量和折现率的预计方法。

1. 资产未来现金流量的预计

1）预计资产未来现金流量的基础

为了预计资产未来现金流量，企业管理层应当在合理和有依据的基础上对资产剩余使用寿命期内整个经济状况进行最佳估计，并将资产未来现金流量的预计，建立在经企业管理层批准的最近财务预算或者预测数据之上。但是，出于数据可靠性和便于操作等方面的考虑，建立在该预算或者预测基础上的预计现金流量最多涵盖5年，企业管理层如能证明更长的期间是合理的，可以涵盖更长的期间。其原因是，在通常情况下，要对期限超过5年的未来现金流量进行较为可靠的预测比较困难，即使企业管理层可以以超过5年的财务预算或者预测为基础对未来现金流量进行预计，企业管理层应当确保这些预计的可靠性，并提供相应的证明，比如根据过去的经验和实践，企业有能力而且能够对超过5年的期间作出较为准确的预测。

如果资产未来现金流量的预计还包括最近财务预算或者预测期之后的现金流量，企业应当以该预算或者预测期之后年份稳定的或者递减的增长率为基础进行估计。企业管理层如能证明递增的增长率是合理的，可以以递增的增长率为基础进行估计，所使用的增长率除了企业能够证明更高的增长率是合理的之外，不应当超过企业经营的产品、市场、所处的行业或者所在国家或者地区的长期平均增长率，或者该资产所处市场的长期平均增长率。在恰当、合理的情况下，该增长率可以是零或者负数。在经济环境经常变化的情况下，资产的实际现金流量与预计数往往会有出入，而且预计资产未来现金流量时的假设也有可能发生变化，因此，企业管理层每次在预计资产未来现金流量时，应当首先分析以前期间现金流量预计数与现金流量实际数出现差异的情况，以评判当期现金流量预计所依据的假设的合理性。通常情况下，企业管理层应当确保当期现金流量预计所依据的假设与前期实际结果相一致。

2）预计资产未来现金流量应当包括的内容

预计的资产未来现金流量应当包括下列各项：

（1）资产持续使用过程中预计产生的现金流入。

（2）为实现资产持续使用过程中产生的现金流入所必需的预计现金流出（包括为使资产达到预定可使用状态所发生的现金流出）。该现金流出应当是可直接归属于或者可通过合理和一致的基础分配到资产中的现金流出，后者通常是指那些与资产直接相关的间接费用。对于在建工程、开发过程中的无形资产等，企业在预计其未来现金流量时，应当包括预期为使该类资产达到预定可使用（或者可销售）状态而发生的全部现金流出数。

（3）资产使用寿命结束时，处置资产所收到或者支付的净现金流量。该现金流量应当是在公平交易中，熟悉情况的交易双方自愿进行交易时，企业预期可从资产的处置中获取或者支付的、减去预计处置费用后的金额。

3）预计资产未来现金流量应当考虑的因素

预计资产未来现金流量应当考虑下列四个方面的因素：

（1）以资产的当前状况为基础预计资产未来现金流量。企业资产在使用过程中有时会因修理、改良、重组等原因而发生变化，但预计资产未来现金流量时，应当以资产的当前状况为基础，不应包括与将来可能会发生的、尚未做出承诺的重组事项或者与资产改良有关的预计未来现金流量。但未来发生的现金流出是为了维持资产正常运转或者资产原定正常产出水平所必需的，预计资产未来现金流量时应当将其考虑在内。如果企业对资产加以改良或改进，从而使其超过资本支出发生之前的现金流入，未来现金流量的估计数不包括由于该支出而产生的估计未来现金流入。如：企业在2010年年末预计资产未来现金流量时，应以资产当时的状况为基础，尽管预计在2014年因固定资产改良会提高资产未来现金流量，也不应包括在内。如果企业已经承诺重组，则有些资产可能受到重组的影响。一旦企业承诺重组，则未来现金流量的估计数应反映重组所节省的费用和其他利益（建立在管理部门已经通过的最近财务预算或预测的基础上）；重组的未来现金流出估计数，应根据将来有关或有负债和或有资产的相关规定进行处理。

（2）预计资产未来现金流量不应当包括筹资活动和所得税收付产生的现金流量。估计未来现金流量所反映的假设是与确定折现率的方式相一致的，否则，某些假设的影响将重复计算或被忽略。预计资产的未来现金流量不应当包括筹资活动产生的现金流入或者流出以及与所得税收付有关的现金流量。因为所筹集资金的货币时间价值已经通过折现因素予以考虑，因此，这些现金流量不包括筹资活动产生的现金流量。类似地，既然折现率要求是在税前确定的，未来现金流量也应在税前估计，这样可以有效避免在资产未来现金流量现值的计算过程中可能出现的重复计算等问题。

（3）对通货膨胀因素的考虑应当和折现率相一致；预计未来现金流量及折现率时，考虑物价由于通货膨胀而持续上涨的因素，应当遵循一致的假设。如果折现率包括了物价由于通货膨胀而上涨的影响，则未来现金流量是在名义折现率基础上进行估计，反之，未来现金流量是在真实折现率基础上进行估计。

（4）涉及内部转移价格的需要作调整。在部分企业或者企业集团中，出于整体战略发展的考虑，某些资产生产的产品或者其他产出可能是供企业或者企业集团内部其他企业使用或者对外销售的,所确定的交易价格或者结算价格基于其内部转移价格,而内部转移价格很可能与市场交易价格不同,在这种情况下,为了如实测算企业资产的可收回金额,企业不应当以内部转移价格为基础预计资产未来现金流量,而应当采用在公平交易中企业管理层能够达成的最佳的未来价格估计数进行预计。

4)预计资产未来现金流量的方法

预计资产未来现金流量,通常应当根据资产未来每期最有可能产生的现金流量进行预测。它使用的是单一的未来每期预计现金流量和单一的折现率计算资产未来现金流量的现值。如果影响资产未来现金流量的因素较多,不确定性较大,使用单一的现金流量可能并不能如实反映资产创造现金流量的实际情况。在这种情况下,企业应当采用期望现金流量法预计资产未来现金流量。在期望现金流量法下,资产未来每期现金流量应当根据每期可能发生情况的概率及其相应的现金流量加总计算求得。

【例9-1】 企业某项固定资产剩余使用年限为3年,企业预计未来3年里在正常的情况下,该资产每年可为企业产生的净现金流量分别为100万元、50万元和10万元。该现金流量通常即为最有可能产生的现金流量,企业应以该现金流量的预计数为基础计算现值。

【例9-2】 沿用例9-1的资料,假定利用固定资产生产的产品受市场行情波动影响大,企业预计未来3年每年的现金流量情况见表9-1。

表9-1 各年现金流量概率分布及发生情况　　　　　金额单位:万元

年份	产品行情好 (可能性30%)	产品行情一般 (可能性60%)	产品行情差 (可能性10%)
第1年	150	100	50
第2年	80	50	20
第3年	20	10	0

在这种情况下,采用期望现金流量法比传统方法就更为合理。在期望现金流量法下,资产未来现金流量应当根据每期现金流量期望值进行预计,每期现金流量期望值按照各种可能情况下的现金流量与其发生概率加权计算。按照表9-1提供的资料,企业应当计算资产每年的预计未来现金流量如下:

第1年期望现金流量:$150 \times 30\% + 100 \times 60\% + 50 \times 10\% = 110$(万元)

第2年期望现金流量:$80 \times 30\% + 50 \times 60\% + 20 \times 10\% = 56$(万元)

第3年期望现金流量:$20 \times 30\% + 10 \times 60\% + 0 \times 10\% = 12$(万元)

应当注意的是,如果资产未来现金流量的发生时间是不确定的,企业应当根据资产在每一种可能情况下的现值及其发生概率直接加权计算资产未来现金流量的现值。

2. 折现率的预计

为了进行减值测试,计算资产未来现金流量现值时所使用的折现率应当是反映当前市场货币时间价值和资产特定风险的税前利率。该折现率是企业在购置或者投资资产时所要求的必要报酬率。如果企业在预计资产的未来现金流量时已经对资产特定风险的影响作了调整,折现率的估计不需要考虑这些特定风险。如果用于估计折现率的基础是税后,应当将其调整为税前的折现率,以便于与资产未来现金流量的估计基础相一致。

折现率的确定,应当首先以该资产的市场利率为依据。如果该资产的市场利率无法从市场上获得,可以使用替代利率估计折现率。替代利率可以根据企业加权平均资金成本、增量借款利率或者其他相关市场借款利率作适当调整后确定。调整时,应当考虑与资产预计现金流量有关的特定风险以及其他有关货币风险和价格风险等。

企业在估计资产未来现金流量现值时,通常应当使用单一的折现率。但是,如果资产未来现金流量的现值对未来不同期间的风险差异或者利率的期限结构反应敏感,企业应当在未来各不同期间采用不同的折现率。

3. 资产未来现金流量现值的预计

在预计资产的未来现金流量和折现率的基础上,企业将该资产的预计未来现金流量按照预计折现率在预计的资产使用寿命里予以折现后,即可确定该资产未来现金流量的现值。其一般计算公式如下:

$$PV = \sum [NCF_t/(1+r)]$$

式中 PV——未来现金流量现值;

NCF_t——第 t 年预计资产未来现金流量;

r——预计折现率;

t——资产使用寿命(年份)。

【例9-3】 甲航运公司于2010年末对一艘远洋运输船只进行减值测试。该船舶账面价值为1.6亿元,预计尚可使用年限为8年。该船舶的公允价值减去处置费用后的净额难以确定,因此,企业需要通过计算其未来现金流量的现值确定资产的可收回金额。假定公司当初购置该船舶用的资金是银行长期借款,借款年利率为15%,公司认为15%是该资产的最低必要报酬率,已考虑了与该资产有关的货币时间价值和特定风险。因此,在计算其未来现金流量现值时,使用15%作为其折现率(税前)。另外,公司管理层批准的财务预算显示:公司将于2015年更新船舶的发动机系统,预计为此发生资本性支出1 500万元,这一支出将降低船舶运输油耗、提高使用效率等,因此,将提高资产的运营绩效。

为了计算船舶在2010年末未来现金流量的现值,公司首先必须预计其未来现金流量。假定公司管理层批准的2010年末的该船舶预计未来现金流量见表9-2。

表9-2 船舶未来现金流量预计表　　　　　　金额单位:万元

年份	预计未来现金流量 (不包括改良的影响金额)	预计未来现金流量 (包括改良的影响金额)
2011	2 500	
2012	2 460	
2013	2 380	
2014	2 360	
2015	2 390	
2016	2 470	3 290
2017	2 500	3 280
2018	2 510	3 300

根据CAS8的规定,在2010年末预计资产未来现金流量时,应当以资产当时的状况为基础,不应考虑与该资产改良有关的预计未来现金流量。所以,在2010年末计算该资产未

来现金流量现值时,应当以不包括资产改良影响金额的未来现金流量为基础进行计算,结果见表9-3。

表9-3 船舶现值计算表　　　　　　　　　　金额单位:万元

年份	预计未来现金流量 (不包括改良的影响金额)	折现率15%的 复利现值系数	预计未来现金流量的现值
2011	2 500	0.8696	2 174
2012	2 460	0.7561	1 860
2013	2 380	0.6575	1 565
2014	2 360	0.5718	1 349
2015	2 390	0.4972	1 188
2016	2 470	0.4323	1 068
2017	2 500	0.3759	940
2018	2 510	0.3269	821
合计			10 965

由于在2010年年末,船舶的账面价值(尚未确认减值损失)为16 000万元,而其可收回金额为10 965万元,账面价值高于其可收回金额,因此,应当确认减值损失,并计提相应的资产减值准备。应确认的减值损失为5 035(16 000 - 10 965)万元。

假定在2011—2014年间该船舶没有发生进一步减值的迹象,因此不必再进行减值测试,无须计算其可收回金额。2015年发生了1500万元的资本性支出,改良了资产绩效,导致其未来现金流量增加,但由于我国资产减值准则不允许将以前期间已经确认的资产减值损失予以转回,因此,在这种情况下,也不必计算其可收回金额。

4. 外币未来现金流量及其现值的预计

随着我国对外开放和世界经济的一体化,企业对外投资情况时有发生,涉及外币现金流入的情况已经很常见。预计未来现金流量涉及外币的,应当以该资产所产生的未来现金流量的结算货币为基础,按照该货币适用的折现率计算资产的现值,再将该外币现值采用即期汇率进行折算。具体来说,企业使用资产所收到的未来现金流量为外币的,应当按照下列顺序确定资产未来现金流量的现值:

(1)应当以该资产所产生的未来现金流量的结算货币为基础预计其未来现金流量,并按照该货币适用的折现率计算资产的现值;

(2)将该外币现值按照计算资产未来现金流量现值当日的即期汇率进行折算,从而折现成按照记账本位币表示的资产未来现金流量的现值;

(3)在该现值基础上,将其与资产公允价值减去处置费用后的净额相比较,确定其可收回金额,根据可收回金额与资产账面价值相比较,确定是否需要确认减值损失以及确认多少减值损失。

【例9-4】　某项资产到5年后终止时收回1 000万美元,折现率为5%。相关处理如下:

(1)折成现值的外币 = 1 000 × 复利现值系数(P/F, 5%, 5)
　　　　　　　　　　 = 1 000 × 0.7835 = 783.5(万美元)

(2)将该外币现值折为记账本位币。假设汇率为1:8.0,则783.5 × 8.0 = 6 268(万元),

这就是未来现金流量的现值。

(3) 将其公允价值扣除处置费用后的净额与未来现金流量的现值两者相比,高者作为可收回金额。根据可收回金额与资产账面价值相比较,如果可收回金额大于账面价值说明没有减值;反之,则说明减值了,需要计提减值准备,确认减值损失。

三、资产减值损失的确定与会计处理

(一) 资产减值损失的确定

资产可收回金额确定后,如果可收回金额低于其账面价值的,企业应当将资产的账面价值减记至可收回金额,减记的金额确认为资产减值损失,计入当期损益,同时计提相应的资产减值准备。也就是说,企业当期确认的减值损失反映在其利润表中,计提的资产减值准备作为相关资产的备抵项目,反映在资产负债表中,从而夯实企业资产价值,避免利润虚增,如实反映企业财务状况和经营成果。其中,资产的账面价值是指资产成本扣减累计折旧(或累计摊销)和累计减值准备后的金额。

资产减值损失确认后,减值资产的折旧或者摊销费用应当在未来期间作相应调整,以使该资产在剩余使用寿命内,系统地分摊调整后的资产账面价值(扣除预计净残值)。

资产减值损失一经确认,在以后会计期间不得转回。但是,遇到资产处置、出售、对外投资、以非货币性资产交换方式换出、在债务重组中抵偿债务等情况,同时符合资产终止确认条件的,企业应当将相关资产减值准备予以转销。

(二) 资产减值损失的账务处理

企业应当设置"资产减值损失"科目,核算企业计提各项资产减值准备所形成的损失。该科目可按资产减值损失的项目进行明细核算;同时,应当根据不同资产类别,分别设置"长期股权投资减值准备""投资性房地产减值准备""生产性生物资产减值准备""在建工程减值准备""固定资产减值准备""无形资产减值准备""商誉减值准备"等科目。

企业的长期股权投资、采用成本模式计量的投资性房地产、生产性生物资产、在建工程、固定资产、无形资产、商誉等资产发生减值的,按应减记的金额,借记"资产减值损失"科目,贷记"长期股权投资减值准备""投资性房地产减值准备""生产性生物资产减值准备""在建工程减值准备""固定资产减值准备""无形资产减值准备""商誉减值准备"等科目。期末,应将"资产减值损失"科目余额转入"本年利润"科目,结转后本科目无余额。各资产减值准备科目累积每期计提的资产减值准备,直至相关资产被处置时才能予以转出。

【例9-5】 2017年12月31日,A公司发现2014年12月31日购入的一项利用专利的技术设备,由于类似的专利技术在市场上已经出现,此项设备可能减值,可能出现以下两种情况:(1) 如果该企业准备出售,市场上厂商愿意以220万元的销售净价收购该设备;(2) 如继续使用,尚可使用5年,未来5年的现金流量分别为50万元、48万元、46万元、44万元、42万元,第5年使用寿命结束时预计处置带来现金流量为38万元。A公司采用5%的折现率,假设2017年末账面原价800万元,已经计提折旧200万元,以前年度已计提减值准备50万元。年折现率为5%、1~5期的复利现值系数分别为0.9524、0.9070、

0.8638、0.8227、0.7835。在上述两种情况下，分别计算该资产应计提的减值准备并编制相关会计分录。有关账务处理如下：

(1) 预计未来现金流量现值，见表 9-4。

表 9-4 预计未来现金流量现值计算表　　　　金额单位：元

年份	预计未来现金流量	折现率	折现系数*	现值
2018	50 0000	5%	0.9524	476200
2019	480 000	5%	0.9070	435360
2020	460 000	5%	0.8638	397348
2021	440 000	5%	0.8227	361988
2022	800 000	5%	0.7835	626800
合计				2297696

*折现系数可根据公式计算或者直接查复利现值系数表取得。

(2) 资产预计未来现金流量现值为 229.7696 万元，公允价值减去处置费用后的净额为 220 万元，取两者较高者为资产可收回金额，即 229.7696 万元。

(3) 账面价值 = 原价 - 折旧 - 已计提资产减值 = 800 - 200 - 50 = 550（万元）

比较账面价值和可收回金额，由于可收回金额低于账面价值，应确认减值损失。

确认资产减值损失 = 550 - 229.7696 = 320.2304（万元）

会计分录如下：

借：资产减值损失——固定资产减值损失　　　　3 202 304
　　贷：固定资产减值准备　　　　　　　　　　　　　　　3 202 304

【例 9-6】　沿用例 9-3 的资料，由于在 2010 年年末，船舶的账面价值（尚未确认减值损失）为 16 000 万元，而其可收回金额为 10 965 万元，账面价值高于其可收回金额，因此，应当确认减值损失，并计提相应的资产减值准备。

应确认的减值损失为：16 000 - 10 965 = 5035（万元），则会计分录为：

借：资产减值损失——固定资产减值损失　　　　50 350 000
　　贷：固定资产减值准备　　　　　　　　　　　　　　　50 350 000

计提减值准备后，船舶的账面价值变为 10 965 万元，在该船舶剩余使用寿命内，公司应当以此为基础计提折旧。如果发生进一步减值的，再作进一步的减值测试。

【例 9-7】　甲公司有关其货运汽车的购入和使用情况如下，要求作相关账务处理。

(1) 2016 年 12 月 20 日甲公司购入一辆货运汽车，用银行存款支付的买价和相关税费为 20.8 万元。

借：固定资产　　　　　　　　　　　　　　　208 000
　　贷：银行存款　　　　　　　　　　　　　　　　　　208 000

(2) 从 2017 年 1 月起计提折旧。假设该货运汽车的预计使用年限 5 年，预计净残值 0.8 万元，按直线法计提折旧。假设简化为按年计提折旧，2017 年年末计提折旧如下：

2017 年计提折旧额 =（20.8 - 0.8）÷ 5 = 4（万元）

借：其他业务成本　　　　　　　　　　　　　40 000
　　贷：累计折旧　　　　　　　　　　　　　　　　　　40 000

(3) 假设 2017 年年末该货运汽车未出现减值的迹象，则不计提固定资产减值准备。
(4) 2018 年年末计提折旧。

借：其他业务成本　　　　　　　　　　　　　40 000
　　贷：累计折旧　　　　　　　　　　　　　　　　　　　40 000

(5) 2018 年 12 月 31 日，甲公司对该货运汽车进行检查时发现，因市场环境变化，该货运汽车可能发生减值。经测算该货运汽车的可收回金额为 11.05 万元。因该货运汽车的账面价值为 12.8 万元（20.8 - 4×2），高于其可收回金额 11.05 万元，应计提固定资产减值准备 1.75 万元（12.8 - 11.05）。

借：资产减值损失——固定资产减值损失　　　17 500
　　贷：固定资产减值准备　　　　　　　　　　　　　　17 500

(6) 2019 年末计提 2019 年折旧。

计提固定资产减值准备后，2019 年年初固定资产净额为 11.05 万元，假设预计使用年限为 3 年，预计净残值为 0.01 万元，则 2019 年应计提折旧额 =（11.05 - 0.01）÷3 = 3.68（万元）。

借：其他业务成本　　　　　　　　　　　　　36 800
　　贷：累计折旧　　　　　　　　　　　　　　　　　　　36 800

如果以后年度造成固定资产减值的因素消失，固定资产价值回升，按照 CAS8 规定，已计提的减值不得转回。

【例 9-8】 某企业境内财务报告按照我国会计准则编制，并从 2017 年 1 月 1 日起实行新会计准则，境外财务报告按照国际会计准则编制。该企业 2017 年 1 月 1 日开始营业，固定资产原值 200 万元，假设经营期间无固定资产增减业务发生，固定资产折旧使用直线法，残值为 0，使用年限 20 年。假设该企业境内外财务报告使用的折旧方法和使用年限、残值相同。

(1) 2017 年 12 月 31 日，固定资产可收回金额为 171 万元。则该企业 2017 年 12 月 31 日境内财务报告固定资产项目为 171 万元，计提减值准备 19（200 - 200÷20 - 171）万元。境外财务报告和境内相同。

(2) 2018 年 12 月 31 日，固定资产可收回金额为 170 万元，当年计提折旧为 9（171÷19）万元，固定资产账面价值为 162（171 - 9）万元。固定资产可收回金额大于固定资产账面金额 8（170 - 162）万元，由于 CAS8 规定固定资产减值准备不允许转回，因此该企业 2018 年 12 月 31 日境内财务报告固定资产项目为 162 万元；而对境外财务报告来说，可转回固定资产减值准备 8 万元，该企业 2018 年 12 月 31 日境外财务报告固定资产项目为 170 万元，由此造成境内财务报告比境外财务报告固定资产少 8 万元，利润少 8 万元。

▶第四节　资产组的认定及减值的处理

一、资产组的认定

按照 CAS8 的规定，有迹象表明一项资产可能发生减值的，企业应当以单项资产为基础估计其可收回金额。企业难以对单项资产的可收回金额进行估计的，应当以该资产所属的资产组为基础确定资产组的可收回金额，然后据以确定资产的减值损失。

(一) 资产组的概念

资产组（asset group）[1] 是指企业可以认定的最小资产组合，其产生的现金流入应当基本上独立于其他资产或资产组产生的现金流入。资产组应当由创造现金流入相关的资产组成。这里应当注意两点：一是资产组创造的现金流入，要独立于其他资产或资产组；二是不能把一个企业的整个资产都作为一个资产组。因为资产组是可以认定的最小资产组合。

(二) 认定资产组应当考虑的因素

（1）资产组的认定，应当以资产组产生的主要现金流入是否独立于其他资产或者资产组的现金流入为依据。

资产组能否独立产生现金流入是认定资产组最关键的因素。比如，企业的某一生产线、营业网点、业务部门等，如果能够独立于其他部门或者单位等创造收入、产生现金流，或者其创造的收入和现金流入绝大部分独立于其他部门或者单位、且属于可认定的最小的资产组合的，通常应将该生产线、营业网点、业务部门等认定为一个资产组。

【例9-9】 某矿业公司拥有一个煤矿，与煤矿的生产和运输相配套，建有一条专用铁路。该铁路除非报废出售，其在持续使用中，难以脱离煤矿相关的其他资产而产生单独的现金流入，因此，企业难以对专用铁路的可收回金额进行单独估计，专用铁路和煤矿其他相关资产必须结合在一起，成为一个资产组，以估计该资产组的可收回金额。

在资产组的认定中，企业几项资产的组合生产的产品（或者其他产出）存在活跃市场的，无论这些产品或者其他产出是用于对外出售还是仅供企业内部使用，均表明这几项资产的组合能够独立创造现金流入，应当将这些资产的组合认定为资产组。

【例9-10】 某公司只生产一种产品，在A、B、C三地拥有分厂，A地分厂生产一种部件，由B地或C地的分厂组装后销售到全国各地。如果A地分厂的产品不存在活跃市场，A地分厂生产的部件就无法在当地销售，只有将部件发往B地或C地的分厂组装后才能对外销售，才能产生现金流入，A不能独立产生现金流量，此时，应当将A、B、C三地的分厂看成一个资产组；如果A地分厂生产的部件存在活跃市场，尽管A生产出的半成品（或组件）主要是供给B和C组装，但A地分厂生产的部件是可以独立对外销售的，则A能独立产生现金流量，应将A地分厂当作一个资产组，在测算其未来现金流量现值时，公司应当调整其财务预算或预测，将未来现金流量的预计建立在公平交易的前提下A所生产产品的未来价格最佳估计数的基础上，而不是其内部转移价格。另外，B地和C地的分厂作为一个资产组。在测算其未来现金流量现值时，公司应当调整其财务预算或预测，将未来现金流量的预计建立在公平交易的前提下从A所购入产品的未来价格的最佳估计数的基础上，而不是其内部转移价格。

（2）企业对生产经营活动的管理或者监控方式以及对资产使用或者处置的决策方式等，也是认定资产组应考虑的重要因素。

企业对生产经营活动的管理或者监控方式，如按照生产线、业务种类或者按照地区或者区域等，也是认定资产组应考虑的重要因素。如果管理层按生产线监控企业，可将

---

[1] 资产组的概念是由FASB《FAS144 长期资产减值或处置》中借鉴而来。在《IAS36 资产减值》中将资产组称为现金产出单元（cash-generating unit，简称CGU）。

各生产线作为资产组,如果管理层按业务类型来进行企业的监管,可将各类业务中所用的资产作为一个资产组,如果按区域来进行企业的监管,可将各区域所使用所有资产作为一个资产组。

【例9-11】 某服装企业有童装、西装、衬衫三个工厂,每个工厂在核算、考核和管理等方面都相对独立,在这种情况下,每个工厂通常为一个资产组。

【例9-12】 某家具制造商有A车间和B车间,A车间专门生产家具部件,生产完后由B车间负责组装,该企业对A车间和B车间资产的使用和处置等决策是一体的,在这种情况下,A车间和B车间通常应当认定为一个资产组。

(三) 资产组认定后不得随意变更

资产组一经确定后,在各个会计期间应当保持一致,不得随意变更,即资产组的各项资产构成通常不能随意变更。但是,如果由于企业重组、变更资产用途等原因,导致资产组构成确需变更的,企业可以进行变更,企业管理层应当证明该变更是合理的,并应在附注中作相应说明。

二、资产组的减值测试

资产组减值测试的原理和单项资产相一致,即企业需要预计资产组的可收回金额和计算资产组的账面价值,并将两者进行比较,如果资产组的可收回金额低于其账面价值的,应当确认相应的减值损失。

(一) 资产组可收回金额和账面价值的确定基础

资产组的可收回金额应当按照该资产组的公允价值减去处置费用后的净额与其预计未来现金流量的现值两者之间较高者确定。

资产组账面价值的确定基础应当与其可收回金额的确定方式相一致。资产组的账面价值包括可直接归属于资产组与可以合理和一致地分摊至资产组的资产账面价值,通常不应当包括已确认负债的账面价值,但如不考虑该负债金额就无法确定资产组可收回金额的,可以将其包括在内。这主要是因为在确定资产组的公允价值减去处置费用后的净额和预计未来现金流量现值时,并不包括不属于该资产组的现金流量,也不包括与已在财务报表上确认的负债有关的现金流量。因此,为了与资产组可收回金额的确定基础相一致,资产组的账面价值也不应当包括这些项目。简而言之,资产组的账面价值包括两部分:可直接归属于资产组的资产的账面价值,可以合理和一致地分摊至资产组的资产账面价值。比如企业有A、B两个设备,都需要用除尘设施,则资产组的账面价值,既包括A设备的账面价值,也包括除尘设施分摊到A设备上面的账面价值。

在特殊情况下,企业在判断资产是否发生减值时,有可能涉及部分负债。在这种情况下,资产组在处置时如要求购买者承担一项负债(如环境恢复负债等)、该负债金额已经确认并计入相关资产账面价值,而且企业只能取得包括上述资产和负债在内的单一公允价值减去处置费用后的净额的,为了比较资产组的账面价值和可收回金额,在确定资产组的账面价值及其预计未来现金流量的现值时,应当将已确认的负债金额从中扣除。这主要是因为,在这种情况下,资产组的公允价值减去处置费用后的净额,是资产组所包含的资产和负债共同的公允价值减去处置费用后的净额,为使资产组的账面价值与其可收回金额的比较有意义,在确定资产组的账面价值和可收回金额时,应当减去负债的账面价值。

【例9-13】 A公司在某山区经营一座有色金属矿山,根据规定,公司在矿山完成开采后应当将该地区恢复原貌。恢复费用主要为山体表层复原(如恢复植被等)费用,因为山体表层必须在矿山开发前挖走。因此,企业在山体表层挖走后,就应当确认一项预计负债,并计入矿山成本,假定其金额为500万元。2012年12月31日,随着开采进展,公司发现矿山中的有色金属储量远低于预期,因此,公司对该矿山进行了减值测试。考虑到矿山的现金流量状况,整座矿山被认定为一个资产组。该资产组在2012年年末的账面价值为1 000万元(包括确认的恢复山体原貌的预计负债)。

矿山(资产组)如果于2012年12月31对外出售,买方愿意出价820万元(包括恢复山体原貌成本),预计处置费用为20万元,因此,该矿山的公允价值减去处置费用后的净额为800万元。而矿山的预计未来现金流量的现值为1 200万元,不考虑恢复费用。

根据上述资料,为了比较资产组的账面价值和可收回金额,在确定资产组的账面价值及其预计未来现金流量的现值时,应当将已确认的负债金额从中扣除。

本例中,资产组的公允价值减去处置费用后的净额为800万元,该金额已经考虑了恢复费用。该资产组预计未来现金流量的现值在考虑了恢复费用后为700(1 200 - 500)万元。因此,该资产组的可收回金额为800万元。资产组的账面价值在扣除了已确认的恢复原貌预计负债后的金额为500(1 000 - 500)万元。这样,资产组的可收回金额大于其账面价值,所以,资产组没有发生减值,不必确认减值损失。

(二)资产组减值的会计处理

根据减值测试的结果,资产组(包括资产组组合,在后述有关总部资产或商誉的减值测试时涉及)的可收回金额如低于其账面价值的,应当确认相应的减值损失。减值损失金额应当按照下列顺序进行分摊:

(1)抵减分摊至资产组中商誉的账面价值;

(2)根据资产组中除商誉之外的其他各项资产的账面价值所占比重,按比例抵减其他各项资产的账面价值。

应注意,以上资产账面价值的抵减,应当作为各单项资产(包括商誉)的减值损失处理,计入当期损益。抵减后的各资产的账面价值不得低于以下三者之中最高者:(1)该资产的公允价值减去处置费用后的净额(如可确定的);(2)该资产预计未来现金流量的现值(如可确定的);(3)零。因此而导致的未能分摊的减值损失金额,应当按照相关资产组中其他各项资产的账面价值所占比重进行分摊。

【例9-14】 某公司在A、B、C三地拥有三家分公司,其中,C分公司是上年吸收合并的公司。由于A、B、C三家分公司均能产生独立于其他分公司的现金流入,所以该公司将这三家分公司确定为三个资产组。2012年12月1日,企业经营所处的技术环境发生了重大不利变化,出现减值迹象,需要进行减值测试。减值测试时,C分公司资产组的账面价值为520万元(含合并商誉为20万元)。该公司计算C分公司资产的可收回金额为400万元。假定C分公司资产组中包括甲设备、乙设备和一项无形资产,其账面价值分别为250万元、150万元和100万元。

要求：计算商誉、甲设备、乙设备和无形资产应计提的减值准备并编制有关会计分录。有关账务分析处理如下：

（1）C 资产组的账面价值 520 万元，可收回金额 400 万元，发生减值 120 万元。

（2）C 资产组中的减值额先冲减商誉 20 万元，余下的 100 万元分配给甲设备、乙设备和无形资产。

甲设备应承担的减值损失 = 100 ÷（250 + 150 + 100）× 250 = 50（万元）
乙设备应承担的减值损失 = 100 ÷（250 + 150 + 100）× 150 = 30（万元）
无形资产应承担的减值损失 = 100 ÷（250 + 150 + 100）× 100 = 20（万元）

借：资产减值损失——商誉　　　　　　　　　　200 000
　　　　　　　　——固定资产　　　　　　　　800 000
　　　　　　　　——无形资产　　　　　　　　200 000
　　贷：商誉减值准备　　　　　　　　　　　　　　　　200 000
　　　　固定资产减值准备　　　　　　　　　　　　　　800 000
　　　　无形资产减值准备　　　　　　　　　　　　　　200 000

【例 9-15】 A 公司有一条甲生产线，该生产线生产光学器材，由 A、B、C 三部机器构成，成本分别为 40 万元、60 万元、100 万元。使用年限为 10 年，净残值为零，以年限平均法计提折旧。各机器均无法单独产生现金流量，但整条生产线构成完整的产销单位，属于一个资产组。2018 年甲生产线所生产的光学产品有替代产品上市，到年底，导致公司光学产品的销路锐减 40%，因此，对甲生产线进行减值测试。

2018 年 12 月 31 日，A、B、C 三部机器的账面价值分别为 20 万元、30 万元、50 万元。估计 A 机器的公允价值减去处置费用后的净额为 15 万元，B、C 机器都无法合理估计其公允价值减去处置费用后的净额以及未来现金流量的现值。

整条生产线预计尚可使用 5 年。经估计其未来 5 年的现金流量及其恰当的折现率后，得到该生产线预计未来现金流量的现值为 60 万元。由于公司无法合理估计生产线的公允价值减去处置费用后的净额，公司以该生产线预计未来现金流量的现值为其可收回金额。

鉴于在 2018 年 12 月 31 日该生产线的账面价值为 100 万元，而其可收回金额为 60 万元，生产线的账面价值高于其可收回金额，因此，该生产线已经发生了减值，公司应当确认减值损失 40 万元，并将该减值损失分摊到构成生产线的 3 部机器中。由于 A 机器的公允价值减去处置费用后的净额为 15 万元，因此，A 机器分摊了减值损失后的账面价值不应低于 15 万元。具体分摊过程见表 9-5。

表 9-5　资产组减值损失分摊表　　　　　　　　　　　金额单位：元

项目	机器 A	机器 B	机器 C	整个生产线（资产组）
账面价值	200 000	300 000	500 000	1 000 000
可收回金额				600 000
减值损失				400 000
减值损失分摊比例	20%	30%	50%	
分摊减值损失	50 000*	120 000	200 000	370 000
分摊后账面价值	150 000	180 000	300 000	

续表

项目	机器 A	机器 B	机器 C	整个生产线（资产组）
尚未分摊的减值损失				30 000
二次分摊比例		37.50%	62.50%	
二次分摊减值损失		11 250	18 750	30 000
二次分摊后应确认减值损失总额		131 250	218 750	
二次分摊后账面价值	150 000	168 750	281 250	600 000

* 按照分摊比例，机器 A 应当分摊减值损失 80 000（400 000×20%）元。但由于机器 A 的公允价值减去处置费用后的净额为 150 000 元，因此，机器 A 最多只能确认减值损失 50 000（200 000－150 000）元，未能分摊的减值损失 30 000（80 000－50 000）元，应当在机器 B 和机器 C 之间进行再分摊。

根据上述计算和分摊结果，构成甲生产线的机器 A、机器 B 和机器 C 应当分别确认减值损失 50 000 元、131 250 元和 218 750 元，账务处理如下：

借：资产减值损失——机器 A　　　　　50 000
　　　　　　　　　　——机器 B　　　　　131 250
　　　　　　　　　　——机器 C　　　　　218 750
　　贷：固定资产减值准备——机器 A　　　　　50 000
　　　　　　　　　　　　——机器 B　　　　　131 250
　　　　　　　　　　　　——机器 C　　　　　218 750

三、总部资产减值测试

根据 CAS8 的规定，如果某项资产产生的主要现金流入难以独立于其他资产或资产组，则不应按照该单项资产为基础确定其可回收金额，而应当按照该资产所属的资产组为基础确定可回收金额，然后据以确定资产的减值损失。资产组概念的延伸就有资产组组合，最典型和常见的实例有总部资产。

企业总部资产包括企业集团或其事业部的办公楼、电子数据处理设备、研发中心等资产。这些资产的显著特征是难以脱离其他资产或者资产组产生独立的现金流入，而且其账面价值难以完全归属于某一资产组。因此，总部资产通常难以单独进行减值测试，需要结合其他相关资产组或者资产组组合进行。

资产组组合是指由若干个资产组组成的最小资产组组合，包括资产组或者资产组组合，以及按合理方法分摊的总部资产部分。

在资产负债表日，如果有迹象表明某项总部资产可能发生减值的，企业应当计算确定该总部资产所归属的资产组或资产组组合的可收回金额，然后将其与相应的账面价值进行比较，据以判断是否需要确认减值损失。

企业在对某一资产组进行减值测试时，应当先认定所有与该资产组相关的总部资产，再根据相关总部资产能否按照合理和一致的基础分摊至该资产组，具体分别下列情况处理：

（1）对于相关总部资产能够按照合理和一致的基础分摊至该资产组的部分，应当将该部分总部资产的账面价值分摊至该资产组，再据以比较该资产组的账面价值（包括已分摊的总部资产的账面价值部分）和可收回金额，并按照前述有关资产组的减值测试的顺序和方法处理。

（2）对于相关总部资产难以按照合理和一致的基础分摊至该资产组的，应当按照下列步骤处理：

首先，在不考虑相关总部资产的情况下，估计和比较资产组的账面价值和可收回金额，并按照前述有关资产组减值损失处理顺序和方法处理；

其次，认定由若干个资产组组成的最小的资产组组合，该资产组组合应当包括所测试的资产组与可以按照合理和一致的基础将该总部资产的账面价值分摊其上的部分；

最后，比较所认定的资产组组合的账面价值（包括已分摊的总部资产的账面价值部分）和可收回金额，并按照前述有关资产组减值损失的处理顺序和方法处理。

【例9-16】 宏达公司在A、B、C三地拥有三家分公司。其中，C分公司是上年吸收合并的公司。这三家分公司的经营活动由一个总部负责运作。由于A、B、C三家分公司都能产生独立于其他分公司的现金流入，所以该公司将这三家公司确定为三个资产组。2014年12月1日，企业经营所处的技术环境发生重大不利变化。出现了减值迹象，需要进行减值测试。假设总部资产的账面价值为150万元，能够按照各资产组账面价值的比例进行合理分摊，A分公司资产的使用寿命为10年，B、C分公司和总部资产的使用寿命为20年。减值测试时，A、B、C三个资产组的账面价值分别为100万元、150万元和200万元（其中含商誉为15万元）。该公司计算得出A分公司的可收回金额为219万元，B分公司的可收回金额为156万元，C分公司的可收回金额为200万元。要求：进行宏达公司的减值测试。

第一步，将总部资产分摊至各资产组。

由于各资产组的使用寿命不同，不能直接按其账面价值分摊总部资产，而应根据各资产组的使用寿命对各资产组的账面价值进行调整，按调整后的账面价值来分配总部资产。

调整后的各资产组总账面价值 = 100 + 2×150 + 2×200 = 800（万元）

总部资产应分摊给A资产组的数额 = 150×100÷800 = 19（万元）

总部资产应分摊给B资产组的数额 = 150×300÷800 = 56（万元）

总部资产应分摊给C资产组的数额 = 150×400÷800 = 75（万元）

分摊后各资产组的账面价值为：

A资产组的账面价值 = 100 + 19 = 119（万元）

B资产组的账面价值 = 150 + 56 = 206（万元）

C资产组的账面价值 = 200 + 75 = 275（万元）

第二步，进行减值测试，确认减值损失。

各资产组的减值情况见表9-6。

表9-6 资产组减值损失计算表　　　　　金额单位：万元

项目	账面价值	可收回金额	减值金额
A资产组	119	219	—
B资产组	206	156	50
C资产组	275	200	75

第三步，将各资产组的减值额在总部资产和各资产组之间进行分摊。

B资产组减值分摊给总部资产的数额 = 50×56÷206 = 13.6（万元）

分摊给 B 资产组本身的数额 =50×150÷206=36.4（万元）

C 资产组中的减值先冲减商誉 15 万元，余额再分摊给总部资产和 C 资产组。

分摊给总部资产的数额 =（75-15）×75÷275=16.36（万元）

分摊给 C 资产组本身的数额 =60×200÷275=43.64（万元）

【例 9-17】 ABC 高科技企业拥有 A、B 和 C 三个资产组，在 2010 年年末，这三个资产组的账面价值分别为 200 万元、300 万元和 400 万元，没有商誉。这三个资产组为三条生产线，预计剩余使用寿命分别为 10 年、20 年和 20 年，采用直线法计提折旧。由于 ABC 公司的竞争对手通过技术创新推出了更高技术含量的产品，并且受到市场欢迎，从而对 ABC 公司产品产生了重大不利影响，为此，ABC 公司于 2010 年年末对各资产组进行了减值测试。

在对资产组进行减值测试时，首先应当认定与其相关的总部资产。ABC 公司的经营管理活动由总部负责，总部资产包括一栋办公大楼和一个研发中心，其中办公大楼的账面价值为 300 万元，研发中心的账面价值为 100 万元。办公大楼的账面价值可以在合理和一致的基础上分摊至各相关资产组，但研发中心的账面价值难以按照合理和一致的基础分摊至各资产组。对于办公大楼的账面价值，企业根据各资产组的账面价值和剩余使用寿命加权平均计算的账面价值分摊比例进行分摊，如表 9-7 所示。

表 9-7 各资产组账面价值计算表　　　　　　金额单位：万元

序号	项目	资产组 A	资产组 B	资产组 C	合计
(1)	各资产组账面价值	200	300	400	900
(2)	各资产组剩余使用寿命	10	20	20	
(3)	按使用寿命计算的权重	1	2	2	
(4)	加权计算后的账面价值 (1)×(3)	200	600	800	1 600
(5)	办公大楼分摊比例（各资产组加权计算后的账面价值的比重）(4)÷1600	12.5%	37.5%	50%	100%
(6)	办公大楼账面价值分摊到各资产组的金额 (5)×300	37.5	112.5	150	300
(7)	包括分摊的办公大楼账面价值部分的各资产组账面价值 (1)+(6)	237.5	412.5	550	1 200

企业随后应当确定各资产组的可收回金额，并将其与账面价值（包括已分摊的办公大楼的账面价值部分）相比较，以确定相应的减值损失。考虑到研发中心的账面价值难以按照合理和一致的基础分摊至资产组，因此，确定由 A、B、C 三个资产组组成最小资产组组合（即为 ABC 整个企业），通过计算该资产组组合的可收回金额，并将其与账面价值（包括已分摊的办公大楼账面价值和研发中心的账面价值）相比较，以确定相应的减值损失。假定各资产组和资产组组合的公允价值减去处置费用后的净额难以确定，企业根据它们的预计未来现金流量的现值来计算其可收回金额，计算现值所用的折现率为 15%，计算过程见表 9-8。

表9-8 资产组和资产组组合现值计算表　　　　　金额单位：万元

项目	资产组 A		资产组 B		资产组 C		包括研发中心在内的最小资产组组合（ABC公司）	
年份	未来现金流量	现值	未来现金流量	现值	未来现金流量	现值	未来现金流量	现值
1	36	32	18	16	20	18	78	68
2	62	46	32	24	40	30	144	108
3	74	48	48	32	68	44	210	138
4	84	48	58	34	88	50	256	146
5	94	46	64	32	102	50	286	142
6	104	44	66	28	112	48	310	134
7	110	42	68	26	120	44	324	122
8	110	36	70	22	126	42	332	108
9	106	30	70	20	130	36	334	96
10	96	24	70	18	132	32	338	84
11			72	16	132	28	264	56
12			70	14	132	24	262	50
13			70	12	132	22	262	42
14			66	10	130	18	256	36
15			60	8	124	16	244	30
16			52	6	120	12	230	24
17			44	4	114	10	216	20
18			36	2	102	8	194	16
19			28	2	86	6	170	12
20			20	2	70	4	142	8
现值合计		396		328		542		1440

根据上述资料，资产组 A、B、C 的可收回金额分别为 396 万元、328 万元和 542 万元，相应账面价值（包括分摊的办公大楼账面价值）分别为 237.5 万元、412.5 万元和 550 万元，资产组 B 和 C 的可收回金额均低于其账面价值，所以应当分别确认 84.5 万元和 8 万元减值损失，并将该减值损失在办公大楼和资产组之间进行分摊。根据分摊结果，因资产组 B 发生减值损失 84.5 万元而导致办公大楼减值 23.05（84.5×112.5÷412.5）万元，导致资产组 B 中所包括资产发生减值 61.45（84.5×300÷412.5）万元；因资产组 C 发生减值损失 8 万元而导致办公大楼减值 2（8×150÷550）万元，导致资产组 C 中所包括资产发生减值 6（8×400÷550）万元。

经过上述减值测试后，资产组 A、B、C 和办公大楼的账面价值分别为 200 万元、238.55 万元、394 万元和 274.95 万元，研发中心的账面价值仍为 100 万元，由此包括研发中心在内的最小资产组组合（即 ABC 公司）的账面价值总额为 1 207.50（200+238.55+

394 + 274.95 + 100）万元，但其可收回金额为 1 440 万元，高于其账面价值，因此，企业不必再进一步确认减值损失（包括研发中心的减值损失）。

▶第五节　商誉减值的处理和资产减值的披露

一、商誉减值测试的基本要求

根据 CAS8 的规定，企业如果存在因企业合并所形成的商誉，无论是否有减值迹象，至少应当在每年年度终了时进行减值测试。

由于商誉具有与企业整体有关、不能单独存在、也不能与企业可辨认资产分开出售等特点，判断商誉是否发生减值的迹象在某种程度上不同于一般意义上的可辨认有形资产。鉴于商誉难以独立产生现金流量，商誉应当结合与其相关的资产组或者资产组组合进行减值测试。相关的资产组或者资产组组合应当是能够从企业合并的协同效应中受益的资产组或者资产组组合，不应当大于按照《CAS35 分部报告》和《企业会计准则解释第 3 号》所确定的报告分部。

对于已经分摊商誉的资产组或资产组组合，不论是否存在资产组或资产组组合可能发生减值的迹象，每年都应当通过比较包含商誉的资产组或资产组组合的账面价值与可收回金额进行减值测试。

为了进行资产减值测试，对于因企业合并形成的商誉的账面价值，应当自购买日起按照合理的方法分摊至相关的资产组；难以分摊至相关的资产组的，应当将其分摊至相关的资产组组合。

企业因重组等原因改变了其报告结构，从而影响到已分摊商誉的一个或者若干个资产组或者资产组组合构成的，应当按照与前述资产组账面价值分摊相似的分摊方法，将商誉重新分摊至受影响的资产组或者资产组组合。

二、商誉减值测试的方法与会计处理

在对包含商誉的相关资产组或者资产组组合进行减值测试时，如与商誉相关的资产组或者资产组组合存在减值迹象的，应当按照下列步骤处理：

（1）对不包含商誉的资产组或者资产组组合进行减值测试，计算可收回金额，并与相关账面价值相比较，确认相应的减值损失。

（2）对包含商誉的资产组或者资产组组合进行减值测试，比较这些相关资产组或者资产组组合的账面价值（包括所分摊的商誉的账面价值部分）与其可收回金额，如相关资产组或者资产组组合的可收回金额低于其账面价值的，应当确认相应的减值损失。减值损失金额应当先抵减分摊至资产组或者资产组组合中商誉的账面价值。

（3）根据资产组或者资产组组合中除商誉之外的其他各项资产的账面价值所占比重，按比例抵减其他各项资产的账面价值。以上各项资产账面价值的抵减，都应当作为各单项资产（包括商誉）的减值损失处理，计入当期损益。抵减后的各资产的账面价值不得低于以下三者之中最高者：该资产的公允价值减去处置费用后的净额（如可确定的）、该资产预计未来现金流量的现值（如可确定的）和零。因此而导致的未能分摊的减值损失金额，应当按照相关资产组或者资产组组合中其他各项资产的账面价值所占比重进行分摊。相关减值损失的处理顺序和方法与第四节有关资产组减值损失的处理顺序和方法相一致。

如果因企业合并所形成的商誉是母公司根据其在子公司所拥有的权益而确认的商誉，在这种情况下，子公司中归属于少数股东权益的商誉并没有在合并财务报表中予以确认。因此，在对与商誉相关的资产组（或者资产组组合，下同）进行减值测试时，由于其可收回金额的预计包括了归属于少数股东权益的商誉价值部分，因此为了使减值测试建立在一致的基础上，企业应当调整资产组的账面价值，将归属于少数股东权益的商誉包括在内，然后根据调整后的资产组账面价值与其可收回金额进行比较，以确定资产组（包括商誉）是否发生了减值。

上述资产组如发生减值的，企业应当首先抵减商誉的账面价值，由于根据上述方法计算的商誉减值损失包括了应由少数股东权益承担的部分，而少数股东权益享有的商誉价值及其减值损失都没有在合并财务报表中反映，合并财务报表只反映归属于母公司的商誉，因此应当将商誉减值损失在可归属于母公司和少数股东权益之间按比例进行分摊，以确认归属于母公司的商誉减值损失，并将其反映于合并财务报表中。

【例9-18】 甲企业在2018年1月1日以1 600万元的价格收购了乙企业80%股权。在购买日，乙企业可辨认资产的公允价值为1 500万元，没有负债和或有负债。因此，甲企业在其合并财务报表中确认商誉400（1 600 - 1 500×80%）万元、乙企业可辨认净资产1 500万元和少数股东权益300（1 500×20%）万元。假定乙企业的所有资产被认定为一个资产组。由于该资产组包括商誉，因此，它至少应当于每年年度终了进行减值测试。在2018年末，甲企业确定该资产组的可收回金额为1 000万元，可辨认净资产的账面价值为1 350万元。

由于乙企业作为一个单独的资产组的可收回金额1 000万元中，包括归属于少数股东权益在商誉价值中享有的部分。因此，出于减值测试的目的，在与资产组的可收回金额进行比较之前，必须对资产组的账面价值进行调整，使其包括归属于少数股东权益的商誉价值100 〔（1 600÷80% - 1 500）×20%〕万元。然后，再据以比较该资产组的账面价值和可收回金额，确定是否发生了减值损失。其测试过程如表9-9所示。

表9-9 商誉减值测试过程表　　　　　　　　　金额单位：万元

2018年年末	商誉	可辨认资产	合计
账面价值	400	1 350	1 750
未确认归属于少数股东权益的商誉价值	100		100
调整后账面价值	500	1 350	1 850
可收回金额			1 000
减值损失			850

以上计算出的减值损失850万元应当首先冲减商誉的账面价值，然后，再将剩余部分分摊至资产组中的其他资产。

在本例中，850万元减值损失中有500万元应当属于商誉减值损失，其中，由于确认的商誉仅限于甲企业持有乙企业80%股权部分，因此，甲企业只需要在合并报表中确认归属于甲企业的商誉减值损失，即500万元商誉减值损失的80%，即400万元。剩余的350（850 - 500）万元减值损失应当冲减乙企业可辨认资产的账面价值，作为乙企业可辨认资产的减值损失。减值损失的分摊过程见表9-10。

表9-10 商誉减值分摊表　　　　　　　　　金额单位：万元

2014年年末	商誉	可辨认资产	合计
账面价值	400	1 350	1 750
确认的减值损失	-400	-350	-750
确认减值损失后的账面价值		1 000	1 000

三、资产减值的披露

根据CAS8的规定，企业应当在附注中披露与资产减值有关的下列信息：
(1) 当期确认的各项资产减值损失金额；
(2) 计提的各项资产减值准备累计金额；
(3) 提供分部报告信息的，应当披露每个报告分部当期确认的减值损失金额。

其中，(1)(2) 两项信息应当按照资产类别予以披露。资产类别应当以资产在企业生产经营活动中的性质或者功能是否相同或者相似为基础确定。

另外，发生重大资产减值损失的，应当在附注中披露导致每项重大资产减值损失的原因和当期确认的重大资产减值损失的金额。

(1) 发生重大减值损失的资产是单项资产的，应当披露该单项资产的性质。提供分部报告信息的，还应披露该项资产所属的主要报告分部。

(2) 发生重大减值损失的资产是资产组（或者资产组组合，下同）的，应当披露：①资产组的基本情况。②资产组中所包括的各项资产于当期确认的减值损失金额。各项资产应当按照资产类别予以披露。资产类别应当以资产在企业生产经营活动中的性质或者功能是否相同或者相似为基础确定。③资产组的组成与前期相比发生变化的，应当披露变化的原因以及前期和当期资产组组成情况。

对于重大资产减值，应当在附注中披露资产（或者资产组，下同）可收回金额的确定方法。

(1) 可收回金额按资产的公允价值减去处置费用后的净额确定的，还应当披露公允价值减去处置费用后的净额的估计基础。

(2) 可收回金额按资产预计未来现金流量的现值确定的，还应当披露估计其现值时所采用的折现率，以及该资产前期可收回金额也按照其预计未来现金流量的现值确定的情况下，前期所采用的折现率。

如果涉及商誉的分摊，那么企业还应注意，分摊到某资产组的商誉（或者使用寿命不确定的无形资产，下同）的账面价值占商誉账面价值总额的比例重大的，应当在附注中披露下列信息：

(1) 分摊到该资产组的商誉的账面价值。

(2) 该资产组可收回金额的确定方法。包括：①可收回金额按照资产组公允价值减去处置费用后的净额确定的，还应当披露确定公允价值减去处置费用后的净额的方法。资产组的公允价值减去处置费用后的净额不是按照市场价格确定的，还应当披露企业管理层在确定公允价值减去处置费用后的净额时所采用的各关键假设及其依据以及企业管理层在确定各关键假设相关的价值时，是否与企业历史经验或者外部信息来源相一致，如不一致，应当说明理由；②可收回金额按照资产组预计未来现金流量的现值确定的,应当披露企业管理层预计未来现金流量的各关键假设及其依据以及企业管理层在确定各关键假设相关的价值时,是否与企业历史经验或者外部信息来源相一致,如不一致,应当说明理由;③估计现值时所采用的折现率。

商誉的全部或者部分账面价值分摊到多个资产组、且分摊到每个资产组的商誉的账面价值占商誉账面价值总额的比例不重大的,企业应当在附注中说明这一情况以及分摊到各资产组的商誉的合计金额。商誉账面价值按照相同的关键假设分摊到多个资产组、且分摊的商誉合计金额占商誉账面价值总额的比例重大的,企业应当在附注中说明这一情况,并披露下列信息:

(1) 分摊到上述资产组的商誉的账面价值合计;
(2) 采用的关键假设及其依据;
(3) 企业管理层在确定各关键假设相关的价值时,是否与企业历史经验或者外部信息来源相一致,如不一致,应当说明理由。

本章小结

通过本章学习,应注意,在减值处理的顺序上,首先要看看有没有减值的迹象;如果有减值迹象,要进行减值测试;进行减值测试后确实减值了,才需要确定减值损失,计提减值准备。这一章要求掌握相应的会计处理及其他内容,包括:(1) 确定可收回金额。(2) 资产减值损失确定的原则。可收回金额与账面价值相比较,如果可收回金额小于账面价值,则计提减值准备,计入减值损失。(3) 资产组减值的处理。资产组的账面价值高于资产组的可收回金额,说明减值了,则计提减值准备,计入减值损失。资产组的账面价值包括两部分:可直接归属于资产组的资产账面价值、可以合理和一致地分摊至资产组的资产账面价值。减值损失金额应当按照下列顺序进行分摊:首先抵减分摊至资产组中商誉的账面价值;然后根据资产组中除商誉之外的其他各项资产的账面价值所占比重,按比例抵减其他各项资产的账面价值。

重点概念

资产减值、资产可收回金额、资产组、资产组组合、总部资产。

思 考 题

1. 资产减值会计计量的核心问题是什么?
2. 资产减值的迹象有哪些?
3. 计提资产减值对会计报表有哪些影响?
4. 举例说明某上市公司的资产减值政策。
5. 为什么规定长期资产减值不可以转回?
6. 为什么对商誉只做减值处理而不进行摊销?
7. 通过资产减值可以进行盈余管理吗?试举例说明。

第十章

非货币性资产交换

> **内容提要：**▲非货币性资产交换的认定 ▲非货币性资产交换的确认、计量和披露
>
> **学习目的及要求：** 通过本章学习，掌握非货币性资产交换的认定和非货币性资产交换具有商业实质的条件；掌握不涉及补价情况下、涉及补价情况下的非货币性资产交换的会计处理；熟悉涉及多项资产的非货币性资产交换的核算。

通常情况下，企业在生产经营过程中所发生的各项交易大多数属于货币性交易。但是企业同时也存在着少数以非货币性资产交换为前提的交易，这种交易不涉及或只涉及少量的货币性资产。该类交易中换入资产成本的计量基础以及对换出资产损益的计量基础与货币性资产交易有所不同，需要运用不同的计量标准。

到目前为止，世界各国和地区极少有专门的非货币性资产交换方面的准则，国际会计准则理事会（IASB）也没有单独制定相关会计准则，而是分别散见于IAS16、IAS38、IAS40。

最早的非货币性资产交换准则产生于美国。1973年，美国会计原则委员会（APB）以"非货币性交易"的名义首次发布并实施了APB意见书第29号"非货币性交易的会计处理"（APB29）。美国财务会计准则委员会（FASB）于2004年12月发布了财务会计准则公告第153号（FAS153）"货币性资产交换"，对APB29进行了修订，消除了与《IAS16 不动产、厂场和设备》和《IAS38 无形资产》等有关计量指南之间的一些差异，该准则于2005年6月开始实施。FAS153对非货币性资产交换的会计处理仍以交换资产的公允价值为计量基础，但排除了同类货币性资产交换的例外，将其替换为不具有商业实质的非货币性资产交换的一般例外，并对商业实质进行了规范和确定。FAS153是FASB与IASB旨在提高双方准则可比性，共同努力构建一套高质量会计准则下的产物。非货币性资产交换是国际会计趋同中美方的调整项目，通过消除计量指南方面的差异，使得美国会计准则与国际会计准则趋同。

我国财政部于1999年6月公布《企业会计准则——非货币性交易》，2001年进行了第一次修订，2006年2月发布了第二次修订的《CAS7 非货币性资产交换》（简称CAS7），2019年5月公布了第三次修订的CAS7。本章主要是根据CAS7并参考相关的国际会计准则编写，主要内容包括非货币性资产交换的确认、计量和相关信息披露。

▶ 第一节　非货币性资产交换的认定

一、非货币性资产交换的概念及其认定

（一）非货币性资产交换的概念

非货币性资产交换是指企业主要以固定资产、无形资产、投资性房地产和长期股权投资等非货币性资产进行的交换。该交换不涉及或只涉及少量的货币性资产（即补价）。货币性资产是指企业持有的货币资金和收取固定或可确定金额的货币资金的权利，包括现金、银行存款、应收账款和应收票据以及准备持有至到期的债券投资等。非货币性资产是指货币性资产以外的资产，如固定资产、无形资产、长期股权投资、投资性房地产等。非货币性资产不具备"以固定金额或可确定金额收取"这个特点。

（二）非货币性资产交换的认定

1. 非货币性资产交换的交易对象主要是非货币性资产

通常情况下，企业进行商品交易都是用货币性资产（如现金、银行存款）来交换非货币性资产（如固定资产、无形资产等），这是货币性资产交易。但是，有些商品交易可能不涉及货币性资产，或只涉及少量的货币性资产，交易双方通过固定资产、无形资产和长期股权投资等非货币性资产进行交换，以满足各自生产经营的需要，同时减少货币性资产的流入和流出。例如，某企业需要另一个企业拥有的设备，另一个企业需要上述企业生产的产品，双方在货币性资产短缺的情况下，可能会出现非货币性资产交换的交易行为，如甲公司以其产品交换乙木器加工公司的一批办公家具等。这些类型的商品交易就是非货币性资产交换。

2. 认定涉及少量货币性资产的交换为非货币性资产交换，通常以补价占整个资产交换金额的比例低于25%作为参考比例

当交易双方互换非货币性资产时，换出资产价值较低的一方往往支付一定的差额（补价）给换出资产价值较高的另一方。此时，既有非货币性资产的交换，又涉及部分货币性资产。考虑涉及少量货币性资产的交换是否认定为非货币性资产交换时，通常以补价占整个资产交换金额的比例低于25%作为参考比例。支付补价方支付的货币性资产占换入资产公允价值（或占换出资产公允价值与支付的货币性资产之和）的比例低于25%的或者收到补价方收到的货币性资产占换出资产公允价值（或占换入资产公允价值和收到的货币性资产之和）的比例低于25%的，均认定为非货币性资产交换。高于25%（含25%）的，视为货币性资产交换，适用《CAS14 收入》等相关准则的规定。

二、非货币性资产交换不涉及的交易和事项

根据CAS7的规定，非货币性资产交换不涉及以下交易和事项。

(一) 与所有者或所有者以外方面的非货币性资产非互惠转让

企业在生产经营过程中所进行的各类交易,按照交易行为的性质,可分为互惠转让和非互惠转让。互惠转让,是指一个企业和另一个企业之间的交换,其结果是,企业以换出资产为代价取得换入资产。本章所讲的非货币性资产交换,就是互惠转让。非互惠转让,是指资产的单方向转让,由企业将其拥有的非货币性资产无代价地转让给其所有者或其他企业,或是由所有者或其他企业将非货币性资产无代价地转让给该企业。非互惠转让通常包括企业与所有者的非互惠转让和企业与所有者以外的其他单位或个人的非互惠转让。例如,企业将非货币性资产捐赠给慈善组织,属于企业与所有者以外的其他单位或个人的非互惠转让。非货币性资产的非互惠转让不属于本章所讲非货币性资产交换范畴。若属于资本性交换的,则适用于《CAS37 金融工具列报》;若属于政府以非互惠方式提供非货币性资产的,则适用于《CAS16 政府补助》。

(二) 在企业合并、债务重组中和发行股票取得的非货币性资产

不是所有非货币性资产交换都适用《CAS7 非货币性资产交换》。

企业合并中涉及的非货币性资产交换,适用《CAS20 企业合并》;企业债务重组中涉及的非货币性资产交换,适用《CAS12 债务重组》;交换的资产包括属于非货币性资产的金融资产的,金融资产的确认、终止确认和计量适用《CAS22 金融工具确认和计量》和《CAS23 金融资产转移》。

(三) 换出资产为存货的非货币性资产交换

企业以存货换取其他企业固定资产、无形资产等非货币性资产的,换出存货的企业适用《CAS14 收入》的规定进行会计处理。

▶ 第二节 非货币性资产交换的确认、计量和披露

根据非货币性资产交换是否具有商业实质且换入资产或换出资产的公允价值是否能够可靠计量,非货币性资产交换换入资产的成本应分别以公允价值或账面价值为计量基础。

一、非货币性资产交换的确认和计量原则

发生非货币性资产交换时,无论是一项资产换入一项资产、一项资产换入多项资产、多项资产换入一项资产还是多项资产换入多项资产,换入资产的成本都应该采用公允价值或账面价值作为计量基础。

(一) 非货币性资产交换的确认原则

根据《CAS7 非货币性资产交换》的规定,企业应当分别按照下列原则对非货币性资产交换中的换入资产进行确认,对换出资产终止确认:(1) 对于换入资产,企业应当在换入资产符合资产定义并满足资产确认条件时予以确认;(2) 对于换出资产,企业应当在换出资产满足资产终止确认条件时终止确认。

换入资产的确认时点与换出资产的终止确认时点存在不一致的，企业在资产负债表日应当按照下列原则进行处理：（1）换入资产满足资产确认条件，换出资产尚未满足终止确认条件的，在确认换入资产的同时将交付换出资产的义务确认为一项负债。（2）换入资产尚未满足资产确认条件，换出资产满足终止确认条件的，在终止确认换出资产的同时将取得换入资产的权利确认为一项资产。

(二) 非货币性资产交换的计量原则

1. 以公允价值为基础计量

根据《CAS7 非货币性资产交换》的规定，非货币性资产交换同时满足下列条件的，应当以公允价值为基础计量：（1）该项交换具有商业实质；（2）换入资产或换出资产的公允价值能够可靠地计量。

换入资产和换出资产的公允价值均能够可靠计量的，应当以换出资产的公允价值为基础计量，但有确凿证据表明换入资产的公允价值更加可靠的除外。

满足下列条件之一的非货币性资产交换具有商业实质：（1）换入资产的未来现金流量在风险、时间分布或金额方面与换出资产显著不同。（2）使用换入资产所产生的预计未来现金流量现值与继续使用换出资产不同，且其差额与换入资产和换出资产的公允价值相比是重大的。

以公允价值为基础计量的非货币性资产交换，对于换入资产，应当以换出资产的公允价值和应支付的相关税费作为换入资产的成本进行初始计量；对于换出资产，应当在终止确认时，将换出资产的公允价值与其账面价值之间的差额计入当期损益。

有确凿证据表明换入资产的公允价值更加可靠的，对于换入资产，应当以换入资产的公允价值和应支付的相关税费作为换入资产的初始计量金额；对于换出资产，应当在终止确认时，将换入资产的公允价值与换出资产账面价值之间的差额计入当期损益。

以公允价值为基础计量的非货币性资产交换，涉及补价的，应当按照下列规定进行处理：

（1）支付补价的，以换出资产的公允价值，加上支付补价的公允价值和应支付的相关税费，作为换入资产的成本，换出资产的公允价值与其账面价值之间的差额计入当期损益。有确凿证据表明换入资产的公允价值更加可靠的，以换入资产的公允价值和应支付的相关税费作为换入资产的初始计量金额，换入资产的公允价值减去支付补价的公允价值，与换出资产账面价值之间的差额计入当期损益。

（2）收到补价的，以换出资产的公允价值，减去收到补价的公允价值，加上应支付的相关税费，作为换入资产的成本，换出资产的公允价值与其账面价值之间的差额计入当期损益。有确凿证据表明换入资产的公允价值更加可靠的，以换入资产的公允价值和应支付的相关税费作为换入资产的初始计量金额，换入资产的公允价值加上收到补价的公允价值，与换出资产账面价值之间的差额计入当期损益。

以公允价值为基础计量的非货币性资产交换，同时换入或换出多项资产的，应当按照下列规定进行处理：

（1）对于同时换入的多项资产，按照换入的金融资产以外的各项换入资产公允价值相对比例，将换出资产公允价值总额（涉及补价的，加上支付补价的公允价值或减去收到补价的公允价值）扣除换入金融资产公允价值后的净额进行分摊，以分摊至各项换入资产的金额，加上应支付的相关税费，作为各项换入资产的成本进行初始计量。有确凿证据表明换入资产的公允价值更加可靠的，以各项换入资产的公允价值和应支付的相关税费作为各项换入资产的初始计量金额。

（2）对于同时换出的多项资产，将各项换出资产的公允价值与其账面价值之间的差额，在各项换出资产终止确认时计入当期损益。有确凿证据表明换入资产的公允价值更加可靠的，按照各项换出资产的公允价值的相对比例，将换入资产的公允价值总额（涉及补价的，减去支付补价的公允价值或加上收到补价的公允价值）分摊至各项换出资产，分摊至各项换出资产的金额与各项换出资产账面价值之间的差额，在各项换出资产终止确认时计入当期损益。

2. 以账面价值为计量基础

不满足以公允价值为计量基础所规定条件的非货币性资产交换，应当以账面价值为基础计量。

不涉及补价的，对于换入资产，企业应当以换出资产的账面价值和应支付的相关税费作为换入资产的初始计量金额；对于换出资产，终止确认时不确认损益。

涉及补价的，应当按照下列规定进行处理：

（1）支付补价的，以换出资产的账面价值，加上支付补价的账面价值和应支付的相关税费，作为换入资产的初始计量金额，不确认损益。

（2）收到补价的，以换出资产的账面价值，减去收到补价的公允价值，加上应支付的相关税费，作为换入资产的初始计量金额，不确认损益。

以账面价值为基础计量的非货币性资产交换，同时换入或换出多项资产的，应当按照下列规定进行处理：

（1）对于同时换入的多项资产，按照各项换入资产的公允价值的相对比例，将换出资产的账面价值总额（涉及补价的，加上支付补价的账面价值或减去收到补价的公允价值）分摊至各项换入资产，加上应支付的相关税费，作为各项换入资产的初始计量金额。换入资产的公允价值不能够可靠计量的，可以按照各项换入资产的原账面价值的相对比例或其他合理的比例对换出资产的账面价值进行分摊。

（2）对于同时换出的多项资产，各项换出资产终止确认时均不确认损益。

二、商业实质的判断

对于换入资产成本，究竟是采用账面价值还是公允价值计价，关键在于对非货币性资产交换是否具有商业实质的判断。判断非货币性资产交换是否具有商业实质，应当遵循实质重于形式的原则，根据换入资产的性质和换入企业经营活动的特征等因素，换入资产与换入企业其他现有资产相结合能够产生更大的作用，使换入企业受该换入资产影响产生的现金流量与换出资产明显不同，表明该两项资产的交换具有商业实质。

根据CAS7规定，满足下列条件之一的非货币性资产交换具有商业实质：（1）换入资产的未来现金流量在风险、时间分布和金额方面与换出资产显著不同；（2）换入资产所产生的预计未来现金流量现值与继续使用换出资产不同，且其差额与换入资产和换出资产的公允价值相比是重大的。

在确定非货币性资产交换是否具有商业实质时，企业应当关注交易各方之间是否存在关联方关系。关联方关系的存在可能导致发生的非货币性资产交换不具有商业实质。

（一）换入资产的未来现金流量在风险、时间分布和金额方面与换出资产显著不同

（1）未来现金流量的风险、金额相同，时间不同，即换入资产和换出资产产生的未来现金流量总额相同，获得这些现金流量的风险相同，但现金流量流入企业的时间不同。例如，某企业以一批存货换入一项设备，因存货流动性强，能够在较短的时间内产生现金流量，设备作为固定资产要在较长的时间内为企业带来现金流量，两者产生现金流量的时间相差较大，则存货与固定资产产生的未来现金流量显著不同，因而该两项资产的交换具有商业实质。

（2）未来现金流量的时间、金额相同，风险不同。风险不同是指企业获得现金流量的不确定性程度的差异。例如，某企业以其不准备持有至到期的国库券换入一幢房屋以备出租，该企业预计未来每年收到的国库券利息与房屋租金在金额和流入时间上相同，但是国库券利息通常风险很小，租金的取得需要依赖于承租人的财务及信用情况等，两者现金流量的风险或不确定性程度存在明显差异，上述国库券与房屋的未来现金流量显著不同，因而该两项资产的交换具有商业实质。

（3）未来现金流量的风险、时间相同，金额不同，即换入资产和换出资产的现金流量总额相同，预计为企业带来现金流量的时间跨度相同，但各年产生的现金流量金额存在明显差异。例如，某企业以其商标权换入另一企业的一项专利技术，预计两项无形资产的使用寿命相同，在使用寿命内预计为企业带来的现金流量总额相同，但是换入的专利技术是新开发的，预计开始阶段产生的未来现金流量明显少于后期，而该企业拥有的商标每年产生的现金流量比较均衡，两者产生的现金流量金额差异明显，上述商标权与专利技术的未来现金流量显著不同，因而该两项资产的交换具有商业实质。

（二）换入资产所产生的预计未来现金流量现值与继续使用换出资产不同，且其差额与换入资产和换出资产的公允价值相比是重大的

企业如按照上述第一个条件难以判断非货币性资产交换是否具有商业实质，则可以根据第二个条件，通过计算换入资产和换出资产的预计未来现金流量现值，进行比较后判断。这里所指资产的预计未来现金流量现值，应当按照资产在持续使用过程和最终处置时所产生的预计税后未来现金流量，根据企业自身而不是市场参与者对资产特定风险的评价，选择恰当的折现率对其进行折现后的金额加以确定。

例如，某企业以一项专利权换入另一企业拥有的长期股权投资，该项专利权与该项长期股权投资的公允价值相同，两项资产未来现金流量的风险、时间和金额也相同，但对换入企业而言，换入该项长期股权投资使该企业对被投资方由重大影响变为控制关系，从而对换入企业的特定价值即预计未来现金流量现值与换出的专利权有较大差异；另一企业换入的专利权能够解决生产中的技术难题，从而对换入企业的特定价值即预计未来现金流量现值与换出的长期股权投资存在明显差异，因而两项资产的交换具有商业实质。

三、以公允价值计量的会计处理

(一) 不涉及补价的情况

以公允价值为基础计量的非货币性资产交换，对于换入资产，应当以换出资产的公允价值和应支付的相关税费作为换入资产的成本进行初始计量；对于换出资产，应当在终止确认时，将换出资产的公允价值与其账面价值之间的差额计入当期损益。

有确凿证据表明换入资产的公允价值更加可靠的，对于换入资产，应当以换入资产的公允价值和应支付的相关税费作为换入资产的初始计量金额；对于换出资产，应当在终止确认时，将换入资产的公允价值与换出资产账面价值之间的差额计入当期损益。

【例10-1】 2019年甲公司以其不再用的设备与乙公司作为固定资产的货运汽车交换。甲公司换出设备的账面原值为120万元，已提折旧20万元，公允价值为110万元。为此项交换，甲公司以银行存款支付了设备清理费用1万元；乙公司换出的货运汽车账面原值为140万元，已提折旧30万元，公允价值为110万元。假设甲公司换入的货运汽车将作为企业的固定资产进行使用和管理，且没有对换出设备计提减值准备，甲、乙公司适用增值税税率均为16%。

分析：甲公司以其生产经营用设备与乙公司生产经营用的货运汽车进行交换，该项交易中不涉及货币性资产，也不涉及补价，属于非货币性资产交换。由于该换入资产能够为企业带来未来的经济利益流入在风险、金额、时间方面与换出资产显著不同，因而该交换具有商业实质。同时，换出与换入资产的公允价值均能可靠计量，因此，该项非货币性资产交换可以以公允价值为基础计量换入资产的价值，即应当按照换出资产的公允价值加上应支付的相关税费作为换入资产的入账价值。

甲公司的会计处理：
(1) 将固定资产净值转入固定资产清理。

借：固定资产清理　　　　　　　　　　1 000 000
　　累计折旧　　　　　　　　　　　　　 200 000
　　　贷：固定资产——设备　　　　　　　　　　　1 200 000

(2) 支付清理费用。

借：固定资产清理　　　　　　　　　　　 10 000
　　　贷：银行存款　　　　　　　　　　　　　　　　 10 000

(3) 换入资产的入账价值 = 110（万元）

换入货运汽车的进项税额 = 110 × 16% = 17.6（万元）

换出设备的销项税额 = 110 × 16% = 17.6（万元）

借：固定资产——汽车　　　　　　　　1 100 000
　　应交税费——应交增值税（进项税额）　176 000
　　　贷：固定资产清理　　　　　　　　　　　　　1 010 000
　　　　　应交税费——应交增值税（销项税额）　　 176 000
　　　　　资产处置损益　　　　　　　　　　　　　　90 000

乙公司的会计处理：

(1) 将固定资产净值转入固定资产清理。

借：固定资产清理　　　　　　　　　　1 100 000
　　累计折旧　　　　　　　　　　　　　 300 000
　　贷：固定资产——汽车　　　　　　　　　　　　　1 400 000

(2) 换入设备入账价值 = 110（万元）
换入设备的进项税额 = 110 × 16% = 17.6（万元）
换出货运汽车的销项税额 = 110 × 16% = 17.6（万元）

借：固定资产——设备　　　　　　　　1 100 000
　　应交税费——应交增值税（进项税额）176 000
　　贷：固定资产清理　　　　　　　　　　　　　　1 100 000
　　　　应交税费——应交增值税（销项税额）　　　　176 000

【例10-2】　2019年甲公司以其使用中的账面价值为85万元（原价为100万元，累计折旧为15万元，未计提减值准备）的一台设备换入乙公司生产的一批钢材，钢材的账面价值为80万元。甲公司换入钢材作为原材料用于生产产品，乙公司换入设备作为固定资产管理。设备的公允价值为100万元，钢材的公允价值为100万元。甲公司和乙公司均为增值税一般纳税人，适用的增值税税率均为16%，计税价格等于公允价值。假定甲、乙公司不存在关联方关系，交易价格公允，交易过程除增值税以外不考虑其他税费。

分析：本例中，甲公司以其使用中的设备换入乙公司的一批钢材，换入的钢材作为原材料并用于生产产品，其流动性相对较强，而原作为自己生产使用的设备的价值随着使用而逐渐地转换至所生产的产品成本中，并通过产品的出售而收回。甲公司换入的钢材的未来现金流量在风险、时间和金额方面与换出的设备显著不同，因而该交换交易具有商业实质。同时，甲公司和乙公司换出和换入资产的公允价值均能够可靠地计量。据此，甲公司与乙公司的账务处理如下：

(1) 甲公司的会计处理。

甲公司换入的钢材作为原材料核算，以换出设备的公允价值作为换入钢材的成本。

借：固定资产清理　　　　　　　　　　850 000
　　累计折旧　　　　　　　　　　　　150 000
　　贷：固定资产　　　　　　　　　　　　　　　1 000 000

借：原材料　　　　　　　　　　　　　1 000 000
　　应交税费——应交增值税（进项税额）160 000
　　贷：固定资产清理　　　　　　　　　　　　　　850 000
　　　　应交税费——应交增值税（销项税额）　　　　160 000
　　　　资产处置损益　　　　　　　　　　　　　　150 000

(2) 乙公司的会计处理。

借：固定资产　　　　　　　　　　　　1 000 000
　　应交税费——应交增值税（进项税额）160 000
　　贷：主营业务收入　　　　　　　　　　　　　　1 000 000
　　　　应交税费——应交增值税（销项税额）　　　　160 000

借：主营业务成本　　　　　　　　　　800 000
　　贷：库存商品　　　　　　　　　　　　　　　　800 000

(二) 涉及补价的情况

(1) 支付补价的,以换出资产的公允价值,加上支付补价的公允价值和应支付的相关税费,作为换入资产的成本,换出资产的公允价值与其账面价值之间的差额计入当期损益。有确凿证据表明换入资产的公允价值更加可靠的,以换入资产的公允价值和应支付的相关税费作为换入资产的初始计量金额,换入资产的公允价值减去支付补价的公允价值,与换出资产账面价值之间的差额计入当期损益。

(2) 收到补价的,以换出资产的公允价值,减去收到补价的公允价值,加上应支付的相关税费,作为换入资产的成本,换出资产的公允价值与其账面价值之间的差额计入当期损益。有确凿证据表明换入资产的公允价值更加可靠的,以换入资产的公允价值和应支付的相关税费作为换入资产的初始计量金额,换入资产的公允价值加上收到补价的公允价值,与换出资产账面价值之间的差额计入当期损益。

【例 10-3】 沿用例 10-2 的资料,假定甲公司换出设备的公允价值为 120 万元,换入钢材的公允价值为 100 万元,由此乙公司另支付 20 万元补价给甲公司。

本例中,该项交换涉及补价,且补价所占比例分别如下:

甲公司:收到的补价 20 万元 ÷ 换出资产公允价值 120 万元 = 17%

乙公司:支付的补价 20 万元 ÷ 换入资产公允价值 120 万元 = 17%

由于该项交易所涉及的补价占交换的资产价值的比例低于 25%,且根据例 10-2 中的其他分析,可以认定该项交易属于具有商业实质且公允价值能够可靠计量、涉及补价的非货币性资产交换。据此,甲公司和乙公司的账务处理如下:

(1) 甲公司会计处理。

换入固定资产的成本 = 100 + 120 × 16% - 100 × 16% = 103.2 (万元)

非货币性资产交换损益 = 100 + 20 - 85 = 35 (万元)

借:固定资产清理	850 000	
累计折旧	150 000	
贷:固定资产		1 000 000
借:原材料	1 032 000	
银行存款	200 000	
应交税费——应交增值税(进项税额)	160 000	
贷:固定资产清理		850 000
应交税费——应交增值税(销项税额)		192 000
资产处置损益		350 000

(2) 乙公司会计处理。

换入固定资产的成本 = 120 + 100 × 16% - 120 × 16% = 116.8 (万元)

非货币性资产交换损益 = 120 - 20 - 80 = 20 (万元)

借:固定资产	1 168 000	
应交税费——应交增值税(进项税额)	192 000	
贷:主营业务收入		1 000 000
应交税费——应交增值税(销项税额)		160 000
银行存款		200 000

借：主营业务成本　　　　　　　　　　　　　　　　800 000
　　贷：库存商品　　　　　　　　　　　　　　　　　　　　　800 000

【例10-4】　甲企业和乙企业均为房地产开发企业，甲企业因变更主营业务，与乙企业进行资产置换。有关资料如下：

（1）2019年3月1日，甲、乙企业签订资产置换协议。协议规定：甲企业将其建造的经济适用房与乙企业持有的长期股权投资进行交换。甲企业换出的经济适用房的账面价值为5 600万元，公允价值为7 000万元。乙企业换出的长期股权投资的账面价值为5 000万元，公允价值为6 000万元，乙企业另行以现金向甲企业支付1 000万元作为补价。两企业资产交换具有商业实质。假定甲、乙企业换出的资产均未计提减值准备；不考虑甲、乙企业置换资产所发生的相关税费。

（2）2019年5月10日，乙企业通过银行转账向甲企业支付补价款1 000万元。

（3）甲、乙企业换出资产的相关所有权划转手续于2019年6月30日全部办理完毕。假定甲企业换入的长期股权投资按成本法核算；乙企业换入的经济适用房作为存货核算。（补价占整个资产交换金额的比例低于25%。）

要求：
（1）指出甲企业在会计上确认该资产置换的日期；
（2）编制甲企业相关会计分录；
（3）编制乙企业相关会计分录。

相关账务处理如下：
（1）甲企业在会计上确认资产置换的日期2019年6月30日。
（2）甲企业与该资产置换的会计处理。
①2019年5月10日收到乙企业支付的补价1 000万元。
借：银行存款　　　　　　　　　　　　　　　　　10 000 000
　　贷：预收账款　　　　　　　　　　　　　　　　　　　10 000 000
②2019年6月30日全部办理资产所有权划转手续。
甲企业换入资产入账价值＝6 000（万元）
借：长期股权投资　　　　60 000 000
　　预收账款　　　　　　10 000 000
　　贷：主营业务收入　　　　　　70 000 000
借：主营业务成本　　　　56 000 000
　　贷：开发产品（库存商品）　　56 000 000
（3）乙企业与该资产置换相关的会计处理。
①借：预付账款　　　　　10 000 000
　　贷：银行存款　　　　　　　　　10 000 000
②乙企业换入资产入账价值＝7 000（万元）
借：开发产品（库存商品）　70 000 000
　　贷：长期股权投资　　　　　　　50 000 000
　　　　预付账款　　　　　　　　　10 000 000
　　　　投资收益　　　　　　　　　10 000 000

企业在按照换入公允价值和应支付的相关税费作为换入资产成本的情况下，公允价值和账面价值之间的差额直接计入当期损益,因此,直接对企业的当期利润总额产生重大影响,并进一步影响当期应交纳的所得税。

非货币性资产交换产生的损益主要是利得和损失,但长期股权投资除外,因为其差额计入的是投资收益,而按照要素的界定范围,投资收益符合收入的定义,所以,它是通过影响营业利润进而影响利润总额。

四、以账面价值计量的会计处理

(一) 不涉及补价的情况

非货币性资产交换不具有商业实质,或非货币性资产交换虽然具有商业实质,但换入资产和换出资产的公允价值均不能可靠计量的,应当以换出资产的账面价值加上应支付的相关税费作为换入资产的成本进行初始计量;对于换出资产,终止确认时不确认损益。计算公式如下:

换入资产成本 = 换出资产账面价值 + 应支付的相关税费 – 可抵扣的增值税进项税额

【例10-5】 甲公司拥有一台专有设备,该设备原价450万元,已提折旧330万元;乙公司拥有一项长期股权投资,账面价值90万元,两项资产均未计提减值准备。甲公司准备用该项专有设备交换乙公司拥有的长期股权投资。该专有设备是生产某种产品必需的设备,但该设备为当时专门制造,性质特殊,其公允价值不能可靠计量;乙公司拥有的长期股权投资在活跃市场中没有报价,其公允价值也不能可靠计量。经双方商定,乙公司支付了20万元的补价。假定交易不考虑相关税费。

分析:该项交换涉及收付货币性资产,即补价20万元。通过计算可以知道,对甲公司和乙公司而言,这项交换中补价均未超过25%的标准,因此,均属于非货币性资产交换。但是,由于两项资产的公允价值均无法可靠计量,因此甲公司和乙公司换入资产的成本都只能以换出资产的账面价值进行计量。

甲公司的会计处理如下:

借:固定资产清理　　　　　　　　1 200 000
　　累计折旧　　　　　　　　　　3 300 000
　　　贷:固定资产——专有设备　　　　　　　　4 500 000
借:长期股权投资　　　　　　　　1 000 000
　　银行存款　　　　　　　　　　　200 000
　　　贷:固定资产清理　　　　　　　　　　　1 200 000

乙公司的会计处理如下:

借:固定资产——专有设备　　　　1 100 000
　　贷:长期股权投资　　　　　　　　　　　　900 000
　　　　银行存款　　　　　　　　　　　　　200 000

从上例可以看出,尽管乙公司支付了20万元补价,但由于整个非货币性资产交换是以账面价值为基础进行计量的,支付补价方和收到补价方均不确认损益,发生的补价用来调整换入资产的成本。

(二) 涉及补价的情况

非货币性资产交换不具有商业实质,或非货币性资产交换虽然具有商业实质,但换入资产或换出资产的公允价值不能可靠计量的,应当以换出资产的账面价值加上应支付的相关税费作为换入资产的成本,不确认损益。在涉及补价情况下,换入资产的入账价值应分别确定:

(1) 支付补价的,以换出资产的账面价值,加上支付补价的账面价值和应支付的相关税费,作为换入资产的初始计量金额,不确认损益。

(2) 收到补价的,以换出资产的账面价值,减去收到补价的公允价值,加上应支付的相关税费,作为换入资产的初始计量金额,不确认损益。

【例10-6】 沿用例10-4的资料,2019年3月1日,甲企业将其建造的经济适用房与乙企业持有的长期股权投资进行交换。甲企业换出的经济适用房的账面价值为5 600万元,公允价值为7 000万元。乙企业换出的长期股权投资的账面价值为5 000万元,公允价值为6 000万元,乙企业另行以现金向甲企业支付1 000万元作为补价。假定甲、乙企业换出的资产均未计提减值准备。假定不考虑甲、乙企业置换资产所发生的相关税费。2019年5月10日,乙企业通过银行转账向甲企业支付补价款1 000万元。甲、乙企业换出资产的相关所有权划转手续于2019年6月30日全部办理完毕。假定甲企业换入的长期股权投资按成本法核算;乙企业换入的经济适用房作为存货核算。假定两企业资产交换不具有商业实质。(补价占整个资产交换金额的比例低于25%)

要求:编制甲企业、乙企业相关会计分录。

(1) 编制甲企业与该资产置换相关的会计分录。

①借:银行存款　　　　　　　　10 000 000
　　贷:预收账款　　　　　　　　　　　　10 000 000

②甲企业换入资产入账价值=5 600-1 000=4 600(万元)。

③借:长期股权投资　　　　　　46 000 000
　　　预收账款　　　　　　　　10 000 000
　　贷:开发产品(库存商品)　　　　　　56 000 000

(2) 编制乙企业与该资产置换相关的会计分录。

①借:预付账款　　　　　　　　10 000 000
　　贷:银行存款　　　　　　　　　　　　10 000 000

②乙企业换入资产入账价值=5 000+1 000=6 000(万元)。

③借:库存商品　　　　　　　　60 000 000
　　贷:长期股权投资　　　　　　　　　　50 000 000
　　　　预付账款　　　　　　　　　　　　10 000 000

五、非货币性资产交换中涉及多项资产交换的会计处理

(一) 以公允价值计量的情况

对于同时换入的多项资产,应当按照各项换入资产的公允价值和应支付的相关税费分别

作为各项换入资产的成本进行初始计量。对于同时换出的多项资产,应当按照各项换出资产的公允价值的相对比例,将换入资产的公允价值总额分摊至各项换出资产,分摊至各项换出资产的金额与各项换出资产账面价值之间的差额,分别在各项换出资产终止确认时计入当期损益。

每项换入资产成本 = 该项资产公允价值 ÷ 换入资产公允价值总额 × 换入资产成本总额

【例10-7】 甲公司和乙公司均为增值税一般纳税企业,其适用的增值税税率均为16%。甲公司为适应经营业务发展的需要,经与乙公司协商,将甲公司原生产用的厂房、机床以及库存原材料,与乙公司的办公楼、小轿车、客运大轿车交换(均作为固定资产核算)。甲公司换出厂房的账面原价为150万元,已提折旧为30万元,公允价值为100万元;换出机床的账面原价为120万元,已提折旧为60万元,公允价值为80万元;换出原材料的账面价值为300万元,公允价值和计税价格均为350万元。乙公司换出办公楼的账面原价为150万元,已提折旧为50万元,公允价值为150万元;换出小轿车的账面原价为200万元,已提折旧为90万元,公允价值为100万元;换出客运大轿车的账面原价为300万元,已提折旧为80万元,公允价值为240万元,另支付补价40万元。假定甲公司和乙公司换出资产均未计提减值准备,且在交换过程中除增值税外未发生其他相关税费。甲公司换入的乙公司的办公楼、小轿车、客运大轿车均作为固定资产核算。乙公司换入的甲公司的厂房、机床作为固定资产核算,换入的甲公司的原材料作为库存原材料核算。

假定该交易具有商业实质,且公允价值均能够可靠计量(补价占整个资产交换金额的比例低于25%)。据此,甲公司与乙公司的会计处理步骤如下:

第一步,计算换入、换出资产的账面价值与公允价值。

甲公司换出资产的账面价值合计为480万元,公允价值合计为530万元;乙公司换出资产的账面价值合计为430万元,公允价值合计为490万元。同时,乙公司支付给甲公司40万元补价。

第二步,计算换入资产价值总额。

(1) 计算甲公司应分配的换入资产价值总额。

甲公司换出的厂房、机床和库存原材料要考虑增值税销项税额,换入的办公楼、小轿车和客运大轿车要考虑增值税进项税额。

甲公司换入资产价值总额 = 换入资产公允价值 + 应支付的相关税费 - 可抵扣的增值税进项税额 = 4 900 000 + 5 300 000 × 16% - 4 900 000 × 16% = 4 964 000 (元)

(2) 计算乙公司应分配的换入资产价值总额。

乙公司换出的办公楼、小轿车和客运大轿车要考虑增值税销项税额,换入的厂房、机床和库存原材料要考虑增值税进项税额。

乙公司换入资产价值总额 = 换入资产公允价值 + 应支付的相关税费 - 可抵扣的增值税进项税额 = 5 300 000 + 4 900 000 × 16% - 5 300 000 × 16% = 5 236 000 (元)

第三步,计算各项换入资产的入账价值。

(1) 甲公司换入各项资产的入账价值。

甲公司换入乙公司办公楼应分配价值 = 1 500 000 ÷ 4 900 000 × 4 964 000
= 1 519 592 (元)

甲公司换入乙公司小轿车应分配价值 = 1 000 000 ÷ 4 900 000 × 4 964 000
= 1 013 061 (元)

甲公司换入乙公司客运大轿车应分配价值 = 2 400 000 ÷ 4 900 000 × 4 964 000
= 2 431 347（元）

(2) 乙公司换入各项资产的入账价值。

乙公司换入甲公司厂房应分配的价值 = 1 000 000 ÷ 5 300 000 × 5 236 000 = 987 925（元）

乙公司换入甲公司机床应分配的价值 = 800 000 ÷ 5 300 000 × 5 236 000 = 790 339（元）

乙公司换入甲公司原材料应分配价值 = 3 500 000 ÷ 5 300 000 × 5 236 000
= 3 457 736（元）

第四步，账务处理。

(1) 甲公司的账务处理。

借：固定资产清理　　　　　　　　　　　　1 800 000
　　累计折旧　　　　　　　　　　　　　　　 900 000
　　　贷：固定资产　　　　　　　　　　　　　　　　　2 700 000
借：固定资产——办公楼　　　　　　　　　1 519 592
　　　　　　——小轿车　　　　　　　　　1 013 061
　　　　　　——客运大轿车　　　　　　　2 431 347
　　应交税费——应交增值税（进项税额）　　784 000
　　银行存款　　　　　　　　　　　　　　　 400 000
　　　贷：固定资产清理　　　　　　　　　　　　　　　1 800 000
　　　　　应交税费——应交增值税（销项税额）　　　　　848 000
　　　　　其他业务收入　　　　　　　　　　　　　　　3 500 000
借：其他业务成本　　　　　　　　　　　　3 000 000
　　　贷：原材料　　　　　　　　　　　　　　　　　　3 000 000

(2) 乙公司的账务处理。

借：固定资产清理　　　　　　　　　　　　4 300 000
　　累计折旧　　　　　　　　　　　　　　 2 200 000
　　　贷：固定资产　　　　　　　　　　　　　　　　　6 500 000

借：固定资产——厂房　　　　　　　　　　 987 925
　　　　　　——机床　　　　　　　　　　 790 339
　　原材料　　　　　　　　　　　　　　　3 457 736
　　应交税费——应交增值税（进项税额）　　848 000
　　　贷：固定资产清理　　　　　　　　　　　　　　　4 300 000
　　　　　银行存款　　　　　　　　　　　　　　　　　 400 000
　　　　　应交税费——应交增值税（销项税额）　　　　　784 000
　　　　　资产处置损益　　　　　　　　　　　　　　　　600 000

（二）以账面价值计量的情况

非货币性资产交换不具有商业实质，或者虽具有商业实质但换入资产的公允价值不能可靠计量的，对同时换入的多项资产，应当按照各项换入资产的原账面价值或公允价值的相对比例或其他合理的比例，将换出资产的账面价值总额分摊至各项换入资产，加上应支付的相关税费，分别作为各项换入资产的成本进行初始计量。对于同时换出的多项资产，各项换出资产终止确认时均不确认损益。

每项换入资产成本 = 该项资产原账面价值 ÷ 换入资产账面价值总额 × 换入资产成本总额

【例10-8】 甲公司和乙公司均为增值税一般纳税人，其适用的增值税税率为16%。甲公司因经营战略发生较大调整，原生产用设备、库存原材料等已不符合生产新产品的需要，经与乙公司协商，将其生产用设备、库存原材料与乙公司的生产用设备、专利权和库存商品进行交换。甲公司换出设备的账面原价为800万元，已提折旧为500万元，公允价值为400万元；原材料的账面价值为200万元，公允价值和计税价格均为220万元。乙公司生产用设备的账面原价为700万元，已提折旧为400万元，公允价值为320万元；专利权的账面价值为180万元，公允价值为220万元；库存商品的账面价值为60万元，公允价值和计税价格均为80万元。假定甲公司和乙公司换出资产均未计提减值准备，并假定在交换过程中除增值税以外未发生其他相关税费。甲公司换入的乙公司的设备作为固定资产核算，换入的乙公司的专利权作为无形资产核算，换入的乙公司的库存商品作为库存商品核算。乙公司换入的甲公司的设备作为固定资产核算，换入的甲公司的原材料作为库存原材料核算。假定该项交换不具有商业实质。（无形资产适用的增值税税率为6%。）

分析：本例中，甲公司和乙公司的资产交换属于不涉及补价的多项资产的交换，甲公司换出资产的账面价值合计为500万元，公允价值合计为620万元；乙公司换出资产的账面价值合计为540万元，公允价值合计为620万元。在此项交换中，由于不具有商业实质，并且甲公司和乙公司换出的各项资产无法直接与其换入各项资产的价值一一对应，因此，应对换出资产的账面价值加上应支付的相关税费进行分配。

（1）甲公司的会计处理。

①计算甲公司应分配的换入资产价值总额。

甲公司换出的生产用设备和库存原材料要考虑增值税销项税额，换入的生产用设备、专利权和库存商品要考虑增值税进项税额。

甲公司应分配的换入资产价值总额 = 换出资产账面价值 + 应支付的相关税费 - 可抵扣的增值税进项税额 = 5 000 000 + 6 200 000 × 16% - 4 000 000 × 16% - 2 200 000 × 6% = 5 220 000（元）

②计算甲公司换入各项资产应分配的价值如下：

甲公司换入乙公司设备应分配的价值 = 3 000 000 ÷ 5 400 000 × 5 220 000 = 2 900 000（元）

甲公司换入乙公司专利权应分配价值 = 1 800 000 ÷ 5 400 000 × 5 220 000 = 1 740 000（元）

甲公司换入乙公司库存商品应分配价值 = 600 000 ÷ 5 400 000 × 5 220 000 = 580 000（元）

③账务处理。

借：固定资产清理	3 000 000	
累计折旧	5 000 000	
贷：固定资产		8 000 000
借：固定资产	2 900 000	
无形资产	1 740 000	
库存商品	580 000	
应交税费——应交增值税（进项税额）	772 000	
贷：固定资产清理		3 000 000

原材料		2 000 000
应交税费——应交增值税（销项税额）		992 000

（2）乙公司的会计处理。

①计算乙公司应分配的换入资产价值总额。

乙公司换出的生产用设备、专利权和库存商品要考虑增值税销项税额，换入的生产用设备和库存原材料要考虑增值税进项税额。

乙公司应分配的换入资产价值总额＝换出资产账面价值＋应支付的相关税费－可抵扣的增值税进项税额＝5 400 000＋4 000 000×16%＋2 200 000×6%－6 200 000×16%＝5 180 000（元）

②计算乙公司换入各项资产应分配的价值。

乙公司换入甲公司设备应分配的价值＝3 000 000÷5 000 000×5 180 000＝3 108 000（元）

乙公司换入甲公司库存原材料应分配价值＝2 000 000÷5 000 000×5 180 000

　　　　　　　　　　　　　　　　　＝2 072 000（元）

③账务处理。

借：固定资产清理	3 000 000	
累计折旧	4 000 000	
贷：固定资产		7 000 000
借：原材料	2 072 000	
固定资产	3 108 000	
应交税费——应交增值税（进项税额）	992 000	
贷：库存商品		600 000
固定资产清理		3 000 000
应交税费——应交增值税（销项税额）		772 000
无形资产		1 800 000

由于本题中已明确指出，该项非货币性资产交换不具有商业实质，因此：（1）换入资产应当以换出资产的账面价值为基础确定入账价值；（2）各单项换入资产的入账价值应当根据换入资产的入账价值总额，乘以各单项换入资产的原账面价值占换入资产原账面价值总额的比例进行分配确定；（3）各项换出资产，由于不具有商业实质，不符合收入确认条件，不确认收入的实现。

另外，根据税法的有关规定，在非货币性资产交换中，换出资产属于增值税应税货物的，应视同销售，按计税价格计征增值税；换入资产属于增值税应税货物，且取得增值税专用发票的，准予依法抵扣进项税额。

【例10－9】　甲公司和乙公司均为增值税一般纳税企业，其适用的增值税税率均为16%。甲公司为适应经营业务发展的需要，经与乙公司协商，将甲公司原生产用的厂房、机床以及库存原材料，与乙公司的办公楼、小轿车、客运大轿车交换（均作为固定资产核算）。甲公司换出厂房的账面原价为150万元，已提折旧为30万元，公允价值为100万元；换出机床的账面原价为120万元，已提折旧为60万元，公允价值为80万元；换出原材料的账面价值为300万元，公允价值和计税价格均为350万元。乙公司换出办公楼的账面原价为150万元，已提折旧为50万元，公允价值为150万元；换出小轿车的账面原价为200万元，已提折旧为90万元，公允价值为100万元；客运大轿车的账面原价为300万元，已提折旧为80万元，公允价值为240万元，另支付补价40万元。假定甲公司和乙公司换出资产均未计提减值准备,且在交换过程中除增值税外未发生其他相关税费。甲公司换入的乙公司的办公楼、小轿车、客运大轿车均作为固定资产核算。乙公司换入的甲公司的厂房、机床作为固定资产核算,换入的甲公司的原材料作为库存原材料核算。

假定甲公司与乙公司是关联企业,导致该项交换不具有商业实质(补价占整个资产交换金额的比例低于25%)。据此,甲公司与乙公司的会计处理步骤如下:

第一步,计算换出资产的账面价值与公允价值。

甲公司换出资产的账面价值合计为480万元,公允价值合计为530万元;乙公司换出资产的账面价值合计为430万元,公允价值合计为490万元。同时,乙公司支付给甲公司40万元补价。

第二步,计算换入资产价值总额。

(1) 计算甲公司应分配的换入资产价值总额。

甲公司换出的厂房、机床和库存原材料要考虑增值税销项税额,换入的办公楼、小轿车和客运大轿车要考虑增值税进项税额。

甲公司换入资产价值总额 = 换出资产账面价值 + 应支付的相关税费 - 收到的补价
　　　　　　　　　　　　- 可抵扣的增值税进项税额
　　　　　　　　　　　= 4 800 000 + 5 300 000 × 16% - 400 000 - 4 900 000 × 16%
　　　　　　　　　　　= 4 464 000(元)

(2) 计算乙公司应分配的换入资产价值总额。

乙公司换出的办公楼、小轿车和客运大轿车要考虑增值税销项税额,换入的厂房、机床和库存原材料要考虑增值税进项税额。

乙公司换入资产价值总额 = 换出资产账面价值 + 应支付的相关税费 + 支付的补价 - 可抵扣的增值税进项税额 = 4 300 000 + 4 900 000 × 16% + 400 000 - 5 300 000 × 16% = 4 636 000(元)

第三步,计算各项换入资产的入账价值。

(1) 甲公司换入各项资产的入账价值。

甲公司换入乙公司办公楼应分配价值 = 1 000 000 ÷ 4 300 000 × 4 464 000 = 1 038 140(元)

甲公司换入乙公司小轿车应分配价值 = 1 100 000 ÷ 4 300 000 × 4 464 000 = 1 141 953(元)

甲公司换入乙公司客运大轿车应分配的价值 = 2 200 000 ÷ 4 300 000 × 4 464 000 = 2 283 907(元)

(2) 乙公司换入各项资产的入账价值。

乙公司换入甲公司厂房应分配的价值 = 1 200 000 ÷ 4 800 000 × 4 636 000 = 1 159 000(元)

乙公司换入甲公司机床应分配的价值 = 600 000 ÷ 4 800 000 × 4 636 000 = 579 500(元)

乙公司换入甲公司原材料应分配价值 = 3 000 000 ÷ 4 800 000 × 4 636 000 = 2 897 500(元)

第四步,账务处理。

(1) 甲公司的账务处理。

借:固定资产清理　　　　　　　　　　　　1 800 000
　　累计折旧　　　　　　　　　　　　　　　900 000
　　　贷:固定资产　　　　　　　　　　　　　　　　　　2 700 000
借:固定资产——办公楼　　　　　　　　　1 038 140
　　　　　　——小轿车　　　　　　　　　　1 141 953
　　　　　　——客运大轿车　　　　　　　　2 283 907
　　银行存款　　　　　　　　　　　　　　　400 000

应交税费——应交增值税（进项税额）	784 000	
贷：固定资产清理		1 800 000
应交税费——应交增值税（销项税额）		848 000
原材料		3 000 000

（2）乙公司的账务处理。

借：固定资产清理　　　　　　　　　　　　4 300 000
　　累计折旧　　　　　　　　　　　　　　2 200 000
　　贷：固定资产　　　　　　　　　　　　　　　　　6 500 000
借：固定资产——厂房　　　　　　　　　　1 159 000
　　　　　　——机床　　　　　　　　　　　579 500
　　原材料　　　　　　　　　　　　　　　2 897 500
　　应交税费——应交增值税（进项税额）　　848 000
　　贷：固定资产清理　　　　　　　　　　　　　　　4 300 000
　　　　银行存款　　　　　　　　　　　　　　　　　　400 000
　　　　应交税费——应交增值税（销项税额）　　　　　784 000

六、非货币性资产交换的披露

根据 CAS7 的规定，企业应当在附注中披露与非货币性资产交换有关的下列信息：
（1）非货币性资产交换是否具有商业实质及其原因；
（2）换入资产、换出资产的类别；
（3）换入资产初始计量金额的确定方式；
（4）换入资产、换出资产的公允价值以及换出资产的账面价值；
（5）非货币性资产交换确认的损益。

◆◆ 本章小结 ◆◆

通过本章学习，首先要会判断是不是非货币性资产交换。其次，如果是非货币性资产交换，就涉及确认和计量。要明确使用公允价值还是账面价值计量。如果具有商业实质，并且能够取得换入和换出公允价值，就换入资产按其公允价值计量。第三，如果不具有商业实质，或者具有商业实质但公允价值不能可靠计量的，则换入资产就按换出资产的账面价值计量。第四，如果换入的资产是多项资产，还要用全部的入账价值乘以一个比例，对换入资产总成本进行分配，确定各项换入资产的成本。如果入账价值是按公允价值入账的，就用换入的公允价值比例；如果入账价值是按账面价值入账的，就用换入的账面价值比例来计算。

◆◆ 重点概念 ◆◆

货币性资产、非货币性资产、非货币性资产交换、非货币性资产交换的商业实质。

◆◆ 思 考 题 ◆◆

1. 如何判断是否是非货币性资产交换？
2. 如何理解非货币性资产交换的计量原则？
3. 如何判断非货币性资产交换的商业实质？
4. 为什么非货币性资产交换一再修订？

第十一章 负 债

> **内容提要：** ▲负债概述 ▲流动负债 ▲非流动负债 ▲借款费用
>
> **学习目的及要求：** 通过本章学习，熟悉负债的定义、特点、确认与计量；了解负债的分类、应付账款、预付账款和应付票据的会计处理；掌握应付职工薪酬的确认与计量，尤其关注职工薪酬设定收益计划的会计问题；掌握增值税、消费税等各种税费会计处理，其中重点掌握增值税和消费税的核算的相关会计问题；掌握应付债券的会计处理以及与借款费用相关的各种问题。

▶第一节 负债概述

一、负债概念、特征与分类

（一）负债的概念与特征

在企业全部资产中体现的权益，按其要求的不同分为所有者权益和负债两部分，其中投资者对资产的要求权称为所有者权益，债权人对资产的要求权则称为负债。

在企业日常生产经营活动中，不仅赊购商品或劳务会产生负债，政府的税金、应付的职工薪酬已宣告的股利，以及产品质量保证等都会产生负债。

美国 FASB 在其颁布的第 6 号财务会计概念公告（Con 6）《财务报表要素》❶ 中，对负债做出了如下定义："负债是将来可能要放弃的经济利益，是某一特定主体由于过去的交易或事项产生的、将来要向其他主体交付资产或提供劳务的现有义务"。

2018 年 3 月，IASB 发布的《财务报告概念框架》（Conceptual Framework for Financial Reporting）将负债定义为："负债是指过去事项导致的、主体转移经济资源的现时义务。"❷

---

❶ 第 6 号财务会计概念公告发布于 1985 年 12 月，其全称是 Concepts Statement No. 6 Elements of Financial Statements – a replacement of FASB Concepts Statement No. 3 (incorporating an amendment of FASB Concepts Statement No. 2)。

❷ A liability is a present obligation of the entity to transfer an economic resource as a result of past events. For a liability to exist, three criteria must all be satisfied: (a) the entity has an obligation; (b) the obligation is to transfer an economic resource; and (c) the obligation is a present obligation that exists as a result of past events.

我国《企业会计准则——基本准则》对负债所下定义为：负债是指企业过去的交易或事项形成的，预期会导致经济利益流出企业的现时义务。现时义务是指企业在现行条件下已承担的义务。未来发生的交易或者事项形成的义务，不属于现时义务，不应当确认为负债。满足负债的定义，同时满足以下条件时，确认为负债：（1）与该义务有关的经济利益很可能流出企业；（2）未来流出的经济利益的金额能够可靠地计量。符合负债定义和负债确认条件的项目，应当列入资产负债表；符合负债定义、但不符合负债确认条件的项目，不应当列入资产负债表。

从以上定义可以看出，负债至少具有如下几个方面的特征：

第一，负债是由过去的交易或事项形成的。负债必须是企业过去的交易或事项而发生的，它通常可能产生于商品或劳务的赊购，如企业借入资金，就负有还本付息的义务；也可能是法律或政府机构的规定而导致的，如企业必须按经营所得依法缴纳所得税；一般认为，有待未来交易或事项规定的义务不应包括在负债之中，除非该交易或事项的发生有着相当大的可能性，如企业与其他单位签订的购货意向书，只是代表企业就将要进行的交易所达成的协议，并没有具体落实，因此并不构成负债。

第二，负债是企业承担的现实义务。企业所承担的负债，使它将来不能或很少可能回避经济利益的外流，这种强制性通常源于法律、合同或其他类似文件的要求。有时，企业为了维护自身信誉或进行正常业务而必须承担某些道义或推定的义务即公平义务或推定义务，如产品担保义务，也就包括在负债之中。如果只是一项非强制性的可有可无的义务，如企业正在筹划的对慈善机构的捐赠，则不应包括在负债之中。

在理解负债定义时，最重要的是把握负债是现时义务，即负债是企业因过去的交易或事项形成的义务，是已经存在义务，其中，所指的义务不仅包括法定义务（经济法所称的义务），还包括一些推定的义务。法定义务比较容易理解，推定义务则较难理解。推定义务是因为企业特定行为而推定产生的义务。这里所指企业"特定行为"泛指企业以往的习惯做法，已公开的承诺或已公开的声明。由于以往习惯的做法，或通过这些承诺或公开的声明，企业向外界表明了它将承担特定的责任，从而使受影响的各方形成了企业将履行那些责任的合理预期。产品质量保证是产生推定义务的典型例子。比如，某企业为推销其产品，郑重地向客户承诺，购买其产品的客户能够享受七天之内对购入产品不满意时可退货的权利，如某客户确实在七天之内因正常质量总是要求退货，而该企业又没有兑现其承诺，那么该企业的信誉无疑会受到严重损害，得不偿失。权衡之下，该企业通常不会食言。在这个例子中，法律没有要求企业这样做，但企业做了，结果是企业一方面使其客户形成了合理的预期，另一方面使自己承担了一项推定义务。

第三，负债预期会导致经济利益流出企业。有时，企业可以通过承诺新的负债或转化为所有者权益的方式来结清一项现有负债，前一种情况只是负债的展期，后一种情况则相当于用增加所有者权益而获得的经济资源来清偿。总之，负债的清偿意味着企业必须支付资产或提供劳务。

第四，负债是能够用货币确切计量或合理估计的债务责任。在大多数情况下，债务责任产生于合同，其金额和支付时间均已由合同的条文所规定。但在某些情况下，待付的金额取决于未来的交易或事项，如企业应付所得税的金额视经营成果而定，在这种情况下，即使其金额很不确定，但由于负债是确实存在的，因而不能因为存在着计量上的困难而将这些不肯定情况下的债务责任排除在负债之外。FASB第6号财务会计概论公告（Con6）指出，除非财务报表仅限于现金交易，否则估计和近似值常常是难以避免的。也就是说，对于金额不确定的义务，只要可以合理地加以判断和估计，则应包括在负债之中。

从以上特征可以看出，会计上的"负债"是一个广义的概念，较法律上的"负债"外延更为宽广。即，它包括法律负债和非法律负债两类，前者指企业各种必须依法履行的偿付义务，后者亦称会计负债，指不具有法律约束力的偿付义务，如前述的公平义务和推定义务。

（二）负债的分类

负债的分类方式取决于不同的分类标志，按偿还期长短将其分为流动负债和长期负债；按照流动性划分，可将其分为流动负债和非流动负债。

我国《CAS30 财务报表的列报》（2014）对负债的分类进行了规定，负债满足下列条件之一的，应当归类为流动负债：

（1）预计在一个正常营业周期中清偿。
（2）主要为交易目的而持有。
（3）自资产负债表日起一年内到期应予以清偿。
（4）企业无权自主地将清偿推迟至资产负债表日后一年以上。负债在其对手方选择的情况下可通过发行权益进行清偿的条款与负债的流动性划分无关。

企业对资产和负债进行流动性分类时，应当采用相同的正常营业周期。企业正常营业周期中的经营性负债项目即使在资产负债表日后超过一年才予清偿的，仍应当划分为流动负债。经营性负债项目包括应付账款、应付职工薪酬等，这些项目属于企业正常营业周期中使用的营运资金的一部分。

流动负债以外的负债应当归类为非流动负债，并应当按其性质分类列示。被划分为持有待售的非流动负债应当归类为流动负债。

对于在资产负债表日起一年内到期的负债，企业有意图且有能力自主地将清偿义务展期至资产负债表日后一年以上的，应当归类为非流动负债；不能自主地将清偿义务展期的，即使在资产负债表日后、财务报告批准报出日前签订了重新安排清偿计划协议，该项负债仍应当归类为流动负债。

企业在资产负债表日或之前违反了长期借款协议，导致贷款人可随时要求清偿的负债，应当归类为流动负债。贷款人在资产负债表日或之前同意提供在资产负债表日后一年以上的宽限期，在此期限内企业能够改正违约行为，且贷款人不能要求随时清偿的，该项负债应当归类为非流动负债。

将负债分为流动负债和非流动负债主要是为了便于分析企业的财务状况和偿债能力。企业负债的大小及其结构影响着企业的财务状况和偿债能力。它不论对企业还是企业的债权人来说都是重要的。在对企业偿债能力的判断方面，不同的债权人对企业的偿债能力有不同的关注，短期债权人关注的是企业在一年内或一个营业周期内，必须偿还的债务是多少，企业同一期内拥有的可用于偿还流动负债的流动资产是多少。长期债权人所关注的，则是企业从长远来看的获利能力和经济效益，因为企业即使当期拥有雄厚的财力，并不等于说若干年后长期债务到期时，企业就有了可靠的偿还保证，长期债权人要从企业长期负债的多少与企业拥有的全部资产结构和未来的获利能力，来做出企业对长期负债偿还能力的判断。

作为企业的投资者和管理者，则关心企业财务状况的一切方面。既要保证企业有足够的偿还短期债务的能力，又要保证企业从长远来看有较强的获利能力，以便有能力偿还长期债务，企业的管理者要想合理调度资金，安排企业顺利偿还各种债务，就必须明确把握偿还期限及方式不同的负债的多少及所占比例的大小。负债若按偿还期限及方式不同进行分类，企业的管理者也就可以根据企业整体发展战略，合理调整各种负债。

对于负债，还可按其偿还形式分为货币性负债和非货币性负债。货币性负债是指企业在将来直接用货币偿付的负债，如应付账款、应付票据、应付公司债券等。非货币性负债是指企业在将来须以实物及其他非货币性资产偿付的负债，如预收货款、售出产品质量担保等。这一分类方法在通货膨胀和外币报表折算的情况下特别适用。

二、负债的确认与计量

(一) 负债的确认

原则上讲，一个项目是否确认为负债，应看它是否符合四个基本的确认标准，凡符合四个标准的，并考虑效益大于成本和重要性这两个前提，即可予以确认。这四个基本标准是：(1) 可定义性——符合负债要素的定义。(2) 可计量性——具有一个相关的计量属性，足以充分可靠地予以计量。(3) 相关性——有关信息在用户决策中有举足轻重的作用。(4) 可靠性——信息反映是真实的、可核实的、无偏向的。

然而，判断会计实务上某一特定经济交易或事项是否会引起一项负债，则需要建立起一些更为具体的确认标准。负债的具体确认标准通常有如下几个：

(1) 依据法律概念。对于负债中的法律负债，确认的重要依据是企业按照法律规定，是否应承担此项债务的偿还义务。

(2) 依据公平或推定义务概念。由债权人和债务人双方所同意且不需要通过法律强制执行的债务称为公平义务。公平义务大多是遵从社会习俗和商业惯例同，即源自道德或道义的拘束而具有约束力的，而不是因为习惯法或成文法的规定。例如，某一企业对于一家没有供应来源的客户，可能负有一种完成和交付某一产品的公平义务，纵然依照法律责任，不交付产品只需退回客户的定金就够了。在特定情况下成立、推断或悟出的，而不因为与另一个体订立了协议合同或因为政府强制执行的债务称为推定义务。例如，某一企业可能因为常年惯例而对其职工负有付给休假工资或年终奖金的推定义务，即使它并不受支付合同的约束，也从未公布此项方针。FASB也承认，公平或推定义务与法定义务之间的界限并非总是明白无误的，有时甚至是极端困难的。

(3) 依据是否可提供具有相关性的信息。一项负债的确认，必须能够据此提供对决策有用及具有相关性的信息。

(4) 依据负债金额的可计量性。在大多数情况下，负债的金额是可以确切计量的，但在某些情况下，负债的金额的计量却具有不确切性。负债计量的不确切性会影响对负债项目的确认。具体而言，对于不可确切计量的负债，若能合理地加以判断和估计其金额，仍应予以确认，否则即使从性质上看确实可归类为负债，也不应予以确认。

(5) 依据是否可提供具有可靠性的信息。一项负债的确认所提供的信息，必须具有足够程度的真实性，基本上没有大的错误。

我国《企业会计准则——基本准则》规定，符合本准则规定的负债定义的义务，在同时满足以下条件时，确认为负债：（1）与该义务有关的经济利益很可能流出企业；（2）未来流出的经济利益的金额能够可靠地计量。符合负债定义和负债确认条件的项目，应当列入资产负债表；符合负债定义、但不符合负债确认条件的项目，不应当列入资产负债表。

（二）负债的计量

负债的正确计量对于企业相关资产、所有者权益、收入、费用和净利润的正确计量有很重要的作用。在许多情况下，只有正确计量负债的金额才能正确计量这些其他会计要素的金额。例如，负债的产生往往与资产的取得有一定的联系，如赊购商品会产生应付账款。再如，负债与所有者权益彼此间具有密切关系，两者共同构成对企业全部资产的总权益，有些负债更是直接与所有者权益有关，如应付股利、应付利润等，往往只有正确计量负债的金额，才能正确确定所有者权益的金额。

如前所述，负债可分为货币性负债和非货币性负债。货币性负债代表着企业未来现金流出。从理论上说，对于所有货币性负债的计量，都应当考虑货币的时间价值，即不论其偿付期长短，均应在其发生时按未来偿付的金额的贴现值入账。非货币性负债代表着企业在未来提供特定数量和质量的实物资产或服务，对于这类负债，一般也应按根据特定数量和质量的资产或服务以及相关合同所约定的价格所计算出的金额的贴现值来计量，而不考虑嗣后提供的资产和服务的价格是否发生变动。

然而，由于流动负债偿还期限较短，其到期值与现值之间的差额很小，因此，为了简便起见，会计实务上一般对这两类负债都是按应付的金额即到期值来计量流动负债的。我国基本准则规定，在历史成本计量下，负债按照因承担现时义务而实际收到的款项或者资产的金额，或者承担现时义务的合同金额，或者按照日常活动中为偿还负债预期需要支付的现金或者现金等价物的金额计量；在重置成本计量下，负债按照现在偿付该项债务所需支付的现金或者现金等价物的金额计量；在现值计量下，负债按照预计期限内需要偿还的未来净现金流出量的折现金额计量；在公允价值计量下，资产和负债按照在公平交易中，熟悉情况的交易双方自愿进行资产交换或者债务清偿的金额计量。企业在对会计要素进行计量时，一般应当采用历史成本，采用重置成本、可变现净值、现值、公允价值计量的，应当保证所确定的会计要素金额能够取得并可靠计量。

▶第二节 流 动 负 债

流动负债一般包括短期借款、应付票据、应付账款、预收账款、应付职工薪酬、应付股利、应交税费、应付利息、其他应付款等。这些负债也都属于金融负债的范畴。根据《CAS22 金融工具确认和计量》的规定，企业应当结合自身业务特点和风险管理要求，将承担的金融负债在初始确认时分为以下两类：（1）以公允价值计量且其变动计入当期损益的金融负债；（2）其他金融负债。其他金融负债是指除以公允价值计量且其变动计入当期损益的金融负债以外的金融负债。通常情况下，企业发行的债券、因购买商品产生的应付账款、长期应付款等，应当划分为其他金融负债。其他金融负债应当按其公允价值和相关交易费用之和作为初始确认金额,通常采用摊余成本进行后续计量。

由于一些流动负债已经在会计学原理中涉及,这里只讨论一部分流动负债的相关问题。

一、应付票据

应付票据是由出票人出票,委托付款人在指定日期无条件支付特定的金额给收款人或者持票人的票据。企业应设置"应付票据"科目进行核算。应付票据按是否带息分为带息应付票据和不带息应付票据两种。

(一) 带息应付票据的处理

应付票据如为带息票据,其票据的面值就是票据的现值。由于我国商业汇票期限较短,因此,通常在期末,对尚未支付的应付票据计提利息,计入当期财务费用;票据到期支付票款时,尚未计提利息部分直接计入当期财务费用。

(二) 不带息应付票据的处理

不带息应付票据,其票据的面值就是票据到期时的应付金额。

【例 11 - 1】 企业签发并承兑 3 个月到期、面值为 20 000 元的不带息商业汇票,向甲企业购入原材料,增值税专用发票列明材料价款 17 241 元,增值税额 2 759 元,材料已验收入库。设企业采用实际成本进行材料核算。

企业相关的会计分录如下:

借:原材料 17 241
  应交税费——应交增值税(进项税额) 2 759
  贷:应付票据 20 000

商业汇票到期,按面值兑付票款分录如下:

借:应付票据 20 000
  贷:银行存款 20 000

如为带息的商业汇票,设票面利率为 8.4%,到期应付利息 420 (20 000 × 8.4% × 3 ÷ 12) 元,分录如下:

借:应付票据 20 000
  财务费用 420
  贷:银行存款 20 420

如上述不带息汇票到期,企业无力支付票款,应转为应付账款,分录如下:

借:应付票据 20 000
  贷:应付账款——甲企业 20 000

如带息的商业承兑汇票到期无力支付,分录如下:

借:应付票据 20 000
  财务费用 420
  贷:应付账款——甲企业 20 420

二、应付及预收款项

（一）应付账款

应付账款，是指企业因购买材料、商品和接受劳务供应等而发生的债务。这是买卖双方在购销活动中由于取得物资与支付货款在时间上不一致而产生的负债。

应付账款入账时间的确定，应以与所购买物资所有权有关的风险和报酬已经转移或劳务已经接受为标志。但在实际工作中，应区别情况处理：在物资和发票账单同时到达的情况下，应付账款一般待物资验收入库后，才按发票账单登记入账，这主要是为了确认所购入的物资是否在质量、数量和品种上都与合同上订明的条件相符，以免因先入账而在验收入库时发现购入物资错、漏、破损等问题再进行调账；在物资和发票账单未同时到达的情况下，由于应付账款需根据发票账单登记入账，有时货物已到，发票账单要间隔较长时间才能到达，由于这笔负债已经成立，应作为一项负债反映。为在资产负债表上客观反映企业所拥有的资产和承担的债务，在实际工作中采用在月份终了将所购物资和应付债务估计入账，待下月初再用红字予以冲回的办法。因购买商品等而产生的应付账款，应设置"应付账款"科目进行核算，用以反映这部分负债的价值。

应付账款一般应按应付金额入账，而不按到期应付金额的现值入账。如果购入的资产在形成一笔应付账款时是带有现金折扣的，应付账款入账金额的确定按发票上记载的应付金额的总值（即不扣除折扣）记账。在这种方法下，应按发票上记载的全部应付金额，借记有关科目，贷记"应付账款"科目；获得的现金折扣冲减财务费用。

（二）预收账款

预收账款是买卖双方协议商定，由购货方预先支付一部分货款给供应方而发生的一项负债。预收账款的核算应视企业具体的情况而定。如果预收账款比较多的，可以设置"预收账款"科目；预收账款不多的，也可以不设置"预收账款"科目，记入"应收账款"科目的贷方。单独设置"预收账款"科目核算的，其"预收账款"科目的贷方，反映预收的货款和补付的货款；借方反映应收的货款和退回多收的货款；期末贷方余额，反映尚未结清的预收款项，借方余额反映应收的款项。

三、应付职工薪酬

为了进一步规范我国企业会计准则中关于职工薪酬的相关会计处理规定，并保持我国企业会计准则与国际财务报告准则的持续趋同，根据《企业会计准则——基本准则》，财政部对《CAS9 职工薪酬》（简称 CAS9）进行了修订并印发，自 2014 年 7 月 1 日起在所有执行企业会计准则的企业范围内施行，鼓励在境外上市的企业提前执行。

根据 CAS9，职工薪酬是指企业为获得职工提供的服务或解除劳动关系而给予的各种形式的报酬或补偿。职工薪酬包括短期薪酬、离职后福利、辞退福利和其他长期职工福利。企业提供给职工配偶、子女、受赡养人、已故员工遗嘱及其他受益人等的福利，也属于职工薪酬。

短期薪酬，是指企业在职工提供相关服务的年度报告期间结束后十二个月内需要全部予以支付的职工薪酬，因解除与职工的劳动关系给予的补偿除外。短期薪酬具体包括：职工工资、奖金、津贴和补贴，职工福利费，医疗保险费、工伤保险费和生育保险费等社会保险费，住房公积金，工会经费和职工教育经费，短期带薪缺勤，短期利润分享计划，非货币性福利以及其他短期薪酬。

离职后福利，是指企业为获得职工提供的服务而在职工退休或与企业解除劳动关系后，提供的各种形式的报酬和福利，短期薪酬和辞退福利除外。

辞退福利，是指企业在职工劳动合同到期之前解除与职工的劳动关系，或者为鼓励职工自愿接受裁减而给予职工的补偿。

其他长期职工福利，是指除短期薪酬、离职后福利、辞退福利之外所有的职工薪酬，包括长期带薪缺勤、长期残疾福利、长期利润分享计划等。

CAS9 所称职工，是指与企业订立劳动合同的所有人员，含全职、兼职和临时职工，也包括虽未与企业订立劳动合同但由企业正式任命的人员。未与企业订立劳动合同或未由其正式任命，但向企业所提供服务与职工所提供服务类似的人员，也属于职工的范畴，包括通过企业与劳务中介公司签订用工合同而向企业提供服务的人员。

CAS9 规定了短期薪酬、离职后福利、辞退福利以及其他长期职工福利的内容、确认与计量。

对于企业年金基金，企业应当按照《CAS10 企业年金基金》的相关规定进行会计处理。

对于企业向其职工发放的以股份为基础的支付，属于职工薪酬范畴，但其会计处理应当遵循《CAS11 股份支付》的相关规定。

（一）短期薪酬的内容

根据 CAS9 的规定，短期薪酬主要包括以下八个方面的内容：

（1）职工工资、奖金、津贴和补贴，是指按照国家统计局构成工资总额的计时工资、计件工资、支付给职工的超额劳动报酬和增收节支的劳动报酬、为了补偿职工特殊或额外的劳动消耗和因其他特殊原因支付给职工的津贴，以及为了保证职工工资水平不受物价影响支付给职工的物价补贴等。企业按规定支付给职工的加班加点工资，以及根据国家法律、法规和政策规定，企业在职工因病、工伤、产假、计划生育假、婚丧假、事假、探亲假、定期休假、停工学习、执行国家或社会义务等特殊情况下，按照计时工资或计件工资标准的一定比例支付的工资，也属于职工工资范畴，在职休假或缺勤时，不应当从工资总额中扣除。

（2）职工福利费，是指企业为职工提供的福利，如为补助职工食堂、生活困难等从成本费用中提取的金额。

（3）社会保险费，是指企业按照国家规定的基准和比例计算，向社会保险经办机构缴纳的医疗保险费、养老保险费、失业保险费、工伤保险费和生育保险费。养老保险费包括基本养老保险费、补充养老保险费和商业养老保险费。企业根据国家规定的基准和比例计算，向社会保险经办机构缴纳的养老保险费为基本养老保险费；根据《企业年金试行办法》《企业年金基金管理试行办法》等相关规定，向有关单位（企业年金基金账户管理人）缴纳的养老保险费为补充养老保险费；以商业保险形式提供给职工的各种保险待遇为商业养老保险费。CAS9 规定短期薪酬包括医疗保险费、工伤保险费和生育保险费等社会保险费，养老保险费和失业保险费计入离职后福利。

（4）住房公积金，是指企业按照国家《住房公积金管理条例》规定的基准和比例计算，向住房公积金管理机构缴存的住房公积金。

（5）工会经费和职工教育经费，是指企业为了改善职工文化生活、提高职工业务素质用于开展工会活动和职工教育及职业技能培训，根据国家规定的基准和比例，从成本费用中提取的金额。

（6）非货币性福利。非货币性福利，是指企业以自产产品或外购商品发放给职工作为福利，将自己拥有的资产无偿提供给职工使用，为职工无偿提供医疗保健服务等。

（7）带薪缺勤，是指企业支付工资或提供补偿的职工缺勤，包括年休假、病假、短期伤残、婚假、产假、丧假、探亲假等。

（8）利润分享计划，是指因职工提供服务而与职工达成的基于利润或其他经营成果提供薪酬的协议。

（二）短期薪酬的确认原则

企业应当在职工为其提供服务的会计期间，将实际发生的短期薪酬确认为负债，并计入当期损益，其他会计准则要求或允许计入资产成本的除外。分别下列情况处理：

（1）应由生产产品、提供劳务负担的职工薪酬，计入产品成本或劳务成本。生产产品、提供劳务中的直接生产人员和直接提供劳务人员发生的职工薪酬，计入存货成本，但非正常消耗的直接生产人员和直接提供劳务人员的职工薪酬，应当在发生时确认为当期损益。

（2）应由在建工程、无形资产负担的职工薪酬，计入建造固定资产或无形资产的成本。自行建造固定资产和自行研究开发无形资产过程中发生的职工薪酬，能否计入固定资产或无形资产成本，取决于相关资产的成本确定原则。比如企业在研究阶段发生的职工薪酬不能计入自行开发无形资产的成本，在开发阶段发生的职工薪酬，符合无形资产资本化条件的，应当计入自行开发无形资产的成本。

（3）上述两项之外的其他职工薪酬，计入当期损益。除直接生产人员、直接提供劳务人员、符合准则规定条件的建造固定资产人员、开发无形资产人员以外的职工，包括公司总部管理人员、董事会成员、监事会成员等人员相关的职工薪酬，因难以确定直接对应的受益对象，均应当在发生时计入当期损益。

企业发生的职工福利费，应当在实际发生时根据实际发生额计入当期损益或相关资产成本。

为核算应付给职工的各种薪酬，企业应设置"应付职工薪酬"科目，该科目下分别按照工资、职工福利、社会保险费、住房公积金、工会经费和职工教育经费等项目设置明细科目。

（三）短期薪酬的计量及会计处理

1. 货币性职工薪酬

对于货币性薪酬，企业一般应当根据职工提供服务情况和职工货币薪酬的标准，计算应计入职工薪酬的金额，按受益对象计入相关成本或当期费用，借记"生产成本""管理费用"等科目，贷记"应付职工薪酬"科目。发放时，借记"应付职工薪酬"科目，贷记"银行存款"等科目。

在确定应付职工薪酬和应当计入成本费用的职工薪酬金额时，企业还有两种特殊情况：第一种情况，对于国务院有关部门、省、自治区、直辖市人民政府或经批准的企业年金计划规定了计提基础和计提比例的职工薪酬项目，企业应当按照国家规定的计提标准，计量企业承担的职工薪酬义务和计入成本费用的职工薪酬。比如，应向社会保险经办机构等缴纳的医疗保险费、养老保险费（包括根据企业年金计划向企业年金基金相关管理人缴纳的补充养老保险费）、失业保险费、工伤保险费、生育保险费等社会保险费，应向住房公积金管理机构缴存的住房公积金，以及工会经费（工资总额的2%）和职工教育经费（不超过工资总额的2.5%）等，应当在职工为其提供服务的会计期间，根据工资总额的一定比例计算确定。第二种情况，对于国家相关法律法规没有明确规定计提基础和计提比例的职工福利费，企业应当根据历史经验数据和自身实际情况，合理预计当期应付职工薪酬和应计入成本费用的薪酬金额。每个资产负债表日，企业应当对实际发生的福利费金额和预计金额进行调整。

企业为职工缴纳的医疗保险费、工伤保险费、生育保险费等社会保险费和住房公积金，以及按规定提取的工会经费和职工教育经费，应当在职工为其提供服务的会计期间，根据规定的计提基础和计提比例计算确定相应的职工薪酬金额，并确认相应负债，计入当期损益或相关资产成本。

2. 非货币性职工薪酬

1）以自产产品或外购商品发放给职工作为福利

企业以其自产产品或外购商品作为非货币性福利发放给职工的，应当根据受益对象，按照该产品的公允价值和相关税费，计入相关资产成本或当期损益，同时确认应付职工薪酬。相关收入及其成本的确认计量和相关税费的处理，与正常商品销售相同。

需注意的是，在以自产产品或外购商品作为非货币性福利发放给职工的情况下，企业在进行账务处理时，应先通过"应付职工薪酬"科目归集当期应计入成本费用的非货币性薪酬金额，以确定完整准确的企业人工成本金额。

【例11-2】甲公司是一家冰箱生产企业，有职工200名，其中一线生产工人为170名，总部管理人员为30名。2018年6月，甲公司决定以其生产的某种型号的冰箱作为福利发放给职工。该冰箱单位成本为1万元，单位计税价格（公允价值）为1.5万元，适用的增值税税率为16%。

甲公司的账务处理如下：

(1) 决定发放非货币性福利。

借：生产成本　　　　　[170×15 000×（1+16%）] 2 958 000
　　管理费用　　　　　[30×15 000×（1+16%）] 522 000
　　　贷：应付职工薪酬　　　　　　　　　　　　　　　　3 480 000

(2) 实际发放非货币性福利。

借：应付职工薪酬　　　　　　　　　　　　3 480 000
　　　贷：主营业务收入　　　　　　　　　　　　　　　　3 000 000
　　　　　应交税费——应交增值税（销项税额）（200×15 000×16%）480 000

借：主营业务成本　　　　　　　　　　　　2 000 000
　　　贷：库存商品　　　　　　　　　　　　　　　　　　2 000 000

【例11-3】甲公司为一家生产彩电的企业，属于增值税一般纳税人，适用的增值税税率为16%。甲公司共有职工1 000名,其中850名为直接参加生产的职工,150名为总部管理人员。2018年12月,甲公司以其外购的每台不含税价格为0.1万元的电暖气作为春节福利发放给公司职工。甲公司以银行存款支付了购买电暖气价款100万元和增值税进项税额16万元,并取得了增值税专用发票。

甲公司的财务处理如下:
(1) 决定发放非货币性福利。
借:生产成本　　　　　　[850×1000×(1+16%)] 986 000
　　管理费用　　　　　　[150×1000×(1+16%)] 174 000
　　　贷:应付职工薪酬——短期薪酬(非货币性福利)　　　1 160 000
(2) 实际发放非货币性福利。
借:应付职工薪酬——短期薪酬(非货币性福利)　　1 160 000
　　　贷:银行存款　　　　　　　　　　　　　　　　　　1 160 000

2) 将拥有的或租赁的房屋等资产无偿提供给职工使用

企业将拥有的房屋等资产无偿提供给职工使用,应当根据受益对象,将该住房每期应计提的折旧计入相关资产成本或当期损益,同时确认应付职工薪酬。租赁住房等资产供职工无偿使用的,应当根据受益对象,将每期应付的租金计入相关资产成本或当期损益,并确认应付职工薪酬。难以认定受益对象的非货币性福利,直接计入当期损益,并确认应付职工薪酬。

【例11-4】 乙公司决定为每位部门经理提供轿车免费使用,同时为每位副总裁租赁一套住房免费使用。乙公司部门经理共有20名,副总裁共有5名。假定每辆轿车月折旧额为2 000元,每套住房月租金为6 000元。

乙公司的账务处理如下:
(1) 计提轿车折旧。
借:管理费用　　　　　　　　40 000
　　　贷:应付职工薪酬　　　　　　　　40 000
借:应付职工薪酬　　　　　　40 000
　　　贷:累计折旧　　　　　　　　　　40 000
(2) 确认住房租金费用。
借:管理费用　　　　　　　　30 000
　　　贷:应付职工薪酬　　　　　　　　30 000
借:应付职工薪酬　　　　　　30 000
　　　贷:银行存款　　　　　　　　　　30 000

3) 向职工提供企业支付了补贴的商品或服务

企业有时以低于企业取得资产或服务成本的价格向职工提供资产或服务,比如以低于成本的价格向职工出售住房、以低于企业支付的价格向职工提供医疗保健服务。以提供包含补贴的住房为例,企业在出售住房等资产时,应当将出售价款与成本的差额(即相当于企业补贴的金额)分别情况进行会计处理:

(1) 如果出售住房的合同或协议中规定了职工在购得住房后至少应当提供服务的年限,企业应当将该项差额作为长期待摊费用处理,并在合同或协议规定的服务年限内平均摊销,根据受益对象分别计入相关资产成本或当期损益。

【例 11-5】 2015 年 5 月，乙公司（非房地产企业）购买了 100 套全新的商品房拟以优惠价格向职工出售，该公司共有 100 名职工，其中 60 名为直接生产人员，40 名为公司总部管理人员。乙公司拟向直接生产人员出售的住房平均每套购买价为 150 万元，向职工出售的价格为每套 100 万元；拟向管理人员出售的住房平均每套购买价为 200 万元，向职工出售的价格为每套 150 万元。假定该 100 名职工均在 2015 年 12 月 31 日购买了公司出售的住房同时办理了房屋的产权过户手续。售房协议规定，职工在取得住房后必须在公司服务满 5 年。不考虑相关税费。

乙公司的财务处理如下：

①公司 2015 年 12 月 31 日出售住房时。

借：银行存款（60×1 000 000+40×1 500 000） 120 000 000
　　长期待摊费用（60×500 000+40×500 000） 50 000 000
　　　贷：固定资产 （60×150+40×200） 170 000 000

②2016 年摊销长期待摊费用。

借：生产成本 （60×500 000÷5）6 000 000
　　管理费用 （40×500 000÷5）4 000 000
　　　贷：应付职工薪酬——非货币性福利 10 000 000
借：应付职工薪酬——非货币性福利 10 000 000
　　　贷：长期待摊费用 10 000 000

（2）如果出售住房的合同或协议中未规定职工在购得住房后必须服务的年限，企业应当将该项差额直接计入出售住房当期损益，因为在这种情况下，该项差额相当于是对职工过去提供服务成本的一种补偿，不以职工的未来服务为前提，因此，应当立即确认为当期损益。

【例 11-6】 2015 年 12 月 20 日，甲公司（房地产开发企业）与 10 名高级管理人员分别签订商品房销售合同。合同约定，甲公司将自行开发的 10 套房屋以每套 600 万元的优惠价格销售给 10 名高级管理人员；高级管理人员自取得房屋所有权后没有规定在甲公司工作年限。2016 年 6 月 25 日甲公司收到 10 名高级管理人员支付的款项 6 000 万元。2016 年 6 月 30 日，甲公司与 10 名高级管理人员办理完毕上述房屋的产权过户手续。上述房屋成本为每套 500 万元，市场价格为每套 800 万元。

甲公司的财务处理如下：

借：银行存款 60 000 000
　　管理费用 20 000 000
　　　贷：主营业务收入 80 000 000
借：主营业务成本 50 000 000
　　　贷：开发产品 50 000 000

3. 带薪缺勤

带薪缺勤分为累积带薪缺勤和非累积带薪缺勤。企业应当在职工提供服务从而增加了其未来享有的带薪缺勤权利时，确认与累积带薪缺勤相关的职工薪酬，并以累积未行使权利而增加的预期支付金额计量。企业应当在职工实际发生缺勤的会计期间确认与非累积带薪缺勤相关的职工薪酬。累积带薪缺勤，是指带薪缺勤权利可以结转下期的带薪缺勤，本期尚未用完的带薪缺勤权利可以在未来期间使用。非累积带薪缺勤，是指带薪缺勤权利不能结转下期的带薪缺勤，本期尚未用完的带薪缺勤权利将予以取消，并且职工离开企业时也无权获得现金支付。

根据我国《劳动法》规定，国家实行带薪年休假制度，劳动者在法定休假日和婚丧假期间以及依法参加社会活动期间，用人单位应当依法支付工资。因此，我国企业职工休婚假、产假、丧假、探亲假、病假期间的工资通常属于非累积带薪缺勤。由于职工提供服务本身不能增加其能够享受的福利金额，企业应当在职工缺勤时确认负债和相关资产成本或当期损益。实务中，我国企业一般是在缺勤期间计提应付工资时一并处理，即借记"生产成本"等，贷记"应付职工薪酬"（工资）。

【例11-7】 丁公司共有1 000名职工，该公司实行累积带薪缺勤制度。该制度规定，每个职工每年可享受5个工作日带薪病假，未使用的病假只能向后结转一个日历年度，超过1年未使用的权利作废，不能在职工离开公司时获得现金支付；职工休病假是以后进先出为基础，即首先从当年可享受的权利中扣除，再从上年结转的带薪病假余额中扣除；职工离开公司时，公司对职工未使用的累积带薪病假不支付现金。

2013年12月31日，每个职工当年平均未使用带薪病假为2天。根据过去的经验并预期该经验将继续适用，丁公司预计2014年有950名职工将享受不超过5天的带薪病假，剩余50名职工每人将平均享受6天半病假，假定这50名职工全部为总部各部门经理，该公司平均每名职工每个工作日工资为300元。

（1）丁公司在2013年12月31应当预计由于职工累积未使用的带薪病假权利而导致的预期支付的追加金额，即相当于75天（50×1.5天）的病假工资22 500（75×300）元，则账务处理如下：

借：管理费用　　　　　　　　　　　　　　　　　　22 500
　　贷：应付职工薪酬——累积带薪缺勤　　　　　　　　　　22 500

（2）假定2014年12月31日，上述50名部门经理中有40名享受了6天半病假，并随同正常工资以银行存款支付。另有10名只享受了5天病假，由于该公司的带薪缺勤制度规定，未使用的权利只能结转一年，超过1年未使用的权利将作废。2014年，丁公司应进行如下账务处理：

借：应付职工薪酬——累积带薪缺勤（40×1.5天×300） 18 000
　　贷：银行存款　　　　　　　　　　　　　　　　　　　18 000
借：应付职工薪酬——累积带薪缺勤（10×1.5天×300）4 500
　　贷：管理费用　　　　　　　　　　　　　　　　　　　4 500

【例11-8】 沿用例11-7的资料，所不同的是，该公司的带薪缺勤制度规定，职工累积未使用的带薪缺勤权利可以无限期结转，且可以于职工离开企业时以现金支付。丁公司1 000名职工中，50名为总部各部门经理，100名为总部各部门职员，800名为直接生产工人，50名工人正在建造一幢自用办公楼。

分析：丁公司在2013年12月31日应当预计由于职工累积未使用的带薪病假权利而导致的全部金额，即相当于2 000（1 000×2）天的病假工资600 000（2 000×300）元，则账务处理如下：

借：管理费用　　　　　　　　　　　　　　　　　　90 000

生产成本	480 000
在建工程	30 000
贷：应付职工薪酬——累积带薪缺勤	600 000

4. 短期利润分享计划

利润分享计划同时满足下列条件的，企业应当确认相关的应付职工薪酬：

（1）企业因过去事项导致现在具有支付职工薪酬的法定义务或推定义务。

（2）因利润分享计划所产生的应付职工薪酬义务金额能够可靠估计。属于下列三种情形之一的，视为义务金额能够可靠估计：①在财务报告批准报出之前企业已确定应支付的薪酬金额。②该短期利润分享计划的正式条款中包括确定薪酬金额的方式。③过去的惯例为企业确定推定义务金额提供了明显证据。

职工只有在企业工作一段特定期间才能分享利润的，企业在计量利润分享计划产生的应付职工薪酬时，应当反映职工因离职而无法享受利润分享计划福利的可能性。如果企业在职工为其提供相关服务的年度报告期间结束后十二个月内，不需要全部支付利润分享计划产生的应付职工薪酬，该利润分享计划应当适用本准则其他长期职工福利的有关规定。

【例11－9】 甲公司实行利润分享计划，约定该公司高级管理人员按照当年税前利润的1%领取奖金报酬。该公司2013年度税前利润为18 000万元。

甲公司的财务处理如下：

借：管理费用　　　　　　　　　　　　　　　　180
　　贷：应付职工薪酬　　　　　　　　　　　　　　　　180

（四）离职后福利的确认和计量

企业应当将离职后福利计划分类为设定提存计划（defined contribution plans）和设定受益计划（defined benefit plan）。

离职后福利计划，是指企业与职工就离职后福利达成的协议，或者企业为向职工提供离职后福利制定的规章或办法等。其中，设定提存计划，是指向独立的基金缴存固定费用后，企业不再承担进一步支付义务的离职后福利计划；设定受益计划，是指除设定提存计划以外的离职后福利计划。

企业应当在职工为其提供服务的会计期间，将根据设定提存计划计算的应缴存金额确认为负债，并计入当期损益或相关资产成本。

根据设定提存计划，预期不会在职工提供相关服务的年度报告期结束后十二个月内支付全部应缴存金额的，企业应当参照本准则规定的折现率，将全部应缴存金额以折现后的金额计量应付职工薪酬。折现时所采用的折现率应当根据资产负债表日与设定受益计划义务期限和币种相匹配的国债或活跃市场上的高质量公司债券的市场收益率确定。

【例11－10】 A公司2014年8月有关的职工薪酬业务如下：按照工资总额的标准分配工资费用，其中生产工人工资为100万元，车间管理人员工资20万元，总部管理人员工资为30万元，专设销售部门人员工资为10万元，在建工程人员工资为5万元，内部开发人员工资为35万元（符合资本化条件）。按照所在地政府规定，按照工资总额的38.5%计提社会保险费、住房公积金、职工福利费、工会经费和职工教育经费。

（1）计算各项职工薪酬。

计入生产成本的职工薪酬 = 100 + 100 × 38.5% = 138.5（万元）

计入制造费用的职工薪酬 = 20 + 20 × 38.5% = 27.7（万元）

计入销售费用的职工薪酬 = 10 + 10 × 38.5% = 13.85（万元）

计入在建工程的职工薪酬 = 5 + 5 × 38.5% = 6.93（万元）

计入研发支出的职工薪酬 = 35 + 35 × 38.5% = 48.48（万元）

计入管理费用的职工薪酬 = 30 + 30 × 38.5% = 41.55（万元）

（2）编制会计分录。

借：生产成本　　　　　　　　　　　　　138.5
　　制造费用　　　　　　　　　　　　　 27.7
　　销售费用　　　　　　　　　　　　　 13.85
　　在建工程　　　　　　　　　　　　　 6.93
　　研发支出　　　　　　　　　　　　　 48.48
　　管理费用　　　　　　　　　　　　　 41.54
　　贷：应付职工薪酬——设定提存计划义务　　277

企业对设定受益计划的会计处理通常包括下列步骤：

（1）根据预期累计福利单位法，采用无偏且相互一致的精算假设对有关人口统计变量和财务变量等做出估计，计量设定受益计划所产生的义务，并确定相关义务的归属期间。企业应当按照本准则规定的折现率将设定受益计划所产生的义务予以折现，以确定设定受益计划义务的现值和当期服务成本。

（2）设定受益计划存在资产的，企业应当将设定受益计划义务现值减去设定受益计划资产公允价值所形成的赤字或盈余确认为一项设定受益计划净负债或净资产。

设定受益计划存在盈余的，企业应当以设定受益计划的盈余和资产上限两项的孰低者计量设定受益计划净资产。其中，资产上限，是指企业可从设定受益计划退款或减少未来对设定受益计划缴存资金而获得的经济利益的现值。

（3）根据设定受益计划产生的职工薪酬成本，确定应当计入当期损益的金额。

（4）根据设定受益计划产生的职工薪酬成本，重新计量设定受益计划净负债或净资产所产生变动，确定应当计入其他综合收益的金额。

在预期累计福利单位法下，每一服务期间会增加一个单位的福利权利，并且需对每一个单位单独计量，以形成最终义务。企业应当将福利归属于提供设定受益计划的义务发生的期间。这一期间是指从职工提供服务以获取企业在未来报告期间预计支付的设定受益计划福利开始，至职工的继续服务不会导致这一福利金额显著增加之日为止。

企业应当根据预期累计福利单位法确定的公式将设定受益计划产生的福利义务归属于职工提供服务的期间，并计入当期损益或相关资产成本。

当职工后续年度的服务将导致其享有的设定受益计划福利水平显著高于以前年度时，企业应当按照直线法将累计设定受益计划义务分摊确认于职工提供服务而导致企业第一次产生设定受益计划福利义务至职工提供服务不再导致该福利义务显著增加的期间。在确定该归属期间时，不应考虑仅因未来工资水平提高而导致设定受益计划义务显著增加的情况。

企业应当对所有设定受益计划义务予以折现，包括预期在职工提供服务的年度报告期间结束后的十二个月内支付的义务。折现时所采用的折现率应当根据资产负债表日与设定受益计划义务期限和币种相匹配的国债或活跃市场上的高质量公司债券的市场收益率确定。

报告期末，企业应当将设定受益计划产生的职工薪酬成本确认为下列组成部分：

（1）服务成本，包括当期服务成本、过去服务成本和结算利得或损失。其中，当期服务成本，是指职工当期提供服务所导致的设定受益计划义务现值的增加额；过去服务成本，是指设定受益计划修改所导致的与以前期间职工服务相关的设定受益计划义务现值的增加或减少。

（2）设定受益计划净负债或净资产的利息净额，包括计划资产的利息收益、设定受益计划义务的利息费用以及资产上限影响的利息。

（3）重新计量设定受益计划净负债或净资产所产生的变动。

除非其他会计准则要求或允许职工福利成本计入资产成本，上述第（1）项和第（2）项应计入当期损益；第（3）项应计入其他综合收益，并且在后续会计期间不允许转回至损益，但企业可以在权益范围内转移这些在其他综合收益中确认的金额。

重新计量设定受益计划净负债或净资产所产生的变动包括下列部分：

（1）精算利得或损失，即由于精算假设和经验调整导致之前所计量的设定受益计划义务现值的增加或减少。

（2）计划资产回报，扣除包括在设定受益计划净负债或净资产的利息净额中的金额。

（3）资产上限影响的变动，扣除包括在设定受益计划净负债或净资产的利息净额中的金额。

在设定受益计划下，企业应当在下列日期孰早日将过去服务成本确认为当期费用：

（1）修改设定受益计划时。

（2）企业确认相关重组费用或辞退福利时。

企业应当在设定受益计划结算时，确认一项结算利得或损失。

设定受益计划结算，是指企业为了消除设定受益计划所产生的部分或所有未来义务进行的交易，而不是根据计划条款和所包含的精算假设向职工支付福利。设定受益计划结算利得或损失是下列两项的差额：

（1）在结算日确定的设定受益计划义务现值。

（2）结算价格，包括转移的计划资产的公允价值和企业直接发生的与结算相关的支付。

【例11-11】 2014年1月1日，甲公司制定了一项设定受益计划，并于当日开始实施，计划内容如下：（1）向公司部分员工提供额外退休金（统筹外退休金或额外福利补贴），这些员工在退休后每年可以额外获得10万元退休金。（2）员工获得该额外退休金基于其自计划开始日起为公司提供的服务，而且必须为公司服务到退休。

假定符合计划的员工为10人，当前平均年龄为51岁，退休年龄为60岁，可以为公司服务10年。假定在退休前无人离职，退休后平均计划寿命为10年。不考虑离职因素。折现时所采用的折现率应当根据资产负债表日与设定受益计划义务期限和币种相匹配的国债或活跃市场上的高质量公司债券的市场收益率确定，假定适用的折现率为10%；不考虑未来通货膨胀影响因素。

（1）计算在退休日退休金义务的现值。

退休后10年中每年支付金额 = 10 × 10 = 100（万元）

退休时点退休义务的现值 = 100 × (P/F, 10%, 1) + 100 × (P/F, 10%, 2) + 100 × (P/F, 10%, 3) + 100 × (P/F, 10%, 4) + 100 × (P/F, 10%, 5) + 100 × (P/F,

10%，6) +100× (P/F，10%，7) +100× (P/F，10%，8) +100× (P/F，10%，9) + 100× (P/F，10%，10) =614.1（万元）

(2) 计算服务期间（第1年、第2年）每期服务成本、设定受益计划义务，见表11-1。

企业应当根据预期累计福利单位法确定的公式将设定受益计划产生的福利义务归属于职工提供服务的期间，并计入当期损益或相关资产成本。当职工后续年度的服务将导致其享有的设定受益计划福利水平显著高于以前年度时，企业应当按照直线法将累计设定受益计划义务分摊确认于职工提供服务而导致企业第一次产生设定受益计划福利义务至职工提供服务不再导致该福利义务显著增加的期间。

表11-1 计划表

服务年份	第1年	第2年	第3年
期初义务	0	26.04	
利息	0	26.04×10% = 2.60	
当期服务成本	61.41/ (1+10%)^9 = 26.04	61.41/ (1+10%)^8 = 28.62	
期末义务	26.04	26.04+2.6+28.62 = 57.26	

①第1年。

借：管理费用（或资产成本） 26.04
　　贷：应付职工薪酬——设定受益计划义务 26.04

②第2年。

借：管理费用（或资产成本） 28.62
　　贷：应付职工薪酬——设定受益计划义务 28.62
借：财务费用（或资产成本） 2.6
　　贷：应付职工薪酬——设定受益计划义务 2.6

③第3~10年，依次类推处理。

(3) 如果企业根据每期确认的设定受益计划义务提存资金，成立基金，并进行投资。则第1年末的基金金额为26.04万元，假定在第2年的利息收益为2.86万元。

借：应付职工薪酬——设定受益计划义务 2.86
　　贷：财务费用（或资产成本） 2.86

(4) 假定第二年末资产负债表日重新计量设定受益计划，由于预期寿命精算假设和经验调整导致设定受益计划义务的现值增加，形成精算损失10万元。

借：其他综合收益——设定受益计划义务精算损失 10
　　贷：应付职工薪酬——设定受益计划义务 10

（五）辞退福利的确认和计量

企业向职工提供辞退福利的，应当在下列两者孰早日确认辞退福利产生的职工薪酬负债，并计入当期损益：

(1) 企业不能单方面撤回因解除劳动关系计划或裁减建议所提供的辞退福利时。

(2) 企业确认与涉及支付辞退福利的重组相关的成本或费用时。

企业应当按照辞退计划条款的规定，合理预计并确认辞退福利产生的应付职工薪酬。辞退福利预期在其确认的年度报告期结束后十二个月内完全支付的，应当适用短期薪酬的相关规定；辞退福利预期在年度报告期结束后十二个月内不能完全支付的，应当适用本准则关于其他长期职工福利的有关规定。

【例 11-12】 丙公司主要从事家用电器的生产和销售。2018 年 11 月，丙公司为在 2019 年顺利实施转产，公司管理层制定了一项辞退计划，规定自 2019 年 1 月 1 日起，以职工自愿方式，辞退某生产车间职工。该辞退计划已于 2018 年 12 月 15 日经公司董事会正式批准，并将在 2018 年实施完毕。2018 年 12 月 31 日，根据该生产车间职工接受辞退数量的最佳估计数，预计应支付的补偿金额为 15 000 000 元。

丙公司的账务处理如下：
借：管理费用　　　　　　　　　　　　　　15 000 000
　　贷：应付职工薪酬　　　　　　　　　　　　　　15 000 000

（六）其他长期职工福利的确认和计量

企业向职工提供的其他长期职工福利，符合设定提存计划条件的，应当按照设定提存计划的有关规定进行会计处理。企业向职工提供的其他长期职工福利，符合设定受益计划条件的，企业应当按照设定受益计划的有关规定，确认和计量其他长期职工福利净负债或净资产。在报告期末，企业应当将其他长期职工福利产生的职工薪酬成本确认为下列组成部分：

（1）服务成本。
（2）其他长期职工福利净负债或净资产的利息净额。
（3）重新计量其他长期职工福利净负债或净资产所产生的变动。

为简化相关会计处理，上述项目的总净额应计入当期损益或相关资产成本。

长期残疾福利水平取决于职工提供服务期间长短的，企业应当在职工提供服务的期间确认应付长期残疾福利义务，计量时应当考虑长期残疾福利支付的可能性和预期支付的期限；长期残疾福利与职工提供服务期间长短无关的，企业应当在导致职工长期残疾的事件发生的当期确认应付长期残疾福利义务。

（七）应付职工薪酬的披露

在资产负债表中，企业应当根据应支付的职工薪酬负债流动性，对职工薪酬负债按照流动和非流动进行分类列报。短期薪酬、离职后福利中的设定提存计划负债、其他长期职工福利中的符合设定提存计划条件的负债、辞退福利中将于资产负债表日后十二个月内支付的部分应当在资产负债表的流动负债项下"应付职工薪酬"项目中列示。辞退福利中将于资产负债表日起十二个月之后支付的部分、离职后福利中的设定受益计划净负债、其他长期职工福利中符合设定受益计划条件的净负债应当在资产负债表的非流动负债项下单独列示。

对于重新计量设定受益计划净负债或净资产所产生的变动，企业如在权益范围内转移这些在其他综合受益中确认的金额，应当在所有者权益变动表"（四）所有者权益内部结转"项下"3. 盈余公积弥补亏损"和"4. 其他"项目之间增设"4. 结转重新计量设定受益计划净负债或净资产所产生的变动"项目（"其他"项目序号顺延）加以列示。

（1）企业应当在附注中披露与短期职工薪酬有关的下列信息：
①应当支付给职工的工资、奖金、津贴和补贴及其期末应付未付金额。
②应当为职工缴纳的医疗保险费、工伤保险费和生育保险费等社会保险费及其期末应付

未付金额。

③应当为职工缴存的住房公积金及其期末应付未付金额。

④为职工提供的非货币性福利及其计算依据。

⑤依据短期利润分享计划提供的职工薪酬金额及其计算依据。

⑥其他短期薪酬。

（2）企业应当披露所设立或参与的设定提存计划的性质、计算缴费金额的公式或依据，当期缴费金额以及期末应付未付金额。

（3）企业应当披露与设定受益计划有关的下列信息：

①设定受益计划的特征及与之相关的风险。

②设定受益计划在财务报表中确认的金额及其变动。

③设定受益计划对企业未来现金流量金额、时间和不确定性的影响。

④设定受益计划义务现值所依赖的重大精算假设及有关敏感性分析的结果。

（4）企业应当披露支付的因解除劳动关系所提供辞退福利及其期末应付未付金额。

（5）企业应当披露提供的其他长期职工福利的性质、金额及其计算依据。

四、应交税费

企业在一定时期内取得的营业收入和实现的利润或发生特定经营行为，要按照规定向国家交纳各种税金，这些应交的税金，应按照权责发生制的原则预提计入有关科目。这些应交的税金在尚未交纳之前暂时停留在企业，形成一项负债。

目前，企业应交纳的税金主要包括增值税、消费税、所得税、资源税、土地增值税、城市维护建设税、房产税、土地使用税、车船使用税、印花税、耕地占用税、关税等。此外，企业还可能缴纳一些行政性的收费，例如教育费附加等。为了核算企业按规定应交纳的各种税费，企业应设置"应交税费"科目，其贷方记录应交和退回多交的税费数，借方记录已交和补交的税费数，期末贷方余额反映企业尚未交纳的税费，期末如为借方余额，反映企业多交或尚未抵扣的税费。本科目应按应交税费的种类设置明细账。

应注意，企业交纳的印花税、耕地占用税以及其他不需要预计应交数的税金，不在本科目核算。

（一）增值税

1. 增值税的相关凭证

增值税是就货物或应税劳务的增值部分征收的一种税。按增值税暂行条例规定，企业购入货物或接受应税劳务支付的增值税（即进项税额），可以从销售货物或提供劳务按规定收取的增值税（即销项税额）中抵扣。按照规定，企业购入货物或接受劳务必须具备以下凭证，其进项税额才能予以扣除：

（1）增值税专用发票。实行增值税以后，一般纳税企业销售货物或者提供应税劳务均应开具增值税专用发票。增值税专用发票记载了销售货物的售价、税率以及税额等。购货方以增值税专用发票上记载的购入货物已支付的税额，作为扣税和记账的依据。

（2）完税凭证。企业进口货物必须交纳增值税，其交纳的增值税在完税凭证上注明。进口货物交纳的增值税根据从海关取得的完税凭证上注明的增值税额，作为扣税和记账依据。

（3）收购凭证。购进免税农产品或收购废旧物资，按照经税务机关批准的收购凭证上注明的价款或收购金额的一定比率计算进项税额，并以此作为扣税和记账的依据。

企业购入免税农产品，按照经税务机关批准的收购凭证上注明的价款或收购金额的一定比率计算进项税额，并以此作为扣税和记账的依据。

企业购入货物或者接受应税劳务，没有按照规定取得并保存增值税扣税凭证，或者增值税扣税凭证上未按照规定注明增值税额及其他有关事项，其进项税额不能从销项税额中抵扣。会计核算中，如果企业不能取得有关的扣税证明，则购进货物或接受应税劳务支付的增值税额不能作为进项税额扣税，其已支付的增值税只能计入购入货物或接受劳务的成本。

2. 科目设置

增值税一般纳税人应当在"应交税费"科目下设置"应交增值税""未交增值税""预交增值税""待抵扣进项税额""待认证进项税额""待转销项税额""增值税留抵税额""简易计税""转让金融商品应交增值税""代扣代交增值税"等明细科目。

（1）增值税一般纳税人应在"应交增值税"明细账内设置"进项税额""销项税额抵减""已交税金""转出未交增值税""减免税款""出口抵减内销产品应纳税额""销项税额""出口退税""进项税额转出""转出多交增值税"等专栏。其中：

①"进项税额"专栏，记录一般纳税人购进货物、加工修理修配劳务、服务、无形资产或不动产而支付或负担的、准予从当期销项税额中抵扣的增值税额；

②"销项税额抵减"专栏，记录一般纳税人按照现行增值税制度规定因扣减销售额而减少的销项税额；

③"已交税金"专栏，记录一般纳税人当月已交纳的应交增值税额；

④"转出未交增值税"和"转出多交增值税"专栏，分别记录一般纳税人月度终了转出当月应交未交或多交的增值税额；

⑤"减免税款"专栏，记录一般纳税人按现行增值税制度规定准予减免的增值税额；

⑥"出口抵减内销产品应纳税额"专栏，记录实行"免、抵、退"办法的一般纳税人按规定计算的出口货物的进项税抵减内销产品的应纳税额；

⑦"销项税额"专栏，记录一般纳税人销售货物、加工修理修配劳务、服务、无形资产或不动产应收取的增值税额；

⑧"出口退税"专栏，记录一般纳税人出口货物、加工修理修配劳务、服务、无形资产按规定退回的增值税额；

⑨"进项税额转出"专栏，记录一般纳税人购进货物、加工修理修配劳务、服务、无形资产或不动产等发生非正常损失以及其他原因而不应从销项税额中抵扣、按规定转出的进项税额。

（2）"未交增值税"明细科目，核算一般纳税人月度终了从"应交增值税"或"预交增值税"明细科目转入当月应交未交、多交或预缴的增值税额，以及当月交纳以前期间未交的增值税额。

（3）"预交增值税"明细科目，核算一般纳税人转让不动产、提供不动产经营租赁服务、提供建筑服务、采用预收款方式销售自行开发的房地产项目等，以及其他按现行增值税制度规定应预缴的增值税额。

(4)"待抵扣进项税额"明细科目,核算一般纳税人已取得增值税扣税凭证并经税务机关认证,按照现行增值税制度规定准予以后期间从销项税额中抵扣的进项税额。

(5)"待认证进项税额"明细科目,核算一般纳税人由于未经税务机关认证而不得从当期销项税额中抵扣的进项税额。包括:一般纳税人已取得增值税扣税凭证、按照现行增值税制度规定准予从销项税额中抵扣,但尚未经税务机关认证的进项税额;一般纳税人已申请稽核但尚未取得稽核相符结果的海关缴款书进项税额。

(6)"待转销项税额"明细科目,核算一般纳税人销售货物、加工修理修配劳务、服务、无形资产或不动产,已确认相关收入(或利得)但尚未发生增值税纳税义务而需于以后期间确认为销项税额的增值税额。

(7)"增值税留抵税额"明细科目,核算兼有销售服务、无形资产或者不动产的原增值税一般纳税人,截止到纳入营改增试点之日前的增值税期末留抵税额按照现行增值税制度规定不得从销售服务、无形资产或不动产的销项税额中抵扣的增值税留抵税额。

(8)"简易计税"明细科目,核算一般纳税人采用简易计税方法发生的增值税计提、扣减、预缴、缴纳等业务。

(9)"转让金融商品应交增值税"明细科目,核算增值税纳税人转让金融商品发生的增值税额。

(10)"代扣代交增值税"明细科目,核算纳税人购进在境内未设经营机构的境外单位或个人在境内的应税行为代扣代缴的增值税。

小规模纳税人只需在"应交税费"科目下设置"应交增值税"明细科目,不需要设置上述专栏及除"转让金融商品应交增值税""代扣代交增值税"外的明细科目。

3. 一般纳税企业一般购销业务的会计处理

实行增值税的一般纳税企业从税务角度看,一是可以使用增值税专用发票,企业销售货物或提供劳务可以开具增值税专用发票(或完税凭证、购进免税农产品凭证、收购废旧物资凭证、外购物资支付的运输费用的结算单据,下同);二是购入货物取得的增值税专用发票上注明的增值税额可以用销项税额抵扣;三是如果企业销售货物或者提供劳务采用销售额和销项税额合并定价方法的,按公式"销售额=含税销售额÷(1+增值税税率)"还原为不含税销售额,并按不含税销售额计算销项税额。

根据上述特点,一般纳税企业在账务处理上的主要特点:一是在购进阶段,会计处理时实行价与税的分离,价与税分离的依据为增值税专用发票上注明的价款和增值税,属于价款部分,计入购入货物的成本;属于增值税额部分,计入进项税额;二是在销售阶段,销售价格中不再含税,如果定价时含税,应还原为不含税价格作为销售收入,向购买方收取的增值税作为销项税额。

需要注意的是,根据《营业税改征增值税试点实施方法》的规定,适用一般计税方法的纳税人,2016年5月1日后取得并在会计制度上按固定资产核算的不动产或者2016年5月1日后取得的不动产在建工程,其进项税额自取得之日起分2年从销项税额中抵扣,第一年抵扣比例为60%,第二年抵扣比例为40%。

【例11-13】 某工业生产企业为增值税一般纳税人,本期从房地产开发企业购入不动产作为行政办公场所,按固定资产核算。工业企业为购置该项不动产共支付价款和相关税费8 000万元,其中含增值税330万元。

根据现行增值税制度规定，工业企业对上述经济业务应作如下账务处理：

(1) 取得不动产时。

借：固定资产　　　　　　　　　　　　　　76 700 000
　　应交税费——应交增值税（进项税额）　 1 980 000
　　应交税费——待抵扣进项税额　　　　　 1 320 000
　　贷：银行存款　　　　　　　　　　　　　　　　　　　　80 000 000

(2) 第二年允许抵扣剩余的增值税时。

借：应交税费——应交增值税（进项税额）　 1 320 000
　　贷：应交税费——待抵扣进项税额　　　　　　　　　　　 1 320 000

【例 11-14】 某企业为增值税一般纳税人，本期购入一批原材料，增值税专用发票上注明的原材料价款 600 万元，增值税额为 96 万元。货款已经支付，材料已经到达并验收入库。该企业当期销售产品收入为 1 200 万元（不含应向购买者收取的增值税），符合收入确认条件，货款尚未收到。假如该产品的增值税税率为 16%，不交纳消费税。

根据上述经济业务，企业应作如下账务处理（该企业采用计划成本进行日常材料核算。原材料入库分录略）：

(1) 借：材料采购　　　　　　　　　　　　　 6 000 000
　　　　应交税费——应交增值税（进项税额）　 960 000
　　　　贷：银行存款　　　　　　　　　　　　　　　　　　　 6 960 000

(2) 借：应收账款　　　　　　　　　　　　　　13 920 000
　　　　贷：主营业务收入　　　　　　　　　　　　　　　　　12 000 000
　　　　　　应交税费——应交增值税（销项税额）　　　　　　 1 920 000

4. 一般纳税企业购入免税产品的会计处理

按照增值税暂行条例规定，对农业生产者销售的自产农业产品、古旧图书等部分项目免征增值税。企业销售免征增值税项目的货物，不能开具增值税专用发票，只能开具普通发票。企业购进免税产品，一般情况下不能扣税，但按税法规定，对于购入的免税农业产品、收购废旧物资等可以按买价（或收购金额）的一定比率计算进项税额，并准予从销项税额中抵扣。这里购入免税农业产品的买价是指企业购进免税农业产品支付给农业生产者的价款和按规定代收代缴的农业特产税。在会计核算时，一是按购进免税农业产品有关凭证上确定的金额（买价）或者按收购金额，扣除一定比例的进项税额，作为购进农业产品（或收购废旧物资）的成本；二是扣除的部分作为进项税额，待以后用销项税额抵扣。

【例 11-15】 某企业为增值税一般纳税人，本期收购农业产品，实际支付的价款为 200 万元，收购的农业产品已验收入库，款项已经支付。

企业应作如下账务处理（该企业采用计划成本进行日常材料核算。原材料入库分录略）：

进项税额 = 200 × 10% = 20（万元）

借：材料采购　　　　　　　　　　　　　　　 1 800 000
　　应交税费——应交增值税（进项税额）（200 × 10%） 200 000
　　贷：银行存款　　　　　　　　　　　　　　　　　　　　 2 000 000

5. 小规模纳税企业的会计处理

小规模纳税企业的特点有：一是小规模纳税企业销售货物或者提供应税劳务，一般情况下，只能开具普通发票，不能开具增值税专用发票；二是小规模纳税企业销售货物或提供应税劳务，实行简易办法计算应纳税额，按照销售额的一定比例计算；三是小规模纳税企业的销售额不包括其应纳税额。采用销售额和应纳税额合并定价方法的，按照公式"销售额 = 含税销售额 ÷ （1 + 征收率）"还原为不含税销售额计算。

从会计核算角度看，首先，小规模纳税企业购入货物无论是否具有增值税专用发票，其支付的增值税额均不计入进项税额，不得由销项税额抵扣，应计入购入货物的成本。相应地，其他企业从小规模纳税企业购入货物或接受劳务支付的增值税额，如果不能取得增值税专用发票，也不能作为进项税额抵扣，而应计入购入货物或应税劳务的成本；其次，小规模纳税企业的销售收入按不含税价格计算；另外，小规模纳税企业"应交税费——应交增值税"科目，应采用三栏式账户。

【例11-16】 某工业生产企业被核定为小规模纳税人，本期购入原材料，按照增值税专用发票上记载的原材料价款为100万元，支付的增值税额为17万元，企业开出承兑的商业汇票，材料已到达并验收入库（材料按实际成本核算）。该企业本期销售产品，销售价格总额为90万元（含税），假定符合收入确认条件，货款尚未收到。

根据上述经济业务，企业应作如下账务处理：

（1）购进货物时。

借：原材料　　　　　　　　　　　　　1 170 000
　　贷：应付票据　　　　　　　　　　　　　　　　1 170 000

（2）销售货物时。

借：应收账款　　　　　　　　　　　　900 000
　　贷：主营业务收入　　　　　　　［900 000 ÷ （1 + 3%）］873 786
　　　　应交税费——应交增值税　　　　（873 786 × 3%）26 214

6. 视同销售的会计处理

按照增值税有关的规定，对于企业将自产、委托加工或购买的货物分配给股东或投资者；将自产、委托加工的货物用于集体福利或个人消费等行为，视同销售货物，需计算交纳增值税。对于税法上某些视同销售的行为，如以自产产品对外投资，从会计角度看属于非货币性资产交换。因此，会计核算遵照非货币性资产交换原则进行会计处理。但是，无论会计上如何处理，只要税法规定需要交纳增值税的，应当计算交纳增值税，并计入"应交税费——应交增值税"科目中的"销项税额"专栏。

以产品等发放职工福利或分配股利的：（1）决定以产品发放职工福利或分配股利时，按照销项税额加公允价值，借"生产成本""管理费用""制造费用"或"利润分配——应付股利"科目，贷"应付职工薪酬"或"应付股利"科目；（2）发放职工福利或分配股利时，借"应付职工薪酬"或"应付股利"科目，贷"应交税费——应交增值税（销项税额）"或"应交税费——简易计税"或"应交税费——应交增值税"和"主营业务收入"；（3）同时，结转视同销售产品成本，借"主营业务成本"科目，贷"库存商品"科目。

【例11-17】 甲公司为增值税一般纳税人，本期以自产产品对乙公司投资，双方协议按产品售价作价。该批产品的成本 200 万元,假设售价和计税价格均为 220 万元。该产品的增值税税率为 16%。假如该笔交易符合非货币性资产交换准则规定的按公允价值计量的条件,乙公司收到投入的产品作为原材料使用。

根据上述经济业务,甲、乙(假如乙公司原材料采用实际成本进行核算)企业应分别作如下账务处理:

(1) 甲公司。

对外投资转出产品计算的销项税额 = 220 × 16% = 35.2(万元)

借:长期股权投资　　　　　　　　　　　　　　　2 552 000
　　贷:主营业务收入　　　　　　　　　　　　　　　　　　2 200 000
　　　　应交税费——应交增值税(销项税额)(2 200 000 × 16%)352 000
借:主营业务成本　　　　　　　　　　　　　　　2 000 000
　　贷:库存商品　　　　　　　　　　　　　　　　　　　　2 000 000

(2) 乙公司。收到投资时,视同购进处理。

借:原材料　　　　　　　　　　　　　　　　　　2 200 000
　　应交税费——应交增值税(进项税额)　　　　　352 000
　　贷:实收资本　　　　　　　　　　　　　　　　　　　　2 552 000

7. 采购等业务进项税额不得抵扣的会计处理

按照现行增值税制度规定,一般纳税人购进货物、加工修理修配劳务、服务、无形资产或不动产,用于简易计税方法计税项目、免征增值税项目、集体福利或个人消费等,其进项税额不得从销项税额中抵扣的,取得增值税专用发票时,应计入相关成本费用,不通过"应交税费——应交增值税(进项税额)"科目核算。

因发生非正常损失或改变用途等,导致原已计入进项税额但按现行增值税制度规定不得从销项税额中抵扣的,应当将进项税额转出,借记"待处理财产损益""应付职工薪酬"等科目,贷记"应交税费——应交增值税(进项税额转出)"科目。一般纳税人购进时已全额抵扣进项税额的货物或服务等转用于不动产在建工程的,其已抵扣进项税额的40%部分应于转用当期转出,借记"应交税费——待抵扣进项税额"科目,贷记"应交税费——应交增值税(进项税额转出)"科目。原不得抵扣且未抵扣进项税额的固定资产、无形资产等,因改变用途等用于允许抵扣进项税额的应税项目的,应当在用途改变的次月调整相关资产账面价值,按允许抵扣的进项税额,借记"应交税费——应交增值税(进项税额)"科目,贷记"固定资产"、"无形资产"等科目,并按调整后的账面价值计提折旧或者摊销。

【例 11-18】 某工业企业为增值税一般纳税人,本期购入一批材料,增值税专用发票上注明的增值税额为 20.4 万元,材料价款为 120 万元。材料已入库,货款已经支付(假如该企业材料采用实际成本进行核算)。

材料入库后,该企业将该批材料全部用于发放职工福利。根据该项经济业务,企业可作如下账务处理:

(1) 材料入库时。

借:原材料　　　　　　　　　　　　　　　　　　1 200 000
　　应交税费——应交增值税(进项税额)　　　　　204 000

> 贷：银行存款 1 404 000

(2) 用于发放职工福利。

借：应付职工薪酬 1 404 000
> 贷：应交税费——应交增值税（进项税额转出） 204 000
> 　　原材料 1 200 000

根据例 11-18 的资料，材料入库后，该企业将该批材料全部用于办公楼工程建设项目。根据该项经济业务，企业可作如下账务处理：

(1) 材料入库时。

借：原材料 1 200 000
　　应交税费——应交增值税（进项税额） 204 000
> 贷：银行存款 1 404 000

(2) 工程领用材料时。

借：在建工程 1 200 000
> 贷：原材料 1 200 000

借：应交税费——待抵扣进项税额 81 600
> 贷：应交税费——应交增值税（进项税额转出） 81 600

(3) 允许抵扣剩余的增值税时。

借：应交税费——应交增值税（进项税额） 81 600
> 贷：应交税费——待抵扣进项税额 81 600

8. 差额征税的会计处理

一般纳税企业提供应税服务，按照营业税改征增值税有关规定允许从销售额中扣除其支付给其他单位或个人价款的，在收入采用总额法确认的情况下，减少的销项税额应借记"应交税费——应交增值税"科目，同理，小规模纳税企业应借记"应交税费——应交增值税"科目；在收入采用净额法确认的情况下，按照增值税有关规定确定的销售额计算增值税销项税额并计入"应交税费——应交增值税（销项税额）"。

【例 11-19】 某客运场站位增值税一般纳税人，为客运公司提供客源组织、售票、检票、发车、收费结算等服务。该企业采用差额征税的方式，以其取得的全部价款和价外费用，扣除支付给承运方运费后的余额为销售额。本期该企业向旅客收取车票款项 530 000 元，应向客运公司支付 477 000 元，剩下的 53 000 元中，50 000 元作为销售额，3 000 元为增值税销项税额。根据该项经济业务，企业可作如下账务处理：

借：银行存款 530 000
> 贷：主营业务收入 50 000
> 　　应交税费——应交增值税（销项税额） 3 000
> 　　应付账款 477 000

【例 11-20】 某旅游企业为增值税一般纳税人，选择差额征税的方式，该企业本期向旅游服务购买方收取的含税价款为 530 000 元（含增值税 30 000 元），应支付给其他接团旅游企业的旅游费用和其他单位的相关费用为 424 000 元，其中因允许扣减销售额而减少的销项税额 24 000 元。

假设该旅游企业采用总额法确认收入，根据该项经济业务，企业可作如下账务处理：

借：银行存款 530 000
　　贷：主营业务收入 500 000
　　　　应交税费——应交增值税（销项税额） 30 000
借：主营业务收入 400 000
　　应交税费——应交增值税（销项税额抵减） 24 000
　　贷：应付账款 42 4000

9. 转出多交增值税和未交增值税的会计处理

月度终了，企业应当将当月应交未交或多交的增值税自"应交增值税"明细科目转入"未交增值税"明细科目。对于当月应交未交的增值税，借记"应交税费——应交增值税（转出未交增值税）"科目，贷记"应交税费——未交增值税"科目；对于当月多交的增值税，借记"应交税费——未交增值税"科目，贷记"应交税费——应交增值税（转出多交增值税）"科目。

10. 交纳增值税的会计处理

企业当月交纳当月的增值税，通过"应交税费——应交增值税（已交税金）"科目核算，借记"应交税费——应交增值税（已交税金）"科目（小规模纳税人应借记"应交税费——应交增值税"科目），贷记"银行存款"科目；当月交纳以前各期未交的增值税通过"应交税费——未交增值税"科目，借记"应交税费——未交增值税"科目，贷记"银行存款"科目。

企业预缴增值税，借记"应交税费——预交增值税"科目，贷记"银行存款"科目。月末，企业应将"预交增值税"明细科目余额转入"未交增值税"明细科目，借记"应交税费——未交增值税"科目，贷记"应交税费——预交增值税"科目。

【例 11 - 21】 某房地产开发企业为增值税一般纳税人。企业 2017 年 5 月预售房地产项目收取的总价款为 1 410 万元，该项目预计 2018 年 9 月交房，企业按照 5% 预征率在不动产所在地预缴税款。当月，该企业向购房者交付其认购的另一房地产项目，交房项目的总价款为 2 265 万元（其中，销项税额为 165 万元，已预缴 113.25 万元），购房者已于 2016 年 7 月预交了房款且该企业预缴了增值税。

根据该项经济业务，企业可作如下账务处理：
(1) 预售房地产项目时。
借：银行存款 14 100 000
　　贷：预收账款 14 100 000
借：应交税费——预交增值税 705 000
　　贷：银行存款 705 000
(2) 交付房地产项目时。
借：预收账款 22 650 000
　　贷：主营业务收入 21 000 000
　　　　应交税费——应交增值税（销项税额） 1 650 000
借：应交税费——应交增值税（销项税额） 1 132 500
　　贷：应交税费——未交增值税 1 132 500

11. 增值税税控系统专用设备和技术维护费用抵减增值税额的会计处理

1) 增值税一般纳税人的会计处理

按税法有关规定，增值税一般纳税人初次购买增值税税控系统专用设备支付的费用以及缴纳的技术维护费允许在增值税应纳税额中全额抵减的，应在"应交税费——应交增值税"科目下增设"减免税款"专栏，用于记录该企业按规定抵减的增值税应纳税额。

企业购入增值税税控系统专用设备，按实际支付或应付的金额，借记"固定资产"科目，贷记"银行存款""应付账款"等科目。按规定抵减的增值税应纳税额，借记"应交税费——应交增值税（减免税款）"科目，贷记"管理费用"科目。按期计提折旧，借记"管理费用"等科目，贷记"累计折旧"科目。

企业发生技术维护费，按实际支付或应付的金额，借记"管理费用"等科目，贷记"银行存款"等科目。按规定抵减的增值税应纳税额，借记"应交税费——应交增值税（减免税款）"科目，贷记"管理费用"等科目。

2) 小规模纳税人的会计处理

按税法有关规定，小规模纳税人初次购买增值税税控系统专用设备支付的费用以及缴纳的技术维护费允许在增值税应纳税额中全额抵减的，按规定抵减的增值税应纳税额应直接冲减"应交税费——应交增值税"科目。

企业购入增值税税控系统专用设备，按实际支付或应付的金额，借记"固定资产"科目，贷记"银行存款""应付账款"等科目。按规定抵减的增值税应纳税额，借记"应交税费——应交增值税"科目，贷记"管理费用"科目。按期计提折旧，借记"管理费用"等科目，贷记"累计折旧"科目。

企业发生技术维护费，按实际支付或应付的金额，借记"管理费用"等科目，贷记"银行存款"等科目。按规定抵减的增值税应纳税额，借记"应交税费——应交增值税"科目，贷记"管理费用"等科目。

（二）消费税

为了正确引导消费方向，国家在普遍征收增值税的基础上，选择部分消费品，再征收一道消费税。消费税的征收方法采取从价定率和从量定额两种方法。实行从价定率办法计征的应纳税额的税基为销售额，如果企业应税消费品的销售额中未扣除增值税税款，或者因不能开具增值税专用发票而发生价款和增值税税款合并收取的，在计算消费税时，按公式"应税消费品的销售额 = 含增值税的销售额 ÷（1 + 增值税税率或征收率）"换算为不含增值税税款的销售额。实行从量定额办法计征的应纳税额的销售数量是指应税消费品的数量；属于销售应税消费品的，为应税消费品的销售数量；属于自产自用应税消费品的，为应税消费品的移送使用数量；属于委托加工应税消费品的，为纳税人收回的应税消费品数量；进口的应税消费品，为海关核定的应税消费品进口征税数量。

1. 科目设置

企业按规定应交的消费税，在"应交税费"科目下设置"应交消费税"明细科目核算。"应交消费税"明细科目的借方发生额，反映实际交纳的消费税和待扣的消费税；贷方发生额，反映按规定应交纳的消费税；期末贷方余额，反映尚未交纳的消费税；期末借方余额，反映多交或待扣的消费税。

2. 产品销售的会计处理

企业销售产品时应交纳的消费税，应分别情况进行处理。

企业将生产的产品直接对外销售的，对外销售产品应交纳的消费税，通过"税金及附加"科目核算。企业按规定计算出应交的消费税，借记"税金及附加"科目，贷记"应交税费——应交消费税"科目。

【例 11-22】 某企业为增值税一般纳税人（采用计划成本核算原材料），本期销售其生产的应纳消费税产品，应纳消费税产品的售价为 24 万元（不含应向购买者收取的增值税额），产品成本 15 万元。该产品的增值税税率为 16%，消费税税率为 10%。产品已经发出，符合收入确认条件，款项尚未收到。

根据这项经济业务，企业可作如下账务处理：

应向购买者收取的增值税额 = 240 000 × 16% = 38 400（元）

应交的消费税 = 240 000 × 10% = 24 000（元）

借：应收账款　　　　　　　　　　　　　280 800
　　贷：主营业务收入　　　　　　　　　　　　　　　240 000
　　　　应交税费——应交增值税（销项税额）（240 000 × 16%）38 400
借：税金及附加　　　　　　　　　　　　24 000
　　贷：应交税费——应交消费税　　　　　（240 000 × 10%）24 000
借：主营业务成本　　　　　　　　　　　150 000
　　贷：库存商品　　　　　　　　　　　　　　　　　150 000

企业用应税消费品用于在建工程、非生产机构等其他方面，按规定应交纳的消费税，应计入有关的成本。例如企业以应税消费品用于在建工程项目，应交消费税计入在建工程成本。

3. 委托加工应税消费品的会计处理

按照税法规定，企业委托加工的应税消费品，由受托方在向委托方交货时代扣代缴税款（除受托加工或翻新改制金银首饰按规定由受托方交纳消费税外）。委托加工的应税消费品，委托方用于连续生产应税消费品的，所纳税款准予按规定抵扣。这里的委托加工应税消费品，是指由委托方提供原料和主要材料，受托方只收取加工费和代垫部分辅助材料加工的应税消费品。对于由受托方提供原材料生产的应税消费品，或者受托方先将原材料卖给委托方，然后再接受加工的应税消费品，以及由受托方以委托方名义购进原材料生产的应税消费品，都不作为委托加工应税消费品，而应当按照销售自制应税消费品交纳消费税。委托加工的应税消费品直接出售的，不再征收消费税。

在会计处理时，需要交纳消费税的委托加工应税消费品，于委托方提货时，由受托方代扣代缴税款。受托方按应扣税款金额，借记"应收账款""银行存款"等科目，贷记"应交税费——应交消费税"科目。委托加工应税消费品收回后，直接用于销售的，委托方应将代扣代缴的消费税计入委托加工应税消费品的成本，借记"委托加工物资""生产成本"等科目，贷记"应付账款""银行存款"等科目，待委托加工应税消费品销售时，不需要再交纳消费税；委托加工的应税消费品收回后用于连续生产应税消费品，按规定准予抵扣的，委托方应按代扣代缴的消费税款，借记"应交税费——应交消费税"科目，贷记"应付账款"

"银行存款"等科目,待用委托加工的应税消费品生产出应纳消费税的产品销售时,再交纳消费税。

受托加工或翻新改制金银首饰按规定由受托方交纳消费税。企业应于向委托方交货时,按规定交纳的消费税,借记"营业税金及附加"科目,贷记"应交税费——应交消费税"科目。

【例11-23】 某企业委托外单位加工材料(非金银首饰),原材料价款20万元,加工费5万元,由受托方代收代缴的消费税0.5万元(不考虑增值税),材料已经加工完毕验收入库,加工费用尚未支付。假定该企业材料采用实际成本核算。

(1) 如果委托方收回加工后的材料用于继续生产应税消费品,委托方的账务处理如下:

借:委托加工物资   200 000
  贷:原材料   200 000
借:委托加工物资   50 000
  应交税费——应交消费税   5 000
  贷:应付账款   55 000
借:原材料   250 000
  贷:委托加工物资   250 000

(2) 如果委托方收回加工后的材料直接用于销售,委托方的账务处理如下:

借:委托加工物资   200 000
  贷:原材料   200 000
借:委托加工物资   55 000
  贷:应付账款   55 000
借:原材料   255 000
  贷:委托加工物资   255 000

4. 进出口产品的会计处理

需要交纳消费税的进口消费品,其交纳的消费税应计入该进口消费品的成本,借记"固定资产""材料采购"等科目,贷记"银行存款"等科目。

免征消费税的出口应税消费品分别不同情况进行账务处理:属于生产企业直接出口应税消费品或通过外贸企业出口应税消费品,按规定直接予以免税的,可以不计算应交消费税;属于委托外贸企业代理出口应税消费品的生产企业,应在计算消费税时,按应交消费税额,借记"应收账款"科目,贷记"应交税费——应交消费税"科目。应税消费品出口收到外贸企业退回的税金时,借记"银行存款"科目,贷记"应收账款"科目。发生退关、退货而补交已退的消费税,作相反的会计分录。

(三) 其他应交税费

除上述税种以外,还有资源税、土地增值税、房产税、土地使用税、车船使用税和印花税、城市维护建设税、耕地占用税和所得税以及行政性收费。

1. 资源税

资源税是国家对在中华人民共和国领域及管辖海域内开采矿产品或者生产盐的单位和个人征收的一种税。资源税的应纳税额,按照从价定率或者从量定额的办法,分别以应税产品的销售额乘以纳税人具体适用的比例税率或者以应税产品的销售数量乘以纳税人具体适用的定额税率计算。纳税人开采或者生产不同税目应税产品的，应当分别核算不同税目应税产品的销售额或者销售数量；未分别核算或者不能准确提供不同税目应税产品的销售额或者销售数量的，从高适用税率。纳税人开采或者生产应税产品，自用于连续生产应税产品的，不缴纳资源税；自用于其他方面的，视同销售缴纳资源税。

（1）科目设置。企业按规定应交的资源税，在"应交税费"科目下设置"应交资源税"明细科目核算。"应交资源税"明细科目的借方发生额，反映企业已交的或按规定允许抵扣的资源税；贷方发生额，反映应交的资源税；期末借方余额，反映多交或尚未抵扣的资源税；期末贷方余额，反映尚未交纳的资源税。

（2）销售产品或自产自用产品相关的资源税的会计处理。在会计核算时，企业按规定计算出销售应税产品应交纳的资源税，借记"税金及附加"科目，贷记"应交税费——应交资源税"科目；企业计算出自产自用的应税产品应交纳的资源税，借记"生产成本"、"制造费用"等科目，贷记"应交税费——应交资源税"科目。

【例 11-24】 某企业将自产的煤炭 1 000 吨用于产品生产，每吨应交资源税 5 元。根据该项经济业务，企业应作如下账务处理：

自产自用煤炭应交的资源税 = 1 000 × 5 = 5 000（元）

借：生产成本　　　　　　　　　　　　　　　　　　5 000
　　贷：应交税费——应交资源税　　　　　　　　　　　　　5 000

（3）收购未税矿产品相关的资源税的会计处理。按照资源税暂行条例的规定，收购未税矿产品的单位为资源税的扣缴义务人。企业应按收购未税矿产品实际支付的收购款以及代扣代缴的资源税，作为收购矿产品的成本，将代扣代缴的资源税，记入"应交税费——应交资源税"科目。

（4）外购液体盐加工固体盐相关的资源税的会计处理。按规定企业外购液体盐加工固体盐的，所购入液体盐交纳的资源税可以抵扣。在会计核算时，购入液体盐时，按所允许抵扣的资源税，借记"应交税费——应交资源税"科目，按外购价款扣除允许抵扣资源税后的数额，借记"材料采购"等科目，按应支付的全部价款，贷记"银行存款""应付账款"等科目。企业加工成固体盐后，在销售时，按计算出的销售固体盐应交的资源税，借记"税金及附加"科目，贷记"应交税费——应交资源税"科目；将销售固体盐应纳资源税抵扣液体盐已纳资源税后的差额上交时，借记"应交税费——应交资源税"科目，贷记"银行存款"科目。

【例 11-25】 某盐场 7 月份外购液体盐 1.5 万吨，金额为 120 万元，增值税额为 19.2 万元，本月销售固体盐 12 万吨，生产精制盐 1 万吨，每生产 1 吨精制盐用固体盐 2 吨。液体盐单位税额为 3 元/吨，固体盐单位税额为 12 元/吨。

该盐场的财务处理如下：

（1）购入液体盐时。

借：材料采购　　　　　　　　　　　　　　　　　1 155 000
　　应交税费——应交增值税（进项税额）　　　　　192 000
　　　　　　——应交资源税　　　　　　　　　　　　45 000
　　贷：银行存款　　　　　　　　　　　　　　　　　　　　1 392 000

（2）销售固体盐应纳资源税时。

    借:税金及附加　　　　　　　　　　1 440 000
        生产成本　　　　　　　　　　　 240 000
        贷:应交税费——应交资源税　　　　　　　　　1 680 000
（3）本月实际交纳资源税时。
    借:应交税费——应交资源税　　　 1 635 000
        贷:银行存款　　　　　　　　　　　　　　　1 635 000

2. 土地增值税

国家从1994年起开征了土地增值税,转让国有土地使用权、地上建筑物及其附着物并取得收入的单位和个人,均应交纳土地增值税。土地增值税按照转让房地产所取得的增值额和规定的税率计算征收。这里的增值额是指转让房地产所取得的收入减除规定扣除项目金额后的余额。企业转让房地产所取得的收入,包括货币收入、实物收入和其他收入。计算土地增值额的主要扣除项目有:(1)取得土地使用权所支付的金额;(2)开发土地的成本、费用;(3)新建房屋及配套设施的成本、费用,或者旧房及建筑物的评估价格;(4)与转让房地产有关的税金。

在会计处理时,企业交纳的土地增值税通过"应交税费———应交土地增值税"科目核算。兼营房地产业务的企业,应由当期收入负担的土地增值税,借记"税金及附加"科目,贷记"应交税费——应交土地增值税"科目。转让的国有土地使用权与其地上建筑物及其附着物一并在"固定资产"或"在建工程"科目核算的,转让时应交纳的土地增值税,借记"固定资产清理""在建工程"科目,贷记"应交税费——应交土地增值税"科目。企业在项目全部竣工结算前转让房地产取得的收入,按税法规定预交的土地增值税,借记"应交税费——应交土地增值税"科目,贷记"银行存款"等科目;待该项房地产销售收入实现时,再按上述销售业务的会计处理方法进行处理。该项目全部竣工、办理结算后进行清算,收到退回多交的土地增值税,借记"银行存款"等科目,贷记"应交税费——应交土地增值税"科目,补交的土地增值税作相反的会计分录。

3. 房产税、土地使用税、车船使用税和印花税

房产税是国家对在城市、县城、建制镇和工矿区征收的由产权所有人缴纳的一种税。房产税依照房产原值一次减除10%至30%后的余额计算交纳。没有房产原值作为依据的,由房产所在地税务机关参考同类房产核定;房产出租的,以房产租金收入为房产税依据。土地使用税是国家为了合理利用城镇土地,调节土地级差收入,提高土地使用效益,加强土地管理而开征的一种税,以纳税人实际占用的土地面积为计税依据,依照规定税额计算征收。车船使用税由拥有并且使用车船的单位和个人交纳。车船使用税按照适用税额计算交纳。企业按规定计算应交的房产税、土地使用税、车船使用税时,借记"税金及附加"科目,贷记"应交税费——应交房产税(或土地使用税、车船使用税)"科目;上交时,借记"应交税费——应交房产税(或土地使用税、车船使用税)"科目,贷记"银行存款"科目。

印花税是对书立、领受购销合同等凭证行为征收的税款。实行由纳税人根据规定自行计算应纳税额,购买并一次贴足印花税票的交纳方法。应纳税凭证包括:购销、加工承揽、建设工程承包、财产租赁、货物运输、仓储保管、借款、财产保险、技术合同或者具有合同性质的凭证;产权转移书据;营业账簿;权利、许可证照等。纳税人根据应纳税凭证的性质,分别按比例税率或者按件定额计算应纳税额。

由于企业交纳的印花税，是由纳税人根据规定自行计算应纳税额以购买并一次贴足印花税票的方法交纳的税款。即一般情况下，企业需要预先购买印花税票，待发生应税行为时，再根据凭证的性质和规定的比例税率或者按件计算应纳税额，将已购买的印花税票粘贴在应纳税凭证上，并在每枚税票的骑缝处盖戳注销或者划销，办理完税手续。企业交纳的印花税，不会发生应付未付税款的情况，不需要预计应纳税金额，同时也不存在与税务机关结算或清算的问题，因此，企业交纳的印花税不需要通过"应交税费"科目核算，于购买印花税票时，直接借记"税金及附加"科目，贷记"银行存款"科目。

4. 城市维护建设税

为了加强城市的维护建设，扩大和稳定城市维护建设资金的来源，国家开征了城市维护建设税。在会计核算时，企业按规定计算出的城市维护建设税，借记"税金及附加"、"其他业务成本"等科目，贷记"应交税费——应交城市维护建设税"科目；实际上交时，借记"应交税费—应交城市维护建设税"科目，贷记"银行存款"科目。

5. 所得税

企业的生产、经营所得和其他所得，依照有关所得税暂行条例及其细则的规定需要交纳所得税。企业应交纳的所得税，在"应交税费"科目下设置"应交所得税"明细科目核算；当期应计入损益的所得税，作为一项费用，在净收益前扣除。企业按照一定方法计算，计入损益的所得税，借记"所得税费用"等科目，贷记"应交税费——应交所得税"科目。关于所得税的具体核算，将在"所得税"一章论述。

6. 耕地占用税

耕地占用税是国家为了利用土地资源，加强土地管理，保护农用耕地而征收的一种税。耕地占用税以实际占用的耕地面积计税，按照规定税额一次征收。企业交纳的耕地占用税，不需要通过"应交税费"科目核算。企业按规定计算交纳耕地占用税时，借记"在建工程"科目，贷记"银行存款"科目。

(五) 应交税费的披露

企业应当披露应交税费的构成及期初、期末账面余额等信息。

五、应付利息

应付利息，是指企业按照合同约定应支付的利息，包括吸收存款、分期付息到期还本的长期借款、企业债券等应支付的利息。资产负债表日，应按摊余成本和实际利率计算确定的利息费用，借记"利息支出""在建工程""财务费用""研发支出"等科目，按合同利率计算确定的应付未付利息，贷记"应付利息"，按借贷双方之间的差额，借记或贷记"长期借款——利息调整"等科目。合同利率与实际利率差异较小的，也可以采用合同利率计算确定利息费用。实际支付利息时，借记"应付利息"，贷记"银行存款"等科目。本科目期末贷方余额，反映企业应付未付的利息。

六、应付股利

应付股利,是指企业经股东大会或类似机构审议批准分配的现金股利或利润。企业股东大会或类似机构审议批准的利润分配方案、宣告分派的现金股利或利润,在实际支付前,形成企业的负债。企业董事会或类似机构通过的利润分配方案中拟分配的现金股利或利润,不应确认负债,但应在附注中披露。企业经股东大会或类似机构审议批准的利润分配方案,按应支付的现金股利或利润,借记"利润分配"科目,贷记"应付股利"科目;实际支付现金股利或利润时,借记"应付股利"科目,贷记"银行存款"科目。

七、其他应付款

其他应付款,是指应付、暂收其他单位或个人的款项,如应付经营租入固定资产租金、应付租入包装物租金、存入保证金等。企业采用售后回购方式融入的资金,应按实际收到的款项,借记"银行存款"科目,贷记"其他应付款""应交税费"科目。回购价格与原销售价格之间的差额,应在售后回购期间内按期计提利息费用,借记"财务费用"科目,贷记"其他应付款"科目。按照合同约定购回该项商品时,应按实际支付的款项,借记"其他应付款""应交税费"科目,贷记"银行存款"科目。

企业发生的其他各种应付、暂收款项,借记"管理费用"等科目,贷记"其他应付款";支付的其他各种应付、暂收款项,借记"其他应付款",贷记"银行存款"等科目。

▶第三节 非流动负债

按照《CAS30 财务报表的列报》(2014) 规定,流动负债以外的负债应当归类为非流动负债,并应按其性质分类列示。这说明,非流动负债具有债务偿还的期限较长(一般可以超过1年或者1个营业周期以上)、债务的金额较大、偿债方式多样等特点。

根据筹措方式的不同,非流动负债可分为长期借款、应付债券和长期应付款等。

一、长期借款

(一)长期借款的确认和计量

长期借款是指企业为扩大生产经营增加固定资产而向金融机构等借入的偿还期在一年以上的款项。长期借款按其偿还方式,可分为定期偿还和分期偿还。定期偿还的长期借款,是指按规定的借款到期日一次还清全部本息。分期偿还的长期借款是指在借款期内,按规定分期偿还本息。

企业借入各种长期借款时,按实际收到的款项,借记"银行存款"科目,贷记"长期借款——本金";按借贷双方之间的差额,借记"长期借款——利息调整"。

资产负债表日,企业应按长期借款的摊余成本和实际利率计算确定的长期借款的利息费用,借记"在建工程""财务费用""制造费用"等科目,按借款本金和合同利率计算确定的应付未付利息,贷记"应付利息"科目,按其差额,贷记"长期借款——利息调整"科目。

企业归还长期借款,按归还的长期借款本金,借记"长期借款——本金"科目,按转销的利息调整金额,贷记"长期借款——利息调整"科目,按实际归还的款项,贷记"银行存款"科目,按借贷双方之间的差额,借记"在建工程""财务费用""制造费用"等科目。

【例11-26】 某企业为建造一幢厂房,2017年1月1日借入期限为两年的长期专门借款1 000 000元,款项已存入银行。借款利率为9%,每年付息一次,期满后一次还清本金。2017年初,以银行存款支付工程价款共计600 000元,2018年年初又以银行存款支付工程费用400 000元。该厂房于2018年8月底完工,达到预定可使用状态。假定不考虑闲置专门借款资金存款的利息收入或者投资收益。

根据上述业务,企业应作如下账务处理:

(1) 2017年1月1日,取得借款时。

借:银行存款　　　　　　　　　　　　　1 000 000
　　贷:长期借款　　　　　　　　　　　　　　　　1 000 000

(2) 2017年年初,支付工程款时。

借:在建工程　　　　　　　　　　　　　600 000
　　贷:银行存款　　　　　　　　　　　　　　　　600 000

(3) 2017年12月31日,计算2007年应计入工程成本的利息时。

借款利息 = 1 000 000 × 9% = 90 000(元)

借:在建工程　　　　　　　　　　　　　90 000
　　贷:应付利息　　　　　　　　　　　　　　　　90 000

(4) 2017年12月31日支付借款利息时。

借:应付利息　　　　　　　　　　　　　90 000
　　贷:银行存款　　　　　　　　　　　　　　　　90 000

(5) 2018年初支付工程款时。

借:在建工程　　　　　　　　　　　　　400 000
　　贷:银行存款　　　　　　　　　　　　　　　　400 000

(6) 2018年8月底,达到预定可使用状态,该期应计入工程成本的利息 = (1 000 000 × 9% ÷ 12) × 8 = 60 000(元)。

借:在建工程　　　　　　　　　　　　　60 000
　　贷:应付利息　　　　　　　　　　　　　　　　60 000

同时:

借:固定资产　　　　　　　　　　　　　1 150 000
　　贷:在建工程　　　　　　　　　　　　　　　　1 150 000

(7) 2018年12月31日,计算2018年9~12月应计入财务费用的利息 = (1 000 000 × 9% ÷ 12) × 4 = 30 000(元)。

借:财务费用　　　　　　　　　　　　　30 000
　　贷:应付利息　　　　　　　　　　　　　　　　30 000

(8) 2018年12月31日支付利息时。

借：应付利息　　　　　　　　　　　　　90 000
　　贷：银行存款　　　　　　　　　　　　　　　　90 000

(9) 2019 年 1 月 1 日到期还本时。

借：长期借款　　　　　　　　　　　　1 000 000
　　贷：银行存款　　　　　　　　　　　　　　1 000 000

(二) 长期借款的披露

企业应当披露长期借款的构成及期初、期末账面余额等信息。对于期末逾期借款，应分别贷款单位、借款金额、逾期时间、年利率、逾期未偿还原因和预期还款期等进行披露。

二、应付债券

债券是举债的企业为筹措长期资金，按照法定程序报经核准，向社会大众发行的、约定在一定日期或分期偿还本金，并按期支付利息的一种书面承诺。它是有价证券的一种。债券的发行必须以有关的合同等债券契约为依据。债券契约是明确债券的发行人与持有人相互关系的书面文件，在其中规定了对债券发行的各种限制条款。通常，这些条款主要有：核准发行的金额、利率、到期日、利息支付方式、收回债券的条件、作为抵押的资产、对偿债基金的要求、对营运资本和股利分配的限制等。单个的债券购买者，将会得到书面的债券凭证，在其中除载明发行公司的名称与住所、发行日期与编号、发行公司的印记与法定代表人的签章、审批机关批准发行的文号等外，还包括债券面值、债券利率、付息日、到期日。

债券可以按照不同的标准进行分类，例如按有无担保分类，债券可分为担保债券和信用债券❶；按偿还方式分类，债券可分为一次还本债券和分次还本债券；按是否记名分类，债券可分为记名债券和无记名债券。另外，企业为了灵活地运用资金或者为了吸引更多的购买者，有时会发行以下几种较特殊的债券，如可赎回债券❷和可转换债券（convertible bonds）等，其中可转换债券时是指债券持有人在持有一定时期后可按规定的比率将其转换为股票的债券。下面将就一般债券和可转换债券的会计处理进行论述。

(一) 一般公司债券

1. 公司债券的发行

企业发行的超过 1 年期以上的债券，构成了企业的长期负债。公司债券的发行方式有三种，即面值发行、溢价发行、折价发行。假设其他条件不变，债券的票面利率高于同期银行

---

❶担保债券（mortgage bonds），通常是指以特定的资产作为担保物而发行的债券。其中，以不动产如房屋等作为担保物的，称为不动产抵押债券；以动产如商品等作为担保物的，称为动产抵押债券；以有价证券如股票和债券等作为担保物的，称为证券信托债券。担保债券的风险较低，利率相应地也较低。信用债券（debenture bonds），指无特定的资产作为担保物的，凭债券发行人的信誉而发行的债券。例如所谓的"垃圾债券（junk bond）"就是其中的一种。债券持有人一般以限制股利、维持营运资金或其他财务上的限制来获得保障。显然，信用债券的风险较大，利率相应地也较高。

❷赎回债券是指发行债券的公司有权在债券到期前，按特定价格将其从债券持有人手中直接赎回的债券。发行这种债券，将能提高公司的财务弹性，这是因为当不再需要靠发行债券去筹得资金，或者可以按低于债券利率的利率筹得资金时，公司可以较便利地将原发行的债券赎回。

存款利率时，可按超过债券票面价值的价格发行，称为溢价发行。溢价是企业以后各期多付利息而事先得到的补偿；如果债券的票面利率低于同期银行存款利率，可按低于债券票面价值的价格发行，称为折价发行。折价是企业为以后各期少付利息而预先给投资者的补偿。如果债券的票面利率与同期银行存款利率相同，可按票面价值发行，称为面值发行。溢价或折价是发行债券企业在债券存续期内对利息费用的一种调整。

无论是按面值发行，还是溢价发行或折价发行，均按债券面值计入"应付债券"科目的"面值"明细科目，实际收到的价款与面值的差额，计入"利息调整"明细科目。企业发行债券时，按实际收到的款项，借记"银行存款""库存现金"等科目，按债券票面价值，贷记"应付债券——面值"科目，按实际收到的款项与票面价值之间的差额，贷记或借记"应付债券——利息调整"科目。

2. 利息调整的摊销

利息调整应在债券存续期间内采用实际利率法进行摊销。实际利率法是指按照应付债券的实际利率计算其摊余成本及各期利息费用的方法；实际利率是指将应付债券在债券存续期间的未来现金流量，折现为该债券当前账面价值所使用的利率。

资产负债表日，对于分期付息、一次还本的债券，企业应按应付债券的摊余成本和实际利率计算确定的债券利息费用，借记"在建工程""制造费用""财务费用"等科目，按票面利率计算确定的应付未付利息，贷记"应付利息"科目，按其差额，借记或贷记"应付债券——利息调整"科目。

【例11-27】 2017年12月31日，甲公司经批准发行5年期一次还本、分期付息的公司债券1 000万元，债券利息在每年12月31日支付，票面利率为年利率6%。假定债券发行时的市场利率为5%。甲公司该批债券实际发行价格为10 432 700元❶。

甲公司根据上述资料，采用实际利率法和摊余成本计算确定的利息费用，如表11-2所示。

表11-2 利息费用一览表   金额单位：元

付息日期	支付利息 ①=面值×6%	利息费用 ②=上期末④×5%	摊销的利息调整 ③=①-②	应付债券摊余成本 ④=上期末④-③
2017年12月31日				10 432 700
2018年12月31日	600 000	521 635	78 365	10 354 335
2019年12月31日	600 000	517 716.75	82 283.25	10 272 051.75
2020年12月31日	600 000	513 602.59	86 397.41	10 185 654.34
2021年12月31日	600 000	509 282.72	90 717.28	10 094 937.06
2022年12月31日	600 000	505 062.94	94 937.06*	10 000 000

*尾数调整。

根据表11-2的资料，甲公司的账务处理如下：

（1）2017年12月31日发行债券时。

借：银行存款   10 432 700

---

❶ 10 000 000 × 0.7835 + 10 000 000 × 6% × 4.3295 = 10 432 700（元）。其中0.7835为年利率5%、5年期的复利现值系数，4.3295为年利率5%、5年期的年金现值系数，都可通过查阅年金现值表和复利现值表而得。

　　　　贷：应付债券——面值　　　　　　　　　　　　　　　　10 000 000
　　　　　　　　　　——利息调整　　　　　　　　　　　　　　　432 700
　　(2) 2018年12月31日计算利息费用时。
　　　借：在建工程（或财务费用）　　　521 635
　　　　　应付债券——利息调整　　　　　78 365
　　　　贷：应付利息　　　　　　　　　　　　　　　　　　　　　600 000
　　2019年、2020年、2021年确认利息费用的会计处理同2018年。
　　(3) 2022年12月31日归还债券本金及最后一期利息费用时。
　　　借：在建工程（或财务费用）　　　505 062.94
　　　　　应付债券——面值　　　　　　10 000 000
　　　　　　　　　　——利息调整　　　 94 937.06
　　　　贷：银行存款　　　　　　　　　　　　　　　　　　　　10 600 000
　　对于一次还本付息的债券，应于资产负债表日按摊余成本和实际利率计算确定的债券利息费用，借记"在建工程""制造费用""财务费用"等科目，按票面利率计算确定的应付未付利息，贷记"应付债券——应计利息"科目，按其差额，借记或贷记"应付债券——利息调整"科目。

　　3. 债券的偿还
　　企业发行的债券通常分为到期一次还本付息或一次还本、分期付息两种。采用一次还本付息方式的，企业应于债券到期支付债券本息时，借记"应付债券——面值、应计利息"科目，贷记"银行存款"科目。采用一次还本、分期付息的，在每期支付利息时，借记"应付利息"科目，贷记"银行存款"科目；债券到期偿还本金并支付最后一期利息时，借记"应付债券——面值""在建工程""制造费用""财务费用"等科目，贷记"银行存款"科目，按借贷双方之间的差额，借记或贷记"应付债券——利息调整"科目。

（二）可转换公司债券

　　我国发行可转换公司债券采取记名式无纸化发行方式，债券最短期限为3年，最长期限为5年。在会计核算中，企业发行的可转换公司债券在"应付债券"科目下设置"可转换公司债券"明细科目核算。
　　企业发行的可转换公司债券，应当在初始确认时将其包含的负债成分和权益成分进行分拆，将负债成分确认为应付债券，将权益成分确认为其他权益工具。在进行分拆时，应当先对负债成分的未来现金流量进行折现确定负债成分的初始确认金额，再按发行价格总额扣除负债成分初始确认金额后的金额确定权益成分的初始确认金额。发行可转换公司债券发生的交易费用，应当在负债成分和权益成分之间按照各自的相对公允价值进行分摊。企业应按实际收到的款项，借记"银行存款"等科目，按可转换公司债券包含的负债成分面值，贷记"应付债券——可转换公司债券（面值）"科目，按权益成分的公允价值，贷记"其他权益工具"科目，按借贷双方之间的差额，借记或贷记"应付债券——可转换公司债券（利息调整）"科目。

　　【例11-28】　甲公司经批准于2017年1月1日按面值发行5年期一次还本按年付息的可转换公司债券200 000 000元，款项已收存银行，债券票面年利率为6%。债券发行

1年后可转换为普通股股票，初始转股价为每股10元，股票面值为每股1元。债券持有人若在当期付息前转换股票的，应按债券面值和应付利息之和除以转股价，计算转换的股份数。假定2018年1月1日债券持有人将持有的可转换公司债券全部转换为普通股股票，甲公司发行可转换公司债券时二级市场上与之类似的没有附带转换权的债券市场利率为9%。

甲公司的账务处理如下：

（1）2017年1月1日发行可转换公司债券时。

借：银行存款　　　　　　　　　　　　　　　　　　200 000 000
　　应付债券——可转换公司债券（利息调整）　　　23 343 600
　　贷：应付债券——可转换公司债券（面值）　　　　　　　　200 000 000
　　　　其他权益工具　　　　　　　　　　　　　　　　　　　23 343 600

可转换公司债券负债成分的公允价值为：

200 000 000 × 0.6499 + 200 000 000 × 6% × 3.8897 = 176 656 400（元）

可转换公司债券权益成分的公允价值为：

200 000 000 − 176 656 400 = 23 343 600（元）

（2）2017年12月31日确认利息费用时。

借：财务费用等　　　　　　　　　　　　　　　　　899 076
　　贷：应付利息——可转换公司债券利息　　　　　　　　　12 000 000
　　　　应付债券——可转换公司债券（利息调整）　　　　　3 899 076

（3）2018年1月1日债券持有人行使转换权时（假定利息尚未支付）。

转换的股份数为：（200 000 000 + 12 000 000）÷ 10 = 21 200 000（股）

借：应付债券——可转换公司债券（面值）　　　　　200 000 000
　　应付利息——可转换公司债券利息　　　　　　　12 000 000
　　其他权益工具　　　　　　　　　　　　　　　　23 343 600
　　贷：股本　　　　　　　　　　　　　　　　　　　　　　　21 200 000
　　　　应付债券——可转换公司债券（利息调整）　　　　　19 444 524
　　　　资本公积——股本溢价　　　　　　　　　　　　　　194 699 076

企业发行的附有赎回选择权的可转换公司债券，其在赎回日可能支付的利息补偿金，即债券约定赎回期届满日应当支付的利息减去应付债券票面利息的差额，应当在债券发行日至债券约定赎回期届满日期间计提应付利息，计提的应付利息，分别计入相关资产成本或财务费用。

（三）应付债券的披露

企业应当披露应付债券的构成及期初、期末账面余额等信息。

三、长期应付款

长期应付款，是指企业除长期借款和应付债券以外的其他各种长期应付款项，包括应付融资租入固定资产的租赁费、以分期付款方式购入固定资产发生的应付款项等。其中，应付融资租入固定资产的租赁费将在"租赁"一章讨论。

企业购买资产有可能延期支付有关价款。如果延期支付的购买价款超过正常信用条件，实质上具有融资性质的，所购资产的成本应当以延期支付购买价款的现值为基础确定。实际支付的价款与购买价款的现值之间的差额，应当在信用期间内采用实际利率法进行摊销，计入相关资产成本或当期损益。具体来说，企业购入资产超过正常信用条件延期付款实质上具有融资性质时，应按购买价款的现值，借记"固定资产""在建工程"等科目，按应支付的价款总额，贷记"长期应付款"科目，按其差额，借记"未确认融资费用"科目。

▶ 第四节 借款费用

一、借款费用概述

（一）借款费用的概念及范围

我国借款费用准则《CAS17 借款费用》将借款费用定义为："借款费用，是指企业因借款而发生的利息及其他相关成本。借款费用包括借款利息、折价或溢价的摊销、辅助费用以及因外币借款而发生的汇兑差额等"。对于企业发生的权益性融资费用，不包括在借款费用中，例如发行公司股票的佣金等。

借款费用反映的是企业借入资金所付出的代价，包括以下四个方面的内容：

（1）因借款而发生的利息，包括企业向银行或者其他金融机构等借入资金发生的利息、发行债券发生的利息，以及为购建或生产符合资本化条件的资产而发生的带息债务应当承担的利息等。

（2）因借款而发生的折价或溢价的摊销，主要是指发行公司债券所发生的折价或者溢价。企业在每期摊销折价或者溢价时，实质上是对债券票面利息的调整（即将债券票面利率调整为实际利率），因此，因借款而发生的折价或者溢价的摊销属于借款费用的范畴。

（3）因借款而发生的辅助费用，是指企业在借款过程中发生的诸如手续费、佣金等费用。由于这些费用是因安排借款而发生的，属于借入资金所付出的代价，亦构成借款费用的组成部分。

（4）因外币借款而发生的汇兑差额，是指由于汇率变动导致市场汇率与账面汇率出现差异从而对外币借款本金及其利息的记账本位币金额所产生的影响金额。

（二）符合资本化条件的资产范围

借款费用的确认主要解决的是将每期发生的借款费用资本化、计入相关资产的成本，还是将有关借款费用费用化、计入当期损益的问题。根据借款费用准则的规定，借款费用确认的基本原则是：企业发生的借款费用，可直接归属于符合资本化条件的资产购建或者生产的，应当予以资本化，计入相关资产成本；其他借款费用，应当在发生时根据其发生额确认为费用，计入当期损益。

尽管符合资本化条件的借款费用可以计入相关资产的成本，但是我国对于相关资产的范围有严格的限定，即借款费用可予资本化的资产范围仅限于一部分资产。CAS17 规定，符合资本化条件的资产，是指需要经过相当长时间的购建或者生产活动才能达到预定可使用或者可销售状态的固定资产、投资性房地产和存货等资产。建造合同成本、确认为无形资产的开发支出等在符合条件的情况下，也可以认定为符合资本化条件的资产。符合资本化条件的存货，主要包括房地产开发企业开发的用于对外出售的房地产开发产品、企业制造的用于对外出售的大型机器设备等。这类存货通常需要经过相当长时间的建造或者生产过程，才能达到预定可销售状态。其中，"相当长时间"是指为资产的购建或者生产但所必需的时间，通常为1年以上（含1年）。企业购入即可使用的资产，或者购入后需要安装但所需安装时间较短的资产，或者需要建造或者生产但所需要建造或者生产时间较短的资产，均不属于符合资本化条件的资产。

例如，甲公司于2018年1月1日起，用银行借款开工建设一幢简易厂房，厂房于当年3月10日完工，并达到预定可使用状态。尽管公司借款用于固定资产的建造，但是由于该固定资产建造时间较短，不属于需要经过相当长时间的购建才能达到预定可使用状态的资产，因此，所发生的相关借款费用不应予以资本化计入在建工程成本，而应当根据发生额计入当期财务费用。

再如，乙公司向银行借入资金分别用于生产A产品和B产品，其中，A产品的生产时间较短，为1个月；B产品属于大型发电设备，生产时间较长，为1年零5个月。其中，由于A产品的生产时间较短，不属于需要经过相当长时间的生产才能达到预定可使用状态的资产，因此，为A产品的生产而借入资金所发生的借款费用不应计入其生产成本，而应当计入当期财务费用。而B产品的生产时间比较长，属于需要经过相当长时间的生产才能达到预定可销售状态的资产，因此，为B产品的生产而借入资金所发生的借款费用符合资本化的条件，应计入B产品的成本中。

（三）借款费用可予资本化的借款范围

借款费用应予以资本化的借款范围既包括专门借款，也可包括一般借款。其中，对于一般借款，只有在购建或者生产符合资本化条件的资产占用了一般借款时，才应将与该部分一般借款相关的借款费用资本化；否则，所发生的借款费用应当计入当期损益。

专门借款，是指为购建或者生产符合资本化条件的资产而专门借入的款项。专门借款应当有明确的专门用途，即为购建或者生产符合资本化条件的资产而专门借入的款项，通常应当有标明专门用途的借款合同。

一般借款，是指除专门借款之外的借款，一般借款在借入时，通常没有特指必须用于符合资本化条件的资产的购建或者生产。

二、借款费用的确认

（一）借款费用确认的原则

借款费用的确认主要解决各期借款费用是资本化，还是费用化的问题。根据CAS17的规定，借款费用确认的基本原则是：企业发生的借款费用，可直接归属于符合资本化条件的资产的购建或者生产的，应当予以资本化，计入符合资本化条件的资产成本。其他借款费用，应当在发生时根据其发生额确认为财务费用，计入当期损益。

但是，并不是符合资本化条件的资产发生的所有借款费用都予以资本化，只有发生在资本化期间内的有关借款费用，才允许资本化，资本化期间的确定是借款费用确认与计量的重要前提。借款费用资本化期间,是指从借款费用开始资本化时点到停止资本化时点的期间,但不包括借款费用暂停资本化的期间。

(二) 借款费用资本化期间的确定

借款费用资本化期间的确定包括三个时间的确定,即借款费用开始资本化时点的确定、借款费用暂停资本化时间的确定和借款费用终止资本化时点的确定。

1. 借款费用开始资本化时点的确定

借款费用允许开始资本化必须同时满足三个条件,即资产支出已经发生、借款费用已经发生、为使资产达到预定可使用或者可销售状态所必要的购建或者生产活动已经开始。企业只有在上述三个条件同时满足的情况下,有关借款费用才可开始资本化,只要其中的任何一个条件没有满足,借款费用都不能开始资本化。

1) "资产支出已经发生"的界定

资产支出包括支付现金、转移非现金资产和承担带息债务形式所发生的支出。其中:(1) 支付现金,是指用货币资金支付符合资本化条件的资产的购建或者生产支出;(2) 转移非现金资产,是指企业将自己的非现金资产直接用于符合资本化条件的资产的购建或者生产;(3) 承担带息债务,是指企业为了购建或者生产符合资本化条件的资产所需用物资等而承担的带息应付款项(如带息应付票据)。企业以赊购方式购买这些物资所产生的债务可能带息,也可能不带息。如果企业赊购这些物资所承担的是不带息债务,就不应当将购买价款计入资产支出,因为该债务在偿付前不需要承担利息,也没有占用借款资金。企业只有等到实际偿付债务,发生了资源流出时,才能将其作为资产支出。如果企业赊购物资承担的是带息债务,则企业要为这笔债务付出代价,支付利息,与企业向银行借入款项用以支付资产支出在性质上是一致的。所以,企业为购建或者生产符合资本化条件的资产而承担的带息债务应当作为资产支出,当该带息债务发生时,视同资产支出已经发生。

例如,某企业将自己生产的产品,包括自己生产的水泥、钢材等,用于符合资本化条件的资产的建造或者生产,同时,企业还将自己生产的产品向其他企业换取用于符合资本化条件的资产的建造或者生产所需用工程物资,这些产品成本均属于资产支出。

再如,某公司因建设长期工程所需,于2019年5月8日购入一批工程用物资,并开出一张10万元的带息银行承兑汇票,期限为6个月,票面年利率为6%。对于该事物,企业尽管没有为工程建设的目的直接支付现金,但承担了带息债务,所以应当将10万元的购买工程用物资款作为资产支出,自5月8日开出承兑汇票开始即表明资产支出已经发生。

2) "借款费用已经发生"的界定

借款费用已经发生,是指企业已经发生了因购建或者生产符合资本化条件的资产而专门借入款项的借款费用或者所占用的一般借款的借款费用。例如,某公司于2018年1月1日为建造一幢建设期为2年的厂房,从银行专门借入款项8 000万元,当日开始计息。在2018年1月1日即应当认为借款费用已经发生。

3) "为使资产达到预定可使用或者可销售状态所必要的购建或者生产活动已经开始"的界定

为使资产达到预定可使用或者可销售状态所必要的购建或者生产活动已经开始,是指符合资本化条件的资产的实体建造或者生产工作已经开始，不包括仅仅持有资产，但没有发生为改变资产形态而进行的实质上的建造或者生产活动。例如，某公司为了建造厂房购置了建筑工地，但是尚未开工兴建房屋，有关房屋实体建造活动也没有开始，在这种情况下，即使企业为了购置建筑用地已经发生了支出，也不应认为为使资产达到预定可使用状态所必要的购建活动已经开始。

值得注意的是，企业只有在上述三个条件同时满足的情况下，有关借款费用才可开始资本化，否则，借款费用就不能开始资本化。

例如，甲公司专门借入款项建造某符合资本化条件的写字楼，相关借款费用已经发生，同时写字楼的实体建造工作也已开始，但为写字楼建造所需物资等都是赊购或者客户垫付的（且形成的负债均为不带息负债），发生的相关薪酬费用也尚未形成现金流出。在这种情况下，写字楼建造本身并没有占用借款资金，没有发生资产支出，该事项只满足借款费用开始资本化的第二个和第三个条件，但是没有满足第一个条件，所以，所发生的借款费用不应予以资本化。

再如，乙公司为了建造一项符合资本化条件的办公楼，使用自有资金购建了工程物资，该办公楼已经开始动工兴建，但专门借款资金尚未到位，也没有占用一般借款资金。在这种情况下，该事项只满足借款费用开始资本化的第一个和第三个条件，但是不符合第二个条件，所以，所发生的借款费用不应予以资本化。

又如，甲公司为建造一项符合资本化条件的厂房，已经使用银行存款购置了水泥、钢材等，发生了资产支出，相关借款也已开始计息，但是厂房因发各种原因迟迟未能开工兴建。在这种情况下，该项目尽管满足了借款费用开始资本化的第一个和第二个条件，但是不符合第三个条件，因此，所发生的借款费用也不允许资本化。

2. 借款费用暂停资本化时间的确定

根据CAS17的规定，符合资本化条件的资产在购建或者生产过程中发生非正常中断，且中断时间连续超过3个月的，应当暂停借款费用的资本化。中断的原因必须是非正常中断，属于正常中断的，相关费用仍可资本化。

非正常中断，通常是由于企业管理决策上的原因或者其他不可预见的原因等所导致的中断。例如，企业因与施工方发生了质量纠纷，或者工程、生产用料没有及时供应，或者资金周转发生了困难，或者施工、生产发生了安全事故，或者发生了与资产购建、生产有关的劳动纠纷等原因，导致资产购建或者生产活动发生的中断，均属于非正常中断。

例如，某公司于2018年1月1日利用专门借款开工兴建一幢厂房，支出已经发生，因此借款费用从当日起开始资本化。工程预计于2019年4月完工。2018年6月10日，由于发生了水灾，导致工程中断，直到9月15日才复工。该中断就属于非正常中断，因此，上述专门借款在6月10日—9月15日间所发生的借款费用不应资本化，而应作为财务费用计入当期损益。

非正常中断与正常中断显著不同。正常中断通常仅限于因购建或者生产符合资本化条件的资产达到预定可使用或者可销售状态所必要的程序，或者事先可预见的不可抗拒力因素导致的中断。

例如，某些工程建造到一定阶段必须暂停下来进行质量或者安全检查，检查通过后才可以继续下一阶段的建造工作，这类中断是在施工前可以预见的，而且是工程建造必须经过的程序，属于正常中断。某些地区的工程在建造过程中，由于可预见的不可抗拒力因素导致施工出现停顿，也属于正常现象。例如，某公司在北方某地建造某工程期间，遇上冰冻季节（通常为6个月）工程施工因此中断，待冰冻季节过后方能继续施工。由于该地区在施工期间出现较长时间的冰冻为正常情况，由此导致的施工中断是可预见的不可抗拒力因素导致的，属于正常中断。在正常中断期间所发生的借款费用可以继续资本化，计入相关资产的成本。

3. 借款费用停止资本化时点的界定

购建或者生产符合资本化条件的资产达到预定可使用或者可销售状态时，借款费用应当停止资本化。在符合资本化条件的资产达到预定可使用或者可销售状态之后所发生的借款费用，应当在发生时根据其发生额确认为费用，计入当期损益。

资产达到预定可使用或者可销售状态，是指所购建或者生产的符合资本化条件的资产已经达到建造方、购买方或者企业自身等预先设计、计划或者合同约定的可以使用或者可以销售的状态。企业在确定借款费用停止资本化的时点需要运用职业判断，应当遵循实质重于形势的原则，针对具体情况，依据经济实质判断所购建或者所生产的符合资本化条件的资产达到预定可使用或者可销售状态的时点，具体可从以下几个方面进行判断：

（1）符合资本化条件的资产的实体建造（包括安装）或者生产活动已经全部完成或者实质上已经完成；

（2）所购建或者生产的符合资本化条件的资产与设计要求、合同规定或者生产要求相符或者基本相符，即使有极个别与设计、合同或者生产要求不相符的地方，也不影响其正常使用或者销售；

（3）继续发生在所购建或生产的符合资本化条件的资产上的支出金额很少或者几乎不再发生。

购建或者生产的符合资本化条件的资产需要试生产或者试运行的，在试生产结果表明资产能够正常生产出合格产品，或者试运行结果表明资产能够正常运转或者营业时，应当认为该资产已经达到预定可使用或者可销售状态。

在符合资本化条件的资产的实际购建或者生产过程中，如果所购建或者生产的资产分别建造、分别完工，企业也应当遵循实质重于形式的原则，区别下列情况，界定借款费用停止资本化的时点：

（1）所购建或者生产的符合资本化条件的资产的各部分分别完工，每部分在其他部分继续建造或者生产过程中可使用或者可对外销售，且为使该部分资产达到预定可使用或可销售状态所必要的购建或者生产活动实质上已经完成的，应当停止与该部分资产相关的借款费用的资本化，因为该部分资产已经达到了预定可使用或者可销售状态。

（2）购建或者生产的资产各部分分别完工，但必须等到整体完工后才可以使用或者对外销售的，应当在该资产整体完工时停止借款费用的资本化。在这种情况下，即使各部分资产已经分别完工，也不能认为该部分资产已经达到了预定可使用或者可销售状态，企业只能在所购建或者生产的资产整体完工时，才能认为资产已经达到了预定可使用或者可销售状态，借款费用才可停止资本化。

例如，A公司利用借入资金建造有若干幢厂房组成的生产车间，每幢房完工时间不同，但每幢厂房在其他厂房继续建造期间均可单独使用。在这种情况下，当其中的一幢厂房完工并达到预定可使用状态时，公司应当停止与该幢厂房相关的借款费用的资本化。

又如，B公司借入一笔款项，于2018年2月1日采用出包方式开工兴建一幢办公楼。2019年10月10日工程全部完工，达到合同要求。10月30日工程验收合格，11月15日办理竣工结算，11月20日完成全部资产移交手续，12月1日办公楼正式投入使用。在这种情况下，B公司应当将2018年10月10日确定为工程达到预定可使用状态的时点，作为借款费用停止资本化的时点。后续的工程验收日、竣工结算日、资产移交日和投入使用日均不应作为借款费用停止资本化的时点，否则会导致资产价值和利润的高估。

三、借款费用的计量

借款费用包括借款利息、折价或溢价的摊销、辅助费用以及因外币借款而发生的汇兑差额等，这些费用的计量要遵循不同的原则，下面分别论述。

（一）借款利息资本化金额的确定

根据CAS17的要求，在借款费用资本化期间内，每一会计期间的利息（包括折价或溢价的摊销，下同）资本化金额，应当按照下列原则确定：

（1）为构建或者生产符合资本化条件的资产而借入专门借款的，应当以专门借款当期实际发生的利息费用，减去将尚未动用的借款资金存入银行取得的利息收入或进行暂时性投资取得的投资收益的金额确定。

（2）为购建或者生产符合资本化条件的资产而占用了一般借款的，企业应当根据累计资产支出超过专门借款部分的资产支出加权平均数乘以所占用一般借款的资本，计算确定一般借款应予以资本化的利息金额。资本化率应当根据一般借款加权平均利率计算确定。即企业占用一般借款购建或者生产符合资本化条件的资产时，一般借款的借款费用的资本额的确定应当与资产支出相挂钩。有关计算公式如下：

一般借款利息费用资本化金额 = 累计资产支出超过专门借款部分的资产支出加权平均数 × 所占用一般借款的资本化率

所占用的一般借款的资本化率 = 所占用一般借款加权平均利率 = 所占用一般借款当期实际发生的利息之和 ÷ 所占用一般借款本金加权平均数

所占用一般借款本金加权平均数 = ∑（所占用每一笔一般借款本金 × 每笔一般借款在当其占用的天数 ÷ 当期天数）

（3）借款存在折价或者溢价的，应当按照实际利率法确定每一会计期间应摊销的折价或溢价金额，调整每期利息金额。每一会计期间的利息资本化金额，不应当超过当期相关借款实际发生的利息金额。

【例11-29】AB公司于2017年1月1日正式动工兴建一幢厂房，工期预计为1年零6个月，工程采用出包方式，分别于2017年1月1日，2017年7月1日，2018年1月1日，支付工程进度款。公司为建造厂房于2017年1月1日专门贷款2 000万元，借款期限为3年，年利率为8%。另外，在2017年7月1日又专门借款4 000万元，借款期限为5年，年利率为10%。借款利息按年支付。闲置借款资金均用于固定收益债券短期投资，该短期投资月收益率为0.5%。厂房于2018年6月30日完工，达到预定可使用状态。公司为建造该厂房的支出金额见表11-3。

表 11-3 资金支出时间及金额表   金额单位：元

日　　期	每期资产支出金额	资产支出累计金额	闲置借款资金用于短期投资金额
2017 年 1 月 1 日	1 500	1 500	500
2017 年 7 月 1 日	2 500	4 000	2 000
2018 年 1 月 1 日	1 500	5 500	500
总　　计	5 500	—	3 000

由于 AB 公司使用了专门借款建造厂房，而且厂房建造支出没有超过专门借款金额，因此公司 2017 年、2018 年为建造厂房应予资本化的利息金额计算如下：

（1）确定借款费用资本化期间为 2017 年 1 月 1 日至 2018 年 6 月 30 日。

（2）计算在资本化期间内专门借款实际发生的利息金额。

2017 年专门借款发生的利息金额 = 2 000 × 8% + 4 000 × 10% × 6 ÷ 12 = 360（万元）

2018 年 1 月 1 日至 6 月 30 日专门借款发生的利息金额 = 2 000 × 8% × 6/12 + 4 000 × 10% × 6/12 = 280（万元）

（3）计算在资本化期间内利用闲置的专门借款资金进行短期投资的收益。

2017 年短期投资收益 = 500 × 0.5% × 6 + 2 000 × 0.5% × 6 = 75（万元）

2018 年 1 月 1 日至 6 月 30 日短期投资收益 = 500 × 0.5% × 6 = 15（万元）

（4）由于在资本化期间内，专门借款利息费用的资本化金额应当以其实际发生的利息费用减去将闲置的借款资金进行短期投资取得的投资收益后的金额确定，因此：

公司 2017 年的利息资本化金额 = 360 - 75 = 285（万元）

公司 2018 年的利息资本化金额 = 280 - 15 = 265（万元）

有关账务处理如下：

2017 年 12 月 31 日：

借：在建工程　　　　　　　　　　　　　　　2 850 000
　　应收利息（或银行存款）　　　　　　　　　750 000
　　贷：应付利息　　　　　　　　　　　　　　　　　3 600 000

2018 年 6 月 30 日：

借：在建工程　　　　　　　　　　　　　　　2 650 000
　　应收利息（或银行存款）　　　　　　　　　150 000
　　贷：应付利息　　　　　　　　　　　　　　　　　2 800 000

【例 11-30】　沿用例 11-25 的资料，假定 AB 公司建造厂房没有专门借款，占用的都是一般借款。AB 公司为建造厂房占用的一般借款有两笔：（1）向 A 银行长期贷款 2000 万元，期限为 2016 年 12 月 1 日至 2019 年 12 月 1 日，年利率为 6%，按年支付利息；（2）发行公司债券 1 亿元，于 2016 年 1 月 1 日发行，期限为 5 年，年利率为 8%，按年支付利息。

假定这两笔一般借款除了用于厂房建造外，没有用于其他符合资本化条件的资产的购建或者生产活动。假定全年按 360 天计算，其他资料同例 11-29。

鉴于 AB 公司建造厂房没有占用专门借款，而占用了一般借款，因此，公司应当首先计算所占用一般借款的加权平均利率作为资本化率，然后计算建造厂房的累计资产支出加权平均数，将其与资本化率相乘，计算求得当期应当资本化的借款利息金额。具体如下：

（1）计算所占用一般借款资本化率。

一般借款资本化率（年）＝（2 000×6%＋10 000×8%）÷（2 000＋10 000）＝7.67%

（2）计算累计资产支出加权平均数。

2017年累计资产支出加权平均数＝1 500×360/360＋2 500×180÷360＝2 750（万元）

2018年累计资产支出加权平均数＝（4 000＋1500）×180÷360＝2 750（万元）

（3）计算每期利息资本化金额。

2017年为建造厂房的利息资本化金额＝2 750×7.67%＝210.93（万元）

2017年实际发生的一般借款利息费用＝2 000×6%＋10 000×8%＝920（万元）

2018年为建造厂房的利息资本化金额＝2 750×7.67%＝210.93（万元）

2018年为建造厂房的利息资本化金额＝2 750×7.67%＝210.93（万元）

2018年1月1日至6月30日实际发生的一般借款利息费用＝2 000×6%×180÷360＋
10 000×8%×180÷360
＝460（万元）

上述计算的利息资本化金额没有超过这两笔一般借款实际发生的利息费用，可以资本化。根据上述计算结果，相关账务处理如下：

2017年12月31日：

借：在建工程　　　　　　　　　　　　2 109 300
　　财务费用　　　　　　　　　　　　7 090 700
　　　贷：应付利息　　　　　　　　　　　　　　　9 200 000

2018年6月30日：

借：在建工程　　　　　　　　　　　　2 109 300
　　财务费用　　　　　　　　　　　　2 490 700
　　　贷：应付利息　　　　　　　　　　　　　　　4 600 000

【例11-31】 沿用例11-25、例11-26的资料。假定AB公司为建造厂房于2017年1月1日专门借款2 000万元，借款期限为3年，年利率为8%。除此之外，没有其他专门借款。在厂房建造过程中所占用的一般借款仍为两笔，一般借款有关资料同例11-30。其他相关资料与同例11-29和例11-30相同。在这种情况下，公司应当首先计算专门借款利息的资本化金额，然后计算所占用一般借款利息的资本化金额。

（1）计算专门借款利息资本化金额。

2017年专门借款利息资本化金额＝2000×8%－500×0.5%×6＝145（万元）

2018年专门借款利息资本化金额＝2000×8%×180÷360＝80（万元）

（2）计算一般借款资本化金额。

在建造厂房过程中，自2017年7月1日起已经有2 000万元占用了一般借款，另外，2018年1月1日支出的1 500万元也占用了一般借款，计算这两笔资产支出的加权平均数如下：

2017年占用了一般借款的资产支出加权平均数＝2 000×180÷360＝1000（万元）

由于一般借款利息资本化率与例11-30相同，即为7.67%。所以：

2017年应予资本化的一般借款利息金额＝1 000×7.67%＝76.7（万元）

2018年占用了一般借款的资产支出加权平均数＝（2 000＋1 500）×180÷360＝1750（万元），则2018年应予资本化的一般借款利息金额＝1 750×7.67%＝134.23（万元）

根据上述计算结果，公司建造厂房应予资本化的利息金额如下：

2017年利息资本化金额=145+76.7=221.7（万元）
2018年利息资本化金额=80+134.23=214.23（万元）
（3）有关账务处理如下：
2017年12月31日：
借：在建工程   2 217 000
    贷：应付利息   2 217 000
2018年6月30日：
借：在建工程   2 142 300
    贷：应付利息   2 142 300

上述处理中，每期实际发生的利息金额超过资本化金额的部分应当计当期损益，借记"财务费用"科目，贷记"应付利息"科目。

（二）借款辅助费用资本化金额的确定

辅助费用是企业为了安排借款而发生的必要费用，包括借款手续费（如发行债券手续费）、佣金等。如果企业不发生这些费用，就无法取得借款，因此辅助费用是企业借入款项所付出的一种代价，是借款费用的有机组成部分。

对于企业发生的专门借款辅助费用，在所购建或者生产的符合资本化条件的资产达到预定可使用或者可销售状态之前发生的，应当在发生时根据其发生额予以资本化；在所购建或者生产的符合资本化条件的资产达到预定可使用或者可销售状态之后发生的，应当在发生时根据其发生额确认为费用，计入当期损益。上述资本化或计入当期损益的辅助费用的发生额，是根据《CAS22 金融工具确认和计量》，按照实际利率法所确定的金融负债交易费用对每期利息费用的调整额。借款实际利率与合同利率差异较小的，也可以采用合同利率计算确定利息费用。一般借款发生的辅助费用，也应当按照上述原则确定其发生额并进行处理。

考虑到借款辅助费用与金融负债交易费用是一致的，其会计处理也应当保持一致。根据《CAS22 金融工具确认和计量》的规定，除以公允价值计量且其变动计入当期损益的金融负债之外，其他金融负债相关的交易费用应当计入金融负债的初始确认金额。为购建或者生产符合资本化条件的资产的专门借款或者一般借款，通常都属于除以公允价值计量且其变动计入当期损益的金融负债之外的其他金融负债。因此对于这些金融负债所发生的辅助费用需要计入借款的初始确认金额，即抵减相关借款的初始金额，从而影响以后各期实际利息的计算。换句话说，由于辅助费用的发生将导致相关借款实际利率的上升，从而需要对各期利息费用作相应调整，在确定借款辅助费用资本化金额时可以结合借款利息资本化金额一起计算。

（三）外币专门借款汇兑差额资本化金额的确定

在资本化期间内，外币专门借款本金及利息的汇兑差额，应当予以资本化，计入符合资本化条件的资产的成本。

当企业为购建固定资产所借入的专门借款是外币借款时，由于企业取得外币借款日、使用外币借款日和会计结算日往往并不一致，而外汇汇率又在随时发生变化，因此，外币借款会产生汇兑差额。相应地，在借款费用允许资本化的期间内，为购建固定资产而专门借入的外币借款所产生的汇兑差额，是购建固定资产的一项代价，应当予以资本化，计入固定资产成本。出于简化核算的考虑，我国规定，在应予资本化的每一会计期间，外币专门借款汇兑差额的资本化金额为当期外币专门借款本金及利息所发生的汇兑差额。也就是说，在符合资产化条件的情况下，每期外币专门借款汇兑差额的资本化金额就是每期外币专门借款（包括利息）汇兑差额的实际发生额，而不要求其与资产支出相挂钩。至于除外币专门借款之外的其他外币借款本金及其利息所产生的汇兑差额应当作为财务费用，全部计入当期损益。

【例11-32】 盛世公司于2017年1月1日，为建造某工程项目专门以面值发行美元公司债券1 000万元，年利率为8%，期限为3年。合同约定，每年1月1日支付上年利息，到期还本。假定不考虑与发行债券有关的辅助费用、未支出专门借款的利息收入或投资收益。

工程于2017年1月1日开始实体建造，2018年6月30日完工，达到预定可使用状态，期间发生的支出如下：2017年1月1日，支出200万美元；2017年7月1日，支出500万美元；2018年1月1日，支出300万美元。

公司的记账本位币为人民币，外币业务采用外币业务发生时当日的市场汇率核算。相关汇率如下：2017年1月1日，市场汇率为1美元=7.70元人民币；2017年12月31日，市场汇率为1美元=7.75元人民币；2018年1月1日，市场汇率为1美元=7.77元人民币。2018年6月30日，市场汇率为1美元=7.80元人民币。

公司计算外币借款汇兑差额资本化金额及相关财务处理如下：

(1) 计算2017年汇兑差额资本化金额。

债券应计利息=1 000×8%×7.75=80×7.75=620（万元）

借：在建工程　　　　　　　　　　6 200 000
　　贷：应付利息　　　　　　　　　　　　　　6 200 000

外币债券本金及利息汇兑差额=1 000×（7.75-7.70）+80×（7.75-7.75）
　　　　　　　　　　　　　=50（万元）

借：在建工程　　　　　　　　　　　500 000
　　贷：应付债券　　　　　　　　　　　　　　　500 000

(2) 2018年1月1日实际支付利息时，应当支付80万美元，折算成人民币为621.60万元。该金额与原账面金额之间的差额1.60万元应当继续予以资本化，计入在建工程成本。

借：在建工程　　　　　　　　　　　　16 000
　　应付利息　　　　　　　　　　　6 200 000
　　贷：银行存款　　　　　　　　　　　　　　6 216 000

(3) 计算2018年6月30日时的汇兑差额资本化金额。

债券应计利息=1 000×8%×1÷2 07.80=40×7.80=312（万元）

借：在建工程　　　　　　　　　　3 120 000
　　贷：应付利息　　　　　　　　　　　　　　3 120 000

外币债券本金及利息汇兑差额=1 000×（7.80-7.75）+40×（7.80-7.80）=50（万元）

借：在建工程　　　　　　　　　　　500 000
　　贷：应付债券　　　　　　　　　　　　　　　500 000

四、借款费用的披露

企业应当在附注中披露与借款费用有关的下列信息：

（1）当期资本化的借款费用金额。
（2）当期用于计算确定借款费用资本化金额的资本化率。

◆◆ 本章小结 ◆◆

本章主要对流动负债、非流动负债及借款费用的定义及特点、确认与计量等问题进行了讲述；特别是对于应付职工薪酬的确认与计量、应付债券和可转换债券的会计处理、借款费用资本化金额的账务处理等作了重点介绍，这也是本章的重难点。

◆◆ 重点概念 ◆◆

负债、流动负债与非流动负债、可转换债券、权益成分与负债成分、借款费用、资产支出加权平均数。

◆◆ 思考题 ◆◆

1. 可转换公司债券与一般债券有何区别？它们各有什么优缺点？
2. 借款费用资本化期间如何确定？如何判断借款费用开始资本化的时点？符合资本化条件的资产的购建或生产发生的正常中断和非正常中断如何区分？如何判断借款费用停止资本化的时点？
3. 借款费用资本化金额如何计算确定？如何进行账务处理？

第十二章

债务重组

> 内容提要：▲债务重组方式　▲债务重组的主要会计处理
> 学习目的及要求：通过本章学习，掌握债务重组的定义；了解债务重组的方式和债务重组日的确定；熟悉债务重组会计处理的一般原则；掌握各种方式下债务重组的会计处理。

在市场经济竞争激烈的情况下，一些企业可能因种种原因出现暂时的资金紧缺，难以按期偿还债务。在这种情况下，虽然按我国法律规定，债权人有权在债务人不能偿还到期债务时向法院申请债务人破产，但在债务人主管部门申请整顿且经债务人与债权人会议达成了和解协议时，破产程序应予中止。此外，即使债务人进入破产程序，也可能因为相关的过程持续过长，费时费力，结果还可能难以保证债权人的债权能如数收回。于是，就出现了债务重组这一解决债务纠纷的方法。广义来讲，债务重组可分为持续经营条件下的债务重组和非持续经营条件下的债务重组。持续经营条件下的债务重组是指债务重组双方在可预见的将来仍然会继续经营下去的情况下所进行的债务重组。非持续经营条件下的债务重组，则是指债务人处于破产清算或企业改组等状态时与债权人之间进行的债务重组。本章主要介绍的是持续经营条件下债权人做出了让步的债务重组问题。

为了规范债务重组的确认、计量和相关信息的披露，许多国家或地区及 IASB 都发布了与债务重组相关的会计准则。IASB 虽然没有直接发布债务重组准则，但在《IAS39 金融工具：确认和计量》（*IAS39 Financial Instruments：Recognition and Measurement*）中规定了债务重组的确认、计量和相关信息披露的问题。美国财务会计准则委员会（FASB）的前身会计原则委员会（APB）于 1972 年发布的 APB 意见书第 26 号（APB26）"债务的提前清偿"，成为最早规范企业债务重组的一项准则。1977 年 6 月 FASB 发布了《FAS15 债权人和债务人对复杂债务重组的会计处理》（*FAS15 Accounting by Debtors and Creditors for Troubled Debt Restructurings*），并要求从 1977 年 12 月 31 日开始实施。此外，FASB 在 1993 年 5 月发布的 FAS114 "债权人对贷款减值的会计处理"，也涉及许多债务重组的会计问题。随后，FASB 在 1994 年 10 月发布了 FAS118 "债权人对贷款减值的会计处理——收入确认和披露"，并于 1994 年 12 月 15 日开始生效。我国于 1998 年发布了《企业会计准则——债务重组》。该准则实施以后，对于规范企业债务重组交易起到了重要作用，但是，在执行过程中也发生了一些问题。例如，该准则较多地应用了公允价值，并允许债务人将重组债务账面价值与转让的非现金资产的公允价值之间的差额确认为债务重组收益,并在利润中反映,但是当时我国的生产资料市场、产权市场尚在建立之中,相关的公允价值难以真正体现"公允",从而有可能影响因债务重组而产生的利润的真实性和可靠性。因此,2001年财政部对该准则进行了修订,修订后的准则拓展了债务重组的概念,将债务重组的范围扩展到债务人未作出让步的重组。2006年财政部再次对该准则进行修订,发布了《CAS12 债务重组》(简称 CAS12)。CAS12 恢复了对公允价值的广泛使用,同时允许确认债务重组收益。2019年,财政部对CAS12 进行修订。本章主要根据修订后的 CAS12 的相关规定,论述了债务重组的确认、计量和相关信息的披露问题。

▶ 第一节　债务重组的定义和方式

一、债务重组的定义和方式

债务重组是指在不改变交易对手方的情况下,债权人和债务人通过以下方式就债务条款重新达成协议的交易:

(1) 以存货、长期股权投资、投资性房地产、固定资产、生物资产、无形资产等非现金资产清偿债务;

(2) 将债务转为权益工具;

(3) 除上述(1)和(2)两种方式外修改其他债务条件,如调整债务本金、改变债务利息、变更还款期限等;

(4) 以上三种方式的组合等。

二、债务重组日

债务重组可能发生在债务到期前、到期日或到期后。债务重组日即为债务重组完成日,即债务人履行协议或法院裁定,将相关资产转让给债权人、将债务转为资本或修改后的偿债条件开始执行的日期。例如,甲公司欠乙企业货款1 000万元,到期日为2018年8月1日。因甲企业发生财务困难,经协商,乙企业同意甲企业以价值900万元的商品抵偿债务。甲企业于2018年8月20日将商品运抵乙企业并办理有关债务解除手续。在此项债务重组交易中,2018年8月20日即为债务重组日。又例如,如果上述甲企业是分批将商品运往乙企业,最后一批运抵的日期为2018年8月30日,且在这一天办理有关债务解除手续,则债务重组日应为2018年8月30日。假如上述乙企业同意甲企业以一项工程总造价为900万元的在建工程抵偿债务,但要求甲企业继续按计划完成在建工程,则债务重组日应为该项工程完工并交付使用,且办理有关债务清偿手续的当日。如果乙企业同意甲企业将所欠债务转为资本,甲企业于2018年8月25日办妥增资批准手续并向乙企业出具出资证明,则2018年8月25日即为债务重组日。

第二节 债务重组的会计处理

一、债务重组会计处理的计量基础

重组债务和重组债权的确认和计量,适用《CAS22 金融工具确认和计量》和《CAS23 金融资产转移》。

CAS12 明确规定,在债务重组中涉及的用于偿债的非现金资产均应以公允价值为计量基础。对债务人而言,用于偿债的非现金资产应以公允价值为转出价值,公允价值与账面价值之间的差额,应作为处置资产产生的收益;对于债权人而言,所收到的用于抵偿债务的非现金资产,也应以其公允价值为入账价值。在其他的债务重组方式中,也会涉及公允价值计量的问题。

2014 年 1 月颁布并于 2014 年 7 月在上市公司开始实施的《CAS39 公允价值》(简称CAS39),对公允价值的定义和确定方法给出了严格的限定。公允价值是指市场参与者在计量日的有序交易中销售资产或转移负债所收取或支付的价格。这个定义充分说明,公允价值是对资产或负债在市场参与者之间交易价格的估计,不同于完全有效市场条件下的均衡(出清)价格,也不完全等同于实际市场的交易价格。即便市场存在缺陷或交易不存在,公允价值仍是对资产或负债在市场参与者之间交易价格的估计。因此,公允价值取决于资产或负债本身的特征,而与企业这个报告主体的特征无关。这对债务重组会计的计量产生了较为重要的影响。

债务重组是基于债务人和债权人二者之间的交易事项而产生的债权债务问题。虽然债务人和债权人在一般经济活动中都是积极的市场参与者,但局限于债务重组本身而言,债务人和债权人之间的事项并非是市场中的有序交易。因此,债务重组不存在一个活跃的市场价格作为公允价值确定的依据。严格意义上来说,债务重组中的计量更多的是局限于债务人或债权人本身对资产或负债的判断。在此基础上,债务重组中应遵循 CAS39,综合运用估值技术来确定公允价值。

二、债务重组会计处理的一般原则

企业进行债务重组,在债务重组日进行会计处理时,应遵循的一般原则是:
(1)债务重组中,债务人要确认债务重组利得,而债权人要确认债务重组损失。
(2)债务人以低于应付债务的现金资产偿还债务,支付的现金低于应付债务账面价值的差额,计入债务重组利得直接计入当期损益。债权人受让的现金资产低于应收债权账面价值的差额,作为债务重组损失直接计入当期损益。
(3)债务人以非现金资产抵偿债务时,用以抵偿债务的非现金资产的公允价值与应付债务账面价值的差额,作为债务重组利得直接计入当期损益。债权人接受的非现金资产,一般应按非现金资产的公允价值作为入账价值。债务人在转让非现金资产的过程中发生的一些税费,如资产评估费、运杂费等,直接计入转让资产损益。债权人收到非现金资产时发生的运杂费等,一般计入相关资产的入账价值。

(4) 以债务转为资本的，债务人应将债权人因放弃债权而享有股份的面值总额确认为股本；股份的公允价值总额与股本之间的差额确认为资本公积。重组债务的账面价值与股份的公允价值总额之间的差额确认为债务重组利得，计入当期损益。债务人为其他企业时，债务人应将债权人因放弃债权而享有的股权份额确认为实收资本；股权的公允价值与实收资本之间的差额确认为资本公积。重组债务的账面价值与股权的公允价值之间的差额作为债务重组利得，计入当期损益。

债务人将债务转为资本，即债权人将债权转为股权。在这种方式下，债权人应将重组债权的账面余额与因放弃债权而享有的股权的公允价值之间的差额，先冲减已提取的减值准备，减值准备不足冲减的部分，或未提取减值准备的，将该差额确认为债务重组损失。同时，债权人应将因放弃债权而享有的股权按公允价值计量。发生的相关税费，分别按照长期股权投资或者金融工具确认和计量的规定进行处理。

(5) 以修改其他债务条件进行债务重组的，如果不附或有条件，债务人应将修改其他债务条件后债务的公允价值作为重组后债务的入账价值。重组债务的账面价值与重组后债务的入账价值之间的差额计入损益。债权人应当将修改其他债务条件后的债权的公允价值作为重组后债权的账面价值，重组债权的账面余额与重组后债权的账面价值之间的重组后债权的账面价值，重组债权的账面余额与重组后债权账面价值之间的差额确认为债务重组损失计入当期损益。如果债权人已对该项债权计提了减值准备，应当首先冲减已计提的减值准备。

如果债务人重组应付债务的账面价值等于或小于新债务的公允价值，或者债权人重组应收债权的账面余额等于或小于新债权的公允价值，不属于债务重组，债务人或债权人均不作账务处理。

三、债务重组的会计处理

(一) 以现金清偿债务

以现金清偿债务的，债务人应当在满足金融负债终止确认条件时，终止确认重组债务，并将重组债务的账面价值与实际支付现金之间的差额，计入当期损益。

以现金清偿债务的，债权人应当将重组债权的账面余额与收到的现金之间的差额，计入当期损益（营业外支出）。债权人已对债权计提减值准备的，应当先将该差额冲减减值准备，冲减后尚有余额的，计入当期营业外支出（债务重组损失）；冲减后减值准备仍有余额的，应予转回并抵减当期资产减值损失。

【例12-1】 甲企业于2018年1月20日销售一批材料给乙企业，不含税价格为20万元，增值税税率为17%，按合同规定，乙企业应于2018年4月1日前偿付货款。由于乙企业发生财务困难，无法按合同规定的期限偿还债务，经双方协商于7月1日进行债务重组。重组协议规定，甲企业同意减免乙企业3万元债务，余额立即用现金付清。甲企业已于7月10日收到乙企业通过转账偿还的剩余款项。甲企业已对该项应收债权计提了2万元的坏账准备。

(1) 甲企业的会计处理。

第一，计算债务重组损失。

应收账款账面余额　　　　　　　　　　　　　　　　　234 000

减：收到的现金		204 000
差额	30 000	
减：已计提坏账准备	20 000	
债务重组损失	10 000	

第二，会计分录。

借：库存现金	204 000	
营业外支出——债务重组损失	10 000	
坏账准备	20 000	
贷：应收账款		234 000

（2）乙企业的会计处理。

第一，计算债务重组利得。

应付账款账面余额	234 000	
减：支付的现金	204 000	
债务重组利得	30 000	

第二，会计分录。

借：应付账款	234 000	
贷：库存现金		204 000
营业外收入——债务重组利得		30 000

（二）以非现金资产清偿债务

债务人以非现金资产清偿债务的，应当在符合金融负债终止确认条件时，终止确认重组债务，并将重组债务的账面价值与转让的非现金资产的公允价值之间的差额，计入当期损益（营业外收入）。转让的非现金资产的公允价值与其账面价值之间的差额为转让资产损益，计入当期损益。

债务人在转让非现金资产的过程中发生的一些税费，如资产评估费、运杂费等，直接计入转让资产损益。对于增值税应税项目，如债权人不向债务人另行支付增值税，则债务重组利得应转为非现金资产的公允价值和该非现金资产的增值税销项税额与重组账面价值的差额；如债权人向债务人另行支付增值税，则债务重组利得应为转让非现金资产的公允价值与重组债务账面价值的差额。

债务人以非现金资产清偿债务，债权人应当对受让的非现金资产按其公允价值入账，重组债权的账面余额与受让的非现金资产的公允价值之间的差额，确认为债务重组损失，计入当期损益（营业外支出）。其中，相关重组债权应当在满足金融资产终止确认条件时予以终止确认。债权人已对债权计提减值准备的，应当先将该差额冲减减值准备，冲减后尚有余额的，计入当期营业外支出；冲减后减值准备仍有余额的，应予转回并抵减当期资产减值损失。

对于增值税应税项目，如债权人不向债务人另行支付增值税，则增值税进项税额可以作为冲减重组债权的账面余额处理；如债权人向债务人另行支付增值税，则增值税进项税额不能作为冲减重组债权的账面余额处理。

债权人收到非现金资产时，应按受让的非现金资产的公允价值计量。债权人发生的运杂费、保险费等，也应计入相关资产的价值。

1. 以库存材料、商品产品抵偿债务

债务人以库存材料、商品产品抵偿债务，应视同销售进行核算。企业可将该项业务分为两部分：一是将库存材料、商品产品出售给债权人，取得货款。出售库存材料、商品产品业务与企业正常的销售业务处理相同，其发生的损益计入当期损益；二是以取得的货币清偿债务。但在这项业务中并没有实际的货币流入与流出。

【例12-2】 甲企业欠乙企业购货款70万元。由于甲企业发生财务困难，短期内不能支付已于2018年5月1日到期的货款。经协商，甲企业以其生产的产品偿还债务，该产品的销售价格55万元，实际成本44万元。甲、乙企业均为增值税一般纳税人，增值税税率为17%。乙企业接受甲企业以产品偿还债务时，将该产品作为产成品入库，并不再单独支付给甲企业增值税额；乙企业未对该项应收账款计提坏账准备。

根据上述资料，甲、乙企业应作如下会计处理：

（1）甲企业的会计处理。

应计入债务重组利得的金额 = 700 000 - 550 000 - 550 000 × 17% = 56 500（元）

借：应付账款——乙企业　　　　　　　　　　　　　700 000
　　贷：主营业务收入　　　　　　　　　　　　　　　　　550 000
　　　　应交税费——应交增值税（销项税额）　　　　　　93 500
　　　　营业外收入——债务重组利得　　　　　　　　　　56 500

借：主营业务成本　　　　　　　　　　　　　　　　440 000
　　贷：库存商品　　　　　　　　　　　　　　　　　　　440 000

（2）乙企业的会计处理。

借：库存商品　　　　　　　　　　　　　　　　　　550 000
　　应交税费——应交增值税（进项税额）　　　　　　93 500
　　营业外支出——债务重组损失　　　　　　　　　　56 500
　　贷：应收账款——甲企业　　　　　　　　　　　　　　700 000

2. 以固定资产抵偿债务

债务人以固定资产抵偿债务，应将固定资产的公允价值与该项固定资产账面价值和清理费用的差额作为转让固定资产的损益处理。将固定资产的公允价值与重组债务的账面价值的差额，作为债务重组利得。债权人收到的固定资产按公允价值计量。

【例12-3】 甲企业于2018年1月1日销售给乙企业一批材料，价值40万元（包括应收取的增值税税额），按购销合同约定，乙企业应于2018年10月31日前支付货款，但至2019年1月1日乙企业尚未支付货款。由于乙企业发生财务困难，短期内不能支付货款。2019年2月3日，经协商，甲企业同意乙企业以一台设备偿还债务，该项设备的账面原价为35万元，已提折旧5万元，设备的公允价值为36万元（假设企业转让该项设备不需要交纳增值税）。甲企业对该项应收账款计提坏账准备2万元。该设备已于2019年3月10日运抵甲企业。假定不考虑与该项债务重组相关的税费。

根据上述资料，甲、乙企业应在债务重组日作如下会计处理：

（1）乙企业的会计处理。

第一，计算固定资产清理损益。

固定资产公允价值　　　　　　　　　　　　　　　　360 000

减：固定资产净值	300 000	
处理固定资产净收益	60 000	

第二，计算债务重组利得。

应付账款的账面余额	400 000	
减：固定资产公允价值	360 000	
债务重组利得	40 000	

第三，会计分录。

首先，将固定资产净值转入固定资产清理。

借：固定资产清理	300 000	
累计折旧	50 000	
贷：固定资产		350 000

其次，结转债务重组利得。

借：应付账款	400 000	
贷：固定资产清理		360 000
营业外收入——债务重组利得		40 000

最后，结转转让固定资产的利得。

借：固定资产清理	60 000	
贷：资产处置损益		60 000

(2) 甲企业的会计处理。

第一，计算债务重组损失。

应收账款账面余额	400 000	
减：受让资产的公允价值	360 000	
差额	40 000	
减：坏账准备	20 000	
债务重组损失	20 000	

第二，会计分录。

借：固定资产	360 000	
坏账准备	20 000	
营业外支出——债务重组损失	20 000	
贷：应收账款		400 000

3. 以股票、债券等金融资产抵偿债务

债务人以股票、债券等金融资产抵偿债务，应按相关金融资产的公允价值与其账面价值的差额，作为转让金融资产的利得或损失处理；相关金融资产的公允价值与重组债务的账面价值的差额，作为债务重组利得。债权人收到的相关金融资产按公允价值计量。

【例12-4】 甲公司于2018年7月1日销售给乙公司一批产品，价值45万元（包括应收取的增值税税额），乙公司于当日开出六个月承兑的商业汇票。乙公司于2018年12月31日尚未支付货款。由于乙公司发生财务困难，短期内不能支付货款。经与甲公司协商，甲公司同意乙公司以其所拥有并作为以公允价值计量且其变动计入当期损益的某公司股票抵偿债务。该股票的账面价值为40万元（为取得时的成本），公允价值38万元，乙公司将该

股票作为可供出售的金融资产。假定甲公司为该项应收账款提取了坏账准备4万元。用于抵债的股票已于2019年1月22日办理了相关的转让手续;甲公司将取得的某公司股票作为以公允价值计量且其变动计入当期损益的金融资产。甲公司已将该项应收票据转入应收账款;乙公司已将应付票据转入应付账款。

(1) 乙公司的账务处理。

第一,计算债务重组利得。

应付账款的账面余额	450 000
减:股票的公允价值	380 000
债务重组利得	70 000

第二,计算转让股票收益。

股票的公允价值	380 000
减:股票的账面价值	400 000
转让股票损益	−20 000

第三,会计分录。

借:应付账款	450 000	
投资收益	20 000	
贷:交易性金融资产		400 000
营业外收入——债务重组利得		70 000

(2) 甲公司的账务处理。

第一,计算债务重组损失。

应收账款的账面余额	450 000
减:受让资产的公允价值	380 000
差额	70 000
减:坏账准备	40 000
债务重组损失	30 000

第二,会计分录。

借:交易性金融资产	380 000	
营业外支出——债务重组损失	30 000	
坏账准备	40 000	
贷:应收账款		450 000

四、将债务转为资本

将债务转为资本,应分别根据以下情况处理:

(1) 债务人为股份有限公司时,债务人应当在满足金融负债终止确认条件时,终止确认重组债务,并将债权人因放弃债权而享有股份的面值总额作为股本;股份的公允价值总额与股本之间的差额作为资本公积。重组债务的账面价值与股份的公允价值总额之间的差额作为债务重组利得,计入当期损益(营业外收入)。

(2) 债务人为其他企业时,债务人应当在满足金融负债终止确认条件时,终止确认重组债务,并将债权人因放弃债权而享有的股权份额确认为实收资本;股权的公允价值与实收资本之间的差额作为资本公积。重组债务的账面价值与股份的公允价值总额之间的差额作为债务重组利得，计入当期损益（营业外收入）。

（3）债权人在债务重组日，应当将享有股权的公允价值确认为对债务人的投资，重组债权的账面余额与因放弃债权而享有的股权的公允价值之间的差额，先冲减已提取的减值准备，减值准备不足冲减的部分，或未提取减值准备的，将该差额确认为债务重组损失。以债务转为资本的，债权人应将因放弃债权而享有的股权按公允价值计量。发生的相关税费，分别按照长期股权投资或金融工具确认计量的规定进行处理。

【例12-5】 2018年8月1日，甲企业应收乙企业账款的账面余额为6万元，由于乙企业发生财务困难，无法偿付该应付账款，经双方协商同意，乙企业以其普通股偿还债务，假设普通股每股面值1元，乙企业以20 000股抵偿该项债务（不考虑相关税费），股票每股市价2.5元。甲企业对该项应收账款提取了坏账准备0.2万元。股票登记手续已于2018年9月10日办理完毕，假设甲企业将其作为长期股权投资核算。

根据上述资料，甲、乙企业应作如下会计处理：

(1) 乙企业的会计处理。

第一，计算应计入资本公积的金额。

股票的公允价值	50 000
股票的面值总额	20 000
减：应计入资本公积	30 000

第二，计算债务重组利得。

债务账面价值	60 000
减：股票的公允价值	50 000
债务重组利得	10 000

第三，会计分录。

借：应付账款	60 000	
贷：股本		20 000
资本公积——股本溢价		30 000
营业外收入——债务重组利得		10 000

(2) 甲企业的会计处理。

第一，计算债务重组损失。

应收账款账面余额	60 000
减：所转股权的公允价值	50 000
差额	10 000
减：已计提坏账准备	2 000
债务重组损失	8 000

第二，会计分录。

借：长期股权投资	50 000	
营业外支出——债务重组损失	8 000	
坏账准备	2 000	
贷：应收账款		60 000

五、修改其他债务条件

以修改其他债务条件进行债务重组的,应分别根据以下情况处理。

(一) 不附或有条件的债务重组

不附或有条件的债务重组,债务人应将修改其他债务条件后债务的公允价值作为重组后债务的入账价值。重组债务的账面价值与重组后债务的入账价值之间的差额计入当期损益。

以修改其他债务条件进行债务重组,如修改后的债务条款不涉及或有应收金额,则债权人在重组日,应当将修改其他债务条件后的债权公允价值作为重组后债权的账面价值,重组债权的账面余额与重组后债权账面价值之间的差额确认为债务重组损失,计入当期损益。如果债权人已对该项债权计提了坏账准备,应当首先冲减已计提的坏账准备。

或有应收金额是指需要根据未来某种事项出现而发生的应收金额,而且该未来事项的出现具有不确定性。

【例12-6】 A企业2016年12月31日应收B企业票据的账面余额为6.54万元,其中,0.54万元为累计未付的利息,票面年利率4%。由于B企业连年亏损,资金周转困难,不能偿付应于2016年12月31日前支付的应付账款。经双方协商,于2017年1月1日进行债务重组。A企业同意将债务本金减至5万元;免去债务人所欠的全部利息;将年利率从4%降低至2%(等于实际利率),并将债务到期日延至2018年12月31日,利息按年支付。该项债务重组协议从协议签订日起开始实施。A、B企业已将应收、应付票据转入应收、应付账款,A企业已对该项应收账款计提了0.5万元的坏账准备。

根据上述资料,A、B企业的会计处理如下:

(1) B企业的会计处理。

第一,计算债务重组利得。

应付账款的账面余额	65 400
减:重组后债务的公允价值	50 000
债务重组利得	15 400

第二,会计分录。

2017年1月1日债务重组时:

借:应付账款 65 400
　　贷:应付账款——债务重组 50 000
　　　　营业外收入——债务重组利得 15 400

2017年12月31日支付利息时:

借:财务费用 1 000
　　贷:银行存款 1 000

2018年12月31日偿还本金和最后一年利息时:

借:财务费用 1 000
　　应付账款——债务重组 50 000
　　贷:银行存款 51 000

(2) A企业的会计处理。

第一,计算债务重组损失。

应收账款账面余额	65 400
减:重组后债权的公允价值	50 000
差额	15 400
减:已计提坏账准备	5 000
债务重组损失	10 400

第二,会计分录。

2017年1月1日债务重组时:

借:应收账款——债务重组　　　　　　　50 000
　　营业外支出——债务重组损失　　　　10 400
　　坏账准备　　　　　　　　　　　　　 5 000
　　　贷:应收账款　　　　　　　　　　　　　　　65 400

2017年12月31日收到利息时:

借:银行存款　　　　　　　　　　　　　 1 000
　　　贷:财务费用　　　　　　　　　　　　　　　 1 000

2018年12月31日收到本金和最后一年利息时:

借:银行存款　　　　　　　　　　　　　51 000
　　　贷:财务费用　　　　　　　　　　　　　　　 1 000
　　　　　应收账款——债务重组　　　　　　　　50 000

(二) 附或有条件的债务重组

附或有条件的债务重组,对于债务人而言,修改后的债务条款如涉及或有应付金额的,且该或有应付金额符合或有事项中有关预计负债确认条件的,债务人应当将该或有应付金额确认为预计负债。重组债务的账面价值与重组后的入账价值和预计负债金额之和的差额,作为债务重组利得,计入营业外收入。

对债权人而言,修改后的债务条款如涉及或有应收金额的,不应当确认或有应收金额,不得将其计入重组后债权的账面价值。根据谨慎性原则,或有应收金额属于或有资产,或有资产不予确认。只有在或有应收金额实际发生时,才计入当期损益。

或有应付金额是指需要根据未来某种事项出现而发生的应付金额,而且该未来事项的出现具有不确定性。或有应付金额在随后会计期间没有发生的,企业应当冲销已确认的预计负债,同时确认营业外收入。

【例12-7】 2010的6月30日,甲公司从某银行取得年利率10%、三年期的贷款100万元。现因甲公司发生财务困难,各年贷款利息均未偿还,遂于2013年12月31日进行债务重组,银行同意延长到期日至2016年12月31日,年利率降至7%,免除积欠利息35万元,本金减至80万元,利息按年支付,但附有一条件:债务重组后,如甲公司自第二年起有盈利,则利率回复至10%,若无盈利,利率仍维持7%。债务重组协议于2013年12月31日签订。贷款银行已对该项贷款计提了3万元的贷款损失准备。假定实际利率等于名义利率。

甲公司的会计处理如下:

第一,计算债务重组利得。

长期借款的账面余额	1 350 000
减：重组贷款的公允价值	800 000
或有应付金额	48 000
债务重组利得	502 000

第二，会计分录。

2013年12月31日债务重组时：

借：长期借款　　　　　　　　　　　　　　　1 350 000
　　贷：长期借款——债务重组　　　　　　　　　　　　　800 000
　　　　预计负债　　　　　　　　　　　　　　　　　　　48 000
　　　　营业外收入——债务重组利得　　　　　　　　　　502 000

2014年12月31日支付利息时：

借：财务费用　　　　　　　　　　　　　　　　56 000
　　贷：银行存款　　　　　　　　　　　　　　　　　　　56 000

假设甲公司自债务重组后的第二年起盈利，2015年12月31日和2016年12月31日支付利息时，甲公司应按10%的利率支付利息，则每年需支付利息80 000元，其中含或有应付金额24 000元。

2015年12月31日支付利息时：

借：财务费用　　　　　　　　　　　　　　　　56 000
　　预计负债　　　　　　　　　　　　　　　　24 000
　　贷：银行存款　　　　　　　　　　　　　　　　　　　80 000

2016年12月31日支付本金和最后一次利息时：

借：长期借款——债务重组　　　　　　　　　800 000
　　财务费用　　　　　　　　　　　　　　　　56 000
　　预计负债　　　　　　　　　　　　　　　　24 000
　　贷：银行存款　　　　　　　　　　　　　　　　　　　880 000

假设甲公司自债务重组后的第二年起仍没有盈利，2015年12月31日和2016年12月31日支付利息时：

借：财务费用　　　　　　　　　　　　　　　　56 000
　　贷：银行存款　　　　　　　　　　　　　　　　　　　56 000

六、以上三种方式的组合方式

以上三种方式的组合方式进行债务重组，主要有以下几种情况：

（1）债务人以现金、非现金资产两种方式的组合清偿某项债务的，应将重组债务的账面价值与支付的现金、转让的非现金资产的公允价值之间的差额作为债务重组利得。非现金资产的公允价值与其账面价值的差额作为转让资产损益。

债权人应将重组债权的账面价值与收到的现金、转让的非现金资产的公允价值，以及已提坏账准备之间的差额作为债务重组损失。

（2）债务人以现金、将债务转为资本两种方式的组合清偿某项债务的，应将重组债务的账面价值与支付的现金、债权人因放弃债权而享有的股权的公允价值之间的差额作为债务重组利得。股权的公允价值与股本（实收资本）的差额作为资本公积。

债权人应将重组债权的账面价值与收到的现金、因放弃债权而享有的股权的公允价值，以及已提坏账准备之间的差额作为债务重组损失。

（3）债务人以非现金资产、将债务转为资本两种方式的组合清偿某项债务的，应将重组债务的账面价值与转让的非现金资产的公允价值、债权人因放弃债权而享有的股权的公允价值之间的差额作为债务重组利得。非现金资产的公允价值与其账面价值的差额作为转让资产损益；股权的公允价值与股本（实收资本）的差额作为资本公积。

债权人应将重组债权的账面价值与收到的现金、受让的非现金资产的公允价值、因放弃债权而享有的股权的公允价值，以及已提坏账准备之间的差额作为债务重组损失。

（4）债务人以现金、非现金资产、将债务转为资本三种方式的组合清偿某项债务的，应将重组债务的账面价值与支付的现金，转让的非现金资产的公允价值、债权人因放弃债权而享有股权的公允价值的差额作为债务重组利得；非现金资产的公允价值与其账面价值的差额作为转让资产损益；股权的公允价值与股本（或实收资本）的差额作为资本公积。

债权人应将重组债权的账面价值与收到的现金、受让的非现金资产的公允价值、因放弃债权而享有的股权的公允价值，以及已提坏账准备之间的差额作为债务重组损失。

（5）债务人以资产、将债务转为资本等方式清偿某项债务的一部分，并对该项债务的另一部分以修改其他债务条件进行债务重组。在这种方式下，债务人应先以支付的现金，转让的非现金资产的公允价值、债权人因放弃债权而享有股权的公允价值冲减重组债务的账面价值，余额与重组后债务的公允价值进行比较，据此计算债务重组利得。非现金资产的公允价值与其账面价值的差额作为转让资产损益，于当期确认；债权人因放弃债权而享有股权的公允价值与股本（实收资本）的差额作为资本公积。

债权人应先以收到的现金，转让的非现金资产的公允价值、因放弃债权而享有股权的公允价值冲减重组债务的账面价值，余额与重组后债权的公允价值进行比较，据此计算债务重组损失。

【例 12-8】 甲企业和乙企业均为增值税一般纳税人。甲企业于 2013 年 6 月 30 日销售一批商品给乙企业，商品价款 100 万元，应收增值税税额 17 万元；乙企业于同年 6 月 30 日开出期限为 6 个月、票面年利率为 4% 的商业承兑汇票，抵充购买该产品价款。在该票据到期日，乙企业未按期兑付，甲企业将该应收票据按期到期价值转为应收账款，不再计算利息。至 2014 年 12 月 31 日，甲企业对该应收账款提取的坏账准备为 0.5 万元。乙企业由于发生财务困难，短期内资金紧张，于 2014 年 12 月 31 日经与甲企业协商，达成债务重组协议如下：

——乙企业以一批商品偿还部分债务。该批商品的账面价值为 2 万元，公允价值为 3 万元，应交增值税税额为 0.51 万元。乙企业开出增值税专用发票，甲企业将该商品作为商品验收入库。

——甲企业同意减免乙企业所负全部债务扣除实物抵债后剩余债务的 40%，其余债务的偿还期延至 2015 年 12 月 31 日。

根据上述资料，甲、乙企业应作如下会计处理：

（1）乙企业的会计处理。

债务重组时应付账款的账面余额：$(1\,000\,000+170\,000)\times(1+4\%\div2)=1\,193\,400$（元）

债务重组后债务的公允价值：[1 193 400 - 30 000 × (1 + 17%)] × 60% = 694 980（元）

①计算债务重组利得。

应付账款账面余额	1 193 400
减：所转让资产的公允价值	35 100
重组后债务公允价值	694 980
债务重组利得	463 320

②会计分录如下：

借：应付账款　　　　　　　　　　　　　　　1 193 400
　　贷：主营业务收入　　　　　　　　　　　　　　　　300 000
　　　　应交税费——应交增值税（销项税额）　　　　　　5 100
　　　　应付账款——债务重组　　　　　　　　　　　　694 980
　　　　营业外收入——债务重组利得　　　　　　　　　463 320
借：主营业务成本　　　　　　　　　　　　　　　20 000
　　贷：库存商品　　　　　　　　　　　　　　　　　　20 000

(2) 甲企业的会计处理。

①计算债务重组损失。

应收账款账面余额	1 193 400
减：受让资产的公允价值	35 100
重组后债权公允价值	694 980
坏账准备	5 000
债务重组损失	458 320

②会计分录如下：

借：库存商品　　　　　　　　　　　　　　　　30 000
　　应收账款——债务重组　　　　　　　　　　694 980
　　应交税费——应交增值税（进项税额）　　　　5 100
　　坏账准备　　　　　　　　　　　　　　　　5 000
　　营业外支出——债务重组损失　　　　　　　458 320
　　贷：应收账款　　　　　　　　　　　　　　　　　1 193 400

七、债务重组的披露

债务重组涉及金融工具的，金融工具的披露应当按照《CAS37 金融工具列报》的规定处理。

(1) 债务人应当在附注中披露与债务重组有关的下列信息：
①根据债务重组方式，分组披露重组债务的账面价值和债务重组相关损益。
②将债务转为权益工具所导致的股本（或者实收资本）增加额。

(2) 债权人应当在附注中披露与债务重组有关的下列信息：
①根据债务重组方式，分组披露重组债权的账面价值和债务重组相关损益。
②债权转为权益工具所导致的投资增加额及该投资占联营企业或合营企业股份总额的比例。

本章小结

本章首先对债务重组的定义及债务重组的方式和债务重组日的确定进行了讲述;其次对债务重组会计处理的一般原则、各种方式下债务重组资产入账价值的确定及其相关的会计处理进行了重点讲解,这是本章的重点内容。

重点概念

债务重组、或有收益、或有支出、债务重组日、将来应收金额和应付金额。

思考题

1. 企业为什么要进行债务重组?债务重组会对双方产生什么影响?
2. 分析不同债务重组方式的特点。
3. 修改债务条件方式下,如何进行会计处理?
4. 各种方式下债务重组资产入账价值的如何确定及其如何进行相关的会计处理?

第十三章

所有者权益

> **内容提要：** ▲所有者权益概述　　▲实收资本与其他权益工具
> 　　　　　　▲资本公积与其他综合收益　▲留存收益
> **学习目的及要求：** 通过本章学习，了解所有者权益的定义及其与负债的区别；了解股份有限公司的基本特征、股票的类别及其特征；熟悉有限责任公司的实收资本和股份有限公司股本增减的会计处理；掌握资本公积和其他综合收益的来源、内容和相关会计处理；了解其他权益工具的概念；了解利润分配的程序；掌握利润分配、留存收益和弥补亏损的会计处理。

▶ 第一节　所有者权益概述

一、所有者权益的定义

所有者权益作为会计要素之一，它表示的是企业所有者对企业净资产的所有权，在数量上它等于企业全部资产减去全部负债后的余额，其内容包括投资人对企业投入的资本以及在经营过程中形成的其他综合收益和留存收益（盈余公积和未分配利润）等。

所有者权益既可从定量的角度予以定义，也可从定性的角度予以定义。美国财务会计准则委员会（FASB）和国际会计准则理事会（IASB）均从定量的角度对所有者权益进行定义。在第6号财务会计概念公告《财务报表要素》中，FASB将所有者权益定义为："所有者权益或净资产是某个主体的资产减去负债后的剩余权益"。IASB在其概念框架《财务报表编报框架》中，也以类似的方式给所有者权益下了定义："所有者权益是指企业的资产扣除企业全部负债后的剩余权益"。

可见，FASB和IASB均侧重从定量角度对所有者权益的含义进行界定，即"所有者权益＝资产总额－负债总额"，而且明确指出所有者权益具有"剩余权益"的性质，即所有者在索偿权方面逊色于债权人的索偿权。以定量方式对所有者权益下定义，其最大优点是具有较强的可操作性，因为这种定义方法明确地指出了所有者权益的数量内涵，因而便于对所有者权益进行计量，其最大缺陷是未能揭示出所有者权益的经济内涵，未能以严谨的方式界定所有者权益的经济实质。

与上述定义方法相同，我国的《企业会计准则——基本准则》规定，所有者权益是指企业资产扣除负债后由所有者享有的剩余权益"。公司的所有者权益又称为股东权益。其来源包括所有者投入的资产、直接计入所有者权益的利得和损失、留存收益等。所有者权益可分为实收资本（或股本）、其他权益工具、资本公积、其他综合收益（other comprehensive income）、盈余公积和未分配利润等部分。其中，盈余公积和未分配利润统称为留存收益（retained earnings）。

二、所有者权益与负债的区别

所有者权益与负债都表现为对企业资产的要求权，广义的权益包括了所有者权益与负债两个方面，都被视为企业生产经营所需的资金来源。但所有者权益与负债，代表着不同投资者对企业资产的不同要求权。从所有者权益的内涵可以看出，所有者权益对资产的要求权与负债对资产的要求权是不相同的，前者表明的是对企业资产减去负债后的净资产要求权，后者表明的是对企业总资产的要求权。两者存在着明显区别：

（1）从它们的投资性质来看，负债，无论是长期负债还是短期负债，其偿还期限一般都能事先确定，体现了债权人对企业投资的暂时性；而所有者权益是投资人对企业一项永久性投资，在企业持续经营过程中尽管有可能诸如增加投资、分配利润等权益性的变动，所有者也会因股票流通、资本转让而发生变更，但就企业而言，所有者权益在企业持续经营期间内都不能抽回，即所有者权益永久性投资的性质不会改变。

（2）从不同投资者在企业享有的权限看，债权人（包括长期债权人和短期债权人）与企业只存在债权债务关系，一般无参与企业管理的权限，只有当他们自身的利益受到伤害，不能按期收回本息时，可以对抵押资产作出法律上的要求。而股权投资人则对企业资产拥有所有权，具有法定管理企业或委托他人管理企业的权利。

（3）从它们对企业资产享有的要求权看，债权人对企业全部资产具有索偿权，在公司破产、清算的情况下，公司要用全部资产来偿还负债。企业资产在偿还债务后，如有剩余，才在各股东之间分配企业剩余财产。所以企业股权人只对企业的净资产（资产总额减负债总额后的差额）有要求权。

（4）从投资收益的性质来看，支付给债权人的利息是一个预先确定的定值，作为费用可从营业收入中扣减（企业长期负债属于在固定资产尚未交付使用或已投入使用但尚未办理竣工决算之前发生的，计入在建固定资产的造价，不能作为当期费用处理），其数额的多少不受企业经营状况的影响；而所有者权益（股权人投资）所获收益不能事先确定定值，支付股利的大小，分得利润的多少，要视企业经营状况而定，支付的数额也不能作为企业费用从收入中扣减，而应作为利润分配的内容之一。

▶第二节 实收资本与其他权益工具

实收资本是企业按照章程规定或合同、协议约定，接受投资者投入企业的资本。实收资本的构成比例，或者股东的股份比例，是确定所有者在企业所有者权益中份额的基础，也是企业进行利润或股利分配的主要依据。投资者可以以货币出资，也可以以实物、知识产权、土地使用权等可以用货币估价并可以依法转让的非货币财产作价出资；但是，法律、行政法规规定不得作为出资的财产除外。企业应当对作为出资的非货币财产评估作价,核实财产,不得高估或者低估作价。法律、行政法规对评估作价有规定的,从其规定。企业应当设置"实收资本"核算企业接受投资者投入的实收资本。股份有限公司应将该科目改为"股本"。企业在收到投资时,应作如下会计处理:收到投入的现金,应在实际收到或存入开户银行时,按实际收到的金额增加银行存款;收到以实物资产进行的投资时,应在办理实物产权转移手续时,借记相关资产科目;接受的以无形资产进行的投资,应按照合同、协议或公司章程规定移交有关凭证时,借记"无形资产"科目,按投入资本在注册资本或股本中的份额,贷记"实收资本"或"股本"科目,按其差额贷记"资本公积——资本溢价"或"资本公积——股本溢价"科目。

一、有限责任公司实收资本增减的会计处理

(一) 有限责任公司实收资本的会计处理

有限责任公司的股本可以是现金形式,也可以是现金以外的其他有形资产形式,还可以是无形资产形式。

【例13-1】 某公司是有限责任公司,在组建过程中收到各股东的各项投资。股东投入现金40万元,房屋、建筑物经投资各方确认的价值为25万元,专有技术、专利权等无形资产的协议价为10万元,公司在收到以上各项投资,并签发证明股东已缴纳出资额的出资证明书后,应编制的会计分录为:

借:银行存款　　　　　　　　　　　　　　400 000
　　固定资产　　　　　　　　　　　　　　250 000
　　无形资产　　　　　　　　　　　　　　100 000
　　贷:实收资本　　　　　　　　　　　　　　　　　　750 000

(二) 有限责任公司股份转让的会计处理

股东已缴纳的出资可以转让。股东转让出资,公司设立股东会的由股东会讨论通过,公司不设立股东会的,由董事会讨论通过。股东会不同意转让的或全体未一致同意转让的,应当由其他股东购买该股东的出资;股东会或全体股东同意转让的,其他股东在同等条件下对转让的股本有优先购买权。

【例13-2】 某责任公司有五位股东,其中甲股东持有股份10万元,现将其持有股份转让,经董事会讨论同意由乙股东出资购入。转让股份时,只是企业股权主体变动,对企业的资产没有什么变动影响,在进行账务处理时,不需进行总分类核算,只需要在股本明细账中进行核算,应编制的会计分录为:

借:实收资本——甲　　　　　　　　　　100 000
　　贷:实收资本——乙　　　　　　　　　　　　　　100 000

(三) 有限责任公司增加注册资本的会计处理

有限责任公司增加注册资本应由股东会作出决议,公司不设股东会的,由董事会作出决

议，股东对新增注册资本额有优先认股权。增加注册资本时应作的会计分录为：

借：银行存款　　　　　　　　×××
　　贷：实收资本——××　　　　　　×××

（四）有限责任公司减少注册资本的会计处理

有限责任公司因特殊情况必须减少注册资本时，需经通知和公告的90日以后未有债权人提出异议的，方可允许其减资。由股东会作出决议，公司未设立股东会的，由董事会作出决议，并经政府授权部门批准。公司减资后的注册资本不得低于法定注册资本最低限额，并应同其经营范围相适应。减资时应作的会计分录为：

借：实收资本——××　　　　　　×××
　　贷：银行存款　　　　　　　　　×××

有限责任公司股东在转让出资、公司增加或减少注册资本均须修订公司章程，向原登记机关办理变更登记并予公告。

二、股份有限公司实收股本的会计处理

股份有限公司实收股本的会计处理，因公司的设立方式不同而有所差异。我国股份有限公司设立方式有两种：发起式设立和募集式设立。发起式设立的特点是公司的股份全部由发起人认购，不向发起人之外的任何人募集股份，募集式设立的特点是公司股份除发起人认购外，还可以采用向其他法人或自然人发行股票的方式进行募集。两种不同方式下股份有限公司实收股本的会计处理的主要区别在于筹集资本的费用处理不同。采用发起式募集资本，因股东是固定的，无须聘请券商向社会广泛募集。一般情况下，其筹集费用很低，如发生一些诸如股权证明印刷费等少量费用，可以直接计入开办费或管理费用。而采用向社会发行股票的方式来募集资本，需要由企业发起人聘请券商发行股票，由于社会募集设立的公司，发起人认购的股份不得少于公司发行股份总数的35%，其余部分可向社会公开募集，因而发行股票数量大。另外从广大投资者认购到实际出缴资金，需要进行大量的工作，所以支付给券商的发行费用一般较高，在会计上应进行特别处理。其应付券商的费用可以从溢价收入中支付。

股份有限公司在设立发行股票时，实际收到资产借记"库存现金""银行存款""固定资产""无形资产"等科目，按面值与核定的股份总额的乘积计算的金额贷记"股本"科目，如为溢价发行，按实际收到资产价值与股本的差额贷记"资本公积"等科目。

【例13-3】　某公司采取发起方式设立，某年4月5日收到各发起人交来股本3 000万元，公司将股权证发给各发起人。

该公司应编制的会计分录如下：

借：银行存款　　　　　　　　　30 000 000
　　贷：股本——××　　　　　　　　　　　30 000 000

【例13-4】　某公司2019年4月5日发行面值为200元，发行价格210元的普通股票50万股。全部股款计1 050万元，发行费用40万元。发行费用从发行收入中支付，实际收到股款1 010万元，已存入银行。

该公司应编制的会计分录如下：

借：银行存款	10 100 000	
贷：股本——普通股		10 000 000
资本公积——股本溢价		100 000

【例 13-5】 某公司发行股票，收到发起人以机器设备抵交股款，经注册会计师评估，财产折价为 110 万元，换取普通股股票 10 万股，每股面值 10 元。

该公司应编制的会计分录为：

借：固定资产	1 100 000	
贷：股本——普通股		1 000 000
资本公积——股本溢价		100 000

三、公司增加股本的会计处理

股份有限公司增加股本的途径主要有三条，一是发行新股即增资配股，二是资本公积或盈余公积转增资本，三是分派股票股利（将在后面讲到）。此外，可转换公司债券持有人行使转换权力、企业将重组债务转为资本、以权益结算的股份支付的行权等也都会增加企业的实收资本或股本。

（一）发行新股

股份有限公司为了扩大经营规模，如符合规定条件，经股东会决议，报经有关部门批准后，可发行新股以筹集资金。公司经批准向社会公开发行新股时，必须公告新股招股说明书、财务会计报表及附属报表，并制作说明书。由依法设立的证券经营机构承销。新股股款募足后，必须向登记机关办理变更登记，并公告。

公司新股的购买对象，既可是原有股东，也可是新股东。发行新股，无论是平价发行还是溢价发行，都应按面值计算的股票总额增加股本，溢价列作资本公积。

【例 13-6】 某公司经股东会决议，增加公司股本，经批准发行新股 100 万股，每股面值 10 元，按面值发行，收到股款全部存入银行。

该公司应编制的会计分录如下：

借：银行存款	10 000 000	
贷：股本——普通股		10 000 000

如果按每股 12 元溢价发行，则会计分录如下：

借：银行存款	12 000 000	
贷：股本——普通股		10 000 000
资本公积——股本溢价		2 000 000

（二）资本公积或盈余公积转增资本

股份有限公司股东大会决议，可将资本公积或盈余公积转增股本，按股东原有股份派送新股或增加每股面值。进行公积金转增股本时，应借记"资本公积——资本（股本）溢价"或"盈余公积"科目，贷记"实收资本"或"股本"科目。

（三）可转换公司债券持有人行使转换权力

可转换公司债券持有人行使转换权力，将其持有的债券转为股票，按可转换公司债券的余额，借记"应付债券——可转换债券（面值、利息调整）"科目，按其权益成分的金额借记"资本公积——其他资本公积"科目，按股票面值和转换的股数计算股票面值总额，贷记"股本"科目，按其差额贷记"资本公积——股本溢价"科目。

可转换公司债券持有人行使转换权利，将其持有的债券转换为股票，按可转换公司债券的余额，借记"应付债券——可转换公司债券（面值、利息调整）"科目，按其权益成分的金额，借记"其他权益工具"科目，按股票面值和转换的股数计算的股票面值总额，贷记"股本"科目，按其差额，贷记"资本公积——股本溢价"科目。

（四）企业将重组债务转为资本

企业将重组债务转为资本的，应按重组债务的账面余额借记"应付账款"等科目，按债权人因放弃债权而享有的本企业股份的面值总额贷记"实收资本"或"股本"科目，按股份的公允价值总额与相应的实收资本之间的差额，贷记或借记"资本公积——资本（股本）溢价"科目，按其差额贷记"营业外收入——债务重组利得"科目。

（五）以权益结算的股份支付的行权

以权益结算的股份支付换取职工或其他方提供服务的，应在行权日，按照实际行权情况确定的金额，借记"资本公积——其他资本公积"科目，按应计入实收资本或股本的金额，贷记"实收资本"或"股本"科目。

四、股本减少的会计处理

股份有限公司由于经营发生变化，如经营规模缩小，资本过剩，或由于企业发生重大亏损，短期内无力补亏等情况，应减少注册资本，相应减少股本。

公司减少股本原因不同，其账务处理方法也不尽相同。

（一）因经营规模缩小而减资

公司因经营规模缩小，资本过剩而减少资本，一般要发还股款。有限责任公司和一般企业发还投资的会计处理比较简单，按法定程序报经批准减少注册资本的，借记"实收资本"科目，贷记"库存现金""银行存款"等科目。股份有限公司由于是发行股票的方式筹集股本的，发还股款时，则要回购发行的股票，股票的发行价与面值可能不同，回购股票的价格可能与发行价格不同，应区别不同情况分别处理。

回购本企业股票的，应按实际支付的金额，借记"库存股"科目，贷记"银行存款"科目；注销库存股时，应按股票面值和注销股数计算的股票面值总额，借记"股本"科目，按注销库存股的账面余额，贷记"库存股"科目，按二者的差额，冲减股票发行时原计入资本公积溢价的部分，借记"资本公积——股本溢价"科目，回购价格超过上述冲减"股本"和"资本公积——股本溢价"科目的部分，凡提有盈余公积的，冲销盈余公积，如盈余公积仍不足以支付收购款的，冲销未分配利润，借记"盈余公积""利润分配——未分配利润"科目；如果回购价格低于面值的，按面值借记"股本"科目，按注销库存股的账面余额贷记"库存股"科目，按二者的差额，贷记"资本公积——股本溢价"科目。

【例13-7】 某公司由于经营规模缩小、资本过剩，经股东会议决定减少注册资本50万元，用回购股票的方式实现减资。公司原发行股票面值每股10元，发行价格每股10元，原发行股票10万股,该公司留存资本公积金50万元,提取盈余公积35万元,未分配利润40万元。

(1) 如该公司以每股30元的价格回购股票,公司回购股票时超过发行股票价格部分应先冲减资本公积金、盈余公积金和未分配利润。作会计分录如下:

①回购时。

借:库存股　　　　　　　　(500 000÷10×30) 1 500 000
　　贷:银行存款　　　　　　　　　　　　　　　　　　1 500 000

②注销时。

借:股本——普通股　　　　　　　　　　　500 000
　　资本公积——股本溢价　　　　　　　　500 000
　　盈余公积　　　　　　　　　　　　　　350 000
　　利润分配——未分配利润　　　　　　　150 000
　　贷:库存股　　　　　　　　　　　　　　　　　　1 500 000

(2) 如该公司以每股8元的价格回购股票,公司回购股票时低于面值的部分,应增加资本公积金,作会计分录如下:

①回购时。

借:库存股　　　　　　　　(500 000÷10×8) 400 000
　　贷:银行存款　　　　　　　　　　　　　　　　　　400 000

②注销时。

借:股本——普通股　　　　　　　　　　　500 000
　　贷:库存股　　　　　　　　　　　　　　　　　　400 000
　　　　资本公积——股本溢价　　　　　　　　　　　100 000

(二) 因严重亏损而减资

公司因严重亏损而减资,一般可采取注销股份或注销每股部分金额的办法,这实际上是用股本弥补亏损。在会计处理上,企业应按注销股份的面值或注销每股部分金额的合计数,借记"股本"科目,贷记"利润分配——未分配利润"科目。必须注意的是,企业应将因减资而注销股份、发还股款或注销每股部分金额,以及因减资需要更换新股的变动情况,在股本科目的明细账及其有关备查簿中详细记录。

另外,若股份有限公司的股东按规定转让出资的,应于有关的转让手续办理完毕时,将出让方转让的出资额,在股本科目有关明细账及备查记录中转为受让方。

五、其他权益工具的会计处理

(一) 其他权益工具的会计处理的基本原则

企业发行的除普通股(作为实收资本或股本)以外,按照金融负债和权益工具区分原则分类为权益工具的其他权益工具,按照以下原则进行会计处理:企业发行的金融工具应当按照金融工具准则进行初始确认和计量;其后,于每个资产负债表日计提利息或分派股利,按照相关具体企业会计准则进行处理。即企业应当以所发行金融工具的分类为基础,确定该工具利息支出或股利分配等的会计处理。

对于归类为权益工具的金融工具，无论其名称中是否包含"债"，其利息支出或股利分配都应当作为发行企业的利润分配，其回购、注销等作为权益的变动处理；对于归类为金融负债的金融工具，无论其名称中是否包含"股"，其利息支出或股利分配原则上按照借款费用进行处理，其回购或赎回产生的利得或损失等计入当期损益。

发行方发行金融工具，其发生的手续费、佣金等交易费用，如分类为债务工具且以摊余成本计量的，应当计入所发行工具的初始计量金额；如分类为权益工具的，应当从权益中扣除。

（二）其他权益工具的科目设置

金融工具发行方，应当设置下列会计类科目，对发行的金融工具进行会计核算：

1. 应付债券

发行方对于归类为金融负债的金融工具在"应付债券"科目核算。"应付债券"科目应当按照发行的金融工具种类进行明细核算，并在各类工具中按"面值""利息调整""应计利息"设置明细账，进行明细核算（发行方发行的符合流动负债特征并归类为流动负债的金融工具除外）。

对于需要拆分且形成衍生金融负债或衍生金融资产的，应将拆分的衍生金融负债或衍生金融资产按照其公允价值在"衍生工具"科目核算。发行的且嵌入了非紧密相关的衍生金融资产或衍生金融负债的金融工具，如果发行方选择将其整体指定为以公众价值计量且其变动计入当期损益的，则应将发行的金融工具的整体在以公允价值计量且其变动计入当期损益的金融负债中进行核算。

2. 其他权益工具

在所有者权益类科目中设置"其他权益工具"科目，核算企业发行的除普通股以外的归类为权益工具的各种金融工具。"其他权益工具"科目应按发行金融工具的种类等进行明细核算。

（三）其他权益工具的账务处理

（1）发行方发行的金融工具归类为债务工具并以摊余成本计量的。发行方发行的金融工具归类为债务工具并以摊余成本计量的，应按实际收到的金额，借记"银行存款"等科目，按债务工具的面值，贷记"应付债券——优先股、永续债等（面值）"科目，按其差额，贷记或借记"应付债券——优先股、永续债等（利息调整）"科目。在该工具存续期间，计提利息并对账面的利息调整进行调整等的会计处理，按照金融工具确认和计量准则中有关金融负债按摊余成本后续计量的规定进行会计处理。

（2）发行方发行的金融工具归类为权益工具的。发行方发行的金融工具归类为权益工具的，应按实际收到的金额、借记"银行存款"等科目，贷记"其他权益工具——优先股、永续债等"科目。在存续期间分派股利的，作为利润分配处理。发行方应根据经批准的股利分配方案，按应分配给金融工具持有者的股利金额，借记"利润分配——应付优先股股利、应付永续债利息等"科目，贷记"应付股利——优先股股利、永续债利息等"科目。

①发行方发行的金融工具归类为权益工具的。

借：银行存款　　　　　　　　　　　　　×××
　　贷：其他权益工具——优先股、永续债等　　　　　　×××

②在存续期间分派股利。

借：利润分配——应付优先股股利、应付永续债利息等　　×××
　　贷：应付股利——优先股股利、永续债利息等　　　　×××

（3）发行方发行的金融工具为复合金融工具的。发行方发行的金融工具为复合金融工具的，应按实际收到的金额，借记"银行存款"等科目，按金融工具的面值，贷记"应付债券——优先股、永续债（面值）等"科目，按负债成分的公允价值与金融工具面值之间的差额，借记或贷记"应付债券——优先股、永续债等（利息调整）"科目，按实际收到的金额扣除负债成分的公允价值后的金额，贷记"其他权益工具——优先股、永续债等"科目。发行复合金融工具发生的交易费用，应当在负债成分和权益成分之间按照各自占总发行价款的比例进行分摊。与多项交易相关的共同交易费用，应当在合理的基础上，采用与其他交易一致的方法，在各项交易之间进行分摊。

（4）发行的金融工具本身是衍生金融负债或衍生金融资产或者内嵌了衍生金融负债或衍生金融资产的，按照金融工具确认和计量准则中有关衍生工具的规定进行处理。

（5）权益工具与金融负债重分类。①权益工具重分类为金融负债。原归类为权益工具的金融工具重分类为金融负债的，应当于重分类日，按该工具的账面价值，借记"其他权益工具——优先股、永续债等"科目，按该工具的面值，贷记"应付债券——优先股、永续债等（面值）"科目，按该工具的公允价值与面值之间的差额，借记或贷记"应付债券——优先股、永续债等（利息调整）"科目，按该工具的公允价值与账面价值的差额，贷记或借记"资本公积——资本溢价（或股本溢价）"科目，如资本公积不够冲减的，依次冲减盈余公积和未分配利润。发行方以重分类日计算的实际利率作为应付债券后续计量利息调整等的基础。

借：其他权益工具——优先股、永续债等（账面价值）
　　贷：应付债券——优先股、永续债等（面值）
　　　　　　——优先股、永续债等（利息调整）（应付债券公允价值与面值的差额）（借记或贷记）
　　　　资本公积——资本溢价（或股本溢价）（重分类后公允价值与应付债券账面价值的差额）（贷记或借记）

如果资本公积不够冲减的，依次冲减盈余公积和未分配利润。

②金融负债重分类为权益工具。原归类为金融负债的金融工具重分类为权益工具的，应于重分类日，按金融负债的面值，借记"应付债券——优先股、永续债等（面值）"科目、按利息调整余额，借记或贷记"应付债券——优先股、永续债等（利息调整）"科目，按金融负债的账面价值，贷记"其他权益工具——优先股、永续债等"科目。

借：应付债券——优先股、永续债等（面值）
　　　　　　——优先股、永续债等（利息调整）（利息调整余额）（借记或贷记）
　　贷：其他权益工具——优先股、永续债等

（6）发行方按合同条款约定赎回所发行的除普通股以外的分类为权益工具的金融工具。

发行方按合同条款约定赎回所发行的除普通股以外的分类为权益工具的金融工具，按赎回价格，借记"库存股——其他权益工具"科目，贷记"银行存款"等科目。注销所购回的金融工具，按该工具对应的其他权益工具的账面价值，借记"其他权益工具"科目，按该工具的赎回价格，贷记"库存股——其他权益工具"科目，按其差额，借记或贷记"资本公积——资本溢价（或股本溢价）"科目，如资本公积不够冲减的，依次冲减盈余公积和未分配利润。

①回购。
借：库存股——其他权益工具
　　贷：银行存款

②注销。
借：其他权益工具
　　贷：库存股——其他权益工具
　　　　资本公积——资本溢价（或股本溢价）（借记或贷记）

资本公积不够冲减的，依次冲减盈余公积和未分配利润。

发行方按合同条款约定赎回所发行的分类为金融负债的金融工具，按该工具赎回日的账面价值，借记"应付债券"等科目，按赎回价格，贷记"银行存款"等科目，按其差额，借记或贷记"财务费用"科目。

（7）发行方按合同条款约定将发行的除普通股以外的金融工具转换为普通股。发行方按合同条款约定将发行的除普通股以外的金融工具转换为普通股的，按该工具对应的金融负债或其他权益工具的账面价值，借记"应付债券""其他权益工具"等科目，按普通股的面值，贷记"实收资本（或股本）"科目，按其差额，贷记"资本公积——资本溢价（或股本溢价）"科目。如果转股时，金融工具的账面价值不足以转换为1股普通股而以现金或其他金融资产支付的，还需按支付的金额，贷记"银行存款"等科目。

▶ 第三节　资本公积和其他综合收益

一、资本公积

（一）资本公积的概念与内容

资本公积是指企业收到投资者的超出其在企业注册资本（或股本）中所占份额的投资，以及直接计入所有者权益的利得和损失等。其中，资本溢价（或股本溢价）是企业收到投资者的超出其在企业注册资本（或股本）中所占份额的投资。形成资本溢价或股本溢价的原因有溢价发行股票和投资者超额缴入资本等；直接计入所有者权益的利得和损失是指不计入当期损益、会导致所有者权益发生增减变动的、与所有者投入资本或向所有者分配利润无关的利得或损失。从本质上看，资本公积实际上也是投资者向企业投入的资本，具有资本的属性，但它们却不通过"实收资本"科目核算。这是因为"实收资本"科目的核算内容有其特定的含义，该科目的余额应与企业登记的注册资本保持一致。企业登记的注册资本在未办理法定增资或减资手续前不能随意改变。实际上，资本公积是一种准资本或储备资本。

资本公积有不同的来源，企业应当根据资本公积形成的来源分别进行会计处理。资本公积一般应当设置"资本溢价"或"股本溢价"和"其他资本公积"明细科目。

（二）资本公积的确认与计量

1. 资本溢价或股本溢价的会计处理

1）资本溢价

企业创立后，根据生产经营的需要增资扩股时，若有新投资者介入，新介入投资者的出资额则不能全部确认为实收资本，应有一部分作为资本溢价，计入资本公积。其原因有两个方面：其一，等量资本投入同一企业的时间不同，其资本的质量或获得能力不同，由此而对投资者带来的权益不同。企业在创立后，新投资者介入前的时间内，由于企业已经过筹建、试生产经营、开拓市场等资本利润率很低、风险很大的阶段，一旦企业转入正常经营，资本利润率比创业时期高出很多。目前的高资本利润率是企业初创时必要的垫支资本带来的结果，企业创立者为此付出了代价。因此，新投资者在企业创立以后投入的资本，在质量上（即资本的获利能力上）显然与创立时的原资本不同，新投资者就必须付出更多的出资额与原资本数相匹配。其二，在新投资者介入之前，企业在经营过程中所实现的利润中的一部分（包括提取的盈余公积和未分配利润），即留存收益，属原投资者共享的权益。新介入投资者要分享这一部分权益，必须被要求付出大于原投资者的出资额，才能取得与原投资相同的投资比例。因此，新投资者实际出资额中高于按约定比例计算的实收资本额的部分，则应作为资本溢价，计入资本公积。

【例13-8】 某有限责任公司由四位股东各出资250万元创立，创立时实收资本为1 000万元。经过三年经营，该公司留存收益500万元。现有一新投资者愿出资350万元，拥有该公司的20%股份。原四位股东一致同意新投资者加入该公司。公司已收到新投资者投入的款项350万元。

根据计算结果，编制如下会计分录：

借：银行存款　　　　　　　　　　　　　　　　　　3 500 000
　　贷：实收资本　　　　　　　　　　　　（10 000 000÷4）2 500 000
　　　　资本公积——资本溢价　　　　（3 500 000 - 2 500 000）1 000 000

2）股本溢价

股份有限公司是以发行股票（或股权证，下同）方式筹集股本，股票是企业签发的证明股东按其所持股份享有权利和承担义务的书面证明。股票的种类很多，其中按其是否有面值，可以分为有面值股票和无面值股票，我国目前只能发行有面值股票。股票的面值与股票发行价格可能一致，也可能不一致。按股票面值相同的价格发行股票称面值发行；按超出股票面值的价格发行股票，为溢价发行，按低于股票面值的价格发行股票，为折价发行。

由于股东按其所持企业股份享有权利和承担义务，为了反映和便于计算各股东所持股份占企业全部股本的比例，企业的股本总额应按股票的面值与股份总数的乘积计算。国家规定，实收股本总额应与注册资本相等。因此，为提供企业股本总额及其构成及注册资本等，在采用与股票面值相同的价格发行股票的情况下,企业发行股票取得的收入应全部记入"股本"科目,在采用溢价发行股票的情况下,企业发行股票取得收入,相等于股票面值部分记入"股本"科目,超出股票面值的溢价收入扣除委托券商代理发行股票而支付的手续费、佣金等后的数额记入"资本公积"科目。采用面值发行股票的情况下,或者溢价收入不足以支付发行费的,应将发行收入全部计入"股本"科目,支付的发行股票费用或者溢价收入不足以支付发行费的部分,应直接计入当期损益,若在筹建期间,应暂作为长期待摊费用处理。

【例13-9】 某股份有限公司委托某证券公司代理发行普通股票10万股,以110元的价格发行,其面值为100元。与受托单位约定,按发行收入的3%收取手续费、佣金、股票印制成本,并从发行收入中扣除。假如收到的股款已存入银行。

根据计算结果,编制如下会计分录:

借:银行存款　　　[100 000×110×(1-3%)] 10 670 000
　　贷:股本——普通股　　　　　　　　　　　　　10 000 000
　　　　资本公积——股本溢价(100 000×10-100 000×110×3%) 670 000

上例公司如果平价发行,并在筹建期间,则会计分录如下:

借:银行存款　　　[100 000×100×(1-3%)] 9 700 000
　　长期待摊费用　　　　　　　　　　　　300 000
　　贷:股本——普通股　　　　　　　　　　　　　10 000 000

2. 其他资本公积的会计处理

其他资本公积,是除资本溢价(或股本溢价)项目以外形成的资本公积,主要是指直接计入所有者权益且由权益性交易引起的利得和损失。主要的权益性交易包括权益法下的长期股权投资、以权益结算的股份支付等。

1)权益法下的长期股权投资

长期股权投资采用权益法核算时,在持股比例不变的情况下,被投资单位除净损益、其他综合收益及利润分配以外的因素导致的其他所有者权益变动,企业应按持股比例计算应享有的份额,相应调整长期股权投资的账面价值,同时确认资本公积(其他资本公积);当处置采用权益法核算的长期股权投资时,应将原记入资本公积的相关金额转入投资收益。详情请参见长期股权投资的相关内容。

2)以权益结算的股份支付

以权益结算的股份支付换取职工或其他方提供服务的,应按照确定的金额借记"管理费用"等科目,同时增加资本公积(其他资本公积)。在行权日,应按照实际行权的权益工具数量计算确定的金额,借记"资本公积——其他资本公积"科目,按记入实收资本或股本的金额贷记"实收资本"或"股本"科目,并将二者的差额记入"资本公积——资本溢价"或"资本公积——股本溢价"科目。

3. 资本公积转增资本的会计处理

根据《中华人民共和国公司法》的规定,资本公积和盈余公积转为资本时,所留存的该项公积金不得少于转增前公司注册资本的25%。经股东大会或类似机构决议,用资本公积转增资本时,应冲减资本公积,同时,按照转增前的实收资本(或股本)结构或比例,将转增的金额记入"实收资本"或"股本"科目下各所有者的明细分类账。

二、其他综合收益

(一)其他综合收益的概念和内容

其他综合收益是指企业根据其他会计准则规定未在当期损益中确认的各项利得和损失。这部分利得和损失是由非权益性交易引起。其他综合收益可以分为两类,即以后会计期间不能重分类进损益的其他综合收益项目和以后会计期间在满足规定条件时将重分类进损益的其他综合收益项目。其中:

以后会计期间不能重分类进损益的其他综合收益项目包括:(1)重新计量设定受益计划净负债或净资产导致的变动;(2)按照权益法核算的在被投资单位不能重分类进损益的其他综合收益变动中所享有的份额。

以后会计期间在满足规定条件时将重分类进损益的其他综合收益项目包括:(1)按照权益法核算的在被投资单位可重分类进损益的其他综合收益变动中所享有的份额;(2)以公允价值计量且其变动计入其他综合收益的金融资产公允价值变动形成的利得或损失;(3)以摊余成本计量的金融资产重分类为以公允价值计量且其变动计入其他综合收益的金融资产形成的利得或损失;(4)现金流量套期工具产生的利得或损失中属于有效套期的部分;(5)外币财务报表折算差额;(6)存货或自用房地产转换为投资性房地产。

(二)其他综合收益的会计处理

1. 以后会计期间不能重分类进损益的其他综合收益的会计处理

(1)重新计量设定受益计划净负债或净资产导致的变动。根据《CAS9 职工薪酬》,有设定受益计划形式离职后福利的企业应当将重新计量设定受益计划净负债或净资产导致的变动计入其他综合收益,并且在后续会计期间不允许转回至损益。

(2)按照权益法核算的在被投资单位不能重分类进损益的其他综合收益变动中所享有的份额。根据《CAS2 长期股权投资》,投资方取得长期股权投资后,应当按照应享有或应分担的被投资单位其他综合收益的份额,确认其他综合收益,同时调整长期股权投资的账面价值。投资单位在确定应享有或应分担的被投资单位其他综合收益的份额时,该份额的性质取决于被投资单位的其他综合收益的性质,即如果被投资单位的其他综合收益属于"以后会计期间不能重分类进损益"类别,则投资方确认的份额也属于"以后会计期间不能重分类进损益"类别。详情请参见长期股权投资的相关内容。

2. 以后会计期间在满足规定条件时将重分类进损益的其他综合收益的会计处理

以后会计期间在满足规定条件时将重分类进损益的其他综合收益项目主要包括:

(1)按照权益法核算的在被投资单位可重分类进损益的其他综合收益变动中所享有的

份额。根据《CAS30 长期股权投资》，投资方取得长期股权投资后，应当按照应享有或应分担的被投资单位其他综合收益的份额，确认其他综合收益，同时调整长期股权投资的账面价值。如果被投资单位的其他综合收益属于"以后会计期间在满足规定条件时将重分类进损益"类别，则投资方确认的份额也属于"以后会计期间在满足规定条件时将重分类进损益"类别。

（2）企业将一项以摊余成本计量的金融资产重分类为以公允价值计量且其变动计入其他综合收益的金融资产的，应当按照该金融资产在重分类日的公允价值进行计量。原账面价值与公允价值之间的差额计入其他综合收益。该金融资产重分类不影响其实际利率和预期信用损失的计量。

以公允价值计量且其变动计入其他综合收益的金融资产所产生的所有利得或损失，除减值损失或利得和汇兑损益之外，均应当计入其他综合收益，直至该金融资产终止确认或被重分类。

但是，采用实际利率法计算的金融资产的利息应当计入当期损益。该金融资产计入各期损益的金额应当与视同其一直按摊余成本计量而计入各期损益的金额相等。该金融资产终止确认时，之前计入其他综合收益的累计利得或损失应当从其他综合收益中转出，计入当期损益。

注意，指定为以公允价值计量且其变动计入其他综合收益的非交易性权益工具投资除了获得的股利（明确代表投资成本部分收回的股利除外）计入当期损益外，其他相关的利得和和损失（包括汇兑损益）均应当计入其他综合收益。且后续不得转入当期损益。当其终止确认时，之前计入其他综合收益的累计利得或损失应当从其他综合收益中转出，计入留存收益。

（3）企业将一项以公允价值计量且其变动计入其他综合收益的金融资产重分类为以公允价值计量且其变动计入当期损益的金融资产的，应当继续以公允价值计量该金融资产。同时，企业应当将之前计入其他综合收益的累计利得或损失从其他综合收益转入当期损益。

（4）现金流量套期工具产生的利得或损失中属于有效套期的部分。根据《CAS24 套期保值》，现金流量套期利得或损失中属于有效套期的部分，应当直接确认为所有者权益（其他综合收益）；属于无效套期的部分，应当计入当期损益。对于前者，套期保值准则规定在一定的条件下，将原直接计入所有者权益中的套期工具利得或损失转出，计入当期损益。详情请参见修订后《CAS24 套期保值》指南的相关内容。

（5）外币财务报表折算差额。企业对境外经营的财务报表进行折算时，应当将外币财务报表折算差额在资产负债表中所有者权益项目下单独列示（其他综合收益）；企业在处置境外经营时，应当将资产负债表中所有者权益项目下列示的、与该境外经营相关的外币报表折算差额，自所有者权益项目转入处置当期损益，部分处置境外经营的，应当按处置的比例计算处置部分的外币财务报表折算差额，转入处置当期损益。详情请参见修订后《CAS19 外币折算》指南的相关内容。

（6）根据相关会计准则规定的其他项目。比如根据《CAS3 投资性房地产》，自用房地产或作为存货的房地产转换为以公允价值模式计量的投资性房地产，在转换日公允价值大于账面价值部分计入其他综合收益；待该投资性房地产处置时，将该部分转入当期损益等。

企业将作为存货的房地产转换为以公允价值计量模式的投资性房地产时，应按照该房地产在转换日的公允价值,借记"投资性房地产——成本"科目,原已计提跌价准备的,借记"存货跌价准备"科目,按其账面余额,贷记"开发产品"科目;同时,转换日的公允价值小于账面价值的,按其差额借记"公允价值变动损益"科目;转换日的公允价值大于账面价值的,按其差额贷记"其他综合收益——房地产转换损益"科目。在该项房地产处置时,因转换记入资本公积的部分应转入当期损益,借记"其他综合收益——房地产转换损益"科目,贷记"其他业务成本"科目。

详情请参见投资性房地产的相关内容。

(三) 其他综合收益的披露

关于其他综合收益各项目的信息,包括:(1)其他综合收益各项目及其所得税影响;(2)其他综合收益各项目原计入其他综合收益当期转出计入当期损益的金额;(3)其他综合收益各项目的期初和期末余额及其调节情况。

▶第四节 留存收益

一、留存收益及其内容

留存收益是指企业从历年实现利润中提取或形成的留存于企业内部的积累,来源于企业的经营活动所实现的利润。投资者投入企业的资金,企业的经营活动不仅要保持原有投资的完整,而且要力求超出原投资额,即获利。企业获利扣除上交所得税后,形成净利润。在净利润进行分配时,一方面按照国家法律的规定提取盈余公积(包括法定盈余公积金和任意盈余公积金),将当年实现的利润留存于企业,形成内部积累,成为留存收益的组成部分;另一方面向投资者分配利润或股利,分配利润或股利后的剩余部分,则作为未分配利润,留待以后年度进行分配。这部分留待以后年度分配的利润,可以用于企业扩大生产经营活动资金需要,可以用于弥补以后年度亏损,还可以留待以后年度向投资者分配利润或股利。未分配利润同样成为企业留存收益的组成部分。

企业的留存收益包括盈余公积和未分配利润。

(一) 盈余公积

盈余公积是企业按规定从净利润中提取的各种积累资金,公司制的盈余公积分为法定盈余公积和任意盈余公积。两者的区别在于其各自计提的依据不同。法定盈余公积以国家的法律或行政规章为依据提取,任意盈余公积则由企业自行决定提取。

法定盈余公积和任意盈余公积的作用是相同的,主要有以下三个方面。

1. 弥补亏损

企业发生亏损,应由企业自行弥补。弥补亏损的渠道大体以下有三条:

(1)用以后年度税前利润弥补。按规定企业发生亏损,可以用以后年度税前利润弥补,但不得超过五年。

(2) 用以后年度税后利润弥补。超过了税收规定的税前利润弥补期末弥补的以前年度亏损，可用所得税后利润弥补。

(3) 用盈余公积补亏。

2. 转增资本

经股东会决议批准，可以将盈余公积转为资本金。在转增资本金时，一要办理转增手续；二是按原有股份比例结转，股份有限公司可采用发放新股或增加每股面值的方法增加股本。如果股份有限公司当年未形成利润，公司为了维护股票信誉，在用盈余公积弥补了亏损以后，也可经股东大会特别决议，以盈余公积的剩余部分发放或分派股利。但是，用于分派股利的盈余公积不得超过股票面额的6%，而且分派股利以后，公司法定盈余公积不得低于注册资本的25%。

3. 扩大企业生产经营

盈余公积的用途并不是指其实际占用的形态，提取盈余公积也并不是单独将这部分资金从企业资金周转过程中抽出。企业盈余公积的结存数，实际只表现为企业所有者权益的组成部分，表明企业生产经营资金的一个来源而已。其形成的资金可能表现为一定金额的货币资金，也可能表现为一定金额的实物资产，随同企业其他来源形成的资金一起进行循环和周转，用于企业的生产经营。

(二) 未分配利润

未分配利润是企业留待以后年度进行分配的结存利润，也是企业所有者权益的组成部分。相对于所有者权益的其他部分来说，企业对于未分配利润的使用分配有较大的自主权。从数量上来说，未分配利润是期初未分配利润，加上本期实现的税后利润，减去提取的各种盈余公积和分配利润后的余额。未分配利润有两层含义，一是留待以后年度处理的利润；二是未指定特定用途的利润。

二、利润分配的程序

留存收益来源于企业以前期间和本期实现的净利润。在正常的情况下，企业实现利润首先必须按照国家有关法规以及公司章程的规定进行分配，包括提取盈余公积，向投资者（股东）分配利润；当期分配利润后的剩余则形成企业本期未分配利润。企业当期未分配利润加上本期累计留存的盈余公积，则为企业本期期末的留存收益。因此，留存收益的核算是与利润分配的核算紧密地联系在一起的，利润分配是过程，留存收益是结果。

根据《中华人民共和国公司法》等有关法律法规的规定，企业当年实现的净利润，一般应当按照如下顺序进行分配。

(一) 提取法定公积金

公司制企业的法定公积金按照税后利润的10%的比例提取（非公司制企业也可按照超过10%的比例提取），在计算提取法定盈余公积的基数时，不应包括企业年初未分配利润。

公司法定公积金累计额为公司注册资本的50%以上时，可以不再提取法定公积金。公司的法定公积金不足以弥补上一年度公司亏损的，在提取法定公积金之前，应当先用当年利润弥补亏损。

(二) 提取任意公积金

公司在提取法定公积金后，经股东会或者股东大会决议，还可以从税后利润中提取任意公积金。非公司制企业经类似权力机构批准，也可以提取任意盈余公积。

(三) 向投资者分配利润或股利

公司弥补亏损和提取公积金后的剩余利润，有限责任公司股东按照实缴的出资比例分去红利，但是，全体股东约定不按照出资比例分去红利的除外；股份有限公司按照股东持有的股份比例分配股利，但股份有限公司章程规定不按持股比例分配的除外。

三、利润分配的会计处理

企业当期发生的各种交易或事项所发生的收入和费用，通过日常核算归集整理为当期收入和成本与费用，在期末将本期实现收入和发生的成本与费用全额结转到"本年利润"科目，通过"本年利润"计算当期的财务成果，即当期的财务成果全部体现于"本年利润"科目中，年度终了进行利润分配时，首先将当年实现的利润，自"本年利润"科目转入"利润分配——未分配利润"科目。如企业当年实现盈利，则借记"本年利润"科目，贷记"利润分配——未分配利润"科目；如果企业亏损，则借记"利润分配——未分配利润"科目，贷记"本年利润"科目。然后将"利润分配"科目下的其他明细科目（"提取法定盈余公积""提取任意盈余公积""应付现金股利""盈余公积补亏"和"转作股本的股利"等）的余额，转入"未分配利润"明细科目。结转后，"未分配利润"明细科目的贷方余额，就是未分配利润的数额。如出现借方余额，则表示未弥补亏损的数额。从数量上看，未分配利润的余额就是期初未分配利润，加上本期实现的净利润，减去提取的盈余公积和分出利润后的金额。

【例13-10】 某股份有限公司股本为10 000万元，每股面值1元。2018年年初未分配利润的贷方余额为8 000万元，本年实现净利润6 000万元。假定本公司经批准的2018年度利润分配方案是：按照2018年度实现净利的10%提取法定盈余公积，按5%提取任意盈余公积，同时向股东按每股0.2元派发现金股利，按每10股送3股的比例派发股票股利。2019年3月18日，公司以银行存款支付了全部现金股利，新增股本已经办完股权登记和相关增资手续。该公司应编制如下会计分录：

(1) 2018年年度终了，结转本年实现的净利润。

借：本年利润 60 000 000
  贷：利润分配——未分配利润 60 000 000

(2) 提取法定盈余公积和任意盈余公积。

借：利润分配——提取法定盈余公积 6 000 000
     ——提取任意盈余公积 3 000 000

　　　　贷：盈余公积——法定盈余公积　　　　　　　　　　　　6 000 000
　　　　　　　　　　——任意盈余公积　　　　　　　　　　　　3 000 000
　　（3）结转"利润分配"的明细科目。
　　借：利润分配——未分配利润　　　　　　9 000 000
　　　　贷：利润分配——提取法定盈余公积　　　　　　　　　　6 000 000
　　　　　　　　　　——提取任意盈余公积　　　　　　　　　　3 000 000
　　该公司2018年年末"利润分配——未分配利润"科目余额为：80 000 000 + 60 000 000 - 9 000 000 = 131 000 000（元），该余额为贷方余额，表明企业累计未分配利润为13100万元。
　　（4）批准发放现金股利时。
　　借：利润分配——应付现金股利　　　　　20 000 000
　　　　贷：应付股利　　　　　　　　　　　（100 000 000 × 0.2）20 000 000
　　（5）2019年3月18日发放股票股利。
　　借：利润分配——转作股本的股利　　　　30 000 000
　　　　贷：股本　　　　　　　　　　　（100 000 000 × 1 × 30%）30 000 000

四、盈余公积的确认与计量

　　为了反映盈余公积形成及使用情况，企业应设置"盈余公积"科目。企业应当分别"法定盈余公积"和"任意盈余公积"进行明细核算。外商投资企业还应分别"储备基金""企业发展基金"进行明细核算。
　　企业提取盈余公积时，借记"利润分配——提取法定盈余公积""利润分配——提取任意盈余公积"科目，贷记"盈余公积——法定盈余公积""盈余公积——任意盈余公积"科目。
　　外商投资企业按规定提取储备基金、发展基金和职工奖励及福利基金时，借记"利润分配——提取储备基金""利润分配——提取企业发展基金""利润分配——提取职工奖励及福利基金"科目，贷记"盈余公积——储备基金""盈余公积——企业发展基金""盈余公积——应付职工薪酬"科目。
　　企业用盈余公积弥补亏损或转增资本时，借记"盈余公积"科目，贷记"利润分配——盈余公积补亏""实收资本"或"股本"科目。经股东大会决议，用盈余公积派送新股，按派送新股计算的股票面值总额，贷记"股本"科目。
　　【例13-11】　某公司以前年度累计未弥补亏损35万元，按照规定已超过了以税前利润弥补亏损的期间。本年公司董事会决议并经股东大会的批准，以盈余公积全额弥补以前年度未弥补亏损。
　　该公司进行账务处理时，应编制如下会计分录：
　　借：盈余公积　　　　　　　　　　　　　350 000
　　　　贷：利润分配——盈余公积补亏　　　　　　　　　　　　350 000
　　【例13-12】　某公司经批准同意，在本期将任意盈余公积40万元用于转增资本。该企业进行财务处理时，应编制如下会计分录：
　　借：盈余公积——任意盈余公积　　　　　400 000

    贷：股本   400 000

企业将盈余公积转增资本时，应当按照转增资本前的实收资本结构比例，将盈余公积转增资本的数额计入"实收资本"或"股本"科目下各所有者的明细账，相应增加各所有者对企业的资本投资。

五、弥补亏损的会计处理

企业在生产经营过程中既可能发生盈利，也有可能出现亏损。企业在当年发生亏损的情况下，与实现利润的情况相同，应当将本年发生的亏损自"本年利润"科目，转入"利润分配——未分配利润"科目，借记"利润分配——未分配利润"科目，贷记"本年利润"科目，结转后"利润分配"科目的借方余额，即为未弥补亏损的数额。然后通过"利润分配"科目核算有关亏损的弥补情况。

由于未弥补亏损形成的时间长短不同等原因，以前年度未弥补亏损有的可以以当年实现的税前利润弥补，有的则须用税后利润弥补。以当年实现的利润弥补以前年度结转的未弥补亏损，不需要进行专门的账务处理。企业应将当年实现的利润自"本年利润"科目，转入"利润分配——未分配利润"科目的贷方，其贷方发生额与"利润分配——未分配利润"的借方余额自然抵补。无论是以税前利润还是以税后利润弥补亏损，其会计处理方法均相同，所不同的只是两者计算交纳所得税时的处理不同而已。在以税前利润弥补亏损的情况下，其弥补的数额可以抵减当期企业应纳税所得额，而以税后利润弥补的数额，则不能作为纳税所得扣除处理。

【例 13-13】 某企业 2013 年发生亏损 120 万元。在年度终了时，企业应当结转本年发生的亏损，应编制如下会计分录：

    借：利润分配——未分配利润   1 200 000
        贷：本年利润   1 200 000

假设 2014 年至 2018 年，该企业每年均实现利润 20 万元。按照现行制度规定，企业在发生亏损以后的五年内可以以税前利润弥补亏损。该企业在 2014 年至 2018 年均可在税前弥补亏损。此时，该企业在 2014 年至 2018 年年度终了时，均应编制如下会计分录：

    借：本年利润   200 000
        贷：利润分配——未分配利润   200 000

2014 年至 2018 年各年度终了，按照上述会计分录的结果，2018 年"利润分配——未分配利润"科目期末余额为借方余额 20 万元，即 2019 年年未弥补亏损 20 万元。假设该企业 2019 年实现税前利润 40 万元，按现行制度规定，该企业只能用税后利润弥补以前年度亏损。在 2019 年年度终了时，该企业首先应当按照当年实现的税前利润计算交纳当年应负担的所得税，然后再将当期扣除计算交纳的所得税后的净利润，转入利润分配科目。在本例中，假设该企业适用的所得税税率为 25%，该企业在 2019 年年度计算交纳所得税时，其应纳税所得额为 40 万元，当年应交纳的所得税为 10（40×25%）万元。此时，该企业应编制如下会计分录：

(1) 计算交纳所得税。

    借：所得税费用   100 000
        贷：应交税费——应交所得税   100 000

借：本年利润 100 000
　　贷：所得税费用 100 000
（2）结转本年利润，弥补以前年度未弥补亏损。
借：本年利润 300 000
　　贷：利润分配——未分配利润 300 000
（3）上述核算的结果，该企业 2019 年"利润分配——未分配利润"科目的期末分配前的贷方余额为 100 000（−200 000 + 300 000）元。

◆◆ 本章小结 ◆◆

本章概述了所有者权益的定义、内容，以及与负债的区别；简述了股份有限公司的基本特征、股票的类别及特征；重点讨论了投入资本、资本公积、其他综合收益和留存收益的会计处理。

◆◆ 重点概念 ◆◆

所有者权益、普通股、优先股、实收资本、资本公积、其他综合收益、留存收益、盈余公积、未分配利润。

◆◆ 思 考 题 ◆◆

1. 所有者权益和负债有何区别？
2. 股票融资有何优缺点？
3. 比较有限责任公司和股份有限公司在实收资本方面的异同。
4. 留存收益的内容有哪些？各有什么用途？
5. 资本公积的内容有哪些？各自如何核算？它同实收资本和盈余公积有何联系与区别？

第十四章

收入、费用和利润

> **内容提要**：▲收入：收入的定义及分类、收入的确认和计量、关于合同成本、关于特定交易的会计处理
> ▲费用：费用的确认、期间费用
> ▲利润：利润的构成、营业外收支的会计处理、本年利润的会计处理
>
> **学习目的及要求**：通过本章学习要求掌握收入的相关概念、收入的确认与计量；熟悉合同成本、特定交易的会计处理、费用的确认、利润的构成及相关会计处理。

收入是利润的来源，因此，获取收入也是企业日常经营活动中最为主要的目标之一，通过获得的收入补偿为此而发生的支出，以获得一定的利润。为了规范收入的确认、计量与披露，许多国家以及 IASB 都制定了相关会计准则。我国也于 1998 年制定了《企业会计准则收入》和《企业会计准则建造合同》，2006 年财政部对其进行了修订即《CAS14 收入》和《CAS15 建造合同》。2017 年财政部又发布了修订后的《CAS14 收入》准则，全面取代了原收入和建造合同两项准则，以反映时代发展对收入准则的要求，同时也进一步与国际财务报告准则趋同。国际会计准则理事会（IASB）与美国财务会计准则委员会于 2014 年联合发布了修订后的收入准则，IASB 收入准则的名称为《国际财务报告准则第 15 号——与客户之间的合同产生的收入》（简称 IFRS15）。本章根据我国修订后的新收入准则进行编写，主要讨论收入的确认与计量问题。

第一节 收 入

一、收入的定义及其分类

《企业会计准则——基本准则》指出，收入是指企业在日常活动中形成的、会导致所有者权益增加的、与所有者投入资本无关的经济利益的总流入。其中，日常活动是指企业为完成其经营目标所从事的经常性活动以及与之相关的其他活动。工业企业制造并销售产品、商品流通企业销售商品、咨询公司提供咨询服务、软件公司为客户开发软件、安装公司提供安装服务、建筑企业提供建造服务等，均属于企业的日常活动。企业按照《CAS14 收入》的

要求确认收入的方式应当反映其向客户转让商品（或提供服务，以下简称转让商品）的模式，收入的金额应当反映企业因转让这些商品（或服务，以下简称商品）而预期有权收取的对价金额。

本章不涉及企业对外出租资产收取的租金、进行债权投资收取的利息、进行股权投资取得的现金股利、保险合同取得的保费收入等，这些内容将在其他相关章节讲述。企业以存货换取客户的存货、固定资产、无形资产以及长期股权投资等，按照《CAS14 收入》进行会计处理；其他非货币性资产交换，按照非货币性资产交换的规定进行会计处理。企业处置固定资产、无形资产等的，在确定处置时点以及计量处置损益时，按照本节的有关规定进行处理。

二、收入的确认和计量

《CAS14 收入》采用"五步法"模型确认和计量收入，这五步大致如下：

第一步，识别与客户订立的合同（identifying the contracts with customers）；

第二步，识别合同中的单项履约义务（identifying a single performance obligation in the contract）；

第三步，确定交易价格（determining the transaction price）；

第四步，将交易价格分摊至各单项履约义务（allocating the transaction price to a single performance obligations）；

第五步，履行各单项履约义务时确认收入（recognising revenue when the entity satisfies a performance obligation）。

其中，第一步、第二步和第五步主要与收入的确认有关，第三步和第四步主要与收入的计量有关。

（一）识别与客户订立的合同

所谓合同，是指双方或多方之间订立有法律约束力的权利义务的协议，包括书面形式、口头形式以及其他可验证的形式（如隐含于商业惯例或企业以往的习惯做法中等）。

1. 收入确认的原则

企业应当在履行了合同中的履约义务，即在客户取得相关商品控制权时确认收入，即采用"权利和义务转移"模型。取得相关商品控制权，是指能够主导该商品的使用并从中获得几乎全部的经济利益，也包括有能力阻止其他方主导该商品的使用并从中获得经济利益。

取得商品控制权包括能力、主导商品的使用及能够获得几乎全部的经济利益三个要素：

（1）能力，即客户必须拥有现时权利，能够主导该商品的使用并从中获得几乎全部经济利益。如果客户只能在未来的某一期间主导该商品的使用并从中获益，则表明其尚未取得该商品的控制权。

（2）主导该商品的使用。客户有能力主导该商品的使用，是指客户有权使用该商品，或者能够允许或阻止其他方使用该商品。

（3）能够获得几乎全部的经济利益。商品的经济利益，是指该商品的潜在现金流量，既包括现金流入的增加，也包括现金流出的减少。客户可以通过很多方式直接或间接地获得商品的经济利益，例如使用、消耗、出售或持有该商品、使用该商品提升其他资产的价值、以及将该商品用于清偿债务、支付费用或抵押等。

2. 收入确认的前提条件

企业与客户之间的合同同时满足下列条件的,企业应当在客户取得相关商品控制权时确认收入:(1)合同各方已批准该合同并承诺将履行各自义务;(2)该合同明确了合同各方与所转让的商品(或提供的服务,以下简称转让的商品)相关的权利和义务;(3)该合同有明确的与所转让的商品相关的支付条款;(4)该合同具有商业实质,即履行该合同将改变企业未来现金流量的风险、时间分布或金额;(5)企业因向客户转让商品而有权取得的对价很可能收回。

在进行上述判断时,需要注意以下三点:

第一,合同约定的权利和义务是否具有法律约束力,需要根据企业所处的法律环境和实务操作进行判断,包括合同订立的方式和流程、具有法律约束力的权利和义务的时间等。对于合同各方均有权单方面终止完全未执行的合同,且无需对合同其他方做出补偿的,企业应当视为该合同不存在。其中,完全未执行的合同,是指企业尚未向客户转让任何合同中承诺的商品,也尚未收取且尚未有权收取已承诺商品的任何对价的合同。

第二,合同具有商业实质,是指履行该合同将改变企业未来现金流量的风险、时间分布或金额。关于商业实质,应按照非货币性资产交换中有关商业实质说明进行判断。

第三,企业在评估其因向客户转让商品而有权取得的对价是否很可能收回时,仅应考虑客户到期时支付对价的能力和意图(即客户的信用风险)。企业在进行判断时,应当考虑是否存在价格折让。存在价格折让的,应当在估计交易价格时进行考虑。企业预期很可能无法收回全部合同对价时,应当判断其原因是客户的信用风险还是企业向客户提供了价格折让所致。

实务中,企业可能存在一组类似的合同,企业在对该组合同中的每一份合同进行评估时,均认为其合同对价很可能收回,但是根据历史经验,企业预计可能无法收回该组合同的全部对价。在这种情况下,企业应当认为这些合同满足"因向客户转让商品而有权取得的对价很可能收回"这一条件,并以此为基础估计交易价格。与此同时,企业应当考虑这些合同下确认的合同资产或应收款项是否存在减值。

【例14-1】 甲房地产开发公司与乙公司签订合同,向其销售一栋建筑物,合同价款为100万元。该建筑物的成本为60万元,乙公司在合同开始日即取得了该建筑物的控制权。根据合同约定,乙公司在合同开始日支付了5%的保证金5万元,并就剩余95%的价款与甲公司签订了不附追索权的长期融资协议,如果乙公司违约,甲公司可重新拥有该建筑物,即使收回的建筑物不能涵盖所欠款项的总额,甲公司也不能向乙公司索取进一步的赔偿。乙公司计划在该建筑物内开设一家餐馆。在该建筑物所在的地区,餐饮行业面临激烈的竞争,但乙公司缺乏餐饮行业的经营经验。

本例中,乙公司计划以该餐馆产生的收益偿还甲公司的欠款,除此之外并无其他的经济来源,乙公司也未对该笔欠款设定任何担保。如果乙公司违约,甲公司虽然可重新拥有该建筑物,但即使收回的建筑物不能涵盖所欠款项的总额,甲公司也不能向乙公司索取进一步的赔偿。因此,甲公司对乙公司还款的能力和意图存在疑虑,认为该合同不满足合同价款很可能收回的条件。甲公司应当将收到的5万元确认为一项负债。

对于不能同时满足上述收入确认的5个条件的合同,企业只有在不再负有向客户转让商品的剩余义务（例如合同已完成或取消），且已向客户收取的对价（包括全部或部分对价）无需退回时，才能将已收取的对价确认为收入；否则，应当将已收取的对价作为负债进行会计处理。其中，企业向客户收取无需退回的对价的，应当在已经将该部分对价所对应的商品的控制权转移给客户，并且已不再向客户转让额外的商品且不再负有此类义务时，将该部分对价确认为收入；或者，在相关合同已经终止时，将该部分对价确认为收入。

对于在合同开始日即满足上述收入确认条件的合同，企业在后续期间无需对其进行重新评估，除非有迹象表明相关事实和情况发生重大变化。对于不满足上述收入确认条件的合同，企业应当在后续期间对其进行持续评估，以判断其能否满足这些条件。企业如果在合同满足相关条件之前已经向客户转移了部分商品，当该合同在后续期间满足相关条件时，企业应当将在此之前已经转移的商品所分摊的交易价格确认为收入。通常情况下，合同开始日，是指合同开始赋予合同各方具有法律约束力的权利和义务的日期，即合同生效日。

需要说明的是，没有商业实质的非货币性资产交换，无论何时，均不应确认收入。从事相同业务经营的企业之间，为便于向客户或潜在客户销售而进行的非货币性资产交换（例如，两家石油公司之间相互交换石油，以便及时满足各自不同地点客户的需求），不应确认收入。

【例 14－2】 甲公司与乙公司签订合同，将一项专利技术授权给乙公司使用，并按其使用情况收取特许权使用费。甲公司评估认为，该合同在合同开始日满足合同确认收入的 5 个条件。该专利技术在合同开始日即授权给乙公司使用。在合同开始日后的第一年内，乙公司每季度向甲公司提供该专利技术的使用情况报告，并在约定的期间内支付特许权使用费。在合同开始日后的第二年内，乙公司继续使用该专利技术，但是乙公司的财务状况下滑，融资能力下降，可用现金不足，因此，乙公司仅按合同支付了当年第一季度的特许权使用费，而后三个季度仅按名义金额付款。在合同开始日后的第三年内，乙公司继续使用甲公司的专利技术，但是，甲公司得知，乙公司已经完全丧失了融资能力，且流失了大部分客户，因此，乙公司的付款能力进一步恶化，信用风险显著升高。

本例中，该合同在合同开始日满足收入确认的前提条件，因此，甲公司在乙公司使用该专利技术的行为发生时，按照约定的特许权使用费确认收入。合同开始日后的第二年，由于乙公司的信用风险升高，甲公司在确认收入的同时，按照金融资产减值的要求对乙公司的应收款项进行减值测试。合同开始日后的第三年，由于乙公司的财务状况恶化，信用风险显著升高，甲公司对该合同进行了重新评估，认为"企业因向客户转让商品而有权取得的对价很可能收回"这一条件不再满足，因此，甲公司不再确认特许权使用费收入，同时对现有应收款项是否发生减值继续进行评估。

上述有关企业与客户之间合同的会计处理是以单个合同为基础，为了便于实务操作，企业可以将本节要求应用于具有类似特征的合同组合，前提是企业能够合理预计，在该组合层面或者在该组合中的每一个合同层面应用上述要求进行会计处理，将不会对企业的财务报表产生显著不同的影响。对于具有类似特征的合同组合，企业也可以在确定退货率、坏账率、合同存续期间等方面运用组合法进行估计。

企业与同一客户（或该客户的关联方）同时订立或在相近时间内先后订立的两份或多份合同，在满足下列条件之一时，应当合并为一份合同进行会计处理：(1) 该两份或多份合同基于同一商业目的而订立并构成一揽子交易，如一份合同在不考虑另一份合同的对价的情况下将会发生亏损；(2) 该两份或多份合同中的一份合同的对价金额取决于其他合同的定价或履行情况,如一份合同如果发生违约,将会影响另一份合同的对价金额;(3)该两份或多份合同中所承诺的商品(或每份合同中所承诺的部分商品)构成单项履约义务,两份或多份合同合并为一份合同进行会计处理的,仍然需要区分该一份合同中包含的各单项履约义务。

3. 合同变更(contract modifications)

所谓合同变更,是指经合同各方同意对原合同范围或价格(或两者)做出的变更。企业应当区分下列三种情形对合同变更分别进行会计处理:

(1)合同变更部分作为单独合同进行会计处理的情形。合同变更增加了可明确区分的商品及合同价款,且新增合同价款反映了新增商品单独售价的,应当将该合同变更作为一份单独的合同进行会计处理。判断新增合同价款是否反映了新增商品的单独售价时,应当考虑为反映该特定合同的具体情况而对新增商品价格所做适当调整。例如,在合同变更时,企业由于无需发生为发展新客户等所需发生的相关销售费用,可能会向客户提供一定的折扣,从而在新增商品单独售价的基础上予以适当调整。

(2)合同变更作为原合同终止及新合同订立进行会计处理的情形。合同变更不属于上述第(1)种情形,且在合同变更日已转让商品与未转让商品之间可明确区分的,应当视为原合同终止,同时,将原合同未履约部分与合同变更部分合并为新合同进行会计处理。新合同的交易价格应当为下列两项金额之和:一是原合同交易价格中尚未确认为收入的部分(包括已从客户收取的金额);二是合同变更中客户已承诺的对价金额。

【例14-3】 A公司与客户签订合同,每周为客户的办公楼提供保洁服务,合同期限为三年,客户每年向A公司支付服务费10万元(假定该价格反映了合同开始日该项服务的单独售价)。在第二年末,合同双方对合同进行了变更,将第三年的服务费调整为8万元(假定该价格反映了合同变更日该项服务的单独售价),同时以20万元的价格将合同期限延长三年(假定该价格不反映合同变更日该三年服务的单独售价),即每年的服务费为6.67万元,于每年年初支付。上述价格均不包含增值税。

本例中,在合同开始日,A公司认为其每周为客户提供的保洁服务是可明确区分的,但由于A公司向客户转让的是一系列实质相同且转让模式相同的、可明确区分的服务,因此将其作为单项履约义务(见后文)。在合同开始的前两年,即合同变更之前,A公司每年确认收入10万元。在合同变更日,由于新增的三年保洁服务的价格不能反映该项服务在合同变更时的单独售价,因此,该合同变更不能作为单独的合同进行会计处理,由于在剩余合同期间需提供的服务与已提供的服务是可明确区分的,A公司应当将该合同变更作为原合同终止,同时,将原合同中未履约的部分与合同变更合并为一份新合同进行会计处理。该新合同的合同期限为四年,对价为28万元,即原合同下尚未确认收入的对价8万元与新增的三年服务相应的对价20万元之和,新合同中A公司每年确认的收入为7(28÷4)万元。

(3)合同变更部分作为原合同的组成部分进行会计处理的情形。合同变更不属于上述第(1)种情形,且在合同变更日已转让商品与未转让商品之间不可明确区分的,应当将该合同变更部分作为原合同的组成部分,在合同变更日重新计算履约进度,并调整当期收入和相应成本等。

【例14-4】 2019年1月10日,乙建筑公司和客户签订了一项总金额为1 000万元的固定造价合同,在客户自有土地上建造一幢办公楼,预计合同总成本为700万元。假定该建造服务属于在某一时段内履行的履约义务,并根据累计发生的合同成本占合同预计总成本的比例确定履约进度。截至2019年末,乙公司累计已发生成本420万元,履约进度为60%(420÷700)。因此,乙公司在2019年确认收入600(1 000×60%)万元。

2020年初,合同双方同意更改该办公楼屋顶的设计,合同价格和预计总成本因此而分别增加200万元和120万元。

在本例中,由于合同变更后拟提供的剩余服务与在合同变更日或之前已提供的服务不可明确区分(即该合同仍为单项履约义务),因此,乙公司应当将合同变更作为原合同的组成部分进行会计处理。合同变更后的交易价格为1 200(1 000+200)万元,乙公司重新估计的履约进度为51.2%〔420÷(700+120)〕,乙公司在合同变更日应额外确认收入14.4(51.2%×1 200-600)万元。

如果在合同变更日未转让商品为上述第(2)和第(3)种情形的组合,企业应当按照上述第(2)或第(3)种情形中更为恰当的一种方式对合同变更后尚未转让(或部分未转让)商品进行会计处理。

(二) 识别合同中的单项履约义务 (a performance obligation)

合同开始日,企业应当对合同进行评估,识别该合同所包含的各单项履约义务,并确定各单项履约义务是在某一时段内履行,还是在某一时点履行,然后,在履行了各单项履约义务时分别确认收入。履约义务,是指合同中企业向客户转让可明确区分商品的承诺。企业应当将下列向客户转让商品的承诺作为单项履约义务。

1. 企业向客户转让可明确区分商品(或者商品或服务的组合)的承诺

企业向客户承诺的商品同时满足下列条件的,应当作为可明确区分商品(distinct goods or services):(1)客户能够从该商品本身或者从该商品与其他易于获得的资源一起使用中受益,即该商品能够明确区分;(2)企业向客户转让该商品的承诺与合同中其他承诺可单独区分,即转让该商品的承诺在合同中是可明确区分的。例如企业通常会单独销售该商品等。需要特别指出的是,在评估某项商品是否能够明确区分时,应当基于该商品自身的特征,而与客户可能使用该商品的方式无关。因此,企业无需考虑合同中可能存在的阻止客户从其他来源取得相关资源的限制性条款。

企业确定了商品本身能够明确区分后,还应当在合同层面继续评估转让该商品(或提供该服务,以下简称转让该商品)的承诺是否与合同中其他承诺彼此之间可明确区分。下列三种情形通常表明企业向客户转让该商品的承诺与合同中的其他承诺不可明确区分:

第一,企业需提供重大的服务以将该商品与合同中承诺的其他商品进行整合,形成合同约定的某个或某些组合产出转让给客户。例如,企业为客户建造写字楼的合同中,企业向客户提供的砖头、水泥、人工等都能够使客户获益,但是,在该合同下,企业对客户承诺的是为其建造一栋写字楼,而并非提供这些砖头、水泥和人工等,企业需提供重大的服务将这些商品或服务进行整合,以形成合同约定的一项组合产出(即写字楼)转让给客户。因此,在该合同中,砖头、水泥和人工等商品或服务彼此之间不能单独区分。

第二,该商品将对合同中承诺的其他商品予以重大修改或定制。例如,企业承诺向客户提供其开发的一款现有软件,并提供安装服务,虽然该软件无需更新或技术支持也可直接使用,但是企业在安装过程中需要在该软件现有基础上对其进行定制化的重大修改,以使其能够与客户现有的信息系统相兼容。此时，转让软件的承诺与提供定制化重大修改的承诺在合同层面是不可明确区分的。

第三，该商品与合同中承诺的其他商品具有高度关联性。也就是说，合同中承诺的每一单项商品均受到合同中其他商品的重大影响。例如，企业承诺为客户设计一种新产品并负责生产10个样品，企业在生产和测试样品的过程中需要对产品的设计进行不断的修正，导致已生产的样品均可能需要进行不同程度的返工。此时，企业提供的设计服务和生产样品的服务是不断交替反复进行的，二者高度关联，因此，在合同层面是不可明确区分的。

需要说明的是，企业向客户销售商品时，往往约定企业需要将商品运送至客户指定的地点。通常情况下，商品控制权转移给客户之前发生的运输活动不构成单项履约义务；相反，商品控制权转移给客户之后发生的运输活动可能表明企业向客户提供了一项运输服务，企业应当考虑该项服务是否构成单项履约义务。

【例14-5】 甲公司与乙公司签订合同，向其销售一批产品，并负责将该批产品运送至乙公司指定的地点，甲公司承担相关的运输费用。假定销售该产品属于在某一时点履行的履约义务，且控制权在出库时转移给乙公司。

本例中，甲公司向乙公司销售产品，并负责运输。该批产品在出库时，控制权转移给乙公司。在此之后，甲公司为将产品运送至乙公司指定的地点而发生的运输活动，属于为乙公司提供了一项运输服务。如果该运输服务构成单项履约义务，且甲公司是运输服务的主要责任人。甲公司应当按照分摊至该运输服务的交易价格确认收入。

【例14-6】 甲公司与乙公司签订合同，向其销售一批产品，并负责将该批产品运送至乙公司指定的地点，甲公司承担相关的运输费用。假定销售该产品属于在某一时点履行的履约义务，且控制权在送达乙公司指定地点时转移给乙公司。

本例中，甲公司向乙公司销售产品，并负责运输。该批产品在送达乙公司指定地点时，控制权转移给乙公司。由于甲公司的运输活动是在产品的控制权转移客户之前发生的，因此不构成单项履约义务，而是甲公司为履行合同发生的必要活动。

2. 企业向客户转让一系列实质相同且转让模式相同的、可明确区分商品的承诺

企业应当将实质相同且转让模式相同的一系列商品作为单项履约义务，即使这些商品可明确区分。其中，转让模式相同，是指每一项可明确区分商品均满足在某一时段内履行履约义务的条件，且采用相同方法确定其履约进度，例如每天为客户提供保洁服务的长期劳务合同等。企业在判断所转让的一系列商品是否实质相同时，应当考虑合同中承诺的性质，如果企业承诺的是提供确定数量的商品，那么需要考虑这些商品本身是否实质相同；如果企业承诺的是在某一期间内随时向客户提供某项服务，则需要考虑企业在该期间内的各个时间段（如每天或每小时）的承诺是否相同，而并非具体的服务行为本身，例如，企业向客户提供2年的酒店管理服务，具体包括保洁、维修、安保等，但没有具体的服务次数或时间的要求，尽管企业每天提供的具体服务不一定相同，但是企业每天对于客户的承诺都是相同的，因此，该服务符合"实质相同"的条件。

企业为履行合同而应开展的初始活动，通常不构成履约义务，除非该活动向客户转让了承诺的商品。例如，某俱乐部为注册会员建立档案，该活动并未向会员转让承诺的商品，因此不构成单项履约义务。

(三) 确定交易价格

交易价格，是指企业因向客户转让商品而预期有权收取的对价（consideration）金额。企业代第三方收取的款项（例如增值税）以及企业预期将退还给客户的款项，应当作为负债进行会计处理，不计入交易价格。合同标价并不一定代表交易价格，企业应当根据合同条款，并结合以往的习惯做法等确定交易价格。企业在确定交易价格时，应当假定将按照现有合同的约定向客户转让商品，且该合同不会被取消、续约或变更。

1. 可变对价（variable consideration）

企业与客户的合同中约定的对价金额可能会因折扣（discounts）、价格折让（price concessions）、返利（rebates）、退款（refunds）、奖励积分（credits）、激励措施（incentives）、业绩奖金（performance bonuses）、索赔（penalties）等因素而变化。此外，根据一项或多项或有事项的发生而收取不同对价金额的合同，也属于可变对价的情形。企业在判断合同中是否存在可变对价时，不仅应当考虑合同条款的约定，还应当考虑下列情况：一是根据企业已公开宣布的政策、特定声明或者以往的习惯做法等，客户能够合理预期企业将会接受低于合同约定的对价金额，即企业会以折扣、返利等形式提供价格折让；二是其他相关事实和情况表明企业在与客户签订合同时即意图向客户提供价格折让。合同中存在可变对价的，企业应当对计入交易价格的可变对价进行估计。

(1) 可变对价最佳估计数的确定。企业应当按照期望值（expected value）或最可能发生金额（most likely amount）确定可变对价的最佳估计数。企业所选择的方法应当能够更好地预测其有权收取的对价金额，并且对于类似的合同，应当采用相同的方法进行估计。对于某一事项的不确定性对可变对价金额的影响，企业应当在整个合同期间一致地采用同一种方法进行估计。但是，当存在多个不确定性事项均会影响可变对价金额时，企业可以采用不同的方法对其进行估计。期望值是按照各种可能发生的对价金额及相关概率（probability-weighted）计算确定的金额。如果企业拥有大量具有类似特征的合同，并估计可能产生多个结果时，通常按照期望值估计可变对价金额。最可能发生金额是一系列可能发生的对价金额中最可能发生的单一金额，即合同最可能产生的单一结果。当合同仅有两个可能结果时，通常按照最可能发生金额估计可变对价金额。

(2) 计入交易价格的可变对价金额的限制（constraining estimates of variable consideration）。企业按照期望值或最可能发生金额确定可变对价金额之后，计入交易价格的可变对价金额还应该满足限制条件，即包含可变对价的交易价格，应当不超过在相关不确定性消除时，累计已确认的收入极可能（highly probable）不会发生重大转回的金额。企业在评估是否极可能不会发生重大转回时，应当同时考虑收入转回的可能性及其比重。其中，"极可能"发生的概率应远高于"很可能 possible（即可能性超过50%）"，但不要求达到"基本确定（即可能性超过95%）"，其目的是为了避免因为一些不确定性因素的发生导致之前已经确认的收入发生转回；在评估收入转回金额的比重时，应同时考虑合同中包含的固定对价和可变对价，即可能发生的收入转回金额相对于合同总对价（包括固定对价和可变对价）的比重。企业应当将满足上述限制条件的可变对价的金额，计入交易价格。需要说明的是，将可变对价计入交易价格的限制条件不适用于企业向客户授予知识产权许可（licence of intellectual property）并约定按客户实际销售（sales-based royalty）或使用情况（usage-based

royalty）收取特许权使用费的情况。

每一资产负债表日，企业应当重新估计应计入交易价格的可变对价金额，包括重新评估将估计的可变对价计入交易价格是否受到限制，以如实反映报告期末存在的情况以及报告期内发生的情况变化。

【例14-7】 2018年10月1日，甲公司签订合同，为一只股票型基金提供资产管理服务，合同期限为3年。甲公司所能获得的报酬包括两部分：一是每季度按照季度末该基金净值的1%收取管理费，该管理费不会因基金净值的后续变化而调整或被要求退回；二是该基金在3年内的累计回报如果超过10%，则乙公司可以获得超额回报部分的20%作为业绩奖励。在2018年12月31日，该基金的净值为5亿元。假定不考虑相关税费影响。

本例中，甲公司在该项合同中收取的管理费和业绩奖励均为可变对价，其金额极易受到股票价格波动的影响，这是在甲公司影响范围之外的，虽然甲公司过往有类似合同的经验，但是该经验在确定未来市场表现方面并不具有预测价值。因此，在合同开始日，甲公司无法对其能够收取的管理费和业绩奖励进行估计，不满足累计已确认的收入金额极可能不会发生重大转回的条件。

2018年12月31日，甲公司重新估计该合同的交易价格时，影响该季度管理费收入金额的不确定性已经消除，甲公司确认管理费收入500万元（5亿元×1%）。甲公司未确认业绩奖励收入，这是因为，该业绩奖励仍然会受到基金未来累计回报的影响，有关将可变对价计入交易价格的限制条件仍然没有得到满足。甲公司应当在后续的每一资产负债表日，估计业绩奖励是否满足上述条件，以确定其收入金额。

2. 合同中存在的重大融资成分（the existence of a significant financing component in the contract）

当合同各方以在合同中（或者以隐含的方式）约定的付款时间为客户或企业就该交易提供了重大融资利益时，合同中即包含了重大融资成分，例如企业以赊销的方式销售商品等。合同中存在重大融资成分的，企业应当按照假定客户在取得商品控制权时即以现金支付的应付金额（即现销价格）确定交易价格。在评估合同中是否存在融资成分以及该融资成分对于该合同而言是否重大时，企业应当考虑所有相关的事实和情况，包括：（1）已承诺的对价金额与已承诺商品的现销价格之间的差额；（2）下列两项的共同影响，一是企业将承诺的商品转让给客户与客户支付相关款项之间的预计时间间隔，二是相关市场的现行利率。

表明企业与客户之间的合同未包含重大融资成分的情形有：（1）客户就商品支付了预付款，且可以自行决定这些商品的转让时间（例如，企业向客户出售其发行的储值卡，客户可随时到该企业持卡购物；企业向客户授予奖励积分，客户可随时到该企业兑换这些积分等）；（2）客户承诺支付的对价中有相当大的部分是可变的，该对价金额或付款时间取决于某一未来事项是否发生，且该事项实质上不受客户或企业控制（例如，按照实际销量收取的特许权使用费）；（3）合同承诺的对价金额与现销价格之间的差额是由于向客户或企业提供融资利益以外的其他原因所导致的，且这一差额与产生该差额的原因是相称的（例如，合同约定的支付条款目的是向企业或客户提供保护，以防止另一方未能依照合同充分履行其部分或全部义务）。

需要说明的是，企业应当在单个合同层面考虑融资成分是否重大，而不应在合同组合层面考虑。合同中存在重大融资成分的,企业在确定该重大融资成分的金额时,应使用将合同对价的名义金额折现为商品的现销价格的折现率。该折现率一经确定,不得因后续市场利率或客户信用风险等情况的变化而变更。企业确定的交易价格与合同承诺的对价金额之间的差额,应当在合同期间内采用实际利率法摊销。

为简化实务操作,如果在合同开始日,企业预计客户取得商品控制权与客户支付价款间隔不超过一年的,可以不考虑合同中存在的重大融资成分。企业应当对类似情形下的类似合同一致地应用这一简化处理方法。

3. 非现金对价(non-cash consideration)

非现金对价包括实物资产、无形资产、股权、客户提供的广告服务等。客户支付非现金对价的,通常情况下,企业应当按照非现金对价在合同开始日的公允价值确定交易价格。非现金对价公允价值不能合理估计的,企业应当参照其承诺向客户转让商品的单独售价间接确定交易价格。

非现金对价的公允价值可能会因对价的形式而发生变动(例如,企业有权向客户收取的对价是股票,股票本身的价格会发生变动),也可能会因为其形式以外的原因而发生变动。合同开始日后,非现金对价的公允价值因对价形式以外的原因而发生变动的,应当作为可变对价,按照与计入交易价格的可变对价金额的限制条件相关的规定进行处理;合同开始日后,非现金对价的公允价值因对价形式而发生变动的,该变动金额不应计入交易价格。

4. 应付客户对价(consideration payable to a customer)

企业存在应付客户对价的,应当将该应付对价冲减交易价格,但应付客户对价是为了自客户取得其他可明确区分商品的除外。企业应付客户对价是为了向客户取得其他可明确区分商品的,应当采用与企业其他采购相一致的方式确认所购买的商品。企业应付客户对价超过向客户取得可明确区分商品公允价值的,超过金额应当冲减交易价格。向客户取得的可明确区分商品公允价值不能合理估计的,企业应当将应付客户对价全额冲减交易价格。在将应付客户对价冲减交易价格处理时,企业应当在确认相关收入与支付(或承诺支付)客户对价二者孰晚的时点冲减当期收入。

(四)将交易价格分摊至各单项履约义务(allocating the transaction price to performance obligations)

当合同中包含两项或多项履约义务时,为了使企业分摊至每一单项履约义务(each performance obligation)的交易价格能够反映其因向客户转让已承诺的相关商品(或提供已承诺的相关服务)而预期有权收取的对价金额,企业应当在合同开始日,按照各单项履约义务所承诺商品的单独售价的相对比例,将交易价格分摊至各单项履约义务即单独售价法(stand-alone selling price basis)。

单独售价(stand-alone selling price),是指企业向客户单独销售商品的价格。单独售价无法直接观察的,企业应当综合考虑其能够合理取得的全部相关信息,采用市场调整法、成本加成法、余值法等方法合理估计单独售价。市场调整法(adjusted market assessment approach),是指企业根据某商品或类似商品的市场售价,考虑本企业的成本和毛利等进行适当调整后,确定其单独售价的方法。成本加成法(expected cost plus a margin approach),是指企业根据某商品的预计成本加上其合理毛利（appropriate margin）后的价格，确定其单独售价的方法。余值法（residual approach），是指企业根据合同交易价格减去合同中其他商品可观察的单独售价后的余值，确定某商品单独售价的方法。企业应当最大限度地采用可观察的输入值，并对类似的情况采用一致的估计方法。企业在商品近期售价波动幅度巨大，或者因未定价且未曾单独销售而使售价无法可靠确定时，可采用余值法估计其单独售价。

【例 14-8】 2019年3月1日，甲公司与客户签订合同，向其销售A、B两项商品，A商品的单独售价为6 000元，B商品的单独售价为24 000元，合同价款为25 000元。合同约定，A商品于合同开始日交付，B商品在一个月之后交付，只有当两项商品全部交付之后，甲公司才有权收取25 000元的合同对价。假定A商品和B商品分别构成单项履约义务，其控制权在交付时转移给客户。上述价格均不包含增值税，且假定不考虑相关税费影响。

本例中，分摊至A商品的合同价款为5 000 [6 000÷（6 000+24 000）×25 000] 元，分摊至B商品的合同价款为20 000 [24 000÷（6 000+24 000）×25 000] 元。甲公司的账务处理如下：

（1）交付A商品时：
借：合同资产　　　　　　　　　　　　　　　　5 000
　　贷：主营业务收入　　　　　　　　　　　　　　　　　5 000

（2）交付B商品时：
借：应收账款　　　　　　　　　　　　　　　　25 000
　　贷：合同资产　　　　　　　　　　　　　　　　　　　5 000
　　　　主营业务收入　　　　　　　　　　　　　　　　　20 000

合同资产（contract asset）❶，是指企业已向客户转让商品而有权收取对价的权利，且该权利取决于时间流逝之外的其他因素。应收款项是企业无条件收取合同对价的权利，该权利应当作为应收款项单独列示。二者的区别在于，应收款项代表的是无条件收取合同对价的权利，即企业仅仅随着时间的流逝即可收款，而合同资产并不是一项无条件收款权，该权利除了时间流逝之外，还取决于其他条件（例如履行合同中的其他履约义务）才能收取相应的合同对价。因此，与合同资产和应收款项相关的风险是不同的，应收款项仅承担信用风险，而合同资产除信用风险之外，还可能承担其他风险，如履约风险等。合同资产减值的计量、列报和披露应当按照相关金融工具准则的要求进行会计处理。

1. 分摊合同折扣（allocation of a discount）

合同折扣，是指合同中各单项履约义务所承诺商品的单独售价之和高于合同交易价格的金额。对于合同折扣，企业应当在各单项履约义务之间按比例分摊。有确凿证据表明合同折扣仅与合同中一项或多项（而非全部）履约义务相关的，企业应当将该合同折扣分摊至相关一项或多项履约义务。

同时满足下列条件时，企业应当将合同折扣全部分摊至合同中的一项或多项（而非全部）履约义务：（1）企业经常将该合同中的各项可明确区分的商品单独销售或者以组合的方式单独销售；（2）企业也经常将其中部分可明确区分的商品以组合的方式按折扣价格单

---

❶IFRA15: An entity's right to consideration in exchange for goods or services that the entity has transferred to a customer when that right is conditioned on something other than the passage of time (for example, the entity's future performance).

独销售;(3) 上述第(2) 项中的折扣与该合同中的折扣基本相同,且针对每一组合中的商品的分析为将该合同的全部折扣归属于某一项或多项履约义务提供了可观察的证据。有确凿证据表明合同折扣仅与合同中的一项或多项(而非全部)履约义务相关,且企业采用余值法估计单独售价的,企业应当首先在该一项或多项(而非全部)履约义务之间分摊合同折扣,然后再采用余值法估计单独售价。

【例 14-9】 甲公司与客户签订合同,向其销售 A、B、C 三种产品,合同总价款为 120 万元,这三种产品构成 3 个单项履约义务。企业经常单独出售 A 产品,其可直接观察的单独售价为 50 万元;B 产品和 C 产品的单独售价不可直接观察,企业采用市场调整法估计 B 产品的单独售价为 25 万元,采用成本加成法估计 C 产品的单独售价为 75 万元。甲公司经常以 50 万元的价格单独销售 A 产品,并且经常将 B 产品和 C 产品组合在一起以 70 万元的价格销售。假定上述价格均不包含增值税。

本例中,这三种产品的单独售价合计为 150 万元,而该合同的价格为 120 万元,因此该合同的折扣为 30 万元。由于甲公司经常将 B 产品和 C 产品组合在一起以 70 万元的价格销售,该价格与其单独售价的差额为 30 万元,与该合同的折扣一致,而 A 产品单独销售的价格与其单独售价一致,证明该合同的折扣仅应归属于 B 产品和 C 产品。因此,在该合同下,分摊至 A 产品的交易价格为 50 万元,分摊至 B 产品和 C 产品的交易价格合计为 70 万元,甲公司应当进一步按照 B 产品和 C 产品的单独售价的相对比例将该价格在二者之间进行分摊。因此,各产品分摊的交易价格分别为:A 产品为 50 万元,B 产品为 17.5 [25÷(25+75)×70] 万元,C 产品为 52.5 [75÷(25+75)×70] 万元。

2. 分摊可变对价(allocation of variable consideration)

合同中包含可变对价的,该可变对价可能与整个合同相关,也可能仅与合同中的某一特定组成部分有关,后者包括两种情形:一是可变对价可能与合同中的一项或多项(而非全部)履约义务有关;二是可变对价可能与企业向客户转让的构成单项履约义务的一系列可明确区分商品中的一项或多项(而非全部)商品有关。

同时满足下列条件的,企业应当将可变对价及可变对价的后续变动额全部分摊至与之相关的某项履约义务,或者构成单项履约义务的一系列可明确区分商品中的某项商品:(1) 可变对价的条款专门针对企业为履行该项履约义务或转让该项可明确区分商品所做的努力(或者是履行该项履约义务或转让该项可明确区分商品所导致的特定结果);(2) 企业在考虑了合同中的全部履约义务及支付条款后,将合同对价中的可变金额全部分摊至该项履约义务或该项可明确区分商品符合分摊交易价格的目标。对于不满足上述条件的可变对价及可变对价的后续变动额,以及可变对价及变动额中未满足上述条件的剩余部分,企业应当按照分摊交易价格的一般原则,将其分摊至合同中的各单项履约义务。对于已履行的履约义务,其分摊的可变对价后续变动额应当调整变动当期的收入。

【例 14-10】 甲公司与乙公司签订合同,将其拥有的两项专利技术 X 和 Y 授权给乙公司使用。假定两项授权均构成单项履约义务,且都属于在某一时点履行的履约义务。合同约定,授权使用 X 的价格为 80 万元,授权使用 Y 的价格为乙公司使用该专利技术所生产的产品销售额的 3%。X 和 Y 的单独售价分别为 80 万元和 100 万元。甲公司估计其就授权使用 Y 而有权收取的特评权使用费为 100 万元。假定上述价格均不包含增值税。

本例中,该合同中包含固定对价和可变对价,其中,授权使用 X 的价格为固定对价,且与其单独售价一致,授权使用 Y 的价格为乙公司使用该专利技术所生产的产品销售额的 3%,属于可变对价,该可变对价全部与授权使用 Y 能够收取的对价有关,且甲公司估计基于实际销售情况收取的特许权使用费的金额接近 Y 的单独售价。因此,甲公司将可变对价部分的特许权使用费金额全部由 Y 承担符合交易价格的分摊目标。

3. 交易价格的后续变动(subsequent changes in the transaction price)

交易价格发生后续变动的,企业应当按照在合同开始日所采用的基础将该后续变动金额分摊至合同中的履约义务。企业不得因合同开始日之后单独售价的变动而重新分摊交易价格。对于合同变更导致的交易价格后续变动,应当按照有关合同变更的要求进行会计处理。合同变更之后发生可变对价后续变动的,企业应当区分下列三种情形分别进行会计处理:

(1) 合同变更属于本节合同变更第(1)规定情形的,企业应当判断可变对价后续变动与哪一项合同相关,并按照分摊可变对价的相关规定进行会计处理。

(2) 合同变更属于本节合同变更第(2)规定情形,且可变对价后续变动与合同变更前已承诺可变对价相关的,企业应当首先将该可变对价后续变动额以原合同开始日确定的单独售价为基础进行分摊,然后再将分摊至合同变更日尚未履行履约义务的该可变对价后续变动额以新合同开始日确定的基础进行二次分摊。

(3) 合同变更之后发生除上述第(1)和(2)种情形以外的可变对价后续变动的,企业应当将该可变对价后续变动额分摊至合同变更日尚未履行(或部分未履行)的履约义务。

【例14-11】 2018 年 9 月 1 日,甲公司与乙公司签订合同,向其销售 A 产品和 B 产品。A 产品和 B 产品均为可明确区分商品,其单独售价相同,且均属于在某一时点履行的履约义务。合同约定,A 产品和 B 产品分别于 2018 年 11 月 1 日和 2019 年 3 月 31 日交付给乙公司。合同约定的对价包括 1 000 元的固定对价和估计金额为 200 元的可变对价。假定甲公司将 200 元的可变对价计入交易价格,满足有关将可变对价金额计入交易价格的限制条件。因此,该合同的交易价格为 1 200 元。假定上述价格均不包含增值税。

2018 年 12 月 1 日,双方对合同范围进行了变更,乙公司向甲公司额外采购 C 产品,合同价格增加 300 元,C 产品与 A、B 两种产品可明确区分,但该增加的价格不反映 C 产品的单独售价。C 产品的单独售价与 A 产品和 B 产品相同。C 产品将于 2019 年 6 月 30 日交付给乙公司。2018 年 12 月 31 日,企业预计有权收取的可变对价的估计金额由 200 元变更为 240 元,该金额符合计入交易价格的条件。因此,合同的交易价格增加了 40 元,且甲公司认为该增加额与合同变更前已承诺的可变对价相关。假定上述三种产品的控制权均随产品交付而转移给乙公司。

本例中,在合同开始日,该合同包含两个单项履约义务,甲公司应当将估计的交易价格分摊至这两项履约义务。由于两种产品的单独售价相同,且可变对价不符合分摊至其中一项履约义务的条件,因此,甲公司将交易价格 1 200 元平均分摊至 A 产品和 B 产品,即 A 产品和 B 产品各自分摊的交易价格均为 600 元。

2018 年 11 月 1 日,当 A 产品交付给客户时,甲公司相应确认收入 600 元。

2018 年 12 月 1 日,双方进行了合同变更。该合同变更属于本节合同变更的第(2)种情形,因此该合同变更应当作为原合同终止,并将原合同的未履约部分与合同变更部分合并为新合同进行会计处理。在该新合同下,合同的交易价格为 900(600+300)元,由于 B 产品和 C 产品的单独售价相同,分摊至 B 产品和 C 产品的交易价格的金额均为 450 元。

2018年12月31日，甲公司重新估计可变对价，增加了交易价格40元。由于该增加额与合同变更前已承诺的可变对价相关，因此应首先将该增加额分摊给A产品和B产品，之后再将分摊给B产品的部分在B产品和C产品形成的新合同中进行二次分摊。在本例中，由于A、B和C产品的单独售价相同，在将40元的可变对价后续变动分摊至A产品和B产品时，各自分摊的金额为20元。由于甲公司已经转让了A产品，在交易价格发生变动的当期即应将分摊至A产品的20元确认为收入。之后，甲公司将分摊至B产品的20元平均分摊至B产品和C产品，即各自分摊的金额为10元，经过上述分摊后，B产品和C产品的交易价格金额均为460元（450元+10元）。因此，甲公司分别在B产品和C产品控制权转移时确认收入460元。

（五）履行每一单项履约义务时确认收入

企业应当在履行了合同中的履约义务，即客户取得相关商品控制权时确认收入。企业应当根据实际情况，首先判断履约义务是否满足在某一时段内履行的条件，如不满足，则该履约义务属于在某一时点履行的履约义务。对于在某一时段内履行的履约义务，企业应当选取恰当的方法来确定履约进度；对于在某一时点履行的履约义务，企业应当综合分析控制权转移的迹象，判断其转移时点。

1. 在某一时段内履行的履约义务的收入确认条件

满足下列条件之一的，属于在某一时段内履行的履约义务，相关收入应当在该履约义务履行的期间内确认：

（1）客户在企业履约的同时即取得并消耗企业履约所带来的经济利益。企业在履约过程中是持续地向客户转移该服务的控制权的，该履约义务属于在某一时段内履行的履约义务，企业应当在提供该服务的期间内确认收入。企业在进行判断时，可以假定在企业履约的过程中更换为其他企业继续履行剩余履约义务，如果该继续履行合同的企业实质上无需重新执行企业累计至今已经完成的工作，则表明客户在企业履约的同时即取得并消耗了企业履约所带来的经济利益。例如，企业承诺将客户的一批货物从A市运送到B市，假定该批货物在途经C市时，由另外一家运输公司接替企业继续提供该运输服务，由于A市到C市之间的运输服务是无需重新执行的，因此，表明客户在企业履约的同时即取得并消耗了企业履约所带来的经济利益，因此，企业提供的运输服务属于在某一时段内履行的履约义务。企业在判断其他企业是否实质上无需重新执行企业累计至今已经完成的工作时，应当基于以下两个前提：一是不考虑可能会使企业无法将剩余履约义务转移给其他企业的潜在限制，包括合同限制或实际可行性限制；二是假设继续履行剩余履约义务的其他企业将不会享有企业目前已控制的任何资产的利益，也不会享有剩余履约义务转移后企业仍然控制的任何资产的利益。

（2）客户能够控制企业履约过程中在建的商品。企业在履约过程中创建的商品包括在产品、在建工程、尚未完成的研发项目、正在进行的服务等，如果客户在企业创建该商品的过程中就能够控制这些商品，应当认为企业提供该商品的履约义务属于在某一时段内履行的履约义务。

【例14-12】 企业与客户签订合同，在客户拥有的土地上按照客户的设计要求为其建造厂房。在建造过程中客户有权修改厂房设计，并与企业重新协商设计变更后的合同价款。客户每月末按当月工程进度向企业支付工程款。如果客户终止合同，已完成建造部分的厂房归客户所有。

本例中,企业为客户建造厂房,该厂房位于客户的土地上,客户终止合同时,已建造的厂房归客户所有。这些均表明客户在该厂房建造的过程中就能够控制该在建的厂房。因此,企业提供的该建造服务属于在某一时段内履行的履约义务,企业应当在提供该服务的期间内确认收入。

(3) 企业履约过程中所产出的商品具有不可替代用途,且该企业在整个合同期间内有权就累计至今已完成的履约部分收取款项。

①商品具有不可替代用途。在判断商品是否具有不可替代用途时,企业既应当考虑合同限制,也应当考虑实际可行性限制,但无需考虑合同被终止的可能性。企业在判断商品是否具有不可替代用途时,需要注意以下四点:

一是企业应当在合同开始日判断所承诺的商品是否具有不可替代用途。在此之后,除非发生合同变更,且该变更显著改变了原合同约定的履约义务,否则,企业无需重新进行评估。

二是合同中是否存在实质性限制条款,导致企业不能将合同约定的商品用于其他用途。保护性条款也不应被视为实质性限制条款。

三是是否存在实际可行性限制,例如,虽然合同中没有限制,但是企业将合同中约定的商品用作其他用途,将遭受重大的经济损失或发生重大的返工成本。

四是企业应当根据最终转移给客户的商品的特征判断其是否具有不可替代用途。例如,某商品在生产的前期可以满足多种用途需要的,从某一时点或某一流程开始,才进入定制化阶段,此时,企业应当根据该商品在最终转移给客户时的特征来判断其是否满足"具有不可替代用途"的条件。

②企业在整个合同期间内有权就累计至今已完成的履约部分收取款项。有权就累计至今已完成的履约部分收取款项,是指在由于客户或其他原因终止合同的情况下,企业有权就累计至今已完成的履约部分收取能够补偿其已发生成本和合理利润的款项,并且该权利具有法律约束力。需要强调的是,合同终止必须是由于客户或其他方(即由于企业未按照合同承诺履约之外的其他原因)而非企业自身的原因所致,在整个合同期间内的任一时点,企业均应当拥有此项权利。企业在进行判断时,需要注意以下五点:

一是企业有权就累计至今已完成的履约部分收取的款项应当大致相当于累计至今已经转移给客户的商品的售价,即该金额应当能够补偿企业已经发生的成本和合理利润。其中,合理的利润补偿并非一定是该合同的整体毛利水平,以下两种情形都属于合理的利润补偿。第一,根据合同终止前的履约进度对该合同的毛利水平进行调整后确定的金额作为利润补偿金额;第二,如果该合同的毛利水平高于企业同类合同的毛利水平,以企业从同类合同中能够获取的合理资本回报或者经营毛利作为利润补偿金额。

二是企业有权就累计至今已完成的履约部分收取款项,并不意味着企业拥有随时可行使的无条件收款权。当合同约定客户在约定的某一时点、重要事项完成的时点或者整个合同完成之后才支付合同价款时,企业并没有取得收款的权利。在判断其是否满足本要求时,应当考虑,在整个合同期间内的任一时点,假设由于客户或其他方原因导致合同提前终止时,企业是否有权主张该收款权利,即有权要求客户补偿其截至目前已完成的履约部分应收取的款项。

三是当客户只有在某些特定时点才能要求终止合同,或者根本无权终止合同时终止了合同（包括客户没有按照合同约定履行其义务）时，如果合同条款或法律法规赋予了企业继续执行合同（即企业继续向客户转移合同中承诺的商品并要求客户支付对价）的权利，则表明企业有权就累计至今已完成的履约部分收取款项。

四是企业在进行相关判断时，不仅要考虑合同条款的约定，还应当充分考虑所处的法律环境（包括适用的法律法规、以往的司法实践以及类似案例的结果等）是否对合同条款形成了补充，或者会凌驾于合同条款之上。例如，在合同没有明确约定的情况下，相关的法律法规等是否支持企业主张相关的收款权利；以往的司法实践是否表明合同中的某些条款没有法律约束力；在以往的类似合同中，企业虽然拥有此类权利，却在考虑了各种因素之后没有行使该权利，这是否会导致企业主张该权利的要求在当前的法律环境下不被支持等。

五是企业和客户在合同中约定的具体付款时间表并不一定意味着，企业有权就累计至今已完成的履约部分收取款项。企业需要进一步评估，合同中约定的付款时间表，是否使企业在整个合同期间内的任一时点，在由于除企业自身未按照合同承诺履约之外的其他原因导致合同终止的情况下，均有权就累计至今已完成的履约部分收取能够补偿其成本和合理利润的款项。

【例 14-13】 甲公司是一家造船企业，与乙公司签订了一份船舶建造合同，按照乙公司的具体要求设计和建造船舶。甲公司在自己的厂区内完成该船舶的建造，乙公司无法控制在建过程中的船舶。甲公司如果想把该船舶出售给其他客户，需要发生重大的改造成本。双方约定，如果乙公司单方面解约，乙公司需向甲公司支付相当于合同总价 30% 的违约金，且建造中的船舶归甲公司所有。假定该合同仅包含一项履约义务，即设计和建造船舶。

本例中，船舶是按照乙公司的具体要求进行设计和建造的，甲公司需要发生重大的改造成本，将该船舶改造之后才能将其出售给其他客户，因此，该船舶具有不可替代用途。然而，如果乙公司单方面解约，仅需向甲公司支付相当于合同总价 30% 的违约金，表明甲公司无法在整个合同期间内都有权就累计至今已完成的履约部分收取能够补偿其已发生成本和合理利润的款项。因此，甲公司为乙公司设计和建造船舶不属于在某一时段内履行的履约义务。

2. 在某一时段内履行的履约义务的收入确认方法

对于在某一时段内履行的履约义务，企业应当在该段时间内按照履约进度确认收入，履约进度不能合理确定的除外。企业应当采用恰当的方法确定履约进度，以使其如实反映企业向客户转让商品的履约情况。企业应当考虑商品的性质，采用产出法或投入法确定恰当的履约进度，并且在确定履约进度时，应当扣除那些控制权尚未转移给客户的商品和服务。

1）产出法（output methods）

产出法主要是根据已转移给客户的商品对于客户的价值确定履约进度，主要包括按照实际测量的完工进度、评估已实现的结果、已达到的里程碑、时间进度、已完工或交付的产品等确定履约进度的方法。企业在评估是否采用产出法确定履约进度时，应当考虑所选择的产出指标是否能够如实地反映向客户转移商品的进度。

【例 14-14】 甲公司与客户签订合同，为该客户拥有的一条铁路更换 100 根铁轨，合同价格为 10 万元（不含税价）。截至 2017 年 12 月 31 日，甲公司共更换铁轨 60 根，剩余部分预计在 2018 年 3 月 31 日之前完成。该合同仅包含一项履约义务，且该履约义务满足在某一时段内履行的条件。假定不考虑其他情况。

本例中，甲公司提供的更换铁轨的服务属于在某一时段内履行的履约义务，甲公司按照已完成的工作量确定履约进度。因此,截至2017年12月31日,该合同的履约进度为60%(60÷100),甲公司应确认的收入为6(10×60%)万元。

产出法是直接计量已完成的产出,一般能够客观地反映履约进度。当产出法所需要的信息可能无法直接通过观察获得,或者为获得这些信息需要花费很高的成本时,可采用投入法。

2)投入法(input methods)

投入法主要是根据企业履行履约义务的投入确定履约进度,主要包括以投入的材料数量、花费的人工工时或机器工时、发生的成本和时间进度等投入指标确定履约进度。当企业从事的工作或发生的投入是在整个履约期间内平均发生时,按照直线法确认收入是合适的。由于企业的投入与向客户转移商品的控制权之间未必存在直接的对应关系,因此,企业在采用投入法时,应当扣除那些虽然已经发生、但是未导致向客户转移商品的投入。实务中,企业通常按照累计实际发生的成本占预计总成本的比例(即成本法)确定履约进度,累计实际发生的成本包括企业向客户转移商品过程中所发生的直接成本和间接成本,如直接人工、直接材料、分包成本以及其他与合同相关的成本。企业在采用成本法确定履约进度时,可能需要对已发生的成本进行适当调整的情形有:

(1)已发生的成本并未反映企业履行其履约义务的进度,如因企业生产效率低下等原因而导致的非正常消耗,包括非正常消耗的直接材料、直接人工及制造费用等,除非企业和客户在订立合同时已经预见会发生这些成本并将其包括在合同价款中。

(2)已发生的成本与企业履行其履约义务的进度不成比例。如果企业已发生的成本与履约进度不成比例,企业在采用成本法时需要进行适当调整。当企业在合同开始日就能够预期将满足下列所有条件时,企业在采用成本法时不应包括该商品的成本,而是应当按照其成本金额确认收入:一是该商品不构成单项履约义务;二是客户先取得该商品的控制权,之后才接受与之相关的服务;三是该商品的成本占预计总成本的比重较大;四是企业自第三方采购该商品,且未深入参与其设计和制造,对于包含该商品的履约义务而言,企业是主要责任人。

【例14-15】 2018年10月,甲公司与客户签订合同,为客户装修一栋办公楼并安装一部电梯,合同总金额为100万元。甲公司预计的合同总成本为80万元,其中包括电梯的采购成本30万元。2018年12月,甲公司将电梯运达施工现场并经过客户验收,客户已取得对电梯的控制权,但是根据装修进度,预计到2019年2月才会安装该电梯。截至2018年12月,甲公司累计发生成本40万元,其中包括支付给电梯供应商的采购成本30万元以及因采购电梯发生的运输和人工等相关成本5万元。

假定该装修服务(包括安装电梯)构成单项履约义务,并属于在某一时段内履行的履约义务,甲公司是主要责任人,但不参与电梯的设计和制造;甲公司采用成本法确定履约进度。上述金额均不含增值税。

本例中,截至2018年12月,甲公司发生成本40万元(包括电梯采购成本30万元以及因采购电梯发生的运输和人工等相关成本5万元),甲公司认为其已发生的成本和履约进度不成比例,因此需要对履约进度的计算做出调整,将电梯的采购成本排除在已发生成本和预计总成本之外。在该合同中,该电梯不构成单项履约义务,其成本相对于预计总成本而言是重大的,甲公司是主要责任人,但是未参与该电梯的设计和制造,客户先取得了电梯的控制权,随后才接受与之相关的安装服务,因此,甲公司在客户取得该电梯控制权时,按照该电梯采购成本的金额确认转让电梯产生的收入。

因此,2018年12月,该合同的履约进度为20%[(40-30)÷(80-30)],应确认的收入和成本金额分别为44[(100-30)×20%+30]万元和40[(80-30)×20%+30]万元。

对于每一项履约义务，企业只能采用一种方法来确定其履约进度，并加以一贯运用。对于类似情况下的类似履约义务，企业应当采用相同的方法确定履约进度。

资产负债表日，企业应当在按照合同的交易价格总额乘以履约进度扣除以前会计期间累计已确认的收入后的金额，确认为当期收入。当履约进度不能合理确定时，企业已经发生的成本预计能够得到补偿的，应当按已经发生的成本金额确认收入，直到履约进度能够合理确定为止。每一资产负债表日，企业应当对履约进度进行重新估计。当客观环境发生变化时，企业也需要重新评估履约进度是否发生变化，以确保履约进度能够反映履约情况的变化，该变化应当作为会计估计变更进行会计处理。

【例14-16】 （亏损合同）甲建筑公司与其客户签订一项总金额为580万元的固定造价合同，该合同不可撤销。甲公司负责工程的施工及全面管理，客户按照第三方工程监理公司确认的工程完工量，每年与甲公司结算一次；该工程已于2018年2月开工，预计2021年6月完工；预计可能发生的工程总成本为550万元。到2019年年底，由于材料价格上涨等因素，甲公司将预计工程总成本调整为600万元。2020年年末根据工程最新情况将预计工程总成本调整为610万元。假定该建造工程整体构成单项履约义务，并属于在某一时段内履行的履约义务，该公司采用成本法确定履约进度，不考虑其他相关因素。该合同的其他有关资料如表14-1所示。

按照合同约定，工程质保金30万元需等到客户于2022年年底保证期结束且未发生重大质量问题方能收款。上述价款均为不含税价款，不考虑相关税费的影响。

表14-1 甲建筑公司合同（亏损合同）的相关资料　　　　　单位：万元

项目	2018年	2019年	2020年	2021年	2022年
年末累计实际发生成本	164	300	488	610	—
年末预计完成合同尚需发生成本	396	300	122	—	—
本期结算合同价款	174	196	180	30	—
本期实际收到价款	170	190	190	—	30

甲建筑公司对该合同的会计处理如下：
（1）2018年账务处理。
①实际发生合同成本。
借：合同履约成本　　　　　　　　　　　　1 540 000
　　贷：原材料、应付职工薪酬等　　　　　　　　　　　　1 540 000
②确认计量当年的收入并结转成本。
履约进度=1 540 000÷（1 540 000+3 960 000）=28%
合同收入=5 800 000×28%=1 624 000（元）
借：合同结算——收入结转　　　　　　　　1 624 000
　　贷：主营业务收入　　　　　　　　　　　　　　　　　1 624 000
借：主营业务成本　　　　　　　　　　　　1 540 000
　　贷：合同履约成本　　　　　　　　　　　　　　　　　1 540 000
③结算合同价款。

借：应收账款　　　　　　　　　　　　　　1 740 000
　　贷：合同结算——价款结算　　　　　　　　　　　　1 740 000
④实际收到合同价款。
借：银行存款　　　　　　　　　　　　　　1 700 000
　　贷：应收账款　　　　　　　　　　　　　　　　　　1 700 000

2018年12月31日，"合同结算"科目的余额为贷方11.6万元（174－162.4），表明甲公司已经与客户结算但尚未履行履约义务的金额为11.6万元，由于甲公司预计该部分履约义务将在2019年内完成，因此，应在资产负债表中作为合同负债列示。

（2）2019年账务处理。
①实际发生合同成本。
借：合同履约成本　　　　　　　　　　　　1 460 000
　　贷：原材料、应付职工薪酬等　　　　　　　　　　1 460 000
②确认计量当年的收入并结转成本，同时，确认合同预计损失。
履约进度＝3 000 000÷（3 000 000＋3 000 000）＝50%
合同收入＝5 800 000×50%－1 624 000＝1 276 000（元）
借：合同结算——收入结转　　　　　　　　1 276 000
　　贷：主营业务收入　　　　　　　　　　　　　　　　1 276 000
借：主营业务成本　　　　　　　　　　　　1 460 000
　　贷：合同履约成本　　　　　　　　　　　　　　　　　146 000
借：主营业务成本　　　　　　　　　　　　　100 000
　　贷：预计负债　　　　　　　　　　　　　　　　　　　100 000
合同预计损失＝（3 000 000＋3 000 000－5 800 000）×（1－50%）＝100 000（元）

在2019年底，由于该合同预计总成本（600万元）大于合同总收入（580万元），预计发生损失总额为20万元，由于其中20万元×50%＝10万元已经反映在损益中，因此应将剩余的、为完成工程将发生的预计损失10万元确认为当期损失。根据《企业会计准则第13号——或有事项》的相关规定，待执行合同变成亏损合同的，该亏损合同产生的义务满足相关条件的，则应当对亏损合同确认预计负债。因此，为完成工程将发生的预计损失10万元应当确认为预计负债。

③结算合同价款。
借：应收账款　　　　　　　　　　　　　　1 960 000
　　贷：合同结算——价款结算　　　　　　　　　　　　1 960 000
④实际收到合同价款。
借：银行存款　　　　　　　　　　　　　　1 900 000
　　贷：应收账款　　　　　　　　　　　　　　　　　　1 900 000

2019年12月31日，"合同结算"科目的余额为贷方80（11.6＋196－127.6）万元，表明甲公司已经与客户结算但尚未履行履约义务的金额为80万元，由于甲公司预计该部分履约义务将在2020年内完成，因此，应在资产负债表中作为合同负债列示。

（3）2020年账务处理。
①实际发生的合同成本。
借：合同履约成本　　　　　　　　　　　　1 880 000

  贷：原材料、应付职工薪酬等   1 880 000

②确认计量当年的合同收入并结转成本，同时调整合同预计损失。

履约进度 = 4 880 000 ÷ （4 880 000 + 1 220 000） = 80%

合同收入 = 5 800 000 × 80% − 1 624 000 − 1 276 000 = 1 740 000（元）

合同预计损失 =（4 880 000 + 1 220 000 − 5 800 000）×（1 − 80%）− 100 000

       = − 40 000（元）

  借：合同结算——收入结转   1 740 000

    贷：主营业务收入   1 740 000

  借：主营业务成本   1 880 000

    贷：合同履约成本   1 880 000

  借：预计负债   40 000

    贷：主营业务成本   40 000

  在2020年底，由于该合同预计总成本（610万元）大于合同总收入（580万元），预计发生损失总额为30万元，由于其中24（30×80%）万元已经反映在损益中，因此预计负债的余额为6（30−24）万元，反映剩余的、为完成工程将发生的预计损失，因此，本期应转回合同预计损失4万元。

③结算合同价款。

  借：应收账款   1 800 000

    贷：合同结算——价款结算   1 800 000

④实际收到合同价款。

  借：银行存款   1 900 000

    贷：应收账款   1 900 000

2020年12月31日，"合同结算"科目的余额为贷方86万元（80 + 180 − 174），表明甲公司已经与客户结算但尚未履行履约义务的金额为86万元，由于该部分履约义务将在2021年6月底前完成，因此，应在资产负债表中作为合同负债列示。

（4）2021年1~6月账务处理。

①实际发生合同成本。

  借：合同履约成本   1 220 000

    贷：原材料、应付职工薪酬等   1 220 000

②确认计量当期的合同收入并结转成本及已计提的合同损失。

2021年1~6月确认的合同收入 = 合同总金额 − 截至目前累计已确认的收入

            = 5 800 000 − 1 624 000 − 1 276 000 − 1 740 000

            = 1 160 000（元）

  借：合同结算——收入结转   1 160 000

    贷：主营业务收入   1 160 000

  借：主营业务成本   1 220 000

    贷：合同履约成本   1 220 000

  借：预计负债   60 000

    贷：主营业务成本   60 000

2021年6月30日，"合同结算"科目的余额为借方30（116−86）万元，是工程质保金,需等到客户于 2022 年底保质期结束且未发生重大质量问题后方能收款,应当资产负债表中作为合同资产列示。

(5) 2022 年账务处理。

①保质期结束且未发生重大质量问题。

借:应收账款　　　　　　　　　　　　　300 000
　　贷:合同结算　　　　　　　　　　　　　　　300 000

②实际收到合同价款。

借:银行存款　　　　　　　　　　　　　300 000
　　贷:应收账款　　　　　　　　　　　　　　　300 000

3. 在某一时点履行的履约义务

当一项履约义务不属于在某一时段内履行的履约义务时,应当属于在某一时点履行的履约义务。对于在某一时点履行的履约义务,企业应当在客户取得相关商品控制权时点确认收入。在判断客户是否已取得商品控制权时,企业应当考虑下列迹象:

(1) 企业就该商品享有现时收款权利,即客户就该商品负有现时付款义务。如果企业就该商品享有现时的收款权利,则可能表明客户已经有能力主导该商品的使用并从中获得几乎全部的经济利益。

(2) 企业已将该商品的法定所有权转移给客户,即客户已拥有该商品的法定所有权。客户如果取得了商品的法定所有权,则可能表明其已经有能力主导该商品的使用并从中获得几乎全部的经济利益,或者能够阻止其他企业获得这些经济利益。如果企业仅仅是为了确保到期收回货款而保留商品的法定所有权,那么企业所保留的这项权利通常不会对客户取得对该商品的控制权构成障碍。

(3) 企业已将该商品实物转移给客户,即客户已实物占有该商品。客户如果已经实物占有商品,则可能表明其有能力主导该商品的使用并从中获得其几乎全部的经济利益,或者使其他企业无法获得这些利益。需要说明的是,客户占有了某项商品的实物并不意味着其就一定取得了该商品的控制权,反之亦然。例如,采用支付手续费方式的委托代销安排下,虽然企业作为委托方已将商品发送给受托方,但是受托方并未取得该商品的控制权,因此,企业不应在向受托方发货时确认销售商品的收入,而仍然应当根据控制权是否转移来判断何时确认收入,通常应当在受托方售出商品时确认销售商品收入;受托方应当在商品销售后,按合同或协议约定的方法计算确定的手续费确认收入。表明一项安排是委托代销安排的迹象如下:①在特定事件发生之前(例如,向最终客户出售产品或指定期间到期之前),企业拥有对商品的控制权;②企业能够要求将委托代销的商品退回或者将其销售给其他方(如其他经销商);③尽管经销商可能被要求向企业支付一定金额的押金,但是经销商并没有承担对这些商品无条件付款的义务。

实务中,企业有时根据合同已经就销售的商品向客户收款或取得了收款权利,但是,由于客户因为缺乏足够的仓储空间或生产进度延迟等原因,直到在未来某一时点将该商品交付给客户之前,企业仍然继续持有该商品实物,这种情况通常称为"售后代管商品"安排。此时,企业除了考虑客户是否取得商品控制权的迹象之外,还应当同时满足下列条件,才表明客户取得了该商品的控制权:①该安排必须具有商业实质,例如该安排是应客户的要求而订立的;②属于客户的商品必须能够单独识别,例如将属于客户的商品单独存放在指定地点；③该商品可以随时交付给客户；④企业不能自行使用该商品或将该商品提供给其他客户。企业根据上述条件对尚未发货的商品确认了收入的，还应当考虑是否还承担了其他履约义务，例如向客户提供保管服务等，从而应当将部分交易价格分摊至其他履约义务。越是通用的、可以和其他商品互相替换的商品，可能越难满足上述条件。

【例 14 – 17】 2018 年 1 月 1 日，甲公司与乙公司签订合同，向其销售一台设备和专用零部件。该设备和零部件的制造期为 2 年。甲公司在完成设备和零部件的生产之后，能够证明其符合合同约定的规格。假定企业向客户转让设备和零部件为两个单项履约义务，且都属于在某一时点履行的履约义务。

2019 年 12 月 31 日，乙公司支付了该设备和零部件的合同价款，并对其进行了验收。乙公司运走了设备，但是考虑到其自身的仓储能力有限，且其工厂紧邻甲公司的仓库，因此要求将零部件存放于甲公司的仓库中，并且要求甲公司按照其指令随时安排发货。乙公司已拥有零部件的法定所有权，且这些零部件可明确识别为属于乙公司的物品。甲公司在其仓库内的单独区域内存放这些零部件，并且应乙公司的要求可随时发货，甲公司不能使用这些零部件，也不能将其提供给其他客户使用。

本例中，2019 年 12 月 31 日，该设备的控制权转移给乙公司；对于零部件而言，甲公司已经收取合同价款，但是应乙公司的要求尚未发货，乙公司已拥有零部件的法定所有权并且对其进行了验收，虽然这些零部件实物尚由甲公司持有，但是其满足在"售后代管商品"的安排下客户取得商品控制权的条件，这些零部件的控制权也已经转移给了乙公司。因此，甲公司应当确认销售设备和零部件的相关收入。除销售设备和零部件之外，甲公司还为乙公司提供了仓储保管服务，该服务与设备和零部件可明确区分，构成单项履约义务，甲公司需要将部分交易价格分摊至该项服务，并在提供该项服务的期间确认收入。

【例 14 – 18】 A 公司生产并销售笔记本电脑。2017 年，A 公司与零售商 B 公司签订销售合同，向其销售 1 万台电脑。由于 B 公司的仓储能力有限，无法在 2017 年底之前接收该批电脑，双方约定 A 公司在 2018 年按照 B 公司的指令按时发货，并将电脑运送至 B 公司指定的地点。2017 年 12 月 31 日，A 公司共有上述电脑库存 1.2 万台，其中包括 1 万台将要销售给 B 公司的电脑。然而，这 1 万台电脑和其余 2 000 台电脑一起存放并统一管理，并且彼此之间可以互相替换。

本例中，尽管是由于 B 公司没有足够的仓储空间才要求 A 公司暂不发货，并按照其指定的时间发货，但是由于这 1 万台电脑与 A 公司的其他产品可以互相替换，且未单独存放保管，A 公司在向 B 公司交付这些电脑之前，能够将其提供给其他客户或者自行使用。因此，这 1 万台电脑在 2017 年 12 月 31 日不满足"售后代管商品"安排下确认收入的条件。

(4) 企业已将该商品所有权上的主要风险和报酬转移给客户，即客户已取得该商品所有权上的主要风险和报酬。企业在判断时，不应当考虑保留了除转让商品之外产生其他履约义务的风险的情形。例如，企业将产品销售给客户，并承诺提供后续维护服务，销售产品和维护服务均构成单项履约义务，企业保留的因维护服务而产生的风险并不影响企业有关主要风险和报酬转移的判断。

(5) 客户已接受该商品。企业在判断是否已经将商品的控制权转移给客户时，应当考虑客户是否已接受该商品，特别是客户的验收是否仅仅是一个形式。如果企业能够客观地确定其已经按照合同约定的标准和条件将商品的控制权转移给客户，那么客户验收可能只是一个形式，并不会影响企业判断客户取得该商品控制权的时点。实务中，企业应当考虑，在过去执行类似合同的过程中已经积累的经验以及客户验收的结果，以证明其所提供的商品是否能够满足合同约定的具体条件。如果在取得客户验收之前已经确认了收入，企业应当考虑是否还存在剩余的履约义务，例如设备安装、运输等，并且评估是否应当对其单独进行核算。相反地，如果企业无法客观地确定其向客户转让商品是否符合合同规定的条件，那么在客户验收之前，企业不能认为已经将该商品的控制权转移给了客户。例如，客户主要基于主观判断进行验收时，在验收完成之前，企业无法确定其商品是否能够满足客户的主观标准，因此，企业应当在客户完成验收接受该商品时才能确认收入。实务中，定制化程度越高的商品，可能越难证明客户验收仅仅是一个形式。此外，如果企业将商品发送给客户供其试用或者测评，且客户并未承诺在试用期结束前支付任何对价，则在客户接受该商品或者在试用期结束之前，该商品的控制权并未转移给客户。

（6）其他表明客户已取得商品控制权的迹象。

需要强调的是，在上述迹象中，并没有哪一个或哪几个迹象是决定性的，企业应当根据合同条款和交易实质进行分析，综合判断其是否以及何时将商品的控制权转移给客户，从而确定收入确认的时点。此外，企业应当从客户的角度进行评估，而不应当仅考虑企业自身的看法。

三、关于合同成本（contract costs）

（一）合同履约成本（costs to fulfill a contract）

企业为履行合同可能会发生各种成本，企业在确认收入的同时应当对这些成本进行分析，属于存货、固定资产、无形资产等规范范围的，应当按照相关章节进行会计处理。不属于其他章节规范范围且同时满足下列条件的，应当作为合同履约成本确认为一项资产：

（1）该成本与一份当前或预期取得的合同直接相关。预期取得的合同应当是企业能够明确识别的合同，例如现有合同续约后的合同、尚未获得批准的特定合同等。与合同直接相关的成本包括直接人工（如，支付给直接为客户提供所承诺服务的人员的工资、奖金等）、直接材料（如，为履行合同耗用的原材料、辅助材料、构配件、零件、半成品的成本和周转材料的摊销及租赁费用等）、制造费用或类似费用（如，与组织和管理生产、施工、服务等活动发生的费用，包括管理人员的职工薪酬、劳动保护费、固定资产折旧费及修理费、物料消耗、取暖费、水电费、办公费、差旅费、财产保险费、工程保修费、排污费、临时设施摊销费等）、明确由客户承担的成本以及仅因该合同而发生的其他成本（如，支付给分包商的成本、机械使用费、设计和技术援助费用、施工现场二次搬运费、生产工具和用具使用费、检验试验费、工程定位复测费、工程点交费用、场地清理费等）。

（2）该成本增加了企业未来用于履行（或持续履行）履约义务的资源。

（3）该成本预期能够收回。

企业应当在下列支出发生时，将其计入当期损益：一是管理费用，除非这些费用明确由客户承担；二是非正常消耗的直接材料、直接人工和制造费用（或类似费用），这些支出为履行合同发生，但未反映在合同价格中；三是与履约义务中已履行（包括已全部履行或部分履行）部分相关的支出，即该支出与企业过去的履约活动相关；四是无法在尚未履行的与已履行（或已部分履行）的履约义务之间区分的相关支出。

【例14-19】 甲公司与乙公司签订合同,为其信息中心提供管理服务,合同期限为5年。在向乙公司提供服务之前,甲公司设计并搭建了一个信息技术平台供其内部使用,该信息技术平台由相关的硬件和软件组成。甲公司需要提供设计方案,将该信息技术平台与乙公司现有的信息系统对接,并进行相关测试。该平台并不会转让给乙公司,但是将用于向乙公司提供服务。甲公司为该平台的设计、购买硬件和软件以及信息中心的测试发生了成本。除此之外,甲公司专门指派两名员工,负责向乙公司提供服务。

本例中,甲公司为履行合同发生的上述成本中,购买硬件和软件的成本应当分别按照固定资产和无形资产进行会计处理;设计服务成本和信息中心的测试成本不属于其他章节的规范范围,但是这些成本与履行该合同直接相关,并且增加了甲公司未来用于履行履约义务(即提供管理服务)的资源,如果甲公司预期该成本可通过未来提供服务收取的对价收回,则甲公司应当将这些成本确认为一项资产。甲公司向两名负责该项目的员工支付的工资费用,虽然与向乙公司提供服务有关,但是由于其并未增加企业未来用于履行履约义务的资源,因此,应当于发生时计入当期损益。

【例14-20】 甲公司经营一家酒店,该酒店是甲公司的自有资产。甲公司在进行会计核算时,除发生的餐饮、商品材料等成本外,还需要计提与酒店经营相关的固定资产折旧(如酒店、客房以及客房内的设备家具等)、无形资产摊销(如酒店土地使用权等)费用等,应如何对这些折旧、摊销进行会计处理。

本例中,甲公司经营一家酒店,主要通过提供客房服务赚取收入,而客房服务的提供直接依赖于酒店物业(包含土地)以及家具等相关资产,即与客房服务相关的资产折旧和摊销属于甲公司为履行与客户的合同而发生的服务成本。该成本需先考虑是否满足收入准则第二十六条规定的资本化条件,如果满足,应作为合同履约成本进行会计处理,并在收入确认时对合同履约成本进行摊销,计入营业成本。此外,这些酒店物业等资产中与客房服务不直接相关的,例如财务部门相关的资产折旧等费用或者销售部门相关的资产折旧等费用,则需要按功能将相关费用计入管理费用或销售费用等科目。

(二) 合同取得成本 (incremental costs of obtaining a contract)

企业为取得合同发生的增量成本预期能够收回的,应当作为合同取得成本确认为一项资产。增量成本,是指企业不取得合同就不会发生的成本,例如销售佣金等。为简化实务操作,该资产摊销期限不超过一年的,可以在发生时计入当期损益。企业采用该简化处理方法的,应当对所有类似合同一致采用。企业为取得合同发生的、除预期能够收回的增量成本之外的其他支出,例如,无论是否取得合同均会发生的差旅费、投标费、为准备投标资料发生的相关费用等,应当在发生时计入当期损益,除非这些支出明确由客户承担。

【例14-21】 甲公司是一家咨询公司,其通过竞标赢得一个新客户,为取得和该客户的合同,甲公司发生下列支出:(1)聘请外部律师进行尽职调查的支出为15 000元;(2)因投标发生的差旅费为10 000元;(3)销售人员佣金为5 000元。甲公司预期这些支出未来能够收回。此外,甲公司根据其年度销售目标、整体盈利情况及个人业绩等,向销售部门经理支付年度奖金10 000元。

本例中,甲公司向销售人员支付的佣金属于为取得合同发生的增量成本,应当将其作为合同取得成本确认为一项资产。甲公司聘请外部律师进行尽职调查发生的支出、为投标发生的差旅费,无论是否取得合同都会发生,不属于增量成本,因此,应当于发生时直接计入当期损益。甲公司向销售部门经理支付的年度奖金也不是为取得合同发生的增量成本,这是因为该奖金发放与否以及发放金额还取决于其他因素(包括公司的盈利情况和个人业绩),它并不能直接归属于可识别的合同。

实务中,涉及合同取得成本的安排可能会比较复杂,例如,合同续约或合同变更时需要支付额外的佣金、企业支付的佣金金额取决于客户未来的履约情况或者取决于累计取得的合同数量或金额等,企业等要运用判断,对发生的合同取得成本进行恰当的会计处理。企业因现有合同续约或发生合同变更需要支付的额外佣金,也属于为取得合同发生的增量成本。

【例14-22】 甲公司相关政策规定,销售部门的员工每取得一份新的合同,可以获得提成100元,现有合同每续约一次,员工可以获得提成60元。甲公司预期上述提成均能够收回。

本例中,甲公司为取得新合同支付给员工的提成为100元,属于为取得合同发生的增量成本,且预期能够收回,因此,应当确认为一项资产。同样地,甲公司为现有合同续约支付给员工的提成为60元,也属于为取得合同发生的增量成本,这是因为如果不发生合同续约,就不会支付相应的提成,由于该提成预期能够收回,甲公司应当在每次续约时将应支付的相关提成确认为一项资产。

除上述规定外,甲公司相关政策规定,当合同变更时,如果客户在原合同的基础上,向甲公司支付额外的对价以购买额外的商品,甲公司需根据该新增的合同金额向销售人员支付一定的提成,此时,无论相关合同变更属于本节合同变更的哪一种情形,甲公司均应当将应支付的提成视同为取得合同(变更后的合同)发生的增量成本进行会计处理。

(三) 与合同履约成本和合同取得成本有关的资产的摊销和减值

1. 摊销(amortisation)

对于确认为资产的合同履约成本和合同取得成本,企业应当采用与该资产相关的商品收入确认相同的基础(即在履约义务履行的时点或按照履约义务的履约进度)进行摊销,计入当期损益。

在确定与合同履约成本和合同取得成本有关的资产的摊销期限和方式时,如果该资产与一份预期将要取得的合同(如续约后的合同)相关,则在确定相关摊销期限和方式时,应当考虑该预期将要取得的合同的影响。但是,对于合同取得成本而言,如果合同履约时,企业仍需要支付与取得原合同相当的佣金,这表明取得原合同时支付的佣金与预期将要取得的合同无关,该佣金只能在原合同的期限内进行摊销。企业为合同续约仍需支付的佣金是否与原合同相当,需要根据具体情况进行判断。例如,如果两份合同的佣金按照各自合同金额的相同比例计算,通常表明这两份合同的佣金水平是相当的。

企业应当根据预期向客户转让与上述资产相关的商品的时间,对资产的摊销情况进行复核并更新,以反映该预期时间的重大变化。此类变化应当作为会计估计变更进行会计处理。

2. 减值(impairment)

合同履约成本和合同取得成本的账面价值高于下列两项的差额的,超出部分应当计提减值准备,并确认为资产减值损失:(1)企业因转让与该资产相关的商品预期能够取得的剩余对价;(2)为转让该相关商品估计将要发生的成本。估计将要发生的成本主要包括直接人工、直接材料、制造费用(或类似费用)、明确由客户承担的成本以及仅因该合同而发生的其他成本（例如支付给分包商的成本）等。以前期间减值的因素之后发生变化，使得前款（1）减（2）的差额高于该资产账面价值的，应当转回原已计提的资产减值准备，并计入当期损益，但转回后的资产账面价值不应超过假定不计提减值准备情况下该资产在转同日的账面价值。

在确定合同履约成本和合同取得成本的减值损失时，企业应当首先确定其他资产减值损失；然后，按照本节的要求确定合同履约成本和合同取得成本的减值损失。企业按照金融资产减值测试相关资产组的减值情况时，应当将按照上述规定确定上述资产减值后的新账面价值计入相关资产组的账面价值。

四、关于特定交易的会计处理

（一）附有销售退回条款的销售

对于附有销售退回条款的销售（sale with a right of return），企业应当在客户取得相关商品控制权时，按照因向客户转让商品而预期有权收取的对价金额（即不包含预期因销售退回将退还的金额）确认收入，按照预期因销售退回将退还的金额确认负债；同时，按照预期将退回商品转让时的账面价值，扣除收回该商品预计发生的成本（包括退回商品的价值减损）后的余额，确认为一项资产，按照所转让商品转让时的账面价值，扣除上述资产成本的净额结转成本。每一资产负债表日，企业应当重新估计未来销售退回情况，如有变化，应当作为会计估计变更进行会计处理。

【例14-23】 甲公司是一家健身器材销售公司。2017年11月1日，甲公司向乙公司销售5 000件健身器材，单位销售价格为500元，单位成本为400元，开出的增值税专用发票上注明的销售价格为250万元，增值税额为42.5万元。健身器材已经发出，但款项尚未收到。根据协议约定，乙公司应于2017年12月31日之前支付货款，在2018年3月31日之前有权退还健身器材。甲公司根据过去的经验，估计该批健身器材的退货率约为20%。在2017年12月31日，甲公司对退货率进行了重新评估，认为只有10%的健身器材会被退回。甲公司为增值税一般纳税人，健身器材发出时纳税义务已经发生，实际发生退回时取得税务机关开具的红字增值税专用发票。假定健身器材发出时控制权转移给乙公司。

甲公司的账务处理如下：
(1) 2017年11月1日发出健身器材时。

借：应收账款　　　　　　　　　　　　　2 925 000
　　贷：主营业务收入　　　　　　　　　　　　　　　　2 000 000
　　　　预计负债——应付退货款　　　　　　　　　　　　500 000
　　　　应交税费——应交增值税（销项税额）　　　　　　425 000
借：主营业务成本　　　　　　　　　　　1 600 000
　　应收退货成本　　　　　　　　　　　　400 000
　　贷：库存商品　　　　　　　　　　　　　　　　　　2 000 000

(2) 2017年12月31日前收到货款时。

借：银行存款　　　　　　　　　　　　　2 925 000
　　贷：应收账款　　　　　　　　　　　　　　　　　　2 925 000

(3) 2017年12月31日，甲公司对退货率进行重新评估。

借：预计负债——应付退货款　　　250 000
　　贷：主营业务收入　　　　　　　　　　　　　　　　250 000
借：主营业务成本　　　　　　　　200 000
　　贷：应收退货成本　　　　　　　　　　　　　　　　200 000

(4) 2018年3月31日发生销售退回，实际退货量为400件，退货款项已经支付。

借：库存商品　　　　　　　　　　160 000
　　应交税费——应交增值税（销项税额）　34 000
　　预计负债——应付退货款　　　　250 000
　　贷：应收退货成本　　　　　　　　　　　　　　　　160 000
　　　　主营业务收入　　　　　　　　　　　　　　　　 50 000
　　　　银行存款　　　　　　　　　　　　　　　　　　234 000
借：主营业务成本　　　　　　　　 40 000
　　贷：应收退货成本　　　　　　　　　　　　　　　　 40 000

（二）附有质量保证条款的销售

对于附有质量保证条款的销售（warranties），企业应当评估该质量保证是否在向客户保证所销售商品符合既定标准之外提供了一项单独的服务。企业提供额外服务的，应当作为单项履约义务，按照本节进行会计处理；否则，质量保证责任应当按照或有事项的要求进行会计处理。在评估质量保证是否在向客户保证所销售商品符合既定标准之外提供了一项单独的服务时，企业应当考虑该质量保证是否为法定要求、质量保证期限以及企业承诺履行任务的性质等因素。客户能够选择单独购买质量保证的，该质量保证构成单项履约义务。法定要求通常是为了保护客户避免其购买瑕疵或缺陷商品的风险，而并非为客户提供一项单独的质量保证服务。质量保证期限越长，越有可能是单项履约义务。如果企业必须履行某些特定的任务以保证所转让的商品符合既定标准（例如企业负责运输被客户退回的瑕疵商品），则这些特定的任务可能不构成单项履约义务。企业提供的质量保证同时包含上述两类的，应当分别对其进行会计处理，无法合理区分的，应当将这两类质量保证一起作为单项履约义务进行会计处理。

【例14-24】　甲公司与客户签订合同，销售一部手机。该手机自售出起一年内如果发生质量问题，甲公司负责提供质量保证服务。此外，在此期间内，由于客户使用不当（例如手机进水）等原因造成的产品故障，甲公司也免费提供维修服务。该维修服务不能单独购买。

本例中，甲公司的承诺包括销售手机、提供质量保证服务以及维修服务。甲公司针对产品的质量问题提供的质量保证服务是为了向客户保证所销售商品符合既定标准，因此不构成单项履约义务；甲公司对由于客户使用不当而导致的产品故障提供的免费维修服务，属于在向客户保证所销售商品符合既定标准之外提供的单独服务，尽管其没有单独销售，该服务与手机可明确区分，应该作为单项履约义务。因此，在该合同下，甲公司的履约义务有两项，即销售手机和提供维修服务，甲公司应当按照其各自单独售价的相对比例，将交易价格分摊至这两项履约义务，并在各项履约义务履行时分别确认收入。甲公司提供的质量保证服务，应当按照相关要求进行会计处理。

(三) 主要责任人和代理人

企业应当根据企业在向客户转让商品前是否拥有对该商品的控制权,来判断企业从事交易时的身份是主要责任人 (principal) 还是代理人 (agent)。企业在向客户转让商品前能够控制该商品的,该企业为主要责任人,应当按照已收或应收对价总额确认收入;否则,该企业为代理人 (agent),应当按照预期有权收取的佣金或手续费的金额确认收入,该金额应当按照已收或应收对价总额扣除应支付给其他相关方的价款后的净额,或者按照既定的佣金金额或比例等确定。企业与客户订立的包含多项可明确区分商品的合同中,企业需要分别判断它在这不同履约义务中的身份是主要责任人还是代理人。

当存在第三方参与企业向客户提供商品时,企业向客户转让特定商品之前能够控制该商品,从而应当作为主要责任人的情形包括:一是企业自该第三方取得商品或其他资产控制权后,再转让给客户,此时,企业应当考虑该权利是仅在转让给客户时才产生,还是在转让给客户之前就已经存在,且企业一直能够主导其使用,如果该权利在转让给客户之前并不存在,表明企业实质上并不能在该权利转让给客户之前控制该权利;二是企业能够主导该第三方代表本企业向客户提供服务,说明企业在相关服务提供给客户之前能够控制该相关服务;三是企业自该第三方取得商品控制权后,通过提供重大的服务将该商品与其他商品整合成合同约定的某组合产出转让给客户,此时,企业承诺提供的特定商品就是合同约定的组合产出,企业应首先获得为生产该组合产出所需要的投入的控制权,然后才能够将这些投入加工整合为合同约定的组合产出。

如果企业仅仅是在特定商品的法定所有权转移给客户之前,暂时性地获得该特定商品的法定所有权,这并不意味着企业一定控制了该商品。实务中,企业在判断其在向客户转让特定商品之前是否已经拥有对该商品的控制权时,不应仅局限于合同的法律形式,而应当综合考虑所有相关事实和情况进行判断,主要包括以下事实和情况:

(1) 企业承担向客户转让商品的主要责任。企业在判断其是否承担向客户转让商品的主要责任时,应当从客户的角度进行评估,即客户认为哪一方承担了主要责任,例如客户认为谁对商品的质量或性能负责、谁负责提供售后服务、谁负责解决客户投诉等。

(2) 企业在转让商品之前或之后承担了该商品的存货风险。其中,存货风险主要是指存货可能发生减值、毁损或灭失等形成的损失。例如,如果企业在与客户订立合同之前已经购买或者承诺将自行购买特定商品,这可能表明企业在将该特定商品转让给客户之前,承担了该特定商品的存货风险,企业有能力主导特定商品的使用并从中取得几乎全部的经济利益;又如,在附有销售退回条款的销售中,企业将商品销售给客户之后,客户有权要求向该企业退货,这可能表明企业在转让商品之后仍然承担了该商品的存货风险。

(3) 企业有权自主决定所交易商品的价格。企业有权决定客户为取得特定商品所需支付的价格,可能表明企业有能力主导有关商品的使用并从中获得几乎全部的经济利益。然而,在某些情况下,代理人可能在一定程度上也拥有定价权(例如,在主要责任人规定的某一价格范围内决定价格),以便其在代表主要责任人向客户提供商品时,能够吸引更多的客户,从而赚取更多的收入。此时,即使代理人有一定的定价能力,也并不表明在与最终客户的交易中其身份是主要责任人,代理人只是放弃了一部分自己应当赚取的佣金或手续费而已。

(4) 其他相关事实和情况。

需要强调的是,企业在判断其是主要责任人还是代理人时,应当以该企业在特定商品转让给客户之前是否能够控制这些商品为原则。上述相关事实和情况不能凌驾于控制权的判断之上,也不构成一项单独或额外的评估,而只是帮助企业在难以评估特定商品转让给客户之前是否能够控制这些商品的情况下进行相关判断。此外,这些事实和情况并无权重之分,也不能被孤立地用于支持某一结论。企业应当根据相关商品的性质、合同条款的约定以及其他具体情况,综合进行判断。

【例14-25】 2017年1月,甲旅行社从A航空公司购买了一定数量的折扣机票,并对外销售。甲旅行社向旅客销售机票时,可自行决定机票的价格等,未售出的机票不能退还给A航空公司。

本例中,甲旅行社向客户提供的特定商品为机票,并在确定特定客户之前已经预先从航空公司购买了机票,因此,该权利在转让给客户之前已经存在。甲旅行社从A航空公司购入机票后,可以自行决定该机票的价格、向哪些客户销售等,甲旅行社有能力主导该机票的使用并且能够获得其几乎全部的经济利益。因此,甲旅行社在将机票销售给客户之前,能够控制该机票,甲旅行社的身份是主要责任人。

【例14-26】 甲公司经营购物网站,在该网站购物的消费者可以明确获知在该网站上销售的商品均为其他零售商直接销售的商品,这些零售商负责发货以及售后服务等。甲公司与零售商签订的合同约定,该网站所售商品的采购、定价、发货以及售后服务等均由零售商自行负责,甲公司仅负责协助零售商和消费者结算货款,并按照每笔交易的实际销售额收取5%的佣金。

本例中,甲公司经营的购物网站是一个购物平台,零售商在该平台发布所销售商品信息,消费者可以从该平台购买零售商销售的商品。消费者在该网站购物时,向其提供的特定商品为零售商在网站上销售的商品,除此之外,甲公司并未提供任何其他的商品或服务。这些特定商品在转移给消费者之前,甲公司从未有能力主导这些商品的使用,例如,甲公司不能将这些商品提供给购买该商品的消费者之外的其他方,也不能阻止零售商向该消费者转移这些商品,甲公司不能控制零售商用于完成该网站订单的相关存货。因此,消费者在该网站购物时,在相关商品转移给消费者之前,甲公司并未控制这些商品,甲公司的履约义务是安排零售商向消费者提供相关商品,而并未自行提供这些商品,甲公司在该交易中的身份是代理人。

【例14-27】 甲公司经营一家电商平台,平台商家自行负责商品的采购、定价、发货以及售后服务,甲公司仅提供平台供商家与消费者进行交易并负责协助商家和消费者结算货款,甲公司按照货款的5%向商家收取佣金,并判断自己在商品买卖交易中是代理人。2018年,甲公司向平台的消费者销售了1 000张不可退的电子购物卡,每张卡的面值为200元,总额200 000元。假设不考虑相关税费的影响。

本例中,考虑到甲公司在商品买卖交易中为代理人,仅为商家和消费者提供平台及结算服务,并收取佣金,因此,甲公司销售电子购物卡收取的款项200 000元中,仅佣金部分10 000元(200 000×5%,不考虑相关税费)代表甲公司已收客户(商家)对价而应在未来消费者消费时作为代理人向商家提供代理服务的义务,应当确认合同负债。对于其余部分(即190 000元),为甲公司代商家收取的款项,作为其他应付款,待未来消费者消费时支付给相应的商家。

【例14-28】 甲公司经营一家连锁超市,以主要责任人的身份销售商品给客户。甲公司销售的商品适用不同的增值税税率，如零食等适用税率为16%，粮食等适用税率为10%等。2018年，甲公司向客户销售了5 000张不可退的储值卡，每张卡的面值为200元，总额为1 000 000元。客户可在甲公司经营的任意一家门店使用该等储值卡进行消费。根据历史经验，甲公司预期客户购买的储值卡金额将全部被消费。甲公司为增值税一般纳税人，在客户使用该等储值卡消费时发生增值税纳税义务。

本例中，甲公司经营一家连锁超市，销售适用不同税率的各种商品，并收取商品价款及相应的增值税。因此，甲公司销售储值卡收取的款项1 000 000元中，仅商品价款部分代表甲公司已收客户对价而应向客户转让商品的义务，应当确认合同负债，其中增值税部分，因不符合合同负债的定义，不应确认为合同负债。

甲公司应根据历史经验（例如公司以往年度类似业务的综合税率等）估计客户使用该类储值卡购买不同税率商品的情况，将估计的储值卡款项中的增值税部分确认为应交税费——待转销项税额，将剩余的商品价款部分确认为合同负债。实际消费情况与预计不同时，根据实际情况进行调整；后续每个资产负债表日根据最新信息对合同负债和应交税费的金额进行重新估计。

（四）附有客户额外购买选择权的销售

对于附有客户额外购买选择权的销售（customer options for additional goods or services），企业应当评估该选择权是否向客户提供了一项重大权利。企业提供重大权利的，应当作为单项履约义务，按照本节有关交易价格分摊的要求将交易价格分摊至该履约义务，在客户未来行使购买选择权取得相关商品控制权时，或者该选择权失效时，确认相应的收入。客户额外购买选择权的单独售价无法直接观察的，企业应当综合考虑客户行使和不行使该选择权所能获得的折扣的差异、客户行使该选择权的可能性等全部相关信息后，予以合理估计。

额外购买选择权的情况包括销售激励、客户奖励积分、未来购买商品的折扣券以及合同续约选择权等。对于附有客户额外购买选择权的销售，企业应当评估该选择权是否向客户提供了一项重大权利。如果客户只有在订立了一项合同的前提下才取得了额外购买选择权，并且客户行使该选择权购买额外商品时，能够享受到超过该地区或该市场中其他同类客户所能够享有的折扣，则通常认为该选择权向客户提供了一项重大权利。该选择权向客户提供了重大权利的，应当作为单项履约义务。在考虑授予客户的该项权利是否重大时，应根据其金额和性质综合进行判断。

客户虽然有额外购买商品选择权，但客户行使该选择权购买商品时的价格反映了这些商品单独售价的，不应被视为企业向该客户提供了一项重大权利。为简化实务操作，当客户行使该权利购买的额外商品与原合同下购买的商品类似，且企业将按照原合同条款提供该额外的商品时，例如，企业向客户提供续约选择权，企业可以无需估计该选择权的单独售价，而是直接把其预计将提供的额外商品的数量以及预计将收取的相应对价金额纳入原合同，并进行相应的会计处理。

【例14-29】 2017年1月1日，甲公司开始推行一项奖励积分计划。根据该计划，客户在甲公司每消费10元可获得1个积分，每个积分从次月开始在购物时可以抵减1元。截至2017年1月31日，客户共消费10 000元，可获得10 000个积分，根据历史经验，甲公司估计该积分的兑换率为95%。假定上述金额均不包含增值税等的影响。

本例中，甲公司认为其授予客户的积分为客户提供了一项重大权利，应当作为一项单独的履约义务。客户购买商品的单独售价合计为 100 000 元，考虑积分的兑换率，甲公司估计积分的单独售价为 9 500 元（1 元×10 000 个积分×95%）。甲公司按照商品和积分单独售价的相对比例对交易价格进行分摊，具体如下：

分摊至商品的交易价格 = [100 000÷(100 000+9 500)]×100 000 = 91 324（元）
分摊至积分的交易价格 = [9 500÷(100 000+9 500)]×100 000 = 8 676（元）

因此，甲公司应当在商品控制权转移时确认收入 91 324 元，同时确认合同负债 8 676 元。

借：银行存款　　　　　　　　　　　　　　　100 000
　　贷：主营业务收入　　　　　　　　　　　　　　　91 324
　　　　合同负债　　　　　　　　　　　　　　　　　8 676

截至 2017 年 12 月 31 日，客户共兑换了 4 500 个积分，甲公司对该积分的兑换率进行了重新估计，仍然预计客户总共将会兑换 9 500 个积分。因此，甲公司以客户兑换的积分数占预期将兑换的积分总数的比例为基础确认收入。

积分应当确认的收入 = 4 500÷9 500×8 676 = 4 110（元）；剩余未兑换的积分 = 8 676 - 4 110 = 4 566（元），仍然作为合同负债。

借：合同负债　　　　　　　　　　　　　　　4 110
　　贷：主营业务收入　　　　　　　　　　　　　　　4 110

截至 2018 年 12 月 31 日，客户累计兑换了 8 500 个积分。甲公司对该积分的兑换率进行了重新估计，预计客户总共将会兑换 9 700 个积分。

积分应当确认的收入 = 8 500÷9 700×8 676 - 4 110 = 3 493（元）；剩余未兑换的积分 = 8 676 - 4 110 - 3 493 = 1 073（元），仍然作为合同负债。

企业在向客户转让商品之前，如果客户已经支付了合同对价或企业已经取得了无条件收取合同对价的权利，则企业应当在客户实际支付款项与到期应支付款项孰早时点，将该已收或应收的款项列示为合同负债。合同负债，是指企业已收或应收客户对价而应向客户转让商品的义务。合同资产和合同负债应当在资产负债表中单独列示，并按流动性分别列示为"合同资产"或"其他非流动资产"以及"合同负债"或"其他非流动负债"。同一合同下的合同资产和合同负债应当以净额列示，不同合同下的合同资产和合同负债不能互相抵消。

（五）授予知识产权许可

企业向客户授予的知识产权，常见的包括软件和技术、影视和音乐等的版权、特许经营权以及专利权、商标权和其他版权等。企业向客户授予知识产权许可的，应当按照本节要求评估该知识产权许可是否构成单项履约义务。对于不构成单项履约义务的，企业应当将该知识产权许可和其他商品一起作为一项履约义务进行会计处理。授予知识产权许可（licensing）不构成单项履约义务的情形包括：一是该知识产权许可构成有形商品的组成部分并且对于该商品的正常使用不可或缺，例如，企业向客户销售设备和相关软件，该软件内嵌于设备之中，该设备必须安装了该软件之后才能正常使用；二是客户只有将该知识产权许可和相关服务一起使用才能够从中获益，例如，客户取得授权许可，但是只有通过企业提供的在线服务才能访问相关内容。

对于构成单项履约义务的，应当进一步确定其是在某一时段内履行还是在某一时点履行,同时满足下列条件时,应当作为在某一时段内(over time)履行的履约义务确认相关收入;否则,应当作为在某一时点(at a point in time)履行的履约义务确认相关收入:

(1)合同要求或客户能够合理预期企业将从事对该项知识产权有重大影响的活动。企业从事的下列活动均会对该项知识产权有重大影响:一是这些活动预期将显著改变该项知识产权的形式或者功能(例如知识产权的设计、内容、功能性等);二是客户从该项知识产权中获益的能力在很大程度上来源于或者取决于这些活动,即这些活动会改变该项知识产权的价值,例如,企业向客户授权使用其品牌,客户从该品牌获益的能力取决于该品牌价值,而企业所从事的活动为维护或提升其品牌价值提供了支持。如果该项知识产权具有重大的独立功能,且该项知识产权绝大部分的经济利益来源于该项功能,客户从该项知识产权中获益的能力则可能不会受到企业从事的相关活动的重大影响,除非这些活动显著改变了该项知识产权的形式或者功能。具有重大独立功能的知识产权主要包括软件、生物合成物或药物配方以及已完成的媒体内容(例如电影、电视节目以及音乐录音)版权等。

(2)该活动对客户将产生有利或不利影响。当企业从事的后续活动并不影响授予客户的知识产权许可时,企业的后续活动只是在改变其自己拥有的资产。

(3)该活动不会导致向客户转让商品。当企业从事的后续活动本身构成单项履约义务时,企业在评估授予知识产权许可是否属于在某一时段履行的履约义务时应当不予考虑。

企业向客户授予知识产权许可不能同时满足上述条件的,则属于在某一时点履行的履约义务,并在该时点确认收入。在客户能够使用某项知识产权许可并开始从中获益之前,企业不能对此类知识产权许可确认收入。例如,企业授权客户在一定期间内使用软件,但是在企业向客户提供该软件的密钥之前,客户都无法使用该软件,不应确认收入。值得注意的是,在判断某项知识产权许可是属于在某一时段内履行的履约义务还是在某一时点履行的履约义务时,企业不应考虑下列因素:一是该许可在时间、地域或使用方面的限制;二是企业就其拥有的知识产权的有效性以及防止未经授权使用该知识产权许可所提供的保证。

【例14-30】 甲公司是一家设计制作连环漫画的公司。甲公司授权乙公司可在4年内使用其3部连环漫画中的角色形象和名称。甲公司的每部连环漫画都有相应的主要角色。但是,甲公司会定期创造新的角色,且角色的形象也会随时演变。乙公司是一家大型游轮的运营商,乙公司可以以不同的方式(例如展览或演出)使用这些漫画中的角色。合同要求乙公司必须使用最新的角色形象。在授权期内,甲公司每年向乙公司收取1 000万元。

本例中,甲公司除了授予知识产权许可外不存在其他履约义务。也就是说,与知识产权许可相关的额外活动并未向客户提供其他商品或服务,因为这些活动是企业授予知识产权许可承诺的一部分,且实际上改变了客户享有知识产权许可的内容。

甲公司需要评估该知识产权许可相关的收入应当在某一时段内确认还是在某一时点确认。甲公司考虑了下列因素:一是乙公司合理预期(根据甲公司以往的习惯做法),甲公司将实施对该知识产权许可产生重大影响的活动,包括创作角色及出版包含这些角色的连环漫画等;二是这些活动直接对乙公司产生的有利或不利影响,这是因为合同要求乙公司必须使用甲公司创作的最新角色,这些角色塑造得成功与否,会直接对乙公司产生影响;三是尽管乙公司可以通过该知识产权许可从这些活动中获益,但在这些活动发生时并没有导致向乙公司转让任何商品或服务。因此,甲公司授予该知识产权许可的相关收入应当在某一时段内确认。

由于合同规定乙公司在一段固定期间内可无限制地使用其取得授权许可的角色,因此,甲公司按照时间进度确定履约进度可能是最恰当的方法。

企业向客户授予知识产权许可，并约定按客户实际销售或使用情况收取特许权使用费的，应当在下列两项孰晚的时点确认收入：一是客户后续销售或使用行为实际发生；二是企业履行相关履约义务。这是估计可变对价的例外规定，该例外规定只有在下列两种情形下才能使用：一是特许权使用费仅与知识产权许可相关；二是特许权使用费可能与合同中的知识产权许可和其他商品都相关，但是与知识产权许可相关的部分占有主导地位。企业使用该例外规定时，应当对特许权使用费整体采用该规定，而不应当将特许权使用费进行分拆。如果与授予知识产权许可相关的对价，同时包含固定金额和按客户实际销售或使用情况收取的变动金额两部分，则只有后者能采用该例外规定，而前者应当在相关履约义务履行的时点或期间内确认收入。对于不适用该例外规定的特许权使用费，应当按照估计可变对价的一般原则进行处理。

【例14-31】甲公司是一家著名的足球俱乐部。甲公司授权乙公司在其设计生产的服装、帽子、水杯以及毛巾等产品上使用甲公司球队的名称和图标，授权期间为2年。合同约定，甲公司收取的合同对价由两部分组成：一是200万元固定金额的使用费；二是按照乙公司销售上述商品所取得销售额的5%计算的提成。乙公司预期甲公司会继续参加当地顶级联赛，并取得优异的成绩。

本例中，该合同仅包括一项履约义务，即授予使用权许可，甲公司继续参加比赛并取得优异成绩等活动是该许可的组成部分，而并未向客户转让任何可明确区分的商品或服务。由于乙公司能够合理预期甲公司将继续参加比赛，甲公司的成绩将会对其品牌（包括名称和图标等）的价值产生重大影响，而该品牌价值可能会进一步影响乙公司产品的销量，甲公司从事的上述活动并未向乙公司转让任何可明确区分的商品，因此，甲公司授予的该使用权许可，属于在某一时段内履行的履约义务。甲公司收取的200万元固定金额的使用费应当在2年内平均确认收入，按照乙公司销售相关商品所取得销售额的5%计算的提成应当在乙公司的销售实际完成时确认收入。

（六）售后回购

售后回购（repurchase agreements），是指企业销售商品的同时承诺或有权选择日后再将该商品（包括相同或几乎相同的商品，或以该商品作为组成部分的商品）购回的销售方式。对于不同类型的售后回购交易，企业应当区分下列两种情形分别进行会计处理：

（1）企业因存在与客户的远期安排而负有回购义务或企业享有回购权利的，表明客户在销售时点并未取得相关商品控制权，企业应当作为租赁交易或融资交易进行相应的会计处理。其中，回购价格低于原售价的，应当视为租赁交易，按照租赁交易进行会计处理；回购价格不低于原售价的，应当视为融资交易，在收到客户款项时确认金融负债，并将该款项和回购价格的差额在回购期间内确认为利息费用等。企业到期未行使回购权利的，应当在该回购权利到期时终止确认金融负债，同时确认收入。

【例14-32】甲公司向乙公司销售一台设备，销售价格为200万元，同时双方约定2年之后，甲公司将以120万元的价格回购该设备。假定不考虑货币时间价值等其他因素影响。

本例中，根据合同有关甲公司在两年后回购该设备的确定，乙公司并未取得该设备的控制权。不考虑货币时间价值等影响，该交易的实质是乙公司支付了80（200-120）万元的对价取得了该设备2年的使用权。因此，甲公司应当将该交易作为租赁交易进行会计处理。

(2) 企业负有应客户要求回购商品义务的，应当在合同开始日评估客户是否具有行使该要求权的重大经济动因。客户具有行使该要求权重大经济动因的，企业应当将售后回购作为租赁交易或融资交易，按照上述第（1）种情形进行会计处理；否则，企业应当将其作为附有销售退回条款的销售交易进行会计处理。在判断客户是否具有行权的重大经济动因时，企业应当综合考虑各种相关因素，包括回购价格与预计回购时市场价格之间的比较，以及权利的到期日等。例如，如果回购价格明显高于该资产回购时的市场价值，则表明客户有行权的重大经济动因。

【例14-33】 甲公司向乙公司销售其生产的一台设备，销售价格为2 000万元，双方约定，乙公司在5年后有权要求甲公司以1 500万元的价格回购该设备。甲公司预计该设备在回购时的市场价值将远低于1 500万元。

本例中，假定不考虑时间价值的影响，甲公司的回购价格低于原售价，但远高于该设备在回购时的市场价值，甲公司判断乙公司有重大的经济动因行使其权利要求甲公司回购该设备。因此，甲公司应当将该交易作为租赁交易进行会计处理。

（七）客户未行使的权利

企业向客户预收销售商品款项的，应当首先将该款项确认为负债，待履行了相关履约义务时再转为收入。当企业预收款项无需退回，且客户可能会放弃其全部或部分合同权利时，如放弃储值卡的使用等，企业预期将有权获得与客户所放弃的合同权利相关的金额的，应当按照客户行使合同权利的模式按比例将上述金额确认为收入；否则，企业只有在客户要求其履行剩余履约义务的可能性极低时，才能将上述负债的相关余额转为收入。企业在确定其是否预期将有权获得与客户所放弃的合同权利相关的金额时，应当考虑将估计的可变对价计入交易价格的限制要求。

如果有相关法律规定，企业所收取的与客户未行使权利（customers' unexercised rights）相关的款项须转交给其他方的（例如法律规定无人认领的财产需上交政府），企业不应将其确认为收入。

（八）无需退回的初始费

企业在合同开始（或接近合同开始）日向客户收取的无需退回的初始费（non-refundable upfront fees）（如俱乐部的入会费等）应当计入交易价格。企业应当评估该初始费是否与向客户转让已承诺的商品相关。该初始费与向客户转让已承诺的商品相关，并且该商品构成单项履约义务的，企业应当在转让该商品时，按照分摊至该商品的交易价格确认收入；该初始费与向客户转让已承诺的商品相关，但该商品不构成单项履约义务的，企业应当在包含该商品的单项履约义务履行时，按照分摊至该单项履约义务的交易价格确认收入；该初始费与向客户转让已承诺的商品不相关的，该初始费应当作为未来将转让商品的预收款，在未来转让该商品时确认为收入。

企业收取了无需退回的初始费且为履行合同应开展初始活动，但这些活动本身并没有向客户转让已承诺的商品的，例如，企业为履行会员健身合同开展了一些行政管理性质的准备工作，该初始费与未来将转让的已承诺商品相关，应当在未来转让：该商品时确认为收入，企业在确定履约进度时不应考虑这些初始活动；企业为该初始活动发生的支出应当按照本节合同成本部分的要求确认为一项资产或计入当期损益。

【例 14-34】 甲公司经营一家会员制健身俱乐部。甲公司与客户签订了为期2年的合同,客户入会之后可以随时在该俱乐部健身。除俱乐部的年费2 000元之外,甲公司还向客户收取了50元的入会费,用于补偿俱乐部为客户进行注册登记、准备会籍资料以及制作会员卡等初始活动所花费的成本。甲公司收取的入会费和年费均无需返还。

本例中,甲公司承诺的服务是向客户提供健身服务,而甲公司为会员入会所进行的初始活动并未向客户提供其所承诺的服务,而只是一些内部行政管理性质的工作。因此,甲公司虽然为补偿这些初始活动向客户收取了50元入会费,但是该入会费实质上是客户为健身服务所支付的对价的一部分,故应当作为健身服务的预收款,与收取的年费一起在2年内分摊确认为收入。

第二节 费 用

一、费用的确认

《企业会计准则——基本准则》规定,费用是指企业在日常活动中发生的、会导致所有者权益减少的、与向所有者分配利润无关的经济利益的总流出。费用有狭义和广义之分。广义的费用泛指企业各种日常活动发生的所有耗费,狭义的费用仅指与本期营业收入相配比的那部分耗费。费用应按照权责发生制和配比原则确认,凡应属于本期发生的费用,不论其款项是否支付,均确认为本期费用;反之,不属于本期发生的费用,即使其款项已在本期支付,也不确认为本期费用。

在确认费用时,首先应当划分生产费用与非生产费用的界限。生产费用是指与企业日常生产经营活动有关的费用,如生产产品所发生的原材料费用、人工费用等;非生产费用是指不属于生产费用的费用,如用于购建固定资产所发生的费用,不属于生产费用。其次,应当分清生产费用与产品成本的界限。生产费用与一定的期间相联系,而与生产的产品无关;产品成本与一定品种和数量的产品相联系,而不论发生在哪一期。第三,应当分清生产费用与期间费用的界限。生产费用应当计入产品成本;而期间费用直接计入当期损益。

在确认费用时,对于确认为期间费用的费用,必须进一步划分为管理费用、销售费用、财务费用、研发费用,石油天然气勘探开发企业还要确认勘探费用。对于确认为生产费用的费用,必须根据该费用发生的实际情况分不同的费用性质,将其确认为不同产品所负担的费用;对于几种产品共同发生的费用,必须按受益原则,采用一定方法和程序将其分配计入相关产品的生产成本。本节主要讲述期间费用,生产费用将在《成本会计》中讲述。

二、期间费用

期间费用是企业当期发生的费用中的重要组成部分,是指本期发生的、不能直接或间接归入某种产品成本的、直接计入损益的各项费用,包括管理费用、销售费用、财务费用。

(一) 管理费用

管理费用是指企业为组织和管理企业生产经营所发生的管理费用,包括企业在筹建期间内发生的开办费、董事会和行政管理部门在企业的经营管理中发生的或者应由企业统一负担的公司经费（包括行政管理部门职工工资及福利费、物料消耗、低值易耗品摊销、办公费和差旅费等）、工会经费、董事会费（包括董事会成员津贴、会议费和差旅费等）、聘请中介机构费、咨询费（含顾问费）、诉讼费、业务招待费、技术转让费、矿产资源补偿费、研发费用、排污费以及企业生产车间（部门）和行政管理部门等发生的固定资产修理费用等。

企业发生的管理费用，在"管理费用"科目核算，并在"管理费用"科目中按费用项目设置明细账，进行明细核算。期末，"管理费用"科目的余额结转"本年利润"科目后无余额。

（二）销售费用

销售费用是指企业在销售商品和材料、提供劳务的过程中发生的各种费用，包括企业在销售商品过程中发生的保险费、包装费、展览费和广告费、商品维修费、装卸费等以及为销售本企业商品而专设的销售机构（含销售网点、售后服务网点等）的职工薪酬、业务费、折旧费、固定资产修理费用等费用。

企业发生的销售费用，在"销售费用"科目核算，并在"销售费用"科目中按费用项目设置明细账，进行明细核算。期末，"销售费用"科目的余额结转"本年利润"科目后无余额。

企业（金融）应将"销售费用"科目改为"业务及管理费"科目，核算企业（金融）在业务经营和管理过程中所发生的各项费用，包括折旧费、业务宣传费、业务招待费、电子设备运转费、钞币运送费、安全防范费、邮电费、劳动保护费、外事费、印刷费、低值易耗品摊销、职工工资及福利费、差旅费、水电费、职工教育经费、工会经费、会议费、诉讼费、公证费、咨询费、无形资产摊销、长期待摊费用摊销、取暖降温费、聘请中介机构费、技术转让费、绿化费、董事会费、财产保险费、劳动保险费、待业保险费、住房公积金、物业管理费、研究费用、提取保险保障基金等。

（三）财务费用

财务费用是指企业为筹集生产经营所需资金等而发生的筹资费用，包括利息支出（减利息收入）、汇兑损益以及相关的手续费、企业发生的现金折扣或收到的现金折扣等。

企业发生的财务费用，在"财务费用"科目核算，并在"财务费用"科目中按费用项目设置明细账，进行明细核算。期末，"财务费用"科目的余额结转"本年利润"科目后无余额。

第三节 利　　润

一、利润的构成

企业作为独立的经济实体，应当以自己的经营收入抵补其成本费用，并且实现盈利。企业盈利的大小在很大程度上反映企业生产经营的经济效益，表明企业在每一会计期间的最终经营成果。利润是指企业在一定会计期间的经营成果。利润包括收入减去费用后的净额、直接计入当期利润的利得和损失等。

《企业会计准则——基本准则》规定，直接计入当期的利得和损失，是指应当计入当期损益、会导致所有者权益发生增减变动的、与所有者投入资本或者向所有者分配利润无关的利得或者损失。利润相关计算公式如下所述。

（一）营业利润

营业利润 = 营业收入 − 营业成本 − 税金及附加 − 销售费用 − 管理费用 − 研发费用
　　　　− 财务费用 − 资产减值损失 − 信用减值损失 + 其他收益 + 投资收益
　　　　+ 净敞口套期收益 + 公允价值变动收益 + 资产处置收益

式中，营业收入是指企业经营业务所实现的收入总额，包括主营业务收入和其他业务收入；营业成本是指企业经营业务所发生的实际成本总额，包括主营业务成本和其他业务成本；资产减值损失是指企业计提各项资产减值准备所形成的损失；研发费用是指企业进行研究与开发过程中发生的费用化的支出；信用减值损失是指计提的各项金额工具减值准备所形成预期信用损失；公允价值变动收益（或损失）是指企业交易性金融资产等公允价值变动形成的应计入当期损益的利得（或损失）；投资收益（或损失）是指企业以各种方式对外投资所取得的收益（或发生的损失）；其他收益是指计入其他收益的政府补助；资产处置收益是指企业出售划分为持有待售的非流动支出（金融工具、长期股权投资和投资性房地产除外）或处置组（子公司和业务除外）时确认的处置利得或损失，以及处置未划分为持有待售的固定资产、在建工程、生产性生物资产及无形资产而产生的处置利得或损失，是包括债务重组中因处置非流动资产产生的利得或损失和非货币性资产交换中产生的利得或损失。

（二）利润总额

利润总额 = 营业利润 + 营业外收入 − 营业外支出

式中，营业外收入（或支出）是指企业发生的与日常活动无直接关系的各项利得（或损失）。

（三）净利润

净利润 = 利润总额 − 所得税费用

式中，所得税费用是指企业确认的应从当期利润总额中扣除的所得税费用。

二、营业外收支的会计处理

营业外收支是指企业发生的与日常活动无直接关系的各项收支。营业外收支虽然与企业生产经营活动没有多大的关系，但从企业主体来考虑，同样带来收入或形成企业的支出，也是增加或减少利润的因素，对企业的利润总额及净利润产生较大的影响。

（一）营业外收入

营业外收入是指企业发生的营业利润以外的收益。营业外收入并不是由企业经营资金耗费所产生的，不需要企业付出代价，实际上是一种纯收入，不可能也不需要与有关费用进行配比。因此，在会计处理上，应当严格区分营业外收入与营业收入的界限。营业外收入主要包括非流动资产毁损报废利得、债务重组利得、盘盈利得、与企业日常活动无关的政府补助、捐赠利得（不包括企业接受股东或股东的子公司直接或间接的捐赠，其经济实质属于股东对企业的资本性投入）等。

非流动资产毁损报废利得，指对因自然灾害等发生毁损、已丧失使用功能而报废非流动资产进行清理所产生的收益。

债务重组利得，指重组债务的账面价值超过清偿债务的现金、非现金资产的公允价值、所转股份的公允价值，或者重组后债务账面价值之间的差额。

盘盈利得，指企业对于现金等资产清查盘点中盘盈的资产，报经批准后计入营业外收入的金额。

政府补助，指与企业日常活动无关的、企业从政府无偿取得货币性资产或非货币性资产形成的利得。

捐赠利得，指企业接受捐赠产生的利得。企业接受的捐赠和债务豁免，按照会计准则规定符合确认条件的，通常应当确认为当期收益。但是，企业接受控股股东（或控制股东的子公司）或非控股股东（或非控股股东的子公司）直接或间接代为偿债、债务豁免或捐赠，经济实质表明属于控股股东或非控股股东对企业的资本性投入，应当将相关利得计入所有者权益（资本公积）。

企业发生破产重整，其非控股股东因执行人民法院批准的破产重整计划，通过让渡所持有的该企业部分股份向企业债权人偿债的，企业应将非控股股东所让渡股份按照其在让渡之日的公允价值计入所有者权益（资本公积），减少所豁免债务的账面价值，并将让渡股份公允价值与被豁免债务的账面价值之间的差额计入当期损益。控股股东按照破产重整计划让渡了所持有的部分该企业股权向企业债权人偿债的，该企业也按此原则处理。

企业应当通过"营业外收入"科目，核算营业外收入的取得和结转情况。该科目可按营业外收入项目进行明细核算。期末，应将该科目余额转入"本年利润"科目，结转后该科目无余额。

（二）营业外支出

营业外支出是指企业发生的营业利润以外的支出，主要包括非流动资产毁损报废损失、债务重组损失、公益性捐赠支出、非常损失、盘亏损失等。

非流动资产毁损报废损失，指因自然灾害等发生毁损、已丧失使用功能而报废非流动资产所产生的清理损失。

债务重组损失，指重组债权的账面余额超过受让资产的公允价值、所转股份的公允价值，或者重组后债权的账面价值之间的差额。

公益性捐赠支出，指企业对外进行公益性捐赠发生的支出。

非常损失，指企业对于因客观因素（如自然灾害等）造成的损失，在扣除保险公司赔偿后计入营业外支出的净损失。

企业应通过"营业外支出"科目，核算营业外支出的发生及结转情况。该科目可按营业外支出项目进行明细核算。期末，应将该科目余额转入"本年利润"科目，结转后该科目无余额。

需要注意的是，营业外收入和营业外支出应当分别核算。在具体核算时，不得以营业外支出直接冲减营业外收入，也不得以营业外收入冲减营业外支出，即企业在会计核算时，应当区别营业外收入和营业外支出进行核算。

三、本年利润的会计处理

(一) 确定利润的方法

在生产经营过程中,企业不断地取得营业收入,并发生各种成本、费用,因此必须定期将营业收入和相关成本、费用配比,确定企业在一定时期内经营活动的盈亏。确定利润有两种方法,即资产负债表法和利润表法,两者方法不同,但其结果应当一致。

1. 资产负债表法(资产负债观)

资产负债表法,即对照前后期资产负债表的所有者权益净额来确定企业一定期间所实现利润的方法。这种方法的理论基础是资本维持观点。企业在一定期间所实现的利润或亏损,必须表现为资产和负债的变动,收入有资产增加或负债减少相伴随,成本费用则会减少企业资产或增加负债。资产和负债变动引起利润增加的情况有以下4种:(1)资产增加,负债不变,表明企业取得了利润;(2)资产不变,负债减少,表明企业取得了利润;(3)资产和负债都增加,但资产增加量大于负债增加量,表明企业取得了利润;(4)资产和负债都减少,但资产减少量小于负债减少量,表明企业取得了利润。

如果企业在一个期间的资产和负债发生了上述相反的变化,则企业当期的成果为亏损。因此,可以通过计算和比较期初和期末净资产来确定一个会计期间的损益。在确定净资产变动时,所有者在此期间的追加投资和派给所有者的款项必须除外。所以,资产负债表法也称为净资产法,其利润的计算公式为

利润总额 = 期末净资产 − 期初净资产 + 本期派给业主款 − 本期业主追加投资

在现行的会计实务中,资产负债表法只用来起核对利润表的作用。

2. 利润表法(收入费用观)

利润表法是指设置收入、成本费用类科目,遵循配比原则计算当期损益的方法。该方法遵循交易观,企业在计算期内发生的营业收入、各项费用、成本,都要分别专门设置科目予以归集,期末汇总,按照配比原则计算损益。企业与其所有者之间的交易,如所有者对企业的追加投资和企业派给所有者的股利或其他款项,均另行反映,与损益确定无关。

在会计实务中,通常采用利润表法,可以详细地反映出利润的来龙去脉。因此,尽管世界各国对利润的具体计算方法不尽相同,但都通常采用利润表法计算损益。

(二) 本年利润的结转

企业应设置"本年利润"科目,核算企业本年度内实现的净利润(或净亏损)。企业期(月)末结转利润时,应将各收益类科目的金额转入"本年利润"科目的贷方;将各成本、费用类科目的金额转入"本年利润"科目的借方,结平各损益类科目。转账后,"本年利润"科目如为贷方余额,反映本年度自年初开始累计实现的净利润;如为借方余额,反映本年度自年初开始累计发生的净亏损。年度终了,应将"本年利润"科目的全部累计余额,转入"利润分配——未分配利润"科目,如为净利润,借记"本年利润"科目,贷记"利润分配——未分配利润"科目;如为净亏损,做相反会计分录。年度结账后,"本年利润"科目无余额。

四、综合收益总额

净利润加上其他综合收益（other comprehensive income，OCI）扣除所得税影响后的净额为综合收益总额，即

$$综合收益总额 = 净利润 + 其他综合收益的税后净额。$$

式中，其他综合收益是指企业根据其他会计准则规定未在当期损益中确认的各项利得和损失。详细讲述，请参见所有者权益一章的内容。

❖❖ 本章小结 ❖❖

本章着重论述了收入的定义及分类、收入的确认和计量、关于合同成本、关于特定交易的会计处理；费用的确认、期间费用；利润的构成与计算、营业外收支的会计处理、本年利润的会计处理。尤其是《CAS14 收入》采用"五步法"模型，即：（1）识别与客户订立的合同（identifying the contracts with customers）；（2）识别合同中的单项履约义务（identifying a single performance obligation in the contract）；（3）确定交易价格（determining the transaction price）；（4）将交易价格分摊至各单项履约义务（allocating the transaction price to a single performance obligations）；（5）履行各单项履约义务时确认收入（recognising revenue when the entity satisfies a performance obligation）。

❖❖ 重点概念 ❖❖

收入、利润总额、综合收益、其他综合收益、单项履约义务、市场调整法、成本加成法、余值法、单项履约义务、可明确区分商品（distinct goods or services）、可变对价（variable consideration）、非现金对价（non-cash consideration）、应付客户对价（consideration payable to a customer）、单独售价（stand-alone selling price）、合同资产（contract asset）、产出法（output methods）、投入法（input methods）、合同履约成本（costs to fulfill a contract）、合同取得成本、附有销售退回条款的销售（sale with a right of return）、附有质量保证条款的销售、主要责任人和代理人、附有客户额外购买选择权的销售、售后回购、营业外收入、营业外支出。

❖❖ 思 考 题 ❖❖

1. 理解收入确认的原则中"权利和义务转移"模型的含义。
2. 简述收入确认的前提条件。
3. 如何识别合同中的单项履约义务？
4. 如何确定交易价格？
5. 如何将交易价格分摊至各单项履约义务？如何采用市场调整法、成本加成法、余值法等方法合理估计单独售价？
6. 履行每一单项履约义务时如何确认收入？
7. 如何进行特定交易的会计处理？
8. 简述营业外收入和营业外支出的内容及其会计处理。

第十五章

财务报告

> **内容提要**：▲财务报告概述 ▲资产负债表 ▲利润表 ▲现金流量表
> ▲所有者权益变动表 ▲财务报表附注披露 ▲中期财务报告
>
> **学习目的及要求**：通过本章学习，熟悉财务报告的构成、目的；了解财务报表与其他财务报告的区别；掌握资产负债表的编制方法及资产负债表中各个项目的填制；掌握损益表及其附表的编制方法及各个项目的填制，尤其是其他综合收益的列报；掌握现金流量表的编制方法（包括直接法和间接法）及现金流量表中各个项目的填制；掌握现金流量的概念、分类和范围。

第一节 财务报告概述

一、财务报告的构成

早在17世纪，斯蒂文在《数学惯例法》一书中确立了资本状况表和损益证明（相当于现在的资产负债表和利润表），中间虽经过一些改良，但其总体格局一直沿用到20世纪60年代。直到美国会计原则委员会于1963年发布了"第三号意见书"，要求提供资金表（后分别改称"财务状况变动表""现金流量表"），财务报表才出现三张基本报表的体系格局。

财务会计的主要目的在于：提供一个主体的财务状况、经营业绩、财务适应性等信息，以帮助各类使用者评估管理当局受托责任的履行情况，并进行广泛的经济决策，其中，投资决策与信贷决策是主要的信息使用者依据财务信息而作出的经营决策。这些财务信息主要是由财务报表提供的，但财务报表的附注，其他财务报告也是补充提供财务信息和非财务信息的重要手段。财务报表连同它的附注是财务报告的核心，而其他报告财务和非财务信息的手段则是必要的补充。

财务报表通常包括资产负债表、收益表和现金流量表。

除财务报表外，目前企业对外传递财务信息还有其他手段，其内容直接或间接地与会计系统所提供的信息有关。常见的其他财务报告有公司年度报告中除财务报表以外的部分，包括呈送证券管理机关的中期报告和年度报告、管理当局的讨论与分析、给股东的信件、经济分析与统计报告、对新闻界的新闻发布稿等。

我国《企业会计准则——基本准则》将财务报告定义为："财务报告，是指企业对外提供的反映企业某一特定日期的财务状况和某一会计期间的经营成果、现金流量等会计信息的文件。"财务报告包括财务报表和其他应当在财务报告中披露的相关信息和资料。财务报表至少应当包括下列组成部分：资产负债表、利润表、现金流量表、所有者权益（或股东权益，下同）变动表和附注，即所谓的"四表一注"。

财务报表可以按照不同的标准进行分类：

（1）财务报表按编制期间的不同，可以分为中期财务报表和年度财务报表。中期财务报表是以短于一个完整会计年度的报告期为基础编制的财务报表，包括月报、季报和半年报等；

（2）财务报表按编制主体的不同，可以分为单独财务报表（separate financial statement）、个别报表（individual financial statement）和合并财务报表（consolidated financial statement）。单独财务报表是由企业在自身会计核算基础上对账簿记录进行加工而编制的财务报表，它主要反映企业自身的财务状况、经营成果和现金流量情况。合并财务报表是以母公司和子公司组成的企业集团为会计主体，根据母公司和所属子公司财务报表，由母公司编制的综合反映集团财务状况、经营成果及现金流量的财务报表。

二、财务报表列报的基本要求

《CAS30 财务报表列报》（简称 CAS30）规范了财务报表的列报。列报，是指交易和事项在报表中的列示和在附注中的披露。其中，"列示"通常反映资产负债表、利润表、现金流量表和所有者权益（或股东权益，下同）变动表等报表中的信息，"披露"通常反映附注中的信息。CAS30 主要规范了财务报表的组成，财务报表列报的基本要求，资产负债表、利润表、所有者权益变动表的列示和附注的披露内容、结构及其编制方法等问题。

CAS30 规定，财务报表是对企业财务状况、经营成果和现金流量的结构性表述。一套完整的财务报表至少应当包括"四表一注"，即资产负债表、利润表、现金流量表、所有者权益变动表和附注，并且这些组成部分在列报上具有同等的重要程度，企业不得强调某张报表或某些报表（或附注）较其他报表（或附注）更为重要。

企业应当依据各项会计准则确认和计量的结果编制财务报表；企业编制财务报表时应当对企业持续经营能力进行评估；企业应当按照权责发生制编制财务报表，但现金流量表信息除外；企业财务报表项目的列报应当在各个会计期间保持一致；企业单独列报或汇总列报相关项目时应当遵循重要性原则；企业财务报表项目一般不得以金额抵销后的净额列报；企业应当列报可比会计期间的比较数据等。CAS30 规定，资产负债表应当按照资产、负债和所有者权益三大类别分类列报，并且资产和负债应当按照流动性列示。利润表应当对费用按照功能分类进行列报，同时在附注中披露费用按照性质分类的利润表补充资料；利润表中其他综合收益项目应当根据其他相关会计准则的规定分为"以后会计期间不能重分类进损益的其他综合收益项目"和"以后会计期间在满足规定条件时将重分类进损益的其他综合收益项目"两类列报。所有者权益变动表应当反映构成所有者权益的各组成部分当期的增减变动情况，综合收益和与所有者（或股东）的资本交易导致的所有者权益变动应当分别列示。本准则还对附注至少披露的信息进行了规范。企业应当根据本准则及应用指南的规定，并结合自身经营活动的性质，确定本企业适用的财务报表格式。企业如存在特殊项目或特殊行业企业确有特别需要的，可以结合本企业的实际情况，在本应用指南规定的财务报表格式的基础上对财务报表格式进行相应调整和补充。

（一）依据各项会计准则确认和计量的结果编制财务报表

企业应当根据实际发生的交易和事项，遵循《企业会计准则——基本准则》（以下简称基本准则）、各项具体会计准则及解释的规定进行确认和计量，并在此基础上编制财务报表。企业应当在附注中对这一情况作出声明，只有遵循了企业会计准则的所有规定时，财务报表才应当被称为"遵循了企业会计准则"。同时，企业不应以在附注中披露代替对交易和事项的确认和计量，也就是说，企业采用的不恰当的会计政策，不得通过在附注中披露等其他形式予以更正，企业应当对交易和事项进行正确的确认和计量。

此外，如果按照各项会计准则规定披露的信息不足以让报表使用者了解特定交易或事项对企业财务状况、经营成果和现金流量的影响时，企业还应当披露其他的必要信息。

（二）列报基础

CAS30 规定，企业应当以持续经营为基础编制财务报表。持续经营是会计的基本前提，也是会计确认、计量及编制财务报表的基础。在编制财务报表的过程中，企业管理层应当全面评估企业的持续经营能力。企业管理层在对企业持续经营能力进行评估时，应当利用其所有可获得的信息，评估涵盖的期间应包括企业自资产负债表日起至少 12 个月，评估需要考虑的因素包括宏观政策风险、市场经营风险、企业目前或长期的盈利能力、偿债能力、财务弹性以及企业管理层改变经营政策的意向等。评价结果表明对持续经营能力产生重大怀疑的，企业应当在附注中披露导致对持续经营能力产生重大怀疑的影响因素以及企业拟采取的改善措施。

企业在评估持续经营能力时应当结合考虑企业的具体情况。通常情况下，如果企业过去每年都有可观的净利润，并且易于获取所需的财务资源，则对持续经营能力的评估易于判断，这表明企业以持续经营为基础编制财务报表是合理的，而无须进行详细的分析。反之，如果企业过去多年有亏损的记录等情况，则需要通过考虑更加广泛的，相关因素来作出评价，比如目前和预期未来的获利能力、债务清偿计划、替代融资的潜在来源等。

企业如果存在以下情况之一，则通常表明其处于非持续经营状态：（1）企业已在当期进行清算或停止营业；（2）企业已经正式决定在下一个会计期间进行清算或停止营业；（3）企业已确定在当期或下一个会计期间没有其他可供选择的方案而将被迫进行清算或停止营业。企业处于非持续经营状态时，应当采用清算价值等其他基础编制财务报表，比如破产企业的资产采用可变现净值计量、负债按照其预计的结算金额计量等。在非持续经营情况下，企业应当在附注中声明财务报表未以持续经营为基础列报、披露未以持续经营为基础的原因以及财务报表的编制基础。

（三）权责发生制

CAS30 规定，除现金流量表按照收付实现制编制外，企业应当按照权责发生制编制其他财务报表。在采用权责发生制会计的情况下，当项目符合基本准则中财务报表要素的定义和确认标准时，企业就应当确认相应的资产、负债、所有者权益、收入和费用，并在财务报表中加以反映。

（四）列报的一致性

可比性是会计信息质量的一项重要质量要求，目的是使同一企业不同期间和同一期间不同企业的财务报表相互可比。财务报表项目的列报应当在各个会计期间保持一致，不得随意变更。这一要求不仅只针对财务报表中的项目名称，还包括财务报表项目的分类、排列顺序等方面。在下列情况下，企业可以变更财务报表项目的列报：（1）会计准则要求改变财务报表项目的列报；（2）企业经营业务的性质发生重大变化或对企业经营影响较大的交易或事项发生后，变更财务报表项目的列报能够提供更可靠、更相关的会计信息。企业变更财务报表项目列报的，应当根据 CAS30 的有关规定提供列报的比较信息。

（五）依据重要性原则单独或汇总列报项目

关于项目在财务报表中是单独列报还是汇总列报，应当依据重要性原则来判断。总的原则是，如果某项目单个看不具有重要性，则可将其与其他项目汇总列报；如具有重要性，则应当单独列报。企业应当遵循如下规定：

（1）性质或功能不同的项目，一般应当在财务报表中单独列报，但是不具有重要性的项目可以汇总列报。比如，存货和固定资产在性质上和功能上都有本质差别，必须分别在资产负债表上单独列报。

（2）性质或功能类似的项目，一般可以汇总列报，但是对其具有重要性的类别应该单独列报。比如，原材料、低值易耗品等项目在性质上类似，均通过生产过程形成企业的产品存货，因此可以汇总列报，汇总之后的类别统称为"存货"在资产负债表上单独列报。

（3）项目单独列报的原则不仅适用于报表，还适用于附注。某些项目的重要性程度不足以在资产负债表、利润表、现金流量表或所有者权益变动表中单独列示，但对附注却具有重要性，在这种情况下应当在附注中单独披露。比如，对某制造业企业而言，原材料、在产品、库存商品等项目的重要性程度不足以在资产负债表上单独列示，因此在资产负债表上汇总列示，但是鉴于其对该制造业企业的重要性，应当在附注中单独披露。

（4）CAS30 规定在财务报表中单独列报的项目，企业应当单独列报。其他会计准则规定单独列报的项目，企业应当增加单独列报项目。

重要性是判断财务报表项目是否单独列报的重要标准。CAS30 规定，重要性是指在合理预期下，如果财务报表某项目的省略或错报会影响使用者据此作出经济决策的，则该项目就具有重要性。企业在进行重要性判断时，应当根据所处环境，从项目的性质和金额大小两方面予以判断：一方面，应当考虑该项目的性质是否属于企业日常活动、是否显著影响企业的财务状况、经营成果和现金流量等因素；另一方面，判断项目金额大小的重要性，应当通过单项金额占资产总额、负债总额、所有者权益总额、营业收入总额、营业成本总额、净利润、综合收益总额等直接相关或所属报表单列项目金额的比重加以确定。企业对于各个项目的重要性判断标准一经确定，不得随意变更。

（六）财务报表项目金额间的相互抵销

CAS30规定，财务报表项目应当以总额列报，资产和负债、收入和费用、直接计入当期利润的利得项目和损失项目的金额不能相互抵销，即不得以净额列报，但企业会计准则另有规定的除外。比如，企业欠客户的应付款不得与其他客户欠本企业的应收款相抵销，否则就掩盖了交易的实质。再如，收入和费用反映了企业投入和产出之间的关系，是企业经营成果的两个方面，为了更好地反映经济交易的实质、考核企业经营管理水平以及预测企业未来现金流量，收入和费用不得相互抵销。

CAS30规定以下三种情况不属于抵销：

（1）一组类似交易形成的利得和损失以净额列示的，不属于抵销。例如，汇兑损益应当以净额列报，为交易目的而持有的金融工具形成的利得和损失应当以净额列报。但是，如果相关的利得和损失具有重要性，则应当单独列报。

（2）资产或负债项目按扣除备抵项目后的净额列示，不属于抵销。例如，资产计提的减值准备，实质上意味着资产的价值确实发生了减损，资产项目应当按扣除减值准备后的净额列示，这样才反映了资产当时的真实价值。

（3）非日常活动产生的利得和损失，以同一交易形成的收益扣减相关费用后的净额列示更能反映交易实质的，不属于抵销。非日常活动并非企业主要的业务，非日常活动产生的损益以收入扣减费用后的净额列示，更能有利于报表使用者的理解。例如，非流动资产处置形成的利得或损失，应当按处置收入扣除该资产的账面金额和相关销售费用后的净额列报。

（七）比较信息的列报

企业在列报当期财务报表时，至少应当提供所有列报项目上一个可比会计期间的比较数据，以及与理解当期财务报表相关的说明，目的是向报表使用者提供对比数据，提高信息在会计期间的可比性。列报比较信息的这一要求适用于财务报表的所有组成部分，即既适用于四张报表，也适用于附注。通常情况下，企业列报所有列报项目上一个可比会计期间的比较数据，至少包括两期各报表及相关附注。当企业追溯应用会计政策或追溯重述、或者重新分类财务报表项目时，按照《CAS28 会计政策、会计估计变更和差错更正》等的规定，企业应当在一套完整的财务报表中列报最早可比期间期初的财务报表，即应当至少列报三期资产负债表、两期其他各报表（利润表、现金流量表和所有者权益变动表）及相关附注。其中，列报的三期资产负债表分别指当期期末的资产负债表、上期期末（即当期期初）的资产负债表、以及上期期初的资产负债表。

企业根据CAS30的规定确需变更财务报表项目列报的，应当至少对可比期间的数据按照当期的列报要求进行调整，并在附注中披露调整的原因和性质、以及调整的各项目金额。但是，在某些情况下，对可比期间比较数据进行调整是不切实可行的，比如，企业在以前期间可能没有按照可以进行重新分类的方式收集数据，并且重新生成这些信息是不切实可行的，则企业应当在附注中披露不能调整的原因、以及假设金额重新分类可能进行的调整的性质。关于企业变更会计政策或更正差错时要求的对比较信息的调整，由《CAS28 会计政策、会计估计变更和差错更正》规范。

（八）财务报表表首的列报要求

财务报表通常与其他信息（如企业年度报告等）一起公布，企业应当将按照企业会计准则编制的财务报告与一起公布的同一文件中的其他信息相区分。企业在财务报表的显著位置（通常是表首部分）应当至少披露下列基本信息：

（1）编报企业的名称。如企业名称在所属当期发生了变更的，还应明确标明。
（2）对资产负债表而言，应当披露资产负债表日；对利润表、现金流量表、所有者权益变动表而言，应当披露报表涵盖的会计期间。
（3）货币名称和单位。按照我国企业会计准则的规定，企业应当以人民币作为记账本位币列报，并标明金额单位，如人民币元、人民币万元等。
（4）财务报表是合并财务报表的，应当予以标明。

（九）报告期间

企业至少应当按年编制财务报表。根据《中华人民共和国会计法》的规定，会计年度自公历1月1日起至12月31日止。因此，企业在编制年度财务报表时，可能存在年度财务报表涵盖的期间短于一年的情况，比如企业在年度中间（如3月1日）开始设立等。在这种情况下，企业应当披露年度财务报表的实际涵盖期间及其短于一年的原因，并应当说明由此引起财务报表项目与比较数据不具可比性这一事实。

三、财务报表与其他财务报告的区别

总体看来，财务报表与其他财务报告的主要区别如下：

第一，财务报表的项目及其金额来自日常账簿资料，并须通过在报表中再确认。确认要遵守基本标准和具体标准，符合公认会计原则。相反，其他财务报告的资料也来自会计系统，但无须经过确认，也不必符合公认会计原则。

第二，财务报表表内项目都属于财务信息，报表项目连同金额是文字说明同数字（倾向金额）描述相结合的整体，缺一不可。其他财务报告没有这种要求，它可以既有文字说明和数字描述，也可以只是文字说明的。实际上，很多其他财务报告的信息，是分析与说明性的，文字较多。

第三，财务报表中的项目有小计、合计和总计，其金额必须相符，且符合下列勾稽关系：

（1）资产负债表。资产 = 负债 + 所有者权益（科目式）
　　　　　　　　　　　资产 − 负债 = 所有者权益（报告式）
（2）利润表。营业收入 − 营业成本 − 营业税金及附加 − 销售费用 − 管理费用 − 财务费用 − 资产减值损失 + (−) 公允价值变动损益 + (−) 投资收益 = 营业利润
营业利润 ± 营业外收支（利得和损失） − 所得税 = 净利润

净利润 + 其他综合收益的税后净额 = 综合收益总额

（3）现金流量表。各类现金流入 - 各类现金流出 = 现金金额的增加或减少额

其他财务报告就不存在特定的数字勾稽关系。

第四，与其他财务报告不同，财务报表作为一个信息的整体，彼此之间还有勾稽关系，如图 15 - 1 所示。

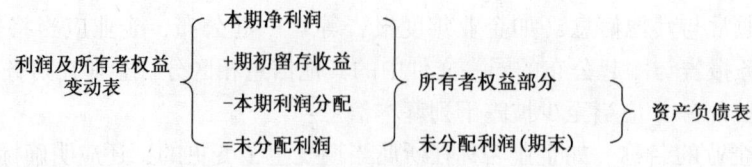

图 15 - 1　财务报表项目勾稽关系图

此外，现金流量表同时与资产负债表、利润表之间也存着一定的勾稽关系。比如，现金流量表中本期现金的增减数与资产负债表中期末、期初现金对比的差额要相同，同时，它可通过资产负债表中各流动资产、流动负债项目推算验证；利润表中的本期利润构成了现金流量表中本期来自经营活动的现金流量的主体部分（间接法）等。

第五，财务报表及其附注因来自过去的交易或事项，有可靠的凭证作为原始证据并遵守公认会计原则的有关标准进行确认、计量和报告。因此，它的真实性与公允性应由注册会计师进行审计（auditing）。而其他财务报告因不具备上述条件，所以一般只是请注册会计师进行审阅（review）。

财务报表和其他财务报告的根本差别在于前者必须通过会计确认，而后者则没必要通过会计确认。通过会计确认首先在于保证财务报表的要素，特别是"收入"的可靠性，遵守实现原则。当前，按照会计惯例，财务报表上的收益必须是已实现的，客观可信的，它反映了会计学家的传统观点，即以"持续经营""客观性""收入实现""货币单位价值稳定"等四项基本假定为基础的收益概念。而其他财务报告则开始离开传统会计的收益概念，反映了经济学家主张的现行收益（包括预期未实现的利得）的概念。

财务报告的主要任务是提供有助于使用者进行经济决策所需要的信息。这种信息在综合的意义上可分为两类：（1）经过一段时期，资源流动的结果，主要是由损益表和现金流量表来提供；（2）在特定时点，资源的状况，主要是由资产负债表即财务状况表来提供。

财务报告、财务报表与其他财务报告的关系如图 15 - 2 所示。

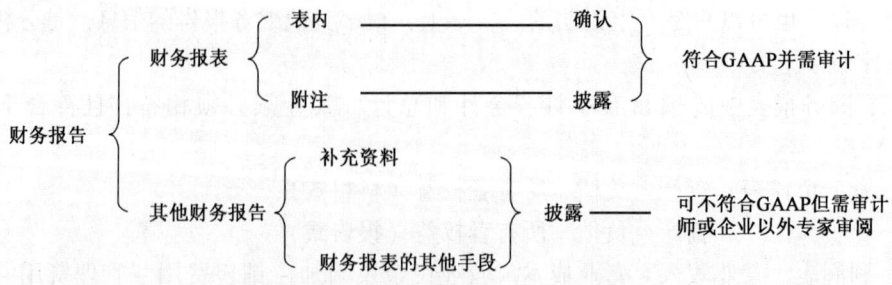

图 15 - 2　财务报告、财务报表和其他财务报告的关系

第二节 资产负债表

一、资产负债表的作用

资产负债表是反映企业某一特定日期财务状况的会计报表,即反映了某一特定日期关于企业资产、负债、所有者权益及其相互关系的信息。它反映企业在某一特定日期所拥有或控制的经济资源、所承担的现时义务和所有者对净资产的要求权。它是根据"资产=负债+所有者权益"的会计恒等式,按照一定的分类标准和一定次序,把企业特定日期的资产、负债、所有者权益三项要素所属项目予以适当排列编制而成的。它具有以下几方面作用。

(一) 有助于分析、评价、预测企业的短期偿债能力

偿债能力指企业以资产偿付债务的能力,它一般分为短期偿债能力和长期偿债能力。短期偿债能力主要体现为企业的资产和负债的流动性。资产的流动性反映企业资产的变现能力,即资产转换为现金的能力;负债的流动性则反映债务迫近到期日的数量和程度。企业是否有足够的资产及时转换成现金,以清偿短期债务,这对债权人是非常重要的。短期偿债能力越低,企业到期不能偿还本息,债权人对贷款收回和回报就没有可靠的保障。在资产负债表中,资产一般按其流动性排列,负债则按其到期日长短排列。这种排列方式有助于评估不同类资产的变现能力,预测未来现金流入的金额、时间及其不确定性;还可以评估不同类别负债的偿还先后,预测未来现金流出的金额、时间顺序及其不确定性。

(二) 有助于分析、评价、预测企业的长期偿债能力和资本结构

长期偿债能力主要指企业以全部资产清偿全部负债的能力。长期偿债能力的大小主要取决于企业的获利能力和它的资本结构。所谓资本结构是指在企业的权益总额中负债和所有者权益的相对比例。债权人和业主均为企业资产的资金提供者,债权人对企业的资产具有优先受偿的权利,企业所有者则享有剩余权益,因而是风险资本的提供者。负债与所有者权益相对比例的大小,会影响债权人和所有者的相对风险,以及企业的长期偿债能力。一般而言,负债比重越大,债权人的风险就越大,企业的偿债能力相对较弱。资产负债表是按资产、负债、所有者权益三大要素分项目揭示的,它可为信息使用者分析、评价和预测企业的资本结构和长期偿债能力的信息提供重要的依据。

(三) 有助于分析、评价、预测企业的变现能力和财务弹性

所谓变现能力(liquidity),是指用来描述企业某项资产变现或通过其他方式转化成现金的时间的长短,或预期某项负债应予支付的时间长短。变现能力信息之所以重要,是因为它可用来评价企业在不久的将来现金流量的时间分布;短期现金流入量是全部现金流入量的一部分,掌握有利的短期现金流量对于一个公司充分利用新的投资机会和偿付短期债务都是必需的。无论是短期债权人还是长期债权人,一般都非常重视现金或其等价物与流动负债的比率;同样地,业主也很关心企业资金的流动性,以评价企业未来支付现金股利的能力或未来

扩充经营的可能性。

财务适应性（financial adaptability），又称财务弹性（financial flexibility），指公司在面临突发性现金需要时，能够在资金调度上采取有效行动、作出迅速反应的能力。财务弹性影响企业的风险和变现能力，良好的财务弹性能帮助企业度过财务上的难关或抓住有利的机会，从而得到充分的发展。

资产负债表本身并不能直接提供有关企业流动性和财务弹性的信息，但是，它所列示的资产分布、负债流动性、资本结构等信息，并借助于损益表及其他报告信息，可有助于分析、评价和预测企业的流动性和财务弹性，进而估计企业适应市场环境变化的财务能力。

二、资产负债表的编制方法

（一）资产负债表列报的总体要求

1. 分类别列报

资产负债表列报应当如实反映企业在资产负债表日所拥有的资源、所承担的负债以及所有者所拥有的权益。资产负债表应当按照资产、负债和所有者权益三大类别分类列报。

2. 资产和负债按流动性列报

资产负债表上资产和负债应当按照流动性分别分为流动资产和非流动资产、流动负债和非流动负债列示。流动性，通常按资产的变现或耗用时间长短或者负债的偿还时间长短来确定。CAS30规定，企业应当先列报流动性强的资产或负债，再列报流动性弱的资产或负债。对于一般企业（如工商企业）而言，通常在明显可识别的营业周期内销售产品或提供服务，应当将资产和负债分别分为流动资产和非流动资产、流动负债和非流动负债列示，有助于反映本营业周期内预期能实现的资产和应偿还的负债。但是，对于银行、证券、保险等金融企业而言，其销售产品或提供服务不具有明显可识别营业周期，在经营内容上也不同于一般企业，导致其资产和负债的构成项目也与一般企业有所不同，具有特殊性，金融企业的有些资产或负债无法严格区分为流动资产和非流动资产。在这种情况下，按照流动性列示往往能够提供可靠且更相关信息，因此，金融企业等特殊行业企业等可以大体按照流动性顺序列示所有的资产和负债。

对于从事多种经营的企业，可以采用混合的列报基础进行列报，即对一部分资产和负债按照流动资产和非流动资产、流动负债和非流动负债列报，同时对其他资产和负债按照流动性顺序列报，但前提是能够提供可靠且更加相关的信息。

3. 列报相关的合计、总计项目

资产负债表中的资产类至少应当列示流动资产和非流动资产的合计项目；负债类至少应当列示流动负债、非流动负债以及负债的合计项目；所有者权益类应当列示所有者权益的合计项目。但是，按照企业的经济性质列报"流动资产合计""非流动资产合计""流动负债合计""非流动负债合计"等项目不切实可行的，则无须列报这些项目。比如，金融企业等特殊行业企业的资产和负债按照流动性顺序列报的情况。资产负债表遵循了"资产=负债+所有者权益"这一会计恒等式，把企业在特定时日所拥有的经济资源和与之相对应的企业所承担的债务及偿债以后属于所有者的权益充分反映出来。所以，资产负债表应当分别列示资产总计项目和负债与所有者权益之和的总计项目，并且这二者的金额应当相等。

（二）资产的列报

资产负债表中的资产反映由过去的交易、事项形成并由企业在某一特定日期所拥有或控制的、预期会给企业带来经济利益的资源。根据本准则的规定，资产应当按照流动资产和非流动资产两大类别在资产负债表中列示，在流动资产和非流动资产类别下进一步按性质分项列示。

1. 流动资产和非流动资产的划分

资产满足下列条件之一的，应当归类为流动资产：

（1）预计在一个正常营业周期中变现、出售或耗用。这主要包括存货、应收账款等资产。需要指出的是，变现一般针对应收账款等而言，指将资产变为现金；出售一般针对产品等存货而言；耗用一般指将存货（如原材料）转变成另一种形态（如产成品）。

（2）主要为交易目的而持有。比如一些根据《CAS22 金融工具确认和计量》划分的交易性金融资产。但是，并非所有交易性金融资产均为流动资产，比如自资产负债表日起超过12个月到期且预期持有超过12个月的衍生工具应当划分为非流动资产或非流动负债。

（3）预计在资产负债表日起一年内（含一年，下同）变现。

（4）自资产负债表日起一年内，交换其他资产或清偿负债的能力不受限制的现金或现金等价物。

流动资产以外的资产应当归类为非流动资产。对于同时包含资产负债表日后一年内和一年之后预期将收回或清偿金额的资产和负债单列项目，CAS30 还要求企业应当披露超过一年后预期收回或清偿的金额。比如，金融企业资产负债表中的资产和负债项目按照流动性顺序列示，有些资产或负债项目中同时包含了资产负债表日后一年内和一年之后预期收回或清偿的金额，针对这些项目，企业应当在附注中披露资产负债表日后一年之后预期收回或清偿的金额。再如，房地产开发企业的正常营业周期通常长于一年，其已经开发完工和正在开发的房地产作为存货在资产负债表的流动资产部分列示，企业对于该存货还应当在附注中披露资产负债表日后一年之后预期收回的金额。

2. 正常营业周期

在判断流动资产、流动负债时所指的正常营业周期，是指企业从购买用于加工的资产起至实现现金或现金等价物的期间。正常营业周期通常短于一年，在一年内有几个营业周期。但是，因生产周期较长等导致正常营业周期长于一年的，尽管相关资产往往超过一年才变现、出售或耗用，仍应当划分为流动资产。例如，房地产开发企业开发用于出售的房地产开发产品，造船企业制造的用于出售的大型船只等，从购买原材料进入生产，到制造出产品出售并收回现金或现金等价物的过程，往往超过一年，在这种情况下，与生产循环相关的产成品、应收账款、原材料尽管超过一年才变现、出售或耗用，仍应作为流动资产列示。当正常营业周期不能确定时，企业应当以一年（12个月）作为正常营业周期。

3. 持有待售的非流动资产的列报

对于根据企业会计准则划分为持有待售的非流动资产（比如固定资产、无形资产、长期股权投资等）的列报，被划分为持有待售的非流动资产应当归类为流动资产；被划分为持有待售的非流动负债应当归类为流动负债。

持有待售的非流动资产既包括单项资产也包括处置组，处置组是指在一项交易中作为整体通过出售或其他方式一并处置的一组资产以及在该交易中转让的与这些资产直接相关的负债。因此，无论是被划分为持有待售的单项非流动资产还是处置组中的资产，都应当在资产负债表的流动资产部分单独列报；类似地，被划分为持有待售的处置组中的与转让资产相关的负债应当在资产负债表的流动负债部分单独列报。

（三）负债的列报

资产负债表中的负债反映在某一特定日期企业所承担的、预期会导致经济利益流出企业的现时义务。根据CAS30的规定，负债应当按照流动负债和非流动负债在资产负债表中进行列示，在流动负债和非流动负债类别下再进一步按性质分项列示。

1. 流动负债与非流动负债的划分

流动负债的判断标准与流动资产的判断标准相类似。CAS30规定，负债满足下列条件之一的，应当归类为流动负债：

（1）预计在一个正常营业周期中清偿。
（2）主要为交易目的而持有。
（3）自资产负债表日起一年内到期应予以清偿。
（4）企业无权自主地将清偿推迟至资产负债表日后一年以上。

关于可转换工具负债成分的分类，CAS30规定，负债在其对手方选择的情况下可通过发行权益进行清偿的条款与在资产负债表日负债的流动性划分无关。

【例15-1】2018年12月1日，甲公司发行面值为5 000 000元的可转换债券，每张面值1 000元，期限5年，到期前债券持有人有权随时按每张面值1 000元的债券转换50股的转股价格，将持有的债券转换为甲公司的普通股。根据这一转换条款，甲公司有可能在该批债券到期前（包括资产负债表日起12个月内）予以清偿，但甲公司在2018年12月31日资产负债表日判断该可转换债券的负债成分为流动负债还是非流动负债时，不应考虑转股导致的清偿情况，因此，该可转换债券的负债成分在2018年12月31日甲公司的资产负债表上仍应当分类为非流动负债（假定不考虑其他因素和情况）。

企业在应用流动负债的判断标准时，应当注意以下两点：（1）企业对资产和负债进行流动性分类时，应当采用相同的正常营业周期。（2）企业正常营业周期中的经营性负债项目即使在资产负债表日后超过一年才予清偿的，仍应划分为流动负债。经营性负债项目包括应付账款、应付职工薪酬等，这些项目属于企业正常营业周期中使用的营运资金的一部分。

2. 资产负债表日后事项对流动负债与非流动负债划分的影响

流动负债与非流动负债的划分是否正确，直接影响到对企业短期和长期偿债能力的判断。企业在判断流动负债与非流动负债的划分时，对于资产负债表日后事项对流动负债与非流动负债划分的影响，需要特别加以考虑。总的判断原则是，企业在资产负债表上对债务流动和非流动的划分，应当反映在资产负债表日有效的合同安排，考虑在资产负债表日起一年内企业是否必须无条件清偿，而资产负债表日之后（即使是财务报告批准报出日前）的再融资、展期或提供宽限期等行为，与资产负债表日判断负债的流动性状况无关。

1) 资产负债表日起一年内到期的负债

对于在资产负债表日起一年内到期的负债，企业有意图且有能力自主地将清偿义务展期至资产负债表日后一年以上的，应当归类为非流动负债；不能自主地将清偿义务展期的，即使在资产负债表日后、财务报告批准报出日前签订了重新安排清偿计划协议，该项负债在资产负债表日仍应当归类为流动负债。

【例15-2】 甲企业于2014年7月1日向A银行举借五年期的长期借款，则在2018年12月31日的资产负债表上，该长期借款应当划分为流动负债。假定存在以下情况：

(1) 假定甲企业在2018年12月1日与A银行完成长期再融资或展期，则该借款在2018年12月31日的资产负债表上应当划分为非流动负债。

(2) 假定甲企业在2019年2月1日（财务报告批准报出日为2019年3月31日）完成长期再融资或展期，则该借款在2018年12月31日的资产负债表上应当划分为流动负债。

(3) 假定甲企业与A银行的贷款协议上规定，甲企业在长期借款到期前可以自行决定是否展期，无须征得债权人同意，并且甲企业打算要展期，则该借款在2018年12月31日的资产负债表上应当划分为非流动负债。

2) 在资产负债表日或之前企业违反长期借款协议

企业在资产负债表日或之前违反了长期借款协议，导致贷款人可随时要求清偿的负债，应当归类为流动负债。这是因为，在这种情况下，债务清偿的主动权并不在企业，企业只能被动地无条件归还贷款，而且该事实在资产负债表日即已存在，所以该负债应当作为流动负债列报。但是，如果贷款人在资产负债表日或之前同意提供在资产负债表日后一年以上的宽限期，在此期限内企业能够改正违约行为，且贷款人不能要求随时清偿的，在资产负债表日的此项负债并不符合流动负债的判断标准，应当归类为非流动负债。

企业的其他长期负债存在类似情况的，应当比照上述情况进行处理。

(四) 所有者权益的列报

资产负债表中的所有者权益是企业资产扣除负债后的剩余权益。资产负债表中的所有者权益类一般按照净资产的不同来源和特定用途进行分类，CAS30规定，资产负债表中的所有者权益类应当按照实收资本（或股本）、资本公积、其他综合收益、盈余公积、未分配利润等项目分项列示。

(五) 一般企业资产负债表的格式和列报方法

1. 一般企业资产负债表的列报格式

根据CAS30的规定，资产负债表采用账户式的格式，即左侧列报资产方，右侧列报负债方和所有者权益方，且资产负债表中的资产各项目的合计等于负债和所有者权益各项目的合计，即采用科目式资产负债表。企业应提供比较资产负债表，以便报表使用者通过比较不同时点资产负债表的数据，掌握企业财务状况的变动情况及发展趋势。资产负债表还就各项目再分为"年初余额""期末余额"两栏分别填列。

一般企业资产负债表的格式见表15-1。

表 15-1 资产负债表 会企01表

编制单位：A股份有限公司 2018年12月31日 金额单位：元

资产	年初数	期末数	负债和所有者权益（或股东权益）	年初数	期末数
流动资产：			流动负债：		
货币资金	1 406 300	820 745	短期借款	300 000	50 000
交易性金融资产	15 000	0	交易性金融负债	0	0
衍生金融资产	0	0	衍生金融负债	0	0
应收票据及应收账款	545 100	644 200	应付票据及应付账款	1 152 800	1 052 800
预付账款	100 000	100 000	预收账款	0	0
其他应收款	5 000	5 000	合同负债	0	0
存货	2 580 000	2 574 700	应付职工薪酬	110 000	180 000
合同资产	0	0	应交税费	36 600	172 590
持有待售资产	0	0	其他应付款	51 000	82 216
一年内到期的非流动资产	0	0	持有待售负债	0	0
其他流动资产	100 000	0	一年内到期的非流动负债	1 000 000	0
流动资产合计	4 751 400	4 144 645	其他流动负债	0	0
非流动资产：	0	0	流动负债合计	2 651 400	1 538 605.85
债权投资			非流动负债：		0
其他债权投资	0	0	长期借款	600 000	1 160 000
长期应收款	0	0	应付债券	0	0
长期股权投资	250 000	250 000	其中：优先股	0	0
其他权益工具投资	0	0	永续债	0	0
其他非流动金融资产	0	0	长期应付款	0	0
投资性房地产	0	0	预计负债	0	0
固定资产	1 100 000	2 216 470	递延收益	0	0
在建工程	1 500 000	728 000	递延所得税负债	0	0
生产性生物资产	0	0	其他非流动负债	0	0
油气资产	0	0	非流动负债合计	600 000	1 160 000
无形资产	600 000	540 000	负债合计	2 251 400	2 698 605.85
开发支出	0	0	所有者权益（或股东权益）：	0	0
商誉	0	0	实收资本（或股本）	5 000 000	5 000 000
长期待摊费用	0	0	其他权益工具	0	0
递延所得税资产	0	0	其中：优先股	0	0
其他非流动资产	200 000	200 000	永续债	0	0
非流动资产合计	3 650 000	3 934 470	资本公积	0	0
			减：库存股	0	0
			其他综合收益	0	0
			盈余公积	100 000	152 545
			未分配利润	50 000	227 964.15
			所有者权益（股东权益）合计	5 150 000	5 380 509.15
资产总计	8 401 400	8 079 115	负债和所有者权益（或股东权益）总计	8 401 400	8 079 115

企业如有下列情况，应当在资产负债表中调整或增设相关项目：

（1）高危行业企业如有按国家规定提取的安全生产费的，应当在资产负债表所有者权益项下"其他综合收益"项目和"盈余公积"项目之间增设"专项储备"项目，反映企业提取的安全生产费期末余额。

（2）企业如有划分为持有待售的非流动资产及划分为持有待售的处置组中的资产，应当在资产负债表资产项下"合同资产"项目和"一年内到期的非流动资产"项目之间增设"划分为持有待售的资产"项目，反映资产负债表日划分为持有待售的非流动资产及划分为持有待售的处置组中的资产的期末余额；如有划分为持有待售的处置组中的负债，应当在资产负债表负债项下"其他应付款"项目和"一年内到期的非流动负债"项目之间增设"划分为持有待售的负债"项目，反映资产负债表日划分为持有待售的处置组中的负债的期末余额。

（3）企业衍生金融工具业务具有重要性的，应当在资产负债表资产项下"交易性金融资产"项目和"应收票据及应收账款"项目之间增设"衍生金融资产"项目，在资产负债表负债项下"交易性金融负债"项目和"应付票据及应付账款"项目之间增设"衍生金融负债"项目，分别反映企业衍生工具形成资产和负债的期末余额。

（4）金融企业的资产负债表列报格式，应当遵循CAS30的规定，并根据金融企业经营活动的性质和要求，比照一般企业的资产负债表列报格式进行相应调整。

2. 一般企业资产负债表的列报方法

企业应当根据资产、负债和所有者权益类科目的期末余额填列资产负债表"期末余额"栏，具体包括如下情况：

（1）根据总账科目的余额填列。"其他权益工具投资""递延所得税资产""长期待摊费用""短期借款""持有待售负债""递延收益""递延所得税负债""实收资本（或股本）"，"其他权益工具""库存股""资本公积""其他综合收益""专项储备""盈余公积"等项目，应根据有关总账科目的余额填列。其中，长期待摊费用摊销年限（或期限）只剩一年或不足一年的，或者预计在一年内（含一年）进行摊销的部分，仍在"长期待摊费用"项目中列示，不转入"一年内到期的非流动资产"项目。

有些项目则应根据几个总账科目的余额计算填列，如"货币资金"项目，需根据"库存现金""银行存款""其他货币资金"三个总账科目余额的合计数填列；"其他应付款"行项目，应根据"应付利息""应付股利""其他应付款"科目的期末余额合计数填列。"其他流动资产""其他流动负债"项目，应根据有关科目的期末余额分析填列。其中，有其他综合收益相关业务的企业，应当设置"其他综合收益"科目进行会计处理，该科目应当按照其他综合收益项目的具体内容设置明细科目。企业在对其他综合收益进行会计处理时，应当通过"其他综合收益"科目处理，并与"资本公积"科目相区分。

（2）根据明细账科目的余额计算填列。"交易性金融资产"项目，应根据"交易性金融资产"科目的相关明细科目期末余额分析填列，自资产负债表日起超过一年到期且预期持有超过一年的以公允价值计量且其变动计入当期损益的非流动金融资产的期末账面价值，在"其他非流动金融资产"行项目反映；"衍生金融资产"项目，应根据"衍生工具"科目的明细科目期末借方余额填列；"其他债权投资"项目，应根据"其他债权投资"科目的相关明细科目期末余额分析填列；"开发支出"项目，应根据"研发支出"科目中所属的"资本化支出"明细科目期末余额填列，自该项目达到预定用途之日起转为无形资产项目；"交易性金融负债"行项目，应根据"交易性金融负债"科目的相关明细科目期末余额填列；"衍生金融负债"项目，应根据"衍生工具"科目的明细科目期末贷方余额填列；其中，自报告之日起超过12个月到期且预期持有超过12个月的衍生工具应当划分为非流动资产或非流动负债；"应付票据及应付账款"项目，应根据"应付票据"科目的期末余额，以及"应付账款"和"预付账款"科目所属的相关明细科目的期末贷方余额合计数填列；"预收款项"项目，应当根据"应收账款""预收账款"等科目所属明细科目期末贷方余额合计数填列；"应交税费"项目，应根据"应交税费"科目的明细科目期末余额分析填列，其中，借方余额，应当根据其流动性在"其他流动资产"或"其他非流动资产"项目中填列；"一年内到期的非流动资产""一年内到期的非流动负债"项目，应根据有关非流动资产或负债项目的明细科目余额分析填列；"应付职工薪酬"项目，应根据"应付职工薪酬"科目的明细科目期末余额分析填列；"未分配利润"项目，应根据"利润分配"科目中所属的"未分配利润"明细科目期末余额填列。

（3）根据总账科目和明细账科目的余额分析计算填列。"长期借款"项目，应根据"长期借款"总账科目余额扣除"长期借款"科目所属的明细科目中将在资产负债表日起一年内到期、且企业不能自主地将清偿义务展期的长期借款后的金额计算填列；"应付债券"项目比照上述方法填列；"其他非流动资产"项目，应根据有关科目的期末余额减去将于一年内（含一年）收回数后的金额填列；"其他非流动负债"项目，应根据有关科目的期末余额减去将于一年内（含一年）到期偿还数后的金额填列。

（4）根据有关科目余额减去其备抵科目余额后的净额填列。"持有待售资产"项目，应根据"持有待售资产"科目的期末余额，减去"持有待售资产减值准备"科目的期末余额后的金额填列；"债权投资"项目，应根据"债权投资"科目的相关明细科目期末余额，减去"债权投资减值准备"科目中相关减值准备的期末余额后的金额分析填列，其中，自资产负债表日起一年内到期的长期债权投资的期末账面价值，在"一年内到期的非流动资产"行项目反映，企业购入的以摊余成本计量的一年内到期的债权投资的期末账面价值，在"其他流动资产"行项目反映；"长期股权投资""商誉"项目，应根据相关科目的期末余额填列，已计提减值准备的，还应扣减相应的减值准备；"固定资产"项目，应根据"固定资产"科目的期末余额，减去"累计折旧"和"固定资产减值准备"科目的期末余额后的金额，以及"固定资产清理"科目的期末余额填列；"在建工程"项目，应根据"在建工程"科目的期末余额，减去"在建工程减值准备"科目的期末余额后的金额，以及"工程物资"科目的期末余额，减去"工程物资减值准备"科目的期末余额后的金额填列；"投资性房地产""生产性生物资产""油气资产""无形资产"项目，应根据相关科目的期末余额扣减相关的累计折旧（或摊销、折耗）填列，已计提减值准备的，还应扣减相应的减值准备，采用公允价值计量的上述资产，应根据相关科目的期末余额填列；"长期应收款"项目，应根据"长期应收款"科目的期末余额，减去相应的"未实现融资费用"科目和"坏账准备"科目所属相关明细科目期末余额后的金额填列；"长期应付款"项目，应根据"长期应付款"科目的期末余额，减去相关的"未确认融资费用"科目的期末余额后的金额，以及"专项应付款"科目的期末余额填列。

（5）综合运用上述填列方法分析填列。主要包括："应收票据及应收账款"项目，应根据"应收票据"和"应收账款"科目的期末余额，减去"坏账准备"科目中相关坏账准备期末余额后的金额填列;"其他应收款"项目,应根据"应收利息""应收股利"和"其他应收款"科目的期末余额合计数,减去"坏账准备"科目中相关坏账准备期末余额后的金额填列;"预付款项"项目,应根据"预付账款"和"应付账款"科目所属各明细科目的期末借方余额合计数,减去"坏账准备"科目中有关预付款项计提的坏账准备期末余额后的金额填列;"合同资产"和"合同负债"项目,应根据"合同资产"科目和"合同负债"科目的明细科目期末余额分析填列,同一合同下的合同资产和合同负债应当以净额列示,其中净额为借方余额的,应当根据其流动性在"合同资产"或"其他非流动资产"项目中填列,已计提减值准备的,还应减去"合同资产减值准备"科目中相应的期末余额后的金额填列,其中净额为贷方余额的,应当根据其流动性在"合同负债"或"其他非流动负债"项目中填列;"存货"项目,应根据"材料采购""原材料""发出商品""库存商品""周转材料""委托加工物资""生产成本""受托代销商品"等科目的期末余额及"合同履约成本"科目的明细科目中初始确认时摊销期限不超过一年或一个正常营业周期的期末余额合计,减去"受托代销商品款""存货跌价准备"科目期末余额及"合同履约成本减值准备"科目中相应的期末余额后的金额填列,材料采用计划成本核算,以及库存商品采用计划成本核算或售价核算的企业,还应按加或减材料成本差异、商品进销差价后的金额填列;"其他非流动资产"项目,应根据有关科目的期末余额减去将于一年内(含一年)收回数后的金额,及"合同取得成本"科目和"合同履约成本"科目的明细科目中初始确认时摊销期限在一年或一个正常营业周期以上的期末余额,减去"合同取得成本减值准备"科目和"合同履约成本减值准备"科目中相应的期末余额填列。

企业应当根据上年末资产负债表"期末余额"栏有关项目填列本年度资产负债表"年初余额"栏。如果企业发生了会计政策变更、前期差错更正,应当对"年初余额"栏中的有关项目进行相应调整;如果企业上年度资产负债表规定的项目名称和内容与本年度不一致,应当对上年年末资产负债表相关项目的名称和金额按照本年度的规定进行调整,填入"年初余额"栏。

第三节 利 润 表

一、利润表的内容及格式

(一) 利润表的内容

利润表(profit statement)是反映企业一定期间生产经营成果的财务报表,反映了企业经营业绩的主要来源和构成。利润表,又称收益表(income statement 或 statement of income)、损益表(profit and loss statement)、盈利表(statement of earnings)或经营表(operations statement)。目前,国际上较流行的名称是"收益表"(income statement)。在我国,"损益表"与"利润表"这两个名称通常是混用的。1995年发布的损益表征求意见稿称"损益表",2006年发布的会计准则称"利润表"。利润表把一定期间的营业收入与其同一会计期间相关的营业费用进行配比,以计算出企业一定时期的净利润(或净亏损)。通过利润表反映的收入、费用等情况,能够反映企业生产经营的收益和成本耗费情况,表明企业生产经营成果；同时，通过利润表提供的不同时期的比较数字（本月数、本年累计数、上年数），可以分析企业今后利润的发展趋势及获利能力，了解投资者投入资本的完整性。由于利润是企业经营业绩的综合体现，又是进行利润分配的主要依据。

利润表主要反映以下几方面的内容：

(1) 营业收入。营业收入由主营业务收入和其他业务收入组成。

(2) 营业利润。营业收入减去营业成本（主营业务成本、其他业务成本）、营业税金及附加、销售费用、管理费用、财务费用、资产减值损失，加上公允价值变动收益、投资收益，即为营业利润。

(3) 利润总额。营业利润加上营业外收入，减去营业外支出，即为利润总额。

(4) 净利润。利润总额减去所得税费用，即为净利润，按照经营可持续性具体分为"持续经营净利润"和"终止经营净利润"两项。

(5) 其他综合收益，具体分为"以后会计期间不能重分类进损益的其他综合收益项目"和"以后会计期间在满足规定条件时将重分类进损益的其他综合收益"两类，并以扣除相关所得税影响后的净额列报。

(6) 综合收益总额。净利润加上其他综合收益的税后净额，即为综合收益总额。

(7) 每股收益。普通股或潜在普通股已公开交易的企业，以及正处于公开发行普通股或潜在普通股过程中的企业，还应当在利润表中列示每股收益信息，每股收益包括基本每股收益和稀释每股收益两项指标。

此外，为了使报表使用者通过比较不同期间利润的实现情况，判断企业经营成果的未来发展趋势，企业需要提供比较利润表，利润表还就各项目分为"本期金额"和"上期金额"两栏分别反映。

(二) 利润表的结构

利润表是通过一定的表格来反映企业的经营成果。由于不同的国家或地区对财务报表的信息要求不完全相同，利润表的结构也不完全相同。但目前比较普遍的利润表的结构有多步式利润表（multiples-step income statement）和单步式利润表（single-step income statement）两种。

多步式利润表中的利润是通过多步计算而来的，多步式利润表通常分为如下几步：

第一步，从销售收入出发，减去销售成本，计算得出销售毛利。

第二步，从销售毛利中减去销售费用，计算出营业利润。

第三步，在营业利润的基础上加减营业外收支，加减特别收支，计算得出本期实现的利润（或亏损）。

第四步，从税前利润中减去所得税，计算出本期净利润（或净亏损）。

多步式损益表的优点在于，便于对企业生产经营情况进行分析，有利于不同企业之间进行比较，更重要的是利用多步式损益表有利于预测企业今后的盈利能力。目前，我国企业会计制度规定的损益表就是采用多步式。

单步式利润表是将本期所有的收入加在一起，然后将所有的费用加总在一起，通过一次计算求出本期损益。采用单步式利润表，利润表分为营业收入和收益、营业费用和损失、净收益三部分。营业收入和收益包括销售收入、营业外收入和特别收入等；营业费用和损失包括商品支出、工资支出、折旧费用、利息支出等；净损益是两者计算的结果。单步式损益表对于营业收入和一切费用支出一视同仁，不分彼此先后，不像多步式损益表中必须区分费用或支出与收入配比的先后层次。由于单步式损益表所表示的都是未经加工的原始资料，所以便于财务报表使用者理解。

单步式利润表和多步式利润表的区别，仅是具体结构不同，揭示的中间性信息不同，实际上，它们所包含的内容应是一致的，二者之间可以相互转化，企业可根据需要将多步式转为单步式，或反过来。在西方国家的会计实际工作中，这两种格式都有采用。在我国《CAS30 财务报表列报》中，规定采用多步式损益表，并将损益计算和利润分配结合在一起。

另外，在实务中，还有一种格式即"贡献毛利式"。但这种格式尚未用于对外报告。它吸收了管理会计的思想，将成本与费用划分为固定与变动两部分。变动部分先从收入中扣减，以计算出对固定成本与净收益的贡献，然后再减去固定成本求得净收益。这种格式最适合于企业内部管理部门使用。

(三) 有关利润的几种观点

1. 本期经营成果观和总括利润观

利润表是用于反映企业在报告期的经营成果的主要财务报表。在利润表中反映的净利润应包括哪些内容，通常有两种看法，一种称为"本期经营成果观"（current operating concept），一种称为"总括利润观"（all-inclusive concept）。"本期经营成果观"认为，为了便于本期与前期之间的比较，净利润只能包括本期正常经营所得，而不包括其他所得。由于"本期经营成果观"只将本期正常活动所取得的利润列入利润表，而忽略了本期影响所有者权益的其他项目，因而，往往会导致财务报表的使用者忽略没有列入净利润的其他项目的重要性；"总括利润观"认为，除股利和企业与股东间其他经济业务外，在利润表中列入报告期影响所有者权益的项目，能为财务报表使用者提供更为有用的资料，使之能对这些项目的重要性及其对经营成果的影响作出更好的评价，因而，需要在利润表中列入所有报告期影响所有者权益净增或净减的经济业务。一些非经常性项目，其中包括本期发生的非经常性项目、前期项目或与会计政策变更有关的调整等，都应分别列入净利润。1996年，APB9 提出修正的总括利润观（modified all-inclusive concept）主张非经常性项目利得和损失应列于利润表中，前期损益则直接列于利润分配表。

我国一般采用多步式损益表格式，并以"总括观利润"在损益表中反映净利润的情况，但又与一般的"总括观利润"不完全相同，如我国的非经常性的分类与国际会计准则中述及的不同，在我国，利润表中的非经常性，是指非经常发生的、计入损益的、重大的交易或事项产生的损益，包括出售、处置部门或被投资单位、自然灾害发生的损失等。我国非经常性项目是包含在利润表有关项目内的，如出售被投资单位而产生的损益在投资收益中反映，出售固定资产发生的损益在营业外收支项目内反映等，但同时也在利润表的附注中单独披露。我国利润表的格式见表15-2。

表15-2 利润表　　　　　　　　　　会企02表

编制单位：A股份有限公司　　　2018年　　　　　　　　金额单位：元

项　　目	本年累计数	上期金额（略）
一、营业收入	1 250 000	
减：营业成本	750 000	
税金及附加	2 000	

续表

项　　目	本年累计数	上期金额（略）
销售费用	20 000	
管理费用	157 100	
研发费用	0	
财务费用	41 500	
其中：利息费用	0	
利息收入		
资产减值损失	900	
信用减值损失	0	
加：其他收益	0	
投资收益（损失以"—"号填列）	31 500	
其中：对联营企业和合营企业的投资收益	0	
净敞口套期收益（损失以"—"号填列）	0	
公允价值变动收益（损失以"—"号填列）	0	
资产处置收益（损失以"—"号填列）	0	
二、营业利润（亏损以"—"号填列）	310 000	
加：营业外收入	50 000	
减：营业外支出	19 700	
三、利润总额（亏损总额以"—"号填列）	340 300	
减：所得税费用	77 575	
四、净利润（净亏损以"—"号填列）	262 725	
（一）持续经营净利润（净亏损以"—"号填列）		
（二）终止经营净利润（净亏损以"—"号填列）		
五、其他综合收益的税后净额	0	
（一）以后不能重分类进损益的其他综合收益	0	
1. 重新计量设定受益计划变动额	0	
2. 权益法下不能转损益的其他综合收益	0	
3. 其他权益工具投资公允价值变动	0	
4. 企业自身信用风险公允价值变动	0	
……		
（二）以后将重分类进损益的其他综合收益	0	
1. 权益法下可转损益的其他综合收益	0	
2. 其他债权投资公允价值变动	0	
3. 金融资产重分类计入其他综合收益的金额	0	
4. 其他债权投资信用减值准备	0	
5. 现金流量套期储备	0	
6. 外币财务报表折算差额	0	
……		

续表

项　　目	本年累计数	上期金额（略）
六、综合收益总额	262 725	
七、每股收益	（略）	
（一）基本每股收益		
（二）稀释每股收益		

2. 收入费用观和资产负债观

对会计利润的概念，无论在会计理论界还是会计实务界，至今都尚未形成统一的认识。目前比较流行的观点主要有收入费用观和资产负债观。

收入费用观认为，利润是企业收入和费用配比的结果，即把特定时期内相关的收入和费用进行配比，如果收入大于费用为利润，反之为亏损。在这种观点下，利润确定的关键在于收入和费用的确认、计量和配比。

资产负债观认为，利润是企业在投入资本得到保全的前提下，其资源的净增加额。在这种观点下，利润的确定就依存于资本保全概念的定义和资源计量方法。在会计上，资本保全是指在企业资本得到维护后，才能确认利润。资本保全也有两种不同的观点，即货币资本保全和实物资本保全。货币资本保全概念强调货币资本的维护，在这种概念下，会计利润是在原始投入的货币资本得到保全的基础上，一定时期内的净资产的增加。换言之，会计利润等于一切实现的收入减去按历史成本计价的已耗资源的成本费用。实物资本保全概念强调应当维护实物资本，即企业的实际生产能力。根据实物资本保全概念，利润等于一切已取得收入扣减按现行成本计价的全部成本和费用的余额。

按照国际惯例，现行会计实务主要采用收入费用配比观点，并按货币资本保全确定利润，即会计利润是指本期已实现收入与相关历史成本之间的差额。这种观念也被称为传统的会计利润概念。

（四）利润表列报的总体要求

CAS30 规定，企业在利润表中应当对费用按照功能分类，分为从事经营业务发生的成本、管理费用、销售费用和财务费用等。企业的活动通常可以划分为生产、销售、管理、融资等，每一种活动上发生的费用所发挥的功能并不相同，因此，按照费用功能法将其分开列报，有助于使用者了解费用发生的活动领域。但是，由于银行、保险、证券等金融企业的日常活动与一般企业不同，具有特殊性，所以，金融企业可以根据其特殊性列示利润表项目。例如，商业银行将利息支出作为利息收入的抵减项目、将手续费及佣金支出作为手续费及佣金收入的抵减项目列示等。

同时，企业应当在附注中披露费用按照性质分类的利润表补充资料，可将费用分为耗用的原材料、职工薪酬费用、折旧费用、摊销费用等，以有助于报表使用者预测企业的未来现金流量。

（五）综合收益的列报

综合收益，是指企业在某一期间除与所有者以其所有者身份进行的交易之外的其他交易或事项所引起的所有者权益变动。综合收益总额项目反映净利润和其他综合收益扣除所得税影响后的净额相加后的合计金额。其他综合收益（other comprehensive income，OCI），是指企业根据其他会计准则规定未在当期损益中确认的各项利得和损失。

企业应当以扣除相关所得税影响后的净额在利润表上单独列示各项其他综合收益项目，并且其他综合收益项目应当根据其他相关会计准则的规定分为下列两类列报：

（1）以后会计期间不能重分类进损益的其他综合收益项目，主要包括：重新计量设定受益计划变动额、权益法下不能转损益的其他综合收益、其他权益工具投资公允价值变动、企业自身信用风险公允价值变动等。

（2）以后会计期间在满足规定条件时将重分类进损益的其他综合收益项目，主要包括：权益法下可转损益的其他综合收益、其他债权投资公允价值变动、金融资产重分类计入其他综合收益的金额、其他债权投资信用减值准备、现金流量套期储备、外币财务报表折算差额等。

二、一般企业利润表的列报格式和列报方法

（一）一般企业利润表的列报格式

根据 CAS30 的规定，利润表采用多步式的格式，即通过对当期的收入、费用、支出项目按性质加以归类，按利润形成的主要环节列示一些中间性利润指标，便于使用者理解企业经营成果的不同来源。企业应该提供比较利润表，以便报表使用者通过比较不同期间利润表的数据，判断企业经营成果的未来发展趋势。利润表还就各项目再分为"本期金额"和"上期金额"两栏分别填列。一般企业利润表的格式见表 15-2。

企业如有下列情况，应当在利润表中调整或增设相关项目：

（1）企业应当根据自身相关的其他综合收益业务，按照其他综合收益项目以后是否能重分类进损益区分为两类，相应在利润表"（一）以后不能重分类进损益的其他综合收益"项下或"（二）以后将重分类进损益的其他综合收益"项下调整或增设有关其他综合收益项目。

（2）金融企业的利润表列报格式，应当遵循 CAS30 的规定，并根据金融企业经营活动的性质和要求，比照一般企业的利润表列报格式进行相应调整。

（二）一般企业利润表的列报方法

1. 利润表"本期金额"栏的填列方法

利润表"本期金额"栏一般应根据根据损益类科目和所有者权益类有关科目的发生额填列。

（1）"营业收入""营业成本""税金及附加""销售费用""管理费用""财务费用""资产减值损失""公允价值变动收益""投资收益""资产处置收益""所得税费用"等项目，应根据有关损益类科目的发生额分析填列。

（2）"研发费用"项目，反映企业进行研究与开发过程中发生的费用化支出。该项目应根据"管理费用"科目下的"研发费用"明细科目的发生额分析填列。

(3)"其中：利息费用"项目，反映企业为筹集生产经营所需资金等而发生的应予费用化的利息支出。该项目应根据"财务费用"科目的相关明细科目的发生额分析填列。

(4)"利息收入"项目，反映企业确认的利息收入。该项目应根据"财务费用"科目的相关明细科目的发生额分析填列。

(5)"信用减值损失"项目，反映企业按照《CAS22 金融工具确认和计量》（2017 年修订）的要求计提的各项金融工具减值准备所形成的预期信用损失。该项目应根据"信用减值损失"科目的发生额分析填列。

(6)"其他收益"项目，反映计入其他收益的政府补助等。该项目应根据"其他收益"科目的发生额分析填列。

(7)"其中：对联营企业和合营企业的投资收益"，应根据"投资收益"科目所属的相关明细科目的发生额分析填列。

(8)"净敞口套期收益"项目，反映净敞口套期下被套期项目累计公允价值变动转入当期损益的金额或现金流量套期储备转入当期损益的金额。该项目应根据"净敞口套期损益"科目的发生额分析填列；如为套期损失，以"—"号填列。

(9)"资产处置收益"项目，反映企业出售划分为持有待售的非流动资产（金融工具、长期股权投资和投资性房地产除外）或处置组（子公司和业务除外）时确认的处置利得或损失，以及处置未划分为持有待售的固定资产、在建工程、生产性生物资产及无形资产而产生的处置利得或损失。债务重组中因处置非流动资产产生的利得或损失和非货币性资产交换中换出非流动资产产生的利得或损失也包括在本项目内。该项目应根据"资产处置损益"科目的发生额分析填列；如为处置损失，以"—"号填列。

(10)"营业外收入"项目，反映企业发生的除营业利润以外的收益，主要包括债务重组利得、与企业日常活动无关的政府补助、盘盈利得、捐赠利得（企业接受股东或股东的子公司直接或间接的捐赠，经济实质属于股东对企业的资本性投入的除外）等。该项目应根据"营业外收入"科目的发生额分析填列。

(11)"营业外支出"项目，反映企业发生的除营业利润以外的支出，主要包括债务重组损失、公益性捐赠支出、非常损失、盘亏损失、非流动资产毁损报废损失等。该项目应根据"营业外支出"科目的发生额分析填列。

(12)"（一）持续经营净利润"和"（二）终止经营净利润"项目，分别反映净利润中与持续经营相关的净利润和与终止经营相关的净利润；如为净亏损，以"—"号填列。该两个项目应按照《CAS42 持有待售的非流动资产、处置组和终止经营》的相关规定分别列报。

(13)"其他综合收益的税后净额"项目及其各组成部分，应根据"其他综合收益"科目及其所属明细科目的本期发生额分析填列。

(14)"其他权益工具投资公允价值变动"项目，反映企业指定为以公允价值计量且其变动计入其他综合收益的非交易性权益工具投资发生的公允价值变动。该项目应根据"其他综合收益"科目的相关明细科目的发生额分析填列。

(15)"企业自身信用风险公允价值变动"项目，反映企业指定为以公允价值计量且其变动计入当期损益的金融负债，由企业自身信用风险变动引起的公允价值变动而计入其他综合收益的金额。该项目应根据"其他综合收益"科目的相关明细科目的发生额分析填列。

(16)"其他债权投资公允价值变动"项目,反映企业分类为以公允价值计量且其变动计入其他综合收益的债权投资发生的公允价值变动。企业将一项以公允价值计量且其变动计入其他综合收益的金融资产重分类为以摊余成本计量的金融资产,或重分类为以公允价值计量且其变动计入当期损益的金融资产时,之前计入其他综合收益的累计利得或损失从其他综合收益中转出的金额作为该项目的减项。该项目应根据"其他综合收益"科目下的相关明细科目的发生额分析填列。

(17)"金融资产重分类计入其他综合收益的金额"项目,反映企业将一项以摊余成本计量的金融资产重分类为以公允价值计量且其变动计入其他综合收益的金融资产时,计入其他综合收益的原账面价值与公允价值之间的差额。该项目应根据"其他综合收益"科目下的相关明细科目的发生额分析填列。

(18)"其他债权投资信用减值准备"项目,反映企业按照《CAS22 金融工具确认和计量》(2017年修订)第十八条分类为以公允价值计量且其变动计入其他综合收益的金融资产的损失准备。该项目应根据"其他综合收益"科目下的"信用减值准备"明细科目的发生额分析填列。

(19)"现金流量套期储备"项目,反映企业套期工具产生的利得或损失中属于套期有效的部分。该项目应根据"其他综合收益"科目下的"套期储备"明细科目的发生额分析填列。

(20)"营业利润""利润总额""净利润""综合收益总额"项目,应根据利润表中相关项目计算填列。

(21)普通股或潜在普通股已公开交易的企业,以及正处于公开发行普通股或潜在普通股过程中的企业,还应当在利润表中列示每股收益信息,并在附注中详细披露计算过程,以供投资者投资决策参考。基本每股收益和稀释每股收益项目应当按照《CAS34 每股收益》的规定计算填列。

2. 利润表"上期金额"栏的填列方法

企业应当根据上年同期利润表"本期金额"栏内所列数字填列本年度利润表的"上期金额"栏。如果企业上年该期利润表规定的项目的名称和内容与本期不一致,应当对上年该期利润表相关项目的名称和金额按照本期的规定进行调整,填入"上期金额"栏。

三、每股收益

普通股或潜在普通股已公开交易的企业以及正处于公开发行普通股或潜在普通股过程中的企业应当在利润表中分别列示基本每股收益和稀释每股收益,并在附注中披露下列相关信息:

(1)基本每股收益和稀释每股收益分子、分母的计算过程;

(2)列报期间不具有稀释性但以后期间很可能具有稀释性的潜在普通股;

(3)在资产负债表日至财务报告批准报出日之间,企业发行在外普通股或潜在普通股股数发生重大变化的情况。

(一) 基本每股收益

基本每股收益仅考虑当期实际发行在外的普通股股份，按照归属于普通股股东的当期净利润除以当期实际发行在外普通股的加权平均数计算确定。

计算每股收益时，分子为归属于普通股股东的当期实际净利润，即企业当期实现的可供普通股股东分配的净利润或应由普通股股东分担的净亏损金额。发生亏损的企业，每股收益以负数列示。以合并财务报表为基础计算的每股收益，分子应当是归属于母公司普通股股东的合并净利润，即扣减少数股东损益后的余额。

计算每股收益时，分母为当期发行在外普通股的算术加权平均数，即：

发行在外普通股加权平均数 = 期初发行在外普通股股数 + 当期新发行普通股股数 × 已发行时间 ÷ 报告期时间 − 当期回购普通股股数 × 已回购时间 ÷ 报告期时间

已发行时间、报告期时间和已回购时间一般按照天数计算；在不影响计算结果合理性的前提下，也可以采用简化的计算方法。

【例15−3】 B公司2018年期初发行在外的普通股为10 000万股；3月2日新发行普通股4 500万股；12月1日回购普通股1 500万股，以备将来奖励职工之用。该公司当年度实现净利润为2 600万元。

计算B公司基本每股收益时，发行在外普通股加权平均数为：

$$10\,000 \times 12 \div 12 + 4\,500 \times 10 \div 12 - 1\,500 \times 1 \div 12 = 13\,625\,(万股)$$

或者 $$10\,000 \times 2 \div 12 + 14\,500 \times 9 \div 12 + 13\,000 \times 1 \div 12 = 13\,625\,(万股)$$

$$基本每股收益 = 2\,600 \div 13\,625 = 0.191\,(元)$$

(二) 稀释每股收益

企业存在稀释性潜在普通股的，应当根据其影响分别调整归属于普通股股东的当期净利润以及发行在外普通股的加权平均数，并据以计算稀释每股收益。计算稀释每股收益时，假设潜在普通股在当期期初已全部转换为普通股，如果潜在普通股为当期发行的，则假设发行日就全部转换为普通股，据此计算稀释每股收益。其中，潜在普通股是指赋予其持有者在报告期或以后期间享有取得普通股权利的一种金融工具或其他合同。目前，我国企业发行的潜在普通股主要有可转换公司债券、认股权证、股份期权等；稀释性潜在普通股，是指假设当期转换为普通股会减少每股收益的潜在普通股。

1. 分子的调整

计算稀释每股收益，应当根据下列事项对归属于普通股股东的当期净利润进行调整：(1) 当期已确认为费用的稀释性潜在普通股的利息；(2) 稀释性潜在普通股转换时将产生的收益或费用。上述调整应当考虑相关的所得税影响。

2. 分母的调整

计算稀释每股收益时，当期发行在外普通股的加权平均数应当为计算基本每股收益时普通股的加权平均数与假定稀释性潜在普通股转换为已发行普通股而增加的普通股股数的加权平均数之和。

【例15−4】 C公司2018年归属于普通股股东的净利润为4 500万元，期初发行在外普通股股数4 000万股，年内普通股股数未发生变化，2018年1月2日公司按面值发行800万元的可转换公司债券，票面利率为4%，每100元债券可转换为110股面值为1元的普通股。所得税税率为25%。假设不考虑可转换公司债券在负债和权益成分之间的分拆。那么，2018年度每股收益计算如下：

基本每股收益 = 4 500 ÷ 4 000 = 1.125（元）

增加的净利润 = 800 × 4% ×（1 − 25%）= 24（万元）

增加的普通股股数 = 800 ÷ 100 × 110 = 880（万股）

稀释的每股收益 =（4 500 + 24）÷（4 000 + 880）= 0.93（元）

3. 计算稀释性认股权证、股份期权的稀释每股收益

对于稀释性认股权证、股份期权，计算稀释每股收益时，一般无须调整作为分子的净利润金额，只需按照下列步骤对作为分母的普通股加权平均数进行调整：

（1）假设这些认股权证、股份期权在当期期初（或晚于当期期初的发行日）已经行权，计算按约定行权价格发行普通股将取得的收入金额；

（2）假设按照当期普通股平均市场价格发行普通股，计算需发行多少普通股能够带来上述相同的收入；

（3）比较行使股份期权、认股权证将发行的普通股股数与按照平均市场价格发行的普通股股数，差额部分相当于无对价发行的普通股，作为发行在外普通股股数的增加。

增加的普通股股数 = 拟行权时转换的普通股股数 − 行权价格 × 拟行权时转换的普通股股数 ÷ 当期普通股平均市场价格

稀释性潜在普通股应当按照其稀释程度从大到小的顺序计入稀释每股收益，直至稀释每股收益达到最小值。

【例15-5】D公司2018年度归属于普通股股东的净利润为200万元，发行在外普通股加权平均数为500万股，该普通股平均市场价格为4元。年初，该公司对外发行100万份认股权证，行权日为2019年3月1日，每份认股权证可以在行权日以3.5元的价格认购本公司1股新发的股份。那么，2018年度每股收益计算如下：

基本每股收益 = 200 ÷ 500 = 0.4（元）

增加的普通股股数 = 100 − 100 × 3.5 ÷ 4 = 12.5（万股）

稀释每股收益 = 200 ÷（500 + 12.5）= 0.39（元）

（三）重新计算

企业派发股票股利、公积金转增资本、拆股或并股等，会增加或减少其发行在外普通股或潜在普通股的数量，但并不影响所有者权益金额。不影响企业所拥有或控制的经济资源也不改变企业的盈利能力，也就意味着同样的损益现在要由扩大或缩小了的股份规模来享有或分担。因此，为了保持会计指标的前后可比性，应当按调整后的股数重新计算各列报期间的每股收益。上述变化发生于资产负债表日至财务报告批准报出日之间的，应当以调整后的股数重新计算各列报期间的每股收益。

【例15-6】D公司2018年和2019年归属于普通股股东的净利润分别为190万元和220万元，2018年1月1日发行在外的普通股100万股，2018年4月1日按市价新发行普通股20万股，2019年7月1日分派股票股利，以2018年12月31日总股本120万股为基数每

10 股送 3 股，假设不存在其他股数变动因素。那么，2019 年度比较利润表中基本每股收益计算如下：

2019 年度发行在外普通股加权平均数 = (100 + 20 + 120 × 3 ÷ 10) × 12 ÷ 12 = 156（万股）

2018 年度发行在外普通股加权平均数 = 100 × 1.3 × 12 ÷ 12 + 20 × 1.3 × 9 ÷ 12
$$= 149.5（万股）$$

2019 年度基本每股收益 = 220 ÷ 156 = 1.41（元）

2018 年度基本每股收益 = 190 ÷ 149.5 = 1.27（元）

第四节 现金流量表

现金流量表是以现金为基础编制的财务状况变动表。企业对外提供的会计报表中，资产负债表反映企业一定日期所拥有的资产、需偿还的债务，以及投资者所拥有的净资产的情况；利润表反映企业一定期间内的经营成果，即利润或亏损的情况，表明企业运用所拥有的资产的获利能力；现金流量表反映企业一定期间内现金的流入和流出，表明企业获得现金和现金等价物（除特别说明外，以下所称的现金均包括现金等价物）的能力。

一、现金流量表的目的和作用

（一）现金流量表的目的

现金流量表，是反映企业一定会计期间现金和现金等价物流入和流出的报表。编制现金流量表的主要目的，是为会计报表使用者提供企业一定会计期间内现金和现金等价物流入和流出的信息，以便于会计报表使用者了解和评价企业获取现金和现金等价物的能力，并据以预测企业未来现金流量。

（二）现金流量表的作用

现金流量表主要提供有关企业现金流量方面的信息。在市场经济条件下，企业的现金流转情况在很大程度上影响着企业的生存和发展。企业现金充裕，就可以及时购入必要的材料物资和固定资产、及时支付工资、偿还债务、支付股利和利息；反之，轻则影响企业的正常生产经营，重则危及企业的生存。按照《中华人民共和国公司法》的规定，公司因不能清偿到期债务，被依法宣告破产的，由人民法院依照有关法律的规定，组织股东、有关机关及有关专业人员成立清算组，对公司进行破产清算。现金管理已经成为企业财务管理的一个重要方面，受到企业管理人员、投资者、债权人以及政府监管部门的关注。现金流量表的作用，具体有以下三个方面：

（1）现金流量表有助于评价企业支付能力、偿债能力和周转能力。通过现金流量表，并配合资产负债表和利润表，将现金与流动负债进行比较，计算出现金比率；将现金流量净额与发行在外的普通股加权平均股数进行比较，计算出每股现金流量；将经营活动现金流量净额与净利润进行比较，计算出盈利现金比率，可以了解企业的现金能否偿还到期债务、支付股利和进行必要的固定资产投资，了解企业现金流转效率和效果，等等，从而便于投资者作出投资决策、债权人作出信贷决策。

(2) 现金流量表有助于预测企业未来现金流量。评价过去是为了预测未来。通过现金流量表所反映的企业过去一定期间的现金流量以及其他生产经营指标,可以了解企业现金的来源和用途是否合理,了解经营活动产生的现金流量有多少,企业在多大程度上依赖外部资金,就可以据以预测企业未来现金流量,从而为企业编制现金流量计划、组织现金调度、合理节约地使用现金创造条件,为投资者和债权人评价企业的未来现金流量、作出投资和信贷决策提供必要信息。

(3) 现金流量表有助于分析企业收益量及影响现金净流量的因素。利润表中列示的净利润指标,反映了一个企业的经营成果,这是体现企业经营业绩的最重要的一个指标。但是,利润表是按照权责发生制原则编制的,它不能反映企业经营活动产生了多少现金,并且没有反映投资活动和筹资活动对企业财务状况的影响。通过编制现金流量表,可以掌握企业经营活动、投资活动和筹资活动的现金流量,将经营活动产生的现金流量与净利润相比较,就可以从现金流量的角度了解净利润的质量,并进一步判断,是哪些因素影响现金流入,从而为分析和判断企业的财务前景提供信息。

二、现金流量表的编制基础

目前,绝大多数国家以现金和现金等价物作为现金流量表的编制基础。只有英国是例外,它的编制基础是现金和流动资源。我国准则采用现金和现金等价物作为现金流量表的编制基础,并将现金定义为企业的库存现金以及可以随时用于支付的存款。这一定义与世界上大多数国家对现金的定义基本相似。会计上所说的现金通常指企业的库存现金,而现金流量表中的"现金"不仅包括"库存现金"科目核算的库存现金,还包括企业"银行存款"科目核算的存入金融企业、随时可以用于支付的存款,也包括"其他货币资金"科目核算的外埠存款、银行汇票存款、银行本票存款和在途货币资金等其他货币资金。需要注意的是,银行存款与其他货币资金中有些不能随时用于支付的存款,例如,不能随时支取的定期存款等,不应作为现金,而应列作投资;提前通知金融企业便可支取的定期存款,则应包括在现金范围内。

在英国,不采用现金等价物的概念,而是以流动资源和现金一起作为编制基础。所谓流动资源,指持有的、容易处置的流动资产投资。所谓容易处置应满足下列条件:

(1) 该项处置不会影响企业的经营活动。

(2) 满足下述两项中的一项:①容易转换为等于或接近其账面价值的现金;②能在活跃的市场中交易。

我国准则将现金等价物定义为企业持有的期限短、流动性强、易于转换为已知金额现金、价值变动风险很小的投资。这一定义与美国、国际会计准则基本一致。

在编制现金流量表时,现金流量表会计准则之所以将符合以上四个条件的投资规定为现金等价物,视同现金加以报告,主要是考虑到,当企业作以上投资时,主要目的不是取得投资收益,而是将本来用于日常支付的现金暂时用于投资,待需要支付时随时变现,其安全性和变现能力与普通的存款差不多,但比普通的存款更合算。其中所称的期限较短,一般是指从购买之日起,3个月内到期。这里将期限短定为3个月内,一是借鉴了其他国家的有关规定,再就是考虑到企业商业信用、资金调度通常以3个月为期,3个月内到期,则意味着能够满足短期支付需要。具体到一个企业来说，哪些投资可以确认为现金等价物，需要根据具体情形加以判断。典型的现金等价物是自购买之日起3个月内到期的短期债券。企业作为短期投资而购买的、市场上可以流通的股票，虽然期限短、变现能力强，但是其变现的金额并不确定，变现价值并不稳定，所以不属于现金等价物。

（一）现金的概念

现金流量表是以现金为基础编制的，这里的现金是指企业库存现金以及可以随时用于支付的存款，以及现金等价物。具体包括以下几方面内容。

1. 库存现金

库存现金是指企业持有可随时用于支付的现金，即与会计核算中"库存现金"科目所包括的内容一致。

2. 银行存款

银行存款是指企业存在金融企业随时可以用于支付的存款，即与会计核算中"银行存款"科目所包括的内容基本一致，区别在于：如果存在金融企业的款项中不能随时用于支付的存款，如不能随时支取的定期存款，不作为现金流量表中的现金，但提前通知金融企业便可支取的定期存款，则包括在现金流量表中的现金范围内。

3. 其他货币资金

其他货币资金是指企业存在金融企业有特定用途的资金，如外埠存款、银行汇票存款、银行本票存款、信用证保证金存款、信用卡存款等。

4. 现金等价物

现金等价物是指企业持有的期限短、流动性高、易于转换为已知金额的现金、价值变动风险很小的投资，现金等价物虽然不是现金，但其支付能力与现金的差别不大，可视为现金。现金等价物通常指购买在3个月或更短时间内即到期或即可转换为现金的投资。如企业于2015年12月1日购入2013年1月1日发行的期限为3年的国债，购买时还有1个月到期，则这项短期投资视为现金等价物；又如，企业2014年12月1日购入期限为6个月的企业债券，则不能作为现金等价物。可见，是否作为现金等价物的主要标志是购入日至到期日在3个月或更短时间内转换为已知现金金额的投资。哪些短期投资视为现金等价物，应依据其定义确定。不同企业现金等价物的范围也可能不同，如经营活动主要以短期、流动性强的投资的企业，可能会将所有项目都视为投资，而不是现金等价物，而非经营投资的企业，可能将其视为现金等价物。企业应当根据经营特点等具体情况，确定现金等价物的范围，并在会计报表附注中披露确定现金等价物的会计政策，并一贯性地保持这种划分标准。这种政策的改变应视为会计政策的变更。

（二）现金流量的概念

现金流量是某一期间内企业现金和现金等价物流入和流出的数量。影响现金流量的因素有经营活动、投资活动和筹资活动，如购买和销售商品、提供或接受劳务、购建或出售固定资产、投资或收回投资、借入资金或偿还债务等。衡量企业经营状况是否良好、是否有足够的现金偿还债务、资产和变现能力等,现金流量是非常重要的指标。

(三) 影响现金流量的因素

企业日常经营业务是影响现金流量的重要因素,但并不是所有的交易或事项都影响现金流量。影响或不影响现金流量的因素主要包括:

(1) 现金各项目之间的增减变动(包括现金与现金等价物之间的增减变动),不会影响现金流量净额的变动,如从银行提取现金、将现金存入银行、用现金购买2个月到期的债券等,均属于现金各项目之间内部资金转换,不会影响现金流量的增减变动。

(2) 非现金各项目之间的增减变动,也不会影响现金流量净额的变动,如用固定资产清偿债务、用原材料对外投资、用存货清偿债务、用固定资产对外投资等,均属于非现金各项目之间的增减变动,不涉及现金的收支,不会影响现金流量的增减变动。

(3) 现金各项目与非现金各项目之间的增减变动,会影响现金流量净额的变动,如用现金支付购买的原材料价款、用现金对外投资、收回长期债券投资等,均涉及现金各项目与非现金各项目之间的增减变动,这些变动会引起现金流量的增减变动。

现金流量表主要反映现金各项目与非现金各项目之间的增减变动情况对现金流量净额的影响,非现金各项目之间的增减变动虽然不影响现金流量净额,但属于重要的投资和筹资活动,在现金流量表的补充资料中单独反映。

三、现金流量的分类

现金流量表的目的,是为会计报表使用者提供企业一定会计期间内有关现金的流入和流出的信息。企业一定时期内现金流入和流出是由各种因素产生的,如工业企业为生产产品需要用现金支付购入原材料的价款,支付职工工资、购买固定资产也需要支付现金。现金流量表首先要对企业各项经营业务产生或运用的现金流量进行合理的分类。

美国、澳大利亚和国际会计准则委员会等都将现金流量划分为经营活动产生的现金流量、投资活动产生的现金流量和筹资活动产生的现金流量三大类,英国的情况比较特殊,划分为经营活动、投资收益和融资成本、纳税、资本性支出和金融投资、购买和处置、支付的权益性股利、流动资源管理、筹资活动等八大类。香港则是综合了国际会计准则和英国的做法,将现金流量划分为五大类即经营活动、投资报酬及融资成本、税项、投资活动和筹资活动。根据我国的实际情况,借鉴国际上大多数国家和国际会计准则的处理方法,我国准则将现金流量划分为经营活动产生的现金流量(operating cash flows)、投资活动产生的现金流量(investing cash flows)和筹资活动产生的现金流量(financing cash flows)三大类。

(一) 经营活动产生的现金流量

经营活动是指企业投资活动和筹资活动以外的所有交易或事项。从经营活动的定义可以看出,经营活动的范围很广,它包括了除投资活动和筹资活动以外的所有交易或事项。各类企业由于行业特点不同,对经营活动的认定存在一定的差异。对于工商企业而言,经营活动主要包括销售商品、提供劳务、购买商品、接受劳务、支付税费等。对于商业银行而言,经营活动主要包括吸收存款、发放贷款、同业存放、同业拆借等。对于保险公司而言,经营活动主要包括原保险业务和再保险业务等。对于证券公司而言,经营活动主要包括自营证券、代理承销证券、代理兑付证券、代理买卖证券等。

与一般企业相比,金融企业的经营活动性质不同,对经营活动产生的现金流量项目认定存在一定差异。在编制现金流量表时,应当根据本企业的实际情况,对经营活动产生的现金流量项目进行合理归类。

(二) 投资活动产生的现金流量

投资活动是指企业长期资产的购建和不包括在现金等价物范围内的投资及其处置活动。其中,长期资产是指固定资产、无形资产、在建工程、其他资产等持有期限在一年或一个营业周期以上的资产。这里所讲的投资活动,既包括实物资产投资,也包括金融资产投资。这里之所以将"包括在现金等价物范围内的投资"排除在外,是因为已经将包括在现金等价物范围内的投资视为现金。不同企业由于行业特点不同,对投资活动的认定也存在差异。例如,交易性金融资产所产生的现金流量,对于工商企业而言,属于投资活动现金流量,而对于证券公司而言,属于经营活动现金流量。

(三) 筹资活动产生的现金流量

筹资活动是指导致企业资本及债务规模和构成发生变化的活动。其中的资本,包括实收资本(股本)、资本溢价(股本溢价)。企业发生与资本有关的现金流入和流出项目,一般包括吸收投资、发行股票、分配利润等。其中的债务,是指企业对外举债所借入的款项,如发行债券、向金融企业借入款项以及偿还债务等。通常情况下,应付账款、应付票据等商业应付款属于经营活动,不属于筹资活动。

四、现金流量表的基本格式和填列方法

(一) 现金流量表的基本格式

我国现金流量表的基本格式见表15-3。

表15-3 现金流量表　　　　　　　　　会企03表

编制单位:A股份有限公司　　　　2018年度　　　　　金额单位:元

项　目	本期金额	上期金额
一、经营活动产生的现金流量:		
销售商品、提供劳务收到的现金	1 342 500	
收到的税费返还	0	
收到的其他与经营活动有关的现金	0	
经营活动现金流入小计	1 342 500	
购买商品、接受劳务支付的现金	392 266	
支付给职工以及为职工支付的现金	300 000	
支付的各项税费	199 089	
支付的其他与经营活动有关的现金	70 000	

续表

项　　目	本期金额	上期金额
经营活动现金流出小计	961 355	
经营活动产生的现金流量净额	381 145	
二、投资活动产生的现金流量：		
收回投资收到的现金	16 500	
取得投资收益收到的现金	30 000	
处置固定资产、无形资产和其他长期资产收回的现金净额	300 300	
处置子公司及其他营业单位收到的现金净额	0	
收到其他与投资活动有关的现金	0	
投资活动现金流入小计	346 800	
购建固定资产、无形资产和其他长期资产支付的现金	451 000	
投资所支付的现金	0	
取得子公司及其他营业单位支付的现金净额	0	
支付的其他与投资活动有关的现金	0	
投资活动现金流出小计	451 000	
投资活动产生的现金流量净额	-104 200	
三、筹资活动产生的现金流量：		
吸收投资收到的现金	0	
取得借款所收到的现金	400 000	
收到其他与筹资活动有关的现金	0	
筹资活动现金流入小计	400 000	
偿还债务支付的现金	1250 000	
分配股利、利润和偿付利息支付的现金	12 500	
支付的其他与筹资活动有关的现金	0	
筹资活动现金流出小计	1 262 500	
筹资活动产生的现金流量净额	-862 500	
四、汇率变动对现金及现金等价物的影响	0	
五、现金及现金等价物净增加额	-585 555	
加：期初现金及现金等价物余额	0	
六、期末现金及现金等价物余额	-585 555	

现金流量表补充资料

补充资料	本期金额	上期金额
1. 将净利润调节为经营活动现金流量：		
净利润	255 975	
加：计提的资产减值准备	900	
固定资产折旧、油气资产折耗、生产性生物资产折旧	100 000	
无形资产摊销	60 000	

续表

补充资料	本期金额	上期金额
长期待摊销费用摊销	0	
处置固定资产、无形资产和其他长期资产的损失（减：收益）	-50 000	
固定资产报废损失（减：收益）	19 700	
公允价值变动损失（减：收益）	0	
财务费用	21 500	
投资损失（减：收益）	-31 500	
递延所得税资产减少（减：增加）	0	
递延所得税负债增加（减：减少）	0	
存货的减少（减：增加）	5 300	
经营性应收项目的减少（减：增加）	-100 000	
经营性应付项目的增加（减：减少）	-730	
其他	100 000	
经营活动产生的现金流量净额	381 145	
2. 不涉及现金收支的重大投资和筹资活动：		
债务转为资本	0	
一年内到期的可转换公司债券	0	
融资租入固定资产	0	
3. 现金及现金等价物净变动情况：		
现金的期末余额	820 745	
减：现金的期初余额	1 406 300	
加：现金等价物的期末余额	0	
减：现金等价物的期初余额	0	
现金及现金等价物净增加额	-585 555	

（二）现金流量表的填列方法

1. 经营活动产生的现金流量的填列方法

经营活动是指企业投资活动和筹资活动以外的所有交易或事项。经营活动产生的现金流量是一项重要的指标，它可以说明企业在不动用企业外部筹得资金的情况下，通过经营活动产生的现金流量是否足以偿还负债、支付股利和对外投资。在我国，企业经营活动产生的现金流量应当采用直接法填列。直接法，是指通过现金收入和现金支出的主要类别反映来自企业经营活动的现金流量。经营活动现金流量的各项内容如下：

（1）"销售商品、提供劳务收到的现金"项目，反映企业销售商品、提供劳务实际收到的现金（含销售收入和应向购买者收取的增值税额），包括本期销售商品、提供劳务收到的现金，以及前期销售和前期提供劳务本期收到的现金和本期预收的账款，扣除本期退回本期销售的商品和前期销售本期退回的商品支付的现金。企业销售材料和代购代销业务收到的现金，也在本项目反映。本项目可以根据"库存现金""银行存款""应收账款""应收票据"

"预收账款""主营业务收入""其他业务收入"等科目的记录分析填列。根据科目记录分析计算该项目的金额,通常可以采用以下公式:

销售商品、提供劳务收到的现金

=本期销售商品、提供劳务收到的现金+本期收回前期的应收款项和应收票据+本期预收的款项-本期销售退回支付的现金+本期收回前期核销的坏账损失

=营业收入+应交税费——应交增值税(销项税额)+(应收票据年初余额-应收票据期末余额)+(应收账款年初余额-应收账款期末余额)+(预收款项期末余额-预收款项年初余额)-当期计提的坏账准备+或-其他调整事项

(2)"收到的税费返还"项目,反映企业收到返还的各种税费,如收到的增值税、消费税、所得税、关税和教育费附加返还等。本项目可以根据"库存现金""银行存款""营业外收入""其他应收款"等科目的记录分析填列。

(3)"收到的其他与经营活动有关的现金"项目,反映企业除了上述各项目外,收到的其他与经营活动有关的现金流入,如罚款收入、经营租赁固定资产收到的现金、投资性房地产收到的租金收入、流动资产损失中由个人赔偿的现金收入、除税费返还外的其他政府补助收入等。若某项其他与经营活动有关的现金流入金额较大,应单列项目反映。本项目可以根据"库存现金""银行存款""营业外收入"等科目的记录分析填列。

(4)"购买商品、接受劳务支付的现金"项目,反映企业购买商品、接受劳务实际支付的现金,包括本期购入商品、接受劳务支付的现金(包括增值税进项税额),以及本期支付前期购入商品、接受劳务的未付款项和本期预付款项。本期发生的购货退回收到的现金应从本项目内扣除。企业代购代销业务支付的现金,也在本项目反映。本项目可以根据"库存现金""银行存款""应付账款""应付票据""预付账款""主营业务成本""其他业务成本"等科目的记录分析填列。根据科目记录分析计算该项目的金额,通常可以采用以下公式:

购买商品、接受劳务支付的现金

=本期购买商品、接受劳务支付的现金+本期支付前期的应付账款和应付票据+本期预付的账款-本期因购货退回收到的现金

=营业成本+应交税费——应交增值税(进项税额)+(存货期末余额-存货年初余额)+(应付账款年初余额-应付账款期末余额)+(应付票据年初余额-应付票据期末余额)+(预付款项期末余额-预付款项年初余额)-当期列入生产成本、制造费用的职工薪酬-当期列入生产成本、制造费用的折旧费

(5)"支付给职工以及为职工支付的现金"项目,反映企业实际支付给职工,以及为职工支付的现金,包括本期实际支付给职工的工资、资金、各种津贴和补贴等,以及为职工支付的其他费用。企业代扣代缴的职工个人所得税,也在本项目反映。本项目不包括支付的离退休人员的各项费用及支付给在建工程人员的工资及其他费用。企业支付给离退休人员的各项费用,包括支付的统筹退休金以及未参加统筹的退休人员的费用,在"支付的其他与经营活动有关的现金"项目中反映;支付在建工程人员的工资在"购建固定资产、无形资产和其他长期资产所支付的现金"项目反映。

企业为职工支付的养老、失业等社会保险基金、补充养老保险、住房公积金、支付给职工的住房困难补助、企业为职工交纳的商业保险金,以及企业支付给职工或为职工支付的其他福利费用等,应按职工的工作性质和服务对象,分别在本项目和"购建固定资产、无形

资产和其他长期资产所支付的现金"项目反映。

本项目可以根据"应付职工薪酬""库存现金""银行存款"等科目的记录分析填列，通常可以采用以下计算公式：

支付给职工以及为职工支付的现金=（应付职工薪酬年初余额+生产成本、制造费用、管理费用中职工薪酬-应付职工薪酬期末余额）-［应付职工薪酬（在建工程）年初余额-应付职工薪酬（在建工程）期末余额］

（6）"支付的各项税费"项目，该项目反映企业按规定支付的各种税费，包括企业本期发生并支付的税费，以及本期支付以前各期发生的税费和本期预交的税费，包括所得税、增值税、消费税、教育费附加、矿产资源补偿费、印花税、房产税、土地增值税、车船使用税等。但不包括计入固定资产价值、实际支付的耕地占用税，也不包括本期退回的增值税、所得税。本期退回的增值税、所得税在"收到的税费返还"项目反映。本项目可以根据"应交税费""库存现金""银行存款"等科目的记录分析填列，通常可以采用以下计算公式：

支付的各项税费=（应交所得税期初余额+当期所得税费用-应交所得税期末余额）
+支付的税金及附加+应交税费——应交增值税（已交税金）

注：本公式中不包括递延所得税费用。

（7）"支付的其他与经营活动有关的现金"项目，反映企业除上述各项外，支付的其他与经营活动有关的现金流出，如经营租赁支付的租金、罚款支出、支付的差旅费、业务招待费现金支出、支付的保险费等，若其他与经营活动有关的现金流出金额较大，应单列项目反映。本项目可以根据"库存现金""银行存款""管理费用""营业外支出"等科目的记录分析填列。

2. 投资活动产生的现金流量的填列方法

投资活动是指企业长期资产的购建和不包括在现金等价物范围内的投资及其处置活动。通过单独反映投资活动产生的现金流量，可以了解为获得未来收益和现金流量而导致资源转出的程度，以及以前资源转出带来的现金流入的信息。投资活动现金流量各项的内容如下：

（1）"收回投资所收到的现金"项目，反映企业出售、转让或到期收回除现金等价物以外的对其他企业的以公允价值计量且其变动计入当期损益的金融资产、以摊余成本后续计量的金融资产、以公允价值计量且其变动计入其他综合收益的金融资产、长期股权投资（不包括处置子公司）收到的现金。债权性投资收回的利息、权益性投资收到的现金股利、处置子公司及其他营业单位收到的现金净额不包括在本项目内。本项目可根据"交易性金融资产""债权投资""其他债权投资""其他权益工具投资""长期股权投资"等科目的记录分析填列。

（2）"取得投资收益所收到的现金"项目，该项目反映企业以公允价值计量且其变动计入当期损益的金融资产、以摊余成本后续计量的金融资产投资分得的现金股利，从子公司、联营企业或合营企业分回利润、现金股利而收到的现金（收到的现金股利），因债权性投资而取得的现金利息收入。本项目包括在现金等价物范围内的债权性投资，其利息收入在本项目中反映；不包括股票股利。本项目可以根据"库存现金""银行存款""投资收益"等科目的记录分析填列。

取得投资收益收到的现金=现金股利+利息收入

（3）"处置固定资产、无形资产和其他长期资产而收回的现金净额"项目，反映企业处置固定资产、无形资产和其他长期资产所取得的现金（包括因资产毁损收到的保险赔偿款），扣除为处置这些资产而支付有关费用后的净额。由于自然灾害等原因所造成的固定资产等长期资产报废、毁损而收到的保险赔偿收入，也在本项目中反映。如所收回的现金净额为负数，则应在"支付其他与投资活动有关的现金"项目反映。本项目可以根据"固定资产清理""库存现金""银行存款"等科目的记录分析填列。

（4）"处置子公司及其他营业单位收到的现金净额"项目，反映企业处置子公司及其他营业单位所取得的现金，减去相关处置费用以及子公司及其他营业单位持有的现金和现金等价物后的净额。本项目可以根据"长期股权投资""银行存款""库存现金"等科目的记录分析填列。

（5）"收到的其他与投资活动有关的现金"项目，反映企业除了上述各项以外，收到的其他与投资活动有关的现金流入。比如，企业收回购买股票和债券时支付的已宣告但尚未领取的现金股利或已到付息期但尚未领取的债券利息。若其他与投资活动有关的现金流入金额较大，应单列项目反映。本项目可以根据"应收股利""应收利息""银行存款""库存现金"等科目的记录分析填列。

（6）"购建固定资产、无形资产和其他长期资产所支付的现金"项目，反映企业购买、建造固定资产，取得无形资产和其他长期资产所支付的现金，以及用现金支付的应由在建工程和无形资产负担的职工薪酬，不包括为购建固定资产而发生的借款利息资本化的部分，以及融资租入固定资产支付的租赁费。企业支付的借款利息和融资租入固定资产支付的租赁费，在筹资活动产生的现金流量中反映。本项目可以根据"固定资产""在建工程""无形资产""库存现金""银行存款"等科目的记录分析填列。

（7）"投资支付的现金"项目，反映企业取得除现金等价物以外的对其他企业的权益工具、债务工具和合营中的权益投资所支付的现金，以及支付的佣金、手续费等交易费用，但取得子公司及其他营业单位支付的现金净额除外。本项目可以根据"债权投资""其他债权投资""长期股权投资""库存现金""银行存款"等科目的记录分析填列。

应注意：企业购买股票和债券时，实际支付的价款中包含的已宣告但尚未领取的现金股利或已到付息期但尚未领取的债券的利息，应在投资活动的"支付的其他与投资活动有关的现金"项目反映；收回购买股票和债券时支付的已宣告但尚未领取的现金股利或已到付息期但尚未领取的债券的利息，在投资活动的"收到的其他与投资活动有关的现金"项目反映。

（8）"取得子公司及其他营业单位支付的现金净额"项目，反映企业购买子公司及其他营业单位购买出价中以现金支付的部分，减去子公司及其他营业单位持有的现金和现金等价物后的净额。本项目可以根据"长期股权投资""库存现金""银行存款"等科目的记录分析填列。

①发生吸收合并（含同一控制和非同一控制）或业务合并的情况下：
取得子公司及其他营业单位支付的现金净额 = 购买出价中以现金支付的部分
　　　　　　　　　　　　　　　　　　　－其他营业单位持有的现金和现金等价物
如为负数，应在"收到其他与投资活动有关的现金"项目反映。

②控股合并取得的情况下：
取得子公司及其他营业单位支付的现金净额 = 购买出价中以现金支付的部分

（9）"支付的其他与投资活动有关的现金"项目，反映企业除了上述各项以外，支付的其他与投资活动有关的现金流出。如企业购买股票时实际支付的价款中包含的已宣告而尚未领取的现金股利,购买债券时支付的价款中包含的已到期尚未领取的债券利息等。若某项其他与投资活动有关的现金流出金额较大,应单列项目反映。本项目可以根据"应收股利""应收利息""银行存款""库存现金"等科目的记录分析填列。

3. 筹资活动产生的现金流量的填列方法

现金流量表需要单独反映筹资活动产生的现金流量,通过现金流量表中反映的筹资活动的现金流量,可以帮助投资者和债权人预计对企业未来现金流量的要求权,以及获得前期现金流入而付出的代价。筹资活动现金流量各项目的内容如下:

(1)"吸收投资收到的现金"项目,反映企业以发行股票筹集资金实际收到的款项,减去直接支付的佣金、手续费、宣传费、咨询费、印刷费等发行费用后的净额。注意:本项目不再反映发行债券收到的款项。本项目可以根据"实收资本(或股本)""库存现金""银行存款"等科目的记录分析填列。

(2)"取得借款收到的现金"项目,反映企业举借各种短期、长期借款实际收到的现金,以及发行债券实际收到的款项净额。本项目可以根据"短期借款""长期借款""交易性金融负债""应付债券""库存现金""银行存款"等科目的记录分析填列。

(3)"收到其他与筹资活动有关的现金"项目,反映企业除上述各项目外所收到的其他与筹资活动有关的现金流入,如接受现金捐赠等。固定资产售后租回在本项目列示。若某项其他与筹资活动有关的现金流入金额较大,应单列项目反映。本项目可以根据"银行存款""库存现金""营业外收入"等科目的记录分析填列。

(4)"偿还债务支付的现金"项目,反映企业偿还债务本金所支付的现金,包括偿还金融企业的借款本金、偿还债券本金等。企业支付的借款利息和债券利息在"分配股利、利润或偿付利息支付的现金"项目反映,不包括在本项目内。本项目可以根据"短期借款""长期借款""应付债券""库存现金""银行存款"等科目的记录分析填列。

(5)"分配股利、利润或偿付利息支付的现金"项目,反映企业实际支付的现金股利、支付给其他投资单位的利润或用现金支付的借款利息、债券利息等。本项目可以根据"应付股利""应付利息""财务费用""库存现金""银行存款"等科目的记录分析填列。

(6)"支付其他与筹资活动有关的现金"项目,反映企业除上述各项目外所支付的其他与筹资活动有关的现金流出,如捐赠现金支出、融资租入固定资产支付的租赁费等。若某项其他与筹资活动有关的现金流出金额较大,应单列项目反映。本项目可以根据"营业外支出""长期应付款""银行存款""库存现金"等科目的记录分析填列。

4. 汇率变动对现金及现金等价物的影响

该项目反映企业外币现金流量以及境外子公司的现金流量折算为人民币时,所采用的现金流量发生日的即期汇率或按照系统合理的方法确定的、与现金流量发生日即期汇率近似汇率折算的人民币金额与"现金及现金等价物净增加额"中的外币现金净增加额按期末汇率折算的人民币金额之间的差额。

在编制现金流量表时,可逐笔计算外币业务发生的汇率变动对现金的影响,也可不必逐笔计算而采用简化的计算方法,即通过现金流量表补充资料中"现金及现金等价物净增加额"数额与现金流量表中"经营活动产生的现金流量净额""投资活动产生的现金流量净额""筹资活动产生的现金流量净额"三项之和比较,其差额即为"汇率变动对现金及现金等价物的影响"项目的金额。

(三) 补充资料项目的内容及填列

除现金流量表反映的信息外，企业还应在附注中披露将净利润调节为经营活动现金流量、不涉及现金收支的重大投资和筹资活动、现金及现金等价物净变动情况等信息。

1. 将净利润调节为经营活动现金流量

现金流量表采用直接法反映经营活动产生的现金流量，同时，企业还应采用间接法反映经营活动产生的现金流量。间接法，是指以本期净利润为起点，通过调整不涉及现金的收入、费用、营业外收支以及经营性应收应付等项目的增减变动，调整不属于经营活动的现金收支项目，据此计算并列报经营活动产生的现金流量的方法。在我国，现金流量表补充资料应采用间接法反映经营活动产生的现金流量情况，以对现金流量表中采用直接法反映的经营活动现金流量进行核对和补充说明。

采用间接法列报经营活动产生的现金流量时，需要对四大类项目进行调整，这四类项目包括实际没有支付现金的费用、实际没有收到现金的收益、不属于经营活动的损益和经营性应收应付项目的增减变动。

（1）资产减值准备。该项目反映企业本期实际计提的各项资产减值准备，包括坏账准备、存货跌价准备、长期股权投资减值准备、持有至到期投资减值准备、投资性房地产减值准备、固定资产减值准备、在建工程减值准备、无形资产减值准备、商誉减值准备、生产性生物资产减值准备、油气资产减值准备等。本项目可以根据"资产减值损失"科目的记录分析填列。

（2）固定资产折旧、油气资产折耗、生产性生物资产折旧。该项目反映企业本期累计计提的固定资产折旧、油气资产折耗、生产性生物资产折旧。本项目可根据"累计折旧""累计折耗"等科目的贷方发生额分析填列。

（3）无形资产摊销。该项目反映企业本期累计摊入成本费用的无形资产价值。本项目可以根据"累计摊销"科目的贷方发生额分析填列。

（4）长期待摊费用摊销。该项目反映企业本期累计摊入成本费用的长期待摊费用。本项目可以根据"长期待摊费用"科目的贷方发生额分析填列。

（5）处置固定资产、无形资产和其他长期资产的损失。该项目反映企业本期处置固定资产、无形资产和其他长期资产发生的净损失（或净收益）。如为净收益，以"—"号填列。本项目可以根据"资产处置损益"等科目所属有关明细科目的记录分析填列。

（6）固定资产报废损失。该项目反映企业本期发生的固定资产盘亏净损失。该项目可以根据"营业外支出"和"营业外收入"科目所属有关明细科目的记录分析填列。

（7）公允价值变动损失。该项目反映企业持有的交易性金融资产、交易性金融负债、采用公允价值模式计量的投资性房地产等公允价值变动形成的净损失。如为净收益，以"—"号填列。本项目可以根据"公允价值变动损益"科目所属有关明细科目的记录分析填列。

（8）财务费用。该项目反映企业本期实际发生的属于投资活动或筹资活动的财务费用。属于投资活动、筹资活动的部分，在计算净利润时已扣除，但这部分发生的现金流出不属于经营活动现金流量的范畴，所以，在将净利润调节为经营活动现金流量时，需要予以加回。

本项目可以根据"财务费用"科目的本期借方发生额分析填列；如为收益，以"—"号填列。

（9）投资损失。该项目反映企业对外投资实际发生的投资损失减去收益后的净损失。本项目可以根据利润表"投资收益"项目的数字填列；如为投资收益，以"—"号填列。

（10）递延所得税资产减少。该项目反映企业资产负债表"递延所得税资产"项目的期初余额与期末余额的差额。本项目可以根据"递延所得税资产"科目发生额分析填列。

（11）递延所得税负债增加。该项目反映企业资产负债表"递延所得税负债"项目的期初余额与期末余额的差额。本项目可以根据"递延所得税负债"科目发生额分析填列。

（12）存货的减少。该项目反映企业资产负债表"存货"项目的期初与期末余额的差额。期末数大于期初数的差额，以"—"号填列。

（13）经营性应收项目的减少。该项目反映企业本期经营性应收项目（包括应收票据、应收账款、预付账款、长期应收款和其他应收款等经营性应收项目中与经营活动有关的部分及应收的增值税销项税额等）的期初与期末余额的差额。期末数大于期初数的差额，以"—"号填列。

（14）经营性应付项目的增加。该项目反映企业本期经营性应付项目（包括应付票据、应付账款、预收账款、应付职工薪酬、应交税费和其他应付款等经营性应付项目中与经营活动有关的部分及应付的增值税进项税额等）的期初余额与期末余额的差额。期末数小于期初数的差额，以"—"号填列。

2. 不涉及现金收支的重大投资和筹资活动

该项目反映企业一定会计期间内影响资产和负债但不形成该期现金收支的所有重大投资和筹资活动的信息。这些投资和筹资活动是企业的重大理财活动，对以后各期的现金流量会产生重大影响，因此，应单列项目在补充资料中反映。目前，我国企业现金流量表补充资料中列示的不涉及现金收支的重大投资和筹资活动项目主要有以下几项：

（1）"债务转为资本"项目，反映企业本期转为资本的债务金额。

（2）"一年内到期的可转换公司债券"项目，反映企业一年内到期的可转换公司债券的本息。

（3）"融资租入固定资产"项目，反映企业本期融资租入固定资产的最低租赁付款额扣除应分期计入利息费用的未确认融资费用后的净额。

3. 现金及现金等价物净变动情况

该项目反映企业一定会计期间现金及现金等价物的期末余额减去期初余额后的净增加额（或净减少额），是对现金流量表中"现金及现金等价物净增加额"项目的补充说明。该项目的金额应与现金流量表"现金及现金等价物净增加额"项目的金额核对相符。

第五节 所有者权益变动报表

所有者权益变动表是反映构成所有者权益的各组成部分当期的增减变动情况的报表。所有者权益变动表应当全面反映一定时期所有者权益变动的情况，不仅包括所有者权益总量的增减变动，还包括所有者权益增减变动的重要结构性信息，有助于报表使用者理解所有者权益增减变动的根源。

一、所有者权益变动表列报的总体要求

根据基本准则的规定，所有者权益是指企业资产扣除负债后由所有者享有的剩余权益。所有者权益的来源包括所有者投入的资本（包括实收资本和资本溢价等资本公积）、其他综合收益、留存收益（包括盈余公积和未分配利润）等。所有者权益变动表应当反映构成所有者权益的各组成部分当期的增减变动情况。综合收益和与所有者（或股东）的资本交易导致的所有者权益的变动，应当分别列示。与所有者的资本交易，是指与所有者以其所有者身份进行的、导致企业所有者权益变动的交易。

二、一般企业所有者权益变动表的列报格式和列报方法

（一）一般企业所有者权益变动表的列报格式

企业应当反映所有者权益各组成部分的期初和期末余额及其调节情况。因此，企业应当以矩阵的形式列示所有者权益变动表：一方面，列示导致所有者权益变动的交易或事项，按所有者权益变动的来源对一定时期所有者权益变动情况进行全面反映；另一方面，按照所有者权益各组成部分（包括实收资本、其他权益工具、资本公积、其他综合收益、盈余公积、未分配利润、库存股等）及其总额列示相关交易或事项对所有者权益的影响。

根据CAS30的规定，企业需要提供比较所有者权益变动表，所有者权益变动表还就各项目再分为"本年金额"和"上年金额"两栏分别填列。一般企业所有者权益变动表的格式见表15-4。

企业如有下列情况，应当在所有者权益变动表中调整或增设相关项目：

（1）高危行业企业如有按国家规定提取的安全生产费的，应当在"未分配利润"栏和"所有者权益合计"栏之间增设"专项储备"栏。

（2）金融企业的所有者权益变动表列报格式，应当遵循CAS30的规定，并根据金融企业经营活动的性质和要求，比照一般企业的所有者权益变动表列报格式进行相应调整。

（二）一般企业所有者权益变动表的列报方法

企业应当根据所有者权益类科目和损益类有关科目的发生额分析填列所有者权益变动表"本年金额"栏，具体包括如下情况：

（1）"上年年末余额"项目，应根据上年资产负债表中"实收资本（或股本）""其他权益工具""资本公积""其他综合收益""盈余公积""未分配利润"等项目的年末余额填列。

（2）"会计政策变更"和"前期差错更正"项目，应根据"盈余公积""利润分配""以前年度损益调整"等科目的发生额分析填列，并在"上年年末余额"的基础上调整得出"本年年初金额"项目。

表 15-4 所有者权益变动表

2018 年度

编制单位：A 股份有限公司　　　　　　　　　　　　　　　　　　　　　　会企 04 表
金额单位：元

项目	本年金额									上年金额								
	实收资本（或股本）	其他权益工具			资本公积	减：库存股	其他综合收益	盈余公积	未分配利润	所有者权益合计	实收资本（或股本）	其他权益工具			资本公积	减：库存股	其他综合收益	盈余公积	未分配利润	所有者权益合计
		优先股	永续债	其他								优先股	永续债	其他						
一、上年年末余额	5 000 000				0	0		100 000	50 000	5 150 000										
加：会计政策变更																				
前期差错更正																				
其他																				
二、本年年初余额	5 000 000				0	0		100 000	50 000	5 150 000										
三、本年增减变动金额（减少以"-"填列）									262 725	262 725										
（一）综合收益总额																				
（二）所有者投入和减少资本																				
1. 所有者投入的普通股																				
2. 其他权益工具所有者投入资本																				

续表

项目	本年金额									上年金额								
	实收资本(或股本)	其他权益工具			资本公积	减:库存股	其他综合收益	盈余公积	未分配利润	所有者权益合计	实收资本(或股本)	其他权益工具			资本公积	减:库存股	其他综合收益	盈余公积	未分配利润	所有者权益合计
		优先股	永续债	其他								优先股	永续债	其他						
3. 股份支付计入所有者权益的金额																				
4. 其他																				
(三) 利润分配																				
1. 提取盈余公积								52 545	-52 545	0										
2. 对所有者(或股东)的分配									-32 215.85	-32 215.85										
3. 其他																				
(四) 所有者权益内部结转																				
1. 资本公积转增资本(或股本)																				
2. 盈余公积转增资本(或股本)																				
3. 盈余公积弥补亏损																				

续表

项目	本年金额											上年金额										
	实收资本（或股本）	其他权益工具		资本公积	减：库存股	其他综合收益	盈余公积	未分配利润	所有者权益合计			实收资本（或股本）	其他权益工具		资本公积	减：库存股	其他综合收益	盈余公积	未分配利润	所有者权益合计		
		优先股	永续债										优先股	永续债								
4. 设定受益计划变动额结转留存收益																					
5. 其他综合收益结转留存收益																					
6. 其他																					
四、本年年末余额	5 000 000			0	0		152 545	227 964.15	5 380 509.15												

(3)"本年增减变动额"项目分别反映如下内容:

①"综合收益总额"项目,反映企业当年的综合收益总额,应根据当年利润表中"其他综合收益的税后净额"和"净利润"项目填列,并对应列在"其他综合收益"和"未分配利润"栏。

②"所有者投入和减少资本"项目,反映企业当年所有者投入的资本和减少的资本,其中:

"所有者投入的普通股"项目,反映企业接受投资者投入形成的实收资本(或股本)和资本公积,应根据"实收资本""资本公积"等科目的发生额分析填列,并对应列在"实收资本"和"资本公积"栏。

"其他权益工具持有者投入资本"项目,反映企业接受其他权益工具持有者投入资本,应根据"其他权益工具"等科目的发生额分析填列,并对应列在"其他权益工具"栏。

"股份支付计入所有者权益的金额"项目,反映企业处于等待期中的权益结算的股份支付当年计入资本公积的金额,应根据"资本公积"科目所属的"其他资本公积"二级科目的发生额分析填列,并对应列在"资本公积"栏。

③"利润分配"下各项目,反映当年对所有者(或股东)分配的利润(或股利)金额和按照规定提取的盈余公积金额,并对应列在"未分配利润"和"盈余公积"栏。其中:

"提取盈余公积"项目,反映企业按照规定提取的盈余公积,应根据"盈余公积""利润分配"科目的发生额分析填列。

"对所有者(或股东)的分配"项目,反映对所有者(或股东)分配的利润(或股利)金额,应根据"利润分配"科目的发生额分析填列。

④"所有者权益内部结转"下各项目,反映不影响当年所有者权益总额的所有者权益各组成部分之间当年的增减变动,包括资本公积转增资本(或股本)、盈余公积转增资本(或股本)、盈余公积弥补亏损、设定受益计划变动额结转留存收益、其他综合收益结转留存收益等。其中:

"资本公积转增资本(或股本)"项目,反映企业以资本公积转增资本或股本的金额,应根据"实收资本""资本公积"等科目的发生额分析填列。

"盈余公积转增资本(或股本)"项目,反映企业以盈余公积转增资本或股本的金额,应根据"实收资本""盈余公积"等科目的发生额分析填列。

"盈余公积弥补亏损"项目,反映企业以盈余公积弥补亏损的金额,应根据"盈余公积""利润分配"等科目的发生额分析填列。

"设定受益计划变动额结转留存收益"项目,反映企业在权益范围内转移"重新计量设定受益计划净负债或净资产"所产生的变动。

"其他综合收益结转留存收益"项目,主要反映:企业指定为以公允价值计量且其变动计入其他综合收益的非交易性权益工具投资终止确认时,之前计入其他综合收益的累计利得或损失从其他综合收益中转入留存收益的金额;以及企业指定为以公允价值计量且其变动计入当期损益的金融负债终止确认时,之前由企业自身信用风险变动引起而计入其他综合收益的累计利得或损失从其他综合收益中转入留存收益的金额等。该项目应根据"其他综合收益"科目的相关明细科目的发生额分析填列。

企业应当根据上年度所有者权益变动表"本年金额"栏内所列数字填列本年度"上年金额"栏内各项数字。如果上年度所有者权益变动表规定的项目的名称和内容同本年度不一致,应对上年度所有者权益变动表相关项目的名称和金额按本年度的规定进行调整,填入所有者权益变动表"上年金额"栏内。

第六节　财务报表附注披露

附注是对在资产负债表、利润表、现金流量表和所有者权益变动表等报表中列示项目的文字描述或明细资料，以及对未能在这些报表中列示项目的说明等。CAS30对附注的披露要求是对企业附注披露的最低要求，应当适用于所有类型的企业，企业还应当按照各项会计准则的规定在附注中披露相关信息。

一、附注披露的总体要求

附注相关信息应当与资产负债表、利润表、现金流量表和所有者权益变动表等报表中列示的项目相互参照，以有助于使用者联系相关联的信息，并由此从整体上更好地理解财务报表。企业在披露附注信息时，应当以定量、定性信息相结合，按照一定的结构对附注信息进行系统合理的排列和分类，以便于使用者理解和掌握。

二、附注披露的主要内容

附注一般应当按照下列顺序至少披露有关内容。

（一）企业的基本情况

（1）企业注册地、组织形式和总部地址。
（2）企业的业务性质和主要经营活动。如企业所处的行业、所提供的主要产品或服务、客户的性质、销售策略、监管环境的性质等。
（3）母公司以及集团最终母公司的名称。
（4）财务报告的批准报出者和财务报告批准报出日。如果企业已在财务报表其他部分披露了财务报告的批准报出者和批准报出日信息，则无须重复披露；或者已有相关人员签字批准报出财务报告，可以其签名及其签字日期为准。
（5）营业期限有限的企业，还应当披露有关其营业期限的信息。

（二）财务报表的编制基础

企业应当根据CAS30的规定判断企业是否持续经营，并披露财务报表是否以持续经营为基础编制。

（三）遵循企业会计准则的声明

企业应当声明编制的财务报表符合企业会计准则的要求，真实、完整地反映了企业的财务状况、经营成果和现金流量等有关信息，以此明确企业编制财务报表所依据的制度基础。如果企业编制的财务报表只是部分地遵循了企业会计准则，附注中不得做出这种表述。

(四) 重要会计政策和会计估计

1. 重要会计政策的说明

企业应当披露采用的重要会计政策，并结合企业的具体实际披露其重要会计政策的确定依据和财务报表项目的计量基础。其中，会计政策的确定依据主要是指企业在运用会计政策过程中所做的重要判断，这些判断对在报表中确认的项目金额具有重要影响。比如，企业如何判断持有的金融资产是持有至到期的投资而不是交易性投资，企业如何判断与租赁资产相关的所有风险和报酬已转移给企业从而符合融资租赁的标准，投资性房地产的判断标准是什么等。财务报表项目的计量基础包括历史成本、重置成本、可变现净值、现值和公允价值等会计计量属性，比如存货是按成本还是按可变现净值计量的等。

2. 重要会计估计的说明

本准则规定，企业应当披露重要会计估计，并结合企业的具体实际披露其会计估计所采用的关键假设和不确定因素。重要会计估计的说明，包括可能导致下一个会计期间内资产、负债账面价值重大调整的会计估计的确定依据等。例如，固定资产可收回金额的计算需要根据其公允价值减去处置费用后的净额与预计未来现金流量的现值两者之间的较高者确定，在计算资产预计未来现金流量的现值时需要对未来现金流量进行预测，并选择适当的折现率，企业应当在附注中披露未来现金流量预测所采用的假设及其依据、所选择的折现率为什么是合理的等。又如，对于正在进行中的诉讼提取准备，企业应当披露最佳估计数的确定依据等。

(五) 会计政策和会计估计变更以及差错更正的说明

企业应当按照《CAS28 会计政策、会计估计变更和差错更正》的规定，披露会计政策和会计估计变更以及差错更正的情况。

(六) 报表重要项目的说明

企业应当按照资产负债表、利润表、现金流量表、所有者权益变动表及其项目列示的顺序，采用文字和数字描述相结合的方式披露报表重要项目的说明。报表重要项目的明细金额合计，应当与报表项目金额相衔接。企业还应当在附注中披露如下信息：

(1) 费用按照性质分类的利润表补充资料，可将费用分为耗用的原材料、职工薪酬费用、折旧费用、摊销费用等。

(2) 关于其他综合收益各项目的信息，包括：①其他综合收益各项目及其所得税影响；②其他综合收益各项目原计入其他综合收益、当期转出计入当期损益的金额；③其他综合收益各项目的期初和期末余额及其调节情况。现举例说明。

【例 15-7】 甲公司 2019 年度与其他综合收益相关的业务如下（假定不考虑交易费用及其他相关因素）：

①2019 年 2 月 1 日，甲公司将持有的 A 公司股票全部售出，售价为每股 5 元，该股票共 1 万股，系甲公司于 2018 年 8 月 1 日购入，当时的市价为每股 4.5 元，初始确认时划分为其他债权投资，2018 年 12 月 31 日的市价为每股 5.5 元。

②2019年7月1日，甲公司从二级市场购入1万股B公司股票，每股市价10元，初始确认时，该股票划分为其他债权投资；2019年12月31日，甲公司仍持有该股票，当时的市价为每股11.5元。

③2019年9月1日，甲公司出于流动性考虑，将所持有C公司债券的10%出售；该批债券系甲公司于2018年7月1日从二级市场平价购入，面值200 000元，剩余期限3年，划分为债权投资。2019年9月1日甲公司出售该债券时，该债券的整体公允价值和摊余成本分别为190 000元和200 000元。

④甲公司持有乙公司30%的股份，能够对乙公司施加重大影响。2018年度和2019年度，乙公司因持有的其他债权投资公允价值变动计入其他综合收益的金额分别为80 000元和120 000元。假定甲公司与乙公司适用的会计政策、会计期间相同，投资时乙公司有关资产、负债的公允价值与其账面价值相同，双方在当期及以前期间未发生任何内部交易。

根据上述资料，甲公司在2019年度财务报表附注中应当披露关于其他综合收益各项目的信息，如表15-5和表15-6所示。

表15-5 其他综合收益各项目及其所得税影响和转入损益情况

项目	本期发生额			上期发生额		
	税前金额	所得税	税后净额	税前金额	所得税	税后净额
一、以后不能重分类进损益的其他综合收益	0			0		
1. 重新计量设定受益计划变动额	0			0		
2. 权益法下不能转损益的其他综合收益	0			0		
3. 其他权益工具投资公允价值变动	0			0		
4. 企业自身信用风险公允价值变动	0			0		
……	0			0		
二、以后将重分类进损益的其他综合收益	32 000	-1 000	33 000	34 000	2 500	31 500
1. 权益法下可转损益的其他综合收益	36 000			24 000		
减：前期计入其他综合收益当期转入损益	0			0		
小计	36 000	0	36 000	24 000	0	24 000
2. 其他债权投资公允价值变动	15 000			1 000		
减：前期计入其他综合收益当期转入损益	-1 000			0		
小计	5 000	1 250	3 750	1 000	2 500	7 500
3. 金融资产重分类计入其他综合收益的金额	-9 000					
减：前期计入其他综合收益当期转入损益	0			0		
小计	-9 000	-2 250	-6 750	0	0	0
4. 其他债权投资信用减值准备						
减：前期计入其他综合收益当期转入损益						
小计						
5. 现金流量套期储备	0			0		
减：前期计入其他综合收益当期转入损益	0			0		
转为被套期项目初始确认金额的调整额	0			0		
小计	0			0		

续表

项目	本期发生额			上期发生额		
	税前金额	所得税	税后净额	税前金额	所得税	税后净额
6. 外币财务报表折算差额	0			0		
减：前期计入其他综合收益当期转入损益	0			0		
小计	0			0		
……						
三、其他综合收益合计	32 000	-1 000	33 000	34 000	2 500	31 500

表15-6 其他综合收益各项目的调节情况

项目	重新计量设定受益计划变动额	权益法下不能转损益的其他综合收益	其他权益工具投资公允价值变动	企业自身信用风险公允价值变动	权益法下可转损益的其他综合收益	其他债权投资公允价值变动	金融资产重分类计入其他综合收益的金额	其他债权投资信用减值准备	现金流量套期储备	外币财务报表折算差额	……	其他综合收益合计
一、上年年初余额	0	0			0	0	0		0	0		0
二、上年增减变动金额（减少以"-"号填列）	0	0			24 000	7 500	0		0	0		31 500
三、本年年初余额	0	0			24 000	7 500	0		0	0		31 500
四、本年变动金额（减少以"-"号填列）	0	0			36 000	3 750	-6 750		0	0		33 000
五、本年年末余额	0	0			60 000	11 250	-6 750		0	0		64 500

（3）在资产负债表日后、财务报告批准报出目前提议或宣布发放的股利总额和每股股利金额（或向投资者分配的利润总额）。

（4）终止经营的收入、费用、利润总额、所得税费用和净利润，以及归属于母公司所有者的终止经营利润。企业披露的上述数据应当是针对终止经营在整个报告期间的经营成果。

终止经营，是指满足下列条件之一的已被企业处置或被企业被划归为持有待售的、在经营和编制财务报表时能够单独区分的组成部分：①该组成部分代表一项独立的主要业务或一个主要经营地区；②该组成部分是拟对一项独立的主要业务或一个主要经营地区进行处置计划的一部分；③该组成部分仅仅是为了再出售而取得的子公司。其中，企业的组成部分，是指企业的一个部分，其经营和现金流量无论从经营上或从财务报告目的上考虑，均能与企业内其他部分清楚划分。企业组成部分在其经营期间是一个现金产出单元或一组现金产出单元,通常可能是一个子公司、一个事业部或事业群,拥有经营的资产,也可能承担负债,由企业高管负责。同时满足下列条件的企业组成部分(或非流动资产)应当确认为持有待售:①该组成部分必须在其当前状况下仅根据出售此类组成部分的通常和惯用条款即可立即出售;②企业已经就处置该组成部分作出决议,如按规定需得到股东批准的,应当已经取得股东大会或相应权力机构的批准;③企业已经与受让方签订了不可撤销的转让协议;④该项转让将在一年内完成。其中:上述条件①强调,被划分为持有待售的企业组成部分必须是在当前状态下可立即出售,因此企业应当具有在当前状态下出售该资产或处置的意图和能力,而出售此类组成部分的通常和惯用条款不应当包括出售方所提出的条件;上述条件②至④强调,被划分为持有待售的企业组成部分其出售必须是极可能发生的,实务中需要结合具体情况进行判断。

(七)或有和承诺事项、资产负债表日后非调整事项、关联方关系及其交易等需要说明的事项

企业应当按照相关会计准则的规定进行披露。

(八)有助于财务报表使用者评价企业管理资本的目标、政策及程序的信息

资本管理受行业监管部门监管要求的金融等行业企业,除遵循相关监管要求外,比如我国商业银行遵循中国银监会《商业银行资本管理办法(试行)》进行有关资本充足率等的信息披露,还应当按照本准则的规定,在财务报表附注中披露有助于财务报表使用者评价企业管理资本的目标、政策及程序的信息。企业应当基于可获得的信息充分披露如下内容:

(1)企业资本管理的目标、政策及程序的定性信息,包括:①对企业资本管理的说明;②受制于外部强制性资本要求的企业,应当披露这些要求的性质以及企业如何将这些要求纳入其资本管理之中;③企业如何实现其资本管理的目标。

(2)资本结构的定量数据摘要,包括资本与所有者权益之间的调节关系等。比如,有的企业将某些金融负债(如次级债)作为资本的一部分,有的企业将资本视作扣除某些权益项目(如现金流量套期产生的利得或损失)后的部分。

(3)自前一会计期间开始上述(1)和(2)中的所有变动。

(4)企业当期是否遵循了其受制的外部强制性资本要求;以及当企业未遵循外部强制性资本要求时,其未遵循的后果。

企业按照总体对上述信息披露不能提供有用信息时,还应当对每项受管制的资本要求单独披露上述信息,比如,跨行业、跨国家或地区经营的企业集团可能受一系列不同的资本要求监管。

三、分部报告

(一)经营分部的认定

1. 经营分部的概念

经营分部,是指企业内同时满足下列条件的组成部分:(1)该组成部分能够在日常活动中产生收入、发生费用;(2)企业管理层能够定期评价该组成部分的经营成果,以决定向其配置资源、评价其业绩;(3)企业能够取得该组成部分的财务状况、经营成果和现金流量等有关会计信息。

在理解经营分部的概念时,需要把握以下要点:

(1)不是企业的每个组成部分都必须是经营分部或经营分部的一个组成部分。例如,企业的管理总部或某些职能部门可能不赚取收入,或对于企业而言其赚取的收入仅仅是偶发性的,在这种情况下,这些部门就不是经营分部,或经营分部的一个组成部分。

(2)经营分部概念中所指的"企业管理层"强调的是一种职能,而不必是具有特定头衔的某一具体管理人员。

2. 经营分部的确定

具有相似经济特征的两个或多个经营分部同时满足下列条件的,可以合并为一个经营分部:

(1)各单项产品或劳务的性质相同或相似。一般可以将其划分到同一经营分部中。对于性质完全不同的产品或劳务,不应当将其划分到同一经营分部中。

(2)生产过程的性质相同或相似。生产过程的性质,包括采用劳动密集或资本密集方式组织生产、使用相同或者相似设备和原材料、采用委托生产或加工方式等。对于其生产过程相同或相似的,可以将其划分为一个业务分部,如按资本密集型和劳动密集型划分业务部门。

(3)产品或劳务的客户类型相同或相似。产品或劳务的客户类型,包括大宗客户、零散客户等。对于购买产品或接受劳务的同一类型的客户,如果其销售条件基本相同,例如相同或相似的销售价格、销售折扣,相同或相似的售后服务,因而具有相同或相似的风险和报酬,而不同的客户,其销售条件不尽相同,由此可能导致其具有不同的风险和报酬。

(4)销售产品或提供劳务的方式相同或相似。销售产品或提供劳务的方式,包括批发、零售、自产自销、委托销售、承包等。企业销售产品或提供劳务的方式不同,其承受的风险和报酬也不相同。

(5)生产产品或提供劳务受法律、行政法规的影响相同或相似。生产产品或提供劳务受法律、行政法规的影响,包括经营范围或交易定价限制等。

(二)报告分部的确定

1. 重要性标准的判断

企业应当以经营分部为基础确定报告分部。经营分部满足下列条件之一的,应当确定为报告分部:

(1)该分部的分部收入占所有分部收入合计的10%或者以上。分部收入是指可归属于分部的对外交易收入和对其他分部交易收入。分部收入主要由可归属于经营分部的对外交易收入构成,通常为营业收入。

(2)该分部的分部利润(亏损)的绝对额,占所有盈利分部利润合计额或者所有亏损分部亏损合计额的绝对额两者中较大者的10%或者以上。分部利润(亏损),是指分部收入减去分部费用后的余额。不属于分部收入和分部费用的项目,在计算分部利润(亏损)时不得作为考虑的因素。分部费用,是指可归属于分部的对外交易费用和对其他分部交易费用。分部费用主要由可归属于经营分部的对外交易费用构成，通常包括营业成本、税金及附加、销售费用等。

（3）该分部的分部资产占所有分部资产合计额的10%或者以上。分部资产，是指经营分部日常活动中使用的可归属于该经营分部的资产，不包括递延所得税资产。如果与两个或多个经营分部共用资产相关的收入和费用也分配给这些经营分部，该共用资产应分配给这些经营分部。

2. 低于10%重要性标准的选择

经营分部未满足上述10%的重要性标准的，可以按照下列规定确定报告分部：

（1）企业管理层如果认为披露该经营分部信息对会计信息使用者有用，那么可以将其确定为报告分部。在这种情况下，无论该经营分部是否满足10%的重要性标准，企业都可以直接将其指定为报告分部。

（2）将该经营分部与一个或一个以上的具有相似经济特征、满足经营分部合并条件的其他经营分部合并，作为一个报告分部。对经营分部10%的重要性测试可能会导致企业拥有大量未满足10%数量临界线的经营分部，在这种情况下，如果企业没有直接将这些经营分部指定为报告分部，可以将一个或一个以上具有相似经济特征、满足经营分部合并条件的一个以上的经营分部合并成一个报告分部。

（3）不将该经营分部直接指定为报告分部，也不将该经营分部与其他未作为报告分部的经营分部合并为一个报告分部的，应当将该经营分部的信息与其他组成部分的信息合并，作为其他项目单独披露。

3. 报告分部75%的标准

企业的经营分部达到规定的10%重要性标准认定为报告分部后，确定为报告分部的各经营分部的对外交易收入合计额占合并总收入或企业总收入的比重应当达到75%的比例。如果未达到75%的标准，企业必须增加报告分部的数量，将其他未作为报告分部的经营分部纳入报告分部的范围，直到该比重达到75%。此时，其他未作为报告分部的经营分部很可能未满足前述规定的10%的重要性标准，但为了使报告分部的对外交易收入合计额占合并总收入或企业总收入的总体比重能够达到75%的比例要求，也应当将其确定为报告分部。

4. 报告分部的数量

根据前述确定报告分部的原则，企业确定的报告分部数量可能超过10个，此时，企业提供的分部信息可能变得非常烦琐，不利于会计信息使用者理解和使用。因此，报告分部的数量通常不应当超过10个。如果报告分部的数量超过10个，企业应当考虑将具有相似经济特征、满足经营分部合并条件的报告分部进行合并，以使合并后的报告分部数量不超过10个。

5. 为提供可比信息确定报告分部

企业在确定报告分部时，除应当遵循相应的确定标准外，还应当考虑不同会计期间分部信息的可比性和一致性。对于某一经营分部，在上期可能满足报告分部的确定条件从而确定为报告分部，但本期可能并不满足报告分部的确定条件。此时，如果企业认为该经营分部仍然重要，则企业应当将该经营分部确定为本期的报告分部。

(三) 分部信息的披露

企业披露的分部信息，应当有助于会计信息使用者评价企业所从事经营活动的性质和财务影响以及经营所处的经济环境。企业应当以对外提供的财务报表为基础披露分部信息；对外提供合并财务报表的企业，应当以合并财务报表为基础披露分部信息。企业应当在附注中披露的报告分部的下列信息：

1. 描述性信息

（1）确定报告分部考虑的因素，通常包括企业管理层是否按照产品和服务、地理区域、监管环境差异或综合各种因素进行组织管理。

（2）报告分部的产品和劳务的类型。

2. 每一报告分部的利润（亏损）总额相关信息

该信息包括利润（亏损）总额组成项目及计量的相关会计政策信息，企业管理层在计量报告分部利润（亏损）时运用了下列数据，或者未运用下列数据但定期提供给企业管理层的，应当在附注中披露每一报告分部的下列信息：（1）对外交易收入和分部间交易收入。（2）利息收入和利息费用。但是，报告分部的日常活动是金融性质的除外。报告分部的日常活动是金融性质的，可以仅披露利息收入减去利息费用后的净额，同时披露这一处理方法。（3）折旧费用和摊销费用，以及其他重大的非现金项目。（4）采用权益法核算的长期股权投资确认的投资收益。（5）所得税费用或所得税收益。（6）其他重大的收益或费用项目。

企业应当在附注中披露计量每一报告分部利润（亏损）的下列会计政策：（1）分部间转移价格的确定基础；（2）相关收入和费用分配给报告分部的基础；（3）确定报告分部利润（亏损）使用的计量方法发生变化的性质，以及这些变化产生的影响。

3. 每一报告分部的资产总额、负债总额相关信息

该信息包括资产总额组成项目的信息，以及有关资产、负债计量相关的会计政策。企业管理层在计量报告分部资产时运用了下列数据，或者未运用下列数据但定期提供给管理层的，应当在附注中披露每一报告分部的下列信息：（1）采用权益法核算的长期股权投资金额；（2）非流动资产（不包括金融资产、独立账户资产、递延所得税资产）金额。报告分部的负债金额定期提供给管理层的，企业应当在附注中披露每一报告分部的负债金额。分部负债，是指分部经营活动形成的可归属于该分部的负债，不包括递延所得税负债。如果与两个或多个经营分部共同承担的负债相关的费用分配给这些经营分部，该共同承担的负债也应当分配给这些经营分部。

企业应当在附注中披露将相关资产或负债分配给报告分部的基础。

4. 除上述已经作为报告分部信息组成部分的披露内容外，企业还应当披露的信息

（1）每一产品和劳务或每一类似产品和劳务的对外交易收入。但是，披露相关信息不切实可行的除外。企业披露相关信息不切实可行的，应当披露这一事实。

（2）企业取得的来自本国的对外交易收入总额，以及企业从其他国家取得的对外交易收入总额。但是，披露相关信息不切实可行的除外。企业披露相关信息不切实可行的，应当

披露这一事实。

（3）企业取得的位于本国的非流动资产（不包括金融资产、独立账户资产、递延所得税资产）总额，以及企业位于其他国家的非流动资产（不包括金融资产、独立账户资产、递延所得税资产）总额。但是，披露相关信息不切实可行的除外。企业披露相关信息不切实可行的，应当披露这一事实。

（4）企业对主要客户的依赖程度。企业与某一外部客户交易收入占合并总收入或企业总收入的10%或以上，应当披露这一事实，以及来自该外部客户的总收入和相关报告分部的特征。

5. 报告分部信息总额与企业信息总额的衔接

报告分部收入总额应当与企业收入总额相衔接；报告分部利润（亏损）总额应当与企业利润（亏损）总额相衔接；报告分部资产总额应当与企业资产总额相衔接；报告分部负债总额应当与企业负债总额相衔接。

6. 比较信息

企业在披露分部信息时，为可比起见，应当提供前期的比较数据。对于某一经营分部，如果本期满足报告分部的确定条件确定为报告分部，即使前期没有满足报告分部的确定条件未确定为报告分部，也应当提供前期的比较数据。但是，重述信息不切实可行的除外。

企业内部组织结构改变导致报告分部组成发生变化的，应当提供前期比较数据。但是，提供前期比较数据不切实可行的除外。企业未提供前期比较数据的，应当在报告分部组成发生变化的当年，同时披露以新的报告分部和旧的报告分部为基础编制的分部信息。

不论企业是否提供前期比较数据，均应披露这一事实。

四、关联方披露

（一）关联方关系的认定

关联方一般指有关联的各方，关联方关系是指有关联的各方之间存在的内在联系。一方控制、共同控制另一方或对另一方施加重大影响，以及两方或两方以上同受一方控制、共同控制或重大影响的，构成关联方。

在判断是否存在关联方关系是，应当遵循实质重于形式的原则。从一个企业的角度出发，与其存在关联方关系的各方包括以下10种情况：

（1）该企业的母公司，不仅包括直接或间接地控制该企业的其他企业，也包括能够对该企业实施直接或间接控制的单位等。

①某一个企业直接控制一个或多个企业。例如，母公司控制一个或若干个子公司，则母公司与子公司之间即为关联方关系。

②某一个企业通过一个或若干个中间企业间接控制一个或多个企业。例如，母公司通过其子公司，间接控制子公司的子公司，表明母公司与其子公司的子公司存在关联方关系。

③某一个企业直接地和通过一个或若干中间企业间接地控制一个或多个企业。

（2）与该企业的子公司，包括直接或间接地被该企业控制的其他企业，也包括直接或间接地被该企业控制的企业、单位、基金等特殊目的实体。

（3）与该企业受同一母公司控制的其他企业。因为两个或多个企业有相同的母公司，对它们都具有控制能力，即两个或多个企业如果有相同的母公司，它们的财务和经营政策都由相同的母公司决定，各个被投资企业之间由于受相同母公司的控制，可能为自身利益而进行的交易受到某种限制。因此，关联方披露准则规定，与该企业受同一母公司控制的两个或多个企业之间构成关联方关系。

（4）与对该企业实施共同控制的投资方。这里的共同控制包括直接的共同控制和间接的共同控制。需要强调的是，对企业实施直接或间接共同控制的投资方与该企业之间是关联方关系，但这些投资方之间并不能仅仅因为共同控制了同一家企业而视为存在关联方关系。

（5）对该企业施加重大影响的投资方。这里的重大影响包括直接的重大影响和间接的重大影响。对企业实施重大影响的投资方与该企业之间是关联方关系，但这些投资方之间并不能仅仅因为对同一家企业具有重大影响而视为存在关联方关系。

（6）该企业的合营企业。两方或多方共同控制某一企业时，该企业则为投资者的合营企业。

（7）该企业的联营企业。联营企业和重大影响是相联系的，如果投资者能对被投资企业施加重大影响，则该被投资企业视为投资者的联营企业。

（8）该企业的主要投资者个人及与其关系密切的家庭成员。主要投资者个人，是指能够控制、共同控制一个企业或者对一个企业施加重大影响的个人投资者。

（9）该企业或其母公司的关键管理人员及与其关系密切的家庭成员。

（10）该企业主要投资者个人、关键管理人员或与其关系密切的家庭成员控制、共同控制的其他企业。与主要投资者个人或关键管理人员关系密切的家庭成员，例如父母、配偶、兄弟、姐妹和子女等。对于这类关联方，应当根据主要投资者个人、关键管理人员或与其关系密切的家庭成员对两家企业的实际影响力具体分析判断。

①某一企业与受该企业主要投资者个人控制、共同控制的其他企业之间的关系。

②某一企业与受该企业主要投资者个人关系密切的家庭成员控制、共同控制的其他企业之间的关系。

③某一企业与受该企业关键管理人员控制、共同控制的其他企业之间的关系。

④某一企业与受该企业关键管理人员关系密切的家庭成员控制、共同控制的其他企业之间的关系。

⑤企业设立的企业年金基金也构成企业的关联方。

（二）不构成关联方关系的情况

（1）与该企业发生日常往来的资金提供者、公用事业部门、政府部门和机构，以及与该企业发生大量交易而存在经济依存关系的单个客户、供应商、特许商、经销商和代理商之间，不构成关联方关系。

（2）与该企业共同控制合营企业的合营者之间，通常不构成关联方关系。

（3）仅仅同受国家控制而不存在其他关联方关系的企业，不构成关联方关系。

（4）受同一方重大影响的企业之间不构成关联方。例如，同一投资者的两家联营企业之间不构成关联方关系。

(三) 关联方交易的类型

存在关联关系的情况下,关联方之间发生的交易为关联方交易,关联方的交易类型主要有:购买或销售商品、购买或销售除商品以外的其他资产、提供货或接受劳务、担保、提供资金(贷款或股权投资)、租赁、代理、研究与开发项目的转移、许可协议、代表企业或由企业代表另一方进行债务结算、关键管理人员薪酬。

(四) 关联方的披露

(1) 企业无论是否发生关联方交易,均应当在附注中披露与该企业之间存在直接控制关系的母公司和所有子公司有关的信息。母公司不是该企业最终控制方的,还应当披露企业集团内对该企业享有最终控制权的企业(或主体)的名称。母公司和最终控制方均不对外提供财务报表的,还应当披露母公司之上与其最相近的对外提供财务报表的母公司名称。

(2) 企业与关联方发生关联方交易的,应当在附注中披露该关联方关系的性质、交易类型及交易要素。

关联方的性质,是指关联方与该企业的性质,及关联方是该企业的子公司、合营企业、联营企业等。交易类型通常包括购买或销售商品、购买或销售除商品以外的其他资产、提供货或接受劳务、担保、提供资金(贷款或股权投资)、租赁、代理、研究与开发项目的转移、许可协议、代表企业或由企业代表另一方进行债务结算等。交易要素至少应当包括:交易的金额;未结算项目的金额、条款和条件(包括承诺),以及有关提供货或取得担保的信息;未结算应收款项坏账准备金额;定价政策。关联方交易的金额应当披露相关比较数据。

(3) 对外提供合并财务报表的,对于已经包括在合并范围内各企业之间的交易不予披露。合并财务报表是将集团作为一个整体来反映与其有关的财务信息,在合并财务报表中,企业集团作为一个整体看待,企业集团内的交易已不属于交易,并且已经在编制合并财务报表时予以抵消。因此。关联方披露准则固定,对外提供合并财务报表的,除了应按上述1、2的要求进行披露外,对于已经包括在合并范围内并已抵消的各企业之间的交易不予披露。

第七节 中期财务报告

一、中期财务报告的定义及其构成

(一) 中期财务报告的定义

中期财务报告,是指以中期为基础编制的财务报告。中期,是指短语一个完整会计年度(自公历1月1日起至12月31日止)的报告期间,它可以使一个月、一个季度或者半年,也可以是其他短于一个会计年度的期间。因此,中期财务报告包括月度财务报告、季度财务报告、半年度财务报告,也包括年初至本中期末的财务报告。

(二) 中期财务报告的构成

中期财务报告至少应当包括以下部分:(1) 资产负债表;(2) 利润表;(3) 现金流量表;(4) 附注。

二、中期财务报告的编制要求

(一) 中期财务报告编制应遵循的原则

1. 与年度财务报告相一致的会计政策

企业在编制中期财务报告时,应当将中期视同一个独立的会计期间,所采用的会计政策应当与年度财务报表所采用的会计准则一致,包括会计要素确认和计量原则一致。企业在编制中期财务报告时不得随意变更会计政策。

2. 重要性原则

重要性程度的判断应当以中期财务数据为基础,而不得以预计的年度财务数据为基础;重要性原则的运用应当保证中期财务报告包括了与理解企业中期末财务状况和中期经营成果及其现金流量相关的信息;重要性程度的判断需要根据具体情况作具体分析和职业判断。

3. 及时性原则

为了体现企业编制中期财务报告的及时性原则,中期财务报告计量相对于年度财务数据的计量而言,在很大程度上依赖会计估计。例如,在中期末,由于时间上的限制和成本方面的考虑,企业有时不太可能对存货进行全面、详细的实地盘点,在这种情况下,对于中期末存货的计价就可能更大程度上依赖于会计估计。但是,企业应当确保所提供的中期财务报告包括了相关的重要信息。

(二) 中期合并财务报表和母公司财务报表编报要求

企业上年度编制合并财务报表的,中期期末应当编制合并财务报表。上年度财务报告除了包括合并财务报表,还包括母公司财务报表的,中期财务报告也应当包括母公司财务报表。

(三) 比较财务报表编制要求

在中期财务报告中,企业应当提供以下比较财务报表:
(1) 本中期末的资产负债表和上年度末的资产负债表;
(2) 本中期的利润表、年初至本中期末的利润表以及上年度可比期间的利润表(其中上年度可比期间的利润表是指上年度可比中期的利润表和上年度年初至上年可比中期末的利润表);
(3) 年初至本中期末的现金流量表和上年度年初至上年可比本期末的现金流量表。

(四) 中期财务报告的确认与计量

1. 中期财务报告的确认与计量的基本原则

(1) 中期财务报告中各会计要素的确认和计量原则应当与年度财务报表所采用的原则相一致。

(2) 在编制中期财务报告时，中期会计计量应当以年初至本中期末为基础，财务报告的频率不应当影响年度结果的计量。

(3) 企业在中期不得随意变更会计政策，应当采用与年度财务报表相一致的会计政策。

2. 季节性、周期性或者偶然性取得的收入的确认和计量

对于季节性、周期性或者偶然性取得的收入，除了在会计年度末允许预计或者递延的之外，企业都应当在发生时予以确认和计量，不应当在中期财务报表中预计或者递延。

3. 会计年度中不均匀发生的费用的确认与计量

对于会计年度中不均匀发生的费用，除了在会计年度末允许预提或者待摊的之外，企业均应当在发生时予以确认和计量，不应当在中期财务报表中预提或者待摊。

(五) 中期会计政策变更的处理

企业在中期如果发生了会计政策的变更，应当按照《CAS28 会计政策、会计估计变更和差错更正》的规定处理，并按照准则规定在财务报表附注中作相应披露。

三、中期财务报告附注编制的要求与内容

(一) 中期财务报告附注编制的基本要求

(1) 中期财务报告附注应当以年初至本中期末为基础披露，而不应当仅仅披露本中期所发生的重要交易或事项。

(2) 中期财务报告附注应当对上年度资产负债表日后事项发生的重要的交易或者事项进行披露

(二) 中期财务报告附注至少应包括的内容

(1) 中期财务报表所采用的会计政策与上年度财务报表相一致的声明。

(2) 会计估计变更的内容、原因及影响数；影响数不确定的，应当说明原因。

(3) 前期会计差错的性质及更正金额；无法进行追溯重述的，应当说明原因。

(4) 企业经营的季节性或周期性特征。

(5) 存在控制关系的关联方发生的情况，关联方之间发生交易的，应当披露关联方关系的性质、交易类型和交易要素。

(6) 合并财务报表的合并范围发生变化的情况。

(7) 对性质特别或金额异常的财务报表项目的说明。

（8）证券发行、回购和偿还情况。

（9）向所有者分配利润的情况。

（10）根据《CAS35 分部报告》规定披露分部报告信息的，应当披露经营分部的分部收入与分部利润（亏损）。

（11）中期资产负债表日至中期财务报告批准报出日之间发生的非调整事项。

（12）上年度资产负债表日以后所发生的或有负债和或有资产的变化情况。

（13）企业结构变化情况。

（14）其他重大交易或事项。

本章小结

通过本章学习，要求掌握资产负债表、利润表、现金流量表和所有者权益（或股东权益）变动表的编制方法及表中各个项目的填制，这是本章的难点；熟悉会计报表附注的内容及其编制，掌握其他综合收益的列报与披露。

重点概念

财务报告、资产负债表、变现能力、财务弹性、损益表、本期经营成果观和总括利润观、现金等价物、现金基础、直接法和间接法、其他综合收益、分部报告、中期报告。

思 考 题

1. 资产负债观与收入费用观有何区别？它们对利润的计算有何影响？
2. 总括利润观与本期经营成果观有何区别？它们对利润的计算有何影响？
3. 资产负债表、损益表、现金流量表之间有着怎样的勾稽关系？
4. 现金流量表直接法和间接法下计算的现金流量有何不同？为什么？
5. 为什么要求企业编制中期报告和分部报告？中期报告和分部报告的内容有哪些？

第十六章

租赁会计

> **内容提要：** ▲租赁概述　　　▲租赁的识别、分拆与合并　▲承租人的会计处理
> ▲出租人的会计处理　▲售后租回交易　　　　　　▲列报
> ▲首次执行日的会计处理
>
> **学习目的及要求：** 通过本章学习要求掌握租赁相关概念，租赁的识别、分拆与合并，承租人的会计处理，出租人经营租赁和融资租赁的会计处理，租赁的披露；熟悉售后回租的会计处理等。

为了规范租赁业务的会计处理和信息披露，各国会计准则制定机构和国际会计准则制定机构先后制定了租赁会计准则。美国会计准则委员会（FASB）在1976年制定了《FAS13 租赁会计》，此后，又陆续地发布了一系列的公告，如《FAS23 租赁起始日》（1978）、《FAS28 出租和租回的处理》等，随后也进行过多次修订。国际会计准则委员会（IASC）也于1982年制定了《IAS17 租赁》，以后经过多次修订，最近一次修订是2016年1月，IASB发布了《国际财务报告准则第16号——租赁》（IFRS16）为租赁的确认、计量、列报和披露制定了原则。我国财政部在2001年发布了《企业会计准则——租赁》，并在2006年对其进行了修订，即《CAS21 租赁》（简称CAS21）。为了反映租赁行业的最新发展，并与国际财务报告准则趋同，财政部于2018年12月发布了修订后的CAS21［简称CAS21（2018）］，并于2019年1月1日开始实行。

本章根据CAS21（2018）的内容，并参考了IFRS16实例进行编写，主要包括租赁的识别、分拆与合并，承租人的会计处理，出租人的会计处理，售后租回交易和租赁披露。

第一节　租赁的识别、分拆与合并

我国2018 CAS21将租赁（lease）定义为"在一定期间内，出租人将资产的使用权让与承租人以获取对价的合同"。租赁的主要特征是转移资产的使用权，而不是转移资产的所有权，并且这种转移是有偿的，取得使用权以支付租金为代价，从而使租赁有别于资产购置和不把资产的使用权从合同的一方转移给另一方的服务性合同，如劳务合同、运输合同、保管合同、仓储合同等以及无偿提供使用权的借用合同。

一、租赁的识别

(一) 租赁或包含租赁

在合同开始日，企业应当评估合同是否为租赁或者包含租赁。如果合同中一方让渡了在一定期间内控制一项或多项已识别资产（identified asset）使用的权利以换取对价，则该合同为租赁或者包含租赁（contains or a lease）。除非合同条款和条件发生变化，企业无须重新评估合同是否为租赁或者包含租赁。

(二) 控制已识别资产的使用

为确定合同是否让渡了在一定期间内控制已识别资产使用的权利，企业应当评估合同中的客户是否有权获得在使用期间内因使用已识别资产所产生的几乎全部经济利益，并有权在该使用期间主导已识别资产的使用。

1. 识别资产

已识别资产通常由合同明确指定，也可以在资产可供客户使用时隐性指定。但是，即使合同已对资产进行指定，如果资产的供应方在整个使用期间拥有对该资产的实质性替换权，则该资产不属于已识别资产。同时符合下列条件时，表明供应方拥有资产的实质性替换权：一是资产供应方拥有在整个使用期间替换资产的实际能力；二是资产供应方通过行使替换资产的权利将获得经济利益。

企业难以确定供应方是否拥有对该资产的实质性替换权的，应当视为供应方没有对该资产的实质性替换权。如果资产的某部分产能或其他部分在物理上不可区分，则该部分不属于已识别资产，除非其实质上代表该资产的全部产能，从而使客户获得因使用该资产所产生的几乎全部经济利益。在评估是否有权获得因使用已识别资产所产生的几乎全部经济利益时，企业应当在约定的客户可使用资产的权利范围内考虑其所产生的经济利益。

2. 有权主导已识别资产的使用权

存在下列情况之一的，可视为客户有权主导对已识别资产在整个使用期间内的使用：

(1) 客户有权在整个使用期间主导已识别资产的使用目的和使用方式。

(2) 已识别资产的使用目的和使用方式在使用期开始前已预先确定，并且客户有权在整个使用期间自行或主导他人按照其确定的方式运营该资产，或者客户设计了已识别资产并在设计时已预先确定了该资产在整个使用期间的使用目的和使用方式。

【例16-1】 火车车厢：客户与货运商（供应商）的合同为客户提供了10节特定类型火车车厢5年的使用权。合同指定了具体的火车车厢；车厢为供应商所有。客户决定何时何地使用这些车厢以及使用其运输什么货物。不使用时，车厢存放在客户处。客户可将车厢用于其他目的（如存储）。但合同明确规定客户不能运输特定类型的货物（如爆炸物）。若某个车厢需要保养或维修，供应商应以同类型的车厢进行替换。否则，除非客户违约，供应商在这5年期间不得收回车厢。合同还规定供应商在客户要求时提供火车头和司机。火车头在供应商处存放，供应商向司机发出指示，详细说明客户的货物运输要求。供应商可选择使用任一火车头履行客户的要求，并且该火车头既可用于运输该客户的货物，也可用于运输其他客户的货物（即如果其他客户要求运输的货物目的地与该客户要求的目的地距离不远且时间范围接近，供应商可选择在该火车头挂多达100节车厢）。

示例分析：该合同包含火车车厢的租赁，客户拥有10节车厢的5年使用权。该示例中存在10节被识别的车厢，合同明确指定了这些车厢。车厢一旦被交付给客户，仅在需要保养或维修时方可替换。用于牵引车厢的火车头不是被识别资产，因为合同中既未明确也未隐含地指定某一火车头。

客户在整个5年使用期内拥有控制这10节车厢使用的权利，因为：

（1）客户有权获得在5年使用期内使用车厢所产生的几乎全部经济利益。在整个使用期内（包括车厢不用于运输客户货物的时间），客户拥有这些车厢的使用权。

（2）客户有权主导车厢的使用，因为其满足了相关条件：关于车厢可运输什么货物的合同限制是供应商的保护性权利，其规定了客户车厢使用权的范围。在合同规定的使用权范围内，客户可就车厢的使用方式和使用目的相关决定，可决定何时何地使用车厢以及使用车厢运输什么货物。客户还可决定在车厢不用于运输货物时是否使用以及如何使用（如，是否或何时用于存储）。在4年使用期内，客户有权改变这些决定。

尽管配各火车头和司机（由供应商控制）来牵引车厢对于车厢的有效使用必不可少，但供应商在这方面的决定并未赋予其主导车厢使用方式和使用目的的权利。因此，供应商在使用期内不能控制车厢的使用。

【例16-2】 接例16-1，假如客户与供应商的合同要求供应商在5年时间内按照规定的时间表使用指定类型的火车车厢运输指定数量的货物。指定的时间表和货物数量相当于客户在5年中使用10节火车车厢。作为合同的一部分，供应商提供火车车厢、司机和火车头。合同规定了所运输货物的性质和数量（以及用于运输货物的火车车厢类型）。供应商有大量类似车厢可用于履行合同要求。同样，供应商可在众多车头中选择其一来履行客户的要求，而且该火车头既可用于运输该客户的货物，也可用于运输其他客户的货物。车厢和车头不用于运输货物时，存放在供应商处。

示例分析：该合同不包含火车车厢或车头的租赁。用于运输该客户货物的火车车厢和车头不是被识别资产。供应商有替换火车车厢和车头的实质性权利，因为：

（1）在整个使用期间，供应商有实际能力替换每节车厢和车头。用于替换的车厢和车头是供应商易于获得的，且无需客户批准即可替换每节车厢和车头。

（2）供应商可通过替换车厢和车头获得经济利益。替换每节车厢和车头的相关成本极小，即使有的话。因为车厢和车头存放在供应商处，且供应商有大量类似车厢和车头。供应商之所以能够通过替换此类性质的合同中的车厢或车头获益，是因为替换使供应商能够使用已位于任务所在地的车厢或车头来执行任务（如起点附近的铁路货场的任务），或利用因客户未使用而闲置的车厢或车头。

因此，客户不能主导被识别的车厢或车头的使用，也无权获得使用被识别车厢或车头所产生的几乎全部经济利益。由于供应商可以选择使用哪些车厢和车头来进行每次特定运输，并可以获得使用火车车厢和车头所产生的几乎全部经济利益，故供应商主导火车车厢和车头的使用。供应商仅提供货运能力。

【例16-3】 租用空间：某咖啡企业（客户）与某机场运营商（供应商）签订了使用机场某处空间销售商品的3年期合同。合同规定了空间的大小，以及空间可位于机场内的任一登机区域。在使用期内，供应商有权随时变更分配给客户的空间的位置。供应商变更客户空间位置的相关成本极小；客户使用（自有的）易于移动的售货亭销售商品。机场有很多符合合同规定空间的区域可供使用。

示例分析：该合同不包含租赁。尽管客户使用的空间大小在合同中有具体规定，但不存在被识别资产。尽管客户控制自有的售货亭，但合同针对的是机场内的空间，且供应商可随意变更该空间。供应商有替换客户所使用空间的实质性权利，因为：

（1）在整个使用期内，供应商有实际能力变更客户使用的空间。机场内有许多区域符合合同规定的空间，且供应商有权随时将空间的位置变更至符合规定的其他空间，而无需客户批准。

（2）供应商将通过替换空间获得经济利益。变更客户所使用空间的相关成本极小，因为售货亭易于移动。供应商之所以能够通过替换机场内的空间获益，是因为替换使供应商能够根据情况变化最有效地利用机场登机区域的空间。

【例16-4】 光缆：客户与一家公用设施公司（供应商）签订了一份为期15年的合同，取得连接香港和东京的光缆中指定的物理上可区分的三条直驳光纤的使用权：客户通过将这些光纤的两端连接至其电子设备的方式来决定光纤的使用（即客户"点亮"光纤并决定这些光纤将传输的数据内容和数据量）。若光纤损坏，供应商应负责修理和维护。供应商拥有额外的光纤，但仅可因修理、维护或故障原因替换客户的光纤（并有义务在这些情况下替换光纤）。

示例分析：该合同包含直驳光纤的租赁。客户拥有三条直驳光纤15年的使用权。该示例中存在三条被识别的光纤。合同明确指定了这些光纤，并且这些光纤与光缆中的其他光纤在物理上可区分。供应商不可因修理、维护或故障以外的原因替换光纤。客户在整个15年使用期内拥有控制光纤使用的权利，因为：

（1）客户有权获得在15年使用期内使用光纤所产生的几乎全部经济利益。在整个使用期内，客户拥有光纤的专属使用权。

（2）客户有权主导光纤的使用，因为其满足规定的条件。客户通过以下方式就光纤的使用方式和使用目的作出相关决定：第一，决定何时点亮光纤和是否点亮光纤；第二，决定光纤产出的时间和数量（即光纤将传输的数据及数据量）。在15年使用期内，客户有权改变这些决定。

尽管供应商关于修理和维护光纤的决定对于光纤的有效使用必不可少，但这些决定并未赋予其主导光纤使用方式和使用目的的权利。因此，供应商在使用期内不能控制光纤的使用。

【例16-5】 接例16-4。假如客户与供应商签订了一份为期15年的合同，取得连接香港和东京的光缆中指定容量的使用权。指定容量相当于客户使用光缆中三条光纤的全部容量（光缆包含15条容量相近的光纤）。供应商就数据传输作出决定（即供应商点亮光纤，使用哪些光纤来传输该客户的数据作出决定，对将供应商拥有的哪些电子设备连接到这些光纤作出决定）。

示例分析：该合同不包含租赁。客户的数据传输均由供应商作出决定，每个客户仅使用光缆的部分容量。提供给客户的部分容量与光缆的其余容量在物理上不可区分，且不代表光缆的几乎全部容量。因此，客户没有被识别资产的使用权。

【例16-6】 零售单元：客户与房地产所有者（供应商）签订了一份使用零售单元A的5年期合同。零售单元A是某较大零售空间的一部分，其包含许多零售单元。客户被授予了零售单元 A 的使用权。供应商可要求客户搬至另一零售单元。在这种情况下，供应商应向客户提供与零售单元 A 质量和规格类似的零售单元，并向客户支付搬迁费用。仅当有大的新租户决定租用较大零售空间，并支付足够涵盖该客户及零售空间内其他租户的搬迁费用的有利费率时，供应商方能因客户的搬迁获得经济利益。然而，尽管这种情况有可能发生，但在合同开始时，不大可能出现这种情况。

该合同要求客户在较大零售空间的营业时间内使用零售单元 A 经营其知名店铺品牌销售商品。关于使用期内零售单元的使用均由客户作出决定。例如，客户决定该单元所销售的商品组合、所售商品的价格和持有的存货量。客户也在整个 5 年使用期内控制接触该单元的物理途径。该合同要求客户向供应商支付固定付款额，并按零售单元 A 销售额的一定比例支付可变付款额。作为该合同的一部分，供应商提供清洁、安保及广告服务。

示例分析：该合同包含零售空间的租赁。客户拥有零售单元 A 5 年的使用权。

该示例中零售单元 A 是一项被识别资产，在合同中有明确规定。供应商有实际能力替换零售单元，但仅在特定情况下可因替换获得经济利益。由于在合同开始时不大可能出现这种情况，故供应商的替换权不具有实质性。

客户在整个 5 年使用期内拥有控制零售单元 A 使用的权利，因为：

（1）客户有权获得在 5 年使用期内使用零售单元 A 所产生的几乎全部经济利益。在整个使用期内，客户拥有零售单元 A 的专属使用权。尽管零售单元 A 的销售所产生的部分现金流量将从客户流向供应商，但这只是代表客户为使用该零售单元而支付给供应商的对价，并不阻碍客户拥有使用零售单位 A 所产生的几乎全部经济利益的权利。

（2）客户有权主导零售单元 A 的使用，因为其满足规定的条件。关于可在零售单元 A 销售的商品以及零售单元 A 的营业时间的合同限制规定了客户的零售单元 A 使用权的范围。在合同规定的使用权范围内，客户可就零售单元 A 的使用方式和使用目的作出相关决定，例如，客户能够决定在该零售单元销售的商品组合以及这些商品的售价。在 5 年使用期内，客户有权改变这些决定。

尽管清洁、安保和广告服务对于零售单元 A 的有效使用必不可少，但供应商在这些方面的决定并未赋予其主导零售单元 A 使用方式和使用目的的权利。因此，供应商在使用期内不能控制零售单元 A 的使用，且供应商的决定不影响客户控制零售单元 A 的使用。

【例 16-7】 卡车租赁：客户与供应商就使用一辆卡车一周时间以将货物从纽约运至旧金山签订了合同。供应商没有替换权。在合同期内只允许使用该卡车运输合同中指定的货物。合同规定了卡车可行驶的最大里程。客户能够在合同规定范围内选择具体的行程（如速度、路线、停车休息等）。指定路程完成后，客户无权继续使用这辆卡车。待运输的货物以及在纽约装货和在旧金山卸货的时间和地点在合同中有明确规定。客户负责从纽约驾驶卡车至旧金山。

示例分析：该合同包含卡车的租赁。客户拥有在指定路程期间使用卡车的权利。

该示例中存在被识别资产。合同明确指定了一辆卡车，且供应商无权替换卡车。客户在整个使用期内拥有控制该卡车使用的权利，因为：

（1）客户有权获得在使用期内使用卡车所产生的几乎全部经济利益。在整个使用期内，客户拥有该卡车的专属使用权。

（2）客户有权主导卡车的使用，因为其满足规定的条件。合同预先确定了卡车的使用方式和使用目的（即在规定时间内将指定货物从纽约运至旧金山）。客户主导卡车的使用，因为客户有权在整个使用期内操作卡车（例如速度、路线、停车休息）。客户通过控制卡车的操作作出在使用期内使用卡车的所有决定。

由于合同期限为1周时间，此项租赁符合短期租赁的定义。

【例16-8】 船只：客户与船只所有者（供应商）就使用指定船只将货物从鹿特丹运至悉尼签订了合同。船只在合同中有明确规定，且供应商没有替换权。货物将占据船只的几乎全部运力。合同规定了船只将运输的货物以及装卸日期。供应商负责船只的操作和维护，并负责船上货物的安全运输。合同期间，客户不得雇佣其他人员操作船只或自行操作船只。

示例分析：该合同不包含租赁。

该示例中存在被识别资产。合同明确指定了船只，且供应商无权替换被指定的船只。客户有权获得在使用期内使用船只所产生的全部经济利益，客户的货物将占船只的几乎全部运力，从而防止其他方获得使用船只所产生的利益。

然而，客户没有控制船只使用的权力，因为客户无权主导船只的使用。客户无权主导船只的使用方式和使用目的。合同预先规定了船只的使用方式和使用目的（即在规定的时间内将制定货物从鹿特丹运至悉尼）。客户无权变更使用期内船只的使用方式和使用目的。在使用期内，客户没有关于船只使用的其他决策权（例如，客户无权操作船只），也未参与该船只的设计。客户对船只使用享有与使用该船只运输货物的其他诸多客户一样的权利。

【例16-9】 客户与供应商签订了使用指定船只的5年期合同。船只在合同中有明确规定，且供应商没有替换权。在整个5年使用期内，客户决定所运输的货物、船只是否航行、以及航行的时间和目的港，但需遵守合同规定的限制条件。这些限制条件防止客户将船只驶入遭遇海盗风险较高的水域或装在危险物品。供应商负责船只的操作和维护，并负责船上货物的安全运输。合同期间，客户不得雇佣其他人员操作船只或自行操作船只。

示例分析：该合同包含租赁。客户拥有该船只5年的使用权。该示例中存在被识别资产。合同明确指定了船只，且供应商无权替换被指定的船只。

客户在整个5年使用期内拥有控制船只使用的权利，因为：

（1）客户有权获得在5年使用期内使用船只所产生的几乎全部经济利益。在整个使用期内，客户拥有船只的专属使用权。

（2）客户有权主导船只的使用，因为其满足规定的条件。关于船只可航行区域和可运输货物的合同限制规定了客户的船只使用权的范围。这是保护供应商对船只和供应商人员的投资的保护性权利。在使用权范围内，客户可就整个5年使用期内船只的使用方式和使用目的作出相关决定，因为客户可以决定船只是否航行、航行的时间和地点以及所运输的货物。在整个5年使用期内，客户有权改变这些决定。

尽管船只的操作和维护对于船只的有效使用必不可少，但供应商在这些方面的决定并为赋予其主导船只使用方式和使用目的的权利。相反，供应商的决定取决于客户关于船只使用方式和使用目的的决定。

【例16-10】 飞机：客户与飞机所有者（供应商）签订了使用被明确指定的一架飞机的2年期合同。合同详细规定了飞机的内部和外部规格。合同中存在对飞机飞行区域的合同和法律限制。客户决定飞机飞行的地点和时间以及搭载的乘客和货物，但需遵守这些限制条件。供应商负责飞机的操作并使用自己的机组人员。合同期内，客户不得雇佣其他人员操作飞机或自行操作飞机。在2年期间内，允许供应商随时替换飞机，且在飞机出现故障时必须替换飞机。替换的飞机须符合合同中规定的内部和外部规格。在供应商的机队中配备符合客户要求规格的飞机涉及高昂的成本。

示例分析：该合同包含租赁。客户拥有该飞机2年的使用权。

该示例中存在被识别资产。合同明确指定了飞机，尽管供应商可替换飞机，但其替换权不具有实质性，因为其不满足规定的条件。供应商的替换权之所以不具有实质性，是因为配备另一架符合合同要求规格的飞机涉及高昂的成本，因此预计供应商不会因替换飞机获得经济利益。

客户在整个2年使用期内拥有控制飞机使用的权利，因为：

（1）客户有权获得在2年使用期内使用飞机所产生的几乎全部经济利益。在整个使用期内，客户拥有飞机的专属使用权。

（2）客户有权主导飞机的使用，因为其满足规定的条件。关于飞机可飞行地点的限制规定了客户的飞机使用权的范围。在使用权范围内，客户可就整个2年使用期内飞机的使用方式和使用目的作出相关决定，因为客户可以决定飞机是否飞行、飞行的时间和地点以及搭载的乘客和货物。在整个2年使用期内，客户有权改变这些决定。

尽管飞机的操作对于飞机的有效使用必不可少，但供应商在这些方面的决定并未赋予其主导飞机使用方式和使用目的的权利。因此，供应商在使用期内不能控制飞机的使用，且供应商的决定不影响客户控制飞机的使用。

【例16-11】 衬衫合同：客户与制造商（供应商）签订了购买一定数量的特定类型和质量的衬衫的3年期合同。衬衫的类型、质量和数量在合同中有明确规定。供应商仅有一家工厂符合客户需求。供应商无法用另一家工厂生产的衬衫供货或从第三方供应商购买衬衫。工厂的产能超过客户所签订合同的产量（即客户未就工厂的几乎全部产能签订合同）。

由供应商作出有关工厂运营的决策，包括工厂运行的生产水平以及将工厂产量中不用于履行该客户合同的部分用以履行哪些客户合同。

示例分析：该合同不包含租赁。

该示例中工厂是被识别资产。该工厂是被隐含指定的，因为供应商仅可通过使用该资产履行合同。客户不控制工厂的使用，原因在于客户无权获得使用工厂所产生的几乎全部经济利益。这是因为供应商可以决定在使用期内使用工厂履行其他客户合同。

客户不控制工厂使用的另一个原因是客户无权主导工厂的使用。客户无权主导在3年使用期内工厂的使用方式和使用目的。客户的权利仅限于与供应商签订的合同中规定的工厂产出。客户对工厂的使用享有与从工厂购买衬衫的其他客户一样的权利。供应商有权主导工厂的使用，因为供应商可决定工厂的使用方式和使用目的（即供应商有权决定工厂运行的生产水平以及将所生产的产品用于履行哪些客户合同）。

单凭客户无权获得使用工厂所产生的几乎全部经济利益这一事实，或客户无权主导工厂的使用这一事实，就足以判断客户不能控制工厂的使用。

【例16-12】 能源/电力合同：一家公用事业公司（客户）与一家电力公司（供应商）签订了一份合同，购买某一新太阳能电厂20年生产的全部电力。该太阳能电厂在合同中有明确规定，且供应商没有替换权。太阳能电厂为供应商所有，不能通过其他资产向客户供应该电力。太阳能电厂是由客户在建设之前设计的，客户聘请了太阳能专家协助确定太阳能电厂的选址以及将使用设备的工程。供应商负责按照客户的规格建造太阳能电厂，并负责其运行和维护。关于是否发电以及发电的时间和发电量不存在相关决定，因为该项资产的设计已经预先确定了这些决定。供应商将获得与太阳能电厂建设和所有权相关的税款抵免，而客户将获得使用太阳能电厂产生的可再生能源税款抵免。

示例分析：该合同包含租赁。客户拥有太阳能电厂20年的使用权。

该示例中存在被识别资产，因为合同明确指定了该太阳能电厂，且供应商无权替换被指定的太阳能电厂。客户在整个20年使用期内拥有控制太阳能电厂使用的权利，因为：

（1）客户有权获得在20年使用期内使用太阳能电厂所产生的几乎全部经济利益。客户拥有太阳能电厂的专属使用权；获得该电厂在20年使用期内生产的全部电力以及使用太阳能电厂的一个副产品——可再生能源税款抵免。尽管供应商将以税收抵免额形式获得太阳能电厂产生的经济利益，但这些经济利益与太阳能电厂的所有权相关，而非与使用太阳能电厂相关，因此在评估时不予考虑。

（2）客户有权主导太阳能电厂的使用，因为其满足规定的条件。客户和供应商均不决定使用期内太阳能电厂的使用方式和使用目的，因为这些决定在该资产的设计中已预先确定（即太阳能电厂的设计实际上已将整个使用期内关于太阳能电厂使用方式和使用目的的相关决策权纳入了该资产的程序中）。客户不负责太阳能电厂的运营；太阳能电厂的运营由供应商作出决定。然而，客户对太阳能电厂的设计赋予了客户主导电厂使用的权利。因为太阳能电厂的设计已预先确定了整个使用期内该资产的使用方式和使用目的，客户对设计的控制实质上与客户控制这些决定并无差别。

【例16-13】 客户与供应商签订了一份合同，购买被明确指定的一家电厂3年生产的全部电力。该电厂为供应商所有，并由供应商运营。供应商不能通过另一家电厂向客户供应电力。合同规定了整个使用期内该电厂的发电数量和时间安排，非特殊情况（例如紧急情况）不可变动。供应商按照行业认可的运营实务负责电厂的日常运营和维护。在与客户签订合同几年前建设电厂时，供应商对该电厂进行了设计，客户未参与该设计。

示例分析：该合同不包含租赁。

该示例中存在被识别资产，因为合同明确指定了该电厂，且供应商无权替换被指定的电厂。客户有权获得在3年使用期内使用被识别电厂所产生的几乎全部经济利益。客户将获得电厂在3年使用期内生产的全部电力。

然而，客户并不拥有控制电厂使用的权利，因为客户无权主导电厂的使用。客户无权主导电厂的使用方式和使用目的。电厂的使用方式和使用目的（即是否发电、发电的时间和发电量）在合同中已预先确定。客户无权变更使用期内电厂的使用方式和使用目的。在使用期内，客户没有关于电厂使用的其他决策权（例如，客户不运营电厂），且并未参与电厂的设计。供应商通过决定电厂的运营和维护方式，成为使用期内唯一可就电厂作出决定的一方。客户对电厂的使用拥有与从电厂获取电力的其他诸多客户一样的权利。

【例16-14】 客户与供应商签订了一份合同，购买明确指定的一家电厂10年生产的全部电力。合同规定客户有权获得该电厂生产的全部电力（即供应商不能使用该电厂履行其他合同）。客户向供应商发出关于电力交付数量和时间安排的指令。若电厂不为该客户生产电力，将停止运行。供应商按照行业认可的运营实务负责电厂的日常运营和维护。

示例分析：该合同包含租赁。客户拥有该电厂10年的使用权。

该示例中存在被识别资产。合同明确指定了电厂，且供应商无权替换被指定的电厂。客户在整个10年使用期内拥有控制电厂使用的权利，因为：

（1）客户有权获得在10年使用期内使用电厂所产生的几乎全部经济利益。客户拥有电厂的专属使用权；客户有权获得该电厂在整个10年使用期内生产的全部电力。

（2）客户有权主导电厂的使用，因为其满足相关的条件。客户就电厂的使用方式和使用目的作出相关决定，因为客户有权决定整个使用期内电厂是否发电、发电的时间和发电量（即发电的时间安排和数量）。因为已经禁止供应商将电厂用于其他用途，客户关于发电的时间安排和数量的决策实际上决定了电厂的发电时间以及是否发电。

尽管电厂的运营和维护对于电厂的有效使用必不可少，但供应商在这些方面的决定并未赋予其主导电厂使用方式和使用目的的权利。因此，供应商在使用期内不能控制电厂的使用。相反，供应商的决定取决于客户关于电厂使用方式和使用目的的决定。

【例16-15】 网络服务合同：客户与一家电信公司（供应商）签订了2年期的网络服务合同。合同要求供应商提供符合规定质量水平的网络服务。为提供服务，供应商在客户处安装并设置了服务器，供应商决定使用服务器在网络上传输数据的速度和质量。供应商可在需要时重新设置或更换服务器，以持续提供合同中规定的优质网络服务。客户不操作服务器或就其使用作出任何重大决定。

示例分析：该合同不包含租赁。该合同属于供应商使用设备以满足客户确定的网络服务水平的服务合同。该示例中无须评估在客户处安装的服务器是否属于被识别资产。此项评估不会改变该合同是否包含租赁的分析，因为客户不拥有控制服务器使用的权利。

客户并不控制服务器的使用，因为客户唯一的决策权是在使用期开始前决定网络服务水平（服务器的输出），在使用期内，不修改合同就无法变更网络服务水平。例如，即使客户制造了需要传输的数据，但该活动并不会直接影响网络服务的配置，因而不影响服务器的使用方式和使用目的。

供应商是使用期内唯一可就服务器的使用作出相关决定的一方。供应商有权决定使用服务器传输数据的方式，是否重新配置服务器以及是否将服务器用于其他用途。因此，在向客户提供网络服务时，供应商控制服务器的使用。

【例16-16】 客户与一家信息技术公司（供应商）签订了使用一台被识别的服务器的3年期合同。供应商根据客户的指示在客户处交付和安装服务器，并在整个使用期内根据需要提供服务器维修服务。供应商仅在服务器发生故障时替换服务器。客户决定在服务器中存储哪些数据以及如何整合服务器及其运营。在整个使用期内，客户可以改变这些决定。

示例分析：该合同包含租赁。客户拥有服务器3年的使用权。

该示例中存在被识别资产。合同明确指定了该服务器。供应商仅在服务器发生故障时方可替换。客户在整个3年使用期内拥有控制服务器使用的权利，因为：

（1）客户有权获得在3年使用期内使用服务器所产生的几乎全部经济利益。在整个使用期内，客户拥有服务器的专属使用权。

（2）客户有权主导服务器的使用。客户可就服务器的使用方式和使用目的作出相关决定，因为客户有权决定使用该服务器支持其运营的哪一方面以及存储哪些数据。客户是使用期内唯一可就服务器的使用作出决定的一方。

二、租赁的分拆和合并

（一）租赁的分拆

合同中同时包含多项单独租赁的，承租人和出租人应当将合同予以分拆，并分别各项单独租赁进行会计处理。

合同中同时包含租赁和非租赁部分的,承租人和出租人应当将租赁和非租赁部分进行分拆,租赁部分应当分别按照 CAS21(2018)进行会计处理,非租赁部分应当按照其他适用的企业会计准则进行会计处理。如果承租人选择不分拆的,应当将各租赁部分及与其相关的非租赁部分分别合并为租赁,按照租赁要求进行会计处理。

同时符合下列条件的,使用已识别资产的权利构成合同中的一项单独租赁:第一,承租人可从单独使用该资产或将其与易于获得的其他资源一起使用中获利;第二,该资产与合同中的其他资产不存在高度依赖或高度关联关系。

在分拆合同包含的租赁和非租赁部分(non-lease components)时,承租人应当按照各租赁部分单独价格及非租赁部分的单独价格之和的相对比例分摊合同对价,出租人应当根据《CAS14 收入》关于交易价格分摊的规定分摊合同对价。

为简化处理,承租人可以按照租赁资产的类别选择是否分拆合同包含的租赁和非租赁部分。承租人选择不分拆的,应当将各租赁部分及与其相关的非租赁部分分别合并为租赁,按照 CAS21(2018)进行会计处理。但是,对于按照《CAS22 金融工具确认和计量》应分拆的嵌入衍生工具,承租人不应将其与租赁部分合并进行会计处理。

(二) 租赁的合并

企业与同一交易方或其关联方在同一时间或相近时间订立的两份或多份包含租赁的合同,在符合下列条件之一时,应当合并为一份合同进行会计处理:

(1) 该两份或多份合同基于总体商业目的而订立并构成一揽子交易,若不作为整体考虑则无法理解其总体商业目的。

(2) 该两份或多份合同中的某份合同的对价金额取决于其他合同的定价或履行情况。

(3) 该两份或多份合同让渡的资产使用权合起来构成一项单独租赁。

第二节 承租人的会计处理

一、租赁的确认与初始计量

(一) 租赁的相关概念

在租赁期开始日,承租人(lessee)应当对租赁确认使用权资产(right-of-use asset)和租赁负债(lease liability),进行简化处理的短期租赁(short-term lease)和低价值资产租赁(leases of low-value assets)除外。

使用权资产(right-of-use asset),是指承租人可在租赁期内使用租赁资产的权利。

租赁期开始日(inception date of the lease,inception date),是指出租人(lessor)提供租赁资产使其可供承租人使用的起始日期。

租赁期(lease term),是指承租人有权使用租赁资产且不可撤销的期间(non-cancella-ble period)。

承租人有续租选择权,即有权选择续租该资产,且合理确定将行使该选择权的,租赁期还应当包含续租选择权涵盖的期间。

承租人有终止租赁选择权，即有权选择终止租赁该资产，但合理确定将不会行使该选择权的，租赁期应当包含终止租赁选择权涵盖的期间。

发生承租人可控范围内的重大事件或变化，且影响承租人是否合理确定将行使相应选择权的，承租人应当对其是否合理确定将行使续租选择权、购买选择权或不行使终止租赁选择权进行重新评估。

（二）租赁的初始计量

使用权资产应当按照成本进行初始计量。该成本包括：

（1）租赁负债的初始计量金额。

（2）在租赁期开始日或之前支付的租赁付款额，存在租赁激励的，扣除已享受的租赁激励相关金额。

（3）承租人发生的初始直接费用。

（4）承租人为拆卸及移除租赁资产、复原租赁资产所在场地或将租赁资产恢复至租赁条款约定状态预计将发生的成本。前述成本属于为生产存货而发生的，应根据《CAS1 存货》的规定，计入相关存货的成本。

承租人应当按照《CAS13 或有事项》对承租人为拆卸及移除租赁资产、复原租赁资产所在场地或将租赁资产恢复至租赁条款约定状态发生的成本进行确认和计量。

租赁激励（lease incentives），是指出租人为达成租赁向承租人提供的优惠，包括出租人向承租人支付的与租赁有关的款项、出租人为承租人偿付或承担的成本等。

初始直接费用（initial direct costs），是指为达成租赁所发生的增量成本。增量成本是指若企业不取得该租赁，则不会发生的成本。

租赁负债（lease liability）应当按照租赁期开始日尚未支付的租赁付款额的现值进行初始计量。

在计算租赁付款额的现值时，承租人应当采用租赁内含利率作为折现率；无法确定租赁内含利率的，应当采用承租人增量借款利率作为折现率。

租赁内含利率（interest rate implicit in the lease），是指使出租人的租赁收款额的现值与未担保余值的现值之和等于租赁资产公允价值与出租人的初始直接费用之和的利率。

承租人增量借款利率（lessee's incremental borrowing rate），是指承租人在类似经济环境下为获得与使用权资产价值接近的资产，在类似期间以类似抵押条件借入资金须支付的利率。

租赁付款额（lease payments），是指承租人向出租人支付的与在租赁期内使用租赁资产的权利相关的款项，包括：

（1）固定付款额及实质固定付款额，存在租赁激励的，扣除租赁激励相关金额；

（2）取决于指数或比率的可变租赁付款额，该款项在初始计量时根据租赁期开始日的指数或比率确定；

（3）购买选择权的行权价格，前提是承租人合理确定将行使该选择权；

（4）行使终止租赁选择权需支付的款项，前提是租赁期反映出承租人将行使终止租赁选择权；

（5）根据承租人提供的担保余值预计应支付的款项。

实质固定付款额（fixed payments），是指在形式上可能包含变量但实质上无法避免的付款额。

可变租赁付款额（variable lease payments），是指承租人为取得在租赁期内使用租赁资产的权利，向出租人支付的因租赁期开始日后的事实或情况发生变化（而非时间推移）而变动的款项。取决于指数或比率的可变租赁付款额包括与消费者价格指数挂钩的款项、与基准利率挂钩的款项和为反映市场租金费率变化而变动的款项等。

担保余值（residual value guarantee），是指与出租人无关的一方向出租人提供担保，保证在租赁结束时租赁资产的价值至少为某指定的金额。

未担保余值（unguaranteed residual value），是指租赁资产余值中，出租人无法保证能够实现或仅由与出租人有关的一方予以担保的部分。

二、后续计量

租赁的后续计量（subsequent measurement）主要是指租赁期开始日后各资产负债表日，租赁资产折旧和减值准备的计提、租赁负债在租赁期内各期间利息费用的计算与确认，租赁付款额的调整等。

在租赁期开始日后，承租人应采用成本模式对使用权资产进行后续计量。

承租人应当参照《CAS4 固定资产》有关折旧规定，对使用权资产计提折旧。承租人能够合理确定租赁期届满时取得租赁资产所有权的，应当在租赁资产剩余使用寿命内计提折旧。无法合理确定租赁期届满时能够取得租赁资产所有权的，应当在租赁期与租赁资产剩余使用寿命两者孰短的期间内计提折旧。

承租人应当按照《CAS8 资产减值》的规定，确定使用权资产是否发生减值，并对已识别的减值损失进行会计处理。

承租人应当按照固定的周期性利率计算租赁负债在租赁期内各期间的利息费用，并计入当期损益。按照《CAS17 借款费用》等其他准则规定应当计入相关资产成本的，从其规定。该周期性利率，是按照 CAS21（2018）规定所采用的折现率，或者 CAS21（2018）规定所采用的修订后的折现率。未纳入租赁负债计量的可变租赁付款额应当在实际发生时计入当期损益。按照《CAS1 存货》等其他准则规定应当计入相关资产成本的，从其规定。

在租赁期开始日后，发生下列情形的，承租人应当重新确定租赁付款额，并按变动后租赁付款额和修订后的折现率计算的现值重新计量租赁负债：

（1）因依据 CAS21（2018）规定，续租选择权或终止租赁选择权的评估结果发生变化，或者前述选择权的实际行使情况与原评估结果不一致等导致租赁期变化的，应当根据新的租赁期重新确定租赁付款额；

（2）因依据 CAS21（2018）规定，购买选择权的评估结果发生变化的，应当根据新的评估结果重新确定租赁付款额。

在计算变动后租赁付款额的现值时，承租人应当采用剩余租赁期间的租赁内含利率作为修订后的折现率；无法确定剩余租赁期间的租赁内含利率的，应当采用重估日的承租人增量借款利率作为修订后的折现率。

在租赁期开始日后，根据担保余值预计的应付金额发生变动，或者因用于确定租赁付款额的指数或比率变动而导致未来租赁付款额发生变动的，承租人应当按照变动后租赁付款额的现值重新计量租赁负债。在这些情形下,承租人采用的折现率不变;但是,租赁付款额的变动源自浮动利率变动的,使用修订后的折现率。

承租人在根据 CAS21(2018)相关条款或因实质固定付款额变动重新计量租赁负债时,应当相应调整使用权资产的账面价值。使用权资产的账面价值已调减至零,但租赁负债仍需进一步调减的,承租人应当将剩余金额计入当期损益。

租赁发生变更且同时符合下列条件的,承租人应当将该租赁变更作为一项单独租赁进行会计处理:

(1)该租赁变更通过增加一项或多项租赁资产的使用权而扩大了租赁范围;
(2)增加的对价与租赁范围扩大部分的单独价格按该合同情况调整后的金额相当。

租赁变更,是指原合同条款之外的租赁范围、租赁对价、租赁期限的变更,包括增加或终止一项或多项租赁资产的使用权,延长或缩短合同规定的租赁期等。

租赁变更未作为一项单独租赁进行会计处理的,在租赁变更生效日,承租人应当按照 CAS21(2018)的规定分摊变更后合同的对价,按照 CAS21(2018)第 15 条的规定重新确定租赁期,并按照变更后租赁付款额和修订后的折现率计算的现值重新计量租赁负债。

在计算变更后租赁付款额的现值时,承租人应当采用剩余租赁期间的租赁内含利率作为修订后的折现率;无法确定剩余租赁期间的租赁内含利率的,应当采用租赁变更生效日的承租人增量借款利率作为修订后的折现率。租赁变更生效日,是指双方就租赁变更达成一致的日期。

租赁变更导致租赁范围缩小或租赁期缩短的,承租人应当相应调减使用权资产的账面价值,并将部分终止或完全终止租赁的相关利得或损失计入当期损益。其他租赁变更导致租赁负债重新计量的,承租人应当相应调整使用权资产的账面价值。

【例 16-17】 承租人将对价分摊至合同的租赁和非租赁组成部分:出租人向承租人出租一台推土机、一辆卡车和一台长臂挖掘机,用于承租人的采矿业务,租赁期为 4 年。出租人还同意在整个租赁期内维护各项设备。合同总对价为 600 000 元,按年分期支付,每年支付 150 000 元,另需根据维护长臂挖掘机所用的工时支付可变付款额。可变付款额的上限为长臂挖掘机更换成本的 2%。对价包含了各项设备维护服务的费用。

承租人按照 CAS21(2018)的规定将非租赁组成部分(维护服务)与各项设备的租赁分开进行会计处理。承租人考虑了 CAS21(2018)的规定,并得出结论认为推土机、卡车和长臂挖掘机的租赁分别属于单独的租赁组成部分,原因在于:

(1)承租人能够从单独使用这三项设备中的每一项,或将其与易于获得的其他资源一起使用中获益(例如,承租人可以容易地租赁或购买其他卡车或挖掘机用于其业务)。
(2)尽管承租人租赁这三项设备只有一个目的(即从事采矿业务),但这些机器既非彼此高度依赖,也非彼此高度关联。承租人是否从出租人处租赁其他设备的决定不会对承租人从租赁的各项设备中获利的能力产生重大影响。

因此,承租人得出结论认为,合同中存在三个租赁组成部分和三个非租赁组成部分(维护服务)。承租人按照 CAS21(2018)将合同对价分摊至三个租赁组成部分和非租赁组成部分。

有多家供应商为类似推土机和类似卡车提供维护服务。因此,对于这两项租赁设备的维护服务存在可观察的单独价格。承租人能够确定推土机和卡车的维护服务的可观察单独价格分别为 32 000 元和 16 000 元,假设支付条款与和出租人签订的合同条款相似。长臂挖掘机是高度专业化机械,因此,其他供应商不出租类似挖掘机或为类似挖掘机提供维护服务。然而,出租人对向其购买相似长臂挖掘机的客户提供4年的维护服务,4年维护服务合同的可观察对价为固定金额56 000元,分4年支付,另需根据维护长臂挖掘机所用的工时支付可变金额。可变金额的上限为长臂挖掘机更换成本的2%。因此,承租人估计长臂挖掘机维护服务的单独价格为56 000元加上可变金额。承租人能够确定推土机、卡车和长臂挖掘机的可观察单独价格分别为170 000元、102 000元和224 000元。

承租人将合同固定对价(600 000元)分摊至租赁和非租赁组成部分的情况见表16-1。

表16-1 租赁和非租赁组成部分成本分摊表　　金额单位:元

	推土机	卡车	长臂挖掘机	合计
租赁	170 000	102 000	224 000	496 000
非租赁				104 000
固定对价总额				600 000

承租人将全部可变对价分摊至长臂挖掘机的维护,从而分摊至合同的非租赁组成部分。随后,承租人按照CAS21(2018)对各租赁组成部分进行会计处理,将分摊的对价作为各租赁组成部分的租赁付款额。

【例16-18】 承租人计量与租赁期变动的会计处理。

第一部分,使用权资产和租赁负债的初始计量: 承租人就某栋建筑物的某一层楼签订了为期10年的租赁,具有5年的续租选择权。初始租赁期内租赁付款额为每年50 000元,选择权期间为每年55 000元,所有款项应在每年年初支付。为获得该项租赁,承租人发生的初始直接费用为20 000元,其中,15 000元为向该楼层前任租户支付的款项,5 000元为向安排此租赁的房地产中介支付的佣金。作为对签署此项租赁的承租人的激励,出租人同意为承租人报销5 000元的佣金,以及7 000元的装修费。在租赁期开始日,承租人得出结论认为不能合理确定将行使续租选择权,因此,将租赁期确定为10年。

租赁内含利率无法直接确定。承租人的增量借款利率为每年5%,该利率反映的是承租人以类似抵押条件借入期限为10年、与使用权资产等值的借款而必须支付的固定利率。

在租赁期开始日,承租人支付第1年的租赁付款额,发生初始直接费用,从出租人处收到租赁激励,并以剩余9期付款额50 000元按5%的年利率折现后时现值355 391(50 000×7.107 82❶)元计量租赁负债。

第1年承租人初始确认的与租赁相关的资产和负债如下:

借:使用权资产(50 000 + 50 000×7.107 82)　　405 391
　　　贷:租赁负债　　　　　　　　　　　　　　　　　355 391
　　　　　银行存款(第1年的租赁付款额)　　　　　　 50 000
借:使用权资产　　　　　　　　　　　　　　　　　20 000
　　　贷:银行存款(初始直接费用)　　　　　　　　　 20 000
借:银行存款(租赁激励)　　　　　　　　　　　　 5 000
　　　贷:使用权资产　　　　　　　　　　　　　　　　 5 000

承租人应按照其他相关准则对从出租人处获得的装修费报销7 000元进行会计处理。而

---

❶ 7.10782是期限为9、折现率为5%的年金现值系数,即折现系数。

非按照 CAS21（2018）将其作为租赁激励。这是因为使用权资产的成本不包括承租人发生的装修费。

第 1 年年末确认本期承担的利息费用（计算过程见表 16－2）。

借：财务费用　　　　　　　　　　　　　17 770
　　贷：租赁负债　　　　　　　　　　　　　　　　17 770

第 2 年年初支付租金 50 000 元。

借：租赁负债　　　　　　　　　　　　　50 000
　　贷：银行存款　　　　　　　　　　　　　　　　50 000

第 2 年年末确认本期承担的利息费用（计算过程见表 16－2）。

借：财务费用　　　　　　　　　　　　　16 158
　　贷：租赁负债　　　　　　　　　　　　　　　　16 158

第 3～6 年的会计处理以此类推，可根据表 16－2 的计算结果进行会计处理。

第二部分，后续计量和对租赁期变动进行会计处理：在租赁的第 6 年，承租人收购主体 A。主体 A 在另一建筑物中租了一层楼。主体 A 签订的租赁合同包含可由主体 A 行使的终止租赁选择权。收购主体 A 之后，承租人由于员工人数增加而需在合适的建筑物中租赁两个楼层。为使成本最小化，承租人在其租赁的建筑物中单独就另一楼层签订了为期 8 年的租赁合同，该楼层在第 7 年年末时可供使用，同时自第 8 年年初提前终止了主体 A 签订的租赁，即意味着第 7 年末开始租赁。

将主体 A 的员工搬迁至承租人所使用的同一建筑物中，对承租人在 10 年不可撤销期间结束时进行续租产生了经济激励。收购主体 A 并将主体 A 的员工进行搬迁，是在承租人控制范围内的重大事件，并影响了承租人是否合理确定将行使之前在确定租赁期时未纳入租赁期的续租选择权。原因在于，与用等额租金在选择权期间租赁替代资产相比，租赁原来的楼层对承租人具有更大的效用（也具有更大的收益）。如果承租人在其他建筑物中租赁相似的楼层，则会因劳动力分散于不同的建筑物而产生额外成本。因此，在第 6 年年末，承租人得出结论认为，由于其收购了主体 A 并决定搬迁主体 A，其可合理确定将行使续租选择权。

第 6 年年末时，承租人的增量借款利率为 6%，该利率反映的是承租人以类似抵押条件借入期限为 9 年、与使用权资产等值的相同币种的借款而必须支付的固定利率。承租人预计在整个租赁期内平均地消耗该使用权资产的未来经济利益，因此按直线法对使用权资产计提折旧。第 1 年至第 6 年的使用权资产和租赁负债见表 16－2。

表 16－2　第 1 年至第 6 年的使用权资产和租赁负债　　　　　金额单位：元

年份	租赁负债（5%）				使用权资产		
	①期初余额 = 上一期④	②租赁付款额	③利息费用 = ①×5%	④期末余额 = ①－②＋③	⑤期初余额	⑥折旧费用 = ⑤÷10	⑦期末余额 = ⑤－⑥
1	355 391	—	17 770	373 161	420 391*	(42 039)	378 352
2	373 161	(50 000)	16 158	339 319	378 352	(42 039)	336 313
3	339 319	(50 000)	14 466	303 785	336 313	(42 039)	294 274
4	303 785	(50 000)	12 689	266 474	294 274	(42 039)	252 235
5	266 474	(50 000)	10 823	227 297	252 235	(42 039)	210 196
6	227 297	(50 000)	8 865	186 162	210 196	(42 039)	168 157

*420391＝405391（租赁付款额）＋20000（初始直接费用）－5000（租赁激励）。

第6年年末时,在对租赁期变动进行会计处理之前,租赁负债为186 162元(即剩余4期付款额50 000元按原来的年利率5%折现的现值)。第6年确认利息费用8 865元。承租人的使用权资产为168 157元。

承租人按照以下金额进行重新计量租赁负债:剩余4期付款额50 000元和随后5期付款额55 000元(选择权期间增加5000元)按照修改后的年折现率6%进行折现的现值,即378 174元❶。承租人的租赁负债增加192 012元,即重新计量后的负债378 174元与此前账面金额186 162元之间的差额。承租人对使用权资产进行相应调整,以反映新增使用权的成本,确认为:

借:使用权资产 192 012
　　贷:租赁负债 192 012

重新计量之后,承租人使用权资产的账面金额为360 169(168 157 + 192 012)元。自第7年年初起,承租人按照修改后的年折现率6%对租赁负债计算利息费用。

第7年至第15年的使用权资产和租赁负债见表16-3。

表16-3　第7年至第15年的使用权资产和租赁负债　　　　金额单位:元

年份	租赁负债(6%)				使用权资产		
	期初余额	租赁付款额	利息费用	期末余额	期初余额	折旧费用	期末余额
7	378 174	(50 000)	19 690	347 864	360 169	(40 019)	320 150
8	347 864	(50 000)	17 872	315 736	320 150	(40 019)	280 131
9	315 736	(50 000)	15 944	281 680	280 131	(40 019)	240 112
10	281 680	(50 000)	13 901	245 581	242 112	(40 019)	200 093
11	245 581	(55 000)	11 435	202 016	200 093	(40 019)	160 074
12	202 016	(55 000)	8 821	155 837	160 074	(40 019)	120 055
13	155 837	(55 000)	6 050	106 887	120 055	(40 019)	80 036
14	106 887	(55 000)	3 113	55 000	80 036	(40 018)	40 018
15	55 000	(55 000)	—	—	40 018	(40 018)	—

【例16-19】　取决于指数的可变租赁付款额和与销售挂钩的可变租赁付款额:承租人签订了一项为期10年的房屋(用于生产用厂房)租赁合同,每年的租赁付款额为50 000元,于每年年初支付。合同规定,租赁付款额每两年基于过去24个月消费者价格指数的上涨上调一次。租赁期开始日的消费者价格指数为125。本示例不考虑初始直接费用。租赁内含利率无法直接确定。承租人的增量借款利率为每年5%,该利率反映的是承租人以类似抵押条件借入期限为10年、与使用权资产等值的相同币种的借款而必须支付的固定利率。

在租赁期开始日,承租人支付第1年的租赁付款额,并以剩余9期付款额50 000元按年利率5%折现的现值355 391元计量租赁负债。承租人初始确认与租赁相关的资产和负债为:

借:使用权资产 405 391
　　贷:租赁负债 355 391
　　　　银行存款(第1年的租赁付款额) 50 000

---

❶378 174 = 50000 × (P/A, 6%, 4) + 55000 × (P/F, 6%, 5)

承租人预计在整个租赁期内平均地消耗该使用权资产的未来经济利益，因此按直线法对使用权资产计提折旧。在租赁期的前两年，承租人对该租赁合计确认以下费用：

借：财务费用　　　　　　　　　　　　　33 928
　　贷：租赁负债　　　　　　　　　　　　　　　　　　33 928
借：制造费用　　　　（405 391÷10×2）81 078
　　贷：使用权资产累计折旧　　　　　　　　　　　　　81 078

第2年年初，承租人支付第2年的租赁付款额，并确认如下：

借：租赁负债　　　　　　　　　　　　　50 000
　　贷：银行存款　　　　　　　　　　　　　　　　　　50 000

在第3年年初，在对消费者价格指数变化导致未来租赁付款额变动进行会计处理以及支付第3年的租赁付款额之前，租赁负债为339 319元（8期付款额50 000元按年利率5%折现的现值＝355 391元+33 928元-50 000元）。租赁第3年年初的消费者价格指数为135。

经消费者价格指数调整后的第3年付款额为54 000（50 000×135÷125）元。因为用于确定付款额的消费者价格指数变动，导致未来租赁付款额发生变动，承租人对租赁负债进行重新计量，以反映修改后的租赁付款额，即租赁负债现在应反映8期年租赁付款额54 000元。

第3年年初，承租人按以下金额重新计量租赁负债：8期付款额54 000元按不变的年折现率5%折现的现值，即366 464元。承租人的租赁负债增加27 145元，即重新计量后的负债366 464元与此前账面金额339 319元之间的差额。承租人对使用权资产进行相应调整并确认如下：

借：使用权资产　　　　　　　　　　　　27 145
　　贷：租赁负债　　　　　　　　　　　　　　　　　　27 145

第3年年初，承租人支付第3年的租赁付款额，并确认如下：

借：租赁负债　　　　　　　　　　　　　54 000
　　贷：银行存款　　　　　　　　　　　　　　　　　　54 000

【例16-20】　假设其他事实与例16-17相同，另要求承租人应就租赁每年支付可变租赁付款额，其金额为承租人所租不动产产生的销售额的1%。在租赁期开始日，承租人按例16-17中确认的金额对使用权资产和租赁负债进行计量。原因在于额外的可变租赁付款额与未来的销售挂钩，因而不满足租赁付款额的定义。因此，此类付款额不纳入资产和负债的计量。

借：使用权资产　　　　　　　　　　　　405 391
　　贷：租赁负债　　　　　　　　　　　　　　　　　　355 391
　　　　银行存款（第1年的租赁付款额）　　　　　　　50 000

承租人按年编制财务报表。在租赁的第1年，承租人所租不动产产生的销售额为800 000元。承租人发生的与租赁相关的额外费用为8 000（800 000×1%）元，承租人在租赁的第1年将其确认为损益。

【例16-21】　形成单独租赁的修改：承租人就2 000平方米的办公场所签订了一项为期10年的租赁。在第6年年初，承租人和出租人同意对原租赁剩余的5年租赁进行修改，以扩租同一建筑物内3 000平方米的办公场所。扩租的场所于第6年第二季度末时可供承租人使用。租赁总对价的增加额与新增3 000平方米办公场所的当前市价并根据承租人所获折扣进行调整后的金额相当，该折扣反映了出租人节约的成本，即将相同场所租赁给新租户则出租人会发生该等成本（如营销成本）。

承租人将该修改作为一项单独的租赁，与原来的10年期租赁分别进行会计处理。原因在于，修改授予了承租人使用标的资产的新增权利，租赁对价的增加额与新增使用权的单独价格并为反映合同情况进行调整后的金额相当。在此示例中，新增的标的资产为新的3 000平方米的办公场所。据此，在新租赁的租赁期开始日（第6年第二季度末），承租人确认与新增的3 000平方米办公场所租赁相关的使用权资产和租赁负债。承租人对原来的2 000平方米办公场所租赁的会计处理不会因此修改而进行任何调整。

【例16-22】 通过延长合同租赁期而扩大租赁范围的修改：承租人就5000平方米的办公场所签订了一项为期10年的租赁。年租赁付款额为50 000元，在每年年末支付。租赁内含利率无法直接确定。承租人在租赁期开始日的年增量借款利率为6%。第7年年初，承租人和出租人同意对原租赁进行修订，即自第6年第一季度末起，将原租赁场所缩减至2 500平方米。每年的固定租赁付款额（自第6年至第10年）为30 000元。承租人在第6年年初的年增量借款利率为6%。

在修改生效日（第6年年初），承租人基于下列情况对租赁负债进行重新计量：（1）剩余租赁期为8年；（2）年付款额为30 000元；（3）承租人的年增量借款利率为5%。修改后的租赁负债为129 884元。

承租人基于剩余使用权资产（即2 500平方米对应的50%的原使用权资产）来确定使用权资产账面金额的调减额。

修改前使用权资产（184 002元）的50%为92 001元。修改前租赁负债（210 618元）的50%为105 309元。因此，承租人将使用权资产的账面金额减少92 001元，将租赁负债的账面金额减少105 309元。在修改生效日（第6年年初），承租人将租赁负债减少额与使用权资产减少额之间的差额（105 309 - 92 001 = 13 308元）确认为利得计入损益。

承租人将剩余租赁负债105 309元与修改后租赁负债129 884元之间的差额（等于24 575元）确认为对使用权资产的调整，以反映为租赁支付对价的变动以及修改后的折现率。

【例16-23】 租赁范围有增有减的修改：承租人就2 000平方米的办公场所签订了一项为期10年的租赁。年租赁付款额为100 000元，于每年年末支付。租赁内含利率无法直接确定。承租人在租赁期开始日的年增量借款利率为6%。第6年年初，承租人和出租人同意对原租赁进行修改，即自第6年年初起，扩租同一建筑物内1 500平方米的场所，同时将租赁期由10年缩减至8年。3 500平方米场所的年固定付款额为150 000元，于每年年末支付（自第6年至第8年）。承租人在第6年年初的年增量借款利率为7%。

为扩租的1 500平方米场所支付的对价与新增场所的单独价格并为反映合同情况进行调整后的金额并不相当。因此，承租人不会将增加1 500平方米场所使用权的扩租作为一项单独的租赁进行会计处理。与租赁相关的修改前使用权资产和修改前租赁负债见表16-4。

表16-4 与租赁相关的修改前使用权资产和修改前租赁负债   金额单位：元

年份	租赁负债（6%）				使用权资产		
	期初余额	租赁付款额	利息费用	期末余额	期初余额	折旧费用	期末余额
1	736 009	44 160	(100 000)	680 169	736 009	(73 601)	662 408
2	680 169	40 810	(100 000)	620 979	662 408	(73 601)	588 807

续表

年份	租赁负债（6%）				使用权资产		
	期初余额	租赁付款额	利息费用	期末余额	期初余额	折旧费用	期末余额
3	620 979	37 259	(100 000)	558 238	588 807	(73 601)	515 206
4	558 238	33 494	(100 000)	491 732	515 206	(73 601)	441 605
5	491 732	29 504	(100 000)	421 236	441 605	(73 601)	368 004
6	421 236		(100 000)		368 004		

在修改生效日（第6年年初），承租人基于下列情况对租赁负债进行重新计量：（1）剩余租赁期为3年；（2）年付款额为150 000元；（3）承租人的年增量借款利率为7%。修改后的负债为393 647元，其中：131 216元与第6年至第8年的年租赁付款额增加50 000元相关，262 431元与第6年至第8年的剩余三期年租赁付款额100 000元相关。

租赁期的缩短：在修改生效日（第6年年初），修改前的使用权资产为368 004元。承租人基于原2 000平方米办公场所的剩余使用权资产（即，剩余三年租赁期而非原来的五年租赁期）确定使用权资产账面金额的调减额。原2 000平方米办公场所的剩余使用权资产为220 802元（即，368 004÷5×3年）。在修改生效日（第6年年初），修改前的租赁负债为421 236元。原2000平方米办公场所的剩余租赁负债为267 301元（即，三期年租赁付款额100 000元按原折现率6%折现的现值）。因此，承租人将使用权资产的账面金额减少147 202（368 004 - 220 802）元，将租赁负债的账面金额减少153 935（421 236 - 267 301）元。承租人在修改生效日（第6年年初），将租赁负债减少额与使用权资产减少额之间的差额（153 935 - 147 202 = 6 733元）确认为利得计入损益。

借：租赁负债　　　　　　　　　　153 935
　　贷：使用权资产　　　　　　　　　　　　　　147 202
　　　　营业外收入　　　　　　　　　　　　　　　6 733

在修改生效日（第6年年初），承租人将为反映年折现率修改为7%而对剩余租赁负债进行重新计量的影响4 870（267 301 - 262 431）元确认为对使用权资产的调整。

借：使用权资产　　　　　　　　　131 216
　　贷：租赁负债　　　　　　　　　　　　　　　131 216

与修改后租赁相关的修改后使用权资产及修改后租赁负债如下：

在新增1 500平方米场所的租赁期开始日（第6年年初），承租人将因扩大租赁范围而确认的租赁负债的增加额131 216元（即三期年租赁付款额50 000元按年利率7%折现的现值），作为对使用权资产的调整。

借：使用权资产　　　　　　　　　131 216
　　贷：租赁负债　　　　　　　　　　　　　　　131 216

与修改后租赁相关的修改后使用权资产及修改后租赁负债见表16-5。

表16-5　与修改后租赁相关的修改后使用权资产及修改后租赁负债　金额单位：元

年份	租赁负债（6%）				使用权资产		
	期初余额	租赁付款额	利息费用	期末余额	期初余额	折旧费用	期末余额
6	393 647	27 556	(150 000)	271 203	347 148	(115 716)	231 432
7	271 203	18 984	(150 000)	140 187	231 432	(115 716)	115 716
3	140 187	9 813	(150 000)	—	115 716	(115 716)	—

【例 16-24】 仅变更对价的修改：承租人就 5 000 平方米办公场所签订了一项为期 10 年的租赁。在第 6 年年初，承租人与出租人同意对原租赁剩余的 5 年租赁进行修改，将租赁付款额从每年 100 000 元降至每年 95 000 元。租赁内含利率无法直接确定。承租人在租赁开始日的增量借款年利率为 6%，在第 6 年年初的增量借款年利率为 7%。每年的租赁付款额在每年年末支付。

在修改生效日（第 6 年年初），承租人基于下列情况对租赁负债进行重新计量：（1）剩余租赁期为 5 年；（2）年付款额为 95 000 元；（3）承租人的增量借款年利率为 7%。承租人将修改后负债的账面金额（389 519 元）与修改前一刻的租赁负债（421 236 元）的差额 31 717 元确认为对使用权资产的调整。

【例 16-25】 被分类为融资租赁的转租赁：原租赁（中间出租人）与主体 A（原租赁出租人）就 5 000 平方米办公场所签订了一项为期 5 年的租赁（原租赁）。转租赁——在第 3 年年初，中间出租人将该 5 000 平方米办公场所转租给转租赁承租人，期限为原租赁的剩余 3 年时间。

中间出租人基于原租赁形成的使用权资产对转租赁进行分类。中间出租人将该转租赁分类为融资租赁。中间出租人签订转租赁时：（1）终止确认与原租赁相关且转给转租赁承租人的使用权资产，并确认转租赁投资净额；（2）将使用权资产与转租赁投资净额之间的差额确认为损益；（3）在财务状况表中保留原租赁的租赁负债，该负债代表应付原租赁出租人的租赁付款额。

在转租期间，中间出租人既要确认转租赁的融资收益，也要确认原租赁的利息费用。

【例 16-26】 被分类为经营租赁的转租赁：原租赁——中间出租人与主体 A（原租赁出租人）就 5 000 平方米办公场所签订了一项为期 5 年的租赁（原租赁）。转租赁——在原租赁的租赁期开始日，中间出租人将该 5 000 平方米办公场所转租给转租赁承租人，期限为 2 年。

中间出租人基于原租赁形成的使用权资产对转租赁进行分类。中间出租人将转租赁分类为经营租赁。签订转租赁时，中间出租人在其财务状况表中继续保留与原租赁相关的租赁负债和使用权资产。在转租期间，中间承租人：（1）确认使用权资产的折旧费用和租赁负债的利息；（2）确认转租赁的租赁收入。

三、短期租赁和低价值资产租赁

短期租赁（short-term lease），是指在租赁期开始日，租赁期不超过 12 个月的租赁。包含购买选择权的租赁不属于短期租赁。

低价值资产租赁（low-value asset lease），是指单项租赁资产为全新资产时价值较低的租赁。低价值资产租赁的判定仅与资产的绝对价值有关，不受承租人规模、性质或其他情况影响。低价值资产租赁还应当符合 CAS21（2018）的相关规定。承租人转租或预期转租租赁资产的，原租赁不属于低价值资产租赁。

对于短期租赁和低价值资产租赁，承租人可以选择不确认使用权资产和租赁负债。作出该选择的，承租人应当将短期租赁和低价值资产租赁的租赁付款额，在租赁期内各个期间按照直线法或其他系统合理的方法计入相关资产成本或当期损益。其他系统合理的方法能够更好地反映承租人的受益模式的，承租人应当采用该方法。

对于短期租赁，承租人应当按照租赁资产的类别选择不确认使用权资产和租赁负债。

对于低价值资产租赁，承租人可根据每项租赁的具体情况选择不确认使用权资产和租赁负债。

短期租赁发生租赁变更或者因租赁变更之外的原因导致租赁期发生变化的，承租人应当将其视为一项新租赁进行会计处理。

【例 16-27】 低价值资产租赁与组合应用：药品制造和销售行业的某承租人（以下简称承租人）。

（1）房地产（包括办公楼和仓库）租赁。（2）生产设备租赁。（3）公司车辆（供销售人员和高级经理使用，质量、规格和价值不等）租赁。（4）卡车或厢式货车（用于运输，大小和价值不等）租赁。（5）IT 设备（供员工个人使用，如笔记本电脑、台式电脑、手持电脑设备、桌面打印机和手机）租赁。（6）服务器（含增加服务器容量的单独组件，这些组件是根据承租人需要陆续添加到大型服务器以增加服务器存储容量的）租赁。（7）办公设备租赁：①办公家具（如桌椅和办公隔断）；②饮水机；③大功率多功能影印设备。

低价值资产租赁：承租人基于标的资产全新时的较低单独价值而决定将下列租赁作为低价值资产租赁：（1）供员工个人使用的 IT 设备的租赁；（2）办公家具和饮水机租赁。承租人选择按照 CAS21（2018）的规定对这些租赁进行会计处理。

尽管服务器中的某一组件在单独考虑时可能属于低价值资产，但服务器中多个组件租赁不符合低价值资产租赁的条件。这是因为每个组件都与服务器的其他部分高度相关。承租人若不租赁服务器就不会租赁这些组件。

租赁组合应用：因此，承租人对房地产、生产设备、公司车辆、卡车和厢式货车、服务器和大功率多功能影印设备运用 CAS21（2018）的确认和计量要求。承租人在这样做时，将公司车辆、卡车和厢式货车组成了组合。

承租人的公司车辆是根据一系列主租赁协议租赁的。承租人使用 8 种不同类型的公司车辆，价格各不相同，根据员工的资历和所在地区进行分配。承租人对每一类型的公司车辆各签有一份主租赁协议。每份主租赁协议下的单项租赁均较为相似（包括相似的起止日期），但不同主租赁协议之间的条款和条件一般不尽相同。由于每份主租赁协议下的单项租赁彼此相似，承租人合理地预计对每份主租赁协议应用 CAS21（2018）的规定，与对主租赁协议下的每个单项租赁应用 CAS21（2018）的规定，两者的影响不会有重大差异。因此，承租人得出结论认为可以将每份主租赁协议作为一个租赁组合，对其应用 CAS21（2018）的规定。此外，承租人得出结论认为，8 份主租赁协议中有 2 份相似，且这 2 份合同涵盖了相似地区内的类型基本相似的公司车辆。承租人合理地预计将 2 份主租赁协议作为合并组合应用 CAS21（2018）的规定，与对合并组合中的每项租赁的规定，两者的影响不会有重大差异。因此，承租人得出结论认为可进一步将这两份主租赁协议合并为一个租赁组合。

承租人的卡车和厢式货车是根据单独的租赁协议租赁的，共有 6500 项租赁。所有卡车租赁都是相似的条款，厢式货车租赁也是如此。卡车的租期一般为 4 年，涉及的卡车车型也相似。厢式货车的租期一般为 5 年，涉及的厢式货车车型也相似。承租人合理地预计按照标的资产类型、地区和协议签订年份的季度划分的卡车租赁和厢式货车租赁组合并对其应用 CAS21（2018）的规定，与对每个单项的卡车或厢式货车租赁应用 CAS21（2018）的规定，两者的影响不会有重大差异。因此，承租人对不同的卡车或厢式货车的租赁组合应用 CAS21（2018）的规定，而非对 6 500 项单项租赁分别应用 CAS21（2018）的规定。

第三节 出租人的会计处理

与承租人租赁业务的会计处理不同,出租人租赁业务的会计处理分为经营租赁和融资租赁。

一、出租人的租赁分类

根据 CAS21(2018)的规定,出租人应当在租赁开始日将租赁分为融资租赁和经营租赁。租赁开始日,是指租赁合同签署日与租赁各方就主要租赁条款作出承诺日中的较早者。

融资租赁(finance leases),是指实质上转移了与租赁资产所有权有关的几乎全部风险和报酬的租赁。其所有权最终可能转移,也可能不转移。经营租赁(operating leases),是指除融资租赁以外的其他租赁。在租赁开始日后,出租人无需对租赁的分类进行重新评估,除非发生租赁变更。租赁资产预计使用寿命、预计余值等会计估计变更或发生承租人违约等情况变化的,出租人不对租赁的分类进行重新评估。

一项租赁属于融资租赁还是经营租赁取决于交易的实质,而不是合同的形式。如果一项租赁实质上转移了与租赁资产所有权有关的几乎全部风险和报酬,出租人应当将该项租赁分类为融资租赁。

一项租赁存在下列一种或多种情形的,通常分类为融资租赁:
(1)在租赁期届满时,租赁资产的所有权转移给承租人。
(2)承租人有购买租赁资产的选择权,所订立的购买价款与预计行使选择权时租赁资产的公允价值相比足够低,因而在租赁开始日就可以合理确定承租人将行使该选择权。
(3)资产的所有权虽然不转移,但租赁期占租赁资产使用寿命的大部分。
(4)在租赁开始日,租赁收款额的现值几乎相当于租赁资产的公允价值。
(5)租赁资产性质特殊,如果不作较大改造,只有承租人才能使用。

一项租赁存在下列一项或多项迹象的,也可能分类为融资租赁:
(1)若承租人撤销租赁,撤销租赁对出租人造成的损失由承租人承担。
(2)资产余值的公允价值波动所产生的利得或损失归属于承租人。
(3)承租人有能力以远低于市场水平的租金继续租赁至下一期间。

转租出租人应当基于原租赁产生的使用权资产,而不是原租赁的标的资产,对转租赁进行分类。但是,原租赁为短期租赁,且转租出租人应用 CAS21(2018)对原租赁进行简化处理的,转租出租人应当将该转租赁分类为经营租赁。

二、出租人对融资租赁的会计处理

(一)CAS21(2018)关于对出租人对融资租赁的会计处理的规定

在租赁期开始日,出租人应当对融资租赁确认应收融资租赁款,并终止确认融资租赁资产。出租人对应收融资租赁款进行初始计量时，应当以租赁投资净额作为应收融资租赁款的入账价值。其中，租赁投资净额为未担保余值和租赁期开始日尚未收到的租赁收款额按照租赁内含利率折现的现值之和。租赁收款额，是指出租人因让渡在租赁期内使用租赁资产的权利而应向承租人收取的款项，包括：

（1）承租人需支付的固定付款额及实质固定付款额，存在租赁激励的，扣除租赁激励相关金额；

（2）取决于指数或比率的可变租赁付款额，该款项在初始计量时根据租赁期开始日的指数或比率确定；

（3）购买选择权的行权价格，前提是合理确定承租人将行使该选择权；

（4）承租人行使终止租赁选择权需支付的款项，前提是租赁期反映出承租人将行使终止租赁选择权；

（5）由承租人、与承租人有关的一方以及有经济能力履行担保义务的独立第三方向出租人提供的担保余值。

在转租的情况下，若转租的租赁内含利率无法确定，转租出租人可采用原租赁的折现率（根据与转租有关的初始直接费用进行调整）计量转租投资净额。

出租人应当按照固定的周期性利率计算并确认租赁期内各个期间的利息收入。该周期性利率，是按照CAS21（2018）规定所采用的折现率，或者修订后的折现率。

出租人应当按照《CAS22 金融工具确认和计量》和《CAS23 金融资产转移》的规定，对应收融资租赁款的终止确认和减值进行会计处理。

出租人将应收融资租赁款或其所在的处置组划分为持有待售类别的，应当按照《CAS42 持有待售的非流动资产、处置组和终止经营》进行会计处理。

出租人取得的未纳入租赁投资净额计量的可变租赁付款额应当在实际发生时计入当期损益。生产商或经销商作为出租人的融资租赁，在租赁期开始日，该出租人应当按照租赁资产公允价值与租赁收款额按市场利率折现的现值两者孰低确认收入，并按照租赁资产账面价值扣除未担保余值的现值后的余额结转销售成本。生产商或经销商出租人为取得融资租赁发生的成本，应当在租赁期开始日计入当期损益。

融资租赁发生变更且同时符合下列条件的，出租人应当将该变更作为一项单独租赁进行会计处理：第一，该变更通过增加一项或多项租赁资产的使用权而扩大了租赁范围；第二，增加的对价与租赁范围扩大部分的单独价格按该合同情况调整后的金额相当。

融资租赁的变更未作为一项单独租赁进行会计处理的，出租人应当分别下列情形对变更后的租赁进行处理：

（1）假如变更在租赁开始日生效，该租赁会被分类为经营租赁的，出租人应当自租赁变更生效日开始将其作为一项新租赁进行会计处理，并以租赁变更生效日前的租赁投资净额作为租赁资产的账面价值；

（2）假如变更在租赁开始日生效，该租赁会被分类为融资租赁的，出租人应当按照《CAS22 金融工具确认和计量》关于修改或重新议定合同的规定进行会计处理。

（二）出租人对融资租赁的会计处理举例

出租人对融资租赁的会计处理主要涉及以下四个问题：租赁开始日的会计处理；未实现融资收益的分配；未担保余值发生变动的会计处理；或有租金和租赁期届满时的会计处理

等。为了核算这些交易或事项,出租人应设置相关会计科目。

1. 出租人设置的会计科目

(1) "长期应收款——应收融资租赁款"科目。本科目核算企业采用融资租赁方式出租固定资产而应向承租人收取的各种款项。

(2) "未担保余值"科目。本科目核算企业采用融资租赁方式出租固定资产的未担保余值。

(3) "未实现融资收益"科目。本科目核算企业由融资租赁业务所产生的应收而尚未收到的融资收益总额。

(4) "融资租赁资产"科目。本科目核算企业为融资租赁而购建的固定资产的实际成本,包括租赁资产的价款、贸易手续费、银行手续费、运输费、运输保险费、仓储保险费、财产保险费、增值税及其他税款,以及租前借款费用(指出租人支付设备价款或实际负担与承租人有关的费用之日起至租赁开始日止所产生的借款费用)等,如果租赁资产是从境外购入的,还应包括境外运输费、境外运输保险费和进口关税。

2. 出租人出租固定资产的会计处理

1) 租赁开始日租赁债权的确认

在融资租赁下,出租人将与租赁资产所有权有关的全部风险和报酬实质上转移给了承租人,将使用权长期转让给承租人,并以此收取租金,因此,出租人的租赁资产在租赁开始日实际上就变成了收取租金的债权。在租赁开始日,出租人将最低租赁收款额与初始直接费用之和作为应收融资租赁款的入账价值,并同时记录未担保余值,将最低租赁收款额、初始直接费用与未担保余值之和与其现值之和的差额记录为未实现融资收益(unearned income)。

最低租赁收款额和未实现融资收益的计算可以用公式表示为:

最低租赁收款额 = 最低租赁付款额 + 独立的第三方对出租人担保的资产余值
     = 各期租金 + 出租人担保余值(或行使选择权的购买价)+ 独立的第三方担保余值

未实现融资收益 = (最低租赁收款额 + 初始直接费用 + 未担保余值) − (最低租赁收款额的现值 + 未担保余值的现值)

租赁开始日,出租人确认租赁债权的会计处理为:在租赁期开始日,出租人应按最低租赁收款额与初始直接费用之和,借记"长期应收款——应收融资租赁款"科目,按未担保余值,借记"未担保余值"科目,按租赁资产的原账面价值,贷记"融资租赁资产"科目,租赁资产公允价值与其账面价值如有差额,应当计入当期损益。

【例 16-28】 假设 2017 年 12 月 1 日,北方公司与中华公司签订了一份租赁合同,从中华公司租入一台塑钢机。合同主要条款如下:

(1) 租赁标的物:塑钢机。

(2) 起租日:2018 年 1 月 1 日。

(3) 租赁期:2018 年 1 月 1 日—2020 年 12 月 31 日,共 36 个月。

(4) 租金支付:自租赁开始日每隔 6 个月于月末支付租金 15 万元。

(5) 该机器的保险、维护等费用均由北方公司负担,估计每年约 1 万元。

(6) 该机器在 2018 年 1 月 1 日的公允价值为 70 万元，账面价值为 70 万元。

(7) 租赁合同规定的利率为 7%（6 个月）。

(8) 该机器的估计使用年限为 8 年，已使用 3 年，期满无残值。承租人采用年限平均法计提折旧。

(9) 租赁期满时，北方公司享有优惠购买该机器的选择权，购买价为 100 元，估计该日租赁资产的公允价值为 8 万元。

(10) 2019 年和 2020 年两年，北方公司每年按该机器所生产的产品——塑钢窗户的年销售收入的 5% 向中华公司支付经营分享收入。

分析：

第一步，判断租赁类型。由于存在优惠购买选择权，优惠购买 100 元远低于行使选择权日租赁资产的公允价值 8 万元，所以在 2017 年 1 月 1 日就可合理确定北方公司将会行使这种选择权，符合第 2 条标准；另外，最低租赁收款额的现值为 70 万元（计算过程见后）大于租赁开始日租赁资产公允价值的 90% 即 63（70×90%）万元，符合第 4 条判断标准。所以这项租赁应认定为融资租赁。

第二步，计算租赁内含利率。如前所述，租赁内含利率是指在租赁开始日，使最低租赁收款额的现值与未担保余值的现值之和等于租赁资产公允价值与出租人的初始直接费用之和的折现率。在本例中：

最低租赁收款额 = 最低租赁付款额 + 独立的第三方担保余值
= 150 000×6 + 100 + 0 = 900 000 + 100 = 900 100（元）

因为

最低租赁收款额的现值 + 未担保余值的现值 = 租赁资产公允价值 + 初始直接费用

故

150 000×(P/A, i, 6) + 100×(P/V, i, 6) + 0×(P/V, i, 6) = 700 000 + 0

根据这一等式，可在多次测试的基础上，用插值法计算租赁内含利率。

当 i = 7% 时，150 000×4.767 + 100×0.666 = 715 116.6（元）> 700 000（元）

当 i = 8% 时，150 000×4.623 + 100×0.630 = 693 513（元）< 700 000（元）

因此，7% < i < 8%，用插值法计算结果，i = 7.7%，即租赁内含利率为 7.7%。

第三步，计算租赁开始日最低租赁收款额及其现值和未实现融资收益。由于本例中不存在担保余值和未担保余值以及出租人的初始直接费用，因此：

最低租赁收款额 = 最低租赁付款额 = 150 000×6 + 100 = 900 100（元）

最低租赁收款额的现值 = 租赁开始日租赁资产公允价值 = 700 000（元）

未实现融资收益 =（最低租赁收款额 + 出租人的初始直接费用 + 未担保余值）
  −（最低租赁收款额的现值 + 未担保余值的现值）
= 900 100 − 700 000 = 200 100（元）

第四步，会计处理。2018 年 1 月 1 日，会计处理如下：

借：长期应收款——应收融资租赁款　　　　900 100
　　贷：融资租赁资产　　　　　　　　　　　　　700 000
　　　　未实现融资收益　　　　　　　　　　　　200 100

2) 未实现融资收益的分配

未实现融资收益的分配，是出租人会计的核心内容。未实现融资收益应当在租赁期内各个期间进行分配。分配时,出租人应采用实际利率法计算当期确认的融资收益。每期分配未实现融资收益时,按当期应确认的融资收入金额,借记"未实现融资收益"科目,贷记"租赁收入"科目。

【例 16-29】 沿用例 16-28 的资料,中华公司对未实现融资租赁收益的会计处理。

分析:

第一步,在租赁期内各期应分摊的融资收益(表 16-6)。

表 16-6 未实现认融资收益分摊表(实际利率法)

2018 年 1 月 1 日 金额单位:元

日期	租金 ①	确认的融资收益 ②=期初④×7.7%	租赁投资净额减少 ③=①-②	租赁投资净余额 ④=期初④-③
2018.1.1				700 000
2018.6.30	150 000	53 900	96 100	603 900
2018.12.31	150 000	46 500.3	103 499.7	500 400.3
2019.6.30	150 000	38 530.82	111 469.18	388 931.12
2019.12.31	150 000	29 947.70	120 052.30	268 878.82
2020.6.30	150 000	20 703.67	129 296.33	139 582.49
2021.12.31	150 000	10 517.51*	139 482.49*	100
合计	600 000	200 100		

* 做尾数调整:10 517.51 = 150 000 - 139 482.49;139 482.49 = 139 582.49 - 100。

第二步,会计处理。

2018 年 6 月 30 日,收到第一笔租金。

  借:银行存款   150 000
    贷:长期应收款——应收融资租赁款   150 000
  借:未实现融资收益   53 900
    贷:租赁收入   53 900

2018 年 12 月 31 日,收到第二笔租金。

  借:银行存款   150 000
    贷:长期应收款——应收融资租赁款   150 000
  借:未实现融资收益   46 500.3
    贷:租赁收入   46 500.3

2019 年 6 月 30 日,收到第三笔租金。

  借:银行存款   150 000
    贷:长期应收款——应收融资租赁款   150 000
  借:未实现融资收益   38 530.82
    贷:租赁收入   38 530.82

2019 年 12 月 31 日,收到第四笔租金。

  借:银行存款   150 000
    贷:长期应收款——应收融资租赁款   150 000
  借:未实现融资收益   29 947.70
    贷:租赁收入   29 947.70

2020 年 6 月 30 日,收到第五笔租金。

```
借：银行存款                           150 000
    贷：长期应收款——应收融资租赁款              150 000
借：未实现融资收益                     20 703.67
    贷：租赁收入                              20 703.67
```
2021年12月31日，收到第六笔租金。
```
借：银行存款                           150 000
    贷：长期应收款——应收融资租赁款              150 000
借：未实现融资收益                     10 517.51
    贷：租赁收入                              10 517.51
```

3) 或有租金的会计处理

或有租金是否发生，金额为多大，都具有不确定性，所以，我国、美国和国际准则都规定，或有租金在实际发生时确认为当期收入。其会计处理为：借记"应收账款"等科目，贷记"租赁收入"等科目。

【例16-30】 沿用例16-28的资料，假设2019年和2020年，北方公司分别实现塑钢窗户年销售收入10万元和15万元。根据租赁合同规定，两年应向北方公司收取的经营分享收入分别为5 000元和7 500元。

2019年，或有租金的会计处理如下：
```
借：银行存款（或应收账款）             5 000
    贷：租赁收入                              5 000
```
2020年，或有租金的会计处理如下：
```
借：银行存款（或应收账款）             7 500
    贷：租赁收入                              7 500
```

4) 应收融资租赁款坏账准备的计提

为了更加真实、客观地反映出租人在融资租赁中的债权，出租人应当定期根据承租人的财务及经营管理情况，以及租金的逾期期限等因素，分析应收融资租赁款的风险程度和回收的可能性，对应收融资租赁款合理地计提坏账准备。由于预期租金所含融资收入已根据谨慎性原则停止确认。因此，出租人只须对应收租赁款减去未实现融资收益的差额部分（在金额上等于本金的部分）合理计提坏账准备，而不是对应收租赁款全额计提坏账准备。计提坏账准备的方法由出租人根据相关准则的规定自行确定。坏账准备的计提方法一经确定，不得随意变更。其相关的会计处理为：

(1) 根据有关规定合理计提坏账准备时，借记"资产减值损失"科目，贷记"坏账准备"科目。

(2) 对于确定无法收回的应收融资租赁款，经批准作为坏账损失，冲销计提的坏账准备，借记"坏账准备"科目，贷记"长期应收款——应收融资租赁款"科目。

(3) 已确认并转销的坏账损失，如果以后又收回，按实际收回金额，借记"长期应收款——应收融资租赁款"科目，贷记"坏账准备"科目；同时，借记"银行存款"科目，贷记"长期应收款——应收融资租赁款"科目。

5) 未担保余值发生减少的会计处理

由于环境的变化，未担保余值可能发生减少，所以出租人应定期对未担保余值进行检查,至少于每年年末检查一次。因为未担保余值的金额决定了租赁内含利率的大小,从而决定着未实现融资收益的分配(在采用实际利率法分配未实现融资收益的情况下),因此,为了真实地反映企业的资产和经营业绩,根据谨慎性原则的要求,在未担保余值发生减少的情况下和已确认损失的未担保余值得以恢复的情况下,均应当重新计算租赁内含利率,以后各期根据修正后的租赁投资净额(租赁投资净额是指最低租赁收款额与未担保余值之和与未实现融资收益之间的差额)和重新计算的租赁内含利率确定应确认的融资收入。

未担保余值增加时,不作任何调整。在未担保余值发生减少时,对前期已确认的融资收入不作调整,只对未担保余值发生减少的当期和以后各期,根据修正后的租赁投资净额和重新计算的租赁内含利率计算应确认的融资收入。其会计处理为:(1)期末,按出租人的未担保余值的预计可收回金额低于其账面价值的差额,借记"资产减值损失"科目,贷记"未担保余值减值准备"科目。同时,将由此所产生的租赁投资净额的减少确认为当期损失,借记"未实现融资收益"科目,贷记"资产减值损失"科目;(2)如果已确认损失的未担保余值得以恢复,应在原已确认的损失内转回,借记"未担保余值减值准备"科目,贷记"资产减值损失"科目。同时,按由此所产生的租赁投资净额的增加额,借记"资产减值损失"科目,贷记"未实现融资收益"科目。

6)租赁期满的会计处理

租赁期届满时,出租人对租赁资产的处理根据承租人对租赁资产处理的三种情况作出相对应的处理:承租人返还租赁资产、承租人优惠续租租赁资产和承租人留购租赁资产。

(1)租赁期届满时,承租人将租赁资产交还出租人。这时有可能出现四种情况:①存在担保余值,不存在未担保余值。出租人收到返还的租赁资产时,借记"融资租赁资产"科目,贷记"长期应收款——应收融资租赁款"科目。如果收回的租赁资产的价值低于担保余值,则应向承租人收取价值损失补偿金,借记"其他应收款"科目,贷记"营业外收入"科目。②存在担保余值,同时存在未担保余值。出租人收到返还的租赁资产时,借记"融资租赁资产"科目,贷记"长期应收款——应收融资租赁款""未担保余值"等科目。如果收回的租赁资产的价值扣除未担保余值后的金额低于担保余值,则应向承租人收取价值补偿金,借记"其他应收款"科目,贷记"营业外收入"科目。③存在未担保余值,不存在担保余值。出租人收到返还的租赁资产时,借记"融资租赁资产"科目,贷记"未担保余值"科目。④担保余值和未担保余值均不存在。此时,出租人无需作会计处理,只需作相应的备查登记。

(2)优惠续租租赁资产。如果承租人行使优惠续租选择权,则出租人应视同该资产一直存在而做出相应的会计处理;如果租赁期满时承租人没有续租,根据租赁合同的规定应向承租人收取违约金,借记"其他应收款"科目,贷记"营业外收入"科目。同时,将收回的租赁资产按上述规定进行处理。

(3)留购租赁资产。租赁期届满时,承租人行使了优惠购买选择权。出租人按收到的承租人支付的购买资产的价款,借记"银行存款"等科目,贷记"长期应收款——应收融资租赁款"科目。如果还存在未担保余值,还应借记"营业外支出——处置固定资产净损失"科目,贷记"未担保余值"科目。

【例16-31】 沿用例16-28的资料,假设2021年1月1日,中华公司收到北方公司支付的购买资产的价款100元。相关会计分录如下:

借:银行存款　　　　　　　　　　　　　　　　　　100
　　贷:长期应收款——应收融资租赁款　　　　　　　　　　100

三、出租人对经营租赁的会计处理

(一) 租赁准则的相关规定

在租赁期内各个期间,出租人应当采用直线法或其他系统合理的方法,将经营租赁的租赁收款额确认为租金收入。其他系统合理的方法能够更好地反映因使用租赁资产所产生经济利益的消耗模式的,出租人应当采用该方法。

出租人发生的与经营租赁有关的初始直接费用应当资本化,在租赁期内按照与租金收入确认相同的基础进行分摊,分期计入当期损益。

对于经营租赁资产中的固定资产,出租人应当采用类似资产的折旧政策计提折旧;对于其他经营租赁资产,应当根据该资产适用的企业会计准则,采用系统合理的方法进行摊销。出租人应当按照《CAS8 资产减值》的规定,确定经营租赁资产是否发生减值,并进行相应会计处理。

出租人取得的与经营租赁有关的未计入租赁收款额的可变租赁付款额,应当在实际发生时计入当期损益。经营租赁发生变更的,出租人应当自变更生效日起将其作为一项新租赁进行会计处理,与变更前租赁有关的预收或应收租赁收款额应当视为新租赁的收款额。

(二) 出租人对经营租赁的会计处理举例

在经营租赁下,与资产所有权有关的风险和报酬并没有实质上转移给承租人,出租人对经营租赁的会计处理也比较简单,主要的问题是以下几个方面:对经营租赁资产在会计报表中的处理、租金收入的确认、初始直接费用的会计处理、租赁资产折旧的计提等。

1. 租金收入的确认

租金收入的确认问题是经营租赁下出租人会计核算的主要问题。CAS21(2018)规定,在租赁期内各个期间,出租人应当采用直线法或其他系统合理的方法,将经营租赁的租赁收款额确认为租金收入。其他系统合理的方法能够更好地反映因使用租赁资产所产生经济利益的消耗模式的,出租人应当采用该方法。

租金收入的会计处理为:确认各期租金收入时,借记"应收账款""其他应收款"等科目,贷记"租赁收入"(租赁为主业的公司)"其他业务收入——经营租赁收入"(非专业从事租赁业务的公司)等科目。实际收到租金时,借记"银行存款"等科目,贷记"应收账款""其他应收款"等科目。

【例 16-32】 2017 年 1 月 1 日,A 公司向 B 公司(专业租赁公司)租入办公设备一台,租期为 3 年。设备价值为 100 万元,预计使用年限为 10 年。租赁合同规定,租赁开始日(2017 年 1 月 1 日)A 公司向 B 公司一次性预付租金 15 万元,第一年末支付租金 15 万元,第二年末支付租金 20 万元,第三年末支付租金 25 万元。租赁期满后 B 公司收回设备,三年的租金总额为 75 万元。(假定 A 公司和 B 公司均在年末确认租金费用和租金收入,并且不存在租金逾期支付的情况)。

分析:此项租赁没有满足融资租赁的任何一条标准,应作为经营租赁处理。此项租赁租金总额为 75 万元,按直线法分配确认收入,每年应分配的租金收入为 25 万元。

相关会计处理如下：

（1）2017年1月1日，预收租赁租金额。

借：银行存款　　　　　　　　　　　　　　150 000
　　贷：应收账款　　　　　　　　　　　　　　　　　　150 000

（2）2018年12月31日，第一年应确认的租金收入。

借：银行存款　　　　　　　　　　　　　　150 000
　　应收账款　　　　　　　　　　　　　　100 000
　　贷：租赁收入　　　　　　　　　　　　　　　　　　250 000

（3）2019年12月31日，第二年应确认的租金收入。

借：银行存款　　　　　　　　　　　　　　200 000
　　应收账款　　　　　　　　　　　　　　 50 000
　　贷：租赁收入　　　　　　　　　　　　　　　　　　250 000

（4）2020年12月31日，第三年应确认的租金收入。

借：银行存款　　　　　　　　　　　　　　250 000
　　贷：租赁收入　　　　　　　　　　　　　　　　　　250 000

2. 初始直接费用

CAS21（2018）规定，出租人发生的与经营租赁有关的初始直接费用应当资本化，在租赁期内按照与租金收入确认相同的基础进行分摊，分期计入当期损益。

3. 租赁资产的折旧与减值

对于经营租赁资产中的固定资产，出租人应当采用类似资产的折旧政策计提折旧；对于其他经营租赁资产，应当根据该资产适用的企业会计准则，采用系统合理的方法进行摊销。出租人应当按照《CAS8 资产减值》的规定，确定经营租赁资产是否发生减值，并进行相应会计处理。

第四节　售后租回交易的会计处理

一、售后租回交易的概念及特点

售后租回交易（sale-Leaseback Transactions）是一种特殊形式的租赁业务，是指卖主（即承租人 seller-lessee）将一项自制或外购的资产出售后，又将该资产从买主（即出租人 buyer-lessor）租回，习惯上称之为回租。在售后租回方式下，卖主同时是承租人，买主同时是出租人。通过售后租回交易，资产的原所有者在保留对资产的占有权、使用权和控制权的前提下，将固定资产转化为流动资本，增强了资金的流动性，大大提高了资金使用效率，解决了企业流动资金不足问题；而资产的新所有者通过售后租回交易，找到了一个风险小、回报有保障的投资机会。在相互利益的驱动下，20世纪90年代以来，售后租回交易在我国也得到了充分发展。

由于在售后租回交易中资产的售价和租金是相互关联的，是以一揽子方式谈判和计算的，因此资产的出售和租回实质上是同一项交易。也就是说售后租回交易实质上是一项融资行为，而不是销售行为，因此，出售资产的损益应该分期摊销，而不是确认为当期的损益。如果将售后租回损益一次确认为出售当期的损益，可能会导致对各期利润的操纵。如果采用高售价高租赁的租赁安排，这种租赁安排对于买主（即出租人）不存在不利影响，但对于卖主（即承租人）来讲，在出售时虽然有巨额销售收入，达到调高利润，粉饰业绩的目的，但这是以未来各期支付高额租金为代价的。反之，如果故意压低售价，产生巨额亏损，同时又以低价租金租回。这种租赁安排对于买主也不存在不利影响，但是对于卖主来讲，在出售时产生巨额亏损，达到了调低当期利润的目的，以后各期再通过支付较低金额的租金，达到调高利润的目的。因此为了防止承租人利用售后租回交易达到操纵利润的目的，避免承租人各期的损益出现忽高忽低的现象，真实、合理地反映承租人的经营业绩，并且根据权责发生制原则的要求，售后租回交易所产生的任何损益均应在以后各期采用合理的方法进行分摊，因此，不应将售后租回损益确认为当期损益，而应予递延。

二、售后租回交易的会计处理

根据 CAS21（2018）的规定，承租人和出租人应当按照《CAS14 收入》的规定，评估确定售后租回交易中的资产转让是否属于销售。售后租回交易中的资产转让属于销售的，承租人应当按原资产账面价值中与租回获得的使用权有关的部分，计量售后租回所形成的使用权资产，并仅就转让至出租人的权利确认相关利得或损失；出租人应当根据其他适用的企业会计准则对资产购买进行会计处理，并根据 CAS21（2018）对资产出租进行会计处理。

如果销售对价的公允价值与资产的公允价值不同，或者出租人未按市场价格收取租金，则企业应当将销售对价低于市场价格的款项作为预付租金进行会计处理，将高于市场价格的款项作为出租人向承租人提供的额外融资进行会计处理；同时，承租人按照公允价值调整相关销售利得或损失，出租人按市场价格调整租金收入。

在进行上述调整时，企业应当基于以下两者中更易于确定的项目：销售对价的公允价值与资产公允价值之间的差额、租赁合同中付款额的现值与按租赁市价计算的付款额现值之间的差额。

售后租回交易中的资产转让不属于销售的，承租人应当继续确认被转让资产，同时确认一项与转让收入等额的金融负债，并按照《CAS22 金融工具确认和计量》对该金融负债进行会计处理；出租人不确认被转让资产，但应当确认一项与转让收入等额的金融资产，并按照《CAS22 金融工具确认和计量》对该金融资产进行会计处理。

【例 16-33】 售后租回交易：主体（卖方兼承租人）以现金 2 000 000 元的价格向另一主体（买方兼出租人）出售一栋建筑物。交易前一刻，该建筑物的账面成本是 1 000 000 元。同时，卖方兼承租人与买方兼出租人签订了合同，取得了该建筑物 18 年的使用权，年付款额为 120 000 元，于每年年末支付。根据交易的条款和条件，卖方兼承租人转让建筑物符合《CAS14 收入》中关于确定是否满足履约义务的规定。因此，卖方兼承租人与买方兼出租人将交易作为售后租回交易进行会计处理。本示例不考虑初始直接费用。

该建筑物在销售当日的公允价值为 1 800 000 元。由于该建筑物的销售对价并非公允价值，卖方兼承租人与买方兼出租人进行了调整，以按照公允价值计量销售收益。超额售价 200 000（2 000 000 - 1 800 000）元作为买方兼出租人向卖方兼承租人提供的额外融资进行确认。

卖方兼承租人可直接确定租赁内含年利率为4.5%。年付款额现值（18期寸款额120 000元按每年4.5%进行折现）为1 459 200元，其中，200 000元与额外融资相关，1 259 200元与租赁相关（分别对应18期付款额16 447元和103 553元）。

买方兼出租人将该建筑物的租赁分类为经营租赁。

（1）卖方兼承租人的会计处理。

在租赁期开始日，卖方兼承租人按其保留的与使用权有关的该建筑物的原账面金额的比例计量售后租回所形成的使用权资产，即699 555元。计算方法为：1 000 000元（该建筑物的账面金额）÷1 800 000元（该建筑物的公允价值）×1 259 200元（18年使用权资产的租赁付款额现值）＝699 555元。

卖方兼承租人仅对转让至买方兼出租人的权利确认相关的利得，即240 355元，出售该建筑物的利得为800 000（1 800 000－1 000 000）元，其中：

①559 645（800 000÷1 800 000×1 259 200）元与卖方兼承租人保留的该建筑物使用权相关；

②240 355［800 000÷1 800 000×（1 800 000－1 259 200）］元与转让至买方兼出租人的权利相关。

在租赁期开始日，卖方兼承租人对该交易进行如下会计处理：

借：银行存款　　　　　　　　　　　　　　　　2 000 000
　　使用权资产　　　　　　　　　　　　　　　　699 555
　　贷：建筑物　　　　　　　　　　　　　　　　　　　　　1 000 000
　　　　金融负债　　　　　　　　　　　　　　　　　　　　1 459 200
　　　　转让权利利得　　　　　　　　　　　　　　　　　　　240 355

（2）买方兼出租人的会计处理。

在租赁期开始日，买方兼出租人对该交易进行如下会计处理：

借：建筑物　　　　　　　　　　　　　　　　　1 800 000
　　金融资产　（18期付款额16 447元按每年4.5%折现）200 000
　　贷：银行存款　　　　　　　　　　　　　　　　　　　　2 000 000

租赁期开始日之后，买方兼出租人将年付款额120 000中的103 553作为租赁付款额进行会计处理。从卖方兼承租人处收到的年付款额中的其余16 447元作为以下两项进行会计处理：（1）结算金融资产200 000元而收到的款项；（2）利息收入。

第五节　租赁的列报与披露

一、承租人的列报

承租人应当在资产负债表中单独列示使用权资产和租赁负债。其中，租赁负债通常分别非流动负债和一年内到期的非流动负债列示。

在利润表中，承租人应当分别列示租赁负债的利息费用与使用权资产的折旧费用。租赁负债的利息费用在财务费用项目列示。

在现金流量表中，偿还租赁负债本金和利息所支付的现金应当计入筹资活动现金流出，支付的按 CAS21（2018）简化处理的短期租赁付款额和低价值资产租赁付款额以及未纳入租赁负债计量的可变租赁付款额应当计入经营活动现金流出。

承租人应当在附注中披露与租赁有关的下列信息：

（1）各类使用权资产的期初余额、本期增加额、期末余额以及累计折旧额和减值金额；

（2）租赁负债的利息费用；

（3）计入当期损益的按 CAS21（2018）简化处理的短期租赁费用和低价值资产租赁费用；

（4）未纳入租赁负债计量的可变租赁付款额；

（5）转租使用权资产取得的收入；

（6）与租赁相关的总现金流出；

（7）售后租回交易产生的相关损益；

（8）其他按照《CAS37 金融工具列报》应当披露的有关租赁负债的信息。

承租人应用 CAS21（2018）对短期租赁和低价值资产租赁进行简化处理的，应当披露这一事实。

承租人应当根据理解财务报表的需要，披露有关租赁活动的其他定性和定量信息。此类信息包括：

（1）租赁活动的性质，如对租赁活动基本情况的描述；

（2）未纳入租赁负债计量的未来潜在现金流出；

（3）租赁导致的限制或承诺；

（4）售后租回交易除售后租回交易产生的相关损益之外的其他信息；

（5）其他相关信息。

二、承租人披露

【例 16-34】 可变付款额条款。承租人拥有大量付款额条款一致的租赁。零售商（承租人）运营多个不同品牌的零售店铺——A、B、C 和 D。承租人有大量房地产租赁。承租人的集团政策是就新设店铺商洽可变付款额条款。承租人得出结论认为，关于可变租赁付款额的信息对财务报表使用者有重大意义，且无法从财务报表的其他部分获得。特别是，承租人得出结论认为，源自可变付款额的部分占租赁付款总额的比例以及这些可变租赁付款额对销售额变化的敏感度等相关信息对财务报表使用者有重大意义。这些信息与向承租人的高级管理层报告的有关可变租赁付款额的信息类似。

集团内的部分房地产租赁包含与店铺产生的销售额挂钩的可变付款额条款。在可能的情况下，可变付款额条款用于新设店铺以将租金支付与店铺的现金流挂钩，并使固定成本最小化。在以 2019 年 12 月 31 日为截止日的期间，按店铺品牌划分的固定付款额和可变付款额汇总见表 16-7。

表 16-7 按店铺品牌划分的固定付款额和可变付款额汇总（2019 年 12 月 31 日截止）

业务分部	店铺数量	固定付款额	可变付款额	付款额总额	销售额增长1%对品牌年租金总额影响的估计值（％）
品牌 A	4 522	3 854	120	3 974	0.03
品牌 B	965	865	105	970	0.11

续表

业务分部	店铺数量	固定付款额	可变付款额	付款额总额	销售额增长1%对品牌年租金总额影响的估计值（%）
品牌C	124	26	163	189	0.86
品牌D	652	152	444	596	0.74
合计	6 263	4 897	832	5 729	0.15

【例16-35】 零售商（承租人）有大量零售店铺的房地产租赁，其中许多租赁包含与店铺销售额挂钩的可变付款额条款。承租人的集团政策规定了可变付款额条款的使用情形以及所有租赁商洽均须集中审批。租赁付款额受到集中监督。承租人得出结论认为，关于可变租赁付款额的信息对财务报表使用者有重大意义。且无法从财务报表的其他部分获得。特别是，承租人得出结论认为，关于承租人就可变租赁付款额所用的不同类型的合同条款、这些条款对其财务状况的影响以及可变租赁付款额对销售额变化的敏感度等相关信息对财务报表使用者有重大意义。这些信息与向承租人的高级管理层报告的有关可变租赁付款额的信息类似。

集团内的许多房地产租赁包含与租赁的店铺的销售量挂钩的可变租赁付款额条款。在可能的情况下，承租人使用这些条款以将租赁付款额与产生较多现金流的店铺相匹配。对于单独的店铺，最高可有100%的租赁付款额基于可变付款额条款，而且所采用的销售额比例范围较大。在某些情况下，可变付款额条款还包含年度付款额底线和上限。

在以2019年12月31日为截止日的期间，租赁付款额及条款汇总见表16-8。

表16-8 在以2019年12月31日为截止日的期间，租赁付款额及条款汇总

条款	店铺数量	固定付款额（元）	可变付款额（元）	付款额总额（元）
仅有固定租金	1 490	1 153	—	1 153
可变租金且无最低标准	986	—	562	562
可变租金且有最低标准	3 089	1 091	1 435	2 526
合计	5 565	2 244	1 997	4 241

集团内全部店铺的销售额增长1%，租赁付款总额预期将增长约0.6%~0.7%。集团内全部店铺的销售额增长5%，租赁付款总额预期将增长约2.6%~2.8%。

【例16-36】 零售商（承租人）有大量零售店铺的房地产租赁。这些租赁包含差异较大的可变付款额条款。租赁条款由当地管理层商洽和监督。承租人得出结论认为，关于可变租赁付款额的信息对财务报表使用者有重大意义，且无法从财务报表的其他部分获得。承租人得出结论认为，关于如何管理房地产租赁组合的信息对财务报表使用者有重大意义。此外，承租人得出结论认为，关于来年可变租赁付款额预计水平的信息（与内部向高级管理层报告的信息类似）对财务报表使用者也有重大意义。

集团内的许多房地产租赁包含可变付款额条款。当地管理层对店铺利润率负责。因此，租赁条款由当地管理层商洽，并包含范围较广的支付条款。使用可变付款额条款的原因有多种，包括使新设店铺的固定成本基数最小化、控制利润以及保持经营灵活性。集团内的可变租赁付款额条款差异较大：

(1) 大部分可变付款额条款是基于店铺销售额的一定比例；
(2) 基于可变条款的租赁付款额为一项单独房地产租赁付款额总额的0~20%不等；
(3) 部分可变付款额条款包含底线或上线条款。

使用可变付款额条款的总体财务影响是，销售额越高的店铺，租金成本越高。这将有利于集团内的利润管理。

预计未来几年可变租金费用占店铺销售额的比例将保持类似水平。

【例16-37】 续租选择权和终止租赁选择权。承租人拥有大量租赁，这些租赁的条款和条件差异较大且管理不集中。承租人有大量设备租赁，这些租赁的条款和条件差异较大。租赁条款由当地管理层商洽和监督。承租人得出结论认为，如何对终止租赁选择权和续租选择权的使用进行管理的信息对财务报表使用者有重大意义，且无法从财务报表的其他部分获得。此外，承租人得出结论认为，下列信息对财务报表使用者也有重大意义：(1) 重估选择权的财务影响；(2) 在其短期租赁组合中，因包含年度中断条款的租赁而导致的短期租赁组合所占的比例。

集团内有大量设备租赁包含续租选择权和终止租赁选择权。当地团队负责管理其租赁，因此，租赁条款是以逐项租赁为基础进行商洽的，并且这些租赁的条款和条件差异较大。在可能的情况下，承租人会纳入续租选择权和终止租赁选择权，以为当地管理层拥有更大的灵活性，从而使其获取设备的需求与履行客户合同保持一致。集团所用的具体条款和条件不尽相同。

大部分续租选择权和终止租赁选择权仅可由承租人行使，而非由相应的出租人行使。若承租人不能合理确定将使用续租选择权条款，则选择权期间的相关付款额不纳入租赁负债的计量。

2000年，为反映因修改租赁条款而影响续租和终止租赁选择权行使所产生的财务影响，承租人确认的租赁负债增加了489元。

此外，承租人有大量租赁安排包含无处罚的年度中断条款。这些租赁被分类为短期租赁，且未包含在租赁负债中。在2000年确认的短期租赁费用30元中，与包含年度中断条款的租赁有关的金额为27元。

【例16-38】 承租人拥有大量部分条款和选择权一致的租赁。某餐饮管理者（承租人）有大量房地产租赁，这些租赁包含无处罚的终止租赁选择权，可由承租人选择是否行使。承租人的集团政策是尽可能在五年以上的租赁中包含终止租赁选择权。承租人有集中的房地产团队负责商洽租赁。承租人得出结论认为，关于终止租赁选择权的信息对财务报表使用者有重大意义，且无法从财务报表的其他部分获得。特别是，承租人得出结论认为，下列信息对财务报表使用者也有重大意义：(1) 未纳入租赁负债计量的未来租赁付款额的潜在风险敞口；(2) 过去已行使的终止租赁选择权所占的比例。承租人还注意到，基于相同的餐馆品牌按照《国际财务报告准则第8号》披露分部信息，对于财务报表使用者有重大意义。这与向承租人的高级管理层报告的有关终止租赁选择权的信息类似。

集团内的许多房地产租赁包含终止租赁选择权。这些选择权用于限制集团对单独合同承诺的期间，并尽可能实现单个餐馆开张或关闭的经营灵活性。对于大多数餐馆的租赁，所确认的租赁负债不包括终止租赁选择权行使日之后的潜在未来付款额，因为承租人不能合理确定将租赁期延长至该日期之后。对大多数租赁都是如此，因为只能由承租人而非房东强制延长租赁期，而且该选择权不存在处罚。

与终止租赁选择权行使日之后的期间相关的潜在未来租赁付款额汇总见表16-9。

表16-10汇总了2020年终止租赁选择权的行使比率。

表16-9 与终止租赁选择权行使日之后的期间相关的潜在未来租赁付款额汇总

业务分部	已确认的租赁负债（已折现）	未纳入租赁负债的潜在未来付款额（未折现）		
		2011—2015年应付（元）	2016—2020年应付（元）	合计（元）
品牌A	569	71	94	165
品牌B	2 455	968	594	1 562
品牌C	269	99	55	154
品牌D	1 002	230	180	410
品牌E	914	181	321	502
合计	5 209	1 549	1 244	2 793

表16-10 2020年终止租赁选择权的行使比率

业务分部	2020年可行使的终止租赁选择权租赁个数	未行使的终止租赁选择权租赁个数	已行使的终止租赁选择权租赁个数
品牌A	33	30	3
品牌B	86	69	17
品牌C	19	18	1
品牌D	30	5	25
品牌E	66	40	26
合计	234	162	72

【例16-39】 承租人有大量大型设备租赁，这些租赁包含可由承租人在租赁期间行使的续租选择权。承租人的集团政策是在可能的情况下使用续租选择权，以使已经承诺的大型设备的租赁期与相关客户合同的初始合同期限一致，同时保留管理大型设备和在不同合同间重新分配资产的灵活性。承租人得出结论认为，关于续租选择权的信息对财务报表使用者有重大意义，且无法从财务报表的其他部分获得。特别是，承租人得出结论认为，下列信息对财务报表使用者也有重大意义：(1) 未纳入租赁负债计量的未来租赁付款额的潜在风险敞口；(2) 过去已行使的续租选择权所占的比率。这与向承租人的高级管理层报告的有关续租选择权的信息类似。

集团内的许多大型设备租赁包含续租选择权。这些条款用以最大化合同管理的操作灵活性。在许多情况下，这些条款并未纳入租赁负债的计量，因为无法合理确定是否会行使这些选择权。以下情况通常就属于这种情形：续租选择权行使日后大型标的设备未被分配用于某特定的客户合同。表16-11汇总了与续租选择权行使日之后的期间相关的潜在未来租赁付款额。

表16-11 与续租选择权行使日之后的期间相关的潜在未来租赁付款额

业务分部	已确认的租赁负债（已折现）（元）	未纳入租赁负债的潜在未来付款额（未折现）（元）	以往行使续租选择权的比率（%）
分部A	569	799	52
分部B	2 455	269	69
分部C	269	99	75
分部D	1 002	111	41
分部E	914	312	76
合计	5 209	1 590	67

三、出租人的列报与披露

出租人应当根据资产的性质,在资产负债表中列示经营租赁资产。

出租人应当在附注中披露与融资租赁有关的下列信息:

(1) 销售损益、租赁投资净额的融资收益以及与未纳入租赁投资净额的可变租赁付款额相关的收入;

(2) 资产负债表日后连续五个会计年度每年将收到的未折现租赁收款额,以及剩余年度将收到的未折现租赁收款额总额;

(3) 未折现租赁收款额与租赁投资净额的调节表。

出租人应当在附注中披露与经营租赁有关的下列信息:

(1) 租赁收入,并单独披露与未计入租赁收款额的可变租赁付款额相关的收入;

(2) 将经营租赁固定资产与出租人持有自用的固定资产分开,并按经营租赁固定资产的类别提供《CAS4 固定资产》要求披露的信息;

(3) 资产负债表日后连续五个会计年度每年将收到的未折现租赁收款额,以及剩余年度将收到的未折现租赁收款额总额。

出租人应当根据理解财务报表的需要,披露有关租赁活动的其他定性和定量信息。此类信息包括:

(1) 租赁活动的性质,如对租赁活动基本情况的描述;

(2) 对其在租赁资产中保留的权利进行风险管理的情况;

(3) 其他相关信息。

◆◆ 本章小结 ◆◆

本章介绍了租赁的定义及其分类;出租人经营租赁和融资租赁的会计处理;售后租回交易中承租人的会计处理;租赁在财务报告中的披露。重点、难点是承租人和出租人的会计处理。

◆◆ 重点概念 ◆◆

租赁;使用权资产;短期租赁和低价值资产租赁;经营租赁与融资租赁;最低租赁付款额与最低租赁收款额;担保余值与未担保余值;或有租金;履约成本;售后租回。

◆◆ 思 考 题 ◆◆

1. 出租人划分经营租赁和融资租赁的具体标准有哪些?
2. 如何确定租赁或包含租赁?如何确定已识别资产?
3. 承租人租赁资产初始计量的成本构成如何?租赁负债如何计量?
4. 承租人的最低租赁付款额和出租人的最低租赁收款额是如何确定的?
5. 售后租回业务在出售时产生的损益如何处理?
6. 什么是短期租赁和低价值资产租赁?如何进行会计处理?

# 第十七章

所得税会计

> 内容提要：▲所得税会计概述　　　　▲资产和负债计税基础的确定
> ▲递延所得税资产和递延所得税负债的确认与计量
> ▲所得税费用的确认与计量
>
> 学习目的及要求：掌握资产与负债计税基础的确定；熟悉应纳税暂时性差异和可抵扣暂时性差异的区别和确定；掌握递延所得税资产、递延所得税负债和所得税费用的确认与计量。

第一节　所得税会计概述

财政部于2006年2月颁布的《CAS18 所得税》（简称CAS18）在企业所得税会计处理方法的选择方面，采纳了国际上通用的会计惯例，即使用资产负债表债务法，放弃了其他方法。在资产负债表债务法下，所得税会计从资产负债表出发，通过比较资产负债表上列示的资产、负债，按照企业会计准则规定的账面价值与按照税法规定确定的计税基础，对于两者之间的差额分别应纳税暂时性差异与可抵扣暂时性差异，确认相关的递延所得税负债与递延所得税资产，并在此基础上确定每一期间利润表中的所得税费用。

一、所得税会计的相关概念

（一）会计收益和应税收益

会计收益（accounting income）是指根据会计准则所确认的收入和费用的差额，而应税收益（taxable income）则是指根据税法规定所确认的收入总额和准予扣除的项目金额（即可扣除的费用）的差额，又称为应纳税所得额（简称应税所得），是企业应纳所得税的计税依据。由于会计和税法对收益和纳税所得计算的目的不同，对会计要素确认和计量的方法、时间和范围也不同，从而导致同一企业在同一期间的经营成果，按照会计准则计算的会计收益与按照税法规定计算的应税收益之间往往存在差异。这一差异分为永久性差异和暂时性差异（包括时间性差异）两种类型，如图17-1所示。

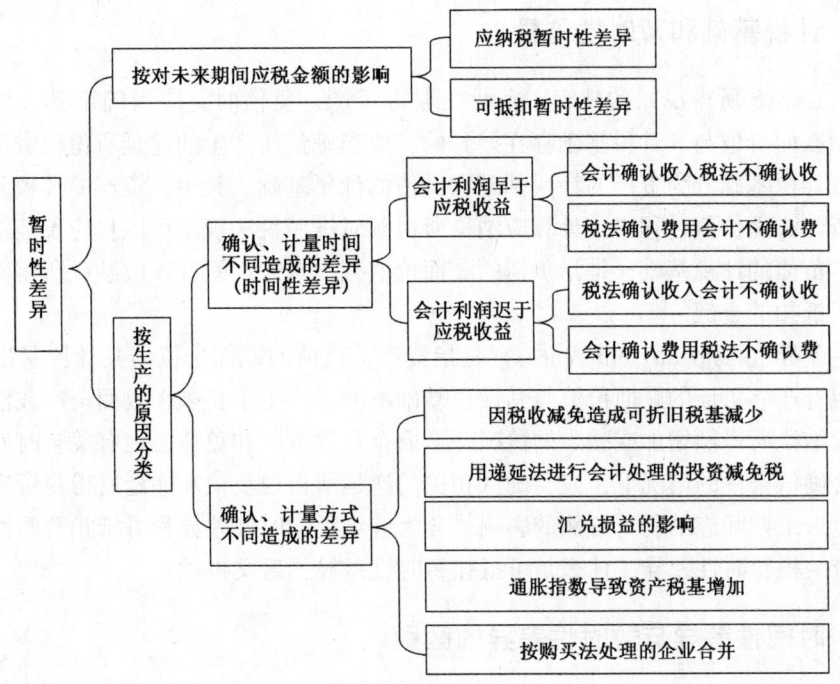

图 17-1 暂时性差异的分类

一般而言，会计处理以会计准则为依据，客观公允地反映企业的财务成果，最终表现为损益表上的利润总额，纳税时再根据税法规定作账外调整，以计算出正确的应税收益，编制一张符合税法规定的所得税申报表。

（二）永久性差异与时间性差异

永久性差异（permanent differences）是指某一会计期间，由于会计准则和税法在计算收益、费用或损失时的口径不同，所产生的税前会计利润与应纳税所得额之间的差异。这种差异在本期发生，不会在以后各期转回。永久性差异有四种类型：一是按会计准则规定作为收益计入财务报表，在计算应税收益时不确认为收益的项目；二是按会计准则规定不作为收益计入财务报表，但在计算应税收益时作为收益，需要交纳所得税的项目；三是按会计准则规定确认为费用或损失计入财务报表，在计算应税所得时则不允许扣减的项目；四是按会计准则规定不确认为费用或损失，在计算应税所得时则允许扣减的项目。

时间性差异（timing differences）是指税法与会计准则确认收益、费用或损失的时间不同而产生的税前会计收益与应税收益的差异。时间性差异发生于某一会计期间，但在以后一期或若干期内能够转回。时间性差异也主要有四种类型：一是企业获得的某项收益，按照会计准则应当确认为当期收益，但按照税法规定需待以后期间确认为应税收益；二是企业发生的某项费用或损失，按照会计准则应当确认为当期费用或损失，但按照税法规定需待以后期间从应税所得中扣减；三是企业获得的某项收益，按照会计准则应当于以后期间确认收益，但按照税法规定需计入当期应税所得；四是企业发生的某项费用或损失，按照会计准则应当于以后期间确认为费用或损失，但按照税法规定可以从当期应税所得中扣减。

时间性差异的基本特征是某项收益或费用和损失均可计入税前会计收益和应税收益，但计入税前会计收益和应税收益的时间不同，所以称其为时间性差异。

(三) 计税基础和暂时性差异

根据《CAS18 所得税》的规定，企业在取得资产、负债时，应当确定其计税基础。资产、负债的账面价值与其计税基础存在差异的，应当确认所产生的递延所得税资产或递延所得税负债。计税基础分为资产的计税基础和负债的计税基础。其中，资产的计税基础，是指企业收回资产账面价值过程中，计算应纳税所得额时按照税法规定可以自应税经济利益中抵扣的金额；负债的计税基础，是指负债的账面价值减去未来期间计算应纳税所得额时按照税法规定可予抵扣的金额。

暂时性差异 (temporary differences) 是指资产、负债的账面价值与其计税基础不同产生的差额。因资产、负债的账面价值与其计税基础不同，产生了在未来收回资产或清偿负债的期间内，应纳税所得额增加或减少的情况，形成企业的资产和负债，在有关暂时性差异发生当期，符合确认条件的情况下，应当确认相关的递延所得税负债和递延所得税资产。根据暂时性差异对未来期间应纳税所得额的影响，分为应纳税暂时性差异和可抵扣暂时性差异。至于什么是应纳税暂时性差异，什么是可抵扣暂时性差异，后文再述。

(四) 时间性差异与暂时性差异的区别

CAS18 用"暂时性差异"取代了"时间性差异"。时间性差异指因收入或费用在会计上确认的期间与税法规定申报的期间不同而产生的。暂时性差异是一项资产或一项负债的税基和其在资产负债表中的账面金额之间的差额。如果在资产负债表中资产的账面价值比资产的计税基础高，就是递延所得税负债；反之，是递延所得税资产。

所有时间性差异都是暂时性差异，但有些暂时性差异则不是时间性差异。不属于时间性差异的暂时性差异的典型例子有：(1) 资产评估增值或减值，会计上做了相应处理，但计税时不做相应调整；(2) 企业合并时的溢价或折价购买成本，在资产负债表上依据所取得的可辨认资产和负债的公允价值分配计入，但税收规定不做相应调整；(3) 企业合并产生商誉而增加了资产或产生负商誉而形成了负债，但税法规定不做相应调整；(4) 与对子公司、分支机构和联营企业的投资以及在合营企业中权益相关的暂时性差异。与时间性差异一样，所有暂时性差异分为应税暂时性差异和可抵扣暂时性差异。概括地讲，在暂时性差异形成时，如果一项资产的账面金额超过其计税基础，这个差额就是应税暂时性差异。相应地，如果一项负债的账面金额小于其计税基础，该差异也是应税暂时性差异。反之，就可形成可抵扣暂时性差异。

二、所得税会计的处理方法

在所得税会计中，处理上述种种差额的方法主要有应付税款法、递延法、债务法等，其中债务法又分为损益表债务法和资产负债表债务法。应付税款法和递延法由于自身的不足以及不适应新的会计理论和原则而逐渐被淘汰，债务法因其更能反映企业将来与纳税有关的现金流量，能使资产负债表上的递延税款数额更富有资产或负债的意义，因而被世界上越来越多的国家和地区所采用。根据会计理论与所得税的相互促进关系，债务法也将成为所得税会计的较科学、适用性较强的一种方法。所得税会计方法分类如图 17-2 所示。

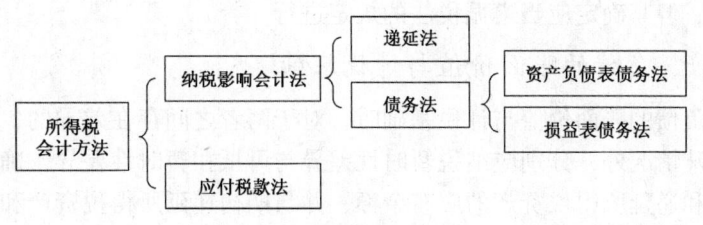

图 17-2 所得税会计方法

(一) 损益表债务法和资产负债表债务法

针对债务法,又有两种不同的观点和方法,即损益表债务法和资产负债表债务法。两者的共同点在于:理论基础都是业主权益理论,相应地,认为所得税的属性是费用而非利益分配;均符合持续经营假设和配比原则;递延所得税款代表着未来应付或应收的所得税。

为了更好地理解和掌握资产负债表债务法,在此着重考察它们之间的差异。二者的区别主要有三个方面:

(1) 对收益的理解不同。损益表债务法用"收入费用观"定义收益,强调收益是收入与费用的配比,从而注意的是收入或费用在会计与税法中确认的差异。资产负债表债务法则依据"资产负债观"定义收益,认为资产负债表是最重要的财务报表,该种观念可促使对企业在报告日的财务状况和未来现金流量作出恰当评价,提高预测的价值。

(2) 损益表债务法注重时间性差异;资产负债表债务法则注重暂时性差异(而暂时性差异包含了时间性差异)。

(3) 损益表债务法使用"递延税款"概念,其借方余额和贷方余额分别代表预付税款和应付税款,在资产负债表上作为一个独立项目反映;资产负债表债务法则采用"递延所得税资产"和"递延所得税负债"的概念,将"递延税款"的外延大大扩展,并且更具现实意义。在资产负债表中,所得税资产和所得税负债应与其他资产和负债分开列报,递延所得税资产和负债应与当期所得税资产和负债区别开来。

(二) 资产负债表债务法的会计处理程序

采用资产负债表债务法核算所得税的情况下,企业一般应于每一资产负债表日进行所得税的核算。企业合并等特殊交易或事项发生时,在确认因交易或事项产生的资产、负债时即应确认相关的所得税影响。企业进行所得税核算一般应遵循以下程序:

1. 确定资产、负债项目的账面价值

按照相关企业会计准则规定,确定资产负债表中除递延所得税负债和递延所得税资产以外的其他资产和负债项目的账面价值。其中,资产和负债项目的账面价值,是指企业按照相关会计准则的规定进行核算后在资产负债表中列示的金额。对于计提了减值准备的各项资产,是指其账面余额减去已计提的减值准备后的金额。例如,企业持有的应收账款账面余额为1 000万元,企业对该应收账款计提了50万元的坏账准备,其账面价值为950万元。

2. 确定资产、负债项目的计税基础

按照会计准则中对于资产和负债计税基础的确定方法,以适用的税收法规为基础,确定资产负债表中有关资产、负债项目的计税基础。应予说明的是,资产、负债的计税基础,使用会计上的定义,但其确定应当遵循税法的规定进行。

3. 比较资产、负债的账面价值与计税基础

在比较资产负债的账面价值与计税基础时,对于两者之间存在差异的,分析其性质,除准则中规定的特殊情况外,分别应纳税暂时性差异与可抵扣暂时性差异,确定资产负债表日递延所得税负债和递延所得税资产的应有余额,并与期初递延所得税资产和递延所得税负债的余额相比,确定当期应予进一步确认的递延所得税资产和递延所得税负债金额或应予转销的金额,作为递延所得税。

4. 当期应交所得税

就企业当期发生的交易或事项,按照适用的税法规定计算确定当期应纳税所得额,将应纳税所得额与适用的所得税税率计算的结果确认为当期应交所得税。

5. 确定利润表中的所得税费用

利润表中的所得税费用包括当期所得税(当期应交所得税)和递延所得税两个组成部分,企业在计算确定了当期所得税和递延所得税后,两者之和(或之差),是利润表中的所得税费用。本期所得税费用的计算公式表示如下:

本期所得税费用 = 本期应交所得税 +(期末递延所得税负债 - 期初递延所得税负债)
　　　　　　　 -(期末递延所得税资产 - 期初递延所得税资产)

三、资产负债表债务法的理论基础

资产负债表债务法在所得税的会计处理方面贯彻了会计概念框架对资产、负债的界定。从资产负债表角度考虑,资产的账面价值代表的是某项资产在持续持有及最终处置的一定期间内为企业带来未来经济利益的总额,而计税基础代表的是该期间内按照税法规定就该项资产可以税前扣除的总额。资产的账面价值小于其计税基础的,表明该项资产于未来期间产生经济利益流入低于按照税法规定允许税前扣除的金额,产生可抵减未来期间应纳税所得额的因素,减少未来期间以应交所得税方式流出企业的经济利益,应确认为递延所得税资产。反之,一项资产的账面价值大于其计税基础的,两者之间的差额会增加企业于未来期间的应纳税所得额及应交所得税,对企业形成经济利益流出的义务,应确认为递延所得税负债。

第二节　资产和负债计税基础的确定

所得税会计的关键在于确定资产、负债的计税基础。在确定资产、负债的计税基础时,应严格遵循税收法规中对于资产的税务处理以及可税前扣除的费用等的规定进行。

一、资产计税基础的确定

如前所述,资产的计税基础,是指企业收回资产账面价值的过程中,计算应纳税所得额时按照税法规定可以自应税经济利益中抵扣的金额,即某一项资产在未来期间计税时可以税前扣除的金额。资产在初始确认时,其计税基础一般为取得成本,即企业为取得某项资产支付的成本在未来期间准予税前扣除。在资产持续持有过程中,其计税基础是指资产的取得成

本减去以前期间已经税前扣除的金额后余额。如固定资产、无形资产等长期资产在某一资产负债表日的计税基础是指其成本扣除按照税法规定已在以前期间税前扣除的累计折旧额或累计摊销额后的金额。

现举例说明部分资产项目计税基础的确定❶。

（一）固定资产

以各种方式取得的固定资产，初始确认时按照会计准则规定确定的入账价值基本上是税法认可的，即取得时其账面价值一般等于计税基础。

固定资产在持有期间进行后续计量时，会计上的基本计量模式是"成本－累计折旧－固定资产减值准备"。会计与税收处理的差异主要来自折旧方法、折旧年限的不同以及固定资产减值准备的提取。

1. 折旧方法、折旧年限不同产生的差异

企业会计准则规定，企业应当根据与固定资产有关的经济利益的预期实现方式合理选择折旧方法，如可以按年限平均法计提折旧，也可以按照双倍余额递减法、年数总和法等计提折旧。税法一般会规定固定资产的折旧方法，除某些按照规定可以加速折旧的情况外，基本上可以税前扣除的是按照年限平均法计提的折旧。

另外，税法还会规定每一类固定资产的折旧年限，而会计处理时按照企业会计准则规定，折旧年限是由企业根据固定资产的性质和使用情况合理确定的。因折旧年限的不同，也会产生固定资产账面价值与计税基础之间的差异。

2. 因计提固定资产减值准备产生的差异

持有固定资产的期间内，在对固定资产计提了减值准备以后，因税法规定企业计提的资产减值准备在发生实质性损失前不允许税前扣除。计提固定资产减值准备，使资产的账面价值下降，但计税基础不会随着资产减值准备的提取而发生变化，也会造成其账面价值与计税基础的差异。

【例17－1】 A企业于2018年12月20日取得的某项环保用固定资产，原价为750万元，使用年限为10年，会计上采用年限平均法计提折旧，净残值为零。税法规定该类环保用固定资产采用加速折旧法计提的折旧可予税前扣除，该企业在计税时采用双倍余额递减法计提折旧，净残值为零。2020年12月31日，企业估计该项固定资产的可收回金额为550万元。

2020年12月31日，该项固定资产的账面余额＝750－75×2＝600（万元），该账面余额大于其可收回金额550万元，两者之间的差额应计提50万元的固定资产减值准备。

2020年12月31日，该固定资产的账面价值＝750－75×2－50＝550（万元）

计税基础＝750－750×20%－（750－750×20%）×20%＝480（万元）

该项固定资产账面价值550万元与其计税基础480万元之间的70万元差额，将于未来期间增加企业的应纳税所得额和应交所得税。

【例17－2】 A企业于2018年年末以300万元购入一项生产用固定资产；按照该项固定资产的预计使用情况，A企业在会计处理时估计其使用寿命为10年，计税时，按照适用

---

❶应予说明的是，本章有关资产、负债计税基础的确定均以目前企业使用的税收法规为基础，因国家税收法规规定变化，导致对有关资产、负债等的税务处理作出变更的，应以新的税收法规为基础计算确定计税基础。

税法规定，其折旧年限为20年，假定会计与税收均按年限平均法计列折旧，净残值均为零。2019年该项固定资产按照12个月计提折旧。

假定本例中固定资产未发生减值，确定该项固定资产在2019年12月31日的账面价值及计税基础。

该项固定资产在2019年12月31日的账面价值 = 300 – 300 ÷ 10 = 270（万元）

该项固定资产在2019年12月31日的计税基础 = 300 – 300 ÷ 20 = 285（万元）

该项固定资产的账面价值270万元与其计税基础285万元之间产生的差额15万元，在未来期间会减少企业的应纳税所得额和应交所得税。

（二）无形资产

除内部研究开发形成的无形资产以外，其他方式取得的无形资产，初始确认时按照会计准则规定确定的入账价值与按照税法规定确定的计税成本之间一般不存在差异。无形资产的差异主要产生于内部研究开发形成的无形资产以及使用寿命不确定的无形资产。

1. 内部研究开发形成的无形资产

企业会计准则规定，有关研究开发支出区分为两个阶段，研究阶段的支出应当费用化记入当期损益，而开发阶段符合资本化条件以后至到达预定用途前发生的支出应当资本化作为无形资产的成本；税法规定，自行开发的无形资产，以开发过程中该资产符合资本化条件后至到达预定用途前发生的支出为计税基础。另外，对于研发费用的加计扣除，税法规定，企业为开发新技术、新产品、新工艺发生的研究开发费用，未形成无形资产而计入当期损益的，在按照规定据实扣除的基础上，按照研发费用的50%可税前加计扣除；形成无形资产的，按无形资产成本的150%摊销❶。如该无形资产的确认不是产生于企业合并交易、同时在确认时既不影响会计利润也不影响应纳税所得额，按照《CAS18 所得税》的规定，不确认该暂时性差异的所得税影响。

【例17–3】 A企业当期发生研究开发支出计1 000万元，其中研究阶段支出200万元，开发阶段符合资本化条件前发生的支出为200万元，符合资本化条件后至到达预定用途前发生的支出为600万元。该企业开发形成的无形资产在当期期末已达到预定用途，但尚未开始摊销。

A企业当期发生的研究开发支出中，按照会计准则规定应予费用化的金额为400万元，形成无形资产的成本为600万元，即期末所形成无形资产的账面价值为600万元。

A企业于当期发生的1 000万元研究开发支出，按照税法的规定，可在当期税前扣除的金额为600（应予费用化的金额400 + 加计扣除400 × 50%）万元。所形成无形资产在未来期间可予税前扣除的金额为900万元（所形成的无形资产成本600 × 150%），即其计税基础为900万元，形成暂时性差异300万元。

2. 无形资产在后续计量时产生的差异

无形资产在后续计量时，会计与税收的差异主要产生于对无形资产是否需要摊销及无形资产减值准备的提取。企业会计准则规定，对于无形资产应根据其使用寿命情况，区分为使

---

❶ 为进一步激励中小企业加大研发投入，支持科技创新，4月19日国务院常务会议决定，自2017年1月1日至2019年12月31日，将科技型中小企业研发费用税前加计扣除比例由50%提高至75%。

用寿命有限的无形资产与使用寿命不确定的无形资产。对于使用寿命不确定的无形资产，不要求摊销，但在持有期间每年应进行减值测试。税法规定，企业取得的无形资产成本，应在一定期限内摊销。对于使用寿命不确定的无形资产在持有期间，会计处理时不予摊销，但计税时按照税法规定确定的摊销额允许税前扣除，造成该类无形资产其账面价值与计税基础的差异。

在对无形资产计提减值准备的情况下，因税法规定所计提的无形资产减值准备在转变为实质性损失前不允许税前扣除，即无形资产的计税基础不会随减值准备的提取而发生变化，从而造成无形资产的账面价值与计税基础的差异。

【例 17-4】 甲企业于 2018 年 1 月 1 日取得的某项无形资产，取得成本为 600 万元，企业根据各方面情况判断，无法合理预计其为企业带来未来经济利益的期限，将其视为使用寿命不确定的无形资产。2018 年 12 月 31 日，对该无形资产进行减值测试表明未发生减值。甲企业在计税时，对该项无形资产按照 10 年的期限采用直线法摊销，摊销金额允许税前扣除。

会计上将该项无形资产作为使用寿命不确定的无形资产，在未发生减值的情况下，其于 2018 年 12 月 31 日的账面价值为取得成本 600 万元。

该项无形资产在 2018 年 12 月 31 日的计税基础为 540（成本 600—按照税法规定可以税前扣除的摊销额 60）万元。

该项无形资产账面价值 600 万元与其计税基础 540 万元之间的差额 60 万元将计入未来期间的应纳税所得额。

（三）以公允价值计量且其变动计入当期损益的金融资产

按照《CAS22 金融工具确认和计量》的规定，以公允价值计量且其变动计入当期损益的金融资产于每一会计期末的账面价值为公允价值；税法规定，企业以公允价值计量的金融资产、金融负债以及投资性房地产等，持有期间公允价值的变动不计入应纳税所得额，在实际处置或结算时，处置取得的价款扣除其历史成本后的差额应计入处置或结算期间的应纳税所得额的金额。按照这一规定，以公允价值计量的金融资产在持有期间市价的波动在计税时不予考虑，有关金融资产在某一会计期末的计税基础为其取得成本，从而造成在公允价值变动的情况下，对以公允价值计量的金融资产账面价值与计税基础之间的差异。

企业持有的以公允价值计量且其变动计入其他综合收益的金融资产的计税基础的确定，与以公允价值计量且其变动计入当期损益的金融资产类似，可比照处理。

【例 17-5】 2018 年 10 月 20 日，甲公司自公开市场上取得一项权益性投资，支付价款 2 000 万元，作为交易性金融资产核算。2018 年 12 月 31 日，该投资的市价为 2 200 万元。

该交易性金融资产的期末市价为 2 200 万元，其按照会计准则规定进行核算的、在 2018 年资产负债表日的账面价值为 2 200 万元。

因税法规定以公允价值计量的金融资产在持有期间公允价值的变动不计入应纳税所得额，其在 2018 年资产负债表日的计税基础应维持原取得成本不变，为 2 000 万元。

该交易性金融资产的账面价值 2 200 万元与其计税基础 2 000 万元之间产生了 200 万元的暂时性差异，该暂时性差异在未来期间转回时会增加未来期间的应纳税所得额。

【例 17-6】 2018 年 11 月 8 日，甲公司自公开的市场上取得一项基金投资，按照管理层的持有意图，将其作为以公允价值计量且其变动计入其他综合收益的金融资产核算。该项基金投资的成本为600万元。2018年12月31日,其市价为630万元。

按照相关企业会计准则规定,该金融资产在会计期末应以公允价值计量,其账面价值应为期末公允价值630万元。

因税法规定资产在持有期间公允价值的变动不计入应纳税所得额,所以该项以公允价值计量且其变动计入其他综合收益的金融资产的期末计税基础应维持其原取得成本不变,即应为600万元。

该金融资产2018年资产负债表日的账面价值630万元与其计税基础600万元之间产生的30万元暂时性差异,将会增加未来该资产处置期间的应纳税所得额。

(四) 其他资产

因企业会计准则规定与税法规定不同,企业持有的其他资产,可能造成其账面价值与计税基础之间存在差异的,如还有投资性房地产和其他计提了资产减值准备的各项资产。

1. 投资性房地产

企业持有的投资性房地产进行后续计量时,会计准则规定可以采用两种模式,一种是成本模式,采用该种模式计量的投资性房地产,其账面价值与计税基础的确定与固定资产、无形资产相同;另一种是在符合规定的条件下,可以采用公允价值模式对投资性房地产进行后续计量。对于采用公允价值模式进行后续计量的投资性房地产,其账面价值的确定类似于以公允价值计量的金融资产,因税法中没有投资性房地产的概念及专门的税收处理规定,其计税基础的确定类似于固定资产或无形资产的计税基础。

【例17-7】 A公司于2018年1月1日将其某自用房屋用于对外出租,该房屋的成本为750万元,预计使用年限为20年,转为投资性房地产之前,已使用4年,企业按照年限平均法计提折旧,预计净残值为零。转为投资性房地产核算后,能够持续可靠取得该投资性房地产的公允价值,A公司采用公允价值对该投资性房地产进行后续计量。假定税法规定的折旧方法、折旧年限以及净残值与会计十分相同。同时,税法规定资产在持有期间公允价值的变动不计入应纳税所得额,待处置时一并计算确定应计入应纳税所得额的金额。该项投资性房地产在2018年12月31日的公允价值为900万元。

该投资性房地产在2018年12月31日的账面价值为其公允价值900万元,其计税基础为其成本扣除按照税法规定允许税前扣除的折旧额后的金额,即 $750 - 750 \div 20 \times 5 = 562.5$(万元)。

该项投资性房地产的账面价值900万元与其计税基础562.5万元之间产生了337.5万元的暂时性差异,会增加企业在未来期间的应纳税所得额。

2. 其他计提了资产减值准备的各项资产

有关资产计提了减值准备后,其账面价值会随之下降,而税法规定资产在发生实质性损失之前,不允许税前扣除,即其计税基础不会因减值准备的提取而变化,造成在计提资产减值准备以后,资产的账面价值与计税基础之间的差额。

【例17-8】 A公司2018年购入原材料成本为5 000万元,因部分生产线停工,当年末领用任何原材料,2018年资产负债表日估计该原材料的可变现净值为4 000万元。假定该原材料在2018年的期初余额为零。

该项原材料因期末可变现净值低于成本,应计提的存货跌价准备 = 5 000 - 4 000 = 1 000

(万元)。计提存货跌价准备后该项原材料的账面价值为 4 000 万元。

该项原材料的计税基础不会因存货跌价准备的提取而发生变化,其计税基础为 5 000 万元不变。

该存货的账面价值 4 000 万元与其计税基础 5 000 万元之间产生了 1 000 万元的暂时性差异,该差异会减少企业在未来期间的应纳税所得额。

【例 17-9】 甲公司于 2018 年 12 月 31 日应收账款余额为 7 500 万元,该公司期末对应收账款计提了 750 万元的坏账准备。税法规定按照应收账款期末余额的 5‰ 计提的坏账准备允许税前扣除。假定该公司期初应收账款及坏账准备的余额均为零。

该项应收账款在 2018 年资产负债表日的账面价值为 6 750 (7 500 - 750) 万元。其计税基础 = 7 500 × (1 - 5‰) = 7 462.5 (万元),计税基础 7 462.5 万元与其账面价值 6 750 万元之间产生的 712.5 万元的暂时性差异,在应收账款发生实质性损失时,会减少未来期间的应纳税所得额。

二、负债计税基础的确定

负债的计税基础,是指负债的账面价值减去未来期间计算应纳税所得额时按照税法规定可予抵扣的金额。用公式表示为:

负债的计税基础 = 负债的账面价值 - 未来期间按照税法规定可予税前抵扣的金额

一般情况下,负债的确认与偿还不会影响企业的损益,也不会影响其应纳税所得额,未来期间计算应纳税所得额时按照税法规定可予抵扣的金额为零,计税基础即为账面价值。如企业的短期借款、应付账款等。但是,某些情况下,负债的确认可能会影响企业的损益,进而影响不同期间的应纳税所得额,使得其计税基础与账面价值之间产生差额,如按照会计规定确认的某些预计负债。

(一) 企业因销售商品提供售后服务等原因确认的预计负债

按照《CAS13 或有事项》的规定,企业应将预计提供售后服务发生的支出在满足有关确认条件时,在销售当期确认为费用,同时确认预计负债。税法规定,与销售产品相关的支出应于发生时税前扣除,因此,该类事项产生的预计负债在期末的计税基础为其账面价值与未来期间可税前扣除的金额之间的差额,即为零。

因其他事项确认的预计负债,应按照税法规定的计税原则确定其计税基础。某些情况下,因有些事项确认的预计负债,如果税法规定其支出无论是否实际发生均不允许税前扣除,即未来期间按照税法规定可予抵扣的金额为零,其账面价值与计税基础相同。

【例 17-10】 甲企业 2018 年因销售产品承诺提供 3 年的保修服务,在当年度利润表中确认了 200 万元的销售费用,同时确认为预计负债,当年度未发生任何保修支出。假定按照税法规定,与产品售后服务相关的费用在实际发生时允许税前扣除。

该项预计负债在甲企业 2018 年 12 月 31 日资产负债表中的账面价值为 200 万元。

该项负债的计税基础 = 账面价值 - 未来期间计算应纳税所得额时按照税法规定可予抵扣的金额 = 200 - 200 = 0 (元)。

该预计负债的账面价值与其计税基础零之间形成了 200 万元的暂时性差异,该差异在未来期间转回时,会减少企业的应纳税所得额。

(二) 预收账款

企业在收到客户预付的款项时，因不符合收入确认条件，会计上将其确认为负债。税法中对于收入的确认原则一般与会计规定相同，即会计上未确认收入时，计税时一般亦不计入应纳税所得额，该部分经济利益在未来期间计税时可予税前扣除的金额为零，计税基础等于账面价值。

某些情况下，因不符合企业会计准则规定的收入确认条件，未确认为收入的预收款项，按照税法规定应计入当期应纳税所得额时，有关预收账款的计税基础为零，即因其产生时已经计算交纳所得税，未来期间可全额税前扣除，计税基础为账面价值减去在未来期间可全额税前扣除的金额，即其计税基础为零。

【例17-11】A公司于2018年12月20日自客户收到一笔合同预付款，金额为1 000万元，因不符合收入确认条件，将其作为预收账款核算。假定按照适用税法规定，该项款项应计入当期应纳税所得额计算交纳所得税。

该预收账款在A公司2018年12月31日资产负债表中的账面价值为1 000万元。因假定按照税法规定，该项预收款应计入当期应纳税所得额计算交纳所得税，与该项负债相关的经济利益已在当期计算交纳所得税，未来期间按照企业会计准则规定应确认收入时，不再计入应纳税所得额，即其应于未来期间计算应纳税所得额时税前扣除的金额为1 000万元，计税基础为账面价值1 000万元减去未来期间计算应纳税所得额时按照税法规定可予抵扣的金额1 000万元，等于零。

该项负债的账面价值1 000万元与其计税基础零之间产生的1 000万元的差异，会减少企业于未来期间的应纳税所得额。

(三) 应付职工薪酬

企业会计准则规定，企业为获得职工提供的服务所给予的各种形式的报酬以及其他相关支出均应作为企业的成本费用，在未支付之前确认为负债。税法中对于职工薪酬基本允许税前扣除，但税法中明确规定了税前扣除标准的，按照会计准则规定计入成本费用支出的金额超过规定标准部分，应进行纳税调整。因超过部分在发生当期不允许税前扣除，在以后期间也不允许扣除，即该部分差额对未来期间计税不产生影响，所产生应付职工薪酬的账面价值等于计税基础。

【例17-12】某企业2018年12月计入成本费用的职工工资总额为1 600万元，至2018年12月31日尚未支付，作为资产负债表中的应付职工薪酬进行核算。假定按照适用税法规定，当期计入成本费用的1 600万元工资支出中，按照计税工资标准的规定，可予税前扣除的金额为1 200万元。

企业会计准则规定，企业为获得职工提供的服务所给予的各种形式的报酬以及其他相关支出均应作为企业的成本费用，在未支付之前确认为负债。该项应付职工薪酬负债的账面价值为1 600万元。

企业实际发生的工资支出1 600万元与按照税法规定允许税前扣除的金额1 200万元之间所产生的400万元差额在当期发生即应进行纳税调整，并且在以后期间不能够在税前扣除，该项应付职工薪酬的计税基础为账面价值1 600万元减未来期间计算应纳税所得额时按照税法规定可予抵扣的金额 0 元,等于 1 600 万元。

该项负债的账面价值 1 600 万元与其计税基础 1 600 万元相同,不形成差异。

(四) 其他负债

如企业应交的罚款和滞纳金等,在尚未支付之前按照会计规定确认为费用,同时作为负债反映。税法规定,罚款和滞纳金不能税前扣除,其计税基础为账面价值减去未来期间计税时可予税前扣除的金额零之间的差额,即计税基础等于账面价值,不产生差异。

【例 17-13】 A 公司 2018 年 4 月 12 日因违反当地有关环保法规的规定,接到环保部门的处罚通知,要求其支付罚款 200 万元。税法规定,企业因违反国家有关法律法规支付的罚款和滞纳金,计算应纳税所得额时不允许税前扣除。至 2018 年 12 月 31 日,该项罚款尚未支付。

对于该项罚款,A 公司应计入 2018 年利润表,同时确认为资产负债表中的负债。

因按照税法规定,企业违反国家有关法律法规规定支付的罚款和滞纳金不允许税前扣除,即该项负债在未来期间计税时按照税法规定准予税前扣除的金额为零,则:

计税基础 = 账面价值 - 未来期间计算应纳税所得额时按照税法规定可予抵扣的金额
= 200 - 0 = 200(万元)

该项负债的账面价值 200 万元与其计税基础 200 万元相同,不形成差异。

三、特殊交易或事项中产生资产、负债计税基础的确定

除企业在正常生产经营活动过程中取得的资产和负债外,对于某些特殊交易中产生的资产、负债,其计税基础的确定应遵从税法规定。

《CAS20 企业合并》中,视参与合并各方在合并前后是否为同一方或相同多方最终控制,分为同一控制下的企业合并与非同一控制下的企业合并两种类型。同一控制下的企业合并,合并中取得的有关资产、负债基本上维持其原账面价值不变,合并中不产生新的资产和负债;对于非同一控制下的企业合并,合并中取得的有关资产、负债应按其在购买日的公允价值计量,企业合并成本大于合并中取得可辨认净资产公允价值的份额部分确认为商誉,企业合并成本小于合并中取得可辨认净资产公允价值的份额部分计入合并当期损益。

对于企业合并的税收处理,通常情况下被合并方应视为按公允价值转让、处置全部资产,计算资产转让所得,依法缴纳所得税。合并企业接受被合并企业的有关资产,计税时可以按经评估确认的价值确定计税成本。合并企业支付给被合并企业或其股东的收购价款中,除合并企业股权以外的现金、有价证券和其他资产(非股权支付),不高于所支付的股权票面价值 20% 的,经税务机关审核确认,当事各方可选择进行免税处理,即被合并企业不确认全部资产的转让所得或损失,不计算缴纳所得税;合并企业接受被合并企业全部资产的计税成本,以被合并企业原账面价值为基础确定。

由于会计与税收法规对企业合并的划分标准不同,处理原则不同,某些情况下,会造成企业合并中取得的有关资产、负债的入账价值与其计税基础的差异。

四、暂时性差异

暂时性差异(temporary differences)是指资产、负债的账面价值与其计税基础不同产生

的差额。因资产、负债的账面价值与其计税基础不同,产生了在未来收回资产或清偿负债的期间内,应纳税所得额增加或减少的情况,形成企业的资产和负债,在有关暂时性差异发生当期,符合确认条件的情况下,应当确认相关的递延所得税负债和递延所得税资产。根据暂时性差异对未来期间应纳税所得额的影响,分为应纳税暂时性差异和可抵扣暂时性差异。

除因资产、负债的账面价值与其计税基础不同产生的暂时性差异以外,按照税法规定可以结转以后年度的未弥补亏损和税款抵减,也视同可抵扣暂时性差异处理。例如,某项企业合并按照会计准则规定因合并方与被合并方在合并前后均处于同一集团内母公司的最终控制之下,会计处理时将其作为同一控制下企业合并进行处理,合并方对于合并中取得的被合并方有关资产、负债均按照其原账面价值确认。该项合并中,假如从合并方取得的股权比例、合并中支付的非股权支付额的角度考虑,不考虑税法中规定的免税合并的条件,则合并方自被合并方取得的有关资产、负债的计税基础应当重新认定。假如按照税法规定确定的被合并方有关资产、负债的计税基础为合并日的市场价格,则相关资产、负债的账面价值与其计税基础会产生差异,从而产生需要确认的递延所得税资产或负债。因有关暂时性差异产生于企业合并交易,且该合并为同一控制下企业合并,在确认合并中产生的递延所得税资产或负债时,相关影响应当计入所有者权益。

(一) 应纳税暂时性差异

应纳税暂时性差异(taxable temporary differences)是指在确定未来收回资产或清偿负债期间的应纳税所得额时,将导致产生应税金额的暂时性差异,即在未来期间不考虑该事项影响的应纳税所得额的基础上,由于该暂时性差异的转回,会进一步增加转回期间的应纳税所得额和应交所得税金额,在该暂时性差异产生当期,应当确认相关的递延所得税负债。

应纳税暂时性差异通常产生于以下两种情况:

(1) 资产的账面价值大于其计税基础。资产的账面价值代表的是企业在持续使用及最终出售该项资产时会取得的经济利益的总额,而计税基础代表的是一项资产在未来期间可予税前扣除的总金额。资产的账面价值大于其计税基础,该项资产未来期间产生的经济利益不能全部税前抵扣,两者之间的差额需要交税,产生应纳税暂时性差异。例如,一项无形资产账面价值为 500 万元,计税基础为 375 万元。两者之间的差额会造成未来期间应纳税所得额和应交所得税的增加,在其发生当期,应确认为相关的递延所得税负债。

(2) 负债的账面价值小于其计税基础。负债的账面价值为企业预计在未来期间清偿该项负债时的经济利益流出,而其计税基础代表的是账面价值在扣除税法规定未来期间允许税前扣除的金额之后的差额。因负债的账面价值与其计税基础不同产生的暂时性差异实质上是税法规定就该项负债在未来期间可以税前扣除的金额。负债的账面价值小于其计税基础,则意味着就该项负债在未来期间可以税前抵扣的金额为负数,即应在未来期间应纳税所得额的基础上调增,增加应纳税所得额和应交所得税金额,产生应纳税暂时性差异。

(二) 可抵扣暂时性差异

可抵扣暂时性差异(deductible temporary differences)是指在确定未来收回资产或清偿负债期间的应纳税所得额时,将导致产生可抵扣金额的暂时性差异。该差异在未来期间转回时会减少转回期间的应纳税所得额,减少未来期间的应交所得税。在该暂时性差异产生当期,应当确认相关的递延所得税资产。可抵扣暂时性差异一般产生于以下两种情况:

(1) 资产的账面价值小于其计税基础。从经济含义来看，资产在未来期间产生的经济利益少，按照税法规定允许税前扣除的金额多，则企业在未来期间可以减少应纳税所得额并减少应交所得税，形成可抵扣暂时性差异。例如，一项资产的账面价值为500万元，计税基础为650万元，则企业在未来期间就该项资产可以在其自身取得经济利益的基础上多扣除150万元，未来期间应纳税所得额会减少，应交所得税也会减少，形成可抵扣暂时性差异。

(2) 负债的账面价值大于其计税基础。负债产生的暂时性差异实质上是税法规定就该项负债可以在未来期间税前扣除的金额。即：

负债产生的暂时性差异 = 账面价值 − 计税基础

= 账面价值 −（账面价值 − 未来期间计算应纳税所得额时按照税法规定可予抵扣的金额）

= 未来期间计算应纳税所得额时按照税法规定可予抵扣的金额

负债的账面价值大于其计税基础，意味着未来期间按照税法规定构成负债的全部或部分金额可以自未来应税经济利益中扣除，减少未来期间的应纳税所得额和应交所得税。例如，企业因预计将发生的产品保修费用确认预计负债200万元，但如果税法规定有关费用在实际发生前不允许扣除，其计税基础为零，企业确认预计负债的当期相关费用不允许税前扣除，但在以后期间费用实际发生时允许税前扣除，使得未来期间的应纳税所得额和应交所得税降低，产生可抵扣暂时性差异，符合确认条件的，应确认相关的递延所得税资产。

（三）特殊项目产生的暂时性差异

(1) 未作为资产、负债确认的项目产生的暂时性差异。某些交易或事项发生以后，因为不符合资产、负债的确认条件，未作为财务会计报告中资产、负债列示的项目，如果按照税法规定可以确定其计税基础，该计税基础与其账面价值零之间的差额也属于暂时性差异。例如，企业在开始正常的生产经营活动前发生的筹建费用，会计规定应予发生时计入当期损益，不体现为资产负债表中的资产，税法规定企业发生的该类费用可以在开始正常生产经营活动后的5年内分期自税前扣除。再如，企业发生的符合条件的广告费和业务宣传费支出，除另有规定外，不超过当年销售收入15%的部分准予扣除；超过部分准予在以后年度结转扣除。该类费用在发生时按照会计准则规定即计入当期损益，虽不形成资产负债表中的资产，但按照税法规定可以确定其计税基础的，两者之间的差异也形成暂时性差异。

【例17-14】 A公司在开始正常生产经营活动前发生了1 250万元的筹建费用，在发生时已计入当期损益，税法规定企业在筹建期间发生的费用允许在开始正常生产经营活动之后5年内分期税前扣除。

该项费用支出在发生时已计入当期损益，不体现为资产负债表中的资产，如果将其视为资产，账面价值为零。

假定企业在2018年开始正常生产经营活动，当期税前扣除了250万元，则与该笔费用相关，其于未来期间可税前扣除的金额为1 000万元，即其在2018年12月31日的计税基础为1 000万元。

该项资产的账面价值零与其计税基础1 000万元之间产生了1 000万元的暂时性差异，该暂时性差异在未来期间可减少企业的应纳税所得额，为可抵扣暂时性差异，符合确认条件时，应确认相关的递延所得税资产。

(2) 可抵扣亏损及税款抵减产生的暂时性差异。按照税法规定可以结转以后年度的未弥补亏损及税款抵减,虽不是因资产、负债的账面价值与计税基础不同产生的,但与可抵扣暂时性差异具有同样的作用,均能够减少未来期间的应纳税所得额,进而减少未来期间的应交所得税,在会计处理上,与可抵扣暂时性差异的处理相同,符合条件的情况下,应确认与其相关的递延所得税资产。

【例17-15】 甲公司于2018年因政策性原因发生经营亏损2 000万元,按照税法规定,该亏损可用于抵减以后5个年度的应纳税所得额。该公司预计其于未来5年期间能够产生足够的应纳税所得额弥补该亏损。

该经营亏损不是资产、负债的账面价值与其计税基础不同产生的,但从其性质上可以减少未来期间的应纳税所得额和应交所得税,属于可抵扣暂时性差异。在企业预计未来期间能够产生足够的应纳税所得额利用该可抵扣亏损时,应确认相关的递延所得税资产。

第三节 递延所得税资产和递延所得税负债的确认与计量

企业在计算确定了应纳税暂时性差异与可抵扣暂时性差异以后,应当按照《CAS18 所得税》规定的原则确认相关的递延所得税负债及递延所得税资产。

一、递延所得税资产的确认和计量

(一) 递延所得税资产的确认

1. 确认的一般原则

递延所得税资产产生于可抵扣暂时性差异。确认因可抵扣暂时性差异产生的递延所得税资产应以未来期间可能取得的应纳税所得额为限。在可抵扣暂时性差异转回的未来期间内,企业无法产生足够的应纳税所得额用以利用可抵扣暂时性差异的影响,使得与可抵扣暂时性差异相关的经济利益无法实现的,不应确认递延所得税资产;企业有明确的证据表明其于可抵扣暂时性差异转回的未来期间能够产生足够的应纳税所得额,进而利用可抵扣暂时性差异的,则应以可能取得的应纳税所得额为限,确认相关的递延所得税资产。

考虑到可抵扣暂时性差异转回的期间内可能取得应纳税所得额的限制,因无法取得足够的应纳税所得额而未确认相关的递延所得税资产时,企业应在会计报表附注中进行披露。

在判断企业可抵扣暂时性差异转回的未来期间是否能够产生足够的应纳税所得额时,应考虑企业在未来期间通过正常的生产经营活动能够实现的应纳税所得额以及以前期间产生的应纳税暂时性差异在未来期间转回时将增加的应纳税所得额。

(1) 对与子公司、联营企业、合营企业投资相关的可抵扣暂时性差异,同时满足下列条件的,应当确认相关的递延所得税资产:一是可抵扣暂时性差异在可预见的未来很可能转回;二是未来很可能获得用来抵扣可抵扣暂时性差异的应纳税所得额。

对联营企业和合营企业等的投资产生的可抵扣暂时性差异,主要产生于权益法下被投资单位发生亏损时,投资企业按照持股比例确认的应予承担的部分,应相应减少长期股权投资的账面价值,但税法规定长期股权投资的成本在持有期间不发生变化,造成长期股权投资的账面价值小于其计税基础,产生可抵扣暂时性差异。

(2) 对于税法规定可以结转以后年度的未弥补亏损和税款抵减,应视同可抵扣暂时性差异处理。在有关的亏损或税款抵减金额得到税务部门的认可或预计能够得到税务部门的认可且预计可利用可弥补亏损或税款抵减的未来期间内能够取得足够的应纳税所得额时,除准则中规定不予确认的情况外,应当以很可能取得的应纳税所得额为限,确认相应的递延所得税资产,同时减少确认当期的所得税费用。

2. 不确认递延所得税资产的情况

某些情况下,企业发生的某项交易或事项不属于企业合并,并且交易发生时既不影响会计利润也不影响应纳税所得额,且该项交易中产生的资产、负债的初始确认金额与其计税基础不同,产生可抵扣暂时性差异的,所得税准则中规定在交易或事项发生时不确认相应的递延所得税资产。

【例17-16】 A 企业进行内部研究开发形成的无形资产成本为 600 万元,因按税法规定,可于未来期间税前扣除的金额为 900 万元,其计税基础为 900 万元。

该项无形资产并非产生于企业合并,同时,在初始确认时既不影响会计利润也不影响应纳税所得额,确认其账面价值与计税基础之间产生的暂时性差异的所得税影响需要调整该项资产的历史成本,准则规定该种情况下不确认递延所得税资产。

(二) 递延所得税资产的计量

确认递延所得税资产时,应当以预期收回该资产期间的适用所得税税率为基础计算确定。无论相关的可抵扣暂时性差异转回期间如何,递延所得税资产均不要求折现。

企业在确认了递延所得税资产以后,资产负债表日,应当对递延所得税资产的账面价值进行复核。如果未来期间很可能无法取得足够的应纳税所得额用以利用可抵扣暂时性差异带来的利益,应当减记递延所得税资产的账面价值。减记的递延所得税资产,除原确认时计入所有者权益的递延所得税资产,其减记金额亦应计入所有者权益外,其他的情况均应增加所得税费用。

因无法取得足够的应纳税所得额利用可抵扣暂时性差异减记递延所得税资产账面价值的,以后期间根据新的环境和情况判断能够产生足够的应纳税所得额利用可抵扣暂时性差异,使得递延所得税资产包含的经济利益能够实现的,应相应恢复递延所得税资产的账面价值。

二、递延所得税负债的确认和计量

(一) 递延所得税负债的确认

企业在确认因应纳税暂时性差异产生的递延所得税负债时,应遵循以下原则:

(1) 除企业会计准则中明确规定可不确认递延所得税负债的情况以外,企业对于所有的应纳税暂时性差异均应确认相关的递延所得税负债。除与直接计入所有者权益的交易或事项以及企业合并中取得的资产、负债相关的以外,在确认递延所得税负债的同时,应增加利润表中的所得税费用。

【例17-17】 A 企业于 2018 年 12 月 10 日购入某项环保设备,取得成本为 200 万元;

会计上采用直线法计提折旧，使用年限为10年，净残值为零。计税时按双倍余额递减法计列折旧，使用年限及净残值与会计相同。A企业适用的所得税税率为25%。假定该企业不存在其他会计与税收处理的差异，该项固定资产在期末未发生减值。

2019年资产负债表日，该项固定资产按照会计规定计提的折旧额为20万元，计税时允许扣除的折旧额为40万元，则该固定资产的账面价值180万元与其计税基础160万元的差额20万元构成应纳税暂时性差异，企业应确认相关的递延所得税负债。

借：所得税费用　　　　　　　　　　　　　　　　50 000
　　贷：递延所得税负债　　　　　　　　　　　　　　　　50 000

【例17-18】 B公司于2018年12月底购入一台机器设备，成本为21万元，预计使用年限为6年，预计净残值为0。会计上按直线法计提折旧，因该设备符合税法规定的税收优惠条件，计税时可采用年数总和法计提折旧，假定税法规定的使用年限及净残值均与会计相同。假定该公司各会计期间均未对固定资产计提减值准备，除该项固定资产产生的会计与税法之间的差异外，不存在其他会计与税收的差异。

该公司每年因固定资产账面价值与计税基础不同应予确认的递延所得税情况如表17-1所示。

表17-1　B公司应予确认的递延所得税　　　　　　　　　　　金额单位：元

序号		2019年	2020年	2021年	2022年	2023年	2024年
(1)	实际成本	210 000	210 000	210 000	210 000	210 000	210 000
(2)	累计会计折旧	35 000	70 000	105 000	140 000	175 000	210 000
(3)	账面价值(1)-(2)	175 000	140 000	105 000	70 000	35 000	0
(4)	累计税计折旧	60 000	110 000	150 000	180 000	200 000	210 000
(5)	计税基础(1)-(4)	150 000	100 000	60 000	30 000	10 000	0
(6)	暂时性差异(3)-(5)	25 000	40 000	45 000	40 000	25 000	0
(7)	适用税率	25%	25%	25%	25%	25%	25%
(8)	递延所得税负债余额(6)×(7)	6 250	10 000	11 250	10 000	6 250	0
(9)	本期确认或转回的递延所得税负债	6 250	3 750	1 250	-1 250	-3 750	-6 250

①2019年资产负债表日。

该项固定资产的账面价值=实际成本-会计折旧=210 000-35 000=175 000（元）

该项固定资产的计税基础=实际成本-税前扣除的折旧额

　　　　　　　　　　　=210 000-60 000=150 000（元）

因账面价值175 000元大于其计税基础150 000元，两者之间产生的25 000元差异，会增加未来期间的应纳税所得额和应交所得税，属于应纳税暂时性差异，应确认与其相关的递延所得税负债6 250（25 000×25%）元。

借：所得税费用　　　　　　　　　　　　　　　　6 250
　　贷：递延所得税负债　　　　　　　　　　　　　　　　6 250

②2020年资产负债表日。

该项固定资产的账面价值=210 000-35 000-35 000=140 000（元）

该项固定资产的计税基础=210 000-60 000-50 000=100 000（元）

因账面价值140 000元大于其计税基础100 000元，两者之间的差额为应纳税暂时性差异，应确认与其相关的递延所得税负债10 000元，但递延所得税负债的期初余额为6 250元，当期应进一步确认递延所得税负债3 750元。

  借：所得税费用   3 750
    贷：递延所得税负债   3 750

  ③2021年资产负债表日。

  该项固定资产的账面价值＝210 000－35 000－35 000－35 000＝105 000（元）

  该项固定资产的计税基础＝210 000－60 000－50 000－40 000＝60 000（元）

  因账面价值105 000元大于其计税基础60 000元，两者之间的差额为应纳税暂时性差异，应确认与其相关的递延所得税负债11 250元，但递延所得税负债的期初余额为10 000元，当期应进一步确认递延所得税负债1 250元。

  借：所得税费用   1 250
    贷：递延所得税负债   1 250

  ④2022年资产负债表日。

  该项固定资产的账面价值＝210 000－35 000×4＝70 000（元）

  该项固定资产的计税基础＝210 000－180 000＝30 000（元）

  因账面价值70 000元大于其计税基础30 000元，两者之间的差额为应纳税暂时性差异，应确认与其相关的递延所得税负债10 000元，但递延所得税负债的期初余额为11 250元，当期应转回原已确认的递延所得税负债1 250元。

  借：递延所得税负债   1 250
    贷：所得税费用   1 250

  ⑤2023年资产负债表日。

  该项固定资产的账面价值＝210 000－35 000×5＝35 000（元）

  该项固定资产的计税基础＝210 000－200 000＝10 000（元）

  因账面价值35 000元大于其计税基础10 000元，两者之间的差额为应纳税暂时性差异，应确认与其相关的递延所得税负债6 250元，但递延所得税负债的期初余额为10 000元，当期应转回原已确认的递延所得税负债3 750元。

  借：递延所得税负债   3 750
    贷：所得税费用   3 750

  ⑥2024年资产负债表日。

  该项固定资产的账面价值＝210 000－35 000×6＝0（元）

  该项固定资产的计税基础＝210 000－210 000＝0（元）

  该项固定资产的账面价值及计税基础均为0，两者之间不存在暂时性差异，原已确认的与该项资产相关的递延所得税负债应予全额转回，即应将原已确认的递延所得税负债6 250元全额转回。

  借：递延所得税负债   6 250
    贷：所得税费用   6 250

  （2）不确认递延所得税负债的特殊情况。

  有些情况下，虽然资产、负债的账面价值与其计税基础不同，产生了应纳税暂时性差异，但出于各方面考虑，所得税准则中规定不确认相应的递延所得税负债。

1. 商誉的初始确认

非同一控制下的企业合并中，企业合并成本大于合并中取得的被购买方可辨认净资产公允价值份额的差额，确认为商誉。因会计与税收的划分标准不同，按照税法规定作为免税合并的情况下，税法不认可商誉的价值，即从税法角度，商誉的计税基础为零，两者之间的差额形成应纳税暂时性差异，但是，确认该部分暂时性差异产生的递延所得税负债，则意味着将进一步增加商誉的价值。因商誉本身即是企业合并成本在取得的被购买方可辨认资产、负债之间进行分配后的剩余价值，确认递延所得税负债进一步增加其账面价值会影响到会计信息的可靠性，而且增加了商誉的账面价值以后，可能很快就要计提减值准备，而且其账面价值的增加还会进一步产生应纳税暂时性差异，使得递延所得税负债和商誉价值量的变化不断循环。因此，对于企业合并中产生的商誉，其账面价值与计税基础不同形成的应纳税暂时性差异，企业会计准则中规定不确认相关的递延所得税负债。

【例 17–19】 A 企业以增发市场价值为 6 000 万元的本企业普通股为对价购入 B 企业 100% 的净资产，对 B 企业进行吸收合并，合并前，A 企业与 B 企业不存在任何关联关系。假定该项合并符合税法规定的免税合并条件，交易各方选择免税处理，购买日各项可辨认资产、负债的公允价值及其计税基础如表 17–2 所示。

表 17–2 购买日各项可辨认资产、负债的公允价值及其计税基础

金额单位：万元

	公允价值	计税基础	暂时性差异
固定资产	2 700	1 550	1 150
应收账款	2 100	2 100	0
存货	1 740	1 240	500
其他应付款	(300)	0	(300)
应付账款	-1 200	-1 200	0
不包括递延所得税的可辨认资产、负债的公允价值	5 040	3 690	1 350

B 企业使用的所得税税率为 25%，该项交易中应确认递延所得税负债及商誉的金额计算如下：

可辨认净资产公允价值（不包括应确认的递延所得税）	5 040
递延所得税资产（300×25%）	+ 75
递延所得税负债（1 650×25%）	- 412.50
考虑递延所得税后可辨认净资产、负债的公允价值	4 702.50
商誉	+1297.50
企业合并成本	6 000

因该项合并符合税法规定的免税合并条件，当事各方选择免税处理的情况下，购买方在免税合并中取得的被购买方有关资产和负债应维持其原计税基础不变。被购买方原账面上未确认商誉，即商誉的计税基础为零。该项合并中所确认的商誉金额 1 297.50 万元与其计税基础零之间产生的应纳税暂时性差异，不再进一步确认相关的所得税影响。

需要注意的是，按照会计准则规定在同一控制下企业合并中确认了商誉，并按照所得税法的规定商誉在初始确认时计税基础等于账面价值的，该商誉在后续计量过程中因会计准则与规定不同产生的暂时性差异的，应确认相关的所得税影响。

2. 与子公司、联营企业、合营企业投资等相关的应纳税暂时性差异

与子公司、联营企业、合营企业投资等相关的应纳税暂时性差异一般应确认相应的递延所得税负债，但同时满足以下两个条件的除外：一是投资企业能够控制暂时性差异转回的时间；二是该暂时性差异在可预见的未来很可能不会转回。同时满足上述条件时，投资企业可以运用自身的影响力决定暂时性差异的转回，如果不希望其转回，则在可预见的未来该项暂时性差异即不会转回，从而无须确认相应的递延所得税负债。

对于采用权益法核算的长期股权投资，其账面价值与计税基础产生的有关暂时性差异是否应确认相关的所得税影响，应当考虑该投资的持有意图：

（1）对于采用权益法核算的长期股权投资，如果企业拟长期持有，则因初始投资成本的调整产生的暂时性差异预计未来期间不会转回，对未来期间不会有所得税影响；因确认投资收益产生的暂时性差异，如果在未来期间逐期分回现金股利或利润时免税，也不存在未来期间的所得税影响；因确认被投资单位其他权益变动而产生的暂时性差异，在长期持有的情况下预计未来期间也不会转回。因此，在准备长期持有的情况下，对于持有权益法的核算原的长期股权投资账面价值与计税基础之间的差异，投资企业一般不确认相关的所得税影响。

（2）对于采用权益法核算的长期股权投资，如果投资企业改变投资意图拟对外出售的情况下，按照税法的规定，企业在转让或处置投资资产时，投资资产的成本准予扣除。在持有意图由长期持有改变为拟近期出售的情况下，因长期股权投资的账面价值与计税基础不同产生的有关暂时性差异，应确认相关的所得税影响。

3. 其他情形

CAS18 规定，除企业合并以外的其他交易或事项中，如果该项交易或事项发生时既不影响会计利润，也不影响应纳税所得额，则所产生的资产、负债的初始确认金额与其计税基础不同，形成应纳税暂时性差异的，交易或事项发生时不确认相应的递延所得税负债。该规定主要是考虑到由于交易发生时既不影响会计利润，也不影响应纳税所得额，确认递延所得税负债的直接结果是增加有关资产的账面价值或是降低所确认负债的账面价值，使得资产、负债在初始确认时，违背历史成本原则，影响会计信息的可靠性。

（二）递延所得税负债的计量

递延所得税负债应以相关应纳税暂时性差异转回期间适用的所得税税率计量，即递延所得税负债应以相关应纳税暂时性差异转回期间按照税法规定适用的所得税税率计量。无论应纳税暂时性差异的转回期间如何，相关的递延所得税负债不要求折现。

无论是递延所得税资产还是递延所得税负债的计量，均应考虑资产负债表日企业预期收回资产或清偿负债方式的所得税影响，在计量递延所得税资产和递延所得税负债时，应采用与回收资产或清偿债务的预期方式相一致的税率和计税基础。例如，企业持有的某项固定资产，一般情况下是为企业的正常生产经营活动提供必要的生产条件，但在某一点上，企业决定将该固定资产对外出售，实现其为企业带来的未来经济利益，且假定税法规定长期资产处置时适用的所得税税率与一般情况有所不同，则企业在计量因该资产产生的应纳税暂时性差异或可抵扣暂时性差异的所得税影响时，应考虑该资产带来的经济利益预期实现方式的影响。

三、特殊交易或事项中涉及递延所得税的确认

（一）与直接计入所有者权益的交易或事项相关的所得税

与当期及以前直接计入所有者权益的交易或事项相关的当期所得税及递延所得税应当计入所有者权益。直接计入所有者权益的交易或事项主要有：会计政策变更采用追溯调整法或对前期差错更正采用追溯重述法调整期初留存收益、以公允价值计量且其变动计入其他综合收益的金融资产的公允价值变动、同时包含负债及权益成分的金融工具在初始确认时计入所有者权益、自用房地产转为采用公允价值模式计量的投资性房地产时公允价值大于原账面价值的差额计入其他综合收益等。

（二）与企业合并相关的递延所得税

在企业合并中，购买方取得的可抵扣暂时性差异，比如购买日取得的被购买方在以前期间发生的未弥补亏损等可抵扣暂时性差异，按照税法规定可以用于抵扣以后年度应纳税所得额，但在购买日，不符合递延所得税资产确认条件而不予以确认。购买日后12个月内如果取得新的或进一步的信息表明购买日的相关情况已经存在，预期被购买方在购买日可抵扣暂时性差异带来的经济利益能够实现的，应确认相关的递延所得税资产，同时减少商誉，商誉不足冲减的，差额部分确认为当期损益；除上述情况外，确认与企业合并相关的递延所得税资产，应当计入当期损益。

【例17-20】 A公司于2018年1月1日购买B公司80%的股权，形成非同一控制下企业合并。因会计准则规定与适用税法规定的处理方法不同，在购买日产生可抵扣暂时性差异300万元。假定购买日及未来期间企业适用的所得税税率为25%。

购买日，因预计未来期间无法取得足够的应纳税所得额，未确认与可抵扣暂时性差异相关的递延所得税资产75万余。购买日确认的商誉为50万元。

在购买日后6个月，甲公司预计能够产生足够的应纳税所得额用以抵扣企业合并时产生的可抵扣暂时性差异300万元，且该事实于购买日已经存在，则甲公司应作如下会计处理：

借：递延所得税资产　　　　　　　　　　750 000
　　贷：商誉　　　　　　　　　　　　　　　　500 000
　　　　所得税费用　　　　　　　　　　　　　250 000

假定，在购买日后6个月，甲公司根据新的事实预计能够产生足够的应纳税所得额用以抵扣企业合并时产生的可抵扣暂时性差异300万元，且该新的事实于购买日并不存在，则甲公司应作如下会计处理：

借：递延所得税资产　　　　　　　　　　750 000
　　贷：所得税费用　　　　　　　　　　　　　750 000

（三）与股份支付相关的当期及递延所得税

与股份支付相关的支出在按照会计准则规定确认为成本费用时，其相关的所得税影响应区别于税法的规定进行处理：如果税法规定与股份支付相关的支出不允许税前扣除，则不形

成暂时性差异；如果税法规定与股份支付相关的支出允许税前扣除，在按照会计准则规定确认成本费用的期间内，企业应当根据会计期末取得的信息估计可税前扣除的金额计算确定其计税基础及由此产生的暂时性差异，符合确认条件的情况下，应当确认相关的递延所得税。

四、适用税率变化对已确认递延所得税资产和递延所得税负债的影响

因税收法规的变法，导致企业在某一会计期间适用的所得税税率发生变化的，企业应对已确认的递延所得税资产和递延所得税负债按照新的税率进行重新计量。递延所得税资产和所得税负债的金额代表的是有关可抵扣暂时性差异或应纳税暂时性差异于未来期间转回时，导致企业应交所得税金额的减少或增加的情况。适用税率变动的情况下，应对原已确认的递延所得税资产及递延所得税负债的金额进行调整。

除直接计入所有者权益的交易或事项产生的递延所得税资产及递延所得税负债，相关调整金额应计入所有者权益以外，其他情况下产生的调整金额应确认为税率变化当期的所得税费用（或收益）。

第四节 所得税费用的确认与计量

所得税会计的主要目的之一是为了确定当期应交所得税以及利润表中的所得税费用。在按照资产负债表债务法核算所得税的情况下，利润表中的所得税费用包括当期所得税和递延所得税两个部分。

一、当期所得税

当期所得税，是指企业按照税法规定计算确定的针对当期发生的交易和事项，应交纳给税务部门的所得税金额，即应交所得税，应以适用的税收法规为基础计算确定。当期所得税应按照下列公式确定：

$$当期所得税 = 当期应交所得税$$

企业在确定当期所得税时，对于当期发生的交易或事项，会计处理与税收处理不同的，应在会计利润的基础上，按照适用税收法规的要求进行调整，计算出当期应纳税所得额，按照应纳税所得额与适用所得税税率计算确定当期应交所得税。一般情况下，应纳税所得额可在会计利润的基础上，考虑会计准则要求与税收法规之间的差异，按照下列公式计算确定：

应纳税所得额 = 会计利润 + 按照会计准则规定计入利润表但计税时不允许税前扣除的费用
± 计入利润表的费用与按照税法规定可予税前抵的金额之间的差额
± 计入利润表的收入与按照税法规定应计入应纳税所得额的收入之间的差额
− 税法规定的不征税收入 ± 其他需要调整的因素

二、递延所得税

递延所得税，是指按照企业会计准则规定应予确认的递延所得税资产和递延所得税负债在期末应有的金额相对于原已确认金额之间的差额，即递延所得税资产及递延所得税负债的

当期发生额，但不包括直接计入所有者权益的交易或事项及企业合并的所得税影响。用公式表示即为：

递延所得税 = 递延所得税负债期末余额 - 递延所得税负债期初余额
－（递延所得税资产期末余额 - 递延所得税资产期初余额）

值得注意的是，企业因确认递延所得税资产和递延所得税负债产生的递延所得税，一般应当计入所得税费用，但以下两种情况除外：

（1）如果某项交易或事项按照企业会计准则规定应计入所有者权益的，由该交易或事项产生的递延所得税资产或递延所得税负债及其变化亦应计入所有者权益，不构成利润表中的递延所得税费用（或收益）。

【例 17-21】 A企业持有的某项以公允价值计量且其变动计入其他综合收益金融资产，成本为500万元，会计期末，其公允价值为600万元，该企业适用的所得税税率为25%。除该事项外，该企业不存在其他会计与税法之间的差异，且递延所得税资产和递延所得税负债不存在期初余额。

①会计期末在确认100万元的公允价值变动时，账务处理为：

借：其他债权投资——公允价值变动　　　　　　1 000 000
　　贷：其他综合收益　　　　　　　　　　　　　　　　1 000 000

②确认应纳税暂时性差异的所得税影响时，账务处理为：

借：其他综合收益　　　　　　　　　　　　　　250 000
　　贷：递延所得税负债　　　　　　　　　　　　　　　250 000

（2）企业合并中取得的资产、负债，其账面价值与计税基础不同，应确认相关递延所得税的，该递延所得税的确认影响合并中产生的商誉或者是计入当期损益的金额，不影响所得税费用，有关举例见例17-19。

三、所得税费用

利润表中的所得税费用由两个部分组成：当期所得税和递延所得税，即

所得税费用 = 当期所得税 + 递延所得税

【例 17-22】 A公司2018年度利润表中利润总额为1 200万元，该公司适用的所得税税率为25%。递延所得税资产和递延所得税负债不存在期初余额。2018年发生的有关交易和事项中，会计处理与税收处理存在的差别有：

（1）2018年1月2日开始计提折旧的一项固定资产，成本为600万元，使用年限为10年，净残值为零，会计处理按双倍余额递减法计提折旧，税收处理按直线法计提折旧。假定税法规定的使用年限及净残值与会计规定相同。

（2）向关联企业提供现金捐赠200万元。假定按照税法规定，企业向关联方的捐赠不允许税前扣除。

（3）当期取得作为交易性金融资产核算的股票投资成本为800万元，2018年12月31日的公允价值为1 100万元。税法规定，以公允价值计量的金融资产持有期间的市价变动不计入应纳税所得额。

（4）应付违反环保法规定罚款100万元。

（5）期末对持有的存货计提了30万元的存货跌价准备。

本例的计算与会计处理如下：

(1) 计算 2018 年度当期应交所得税。

应纳税所得额 = 1 200 + 60 + 200 - 300 + 100 + 30 = 1 290（万元）

应交所得税 = 1 290 × 25% = 322.5（万元）

(2) 计算 2018 年度递延所得税。

该公司 2018 年资产负债表相关项目金额及其计税基础见表 17 - 3。

表 17 - 3　公司 2018 年资产负债表相关项目金额及其计税基础　　金额单位：元

项目	账面价值	计税基础	差异	
			应纳税暂时性差异	可抵扣暂时性差异
存货	8 000 000	8 300 000		300 000
固定资产：				
固定资产原值	6 000 000	6 000 000		
减：累计折旧	1 200 000	600 000		
减：固定资产减值准备	0	0		
固定资产账面价值	4 800 000	5 400 000		600 000
以公允价值计量且其变动计入当期损益的金融资产	11 000 000	8 000 000	3 000 000	
其他应付款	1 000 000	1 000 000		
总计			3 000 000	900 000

递延所得税资产 = 90 × 25% = 22.5（万元）

递延所得税负债 = 300 × 25% = 75（万元）

递延所得税 = 3 000 000 × 25% - 900 000 × 25% = 52.5（万元）

(3) 利润表中应确认的所得税费用及其会计处理。

所得税费用 = 322.5 + 52.5 = 370（万元）

借：所得税费用　　　　　　　　　　　　　3 750 000
　　递延所得税资产　　　　　　　　　　　　225 000
　　　贷：应交税费——应交所得税　　　　　　　　3 225 000
　　　　　递延所得税负债　　　　　　　　　　　　　750 000

【例 17 - 23】　沿用例 17 - 22 的资料，假定 A 公司 2019 年当期应交所得税为 462 万元。资产负债表中有关资产、负债的账面价值与其计税基础相关资料见表 17 - 4，除所列项目外，其他资产、负债项目不存在会计和税收的差异。

表 17 - 4　A 公司有关资产、负债的账面价值与其计税基础相关资料　　金额单位：元

项目	账面价值	计税基础	差异	
			应纳税暂时性差异	可抵扣暂时性差异
存货	16 000 000	16 800 000		800 000
固定资产：				
固定资产原值	6 000 000	6 000 000		
减：累计折旧	2 160 000	1 200 000		
减：固定资产减值准备	200 000	0		

续表

项目	账面价值	计税基础	差异	
			应纳税暂时性差异	可抵扣暂时性差异
固定资产账面价值	3 640 000	4 800 000		1 160 000
以公允价值计量且其变动计入当期损益的金融资产	5 400 000	2 700 000	2 700 000	
预计负债	1 000 000	0		1 000 000
总计			2 700 000	2 960 000

(1) 当期应交所得税为 462 万元。
(2) 当期递延所得税。
①期末递延所得税负债　　　　　　　　　　（2 700 000×25%）675 000
　期初递延所得税负债　　　　　　　　　　　　　　　　　　750 000
　递延所得税负债减少　　　　　　　　　　　　　　　　　　 75 000
②期末递延所得税资产　　　　　　　　　　（2 960 000×25%）740 000
　期初递延所得税资产　　　　　　　　　　　　　　　　　　225 000
　递延所得税资产增加　　　　　　　　　　　　　　　　　　515 000
递延所得税费用（收益）= -7.5 - 51.5 = -59（万元）
(3) 确认所得税费用。
所得税费用 = 462 - 59 = 403（万元）
借：所得税费用　　　　　　　　　　　　　 4 030 000
　　递延所得税资产　　　　　　　　　　　　 515 000
　　递延所得税负债　　　　　　　　　　　　 75 000
　　贷：应交税费——应交所得税　　　　　　　　　　　　4 620 000

四、合并财务报表中因抵消未实现内部销售损益产生的递延所得税

企业在编制合并财务报表时，因抵消未实现内部销售损益导致合并资产负债表中资产、负债的账面价值与其在纳入合并范围的企业按适用税法规定确定的计税基础之间产生的暂时性差异的，在合并资产负债表中应当确认递延所得税资产或递延所得税负债，同时调整合并利润表中的所得税费用，但与直接计入所有者权益的交易或事项及企业合并相关的递延所得税除外。

企业在编制合并财务报表时，按照合并报表的编制原则，应将纳入合并范围的企业之间发生的未实现内部交易损益予以抵消，因此对于所涉及的资产负债项目在合并资产负债表中列示的价值与其所属的企业个别资产负债表中的价值会不同，并进而可能产生与有关资产、负债所属个别纳税主体计税基础的不同，从合并财务报表作为一个完整经济主体的角度，应当确认该暂时性差异的所得税影响。

【例 17-24】 甲公司拥有乙公司 80% 有表决权股份，能够控制乙公司的生产经营决策。2018 年 9 月份甲公司以 800 万元将自产产品一批销售给乙公司，该批产品在甲公司的生产成本为 500 万元。至 2018 年 12 月 31 日，乙公司尚未对外销售该批商品。假定涉及商品未发生减值。甲、乙公司适用的所得税税率为 25%，且在未来期间预计不会发生变化。

税法规定，企业的存货以历史成本作为计税基础。

（1）甲公司在编制合并财务报表时，对于与乙公司发生的内部交易应进行以下抵销处理：

借：营业收入　　　　　　　　　　8 000 000
　　贷：营业成本　　　　　　　　　　　　　5 000 000
　　　　存货　　　　　　　　　　　　　　　3 000 000

（2）经过上述抵消处理后，该项内部交易中涉及的存货在合并资产负债表中体现的价值为500万元，即未发生减值的情况下，为出售方的成本，其计税基础为800万元；两者之间产生了300万元可抵扣暂时性差异，与暂时性差异相关的递延所得税在乙公司并未确认，为此在合并报表中应进行以下处理：

借：递延所得税资产　　　　　　　750 000
　　贷：所得税费用　　　　　　　　　　　　 750 000

五、所得税的列报

企业对所得税的核算结果，除利润表中列示的所得税费用以外，在资产负债表中形成的应交税费（应交所得税）以及递延所得税资产和递延所得税负债应当遵循准则规定列报。其中，递延所得税资产和递延所得税负债一般应当分别作为非流动资产和非流动负债在资产负债表中列示，所得税费用应当在利润表中单独列示，同时还应在附注中披露与所得税有关的信息。

一般情况下，在个别财务报表中，当期所得税资产与负债及递延所得税资产及递延所得税负债可以以抵消后的净额列示。在合并财务报表中，纳入合并范围的企业中，一方的当期所得税资产或递延所得税资产与另一方的当期所得税负债或递延所得税负债一般不能予以抵消，除非所涉及的企业具有以净额结算的法定权利并且意图以净额结算。

◆◆ 本章小结 ◆◆

本章概述了所得税会计的产生与发展；重点讨论了资产、负债计税基础和暂时性差异的确定；难点是递延所得税资产、递延所得税负债以及所得税费用的确认与计量，应正确区分应纳税暂时性差异与可抵扣暂时性差异，在符合条件的情况下，分别确认与其相关的递延所得税负债和递延所得税资产；根据当期确认或转销的递延所得税资产和递延所得税负债确定递延所得税，根据当期应交所得税和递延所得税确定当期所得税费用。

◆◆ 重点概念 ◆◆

资产负债表债务法、账面价值、计税基础、暂时性差异、应纳税暂时性差异、可抵扣暂时性差异、递延所得税资产、递延所得税负债、所得税费用。

◆◆ 思 考 题 ◆◆

1. 说明按照资产负债表债务法核算所得税的基本原理。

2. 举例说明资产、负债计税基础的确定及其含义。

3. 指出下列项目哪些会形成暂时性差异？若会形成暂时性差异，应确认相关的递延所得税资产还是递延所得税负债？

（1）以 1 200 000 元购入一项固定资产，当期会计折旧为 100 000 元，计税时就该项固定资产税前扣除的折旧为 400 000 元。

（2）当期购入到期一次还本付息的国债，确认国债利息收入 20 000 元。

（3）确认应享有联营企业当期实现的净利润 200 000 元，联营企业尚未派发现金股利或利润。投资企业与联营企业适用的所得税税率相同。

第十八章

会计政策、会计估计变更和差错更正

> **内容提要：**▲会计政策及其变更　▲会计估计及其变更　▲会计差错更正
>
> **学习目的及要求：** 通过本章学习，熟悉会计政策的定义、会计政策的特点；了解企业需要披露的会计政策和会计政策变更的条件；掌握会计政策变更的会计处理方法，即追溯调整法和未来适用法；掌握会计政策变更的会计处理方法的选择条件；了解会计政策变更的披露；熟悉会计估计的概念及特点；了解会计估计变更的原因；掌握会计估计变更的会计处理方法；了解会计差错的含义及生产会计差错的原因；掌握会计差错更正的会计处理，即追溯重述法和未来适用法；熟悉会计差错更正的披露及滥用会计政策、会计估计及其变更的表现形式。

　　会计政策、会计估计变更是市场经济环境下，企业在经营过程中经常发生的经济事项，是企业根据经济环境的变化，对所采用的会计原则和方法等作出适时和有效的调整，是企业对相同的交易或事项由原来采用的会计政策改用另一会计政策的行为。由于企业会计政策、会计估计变更必然会直接引起一定时期费用、成本、收入、利润、资产价值和国家税收等的变动，并最终导致社会财富重新分配的经济后果，因此，会计政策变更的本质实际是一种社会利益的调整。对其能否实施有效的控制和规范，不但关系到企业会计信息的质量，而且对整个国民经济的良性发展都会产生重要的影响。为了规范会计政策、会计估计变更和前期差错的更正，许多国家或地区以及 IASB 都发布了相关会计准则。例如 IASB 发布的《IAS8 会计政策、会计估计和差错》(*IAS8 Accounting Policies, Changes in Accounting Estimates and Errors*, 2003 年修订) 以及 FASB2005 年发布的《FAS154 会计变更和差错纠正》(*Accounting Changes and Error Corrections—a replacement of APB Opinion No. 20 and FASB Statement No. 3*) 等。澳大利亚和中国香港也制定了类似的准则。我国于 1999 年 1 月开始实施《企业会计准则——会计政策、会计估计变更和会计差错更正》，于 2001 年进行了修订，2006 年再次修订为《CAS28 会计政策、会计估计变更和会计差错更正》。

　　本章根据 CAS28 的相关规定，并参照 IASB 和其他国家相关会计准则编写，内容主要包括会计政策、会计估计变更和前期差错更正，重点介绍会计政策变更的追溯调整法和未来适用法。

第一节 会计政策及其变更

一、会计政策变更概述

(一) 会计政策的定义

我国《CAS28 会计政策、会计估计变更和会计差错的更正》对会计政策（accounting policies）定义如下：会计政策是指企业在会计确认、计量和报告中所采用的原则、基础和会计处理方法。其中，原则是指按照企业会计准则规定的、适合企业会计核算的具体会计原则；基础是指为了将会计原则应用于交易或者事项而采用的基础，如计量基础（即计量属性），包括历史成本、重置成本、可变现净值、现值和公允价值等；会计处理方法是指企业在会计核算中按照法律、行政法规或者国家统一的会计制度等规定采用或者选择的、适合本企业的具体会计处理方法。

(二) 会计政策的特点

1. 企业应在国家统一的会计制度规定的会计政策范围内选择适用的会计政策

（1）会计政策的选择性。会计政策是在允许的会计原则、计量基础和会计处理方法中作出指定或具体选择。由于企业经济业务的复杂性和多样化，某些经济业务可以有多种会计处理方法，也即存在不只一种可供选择的会计政策。例如，《CAS1 存货》规定，企业应当采用先进先出法、加权平均法或者个别计价法确定发出存货的实际成本。企业在发生某项经济业务时，必须从允许选用的会计原则、基础和会计处理方法中选择适合本企业实际情况的会计政策。

（2）会计政策应当在会计准则规定的范围内选择。在我国，会计准则和会计制度属于行政法规，会计政策所包括的具体会计准则、计量基础和具体会计处理方法由会计准则或会计制度规定，具有一定的强制性。企业必须在法规所允许的范围内选择适合本企业实际情况的会计政策，即企业在发生某项经济业务时，必须从允许的会计原则、计量基础和会计处理方法中选择适合本企业特点的会计政策。会计政策的选择应考虑谨慎、实质重于形式和重要性三个方面，并且不能超出国家统一的会计政策所允许选用的会计政策范围。

2. 会计政策的层次性

会计政策包括会计原则、计量基础和会计处理方法三个层次。

会计原则有一般原则和特定原则。会计政策所指的会计原则是指某一类会计业务的核算所应遵循的特定原则，而不是笼统地指所有会计原则。例如，借款费用是费用化还是资本化，即属于特定会计原则。在我国，企业发生的借款费用，可直接归属于符合资本化条件的资产的购建或生产的，应当予以资本化，计入相关资本成本；其他借款费用，应当在发生时根据其发生额确认为费用，计入当期损益。客观性、及时性、实质重于形式等属于会计信息质量要求，是为了满足会计信息质量要求而制定的原则，是统一的、不可选择的，不属于特定原则。

会计基础，主要是指会计确认基础和会计计量基础。从会计实务的角度看，可供选择的会计确认基础有权责发生制和收付实现制。在我国，企业应当采用权责发生制作为会计确认基础。会计计量基础主要包括历史成本、重置成本、可变现净值、现值和公允价值等。企业在进行会计核算时，应当按照国家统一的会计制度选择和使用会计基础。

具体的会计处理方法，是指企业根据国家统一的会计制度允许选择的、对某一类会计业务的具体处理方法作出的具体选择。例如，《CAS4 固定资产》允许在年限平均法、工作量法、双倍余额递减法和年数总和法之间进行固定资产折旧方法的选择，这些方法就是具体的会计处理方法。

会计原则、计量基础和会计处理方法三者是一个具有逻辑性的、密不可分的整体，通过这个整体，会计政策才能得以应用和落实。

3. 企业所采用的会计政策是企业进行会计核算的基础

企业在国家统一的会计制度允许选择的会计政策中选择适用的具体会计原则、会计基础和会计处理方法，是企业进行会计核算的基础。例如，采用实际成本核算存货的领用和发出的企业，对于发出或销售的存货如果选择采用先进先出法确定其实际成本，则应按照先进先出法确定发出或销售存货成本的要求进行会计核算。

4. 会计政策应当保持前后各期的一致性

会计信息使用者需要比较一个以上期间的会计信息，以判断企业的财务状况、经营成果和现金流量的趋势。因此，企业通常应在每期采用相同的会计政策。即企业在进行会计核算时，应当以会计信息质量特征为指导，根据选择的具体会计原则、会计基础和会计处理方法进行确认、计量和报告。企业选用的会计政策一般情况下不能也不应当随意变更，以保持会计信息的可比性。

5. 实务中交易或事项的会计处理

实务中某项交易或事项的会计处理，具体准则或《企业会计准则应用指南》未作规范的，应当根据《企业会计准则——基本准则》规定的原则、基础和方法进行处理；待作出具体规定时，从其规定。

企业应当披露采用的重要会计政策，不具有重要性的会计政策可以不予披露。判断会计政策是否重要，应当考虑与会计政策相关的项目的性质和金额。企业应当披露的重要会计政策主要包括：

（1）财务报表的编制基础、计量基础和会计政策的确定依据等。

（2）合并政策，是指编制合并财务报表所采纳的原则。例如，母公司与子公司的会计年度不一致的处理原则；合并范围的确定原则；母公司与子公司所采用的会计政策不一致的处理原则，等等。

（3）外币折算，是指外币折算所采用的方法以及汇兑差额的处理。例如，外币报表折算是采用现行汇率法，还是采用时态法或其他方法；发生的外币业务汇兑差额是计入发生当期的费用，还是资本化计入所购建固定资产的成本。

（4）收入确认，是指收入确认所采用的会计原则。例如，企业确认收入时要同时满足已将商品所有权上的主要风险和报酬转移给购货方、收入的金额能够可靠地计量、相关经济利益很可能流入企业等条件。

（5）合同收入与费用的确认，是指确认建造合同的收入和费用所采用的会计处理方法。例如，企业确认建造合同的合同收入和合同费用采用完工百分比法。

（6）发出存货成本的计量，是指企业确定发出存货成本所采用的会计处理。如企业发出和领用的存货是采用先进先出法，还是采用国家统一的会计制度所允许的其他计价方法；存货的期末计价是采用历史成本法，还是采用成本与可变现净值孰低法。

（7）长期股权投资的后续计量，是指企业取得长期股权投资后的具体会计处理方法。如长期股权投资是采用成本法核算，还是采用权益法核算。

（8）投资性房地产的后续计量，是指企业在资产负债表日对投资性房地产进行后续计量所采用的计量方法。例如，企业对投资性房地产的后续计量是采用成本模式，还是采用公允价值模式。

（9）固定资产的初始计量，是指对取得的固定资产初始成本的计量。例如，企业取得的固定资产初始成本是以购买价款，还是以购买价款的现值为基础进行计量。

（10）生物资产的初始计量，是指对取得的生物资产初始成本的计量。例如，企业为取得生物资产而产生的借款费用，是予以资本化，还是计入当期损益。

（11）无形资产的确认，是指对无形项目的支出是否确认为无形资产。例如，企业内部研究开发项目开发阶段的支出是确认为无形资产，还是在发生时计入当期损益。

（12）坏账损失的核算，是指坏账损失的具体会计处理方法。例如，对坏账损失是采用直接转销法，还是采用备抵法进行核算。

（13）借款费用的处理，是指借款费用的处理方法。例如，借款费用是资本化，还是计入当期损益。

（三）会计政策变更的概念

会计政策变更，是指企业对相同的交易或事项由原来采用的会计政策改用另一会计政策的行为。为保证会计信息的可比性，使财务报告使用者在比较企业一个以上期间的财务报表时，能够正确判断企业财务状况、经营成果和现金流量的趋势。一般情况下，企业采用的会计政策，在每一会计期间和前后各期应当保持一致，不得随意变更；否则，势必削弱会计信息的可比性，使财务报告使用者在比较企业的经营成果时发生困难。

企业不能随意变更会计政策并不意味着企业的会计政策在任何情况下均不能变更。《企业会计准则——基本准则》规定，企业提供的会计信息应当具有可比性。同一企业不同时期发生的相同或者相似的交易或事项，应当采用一致的会计政策，不能随意变更。确需变更的，应当在附注中说明。不同企业发生的相同或相似的交易或事项，应当采用规定的会计政策，确保会计信息口径一致，相互可比。

二、会计政策变更的条件

我国 CAS28 规定，企业应当按照会计准则和会计制度规定的原则和方法进行核算，各期采用的会计原则和方法应当保持一致，不得任意变更。若确实需要变更会计政策，则应将变更的情况、变更的原因及其对企业财务状况和经营成果的影响，在财务报表中说明。

会计政策变更，并不意味着以前期间的会计政策是错误的，只是由于情况发生了变化，或者掌握了新的信息、积累了更多的经验，使得变更会计政策能够更好地反映企业的财务状况、经营成果和现金流量。如果以前期间会计政策的选择和运用是错误的，则属于前期差错，应按前期差错更正的会计处理方法进行会计处理。符合下列条件之一，企业可以变更会计政策：

（一）法律、行政法规或国家统一的会计制度等要求变更

这种情况是指按照法律、行政法规以及国家统一的会计制度的规定，要求企业采用新的会计政策。在这种情况下，企业应按规定改变原会计政策，采用新的会计政策。例如，《CAS16 政府补助》发布实施以后，对政府补助的确认、计量和相关信息的披露应采用新的会计政策；再如，实施《CAS8 资产减值》的企业，对固定资产、无形资产等计提的减值准备不得转回。

（二）会计政策的变更能够提供更可靠、更相关的会计信息

这一情况是指由于经济环境、客观情况的改变，使企业原来采用的会计政策所提供的会计信息，已不能恰当地反映企业的财务状况、经营成果和现金流量等情况。在这种情况下，应改变原有会计政策，按新的会计政策进行核算，以对外提供更可靠性、更相关的会计信息。

需要注意的是，除法律、行政法规或者国家统一的会计制度要求变更会计政策应当按照规定执行和披露外，企业因满足上述第（二）条的条件变更会计政策时，必须有充分、合理的证据表明其变更的合理性，并说明变更会计政策后，能够提供关于企业财务状况、经营成果和现金流量等更可靠性、更相关会计信息的理由。对会计政策的变更，应经股东大会或董事会等类似机构批准。如无充分、合理的证据表明会计政策变更的合理性或者未经股东大会或董事会等类似机构批准擅自变更会计政策的，或者连续、反复地自行变更会计政策的，视为滥用会计政策，按照前期差错更正的方法进行处理。

对会计政策变更的认定，直接影响到会计处理方法的选择。实务中，企业应当分清哪些情形属于会计政策变更，哪些情形不属于会计政策变更。下列情形不属于会计政策变更：

1. 本期发生的交易或事项与以前相比具有本质差别而采用新的会计政策

会计政策总是针对一定类型的交易或事项的，如果发生的交易或事项与其他交易或事项有本质区别，那么，企业实际上是为新的交易或事项选择适当的会计政策，并没有改变原有的会计政策。例如，某企业以往租入设备都是为了满足临时经营需要，按合同条款将其确认为经营租赁，并采用了经营租赁会计处理方法，但自本年度起租入的设备均采用融资租赁方式，因而采用了融资租赁会计处理方法。由于经营租赁和融资租赁有着本质差别，因而改变会计政策不属于会计政策变更。

2. 对初次发生的或不重要的交易或事项采用新的会计政策

与上述第一种情况相类似，初次发生某类交易或事项，或者不重要的交易或事项，采用适当的会计政策，并没有改变原有的会计政策。例如，某企业第一次签订一项建造合同，为另一企业建造三栋厂房，该企业对该项建造合同采用完工百分比法进行核算。由于该企业初

次发生该项交易，采用完工百分比法确认该项交易的收入，不属于会计政策变更。又如，某公司原在生产经营过程中使用少量的低值易耗品，并且价值较低，故企业于领用低值易耗品时一次计入费用，而该企业于近期转产，生产新的产品，所需低值易耗品比较多，且价值较大，企业对领用的低值易耗品处理方法改为分期摊销的方法计入费用。该企业改变低值易耗品处理方法后，对损益的影响并不大，并且低值易耗品通常在企业生产经营中所占的比例不大，属于不重要的事项，因而改变会计政策不属于会计政策变更。

三、会计政策变更的会计处理

企业依据法律、行政法规或国家统一的会计制度等要求变更会计政策的，应当按照国家相关规定执行。例如，财政部发布并于2007年1月1日执行的《CAS38 首次执行企业会计准则》对首次执行企业会计准则涉及长期股权投资的会计调整作了如下规定：

（1）根据《CAS20 企业合并》属于同一控制下企业合并产生的长期股权投资，尚未摊销完毕的股权投资差额应全额冲销，并调整留存收益，以冲销股权投资差额后长期股权投资账面余额作为首次执行日的认定成本。

（2）除上述（1）以外的其他采用权益法核算的长期股权投资，存在股权投资贷方差额的，应冲销贷方差额，调整留存收益，并以冲销贷方差额后的长期股权投资账面余额作为首次执行日的认定成本；存在股权投资借方差额的，应当将长期股权投资的账面余额作为首次执行日的认定成本。

会计政策的变更能够提供更可靠、更相关的会计信息的，应当采用追溯调整法处理，将会计政策变更的累积影响数调整列报前期最早期初留存收益，其他相关项目的期初余额和列报前期披露的其他比较数据也应当一并调整，但确定该项会计政策变更的累积影响数不切实可行的除外。

（一）追溯调整法

追溯调整法，指对某项交易或事项变更会计政策时，视同该交易或事项初次发生时即采用变更后的会计政策，并以此对财务报表相关项目进行调整的方法。

追溯调整法的运用通常由以下步骤构成。

（1）计算确定会计政策变更的累积影响数。

会计政策变更累积影响数，是指按变更后的会计政策对以前各期追溯计算的列报前期最早期初留存收益应有金额与现有金额之间的差额。根据上述定义的表述，会计政策变更的累积影响数可以分解为以下两个金额之间的差额：

①在变更会计政策当期，按变更后的会计政策对以前各期追溯计算，所得到的列报前期最早期初留存收益金额。

②在变更会计政策当期，列报前期最早期初留存收益金额。上述留存收益金额，包括盈余公积和未分配利润等项目。例如，由于会计政策变化，增加了以前期间可供分配的利润，该企业通常按净利润的20%分派现金股利。但在计算调整会计政策变更当期期初的留存收益时，不应当考虑由于以前期间净利润的变化而需要分派的现金股利。

在财务报表只提供列报项目上一个可比会计期间比较数据的情况下，上述第（2）项，在变更会计政策当期，列报前期最早期初留存收益金额，即为上期资产负债表所反映的期初留存收益，可以从上年资产负债表项目中获得；需要计算确定的是第（1）项，即按变更后的会计政策对以前各期追溯计算，所得到的上期期初留存收益金额。追溯调整后的留存收益金额，是指扣除所得税后的净额，即按新的会计政策计算确定留存收益时，应当考虑由于损益变化所导致的补记所得税或减征所得税的情况。

会计政策变更的累积影响数，通常可以通过以下几个步骤计算获得：

第一步，根据新的会计政策重新计算受影响的前期交易或事项；

第二步，计算两种会计政策下的差异；

第三步，计算差异的所得税影响金额；

第四步，确定前期中每一期的税后差异；

第五步，计算会计政策变更的累积影响数。

（2）进行相关的账务处理。

（3）调整报表相关项目。

（4）报表附注说明。

采用追溯调整法时，会计政策变更的累积影响数应包括在变更当期期初留存收益中。如果提供可比财务报表，对于比较财务报表期间的会计政策变更，应当调整比较期间各期的净损益各项目和财务报表其他相关项目，视同该政策在比较财务报表期间一直采用。对于比较财务报表可比期间以前的会计政策变更的累积影响数，应当调整比较财务报表最早期间的期初留存收益，财务报表其他相关项目的数字也应一并调整。

【例18-1】 2017年1月1日，甲股份有限公司按照企业会计准则规定，对建造合同的收入确认由完成合同法改为按完工百分比法，公司保存的会计资料比较齐备，可以通过会计资料追溯计算。假设所得税税率为25%，税法按完工百分比法计算收入并计入应纳税所得额。假设甲公司的应纳税所得额与会计利润一致，不存在差异。该公司按净利润的10%提取法定盈余公积。两种方法计算的税前会计利润见表18-1。

表18-1 不同方法确认的建造合同税前会计利润　　　　金额单位：元

年度	完工百分比法	完成合同法
2013年以前	2 000 000	1 500 000
2013年	1 200 000	1 000 000
2014年	90 000	1 200 000
2015年	1 000 000	800 000
2016年	1 300 000	1 100 000
2017年	1 500 000	1 600 000

根据上述资料，甲股份有限公司的会计处理如下：

（1）计算改变建造合同收入确认方法后的累积影响数，见表18-2。

表18-2 改变建造合同收入确认方法后的累积影响数　　　　金额单位：元

年度	完工百分比法	完成合同法	税前差异	所得税影响	税后差异
2013年以前	2 000 000	1 500 000	500 000	125 000	375 000
2013年	1 200 000	1 000 000	200 000	50 000	150 000
2014年	90 000	1 200 000	-300 000	-75 000	-225 000
2015年	1 000 000	800 000	200 000	50 000	150 000

续表

年度	完工百分比法	完成合同法	税前差异	所得税影响	税后差异
2016 年	1 300 000	1 100 000	200 000	50 000	150 000
小计	6 400 000	5 600 000	800 000	200 000	600 000
2017 年	1 500 000	1 600 000	-100 000	-25 000	-75 000
总计	7 900 000	7 200 000	700 000	175 000	525 000

甲股份有限公司在 2017 年以前按完工百分比法计算的税前利润为 640 万元，按完成合同法计算的税前利润为 560 万元，两者的所得税影响合计为 20 万元，两者差异的税后净影响额为 60 万元，即为该公司完成合同法改为完工百分比法的"累积影响数"。

（2）进行相关的账务处理。

①调整会计政策变更累积影响数。

借：工程施工　　　　　　　　　　　　　　800 000

　　贷：利润分配——未分配利润　　　　　　　　　　600 000

　　　　递延所得税负债　　　　　　　　　　　　　　200 000

②调整利润分配。

借：利润分配——未分配利润（600 000×10%）　60 000

　　贷：盈余公积　　　　　　　　　　　　　　　　　60 000

（3）调整报表相关项目。

企业在会计政策变更当年，应当调整资产负债表年初留存收益数，以及利润及利润分配表上年数栏有关项目。

甲公司在编制 2017 年度财务报表时，应当调整资产负债表（表 18-3）年初数；利润表（表 18-4）、股东权益变动数也应作相应调整。2017 年 12 月 31 日资产负债表的期末数栏、股东权益变动表（表 18-5）的未分配利润项目上年数栏应以调整后的数字为基础编制。

表 18-3　资产负债表

编制单位：甲股份有限公司　　　　2017 年 12 月 31 日　　　　　　　　金额单位：元

| 资产 | 年初数 | | 负债和所有者权益 | 年初数 | |
	调整前	调整后		调整前	调整后
……			……		
存货	9 800 000	10 600 000	盈余公积	1 700 000	1 760 000
			未分配利润	600 000	1 140 000

表 18-4　利润表

编制单位：甲股份有限公司　　　　2017 年度　　　　　　　　金额单位：元

| 项目 | 上期金额 | |
	调整前	调整后
一、营业收入	18 000 000	18 500 000
减：营业成本	13 000 000	13 300 000
……		

续表

项目	上期金额	
	调整前	调整后
二、营业利润	3 900 000	4 100 000
……		
三、利润总额	4 060 000	4 260 000
减：所得税费用	1 339 800	1 065 000
四、净利润	2 720 200	3 195 000
……		

表18-5　股东权益变动表

编制单位：甲股份有限公司　　　　　　2017年度　　　　　　　　金额单位：元

项目		上年金额		
	……	盈余公积	未分配利润	……
一、上年年末余额		1 700 000	600 000	
加：会计政策变更		6 0000	540 000	
前期差错更正				
二、本年年初余额		1 760 000	1140 000	
……				

（4）附注说明。

2017年甲股份有限公司按照企业会计准则规定，对建造合同的收入确认由完成合同法改为完工百分比法。此项会计政策变更采用追溯调整法，2016年的比较报表已重新表述。2017年运用新的方法追溯调整计算的会计政策变更累积影响数为60万元。会计政策变更对2017年损益的影响为减少利润7.5万元，对2016年度报告的损益的影响为增加净利润15万元，调增2016年的期初留存收益45万元，其中，调增未分配利润40.5万元。

（二）未来适用法

确定会计政策变更对列报前期影响数不切实可行的，应当从可追溯调整的最早期间期初开始应用变更后的会计政策。在当期期初确定会计政策变更对以前各期累积影响数不切实可行的，应当采用未来适用法处理。

1. 不切实可行的判断

不切实可行，是指企业在采取合理的方法后，仍然不能获得采用某项规定所必需的相关信息，而导致无法采用该项规定，则该项规定在此时是不切实可行的。

对于以下特定前期，对某项会计政策变更应用追溯调整法或进行追溯重述以更正一项前期差错是不切实可行的：

（1）应用追溯调整法或追溯重述法的累积数不能确定。

（2）应用追溯调整法或追溯重述法要求对管理层在该期当时的意图作出假定。

（3）应用追溯调整法或追溯重述法要求对有关金额进行重新估计，并且不可能将提供有关交易发生时存在状况的证据（例如，有关金额确认、计量或披露日期存在事实的证据，以及在受变更影响的当期和未来期间确认会计政策变更的影响的证据）和该期间财务报表批准报出时能够取得的信息这两类信息与其他信息客观地加以区分。

2. 未来适用法

未来适用法，是指将变更后的会计政策应用于变更日及以后发生的交易或事项，或者在会计估计变更当期及未来期间确认会计估计变更影响数的方法。

在未来适用法下，不需要计算会计政策变更产生的累积影响数，也无须重编以前年度的财务报表。企业会计账簿记录及财务报表上反映的金额，变更之日仍保留原有的金额，不因会计政策变更而改变以前年度的既定结果，并在现有金额的基础上再按新的会计政策进行核算。企业如果因账簿、凭证超过法定保存期限而销毁，或因不可抗力而毁坏、遗失，如火灾、水灾等，或因人为因素，如盗窃、故意毁坏等，也可能使会计政策变更的累积影响数无法计算。在这种情况下，会计政策变更可以采用未来适用法处理。

【例18-2】 M公司原对存货采用后进先出法，由于采用新准则，按其规定，M公司从2018年1月1日起改用先进先出法。2018年1月1日存货的价值为250万元，公司购入存货实际成本为1 800万元，2018年12月31日按后进先出法计算确定的存货价值为220万元，当年销售额为2 500万元，假设该年度其他费用为120万元，所得税率为25%。2018年12月31日按先进先出法计算的存货价值为450万元。

M公司由于经济环境发生变化而改变会计政策，因而属于会计政策变更。由于采用后进先出法对2018年初的存货不能进行合理的调整，因此，采用未来适用法进行处理，即，对存货采用后进先出法从2018年及以后才适用，不需要计算2018年1月1日以前按后进先出法计算存货应有的余额，以及对留存收益的影响金额。

计算确定会计政策变更对当期净利润的影响数，见表18-6。

表18-6 当期净利润的影响数计算表 金额单位：元

项目	后进先出法	先进先出法
销售收入	25 000 000	25 000 000
减：销售成本	18 300 000①	16 000 000②
主营业务利润	6 700 000	9 000 000
减：其他费用	1 200 000	1 200 000
利润总额	5 500 000	7 800 000
减：所得税	1 815 000	2 574 000
净利润	3 685 000	5 226 000
差额		-1 541 000

注：由于会计政策变更使公司当期净利润减少了1 541 000元。
①采用后进先出法的销售成本 = 2 500 000 + 18 000 000 - 2 200 000 = 18 300 000（元）
②采用先进先出法的销售成本 = 2 500 000 + 18 000 000 - 4 500 000 = 16 000 000（元）

四、会计政策变更的会计处理方法的选择

CAS28规定，对于会计政策变更，企业应当根据具体情况，分别采用不同的会计处理方法：

(1) 企业依据法律或会计准则等行政法规、规章要求，变更会计政策。在这种情况下，应当分别两种情形：

①法律或行政法规、规章要求改变会计政策的同时，也规定了会计政策变更的会计处理方法，这时，应当按照规定的办法进行。比如，我国1993年实施"两则两制"时，相应规定了新旧制度的衔接办法，企业则应当按衔接办法的有关规定进行会计处理。

②国家没有规定相关的会计处理办法，则采用追溯调整法进行会计处理。

(2) 会计政策变更能够提供更可靠、更相关的会计信息的情况下，企业应采用追溯调整法进行会计处理，将会计政策变更累积影响数调整列报前期最早期初留存收益，其他相关项目的期初余额和列报前期披露的其他比较数据也应当一并调整。

(3) 确定会计政策变更对列报前期影响数不切实可行的，应当从可追溯调整的最早期间期初开始应用变更后的会计政策；在当期期初确定会计政策变更对以前各期累积影响数不切实可行的，应当采用未来适用法处理。

在某些情况下，调整一个或者多个前期比较信息以获得与当期会计信息的可比性是不切实可行的。例如，企业如果因账簿、凭证超过法定保存期限而销毁，或因不可抗力而毁坏、遗失，也可能使当期期初确定会计政策变更对以前各期累积影响数无法计算，即不切实可行，此时，会计政策变更应当采用未来适用法进行会计处理，并根据会计准则的规定披露无法合理确定会计政策变更累积影响数的原因。

对根据某项交易或者事项确认、披露的财务报表项目应用会计政策时常常需要进行估计。本质上，估计是根据现有状况下所作出的最佳判断，而且可能在资产负债表日后才作出。当追溯调整会计政策变更或者追溯重述前期差错更正时，要作出切实可行的估计更加困难，因为有关交易或事项已经发生较长一段时间，要获得作出切实可行的估计所需要的相关信息往往比较困难。

当在前期采用一项新会计政策时，不论是对管理层在某个时期的意图作出假定，还是估计在前期确认、计量或者披露的金额，都不应当使用"后见之明"。例如，按照《CAS22 金融工具确认和计量》的规定，企业对原先划归为按摊余成本计量的金融资产计量的前期差错，即便管理层随后决定不将这些投资划归为为按摊余成本计量，也不能改变它们在前期的计量基础，即该项金融资产应当仍然按照摊余成本进行计量。

五、会计政策变更的披露

按照CAS28的规定，对于会计政策变更，企业除按前文所述进行会计处理外，还应当在会计报表附注中披露以下事项：

(1) 会计政策变更的性质、内容和理由，主要包括：对会计政策变更的阐述、会计政策变更的日期、变更前采用的会计政策、变更后采用的新会计政策以及会计政策变更的原因；

(2) 当期和各个列报前期财务报表中受影响的项目名称和调整金额，主要包括：采用追溯调整法时会计政策变更的累积影响数、当期和各个列报前期财务报表中需要调整的净损益及其影响金额，以及其他需要调整的项目名称和调整金额；

(3) 无法进行追溯调整的，说明该事实和原因以及开始应用变更后的会计政策的时点、具体应用情况，包括无法进行追溯调整的实施；确定会计政策变更对列报前期累计影响数不切实际可行的原因；在当期期初确定会计政策变更对以前各期累积影响数不切实可行的原因；开始应用新会计政策的时点和具体应用情况。

需要注意的是，在以后期间的财务报表中，不需要重复披露在以前期间的附注中已披露的会计政策变更的信息。

【例 18-3】 对于例 18-2 所述情形，应用如下说明：本年度对存货原采用先进先出法计价，当年物价持续上涨，改用后进先出法。由于存货品种较多，存货收发比较频繁，再按先进先出法计算确定存货成本工作量太大，根据成本效益原则，对该项会计政策变更，无法合理确定其累积影响数，因而采用未来适用法。由于该项会计政策变更，当期净利润减少 1 541 000 元。

第二节 会计估计及其变更

一、会计估计及其变更的概念

（一）会计估计的概念

根据 CAS28，会计估计是指企业对其结果不确定的交易或事项以最近可利用的信息为基础所作的判断。会计估计具有以下特点。

1. 会计估计的存在是由于经济活动中内在的不确定性因素的影响

在会计核算中，企业总是力求保持会计核算的准确性，但有些交易或事项本身具有不确定性，因而需要根据经验作出估计；同时，采用权责发生制原则编制财务报表这一事项本身，也使得有必要充分估计未来交易或事项的影响。可以说，在会计核算和信息披露过程中，会计估计是不可避免的。例如，估计固定资产折旧年限和净残值，需要根据固定资产消耗方式、性能、技术发展等情况进行估计。会计估计的存在是由于经济活动中内在的不确定性因素的影响所造成的。

2. 会计估计应以最近可利用的信息或资料为基础

由于经营活动内在的不确定性，企业在会计核算中，不得不经常进行估计。某些估主要用于确定资产或负债的账面价值，例如，经济诉讼可能引起的赔偿等；另一些估计主要用于确定将在某一期间记录的收益或费用的金额，例如，某一期间的折旧、摊销费用的金额，等等。企业在进行会计估计时，通常应根据当时的情况和经验，以最近可利用的信息或资料为基础进行。但是，随着时间的推移、环境的变化，进行会计估计的基础可能会发生变化。因此，进行会计估计所依据的信息或资料不得不经常发生变化。由于最新的信息是最接近目标的信息，以其为基础所作的估计最接近实际，所以，进行会计估计时应以最近可利用的信息或资料为基础。

3. 进行会计估计并不会削弱会计确认和计量的可靠性

进行合理的会计估计是企业会计核算中必不可少的部分，它不会削弱会计核算的可靠性。企业为了定期、及时地提供有用的会计信息，将延续不断的经营活动人为划分为一定的期间，并在权责发生制的基础上对企业财务状况和经营成果进行定期确认和计量。例如，在会计分期的情况下，许多企业的交易跨越若干会计年度，以至于需要在一定程度上作出决定：哪些费用可以在利润表中作为当期费用处理；哪些费用应当递延至以后各期等。由于存在会计分期和货币计量的前提，在确认和计量过程中，不得不对许多尚在延续中、其结果补缺项的交易或事项予以估计入账。但是，估计是建立在具有确凿证据的前提下，而不是随意的。例如，企业估计固定资产预计使用年限，应当考虑该项固定资产的技术性能、历史资料、同行业同类固定资产的预计使用年限、本企业经营性质等诸多因素，并掌握确凿证据后确定。企业根据当时所掌握的可靠证据作出的最佳估计，不会削弱会计核算的可靠性。

下列各项属于常见的需要进行会计估计的项目：（1）坏账；（2）存货遭受毁损，全部或部分陈旧过时；（3）固定资产的耐用年限与净残值；（4）无形资产受益期；（5）或有事项中的估计；（6）收入确认中的估计，等等。

企业应当披露重要的会计估计，不具有重要性的会计估计可以不披露。判断会计估计是否重要，应当考虑与会计估计相关项目的性质和金额。企业应当披露的重要会计估计包括：

（1）存货可变现净值的确定。

（2）采用公允价值模式下的投资性房地产公允价值的确定。

（3）固定资产的预计使用寿命与净残值；固定资产的折旧方法。

（4）生产性生物资产的预计使用寿命与净残值；各类生产性生物资产的折旧方法。

（5）使用寿命有限的无形资产的预计使用寿命与净残值。

（6）可收回金额按照资产组的公允价值减去处置费用后的净额确定，确定公允价值减去处置费用后的净额的方法。

可收回金额按照资产组预计未来现金流量的现值确定的，预计未来现金流量的确定。

（7）合同完工进度的确定。

（8）权益工具公允价值的确定。

（9）债务人债务重组中转让的非现金资产的公允价值、由债务转成的股份的公允价值和修改其他债务条件后债务的公允价值的确定。

债权人债务重组中受让的非现金资产的公允价值、由债权转成的股份的公允价值和修改其他债务条件后债权的公允价值的确定

（10）预计负债初始计量的最佳估计数的确定。

（11）金融资产公允价值的确定。

（12）承租人对未确认融资费用的分摊；出租人对未实现融资收益的分配。

（13）探明矿区权益、井及相关设施的折耗方法；与油气开采活动相关的辅助设备及设施的折旧方法。

（14）非同一控制下企业合并成本的公允价值的确定。

（15）其他重要会计估计。

（二）会计估计变更的概念

我国《CAS28 会计政策、会计估计变更和差错更正》规定：由于企业经营活动中内在不确定因素的影响，某些财务报表项目不能精确地计量，而只能加以估计，估计过程设计以

最近可以得到的信息为基础所作的判断。但是，估计毕竟是就现有资料对未来所作的判断，随着时间的推移，如果赖以进行估计的基础发生了变化，或者由于取得新的信息、积累更多的经验以及后来的发展变化，可能需要对会计估计进行修订，但会计估计变更的依据应当真实、可靠。

会计估计变更（change in accounting estimate）是指由于资产和负债的当前状况及预期经济利益和义务发生了变化，从而对资产或负债的账面价值或者资产的定期消耗金额进行调整。

通常情况下，企业可能由于以下原因而发生会计估计变更：

1. 赖以进行估计的基础发生了变化

企业进行会计估计，总是依赖于一定的基础，如果其所依赖的基础发生了变化，则会计估计也应相应作出改变。例如，企业的某项无形资产摊销年限原定为10年，以后发生的情况表明，该资产的受益年限已不足10年，相应调减摊销年限。

2. 取得了新的信息，积累了更多的经验

企业进行会计估计是就现有资料对未来所作的判断，随着时间的推移，企业有可能取得新的信息、积累更多的经验，在这种情况下，企业也需要对会计估计进行修订，即发生会计估计变更。例如，企业原对固定资产采用平均年限法按15年计提折旧，后来根据新得到的信息——固定资产经济使用寿命不足15年，只有10年，企业改按10年计提固定资产折旧。

会计估计变更，并不意味着以前期间会计估计是错误的，只是由于情况发生变化，或者掌握了新的信息，累积了更多的经验，使得变更会计估计能够更好地反映企业的财务状况和经营成果。如果以前期间的会计估计是错误的，则属于前期差错，按前期差错更正的会计处理办法进行处理。

二、会计估计变更的会计处理

CAS28规定，对于会计估计变更，企业应采用未来适用法处理，即在会计估计变更当期及以后期间，采用新的会计估计，不改变以前期间的会计估计，也不调整以前期间的报告结果。如果会计估计的变更仅影响变更当期，有关估计变更的影响数应于当期确认；如果会计估计的变更既影响变更当期又影响未来期间，有关估计变更的影响数在当期及以后各期确认。例如，应计提折旧的固定资产，其有效使用年限或预计净残值的估计发生变更，常常影响变更当期及资产以后使用年限内各个期间的折旧费用。因此，这类会计估计的变更，应于变更当期及以后各期确认。会计估计变更的影响数应计入变更当期与前期相同的相关项目中。为了保证不同期间的财务报表具有可比性，会计估计变更的影响数如果以前包括在企业日常活动的损益中，则以后也应包括在相应的损益类项目中，如果会计估计变更的影响数以前包括在特殊项目中，则以后也应作为特殊项目反映。

【例18-4】 甲公司于2017年1月1日起开始计提折旧的管理用设备一台，价值8.4万元，原估计使用年限为8年，预计净残值0.4万元，按直线法计提折旧。至2021年年初，由于新技术发展等原因，需要对原估计的使用年限和净残值作出修正，修正后该设备预计尚可使用年限为2年，预计净残值为0.2万元。所得税率25%。

甲公司对上述会计估计变更的处理方式如下：
（1）不调整以前各期折旧，也不计算累积影响数。
（2）变更日以后发生的经济业务改按新的估计提取折旧。

按原估计，每年折旧额为10 000元，已提折旧4年，共计40 000元，固定资产账面价值为44 000元，则第五年相关科目的期初余额如下：

固定资产	84 000
减：累积折旧	40 000
固定资产账面价值	44 000

改变预计使用年限后，2021起每年计提的折旧费用为21 000［(44 000 – 2 000) ÷ 2］元。2021年不必对以前年度已提折旧进行调整，只需按重新预计的尚可使用年限和净残值计算确定年折旧费用，有关会计处理如下：

借：管理费用　　　　　　　　　　　　　21 000
　　贷：累计折旧　　　　　　［(44 000 – 2 000) ÷ (6 – 4)］21 000

（3）附注说明。

本公司一台管理用设备，原始价值84 000元，原估计使用年限为8年，预计净残值4 000元，按直线法提计折旧。由于新技术发展，该设备已不能继续按原定使用年限计提折旧，本公司于2021年年初将该设备的尚可使用年限变更为2年，预计净残值变更为2 000元，以反映该设备在目前情况下的预计尚可使用年限和净残值。此项会计估计变更影响本年度净利润减少数为8 250［(21 000 – 10 000) × (1 – 25%)］元。

三、会计估计变更和会计政策变更不易分清时的会计处理

尽管企业应当正确划分会计政策变更和会计估计变更，并按不同的方法进行会计处理。但是，会计实务中，有时很难区分会计政策变更和会计估计变更。如果不易分清会计政策变更和会计估计变更，则应按会计估计变更进行处理。例如，某公司在决定改变固定资产耐用年限与估计残值的同时，也决定改变其折旧方法，从直线法改为加速折旧法。对于这一事项，如果从折旧方法的改变看，属于会计政策变更；如果从固定资产耐用年限与估计残值的改变看，则属于会计估计变更。又如，企业原对无形资产的成本按照其未来经济年限分期摊销，但企业近年发现其已无未来经济利益，决定所有未摊销成本全部列为当年费用。对于这一事项，如果从无形资产的成本由分期计入费用改为全部列为当期费用看，则属于会计政策变更；如果从其成本分摊期限由若干年改为一年看，则属于会计估计变更。

【例18 – 5】　2016年1月1日，M公司由于业务需要，从外部购入一项软件专利权，购入成本10万元，估计经济使用寿命为10年。2018年12月，由于新软件的问世，经过评估，M公司认为原专利权已失去经济效益。决定将未摊销余额6万元全部予以摊销。

对于上述会计变更，无法区分会计政策变更和会计估计变更，就摊销方法改为一次摊销来看属于会计政策变更，就摊销年限缩短为一年来看，属于会计估计变更，因此作为会计估计变更进行处理。2018年12月31日，该公司编制会计分录如下：

借：管理费用　　　　　　　　　　　　　60 000
　　贷：无形资产　　　　　　　　　　　　　　　60 000

第三节 会计差错更正

一、前期差错的概念

前期差错（prior period errors）是指由于没有运用或错误运用下列两种信息，而对前期财务报表造成省略或错误。

（1）编报前期财务报表时预期能够取得并加以考虑的可靠信息。
（2）前期财务报表批准报出时能够取得的可靠信息。

前期差错通常包括以下几方面：

（1）计算以及账户分类错误。例如，企业本期应计提折旧5 000万元，但由于计算出现差错，得出错误数据为4 500万元。再如，企业购入的五年期国债，意图长期持有，但在记账时记入了交易性金融资产，导致账户分类上的错误，并导致在资产负债表上流动资产和非流动资产的分类也有误。

（2）应用会计政策错误。例如，按照企业会计准则规定，为购建固定资产而发生的借款费用，在固定资产达到预定可使用状态前发生的，满足一定条件时应予资本化，计入所购建固定资产的成本；在固定资产达到预定可使用状态后发生的，计入当期损益。如果企业将固定资产达到预定可使用状态后发生的借款费用，也计入该项固定资产价值，予以资本化，则属于采用了法律、行政法规或者国家统一的会计制度等所不允许的会计政策。

（3）疏忽或曲解事实以及舞弊产生的影响。例如，企业对某项建造合同应按建造合同规定的方法确认营业收入，但该企业按确认商品销售收入的原则确认收入。又如，企业销售一批商品，商品已经发出，开出增值税专用发票，商品销售收入确认条件均已满足，但企业在期末时未将已实现的销售收入入账。

（4）固定资产盘盈等。例如，企业本期期末对财产进行清查盘点时，出现固定资产盘盈5 000万元，分别占企业当年末固定资产余额的10%以上。

需要注意的是，就会计估计的性质来说，它是个近似值，随着更多信息的获得，估计可能需要进行修正，但是会计估计变更不属于前期差错更正。

二、前期差错更正的会计处理

企业发现前期差错时，应当根据差错的性质及时纠正。

（1）企业应当采用追溯重述法更正重要的前期差错，但确定前期差错累积影响数不切实可行的除外。追溯重述法，是指在发现前期差错时，视同该项前期差错从未发生过，从而对财务报表相关项目进行更正的方法。追溯重述法的会计处理与追溯调整法相同。对于不重要的前期差错，企业不需要调整财务报表相关项目的期初数，但应调整发现当期与前期相同的相关项目，属于影响损益的，应直接计入本期与上期相同的净损益项目，属于不影响损益的，应调整本期与前期相同的相关项目。前期差错的重要程度，应根据差错的性质和金额加以具体判断。

（2）确定前期差错影响数不切实可行的，可以从可追溯重述的最早期间开始调整留存收益的期初余额,财务报表其他相关项目的期初余额也应当一并调整,也可以采用未来适用法。

(3) 企业应当在重要的前期差错发现当期的财务报表中,调整前期比较数据。如果前期差错发生在列报的最早前期之前,则追溯重述列报的最早前期的资产、负债和所有者权益相关项目的期初余额。

【例18-6】 乙公司于2018年发现,2017年漏记了一项固定资产的折旧费用15万元,但在所得税申报中扣除了该项折旧。假设该公司适用的所得税税率为25%,采用会计方法计提的折旧额与按照税法归计提的折旧额相同。除该事项外,无其他纳税调整事项。该公司按净利润的10%提取法定盈余公积。乙公司应进行如下会计处理:

(1) 分析错误的后果。

2017年少计折旧费用	150 000
少计累计折旧	150 000
多计净利润	150 000
多提法定盈余公积	15 000

(2) 会计处理。

①补提折旧。

借:以前年度损益调整　　　　　　150 000
　　贷:累计折旧　　　　　　　　　　　　　150 000

②将"以前年度损益调整"科目的余额转入利润分配。

借:利润分配——未分配利润　　　150 000
　　贷:以前年度损益调整　　　　　　　　　150 000

③调整利润分配有关数字。

借:盈余公积　　　　　　　　　　　15 000
　　贷:利润分配——未分配利润　　　　　　15 000

(3) 报表调整(略)。

(4) 附注说明。

本年度发现2017年漏记固定资产折旧15万元,在编制2017年和2018年比较财务报表时,已对这项差错进行了更正。由于此项错误的影响,2017年虚增净利润和留存收益15万元,少计累计折旧15万元。

❖ 本章小结 ❖

本章对会计政策及其变更、会计估计及其变更和会计差错的更正的定义、特点,企业需要披露的相关内容,企业会计政策、会计估计变更和差错更正发生时的会计处理步骤及方法等。尤其是企业会计政策发生变更及属于资产负债表日后事项的重大差错更正的会计处理方法的选择以及会计政策变更的披露是本章的重点和难点。

❖ 重点概念 ❖

会计政策、会计估计、会计差错、追溯调整法和未来适用法。

思 考 题

1. 什么是会计政策？会计政策有什么特点？
2. 为什么要对企业变更会计政策加以限制？在什么情况下才能变更会计政策？
3. 比较追溯调整法和未来适用法的异同？在会计实务中如何对二者进行适当选择？
4. 如何在会计报表中披露会计政策的变更？
5. 什么是会计估计变更？会计估计变更有何特点？为什么要进行会计估计变更？
6. 产生前期差错的原因有哪些？不同类别的前期差错如何进行会计处理？
7. 滥用会计政策、会计估计变更的表现形式有哪些？

第十九章

或有事项

> **内容提要**：▲或有事项概述　　　　　▲或有事项的会计处理
> **学习目的及要求**：通过本章学习，熟悉或有事项的概念及特征；了解或有资产及或有负债与资产及负债的区别；掌握或有事项确认为或有负债及预计负债的条件；掌握或有事项的会计处理。

企业在经营活动中有时会面临一些较大不确定性的经济事项，这些不确定事项对企业的财务状况和经营成果可能会产生较大的影响，其最终结果须由某些未来事件的发生或不发生来加以决定。比如，企业对商品提供售后担保，如果发生质量问题，将无偿提供修理服务，从而发生一些费用。至于这笔费用是否会发生，如果发生，金额大小则取决于将来是否发生修理请求以及修理工作量的大小。按照权责发生制原则，企业不能等到客户提出修理请求时，才确认因提供担保而产生的义务，而应当在资产负债表日对发生修理请求的可能性以及修理工作量的大小作出判断，以决定是否在当期确认承担的修理义务，这种不确定情形，即为或有事项。

早在1948年，英国的公司法就要求企业披露以前并未做出要求的或有事项的性质、估计金额等信息。随后美国、加拿大等国和IASB也纷纷加强了对或有事项会计的研究，并发布了相关的会计准则。例如1975年FASB发布的《FAS5或有事项会计》（FAS5 Accounting for Contingencies）、英国的《SSAP8或有事项会计》（1980年）、IASB1978年10月发布的《IAS10或有事项和资产负债表日后发生的事项》。90年代以来，受金融工具创新、营销创新、诉讼、承诺、环境污染、重组与兼并等不确定性经济业务的影响，国际会计界日益重视对或有事项等不确定性会计问题的研究。IASC1998年发布了《IAS37准备、或有负债和或有资产》取代了IAS10中有关或有事项的部分。我国于2000年5月17日颁布了《企业会计准则－或有事项》及其指南，并于2000年7月1日起在全国范围内所有企业实施。该准则的颁布填补了我国会计准则中缺乏有关或有事项的空白，对或有事项的会计核算业务具有规范作用。为了进一步与国际惯例趋同，我国财政部于2006年对该准则进行了修订，修订后的准则为《CAS13或有事项》（简称CAS13）。

本章根据CAS13的相关内容编写，包括或有事项的确认、计量和相关信息的披露。

第一节 或有事项概述

一、或有事项的概念和特征

或有事项，是指过去的交易或事项形成的，其结果须由某些未来事项的发生或不发生才能决定的不确定事项。或有事项具有以下特征。

(一) 或有事项是由过去的交易或事项形成的

或有事项作为一种不确定事项，是由企业过去的交易或事项形成的。由过去的交易或事项形成，是指或有事项的现存状况是由过去的交易或事项引起的客观存在。

例如，未决诉讼是企业因过去的经济行为导致起诉其他单位或被其他单位起诉，这是现存的一种状况，而不是未来将要发生的事项。又如，产品质量保证是企业对已出售商品或已提供劳务的质量提供的保证，不是为尚未出售商品或尚未提供劳务的质量提供的保证。

由于或有事项具有因过去的交易或事项而形成这一特征，未来可能发生的自然灾害、交通事故、经营亏损等事项，不属于企业会计准则规范的或有事项。

(二) 或有事项的结果具有不确定性

或有事项具有不确定性，是指或有事项的结果是否发生具有不确定性，或者或有事项的结果预计将会发生，但发生的具体时间或金额具有不确定性。

首先，或有事项的结果是否发生具有不确定性。例如，债务担保的担保方在债务到期时是否一定承担和履行连带责任，需要根据被担保方能否按时还款决定，其结果在担保协议达成时具有不确定性。又如，有些未决诉讼，被起诉方是否会败诉，在案件审理过程中有时是难以确定的，需要根据法院判决情况加以确定。

其次，或有事项的结果即使预计会发生，但发生的具体时间或金额具有不确定性。例如，某企业因生产排污治理不力并对周围环境造成污染而被起诉，如无特殊情况，公司很可能败诉。但是，在诉讼成立时，该企业因败诉将要支出多少金额，或者何时将发生这些支出，可能是难以确定的。

(三) 或有事项的结果须由未来事项决定

由未来事项决定，是指或有事项的结果只能由未来不确定性事项的发生或不发生才能决定。

或有事项的结果，在或有事项发生时是难以确定的。例如，或有事项发生时，将对企业产生有利影响还是不利影响难以确定，或虽已知是有利影响或不利影响，但影响有多大也难以确定。这种不确定性的消失，只能由未来不确定性事项的发生或不发生才能证实。例如，未决诉讼，只能等到法院判决才能决定其结果。又如，企业为其他单位提供债务担保的，只能在被担保方到期无力还款时，企业（担保方）才承担偿还债务的连带责任。而该担保事项是否会要求企业履行偿还债务的连带责任，一般只能看被担保方的未来经营情况和偿债能力。如果被担保方的未来经营情况和财务状况良好且有较好的信用,那么企业将不需要履行该连带责任。

或有事项与不确定性联系在一起,但会计处理过程中存在的不确定性并不都形成企业会计准则所规范的或有事项,企业应当按照或有事项的定义和特征进行判断。例如,折旧的提取虽然涉及对固定资产净残值和使用年限的估计,具有一定的不确定性,但固定资产原值是确定的,其价值最终会转移到成本或费用中也是确定的,因此折旧不是或有事项。

常见的或有事项有未决诉讼或仲裁、债务担保、产品质量保证(含产品安全保证)、环境污染整治、承诺、亏损合同、重组义务等。

二、或有负债和或有资产

或有负债和或有资产都与或有事项密切相关。

(一)或有负债

或有负债,是指过去的交易或事项形成的潜在义务,其存在须通过未来不确定事项的发生或不发生予以证实;或过去的交易或事项形成的现时义务,履行该义务不是很可能导致经济利益流出企业或该义务的金额不能可靠地计量。

或有负债涉及两类义务:一类是潜在义务;另一类是现时义务。

(1)潜在义务,是指结果取决于不确定未来事项的可能义务。也就是说,潜在义务最终是否转变为现时义务,由某些未来不确定事项的发生或不发生才能决定。或有负债作为一项潜在义务,其结果如何只能由未来不确定事项的发生或不发生来证实。

(2)现时义务,是指企业在现行条件下已承担的义务。或有负债作为现时义务,其特征在于:该现时义务的履行不是很可能导致经济利益流出企业,或者该现时义务的金额不能可靠地计量。其中:①"不是很可能导致经济利益流出企业",是指该现时义务导致经济利益流出企业的可能性不超过50%(含50%)。例如,甲企业与乙企业签订担保合同,承诺为乙企业的某项贷款提供担保。由于担保合同的签订,甲企业承担了一项现时义务,但承担现时义务并不意味着经济利益很可能因此流出企业。如果乙企业的财务状况良好,说明甲企业履行连带责任的可能性不大,那么这项担保合同不是很可能导致经济利益流出甲企业。该项现时义务属于甲企业的或有负债。②"金额不能可靠地计量",是指该现时义务导致经济利益流出企业的"金额"难于合理预计,现时义务履行的结果具有较大的不确定性。例如,某单位全体员工发生食物中毒,而甲公司是这次中毒事件的食物提供者。中毒事件发生后,甲公司立即承诺负担一切赔偿费用,但事态还在发展中,难以预计将发生的赔偿费用。此时,甲公司承担了现时义务,但其金额不能可靠地计量,从而应当作为或有事项进行披露。

或有负债无论是潜在义务,还是现时义务均不符合负债的确认条件,因而不能在会计报表内予以确认,但应按相关规定在附注中披露。

(二)或有资产

或有资产,是指过去的交易或者事项形成的潜在资产,其存在须通过未来不确定事项的发生或不发生予以证实。

或有资产作为一种潜在资产,其结果具有较大的不确定性,只有随着经济情况的变化,通过某些未来不确定事项的发生或不发生才能证实其是否会形成企业真正的资产。例如，甲企业向法院起诉乙企业侵犯了其专利权。法院尚未对该案件进行公开审理，甲企业是否胜诉尚难以判断。对于甲企业而言，将来可能胜诉而获得的赔偿属于一项或有资产，但这项或有资产是否会转化为真正的资产，要由法院的判决结果确定。如果终审判决结果是甲企业败诉，那么或有资产就消失了，更不可能形成甲企业的资产。

正如或有负债不符合负债确认条件一样，或有资产也不符合资产确认条件，因而也不能在会计报表内确认。然而，需要指出的是，影响或有负债和或有资产的多种因素处于不断变化之中，企业应当持续地对这些因素予以关注。随着时间推移和事态的发展，或有负债对应潜在义务可能转化为现时义务，原本不是很可能导致经济利益流出的现时义务也可能被证实将很可能导致企业流出经济利益，并且现时义务的金额也能够可靠计量。企业应当对或有负债相关义务进行评价，分析判断其是否符合负债确认条件。如符合，应将其确认为负债。类似地，或有资产对应地潜在权利也可能随着相关因素的改变而发生性质变化。如基本确定可以收到，应将其予以确认。

例如，未决诉讼对于预期会胜诉的原告而言，因未决诉讼产生了一项或有资产，该或有资产最终是否会转化为企业的资产，要根据诉讼的最终判决而定。最终判决原告胜诉的，这项或有资产就转化为一项真正的资产。对于预期会败诉的被告而言，因未决诉讼产生了一项或有负债或预计负债；如为或有负债，那么该或有负债是否转化为企业的预计负债，只能根据诉讼的进展而定。企业根据法律规定、律师建议等因素判断自己很可能败诉且赔偿金额能够合理估计的，这项或有负债就转化为企业的预计负债。

第二节 或有事项的确认和计量

一、或有事项的确认

或有事项的确认指与或有事项相关义务的确认。根据企业会计准则的规定，与或有事项相关的义务同时满足下列条件的，应当确认为预计负债：(1) 该义务是企业承担的现时义务；(2) 履行该义务很可能导致经济利益流出企业；(3) 该义务的金额能够可靠地计量。

(一) 该义务是企业承担的现时义务

该义务是企业承担的现时义务，是指与或有事项相关的义务是在企业当前条件下已承担义务，企业没有其他现实的选择，只能履行该现时义务。例如，乙公司的一名司机因违反交通规则造成严重交通事故，违规事项发生后，乙公司承担的赔偿义务就是一项现时义务。

这里所指的现时包括法定义务和推定义务。其中，法定义务，是指因合同、法规或其他司法解释等产生的义务，通常是企业在经济管理和经济协调中依照经济法律、法规的规定必须履行的责任。例如，企业与另外的企业签订购货合同产生的义务，就属于法定义务。

推定义务，是指因企业的特定行为而产生的义务。企业的"特定行为"，泛指企业以往的习惯做法、已公开的承诺或已公开宣布的经营政策。并且，由于以往的习惯做法，或通过这些承诺或公开的声明，企业向外界表明了它将承担特定的责任，从而使受影响的各方形成了其将履行这些责任的合理预期。例如，甲公司是一家化工企业，因扩大经营，到 A 国创办了一家分公司。假定 A 国尚未针对甲公司这类企业的生产经营可能产生的环境污染制定相关的法律，因而甲公司的分公司对在 A 国生产经营可能产生的环境污染不承担法定义务。但是，甲公司为在 A 国树立良好的形象，自行向社会公告，宣称将对生产经营可能产生的环境污染进行治理。甲公司的分公司为此承担的义务就属于推定义务。

（二）履行该义务很可能导致经济利益流出企业

履行该义务很可能导致经济利益流出企业，是指履行与或有事项相关的现时义务时，导致经济利益流出企业的可能性超过 50%，但尚未达到基本确定的程度。企业通常可以结合表 19-1 中的情况判断经济利益流出的可能性。

表 19-1 可能性与对应的区间范围

结果的可能性	对应的概率区间
基本确定	大于 95% 但小于 100%
很可能	大于 50% 但小于或等于 95%
可能	大于 5% 但小于或等于 50%
极小可能	大于 0 但小于或等于 5%

企业因或有事项承担了现时义务，并不说明该现时义务很可能导致经济利益流出企业；只有在其很可能导致经济利益流出企业。例如，2018 年 5 月 1 日，乙股份有限公司（简称乙公司，下同）与甲股份有限公司（简称甲公司，以下同）签订协议，承诺为甲公司的二年期银行借款提供全额担保。对于乙公司而言，由于担保事项而承担了一项现时义务。但这项义务的履行是否很可能导致经济利益流出企业，需依据甲公司的经营情况和财务状况等因素加以确定。假定 2018 年 12 月 31 日，甲公司财务状况良好。此时，如果没有其他特殊情况，一般可以认定甲公司不会违约，从而乙公司履行承担的现时义务不是很可能导致经济利益流出；反之，如果甲公司的财务状况恶化，且没有迹象表明可能发生好转。这种情况出现，表明甲公司很可能违约，从而乙公司履行承担的现时义务将很可能导致经济利益流出企业。

（三）该义务的金额能够可靠地计量

该义务的金额能够可靠地计量，是指与或有事项相关的现时义务的金额能够合理地估计。

由于或有事项具有不确定性，因或有事项产生的现时义务的金额也具有不确定性，需要估计。要对或有事项确认一项负债，相关的现时义务的金额应当能够可靠估计。

例如，乙公司（被告）涉及一起诉讼案。根据以往的审判案例推断，乙公司很可能败诉，相关的赔偿金额也可以估算出一个区间。这种情况下，可以认为乙公司因未决诉讼承担的现时义务的金额能够可靠地估计，从而应对未决诉讼确认一项预计负债。但如果没有以往案例可与乙公司涉及的诉讼案作比照，而相关的法律条文又没有明确解释，那么即使乙公司预计可能败诉，在判决以前也很可能无法合理估计其必须承担的现时义务的金额，这种情况下不应当确认预计负债。

二、或有事项的计量

或有事项的计量指与或有事项相关义务形成的预计负债的计量，主要涉及两方面：一是最佳估计数的确定；二是预期可获得补偿的处理。

（一）最佳估计数的确定

预计负债应当按照履行相关现时义务所需支出的最佳估计数进行初始计量。最佳估计数的确定应当分别以下两种情况处理：

（1）所需支出存在一个连续范围（或区间，下同），且该范围内各种结果发生的可能性相同，则最佳估计数应当按照该范围内的中间值，即上、下限金额的平均数确定。

【例19-1】 2018年11月1日，乙公司因合同违约而涉及一起诉讼案。在咨询了公司的法律顾问后，公司认为，最终的法律判决很可能对公司不利。2018年12月31日，乙公司尚未接到法院的判决，因诉讼须承担的赔偿金额也无法准确地确定。根据法律顾问的职业判断，赔偿金额可能是160万元至200万元之间的某一金额，而且这个区间内每个金额发生的可能性都大致相同。

根据企业会计准则的规定，乙公司应在2018年12月31日的资产负债表中确认一项金额为180〔(160+200)÷2〕万元的负债。

（2）所需支出不存在一个连续范围，或者虽然存在一个连续范围但该范围内各种结果发生的可能性不相同。在这种情况下，最佳估计数按如下方法确定：

①或有事项涉及单个项目的，按照最可能发生金额确定。"涉及单个项目"是指或有事项涉及的项目只有一个，如一项未决诉讼、一项未决仲裁或一项债务担保等。

【例19-2】 2018年10月2日，乙公司涉及一起诉讼案。2018年12月31日，乙公司尚未接到法院的判决。根据公司法律顾问的职业判断，公司认为，胜诉的可能性为40%，败诉的可能性为60%。如果败诉，需要赔偿200万元。

根据企业会计准则的规定，乙公司在2018年12月31日的资产负债表中确认的负债金额（最佳估计数）应为最可能发生的金额，即200万元。

②或有事项涉及多个项目的，按照各种可能结果及相关概率计算确定。"涉及多个项目"是指或有事项涉及的项目不止一个，如在产品质量保证中，提出产品保修要求的可能有许多客户。相应地，企业对这些客户负有保修义务，应根据发生质量问题的概率及相关的保修费用计算确定应予确认的负债金额。

【例19-3】 2018年度，甲公司共销售某产品60万件，销售收入为360 000万元。根据公司的产品质量保证条款，该产品售出后一年内，如发生正常质量问题，公司将免费负责修理。根据以前年度的维修记录，如果发生较小的质量问题，发生的维修费用为销售收入的1%；如果发生较大的质量问题，发生的维修费用为销售收入的2%。根据公司技术部门的预测，本年度销售的产品中，80%不会发生质量问题；15%可能发生较小质量问题；5%可能发生较大质量问题。

根据上述资料，2018年12月31日，甲公司应在资产负债表中确认的负债金额（最佳估计数）为360 000×（0×80%+1%×15%+2%×5%）=900（万元）

（二）预期可获得补偿的处理

企业清偿预计负债所需支出全部或部分预期由第三方补偿的，补偿金额只有在基本确定能够收到时才能作为资产单独确认。确认的补偿金额不应当超过预计负债的账面价值。

预期可能获得补偿的情况通常有：

（1）发生交通事故等情况时，企业通常可从保险公司获得合理的赔偿；

（2）在某些索赔诉讼中，企业可通过反诉的方式对索赔人或第三方另行提出赔偿要求；

（3）在债务担保业务中，企业在履行担保义务的同时，通常可向被担保企业提出额外追偿要求。

企业预期从第三方获得的补偿，是一种潜在资产，其最终是否会转化为企业真正的资产（即企业是否能够收到这项补偿）具有较大的不确定性，企业只能在基本确定能够收到补偿时才能对其进行确认。根据资产和负债不能随意抵销的原则，预期可获得的补偿在基本确定能够收到时才应当确认为一项资产，而不能作为预计负债金额的扣减。

补偿金额的确认涉及两个问题：一是确认时间，补偿只有在"基本确定"能够收到时才予以确认；二是确认金额，确认的金额是基本确定能够收到的金额，而且不能超过相关预计负债的金额。

【例19-4】 2018年12月31日，乙公司因或有事项而确认了一笔金额为100万元的预计负债；同时，公司因该或有事项基本确定可从甲公司获得40万元的赔偿。

在上述情况下，乙公司应分别确认一项预计负债100万元和一项资产40万元，而不能只确认一项金额为60（100-40）万元的负债。同时，公司所确认的补偿金额40万元不能超过所确认的负债的账面价值100万元。

（三）预计负债计量需要考虑的其他因素

1. 风险和不确定性

企业在确定最佳估计数时，应当综合考虑与或有事项有关的风险、不确定性和货币时间价值等因素。风险是对交易或事项结果的变化可能性的一种描述。风险的变动可能增加负债计量的金额。企业在不确定的情况下进行判断需要谨慎，使得收益或资产不会被高估，费用或负债不会被低估。但是，不确定性并不说明应当确认过多的预计负债和故意夸大负债。

企业需要谨慎从事，充分考虑与或有事项有关的风险和不确定性，既不能忽略风险和不确定性对或有事项计量的影响，也要避免对风险和不确定性进行重复调整，从而在低估和高估预计负债金额之间寻找平衡点。

2. 货币时间价值

相关现时义务的金额通常应当等于未来应支付的金额。但是，因货币时间价值的影响，资产负债表日后不久发生的现金流出，要比一段时间之后发生同样金额的现金流出负有更大的义务。所以，如果预计负债的确认时点距离实际清偿有较长的时间跨度，货币时间价值的影响重大，那么在确定预计负债的确认金额时，有必要考虑采用现值计量，即通过对相关未来现金流出进行折现后确认最佳估计数。例如，油气井或核电站的弃置费用等，应当按照未来应支付金额的现值确定。确定预计负债的金额不应考虑预期处置相关资产形成的利得。

将未来现金流出折算为现值时,需要注意以下三点:

(1) 用来计算现值的折现率,应当是反映货币时间价值的当前市场估计和相关负债特有风险的税前利率;

(2) 风险和不确定性既可以在计量未来现金流出时作为调整因素,也可以在确定折现率时予以考虑,但不能重复反映;

(3) 随着时间的推移,即使在未来现金流出和折现率均不改变的情况下,预计负债的现值也将逐渐增长。企业应当在资产负债表日,对预计负债的现值进行重新计量。

3. 未来事项

企业应当考虑可能影响履行现时义务所需金额的相关未来事项。也就是说,对于这些未来事项,如果有足够的客观证据表明它们将会发生,如未来技术进步、相关法规出台等,则应当在预计负债计量中考虑相关未来事项的影响,但不应考虑预期处置相关资产形成的利得。

预期的未来事项可能对预计负债的计量较为重要。例如,某核电企业预计在生产结束时清理核废料的费用将因未来技术水平的提高而显著降低。那么,该企业因此确认的预计负债金额应当反映有关专家对技术发展以及清理费用减少作出的合理预测。但是,这种预计需要得到相当客观的证据予以支持。

4. 资产负债表日对预计负债账面价值的复核

企业应当在资产负债表日对预计负债账面价值进行复核。有确凿证据表明该账面价值不能真实反映当前最佳估计数的,应当按照当前最佳估计数对该账面价值进行调整。

【例 19-5】 某化工企业对环境造成了污染,按照当时的法律规定,只需要对污染进行清理。随着国家对环境保护越来越重视,按照现行的法律规定,该企业不但需要对污染进行清理,还很可能要对企业附近的居民进行赔偿。这种法律要求的变化,会对企业预计负债的计量产生影响。企业应当在资产负债表日对为此确认的预计负债金额进行复核,相关因素发生变化表明预计负债金额不再能反映真实情况时,需要按照当前情况下企业清理和赔偿支出的最佳估计数对预计负债的账面价值进行相应的调整。

仍以未决诉讼为例。企业当期实际发生的担保诉讼损失金额与已计提的相关预计负债之间的差额,应分别情况处理:

(1) 企业在前期资产负债表日,依据当时实际情况和所掌握的证据合理预计了预计负债,应当将当期实际发生的诉讼损失金额与已计提的相关预计负债之间的差额,直接计入或冲减当期营业外支出;

(2) 企业在前期资产负债表日,依据当时实际情况和所掌握的证据原本应当能够合理估计诉讼损失,但企业所作出的估计却与当时的事实严重不符(如未合理预计损失或不恰当地多计或少计损失),应当按照重大前期差错更正的方法进行处理;

(3) 企业在前期资产负债表日,依据当时实际情况和所掌握的证据,确实无法合理预计诉讼损失,因而未确认预计负债,则在该项损失实际发生的当期,直接计入当期营业外支出;

(4) 资产负债表日后至财务报告批准报出日之间发生的需要调整或说明的未决诉讼,按照《CAS29 资产负债表日后事项》的有关规定进行处理。

第三节 或有事项会计的具体应用

一、未决诉讼或未决仲裁

诉讼,是指当事人不能通过协商解决争议,因而在人民法院起诉、应诉,请求人民法院通过审判程序解决纠纷的活动。诉讼尚未裁决前,对于被告来说,可能形成一项或有负债或者预计负债;对于原告来说,则可能构成一项或有资产。

仲裁,是指经济法律关系的各方当事人依照事先约定或事后达成的书面仲裁协议,共同选定仲裁机构并由其对争议依法作出具有约束力裁决的一种活动。作为当事人一方,仲裁的结果在仲裁决定公布以前是不确定的,会构成一项潜在义务或现时义务,或者潜在资产。

【例19-6】 2017年11月20日,中国建设银行批准乙公司的信用贷款(无担保、无抵押)申请,同意向其贷款2000万元,期限一年,年利率7.2%。2018年11月20日,乙公司的借款(本金和利息)到期。乙公司具有还款能力,但因与中国建设银行之间存在其他经济纠纷,而未按时归还中国建设银行的贷款。中国建设银行遂与乙公司协商,但没有达成协议。2018年12月25日,中国建设银行向法院提起诉讼。截至2018年12月31日,法院尚未对中国建设银行提起的诉讼进行审理。

本例中,对于乙公司而言,如无特殊情况,其很可能败诉。为此,乙公司不仅须偿还贷款本金和利息,还需要支付罚息、诉讼费等费用。假定乙公司预计将要支付的罚息、诉讼费等费用估计为20万元至24万元之间。根据企业会计准则的规定,乙公司应在2018年12月31日确认一项预计负债22万元[(20+24)÷2=22(万元)],其中支付的诉讼费为3万元],同时在会计报表附注中作相关披露。

借:管理费用——诉讼费　　　　　　30 000
　　营业外支出　　　　　　　　　　190 000
　　贷:预计负债——未决诉讼　　　　　　　　220 000

2018年12月31日,乙公司在资产负债表附注中作如下披露:

或有事项:

本公司欠中国建设银行贷款于2018年11月20日到期,到期本金和利息合计2014.4万元由于与中国建设银行存在其他经济纠纷,所以本公司尚未偿还上述借款本金和利息。为此,中国建设银行起诉本公司,除要求本公司偿还本金和利息外,还要求支付罚息等费用。2018年12月31日,本公司据此确认了一笔负债,金额为22万元。目前,此案正在审理中。

本例中,对于中国建设银行而言,如无特殊情况,中国建设银行很可能在诉讼中获胜。因此,2018年12月31日,中国建设银行可以作"很可能胜诉"的判断,并预计除可以收回本金和利息外,还可能获得罚息等。如果中国建设银行根据规定的标准估计,将来最可能获得包括罚息在内的收入为24万元(这项金额在提起诉讼时已作估计)。根据企业会计准则的规定,中国建设银行不应当确认这项或有资产,而应当在2018年12月31日的资产负债表附注中披露或有资产24万元,同时说明很可能收回乙公司所欠的贷款本金和利息2014.4万元。

或有事项:

2018年11月20日,乙公司借本行款项到期未还,本金和利息共计2014.4万元,主要原因在于与本行存在其他经济纠纷。协商不成,本行遂于2018年12月25日向法院提起诉讼,要求乙公司偿还所借本金和利息合计2014.4万元,并支付罚息等费用24万元。目前,有关诉讼正在审理之中。

在利润表中,所确认的3万元"管理费用"应与公司发生的其他管理费用合并反映;所确认的19万元"营业外支出"应与公司发生的其他营业外支出合并反映。

【例19-7】 2018年11月2日,甲公司因与乙公司签订了互相担保协议,而成为相关诉讼的第二被告。截至2014年12月31日,诉讼尚未判决。但是,由于乙公司经营困难,甲公司很可能需要承担还款连带责任。根据公司法律顾问的职业判断,甲公司很可能需要承担还款金额200万元连带责任的可能性为60%,而承担还款金额100万元连带责任的可能性为40%(假定考虑诉讼费)。

本例中,甲公司因连带责任而承担了现时义务,该义务的履行很可能导致经济利益流出企业,并且该义务的金额能够可靠地计量,所以,根据企业会计准则的规定,甲公司应在2018年12月31日确认一项预计负债200万元(最可能发生金额),同时在会计报表附注中作相关披露。

借:营业外支出——赔偿支出　　　　　2 000 000
　　贷:预计负债——未决诉讼　　　　　　　　　2 000 000

2018年12月31日,甲公司在资产负债表附注中作如下披露。

或有事项:

乙公司因借款逾期未还被××银行起诉。由于乙公司与本公司签订有互相担保协议,本公司因此负有还款连带责任。2018年12月31日,本公司为此确认了一笔负债,金额为200万元。目前,相关诉讼正在审理当中。

【例19-8】 乙股份有限公司(以下简称乙公司)为上市公司,2014—2017年发生的有关事项及其账务处理如下:

(1)2014年6月5日,乙公司与D公司、某信用社签订贷款担保合同,合同约定:D公司自该信用社取得2 700万元贷款,年利率为5%,期限2年;贷款到期,如果D公司无力以货币资金偿付,可先以拥有的部分房产偿付,不足部分由乙公司代为偿还。2016年6月4日,该项贷款到期,但D公司由于严重违规经营已被有关部门查封,生产经营处于停滞状态,濒临破产,无法向信用社偿还到期贷款本金和利息。为此,信用社要求乙公司履行担保责任。乙公司认为,其担保责任仅限于D公司以房产偿付后的剩余部分,在D公司没有先行偿付的情况下,不应履行担保责任。

2016年8月8日,信用社向当地人民法院提起诉讼,要求乙公司承担连带偿还责任,代D公司偿付贷款本金和贷款期间的利息共计2 970万元。乙公司咨询法律顾问意见后认为,法院很可能判定 承担相应的担保责任,在扣除D公司相应房产的价值后,预计赔偿金额为2 000万元。至乙公司2016年年报批准对外报出时,当地人民法院对信用社提起的诉讼尚未作出判决。

乙公司就上述事项仅在2016年附注中作了披露。

(2)2016年11月16日,乙公司获知E公司已向当地人民法院提起诉讼。原因是乙公司侵犯了E公司的专利技术。E公司要求法院判决令乙公司立即停止涉及该专利技术产品的生产,支付专利技术费500万元,并在相关行业报刊上刊登道歉公告,乙公司经向有关方面咨询，认为其行为可能构成侵权，遂于 2016 年 12 月 16 日停止生产该专利技术产品，并于 E 公司协商，双方同意通过法院调解其他事宜。

调解过程中，E 公司同意乙公司提出的不在行业报刊上刊登道歉公告的请求，但坚持要求乙公司赔偿 500 万元，乙公司对此持有异议，认为其运用该专利技术的时间较短，按照行业惯例，500 万元的专利技术费过高。在编制 2016 年年报时，乙公司咨询法律顾问意见后认为，最终的调解结果很可能需要向 E 公司支付专利技术费 300 万元。至乙公司 2016 年年报批准对外报出时，有关调解仍在进行中。

乙公司就上述事项仅在 2016 年附注中作了披露。

(3) 2015 年 12 月 13 日，乙公司与 F 装修公司（以下简称 F 公司）签定合同，由 F 公司为乙公司新设营业部进行内部装修，装修期为 4 个月，合同总价款 1 000 万元。该合同约定：装修用材料必须符合质量及环保要求；装修工程开始时乙公司预付 F 公司 700 万元，装修工程全部完成验收合格后支付 250 万元，余款 50 万元为质量保证金。

2015 年 12 月 15 日，该装修工程开始，乙公司支付了 700 万元工程款。2016 年 3 月 10 日，F 公司告知乙公司，称该装修工程完成，要求乙公司及时验收。2016 年 3 月 20 日，乙公司组织有关人员对装修工程进行验收时发现，装修用部分材料可能存在质量和环保问题。为此，乙公司决定不予支付剩余工程款，并要求 F 公司赔偿新设营业部无法按时开业造成的损失 300 万元，F 公司不同意赔偿，乙公司于 2016 年 5 月 15 日向当地人民法院提起诉讼，要求免于支付剩余工程款并要求 F 公司赔偿 300 万元损失，2016 年 12 月 25 日，当地人民法院判决 F 公司向乙公司赔偿损失 50 万元并承担乙公司已支付的诉讼费 10 万元，免除乙公司支付剩余工程款的责任，F 公司对判决结果无异议，承诺立即支付 50 万元赔偿及诉讼费 10 万元（根据 F 公司财务状况判断，其支付上述款项不存在困难），但乙公司不服，认为至少应当向 F 公司索取 200 万元赔偿，遂向中级人民法院提起上诉，至乙公司 2003 年财务报告批准报出时，中级人民法院尚未对乙公司的上诉进行判决。

乙公司就上述事项在其 2016 年 12 月 31 日资产负债表中确认了一项其他应收款 200 万元，并就该事项在附注中作了披露。

(4) 2017 年 12 月 3 日，X 银行向当地人民法院提起诉讼，要求乙公司承担 Y 公司借款本金和利息的连带还款责任。

该事项起因于 2016 年 11 月 13 日 Y 公司从 X 银行借入 1 年期款项 9 000 万元，年利率为 3%。根据乙公司、X 银行和 Y 公司之间签订的债务担保协议，如 Y 公司到期未能按时履行偿债义务，乙公司应代为归还 Y 公司未偿还的借款本金和利息；为保全资产，乙公司同时要求 Y 公司以其拥有的一项土地使用权进行反担保。2017 年 11 月，Y 公司因发生严重的财务困难，无法履行到期还款义务。同时，鉴于作为反担保物的土地使用权已有较大的升值，Y 公司有意与乙公司重新协商反担保条款。因协商尚未完成，乙公司决定暂不履行连带还款责任，法院尚未对该起诉讼作出判决。

对该诉讼事项，乙公司只在 2017 年年度附注中作了披露。

分析判断乙公司对上述事项 (1) 至 (4) 的会计处理是否正确？如果不正确，请阐述其正确的会计处理并简要说明理由。

分析说明：

①乙公司对事项 (1) 的会计处理不正确。正确的会计处理是：乙公司应在 2016 年 12 月 31 日的资产负债表中确认预计负债 2 000 万元并在附注中作出相应的披露。其理由是：

乙公司的法律顾问认为，乙公司很可能被法院判定为承担相应担保责任，且该项担保责任能够可靠地计量。

②乙公司对事项（2）的会计处理不正确。正确的会计处理是：乙公司应在2016年12月31日的资产负债表中确认预计负债300万元并在附注中作出相应的披露。其理由是：乙公司利用E公司的原专利技术产品生产实质上构成了对E公司的侵权，因而负有向E公司赔款的义务。此外按照公司法律顾问的意见，该项赔偿义务能够可靠地计量。

③乙公司对事项（3）的会计处理不正确。正确的会计处理：乙公司应在2016年12月31日的资产负债表中确认其他应收款60万元并在附注中作出相应的披露。因为F公司对判决结果无异议，承诺立即支付50万元赔偿及诉讼费10万元，根据F公司财务状况判断，其支付上述款项不存在困难。

④乙公司对事项（4）的会计处理不正确。正确的会计处理：乙公司应在2017年年度资产负债表中确认预计负债9 270万元并在附注中作出相应的披露。因为乙公司承担的连带还款责任已形成现时义务，该义务的履行很可能导致经济利益流出乙公司且流出的金额能够可靠计量，乙公司应将其确认为预计负债。

二、债务担保

债务担保在企业中是较为普遍的现象。作为提供担保的一方，在被担保方无法履行合同的情况下，常常承担连带责任。从保护投资者、债权人的利益出发，客观、充分地反映企业因担保业务而承担的潜在风险十分必要。

企业对外提供债务担保常常会涉及诉讼，这时可以分别以下不同情况进行处理：（1）企业已被判决败诉的，则应当按照法院判决的应承担的损失金额，确认为预计负债。（2）已判决败诉，但企业正在上诉，或者经上一级法院裁定暂缓执行，或者由上一级法院发回重审等，企业应当在资产负债表日根据已有判决结果合理估计损失金额，确认为预计负债。（3）法院尚未判决的，企业应当向其律师或法律顾问等咨询，估计败诉的可能性以及败诉后可能发生的损失金额，并取得有关书面意见。如果败诉的可能性大于胜诉的可能性，并且损失金额能够合理估计的，应当在资产负债表日将预计损失金额确认为预计负债。

【例19-9】 2014年10月，B公司从银行贷款人民币2 000万元，期限2年，由A公司全额担保；2016年4月，C公司从银行贷款美元100万元，期限1年，由A公司担保50%；2016年6月，D公司通过银行从C公司贷款人民币1 000万元，期限2年，由A公司全额担保。

截至2016年12月31日的情况如下：B公司贷款逾期未还，银行已起诉B公司和A公司；C公司由于受政策影响和内部管理不善等原因，经营效益不如以前，可能不能偿还到期美元债务；D公司经营情况良好，预期不存在还款困难。

本例中，对B公司而言，A公司很可能需要履行连带责任，但损失金额是多少，目前还难以预计；就C公司而言，A公司可能需要履行连带责任；就D公司而言，A公司履行连带责任的可能性极小。根据企业会计准则的规定，这三项债务担保形成A公司的或有负债，不符合预计负债的确认条件，A公司应当在2016年12月31日的财务报表附注中披露相关债务担保的被担保单位、担保金额及财务影响等，如表19-2所示。

表19-2 或有负债及其财务影响

被担保单位	担保金额	财务影响
B公司	担保金额2 000万元人民币，2016年10月到期	B公司的银行借款已逾期，银行已起诉B公司和本公司。由于对B公司债务进行全额担保，预期诉讼结果将给本公司的财务造成重大不利影响
C公司	担保金额50万元美元，2017年4月到期	被担保C公司因受政策影响和内部管理不善等原因，本年度效益不如以前，可能不能偿还到期美元债务。因此，本公司可能因承担相应的连带责任而发生损失
D公司	担保金额2 000万元人民币，2018年6月到期	D公司目前经营情况良好，预期不存在还款困难。因此，对D公司的担保极小可能会给本公司造成不利影响

三、产品质量保证

产品质量保证，通常指销售商或制造商在销售产品或提供劳务后，对客户提供服务的一种承诺。在约定期内（或终身保修），若产品或劳务在正常使用过程中出现质量或与之相关的其他属于正常范围的问题，企业负有更换产品、免费或只收成本价进行修理等责任。按照权责发生制原则，上述相关支出符合一定的确认条件就应在销售成立时确认。

【例19-10】 A公司为机床生产和销售企业。2018年第一季度、第二季度、第三季度和第四季度分别销售机床200台、300台、400台和350台，每台售价为5万元。对购买其产品的消费者，A公司作出如下承诺：机床售出后3年内如出现非意外事件造成的机床故障和质量问题，A公司免费负责保修（含零部件更换）。根据以往的经验，发生的保修费一般为销售额的1%～1.5%。假定A公司2018年四个季度实际发生的维修费分别为：2万元、20万元、18万元和35万元；同时，假定2017年"预计负债——产品质量保证"科目贷方年末余额为12万元。

本例中，A公司因销售机床而承担了现时义务，该义务的履行很可能导致经济利益流出A公司，且该义务的金额能够可靠地计量。A公司根据企业会计准则的规定在每一季度末确认一项负债。

（1）第一季度。

①发生产品质量保证费用（维修费）。

借：预计负债——产品质量保证　　　　　　　　　　20 000
　　贷：银行存款或原材料等　　　　　　　　　　　　　　　　20 000

②第一季度末应确认的产品质量保证负债金额为：200×50 000×(0.01+0.015)÷2 = 125 000（元）。

借：销售费用——产品质量保证　　　　　　　　　　125 000
　　贷：预计负债——产品质量保证　　　　　　　　　　　　　125 000

③第一季度末，"预计负债——产品质量保证"科目余额为225 000元。

（2）第二季度。

①发生产品质量保证费用（维修费）。

借：预计负债——产品质量保证　　　　　　　　　　200 000
　　贷：银行存款或原材料等　　　　　　　　　　　　　　　　200 000

②第二季度末应确认的产品质量保证负债金额为：300×50 000×（0.01+0.015）÷2=187 500（元）。

  借：销售费用——产品质量保证   187 500
    贷：预计负债——产品质量保证   187 500

③第二季度末，"预计负债——产品质量保证"科目余额为212 500元。

（3）第三季度。

①发生产品质量保证费用（维修费）。

  借：预计负债——产品质量保证   180 000
    贷：银行存款或原材料等   180 000

②第三季度末应确认的产品质量保证负债金额为：400×50 000×（0.01+0.015）÷2=250 000（元）。

  借：销售费用——产品质量保证   250 000
    贷：预计负债——产品质量保证   250 000

③第三季度末，"预计负债——产品质量保证"科目余额为282 500元。

（4）第四季度。

①发生产品质量保证费用（维修费）。

  借：预计负债——产品质量保证   350 000
    贷：银行存款或原材料等   350 000

②第四季度末应确认的产品质量保证负债金额为：350×50 000×（0.01+0.015）÷2=218 750（元）。

  借：销售费用——产品质量保证   218 750
    贷：预计负债——产品质量保证   218 750

③第四季度末，"预计负债——产品质量保证"科目余额为151 250元。

在对产品质量保证确认预计负债时，需要注意的是：

（1）如果发现保证费用的实际发生额与预计数相差较大，应及时对预计比例进行调整；

（2）如果企业针对特定批次产品确认预计负债，则在保修期结束时，应将"预计负债——产品质量保证"余额冲销，不留余额；

（3）已对其确认预计负债的产品，如企业不再生产了，那么应在相应的产品质量保证期满后，将"预计负债——产品质量保证"余额冲销，不留余额。

四、亏损合同

待执行合同变为亏损合同，同时该亏损合同产生的义务满足预计负债的确认条件，应当确认为预计负债。其中，待执行合同，是指合同各方尚未履行任何合同义务，或部分地履行了同等义务的合同。企业与其他企业签订的尚未履行任何义务或部分地履行了同等义务的商品买卖合同、劳务合同、租赁合同等，均属于待执行合同，待执行合同不属于企业会计准则规范的内容。

但是，待执行合同变为亏损合同的，应当作为企业会计准则规范的或有事项。亏损合同，是指履行合同义务不可避免发生的成本超过预期经济利益的合同。这里所称"履行合同义务不可避免发生的成本"反映了履行该合同的最低净成本，即履行该合同的成本与未能履行该合同而发生的补偿或处罚两者之中的较低者。

企业对亏损合同进行处理，需要遵循以下两点原则：

（1）如果与亏损合同相关的义务不需要支付任何补偿即可撤销，企业通常就不存在现时义务，不应确认预计负债；如果与亏损合同相关的义务不可撤销，企业就存在现时义务，同时满足该义务很可能导致经济利益流出企业和金额能够可靠地计量的，通常应当确认预计负债。

（2）待执行合同变为亏损合同时，合同存在标的资产的，应当对标的资产进行减值测试并按规定确认减值损失，此时，企业通常不需要确认预计负债；合同不存在标的资产的，亏损合同相关义务满足归条件时，应当确认预计负债。

【例19-11】 甲公司2017年1月1日采用经营租赁方式租入一条生产线生产A产品，租赁期5年。甲公司利用该生产线生产的A产品每年可获利20万元。2018年12月31日，甲公司因市政规划调整不得不迁址，且因宏观政策调整决定停产A产品，原经营租赁合同不可撤销，还要持续3年，且生产线无法转租给其他单位。

本例中，甲公司与其他公司签订了不可撤销的经营租赁合同，负有法定义务，必须继续履行租赁合同（交纳租金）。因此，甲公司执行原经营租赁合同不可避免要发生的费用很可能超过预期获得的经济利益，属于亏损合同，应当在2018年12月31日根据未来支付的租金的最佳估计数确认预计负债。

【例19-12】 乙企业2018年1月1日与某外贸公司签订了一项产品销售合同，约定在2018年2月15日以每件产品150元的价格向外贸公司提供10 000件A产品，若不能按期交货，将对乙企业处以总价款30%的违约金。由于这批产品为定制产品，签订合同时产品尚未开始生产。但企业开始筹备原材料以生产这批产品时，原材料价格突然上升，预计生产每件产品需要花费成本175元。

本例中，乙企业产品成本为每件175元，而销售价格为每件150元，每销售一件亏损25元，共计损失25万元。如果撤销合同，则需要交纳45万元的违约金。因此，这项销售合同是一项亏损合同。

【例19-13】 乙企业以生产A产品为主，目前企业库存积压较大，产品成本为每件175元。为了消化库存，盘活资金，乙企业2018年1月25日与某外贸公司签订了一项产品销售合同，约定在2018年2月5日以每件产品150元的价格向外贸公司提供10 000件产品，合同不得撤销。

本例中，乙企业产品成本为每件175元，而销售价格为每件150元，每销售一件亏损25元，共计损失25万元。并且，合同不得撤销。因此，这项销售合同是一项亏损合同。

由于该合同签订时存在标的资产，乙企业应当按照《CAS1 存货》的规定对A产品进行减值测试，计提减值准备，从而不需要对合同再确认负债。

五、重组义务

重组，是指企业制定和控制的，将显著改变企业组织形式、经营范围或经营方式的计划实施行为。属于重组的事项包括：（1）出售或终止企业的部分经营业务；（2）对企业的组织结构进行较大调整；（3）关闭企业的部分营业场所，或将营业活动由一个国家或地区迁移到其他国家或地区。

企业应当将重组与企业合并、债务重组区别开。重组通常是企业内部资源的调整和组合，谋求现有资产效能的最大化；企业合并是在不同企业之间的资本重组和规模扩张；而债务重组是债权人对债务人作出让步，债务人减轻债务负担，债权人尽可能减少损失。

（一）重组义务的确认

企业因重组而承担了重组义务，并且同时满足或有事项的三项确认条件时，应当确认预计负债。

首先，同时存在下列情况的，表明企业承担了重组义务：（1）有详细、正式的重组计划，包括重组涉及的业务、主要地点、需要补偿的职工人数及岗位性质、预计重组支出、计划实施时间等；（2）该重组计划已对外公告。

企业制定了详细、正式的重组计划，并且已经对外公告，使那些受其影响的其他单位或个人合理预期企业将实施重组，这就形成了企业的一项推定义务。而管理层或董事会在资产负债表日前作出重组决定，在资产负债表日并不形成一项推定义务，除非企业在资产负债表日前已经对外进行了公告，将重组计划传达给受其影响的各方，使他们形成了对企业将实施重组的合理预期。

其次，需要判断重组义务是否同时满足或有事项的三个确认条件。即：判断其承担的重组义务是否是现时义务、履行重组义务是否很可能导致经济利益流出企业、重组义务的金额是否能够可靠计量。只有同时满足这三个确认条件，才能将重组义务确认为预计负债。

【例19-14】 2018年12月31日，甲上市公司董事会决定关闭A事业部。2018年度财务报告对外报出前，甲上市公司尚未将此项决定传达到受其影响的各方，也没有采取任何措施实施该项决定。在2018年12月31日，甲上市公司不应因此项决定确认预计负债。

【例19-15】 2018年12月12日，甲上市公司董事会决定关闭生产A产品的事业部，有关计划已或批准。至2018年12月31日，关闭生产A产品事业部的决定已向社会公告，受其影响的公司相关职员也已收到通知。如果该义务很可能导致经济利益流出企业，且金额能够可靠计量，在2018年12月31日，甲上市公司应因此项决定确认预计负债。

（二）重组义务的计量

企业应当按照与重组有关的直接支出确定预计负债金额，计入当期损益。其中，直接支出是企业重组必须承担的，并且与主体继续进行的活动无关的支出，不包括留用职工岗前培训、市场推广、新系统和营销网络投入等支出。因为这些支出与未来经营活动有关，在资产负债表日不是重组义务。由于企业在计量预计负债时不应当考虑预期处置相关资产的利得或损失，因此，在计量与重组义务相关的预计负债时，不能考虑处置相关资产（厂房、店面，有时是一个事业部整体）可能形成的利得或损失，即使资产的出售构成重组的一部分也是如此，这些利得或损失应当单独确认。重组义务的范围见表19-3。

表19-3 重组义务的范围

支出项目	包括	不包括	不包括的原因
自愿遣散	√		
强制遣散（如果自愿遣散目标未满足	√		
将不再使用的厂房的租赁撤销费	√		

续表

支出项目	包括	不包括	不包括的原因
将职工和设备从拟关闭的工厂转移到继续使用的工厂		√	支出与继续进行的活动相关
剩余职工的再培训		√	支出与继续进行的活动相关
新经理的招募成本		√	支出与继续进行的活动相关
推广公司新形象的营销成本		√	支出与继续进行的活动相关
对新分销网络的投资		√	支出与继续进行的活动相关
重组的未来可辨认经营损失（最新预计值）		√	支出与继续进行的活动相关
特定不动产、厂场和设备的减值损失		√	资产减值准备应当按照《CAS8 资产减值》进行计提，并作为资产的抵减项

第四节　或有事项的列报与披露

一、预计负债的列报

在资产负债表中，因或有事项而确认的预计负债，应与其他负债项目区别开来，单独反映。如果企业因多项或有事项而确认了预计负债，在资产负债表上一般只需通过"预计负债"项目进行总括反映。在或有事项确认为预计负债的同时，应确认一项支出或费用，这项费用或支出在利润表中不应单列项目反映，而应与其他支出或费用合并反映。例如，因对其他企业提供债务担保，企业确认预计负债的同时确认的费用，在利润表中应作为"营业外支出"的组成部分予以反映；再如，企业由于产品质量保证而确认预计负债时所确认的费用，在利润表中应作为"销售费用"的组成部分予以反映。

根据 CAS13 的规定，为了使财务报表使用者获得充分、详细的与或有事项相关的信息，企业应当在财务报表附注中披露如下内容：

（1）预计负债的种类、形成原因以及经济利益流出不确定性的说明；
（2）各类预计负债的期初、期末余额和本期变动情况；
（3）与预计负债有关的预期补偿金额和本期已确认的预期补偿金额。

二、或有负债的披露

或有负债无论作为潜在义务还是现时义务，均不符合负债的确认条件，因而不予以确认。但是，除非或有负债极小可能导致经济利益流出企业，否则，企业应当在财务报表附注中披露相关信息，具体内容包括：

（1）或有负债的种类及其形成原因，包括已贴现商业承兑汇票、未决诉讼、未决仲裁、对外提供担保等形成的或有负债；
（2）经济利益流出不确定性的说明；
（3）或有负债预计产生的财务影响，以及获得补偿的可能性；如果无法预计，应当说明原因。

不过，企业在披露或有负债时应当注意：在涉及未决诉讼、未决仲裁的情况下，按照CAS13规定，如果披露全部或部分信息预期对企业造成重大不利影响的，企业无须披露这些信息，但应当披露该未决诉讼、未决仲裁的性质，以及没有披露这些信息的事实和原因。

三、或有资产的披露

或有资产是一种潜在的资产，不符合资产确认的条件，因此不予以确认。CAS13规定，企业通常不应当披露或有资产。但或有资产很可能会给企业带来经济利益的，应当披露其形成的原因、预计产生的财务影响等信息。

❖❖ 本章小结 ❖❖

本章首先介绍了或有事项的概念、特征以及或有资产和或有负债与资产和负债的区别；其次着重讲述了或有事项确认为或有负债的条件（如与或有事项有关的义务是企业承担的现时义务，该义务的履行很可能导致经济利益流出企业，该义务的金额能够可靠地计量等），或有事项的计量（包括最佳估计数的确定和预期可获得补偿的处理），或有事项的披露（包括因或有事项而确认的负债的披露、或有负债的披露、或有资产的披露等）。其中，或有事项的确认条件和计量是本章的重难点。

❖❖ 重点概念 ❖❖

或有事项、或有负债、或有资产。

❖❖ 思 考 题 ❖❖

1. 什么是或有事项？它有哪些特征？
2. 或有资产和或有负债与资产和负债有什么区别？
3. 与或有事项有关的义务，在什么条件下才能确认为负债？为什么？
4. 因或有事项而确认的或有负债的金额如何确定？
5. 因或有事项而确认的或有负债、或有资产、或有负债如何披露？

第二十章

资产负债表日后事项

> **内容提要：** ▲资产负债表日后事项概述 ▲资产负债表日后调整事项
> ▲资产负债表日后非调整事项
>
> **学习目的及要求：** 通过本章学习，应熟悉资产负债表日后事项的定义及特点；学会确定资产负债表日后事项涵盖的期间；掌握资产负债表日后事项的内容；掌握调整事项和非调整事项的处理原则和具体会计处理方法；了解资产负债表日后事项的几个特殊问题。

会计报表提供企业在某一期间或某一特定日期财务状况、经营成果和现金流量的情况。按照会计分期的要求，企业应分期提供会计报表，企业期末编制的会计报表一般是按照某些事项结账时存在的状况编制的。但是，由于编制的会计报表从结账日到对外提供时有一定的时间间隔，在这一期间内，会产生某些与按照结账时存在状况编制的会计报表有关的事项。如果这些事项能够为资产负债表日存在状况提供进一步说明，或产生新的重大事项，在会计上有必要对会计报表进行适当的调整或做出必要的说明，以便于广大会计报表使用者了解企业真实的财务状况和经营成果。这就是资产负债表日后事项。为了规范资产负债表日后事项的会计处理和披露，一些国家或地区的准则制定机构和IASB都相继发布了相关准则，例如IASB于1978年发布（1994年格式重排）的《IAS10 资产负债表日后事项》（*IAS 10 Events After the Balance Sheet Date*）、英国的《标准会计实务公告第17号——结账后事项》、加拿大的《加拿大特许会计师协会手册第3820章——期后事项》、澳大利亚的《澳大利亚第1002号会计准则——结算日后发生的事项》、中国台湾的《财务会计准则公报——或有事项及期后事项之处理》、中国香港的《会计实务准则第9号——结算日后事项的会计处理》等。这些准则有的已经进行了修订，有的则仍在执行。我国在借鉴各国会计准则的基础上，于2003年发布了《企业会计准则——资产负债表日后事项》，2006年又对其进行了修订，修订后的准则为《CAS29 资产负债表日后事项》（简称CAS29），实现了与国际会计准则的实质趋同。

本章根据我国CAS29的基本内容，在参考其他国家相关会计准则的基础上编写，主要包括资产负债表日后事项的概念和内容，以及调整事项和非调整事项的判断、处理和披露问题。

第一节 资产负债表日后事项概述

一、资产负债表日后事项的定义

我国《CAS29 资产负债表日后事项》（简称 CAS29）将资产负债表日后事项定义为："资产负债表日后事项，是指资产负债表日至财务报告批准报出日之间发生的有利或不利事项"。可以从以下三个方面理解该定义。

（一）CAS29 所指的资产负债表日是指会计年度末和会计中期末

中期是指短于一个完整的会计年度的报告期间，包括半年度、季度和月度。根据《会计法》的规定，"会计年度自公历 1 月 1 日起至 12 月 31 日止"，因此，年度资产负债表日是指每年的 12 月 31 日，中期资产负债表日是指各会计中期期末，例如，提供第一季度财务报告时，资产负债表日是该年度的 3 月 31 日；提供半年度财务报告时，资产负债表日是该年度的 6 月 30 日[1]。

（二）资产负债表日后事项限定在一个特定的期间内，即资产负债表日后至财务报告批准报出日之间发生的事项

财务报告批准报出日，指董事会或类似机构批准财务报告报出的日期，通常是指对财务报告的内容负有法律责任的单位或个人批准财务报告向企业外部公布的日期。这里的"对财务报告的内容负有法律责任的单位或个人"一般是指所有者、所有者中的多数、董事会或类似的管理单位、部门和个人。根据《中华人民共和国公司法》的规定，董事会有权制定公司的年度财务预算方案、决算方案、利润分配方案和弥补亏损方案，因此，对于设置董事会的公司制企业，财务报告批准报出日是指董事会批准财务报告报出的日期。对于其他企业，财务报告批准报出日是指经理（厂长）会议或类似机构批准财务报告报出的日期。

（三）资产负债表日后事项包括有利事项和不利事项

"有利或不利事项"是指资产负债表日后事项肯定对企业财务状况和经营成果具有一定影响（既包括有利影响也包括不利影响）。如果某些事项的发生对企业并无任何影响，那么，这些事项既不是有利事项，也不是不利事项，也就不属于这里所说的资产负债表日后事项。

例如，资产负债表日正在进行的诉讼案件在资产负债表日后事项期间结案，这一事项是与资产负债表日存在状况有关的事项；再如，某公司董事会在资产负债表日后事项期间内通过以发行可转换公司债券方式筹集资金的决议，此事项与资产负债表日存在状况不存在直接的关系，但如果发行了可转换公司债券，则将对公司的财务状况产生重大影响。

对于资产负债表日后有利或不利事项的处理原则相同。资产负债表日后事项，如果属于调整事项，对有利和不利的调整事项均应进行处理，并调整报告年度或报告中期的财务报

---

[1] 如果母公司或者子公司在国外，无论该母公司或子公司如何确定会计年度和会计中期，其向国内提供的财务报告都应根据我国《会计法》和会计准则的要求确定资产负债表日。

表；如果属于非调整事项，对有利和不利的非调整事项均应在报告年度或报告中期的附注中进行披露。

二、资产负债表日后事项涵盖的期间

资产负债表日后事项所涵盖的期间是自资产负债表日次日至财务报告批准报出日止的一段时间。对上市公司而言，这一期间内涉及几个日期，包括完成财务报告编制日、注册会计师出具审计报告日、董事会批准财务报告可以对外公布日、实际对外公布日等。资产负债表日后事项以报告年度次年的1月1日起（含1月1日，下同），但应以哪个日期为截止日期？通常而言，审计报告日期是指注册会计师完成外勤审计工作的日期。实际对外公布日通常不早于董事会批准财务报告对外公布的日期。资产负债表日后事项涵盖的期间应当包括：

（1）报告年度次年的1月1日或报告期间下一期间的第一天至董事会或类似机构批准财务报告可以对外公布的日期，即以董事会批准财务报告对外公布的日期为截止日期。

（2）董事会批准财务报告可以对外公布日与实际对外公布日之间发生的与资产负债表日后事项有关的事项，由此影响财务报告对外公布日期的，应以董事会再次批准财务报告对外公布的日期为截止日期。如果公司管理层由此修改了财务报表，注册会计师应当根据具体情况实施必要的审计程序，并针对修改后的财务报表出具新的审计报告。新的审计报告日期不应早于董事会或类似机构批准修改后的财务报表对外公布的日期。

【例20-1】 某上市公司2017年的年度财务报告于2018年2月15日编制完成，注册会计师完成整个年度审计工作并签署审计报告的日期为2018年4月22日，经董事会批准财务报告可以对外公布的日期为2018年4月23日，财务报告实际对外公布日期为2018年4月25日，股东大会召开日期为2018年5月6日。

根据资产负债表日后事项准则的规定，财务报告批准报出日为2018年4月23日，资产负债表日后事项的时间区间为2018年1月1日至2018年4月23日。假如该公司经董事会批准财务报告可以对外公布的日期为2018年4月22日，实际对外公布的日期为2018年4月25日，如果在4月22日至25日之间发生了重大事项，按照资产负债表日后事项准则规定需要调整会计报表相关基础上的数字或需要在会计报表附注中披露的，经调整或说明后的财务报告再经董事会批准的报出日期为2018年4月28日，实际对外公布的日期为2018年4月30日，则资产负债表日后事项涵盖的期间为2018年1月1日至2018年4月28日。

三、资产负债表日后事项的内容

资产负债表日后事项包括两类，一类是资产负债表日后调整事项，即对资产负债表日存在的情况提供进一步证据的事项；一类是资产负债表日后非调整事项，即资产负债表日后才发生的事项。

（一）调整事项

所谓资产负债表日后调整事项，是指对资产负债表日已经存在的情况提供了新的或进一步证据的事项。

调整事项的特点如下：一是在资产负债表日已经存在，资产负债表日后得以证实的事项；二是对按资产负债表日存在状况编制的财务报表产生重大影响的事项。

如果资产负债表日及所属会计期间已经存在某种情况，但当时并不知道其存在或者不能知道确切结果，资产负债表日后发生的事项能够证实该情况的存在或者确切结果，则该事项属于资产负债表日后事项中的调整事项。如果资产负债表日后事项对资产负债表日的情况提供了进一步的证据，证据表明的情况与原来的估计和判断不完全一致，则需要对原来的会计处理进行调整。

企业发生的资产负债表日后调整事项，通常包括下列各项：

（1）资产负债表日后诉讼案件结案，法院判决证实了企业在资产负债表日已经存在现时义务，需要调整原先确认的与该诉讼案件相关的预计负债，或确认一项新负债；

（2）资产负债表日后取得确凿证据，表明某项资产在资产负债表日发生了减值或者需要调整该项资产原先确认的减值金额；

（3）资产负债表日后进一步确定了资产负债表日前购入资产的成本或售出资产的收入；

（4）资产负债表日后发现了财务报表舞弊或差错。

【例20-2】 甲公司因专利权被起诉。2016年12月31日法院尚未判决，参考公司律师对此案件诉讼结果可能性的评估和判断，甲公司确认了500万元的预计负债。2017年2月20日，在甲公司2016年度财务报告批准报出之前，法院作出判决，要求甲公司支付赔偿700万元。

本例中，甲公司在2016年12月31日结账时已经知道对方胜诉的可能性大，但不能知道法院判决的确切结果，因此，确认了500万元的预计负债。2017年2月20日法院判决结果为甲公司预计负债的存在提供了进一步的证据。此时，按照2016年12月31日存在状况编制的财务报表所提供的信息已不能真实反映企业的实际情况，应据此对财务报表相关项目的数字进行调整。

（二）非调整事项

所谓资产负债表日后非调整事项，是指表明资产负债表日后发生的情况的事项。非调整事项的发生不影响资产负债表日企业的财务报表数字，只说明资产负债表日后发生了某些情况。对于财务报告使用者而言，非调整事项说明的情况有的重要，有的不重要。其中，重要的非调整事项虽然不影响资产负债表日的财务报表数字，但可能影响资产负债表日后的财务状况和经营成果，不加以说明将会影响财务报告使用者做出正确的估计和决策，因此需要适当披露。

企业发生的资产负债表日后非调整事项，通常包括下列各项：

（1）资产负债表日后发生重大诉讼、仲裁、承诺；

（2）资产负债表日后资产价格、税收政策、外汇汇率发生重大变化；

（3）资产负债表日后因自然灾害导致资产发生重大损失；

（4）资产负债表日后发行股票和债券以及其他巨额举债；

（5）资产负债表日后资本公积转增资本；

（6）资产负债表日后发生巨额亏损；

（7）资产负债表日后发生企业合并或处置子公司。

【例20-3】 A企业应收B企业一笔货款，在2017年12月31日时，B企业经营状况良好，并无显示财务困难的迹象。但在2018年1月25日，B企业发生火灾，烧毁了全部厂房、设备和存货，无法偿还A企业的货款。对于这一事项，完全是由于资产负债表日后新发生的，与资产负债表日存在状况无关。又如，甲企业于资产负债表日至财务报告批准报出日之前，经董事会决定对乙企业投资，该项投资占甲企业资产总额的25%。这一事项不涉及资产负债表日存在状况，完全是资产负债表日后新发生的事项。对于非调整事项，由于其对资产负债表日存在状况无关，故不应调整资产负债表日编制的会计报表。又如，在资产负债表日和财务报告批准报出日之间投资市价严重下跌。这一投资市价下跌一般与资产负债表日存在状况无关，而是资产负债表日以后发生的事项。但这类事项可能很重大，如不加以披露，将会影响会计报表使用者对企业财务状况、经营成果做出正确的估价。如上例，A企业应收B企业账款无法收回，表明资产负债表中反映的应收B企业账款已成为坏账，如不披露，会计报表使用者会误以为这笔应收账款仍然可以收回。

（三）调整事项与非调整事项的区别

资产负债表日后发生的某一事项究竟是调整事项还是非调整事项，取决于该事项表明的情况在资产负债表日或资产负债表日以前是否已经存在。若该情况在资产负债表日或之前已经存在，则属于调整事项；反之，则属于非调整事项。这是因为，在会计期间假设下，调整事项虽然发生在资产负债表日的下一会计期间，但其指向的情况在资产负债表日已经存在，资产负债表日后所获得的证据只为资产负债表日已存在状况提供了进一步的证据，为便于真实、公允反映企业财务状况和经营成果，需要对资产负债表日的财务报表进行调整。

【例20-4】 甲公司2016年10月向乙公司出售一批原材料，价款为2000万元，根据销售合同，乙公司应在收到原材料后3个月内付款。至2016年12月31日，乙公司尚未付款。假定甲公司在2016年度财务报告时有两种情况：(1) 2016年12月31日甲公司根据掌握的资料判断，乙公司有可能破产清算，估计该应收账款将有20%无法收回。故按20%的比例计提坏账准备；2017年1月20日，甲公司收到通知，乙公司已被宣告破产清算，甲公司估计有70%的债权无法收回。(2) 2016年12月31日乙公司的财务状况良好，甲公司预计应收账款可按时收回；2017年1月20日，乙公司发生重大火灾，导致甲公司50%的应收账款无法收回。

2017年3月15日，甲公司的财务报告经批准对外公布。

本例中，(1) 导致甲公司应收账款无法收回的事实是乙公司财务状况恶化，该事实在资产负债表日已经存在，乙公司被宣告破产只是证实了资产负债表日乙公司财务状况恶化的情况。因此，乙公司破产导致甲公司应收款项无法收回的事项属于调整事项。(2) 导致甲公司应收账款损失的因素是火灾，火灾是不可预计的，应收账款发生损失这一事实在资产负债表日以后才发生。因此，乙公司发生火灾导致甲公司应收款项发生坏账的事项属于非调整事项。

在理解资产负债表日后事项的会计处理时，还需要明确以下两个问题：

第一，如何确定资产负债表日后某一事项是调整事项还是非调整事项，是对资产负债表日后事项进行会计处理的关键。调整和非调整事项是一个广泛的概念，就事项本身而言，可以有各种各样的性质，只要符合企业会计准则中对这两类事项的判断原则即可。另外，同一性质的事项可能是调整事项，也可能是非调整事项，这取决于该事项表明的情况是在资产负债表日或资产负债表日以前存在或发生，还是在资产负债表日后才发生的。

第二，企业会计准则以列举的方式说明了资产负债表日后事项中，哪些属于调整事项，哪些属于非调整事项，但并没有列举详尽。实务中，会计人员应按照资产负债表日后事项的判断原则，确定资产负债表日后发生的事项中哪些属于调整事项，哪些属于非调整事项。

第二节 资产负债表日后调整事项

一、资产负债表日后调整事项的处理原则及方法

按照CAS29的规定，资产负债表日后发生的调整事项，应调整资产负债表日的财务报表。对于年度财务报告而言，由于资产负债表日后事项发生在报告年度的次年，报告年度的有关账目已经结转，特别是损益类科目在结账后已无余额。因此，资产负债表日后发生的调整事项，应当分别以下情况进行账务处理：

（1）涉及损益的事项，通过"以前年度损益调整"科目核算。调整增加以前年度利润或调整减少以前年度亏损的事项，记入"以前年度损益调整"科目的贷方；调整减少以前年度利润或调整增加以前年度亏损的事项，记入"以前年度损益调整"科目的借方。

涉及损益的调整事项，如果发生在资产负债表日所属年度（即报告年度）所得税汇算清缴前的，应调整报告年度应纳税所得额、应纳所得税税额；发生在报告年度所得税汇算清缴后的，应调整本年度（即报告年度的次年）应纳所得税税额。

由于以前年度损益调整增加的所得税费用。记入"以前年度损益调整"科目的借方，同时贷记"应交税费—应交所得税"等科目；由于以前年度损益调整减少的所得税费用，记入"以前年度损益调整"科目的贷方，同时借记"应交税费—应交所得税"等科目。

调整完后，将"以前年度损益调整"科目的贷方或借方余额，转入"利润分配——未分配利润"科目。

（2）涉及利润分配调整的事项，直接在"利润分配——未分配利润"科目核算。

（3）不涉及损益以及利润分配的事项，调整相关科目。

（4）通过上述账务处理后，还应同时调整会计报表相关项目的数字，包括：①资产负债表日编制的财务报表相关项目的期末数或本年发生数；②当期编制的财务报表相关项目的期初数或上年数；③经过上述调整后，如果涉及报表附注内容的，还应调整报表附注相关项目的数字。

二、资产负债表日后调整事项的具体会计处理

《CAS29 资产负债表日后事项》准则以举例的方式，列举了属于调整事项的主要例子，即：

（1）资产负债表日后诉讼案件结案，法院判决证实了企业在资产负债表日已经存在现时义务，需要调整原先确认的与该诉讼案件相关的预计负债，或确认一项新负债；

（2）资产负债表日后，取得确凿证据，表明资产在资产负债表日发生了减值或者需要调整该项资产原先确认的减值金额；

（3）资产负债表日后进一步确定了资产负债表日前购入资产的成本或售出资产的收入；

（4）资产负债表日后发现了财务报表舞弊或差错。

现在就上述四种情况分别举例说明。为简化处理，如无特别说明，本章所有举例均假定如下：所涉及的公司均为上市公司；财务报告批准报出日均为次年3月31日；所得税率为25%，资产负债表日计算的税前会计利润等于按税法规定计算的应纳税所得额；公司按净利

润的10%提取法定盈余公积,提取法定盈余公积后不再作其他分配;调整事项按税法规定均可调整应交纳的所得税;涉及递延所得税资产的,均假定未来期间很可能取得用来抵扣暂时性差异的应纳税所得额;不考虑报表附注中有关现金流量表项目的数字。

(一) 资产负债表日后诉讼案件结案,法院判决证实了企业在资产负债表日已经存在现时义务,需要调整原先确认的与该诉讼案件相关的预计负债,或确认一项新负债

这一事项是指导致诉讼的事项在资产负债表日已经发生,但尚不具备确认负债的条件而未确认,资产负债表日后至财务报告批准报出日之间获得了新的或进一步证据(法院判决结果),表明符合负债的确认条件,因此应在财务报告中确认一项新负债;或者在资产负债表日虽已确认,但需要根据判决结果调整已确认负债的金额。

【例20-5】 甲公司与乙公司签订一项供销合同,合同中订明甲公司在2017年11月份供应乙公司一批物资。由于甲公司未能按照合同发货,致使乙公司发生重大经济损失。乙公司通过法律程序要求甲公司赔偿经济损失550万元。该诉讼案件在12月31日尚未判决,甲公司确认了400万元的预计负债。2018年2月5日,经法院一审判决,甲公司需要偿付乙公司经济损失500万元,甲公司不再上诉,并假定赔偿款已经支付。甲、乙两公司2017年所得税汇算清缴均在2018年3月10日完成(假定该项预计负债产生的损失不允许税前扣除,只有在损失实际发生时,才允许税前扣除)。

本例中,根据CAS29的规定,2018年2月5日的判决证实了两家公司在资产负债表日分别存在现实赔偿义务和获赔权力,因此,两家公司都应将"法院判决"这一事项作为调整事项进行会计处理。两家公司2017年的所得税汇算清缴均在2018年3月10日完成,所以,应根据法院判决结果调整报告年度应纳税所得额和应纳所得税税额。甲公司和乙公司首先应判断该事项属于调整事项,并分别按调整事项的处理原则进行处理如下:

(1) 甲公司账务处理。

①2018年2月5日,调整已确认的预计负债金额,并调整递延所得税资产❶。

借:以前年度损益调整　　　　　　　　　　1 000 000
　　贷:其他应付款　　　　　　　　　　　　　　　　1 000 000
借:应交税费——应交所得税 (1 000 000×25%) 250 000
　　贷:以前年度损益调整　　　　　　　　　　　　　　250 000
借:应交税费——应交所得税 (4 000 000×25%) 1 000 000
　　贷:以前年度损益调整　　　　　　　　　　　　　1 000 000
借:以前年度损益调整　　　　　　　　　　1 000 000
　　贷:递延所得税资产　　(4 000 000×25%) 1 000 000
借:预计负债　　　　　　　　　　　　　　4 000 000

---

❶ 资产负债表日后发生的调整事项如涉及现金收支项目的,均不调整报告年度资产负债表的货币资金项目和现金流量表正表各项目数字。本例中,虽已支付了赔偿款,但在调整会计报表相关项目数字时,只需要调整前五笔分录,不需要调整第六笔分录,第六笔分录作为2018年的会计事项处理;2017年因预计负债400万元时已确认相应的递延所得税资产,资产负债表日后事项发生后递延所得税资产不复存在,故应冲减相应记录。同时,资产负债表日后事项发生后2017年应交所得税减少,应予确认。

贷：其他应付款　　　　　　　　　　　　　　　　　　　　　　　4 000 000
　　借：其他应付款　　　　　　　　　　　　5 000 000
　　　贷：银行存款　　　　　　　　　　　　　　　　　　　　　　　　5 000 000
②将"以前年度损益调整"科目的余额转入利润分配。
　　借：利润分配——未分配利润　　　　　　750 000
　　　贷：以前年度损益调整　　　　　　　　　　　　（1000 000－250 000）750 000
③因净利润变动，调整盈余公积。
　　借：盈余公积　　　　　　　　　　　　　 75 000
　　　贷：利润分配——未分配利润　　　　　　　　　　　（750 000×10%）75 000
④调整报告年度财务报表相关项目的数字（财务报表略）。
　　a. 资产负债表项目的调整：调增其他应付款500万元；调减递延所得税资产100万元；调减应交税费125万元；调减预计负债400万元；调减盈余公积7.5万元；调减未分配利润67.5万元。
　　b. 利润表项目的调整：调增营业外支出100万元；调减所得税费用25万元；调减净利润75万元。
　　c. 所有者权益变动报表的调整：调减净利润75万元；提取盈余公积项目中盈余公积一栏调减7.5万元；未分配利润一栏调减67.5万元。
⑤甲公司在编制2018年1月份的资产负债表时，按照调整前2017年12月31日的资产负债表的数字作为资产负债表的年初数，由于发生了资产负债表日后事项，甲公司除了调整2017年年度资产负债表相关项目的数字外，还应当调整2018年2月份及以后月份资产负债表相关项目的年初数，其年初数按照2017年12月31日调整后的数字填列。资产负债表略。
　（2）乙公司账务处理。
①记录已收到的赔偿款。
　　借：其他应收款　　　　　　　　　　　　5 000 000
　　　贷：以前年度损益调整　　　　　　　　　　　　　　　　　　　5 000 000
　　借：银行存款　　　　　　　　　　　　　5 000 000
　　　贷：其他应收款　　　　　　　　　　　　　　　　　　　　　　5 000 000❶
②调整应交所得税。
　　借：以前年度损益调整　　　　　　　　　1 250 000
　　　贷：应交税费——应交所得税　　　　　　　　　（5 000 000×25%）1 250 000
③将"以前年度损益调整"科目的余额转入利润分配。
　　借：以前年度损益调整　　　　　　　　　3 750 000
　　　贷：利润分配——未分配利润　　　　　　（5 000 000－1 250 000）3 750 000
④因净利润增加，补提盈余公积。
　　借：利润分配——未分配利润　　　　　　　375 000
　　　贷：盈余公积　　　　　　　　　　　　　　　　　（3 750 000×10%）375 000

---

❶资产负债表日后发生的调整事项如涉及现金收支项目的，均不调整报告年度资产负债表的货币资金项目和现金流量表正表各项目数字。本例中，虽然收到了赔偿款并存入银行，但在调整会计报表相关项目数字时，只需要调整上述第一笔分录，不需要调整上述第二笔分录，上述第二笔分录作为2018年的会计事项处理。

⑤调整报告年度会计报表相关项目的数字（会计报表略）。

a. 资产负债表项目的调整：调增其他应收款 500 万元；调增应交税费 125 万元；调增盈余公积 37.5 万元；调增未分配利润 337.5 万元。

b. 利润表项目的调整：调增营业外收入 500 万元；调增所得税费用 125 万元；调增净利润 375 万元。

c. 所有者权益变动报表项目的调整：调增净利润 375 万元；提取盈余公积项目中盈余公积一栏调增 37.5 万元；未分配利润一栏调增 337.5 万元。

（二）资产负债表日后，取得确凿证据，表明资产在资产负债表日发生了减值或者需要调整该项资产原先确认的减值金额

这一事项是指在资产负债表日，根据当时资料判断某项资产可能发生了损失或减值，但没有最后确定是否会发生，因而按照当时的最佳估计金额反映在财务报表中。但在资产负债表日至财务报告批准报出日之间，所取得的新的或进一步的证据能证明该事实成立，即某项资产已经发生了损失或减值，则应对资产负债表日所作的估计予以修正。

【例 20-6】 甲公司 2017 年 4 月销售给乙企业一批产品，价款为 1000 万元（含应向购货方收取的增值税额），乙企业于 5 月份收到所购物资并验收入库。按合同规定乙企业应于收到所购物资后一个月内付款。由于乙企业财务状况不佳，到 2017 年 12 月 31 日仍未付款。甲公司于 12 月 31 日编制 2017 年度财务报表时，已为该项应收账款提取坏账准备 5 万元（假定坏账准备提取比例为 5‰），12 月 31 日资产负债表上"应收账款"项目的余额为 7 600 万元（即应收账款 8 000 万元 – 坏账准备 400 万元）；该项应收账款已按 995（1000 – 5）万元列入资产负债表"应收账款"项目内。甲公司于 2018 年 3 月 2 日（所得税汇算清缴前）收到乙企业通知，乙企业已进行破产清算，无力偿还所欠部分货款，预计甲公司可收回应收账款的 40%。

甲公司在接到乙企业通知时，首先判断是属于资产负债表日后事项中的调整事项，并根据调整事项的处理原则进行处理如下：

(1) 补提坏账准备。

应补提的坏账准备 = 1000 × 60% – 5 = 595（万元）

借：以前年度损益调整　　　　　　　　　5 950 000
　　　贷：坏账准备　　　　　　　　　　　　　　　5 950 000

(2) 调整递延所得税资产。

借：递延所得税资产　　（5 950 000 × 25%）1 487 500
　　　贷：以前年度损益调整　　　　　　　　　　　1 487 500

(3) 将"以前年度损益调整"科目的余额转入利润分配。

借：利润分配——未分配利润　　　　　　4 462 500
　　　贷：以前年度损益调整　（5 950 000 – 1 487 500）4 462 500

(4) 调整利润分配有关数字。

借：盈余公积　　　　　　　　　　　　　446 250
　　　贷：利润分配——未分配利润　（4 462 500 × 10%）446 250

（5）调整报告年度会计报表相关项目的数字（会计报表略）。

①资产负债表项目的调整：调减应收账款净值 595 万元；调增递延所得税资产 148.75 万元；调减盈余公积 44.625 万元；调减未分配利润 4 016 250 元。

②利润表表项目的调整：调增资产减值损失 595 万元；调减所得税费用 148.75 万元；调减净利润 446.25 万元。

③所有者权益变动报表项目的调整：调减净利润 446.25 万元；提取盈余公积项目中盈余公积一栏调减 44.625 万元，未分配利润一栏调减 401.625 万元。

（三）资产负债表日后进一步确定了资产负债表日前购入资产的成本或售出资产的收入

这类调整事项包括两方面的内容：（1）若资产负债表日前购入的资产已经按暂估金额等入账，资产负债表日后获得证据，可以进一步确定该资产的成本，则应该对已入账的资产成本进行调整。例如，购建固定资产已经达到预定可使用状态，但尚未办理竣工决算，企业已按估计价值入账；资产负债表日后办理决算，此时应根据竣工决算的金额调整暂估入账的固定资产成本等。（2）企业在资产负债表日已根据收入确认条件确认资产销售收入，但资产负债表日后获得关于资产收入的进一步证据，如发生销售退回等，此时也应调整财务报表相关项目的金额。需要说明的是，资产负债表日后发生的销售退回，既包括报告年度或报告中期销售的商品在资产负债表日后发生的销售退回，也包括以前期间销售的商品在资产负债表日后发生的销售退回。

发生在资产负债表所属期间或以前期间所售商品在资产负债表日后退回，在会计处理时作为资产负债表日后调整事项处理。按照税法规定，企业年度申报纳税汇算清缴后发生的属于资产负债表日后事项的销售退回所涉及的应纳税所得额的调整，应作为本年度的纳税调整，而不作为报告年度的纳税调整。因此，发生于资产负债表日后至财务报告批准报出日之间的销售退回事项，可能发生于年度所得税汇算清缴之前，也可能发生于年度所得税汇算清缴之后。

第一，资产负债表日后事项中涉及报告年度所属期间的销售退回发生于报告年度所得税汇算清缴之前，应调整报告年度利润表的收入、成本等，并相应调整报告年度的应纳税所得额以及报告年度应缴的所得税等。

【例20-7】甲公司2017年12月15日销售一批商品给丙企业，取得收入10万元（不含税，增值税税率17%），甲公司发出商品后，按照正常情况已确认收入，并结转成本8万元。此笔货款到年末尚未收到，甲公司按应收账款的4%计提了坏账准备4 680元。2018年1月15日，由于产品质量问题，本批货物被退回。按税法规定，经税务机关批准在应收款项余额5‰的范围内计提的坏账准备可以在税前扣除，本年度除应收丙企业账款计提的坏账准备外，无其他纳税调整事项。2018年2月28日完成了2017年所得税汇算清缴。

本例中，销售退回业务应属于资产负债表日后调整事项。据此，甲公司的账务处理如下：

(1) 2018年1月15日，调整销售收入。

借：以前年度损益调整　　　　　　　　　　　　　100 000

　　应交税费——应交增值税（销项税额）　　　　 17 000

　　　贷：应收账款　　　　　　　　　　　　　　　　　　　　117 000

(2) 调整坏账准备余额。

借:坏账准备　　　　　　　[100 000×(1+17%)×4%] 4 680
　　贷:以前年度损益调整　　　　　　　　　　　　　　　　4 680
(3)调整销售成本。
借:库存商品　　　　　　　　　　　　　　　　80 000
　　贷:以前年度损益调整　　　　　　　　　　　　　　　80 000
(4)调整应缴纳的所得税。
借:应交税费——应交所得税　　　　　　　　　4 853.75
　　贷:以前年度损益调整
　　　　　　[(100 000-80 000-117 000×5‰)×25%] 4 853.75
(5)调整已确认的递延所得税资产。
借:以前年度损益调整　　　　　　　　　　　　1 023.75
　　贷:递延所得税资产　　[(4 680-117 000×5‰)×25%] 1 023.75
(6)将"以前年度损益调整"科目余额转入未分配利润。
借:利润分配——未分配利润　　　　　　　　　11 490
　　贷:以前年度损益调整
　　　　(100 000-80 000-4 680-4853.75+1023.75) 11 490
(7)调整盈余公积。
借:盈余公积(11 490×10%)　　　　　　　　　1 149
　　贷:利润分配——未分配利润　　　　　　　　　　　　1 149
(8)调整相关财务报表(略)。

第二,资产负债表日后事项中涉及报告年度所属期间的销售退回发生于报告年度所得税汇算清缴之后,应调整报告年度财务报表的收入、成本等,但按照税法规定在此期间的销售退回所涉及的应交所得税,应作为本年度的纳税调整事项。

【例20-8】 沿用例20-7的资料,假定销售退回时间改为2018年3月1日。由于此期间的销售退回所涉及的应交所得税作为本年度的纳税调整事项,所以本例中甲公司的会计处理步骤(1)~(3)与例20-7相同,但要对第(4)笔分录进行调整,将"以前年度损益调整"科目改为"所得税费用"科目,这样第(6)笔分录中"以前年度损益调整"科目余额就成为16343.75元,同时也影响第(7)笔分录的金额。

甲公司的账务处理如下:
(1)2018年1月15日,调整销售收入。
借:以前年度损益调整　　　　　　　　　　　　100 000
　　应交税费——应交增值税(销项税额)　　　17 000
　　贷:应收账款　　　　　　　　　　　　　　　　　117 000
(2)调整坏账准备余额。
借:坏账准备　　　　　　　[100 000×(1+17%)×4%] 4 680
　　贷:以前年度损益调整　　　　　　　　　　　　　　　4 680
(3)调整销售成本。
借:库存商品　　　　　　　　　　　　　　　　80 000
　　贷:以前年度损益调整　　　　　　　　　　　　　　　80 000
(4)调整应缴纳的所得税。

借：应交税费——应交所得税　　　　　　　　　　　　　4 853.75
　　　贷：所得税费用 [（100 000 -80 000 -117 000×5‰）×25%] 4 853.75
(5) 调整已确认的递延所得税资产。
借：以前年度损益调整　　　　　　　　　　　　　　　　1 023.75
　　　贷：递延所得税资产　　[（4 680 -117 000×5‰）×25%] 1 023.75
(6) 将"以前年度损益调整"科目余额转入未分配利润。
借：利润分配——未分配利润　　　　　　　　　　　　　16 343.75
　　　贷：以前年度损益调整 （100 000 -80 000 -4 680 +1 023.75）16 343.75
(7) 调整盈余公积。
借：盈余公积　　　　　　　　（16 343.75×10%）1 634.38
　　　贷：利润分配——未分配利润　　　　　　　　　　　1 634.38
(8) 调整相关财务报表（略）。

（四）资产负债表日后发现了财务报表舞弊或差错

这一事项是指资产负债表日至财务报告批准日之间发生的属于资产负债表期间或以前期间存在的财务报表舞弊或差错，这种舞弊或差错应当作为资产负债表日后调整事项，调整报告年度的年度财务报告或中期财务报告相关项目的数字。具体会计处理可以参见"会计政策、会计估计变更和差错更正"一章。

第三节　资产负债表日后非调整事项

一、非调整事项的处理原则

资产负债表日后发生的非调整事项，是指表明资产负债表日后发生的情况的事项，与资产负债表日存在状况无关，不应当调整资产负债表日的财务报表。但有的非调整事项对财务报告使用者具有重大影响，如不加以说明，将会影响财务报告使用者做出正确估计和决策，因此，应在附注中加以披露。

资产负债表日后，企业利润分配方案中拟分配的以及经审议批准宣告发放的股利或利润，不确认为资产负债表日后负债，但应当在附注中单独披露。

二、非调整事项的具体会计处理方法

资产负债表日后发生的非调整事项，应当在报表附注中披露每项重要的资产负债表日后非调整事项的性质、内容及其对财务状况、经营成果的影响；如无法做出估计，应当说明无法估计的理由。资产负债表日后非调整事项的主要例子如下。

（一）资产负债表日后发生重大诉讼、仲裁、承诺

资产负债表日后发生的重大诉讼等事项，对企业影响较大，为防止误导投资者及其他财务报告使用者，应当在报表附注中披露。

【例20-9】　甲企业是房地产的销售代理商，在买卖双方同意房地产的销售条款时确认佣金收入，佣金由卖方支付。2017年，甲企业同意替乙企业的房产寻找买主。在2017年

后期，甲企业找到一位有意的买主丁企业，丁企业以其获得银行融资的能力与乙企业签订购买该房地产的合同。2018年1月，丁企业通知甲企业，其在获得银行贷款方面有困难，但仍然能够履行合同。之后不久，甲企业找到另一位以现金购买该房地产的买主。2018年2月，丁企业通过法律手段起诉甲企业违背受托责任，2018年3月，甲企业同意付给丁企业50万元的现金以使其撤回法律诉讼。在这个例子中，不论是甲企业，还是丁企业，均应将此事项作为非调整事项，在2017年度会计报表附注中进行披露。

（二）资产负债表日后资产价格、税收政策、外汇汇率发生重大变化

资产负债表日后发生的资产价格、税收政策和外汇汇率的重大变化，虽然不会影响资产负债表日财务报表相关项目的数据，但对企业资产负债表日后期间的财务状况和经营成果有重大影响，应在报表附注中予以披露。

【例20-10】甲公司2017年8月采用融资租赁方式从美国购入某重型机械设备，租赁合同规定，该重型机械设备的租赁期为15年，年租金40万美元。甲公司在编制2017年财务报表时已按2017年12月31日的汇率对该笔长期应付款进行了折算（假设2017年12月31日的汇率为1美元兑7.65元人民币）。假设国家规定从2018年1月1日起进行外汇管理体制改革，外汇管理体制改革后，人民币兑美元的汇率发生重大变化。

本例中，甲公司在资产负债表日已经按照当天的资产计量方式进行处理，或按规定的汇率对有关账户进行调整，因此，无论资产负债表日后汇率如何变化，均不影响资产负债表日的财务状况和经营成果。但是，如果资产负债表日后外汇汇率发生重大变化，应对由此产生的影响在报表附注中进行披露。

（三）资产负债表日后因自然灾害导致资产发生重大损失

这一事项是指，资产负债表日后发生的，由于自然灾害导致的资产发生重大损失。自然灾害导致资产发生重大损失，不是企业主观上能够决定的，是不可抗力所造成的。但这一事项对企业财务状况所产生的影响较大，如果不加以披露，有可能使财务报告使用者产生误解，导致做出错误的决策。因此，自然灾害导致的资产损失应作为一个非调整事项在会计报表附注中进行披露。

【例20-11】甲公司2017年12月购入商品一批，共计8 000万元，至2017年12月31日该批商品已经全部验收入库，货款也已通过银行支付。2018年1月7日，甲公司所在地发生水灾，该批商品全部冲毁。

本例中水灾发生于2018年1月7日，属于资产负债表日后才发生或存在的事项，应当作为非调整事项在2017年度报表附注中予以披露。

（四）资产负债表日后发行股票和债券以及其他巨额举债

这一事项是指，企业在资产负债表日以后发行股票、债券以及向银行或非银行金融机构举借巨额债务等。企业发行股票、债券以及向银行或非银行金融机构举借巨额债务是比较重大的事项，虽然这一事项与企业资产负债表日的存在状况无关，但应对这一事项做出披露，以使财务报告使用者了解与此有关的情况及可能带来的影响。

【例20-12】甲公司2016年度财务报告附注中对资产负债表日后发行债券的说明：

2016年10月17日，经中国证券监督管理委员会核准，甲公司获准向合格投资者公开发行面值不超过20亿元（含20亿元）的公司债券；本次公司债券采用分期发行方式，首期发行债券的面值不少于总发行面值的50%，自核准发行之日起6个月内完成；其余各期债券发行，自核准发行之日起24个月内完成。2017年1月26日，甲公司公开发行公司债券（第一期）面值10亿元，期限为5年，票面利率为6.60%。甲公司于2017年1月27日实际收到公司债券募集资金99 430万元（已扣除承销费570万元）

（五）资产负债表日后资本公积转增资本

企业以资本公积转增资本将会改变企业的资本（股本）结构，影响较大，应在报表附注中进行披露。

（六）资产负债表日后发生巨额亏损

资产负债表日后发生巨额亏损将会对企业报告期以后的财务状况和经营成果产生重大影响，应当在报表附注中及时披露该事项，以便为投资者或其他财务报告使用者作出正确决策提供信息。

（七）资产负债表日后发生企业合并或处置子公司

企业合并或者处置子公司的行为可以影响股权结构、经营范围等方面，对企业未来的生产经营活动能产生重大影响，应当在报表附注中进行披露。

【例20-13】 2018年1月20日，甲企业的股东将其60%的普通股以溢价出售给了丁企业（即，出售价格超过了甲企业股东对甲企业投资的每股账面价值）。这一交易对甲企业来说，只是换了一个股东，但在其编制2017年度财务会计报告时，应披露与这一非调整事项有关的丁企业购置股份的事实，以及有关购置价格的信息。

（八）资产负债表日后，企业利润分配方案中拟分配的以及经审议批准宣告发放的股利或利润

资产负债表日后，企业制定利润分配方案，拟分配或经审议批准宣告发放现金股利或利润的行为，并不会导致企业在资产负债表日形成现时义务，虽然该事项的发生可导致企业负有支付股利或利润的义务，但支付义务在资产负债表日尚不存在，不应调整资产负债表日的财务报告，因此，该事项为非调整事项。不过，该事项对企业资产负债表日的财务状况有较大影响，可能导致现金大规模流出、企业股权结构变动等，为便于财务报告使用者充分了解相关信息，企业需要在财务报告中适当披露该信息。

【例20-14】 甲公司2016年度财务报告附注中对资产负债表日后事项利润分配情况的说明：根据2017年3月16日董事会决议，本公司拟以2016年12月31日的股份为基准向全体股东每10股分配股利0.5元（含税）。共计分配股利12亿元。该股利分配预案尚待本公司股东大会批准。

❖ 本章小结 ❖

本章概述了资产负债表日后事项的定义、特点、内容以及资产负债表日后事项涵盖期间

的确定；重点讨论了资产负债表日后调整事项和非调整事项的处理。其中，调整事项的处理原则是按照CAS29的规定，资产负债表日后发生的调整事项，应当如同资产负债表所属期间发生的事项一样，作出相关账务处理，并对资产负债表日已编制的会计报表作相应的调整。

重点概念

资产负债表日后事项、调整事项与非调整事项。

思 考 题

1. 说明资产负债表日后事项及其内容。
2. 比较调整事项和非调整事项。
3. 调整事项和非调整事项的处理原则有何不同？
4. 调整事项有哪些？非调整事项有哪些？它们是如何进行会计处理的？

附 录

附录1 复利终值系数表

期数	1%	2%	3%	4%	5%	6%	7%	8%	9%	10%	11%	12%	13%	14%	15%	16%	17%	18%
1	1.010 0	1.020 0	1.030 0	1.040 0	1.050 0	1.060 0	1.070 0	1.080 0	1.090 0	1.100 0	1.110 0	1.120 0	1.130 0	1.140 0	1.150 0	1.160 0	1.170 0	1.180 0
2	1.020 1	1.040 4	1.060 9	1.081 6	1.102 5	1.123 6	1.144 9	1.166 4	1.188 1	1.210 0	1.232 1	1.254 4	1.276 9	1.299 6	1.322 5	1.345 6	1.368 9	1.392 4
3	1.030 3	1.061 2	1.092 7	1.124 9	1.157 6	1.191 0	1.225 0	1.259 7	1.295 0	1.331 0	1.367 6	1.404 9	1.442 9	1.481 5	1.520 9	1.560 9	1.601 6	1.643 0
4	1.040 6	1.082 4	1.125 5	1.169 9	1.215 5	1.262 5	1.310 8	1.360 5	1.411 6	1.464 1	1.518 1	1.573 5	1.630 5	1.689 0	1.749 0	1.810 6	1.873 9	1.938 8
5	1.051 0	1.104 1	1.159 3	1.216 7	1.276 3	1.338 2	1.402 6	1.469 3	1.538 6	1.610 5	1.685 1	1.762 3	1.842 4	1.925 4	2.011 4	2.100 3	2.192 4	2.287 8
6	1.061 5	1.126 2	1.194 1	1.265 3	1.340 1	1.418 5	1.500 7	1.586 9	1.677 1	1.771 6	1.870 4	1.973 8	2.082 0	2.195 0	2.313 1	2.436 4	2.565 2	2.699 6
7	1.072 1	1.148 7	1.229 9	1.315 9	1.407 1	1.503 6	1.605 8	1.713 8	1.828 0	1.948 7	2.076 2	2.210 7	2.352 6	2.502 3	2.660 0	2.826 2	3.001 2	3.185 5
8	1.082 9	1.171 7	1.266 8	1.368 6	1.477 5	1.593 8	1.718 2	1.850 9	1.992 6	2.143 6	2.304 5	2.476 0	2.658 4	2.852 6	3.059 0	3.278 4	3.511 5	3.758 9
9	1.093 7	1.195 1	1.304 8	1.423 3	1.551 3	1.689 5	1.838 5	1.999 0	2.171 9	2.357 9	2.558 0	2.773 1	3.004 0	3.251 9	3.517 9	3.803 0	4.108 4	4.435 5
10	1.104 6	1.219 0	1.343 9	1.480 2	1.628 9	1.790 8	1.967 2	2.158 9	2.367 4	2.593 7	2.839 4	3.105 8	3.394 6	3.707 2	4.045 6	4.411 4	4.806 8	5.233 8
11	1.115 7	1.243 4	1.384 2	1.539 5	1.710 3	1.898 3	2.104 9	2.331 6	2.580 4	2.853 1	3.151 8	3.478 5	3.835 9	4.226 2	4.652 4	5.117 3	5.624 0	6.175 9
12	1.126 8	1.268 2	1.425 8	1.601 0	1.795 9	2.012 2	2.252 2	2.518 2	2.812 7	3.138 4	3.498 5	3.896 0	4.334 5	4.817 9	5.350 3	5.936 0	6.580 1	7.287 6
13	1.138 1	1.293 6	1.468 5	1.665 1	1.885 6	2.132 9	2.409 8	2.719 6	3.065 8	3.452 3	3.883 3	4.363 5	4.898 0	5.492 4	6.152 8	6.885 8	7.698 7	8.599 4
14	1.149 5	1.319 5	1.512 6	1.731 7	1.979 9	2.260 9	2.578 5	2.937 2	3.341 7	3.797 5	4.310 4	4.887 1	5.534 8	6.261 3	7.075 7	7.987 5	9.007 5	10.147 2
15	1.161 0	1.345 9	1.558 0	1.800 9	2.078 9	2.396 6	2.759 0	3.172 2	3.642 5	4.177 2	4.784 6	5.473 6	6.254 3	7.137 9	8.137 1	9.265 5	10.538 7	11.973 7
16	1.172 6	1.372 8	1.604 7	1.873 0	2.182 9	2.540 4	2.952 2	3.425 9	3.970 3	4.595 0	5.310 9	6.130 4	7.067 3	8.137 2	9.357 6	10.748 0	12.330 3	14.129 0
17	1.184 3	1.400 2	1.652 8	1.947 9	2.292 0	2.692 8	3.158 8	3.700 0	4.327 6	5.054 5	5.895 1	6.866 0	7.986 1	9.276 5	10.761 0	12.467 7	14.426 5	16.672 2
18	1.196 1	1.428 2	1.702 4	2.025 8	2.406 6	2.854 3	3.379 9	3.996 0	4.717 1	5.559 9	6.543 6	7.690 0	9.024 3	10.575 2	12.375 5	14.462 5	16.879 0	19.673 3
19	1.208 1	1.456 8	1.753 5	2.106 8	2.527 0	3.025 6	3.616 5	4.315 7	5.141 7	6.115 9	7.263 3	8.612 8	10.197 4	12.055 7	14.231 8	16.776 5	19.748 4	23.214 4
20	1.220 2	1.485 9	1.806 1	2.191 1	2.653 3	3.207 1	3.869 7	4.661 0	5.604 4	6.727 5	8.062 3	9.646 3	11.523 1	13.743 5	16.366 5	19.460 8	23.105 6	27.393 0
21	1.232 4	1.515 7	1.860 3	2.278 8	2.786 0	3.399 6	4.140 2	5.033 8	6.108 8	7.400 2	8.949 2	10.803 3	13.021 1	15.667 6	18.821 5	22.574 5	27.033 6	32.323 8
22	1.244 7	1.546 0	1.916 1	2.369 9	2.925 3	3.603 5	4.430 4	5.436 5	6.658 6	8.140 3	9.933 6	12.100 3	14.713 8	17.861 0	21.644 7	26.186 4	31.629 3	38.142 1
23	1.257 2	1.576 9	1.973 6	2.464 7	3.071 5	3.819 7	4.740 5	5.871 5	7.257 9	8.954 3	11.026 3	13.552 3	16.626 6	20.361 6	24.891 5	30.376 2	37.006 2	45.007 6
24	1.269 7	1.608 4	2.032 8	2.563 3	3.225 1	4.048 9	5.072 4	6.341 2	7.911 1	9.849 7	12.239 2	15.178 6	18.788 1	23.212 2	28.625 2	35.236 4	43.297 3	53.109 0
25	1.282 4	1.640 6	2.093 8	2.665 8	3.386 4	4.291 9	5.427 4	6.848 5	8.623 1	10.834 7	13.585 5	17.000 1	21.230 5	26.461 9	32.919 0	40.874 2	50.657 8	62.668 6

附录2 复利现值系数表

期数	1%	2%	3%	4%	5%	6%	7%	8%	9%	10%	11%	12%	13%	14%	15%	16%	17%	18%	19%	20%
1	0.9901	0.9804	0.9709	0.9615	0.9524	0.9434	0.9346	0.9259	0.9174	0.9091	0.9009	0.8929	0.8850	0.8772	0.8696	0.8621	0.8547	0.8475	0.8403	0.8333
2	0.9803	0.9612	0.9426	0.9246	0.9070	0.8900	0.8734	0.8573	0.8417	0.8264	0.8116	0.7972	0.7831	0.7695	0.7561	0.7432	0.7305	0.7182	0.7062	0.6944
3	0.9706	0.9423	0.9151	0.8890	0.8638	0.8396	0.8163	0.7938	0.7722	0.7513	0.7312	0.7118	0.6931	0.6750	0.6575	0.6407	0.6244	0.6086	0.5934	0.5787
4	0.9610	0.9238	0.8885	0.8548	0.8227	0.7921	0.7629	0.7350	0.7084	0.6830	0.6587	0.6355	0.6133	0.5921	0.5718	0.5523	0.5337	0.5158	0.4987	0.4823
5	0.9515	0.9057	0.8626	0.8219	0.7835	0.7473	0.7130	0.6806	0.6499	0.6209	0.5935	0.5674	0.5428	0.5194	0.4972	0.4761	0.4561	0.4371	0.4190	0.4019
6	0.9420	0.8880	0.8375	0.7903	0.7462	0.7050	0.6663	0.6302	0.5963	0.5645	0.5346	0.5066	0.4803	0.4556	0.4323	0.4104	0.3898	0.3704	0.3521	0.3349
7	0.9327	0.8706	0.8131	0.7599	0.7107	0.6651	0.6227	0.5835	0.5470	0.5132	0.4817	0.4523	0.4251	0.3996	0.3759	0.3538	0.3332	0.3139	0.2959	0.2791
8	0.9235	0.8535	0.7894	0.7307	0.6768	0.6274	0.5820	0.5403	0.5019	0.4665	0.4339	0.4039	0.3762	0.3506	0.3269	0.3050	0.2848	0.2660	0.2487	0.2326
9	0.9143	0.8368	0.7664	0.7026	0.6446	0.5919	0.5439	0.5002	0.4604	0.4241	0.3909	0.3606	0.3329	0.3075	0.2843	0.2630	0.2434	0.2255	0.2090	0.1938
10	0.9053	0.8203	0.7441	0.6756	0.6139	0.5584	0.5083	0.4632	0.4224	0.3855	0.3522	0.3220	0.2946	0.2697	0.2472	0.2267	0.2080	0.1911	0.1756	0.1615
11	0.8963	0.8043	0.7224	0.6496	0.5847	0.5268	0.4751	0.4289	0.3875	0.3505	0.3173	0.2875	0.2607	0.2366	0.2149	0.1954	0.1778	0.1619	0.1476	0.1346
12	0.8874	0.7885	0.7014	0.6246	0.5568	0.4970	0.4440	0.3971	0.3555	0.3186	0.2858	0.2567	0.2307	0.2076	0.1869	0.1685	0.1520	0.1372	0.1240	0.1122
13	0.8787	0.7730	0.6810	0.6006	0.5303	0.4688	0.4150	0.3677	0.3262	0.2897	0.2575	0.2292	0.2042	0.1821	0.1625	0.1452	0.1299	0.1163	0.1042	0.0935
14	0.8700	0.7579	0.6611	0.5775	0.5051	0.4423	0.3878	0.3405	0.2992	0.2633	0.2320	0.2046	0.1807	0.1597	0.1413	0.1252	0.1110	0.0985	0.0876	0.0779
15	0.8613	0.7430	0.6419	0.5553	0.4810	0.4173	0.3624	0.3152	0.2745	0.2394	0.2090	0.1827	0.1599	0.1401	0.1229	0.1079	0.0949	0.0835	0.0736	0.0649
16	0.8528	0.7284	0.6232	0.5339	0.4581	0.3936	0.3387	0.2919	0.2519	0.2176	0.1883	0.1631	0.1415	0.1229	0.1069	0.0930	0.0811	0.0708	0.0618	0.0541
17	0.8444	0.7142	0.6050	0.5134	0.4363	0.3714	0.3166	0.2703	0.2311	0.1978	0.1696	0.1456	0.1252	0.1078	0.0929	0.0802	0.0693	0.0600	0.0520	0.0451
18	0.8360	0.7002	0.5874	0.4936	0.4155	0.3503	0.2959	0.2502	0.2120	0.1799	0.1528	0.1300	0.1108	0.0946	0.0808	0.0691	0.0592	0.0508	0.0437	0.0376
19	0.8277	0.6864	0.5703	0.4746	0.3957	0.3305	0.2765	0.2317	0.1945	0.1635	0.1377	0.1161	0.0981	0.0829	0.0703	0.0596	0.0506	0.0431	0.0367	0.0313
20	0.8195	0.6730	0.5537	0.4564	0.3769	0.3118	0.2584	0.2145	0.1784	0.1486	0.1240	0.1037	0.0868	0.0728	0.0611	0.0514	0.0433	0.0365	0.0308	0.0261
21	0.8114	0.6598	0.5375	0.4388	0.3589	0.2942	0.2415	0.1987	0.1637	0.1351	0.1117	0.0926	0.0768	0.0638	0.0531	0.0443	0.0370	0.0309	0.0259	0.0217
22	0.8034	0.6468	0.5219	0.4220	0.3418	0.2775	0.2257	0.1839	0.1502	0.1228	0.1007	0.0826	0.0680	0.0560	0.0462	0.0382	0.0316	0.0262	0.0218	0.0181
23	0.7954	0.6342	0.5067	0.4057	0.3256	0.2618	0.2109	0.1703	0.1378	0.1117	0.0907	0.0738	0.0601	0.0491	0.0402	0.0329	0.0270	0.0222	0.0183	0.0151
24	0.7876	0.6217	0.4919	0.3901	0.3101	0.2470	0.1971	0.1577	0.1264	0.1015	0.0817	0.0659	0.0532	0.0431	0.0349	0.0284	0.0231	0.0188	0.0154	0.0126
25	0.7798	0.6095	0.4776	0.3751	0.2953	0.2330	0.1842	0.1460	0.1160	0.0923	0.0736	0.0588	0.0471	0.0378	0.0304	0.0245	0.0197	0.0160	0.0129	0.0105

附录 3 年金终值系数表

期数	1%	2%	3%	4%	5%	6%	7%	8%	9%	10%	11%	12%	13%	14%	15%
1	1.000 0	1.000 0	1.000 0	1.000 0	1.000 0	1.000 0	1.000 0	1.000 0	1.000 0	1.000 0	1.000 0	1.000 0	1.000 0	1.000 0	1.000 0
2	2.010 0	2.020 0	2.030 0	2.040 0	2.050 0	2.060 0	2.070 0	2.080 0	2.090 0	2.100 0	2.110 0	2.120 0	2.130 0	2.140 0	2.150 0
3	3.030 1	3.060 4	3.090 9	3.121 6	3.152 5	3.183 6	3.214 9	3.246 4	3.278 1	3.310 0	3.342 1	3.374 4	3.406 9	3.439 6	3.472 5
4	4.060 4	4.121 6	4.183 6	4.246 5	4.310 1	4.374 6	4.439 9	4.506 1	4.573 1	4.641 0	4.709 7	4.779 3	4.849 8	4.921 1	4.993 4
5	5.101 0	5.204 0	5.309 1	5.416 3	5.525 6	5.637 1	5.750 7	5.866 6	5.984 7	6.105 1	6.227 8	6.352 8	6.480 3	6.610 1	6.742 4
6	6.152 0	6.308 1	6.468 4	6.633 0	6.801 9	6.975 3	7.153 3	7.335 9	7.523 3	7.715 6	7.912 9	8.115 2	8.322 7	8.535 5	8.753 7
7	7.213 5	7.434 3	7.662 5	7.898 3	8.142 0	8.393 8	8.654 0	8.922 8	9.200 4	9.487 2	9.783 3	10.089 0	10.404 7	10.730 5	11.066 8
8	8.285 7	8.583 0	8.892 3	9.214 2	9.549 1	9.897 5	10.259 8	10.636 6	11.028 5	11.435 9	11.859 4	12.299 7	12.757 3	13.232 8	13.726 8
9	9.368 5	9.754 6	10.159 1	10.582 8	11.026 6	11.491 3	11.978 0	12.487 6	13.021 0	13.579 5	14.164 0	14.775 7	15.415 7	16.085 3	16.785 8
10	10.462 2	10.949 7	11.463 9	12.006 1	12.577 9	13.180 8	13.816 4	14.486 6	15.192 9	15.937 4	16.722 0	17.548 7	18.419 7	19.337 3	20.303 7
11	11.566 8	12.168 7	12.807 8	13.486 4	14.206 8	14.971 6	15.783 6	16.645 5	17.560 3	18.531 2	19.561 4	20.654 6	21.814 3	23.044 5	24.349 3
12	12.682 5	13.412 1	14.192 0	15.025 8	15.917 1	16.869 9	17.888 5	18.977 1	20.140 7	21.384 3	22.713 2	24.133 1	25.650 2	27.270 7	29.001 7
13	13.809 3	14.680 3	15.617 8	16.626 8	17.713 0	18.882 1	20.140 6	21.495 3	22.953 4	24.522 7	26.211 6	28.029 1	29.984 7	32.088 7	34.351 9
14	14.947 4	15.973 9	17.086 3	18.291 9	19.598 6	21.015 1	22.550 5	24.214 9	26.019 2	27.975 0	30.094 9	32.392 6	34.882 7	37.581 1	40.504 7
15	16.096 9	17.293 4	18.598 9	20.023 6	21.578 6	23.276 0	25.129 0	27.152 1	29.360 9	31.772 5	34.405 4	37.279 7	40.417 5	43.842 4	47.580 4
16	17.257 9	18.639 3	20.156 9	21.824 5	23.657 5	25.672 5	27.888 1	30.324 3	33.003 4	35.949 7	39.189 9	42.753 3	46.671 7	50.980 4	55.717 5
17	18.430 4	20.012 1	21.761 6	23.697 5	25.840 4	28.212 9	30.840 2	33.750 2	36.973 7	40.544 7	44.500 8	48.883 7	53.739 1	59.117 6	65.075 1
18	19.614 7	21.412 3	23.414 4	25.645 4	28.132 4	30.905 7	33.999 0	37.450 2	41.301 3	45.599 2	50.395 9	55.749 7	61.725 1	68.394 1	75.836 4
19	20.810 9	22.840 6	25.116 9	27.671 2	30.539 0	33.760 0	37.379 0	41.446 3	46.018 5	51.159 1	56.939 5	63.439 7	70.749 4	78.969 2	88.211 8
20	22.019 0	24.297 4	26.870 4	29.778 1	33.066 0	36.785 6	40.995 5	45.762 0	51.160 1	57.275 0	64.202 8	72.052 4	80.946 8	91.024 9	102.443 6

附录 4　年金现值系数表

年数	1%	2%	3%	4%	5%	6%	8%	10%	12%	14%	15%	16%	18%	20%
1	0.99	0.98	0.97	0.961	0.952	0.943	0.925	0.909	0.892	0.877	0.869	0.862	0.847	0.833
2	1.97	1.941	1.913	1.886	1.859	1.833	1.783	1.735	1.69	1.646	1.625	1.605	1.565	1.527
3	2.94	2.883	2.828	2.775	2.723	2.673	2.577	2.486	2.401	2.321	2.283	2.245	2.174	2.106
4	3.901	3.807	3.717	3.629	3.545	3.465	3.312	3.169	3.037	2.913	2.854	2.798	2.69	2.588
5	4.853	4.713	4.579	4.451	4.329	4.212	3.992	3.79	3.604	3.433	3.352	3.274	3.127	2.99
6	5.795	5.601	5.417	5.242	5.075	4.917	4.622	4.355	4.111	3.888	3.784	3.684	3.497	3.325
7	6.728	6.471	6.23	6.002	5.786	5.582	5.206	4.868	4.563	4.288	4.16	4.038	3.811	3.604
8	7.651	7.325	7.019	6.732	6.463	6.209	5.746	5.334	4.967	4.638	4.487	4.343	4.077	3.837
9	8.566	8.162	7.786	7.435	7.107	6.801	6.246	5.759	5.328	4.946	4.771	4.606	4.303	4.03
10	9.471	8.982	8.53	8.11	7.721	7.36	6.71	6.144	5.65	5.216	5.018	4.833	4.494	4.192
11	10.367	9.786	9.252	8.76	8.306	7.886	7.138	6.495	5.937	5.452	5.233	5.028	4.656	4.327
12	11.255	10.575	9.954	9.385	8.863	8.383	7.536	6.813	6.194	5.66	5.42	5.197	4.793	4.439
13	12.133	11.348	10.634	9.985	9.393	8.852	7.903	7.103	6.423	5.842	5.583	5.342	4.909	4.532
14	13.003	12.106	11.296	10.563	9.898	9.294	8.244	7.366	6.628	6.002	5.724	5.467	5.008	4.61
15	13.865	12.849	11.937	11.118	10.379	9.712	8.559	7.606	6.81	6.142	5.847	5.575	5.091	4.675
16	14.717	13.577	12.561	11.652	10.837	10.105	8.851	7.823	6.973	6.265	5.954	5.668	5.162	4.729
17	15.562	14.291	13.166	12.165	11.274	10.477	9.121	8.021	7.119	6.372	6.047	5.748	5.222	4.774
18	16.398	14.992	13.753	12.659	11.689	10.827	9.371	8.201	7.249	6.467	6.127	5.817	5.273	4.812
19	17.226	15.678	14.323	13.133	12.085	11.158	9.603	8.364	7.365	6.55	6.198	5.877	5.316	4.843
20	18.045	16.351	14.877	13.59	12.462	11.469	9.818	8.513	7.469	6.623	6.259	5.928	5.352	4.869
21	18.856	17.011	15.415	14.029	12.821	11.764	10.016	8.648	7.562	6.686	6.312	5.973	5.383	4.891
22	19.66	17.658	15.936	14.451	13.163	12.041	10.2	8.771	7.644	6.742	6.358	6.011	5.409	4.909
23	20.455	18.292	16.443	14.856	13.488	12.303	10.371	8.883	7.718	6.792	6.398	6.044	5.432	4.924
24	21.243	18.913	16.935	15.246	13.798	12.55	10.528	8.984	7.784	6.835	6.433	6.072	5.45	4.937
25	22.023	19.523	17.413	15.622	14.093	12.783	10.674	9.077	7.843	6.872	6.464	6.097	5.466	4.947

参考文献

[1] 中国注册会计师协会. 会计. 北京：中国财政经济出版社，2018.
[2] 财政部会计资格评价中心. 高级会计实务. 北京：经济科学出版社，2018.
[3] 财政部会计资格评价中心. 中级会计实务. 北京：经济科学出版社，2018.
[4] 葛家澍. 中级财务会计学（上、下）. 北京：中国人民大学出版社，2007.
[5] 财政部. 企业会计准则（2018）. 上海：立信会计出版社，2018.
[6] 刘义文，宋享娱. 资产减值会计发展的历史回顾. 特区经济，2005.